Cinquante exemplaires en papier Whatman.

N° 38

PARIS. — TYP. G. CHAMEROT, RUE DES SAINTS-PÈRES, 19.

PETRVS CORNELIVS ROTHOMAGENSIS
Anno Dñi. 1644. M. fe.

BIBLIOGRAPHIE
CORNÉLIENNE

OU DESCRIPTION RAISONNÉE

DE TOUTES LES ÉDITIONS DES OEUVRES DE PIERRE CORNEILLE,
DES IMITATIONS OU TRADUCTIONS
QUI EN ONT ÉTÉ FAITES, ET DES OUVRAGES RELATIFS
A CORNEILLE ET A SES ÉCRITS

PAR

ÉMILE PICOT

PARIS

AUGUSTE FONTAINE, LIBRAIRE

35, 36 ET 37, PASSAGE DES PANORAMAS, ET GALERIE DE LA BOURSE, 1 ET 10.

—

1876

BIBLIOGRAPHIE
CORNÉLIENNE

PRÉFACE

Les éditions originales de nos auteurs classiques ne sont plus aujourd'hui de simples objets de curiosité que les bibliophiles recherchent pour leur rareté. Étudiées avec soin par les érudits et les savants, elles sont devenues la base des bonnes éditions modernes ; aussi les amateurs intelligents leur assignent-ils le premier rang sur leurs tablettes, et le prix en a-t-il centuplé depuis le commencement de ce siècle. Le temps n'est plus où les Walckenaer et les Taschereau payaient un écu de cent sous les premières éditions du *Misanthrope* et du *Tartuffe*, où Victor Cousin achetait pour 160 francs les trente-deux pièces de Corneille ; on assiste aujourd'hui à de véritables batailles où les vainqueurs n'ont pas à craindre de revers.

La passion avec laquelle le public lettré poursuit ces précieuses plaquettes a fait naître l'idée des bibliographies spéciales, destinées à servir de guide aux collectionneurs, à leur indiquer toutes les particularités des livres qu'ils recherchent, et à fournir aux critiques un tableau complet des publications relatives à nos grands auteurs.

Le succès qu'a obtenu la *Bibliographie moliéresque*, dont la seconde édition sera bientôt épuisée, nous fait espérer que le public témoignera quelque bienveillance à notre *Bibliographie cornélienne*. Malgré les travaux de M. Taschereau, malgré la publication si consciencieuse, et l'on peut le dire définitive, de M. Marty-Laveaux, les éditions originales de Corneille sont beaucoup moins bien connues que celles de Molière et de Racine, parce qu'elles n'ont pas eu la bonne fortune d'être aussi bien décrites par le savant auteur du *Manuel du libraire*. De là vient que ces éditions n'atteignent pas encore un prix en rapport avec leur intérêt et leur rareté.

La pensée d'être utile aux bibliophiles et aux libraires nous a fait réunir, depuis plusieurs années, des observations qui se sont classées au jour le jour. Chaque fois qu'un exemplaire nous est tombé sous les yeux, nous en avons pris la description; peu à peu ces notes sont devenues assez considérables pour que nous ayons songé à en faire un livre. Le concours empressé des amateurs nous a permis de les compléter.

M. le baron James de Rothschild, à qui nous devons la première idée de notre travail, n'a cessé de nous aider de ses conseils et de son expérience, en même temps qu'il nous permettait de puiser dans sa précieuse bibliothèque. M. le comte de Lignerolles, M. Ambroise-Firmin Didot et son savant bibliothécaire, M. Pawlowski, nous ont gracieusement communiqué leurs riches séries d'éditions de Corneille; les collections de MM. Bancel, Daguin et de Ruble n'ont pas eu non plus de secrets pour nous. Sans prétendre nommer ici tous ceux qui nous ont prêté leur concours, nous devons remercier d'une façon toute spéciale M. Potier, le Nestor des libraires français, qui a bien voulu revoir une épreuve de nos premiers chapitres; M. Paul Lacroix, qui nous a signalé quelques livres peu connus; M. Léon Guyard, archiviste du Théâtre-Français, et M. Charles Nuitter, archiviste de l'Opéra, qui, l'un et l'autre, nous ont ouvert les dépôts confiés à leur soin. Nous ne devons pas omettre Messieurs les conservateurs de la Bibliothèque nationale, de la Bibliothèque de l'Arsenal, de la Bibliothèque Cousin et du Musée britannique, dont nous ne sommes pas parvenu à lasser l'obligeance.

Après avoir acquitté cette dette de reconnaissance, nous devons dire quelques mots du plan que nous avons suivi. Nous nous sommes attaché à décrire avec la plus extrême minutie toutes les éditions publiées du vivant de Corneille, distinguant soigneusement celles auxquelles il a coopéré de celles auxquelles il est resté étranger. Nous avons ainsi réuni dans nos cinq premiers chapitres tous les livres qu'il est indispensable de consulter pour établir un texte authentique de notre auteur. La sévérité de notre classement nous a fait rejeter dans la seconde catégorie les éditions elzéviriennes auxquelles les amateurs attachent encore beaucoup de prix. Malgré les qualités matérielles de leur exécution, nous avons pensé qu'elles devaient, au point de vue littéraire, être rangées parmi les contrefaçons.

Tout en distinguant avec soin des véritables éditions originales les réimpressions exécutées du vivant de Corneille, sans sa participation, nous n'avons pas cru devoir les confondre avec les réimpressions postérieures. Quoique ce ne soient en principe que des reproductions subreptices ou des contrefaçons, généralement peu correctes, il n'est pas impossible que telle ou telle d'entre elles renferme des indications curieuses en ce qu'elles émanent de contemporains ; c'est le cas notamment pour l'édition du *Cid* publiée par Guillaume Chrestien, à Leyde, en 1638 (n° 278), et pour l'édition elzévirienne du *Menteur* (n° 318).

Afin d'enlever à notre livre un peu de la monotonie que présente un simple catalogue, nous y avons introduit des notices historiques sur chacun des ouvrages de Corneille. Nous n'avons pas eu la prétention d'y révéler des faits inconnus ; nous nous sommes borné le plus souvent à donner une courte analyse des travaux de nos devanciers. Sur quelques points cependant, nous avons été assez heureux pour relever quelques détails qui n'avaient pas encore été recueillis. Le Journal de Lagrange que nous avons pu consulter aux Archives du Théâtre-Français, et un manuscrit non cité jusqu'ici de la Bibliothèque nationale, nous ont permis de compléter les renseignements relatifs aux représentations données du temps de Corneille. Une *Lettre en vers* de Robinet nous a fourni un compte-rendu intéressant de la première représentation de *Pulchérie*.

Comme nous ne faisons pas ici de la critique, mais de la bibliographie, nous nous sommes attaché dans nos citations à reproduire avec une fidélité toute matérielle, le texte des éditions anciennes; nous en avons respecté non-seulement l'orthographe, mais encore la ponctuation, même dans les endroits où elle était vicieuse, afin que le lecteur puisse se faire une idée exacte des originaux. Le texte suivi dans le chapitre premier est celui de la première des éditions originales de chaque pièce, tandis que l'édition collective de 1682 a été prise pour guide dans le chapitre troisième [1]. Les citations empruntées à Corneille ont été indiquées par des guillemets marginaux.

Pour déjouer autant que possible les calculs de certains spéculateurs peu scrupuleux qui composent des exemplaires avec des fragments provenant d'éditions différentes, nous avons eu le soin de marquer la séparation des lignes dans les titres des éditions contemporaines de Corneille. Ce système a l'avantage d'indiquer, pour les éditions véritablement importantes, quelles sont celles que nous avons décrites *de visu*. Nous n'avions pas d'abord songé à l'appliquer aux traductions étrangères : aussi le chapitre qui leur est consacré contient-il un certain nombre d'articles, antérieurs à 1684, où la séparation des lignes n'est pas indiquée, bien que nous ayons nous-même relevé les titres sur les originaux.

---

[1] Nous avons fait pourtant dans les citations la distinction entre l'*u* voyelle et le *v* consonne; entre l'*i* et le *j*. En reproduisant les titres, au contraire, nous avons suivi le système adopté par les imprimeurs. Corneille, qui fut un des premiers à faire cette distinction, ne la fit qu'en 1664.

Nous avons particulièrement insisté sur un point auquel les bibliographes n'ont accordé d'ordinaire que peu d'attention : nous voulons parler des mentions relatives aux libraires. Au dix-septième siècle les libraires avaient l'habitude de s'associer pour la vente des ouvrages auxquels la faveur du public paraissait assurée; le plus souvent cette association était rappelée à la fin du texte du privilége, et chacun des libraires faisait tirer des exemplaires à son nom. Partant de ce principe, nous nous sommes efforcé de faire connaître aussi complétement que possible les libraires à qui Corneille avait confié la publication de chacune des éditions de ses ouvrages. Nous n'avons pas laissé au hasard l'ordre dans lequel les libraires ont été rangés; nous les avons classés conformément aux indications fournies à la fin des priviléges; nous avons été ainsi amenés plus d'une fois à citer certaines éditions avec des noms qui ne se trouvaient pas sur les exemplaires que nous avons eus entre les mains, ou tout au moins à compléter les adresses des libraires mentionnés par les bibliographes. On distinguera facilement les citations faites sur les originaux de celles qui sont des restitutions même certaines, puisque, dans le premier cas, nous avons eu soin de marquer la séparation des lignes dans l'original. Quand les libraires cessionnaires du privilége ne sont pas mentionnés expressément, nous n'avons fait figurer que ceux au nom de qui nous avons vu des exemplaires, sauf à indiquer sous forme hypothétique qu'il peut en exister d'autres au nom de tel ou tel libraire (voy. par exemple les nos 116 et 117) : nous espérons que ces notes ne seront pas inutiles pour l'histoire de la librairie parisienne.

Les recherches de MM. Taschereau et Marty-Laveaux nous ont laissé peu à glaner dans le champ des éditions originales; cependant nous croyons avoir distingué le premier les diverses éditions de *Nicomède* (nos 65 et 66) et de *Sophonisbe* (n°ˢ 82 et 83), et donné une suite complète des éditions collectives (n°ˢ 98-113).

On trouvera peut-être que nous sommes entré dans trop de détails, relativement aux ouvrages dans lesquels figurent des fragments de Corneille; il nous a paru curieux, quant à nous, de faire connaître un certain nombre de livres aujourd'hui encore peu recherchés, mais qui doivent figurer dans une collection cornélienne. Nous avons cru d'autant plus utile de décrire avec soin cette série d'ouvrages qu'elle est probablement destinée à s'enrichir de nouvelles découvertes. Ceux qui trouveront dans quelque recueil du dix-septième siècle des fragments signés de Corneille pourront immédiatement vérifier si le livre qui les renferme est déjà connu.

Nous passerons rapidement sur les chapitres que nous avons consacrés aux éditions modernes; il eût été probablement possible de les enrichir encore en recherchant, avec plus de soin que nous l'avons fait, les éditions imprimées au dix-huitième siècle, mais nous nous sommes pour ainsi dire borné à dépouiller la *Bibliographie de la France*. Augmenter outre mesure ces chapitres déjà trop longs eût été plus fastidieux que profitable.

Nous avons donné un développement assez considérable au chapitre des traductions étrangères pour lesquelles nous avons eu plusieurs collaborateurs dévoués. M. de' Filippi nous a signalé plusieurs pièces italiennes; M. Thor Sundby, de Copenhague, nous a très-gracieusement envoyé la liste des traductions danoises; mais c'est surtout pour la partie néerlandaise que nous avons eu un secours inespéré. M. Adolphe Régnier, l'éminent directeur de la belle collection des *Grands Écrivains de la France*, a bien voulu nous communiquer un important travail que feu Van Lennep avait rédigé, à la demande de M. Louis Hachette, pour l'édition de Corneille de M. Marty-Laveaux. Ce travail, jugé trop considérable pour être inséré dans un livre où il eût été comme un hors-d'œuvre, était resté inédit, et nous avons la bonne fortune de le présenter à nos lecteurs. M. Alphonse Willems, le savant bibliographe de Bruxelles, nous est venu en aide avec la plus grande obligeance, non-seulement pour compléter ce travail, mais pour en revoir les épreuves. Grâce à lui et à diverses indications qui nous ont été fournies par M. F. Vanderhaeghen, l'infatigable bibliothécaire de l'Université de Gand, nous avons pu présenter un tableau à peu près complet des traductions de Corneille publiées dans les Pays-Bas. Nos renseignements n'ont malheureusement pas été aussi complets pour tous les pays. Un inventaire définitif des traductions étrangères de nos auteurs dramatiques ne sera possible que le jour où chaque pays possédera des bibliographies théâtrales comparables à celles que MM. Klemming et Dahlgren ont publiées pour la Suède.

La facilité que nous avons eue de consulter le recueil de livrets achetés par l'Académie nationale de musique à la vente de M. de Soleinne, nous a entraîné à donner peut-être une trop grande place aux opéras tirés des tragédies de Corneille; sur ce point, cependant, nous n'avons pas hésité à sacrifier une partie des notes que nous avions prises.

Les chapitres complémentaires de notre *Bibliographie,* ceux qui contiennent l'énumération de tous les ouvrages relatifs à Corneille et à ses écrits, sont en grande partie empruntés à MM. Taschereau, Ballin et Marty-Laveaux, auxquels nous n'avons eu que peu de chose à ajouter. Il en est un cependant que nous croyons pouvoir recommander à l'attention de nos lecteurs, c'est celui où nous avons décrit les nombreuses pièces relatives à la querelle du *Cid.* Nous avons été assez heureux pour pouvoir décrire un certain nombre de pièces que nos devanciers n'avaient pu se procurer, en particulier cette fameuse *Deffense du Cid,* vainement cherchée par M. Taschereau.

Nous comptions terminer notre ouvrage par une iconographie de Corneille, pour laquelle un jeune amateur, M. Beraldi, nous avait fourni d'utiles renseignements, mais la crainte de surcharger outre mesure un volume déjà bien gros nous a forcé de renoncer à notre projet. Nous avons dû nous contenter des renseignements que nous avons donnés en parlant des diverses éditions de Corneille qui comportent des figures. Nous avons nous-même reproduit en tête de notre volume le plus ancien portrait de Corneille, qui est en même temps le plus rare et le moins connu. Nous espérons que les amateurs verront avec plaisir la gravure de Michel Lasne, que le procédé de M. Armand Durand a permis de reproduire avec la plus grande fidélité.

Nous avons ajouté à notre ouvrage une table alphabétique générale et une table des imprimeurs et des libraires. Cette dernière table nous paraît indispensable dans une *Bibliographie*. Ce n'est qu'en dressant des listes de ce genre qu'on pourra faire l'histoire de l'imprimerie et de la librairie dans tous les pays.

En terminant, nous prendrons la liberté de recommander à nos lecteurs la liste d'additions et de corrections que nous faisons suivre; celles qu'on voudra bien nous communiquer par la suite seront accueillies avec la plus vive reconnaissance. La bibliographie ne peut être qu'une œuvre collective à laquelle tous les amateurs, tous les chercheurs doivent prendre part; nous ne nous sommes proposé que d'apporter une modeste pierre à l'édifice commun.

ADDITIONS ET CORRECTIONS

26. L'exemplaire in-4 de *Polyeucte*, qui a figuré à la vente Benzon, était daté de 1648 (n° 28); il ne devait donc pas contenir d'achevé d'imprimer.

79. Nous avons enfin trouvé chez M. Didot cette pièce que nous n'avions rencontrée nulle part. En voici la description :

La || Toison d'or || Tragedie en Machines, || de Monsieur || de Corneille l'Aisné || Representée sur le Theatre Royal des seuls || Comediens du Roy, entretenus par sa Majesté || en leur Hostel, ruë de Guenegaud || Avec un Prologue nouveau. || Entreprise sous la conduite du Sieur Du Fort, || Ingenieur & Machiniste du Theatre Royal || des seuls Comediens du Roy. || *A Paris*, || *De l'Imprimerie de la Veuve G. Adam, sur le Quay* || *des Augustins, à l'Olivier*. || M. DC. LXXXIII [1683]. || Avec Permission. In-4 de 35 pp. en tout.

Cette pièce est un simple programme qui comprend l'*Argument de la Tragédie* (pp. 3-10), les *Acteurs* et la *Décoration du Prologue* (pp. 11-12); le *Prologue* [en vers] *par le Sieur de la Chapelle* (pp. 13-24) ; la *Toison d'or, Tragedie en Machines* (pp. 23-35).

On lit à la fin : *Permis d'imprimer. Fait ce neuviesme Iuin* 1683. De la Reynie.

Le texte des Dessins du programme de 1683 diffère entièrement de celui de 1661 et de la description des décorations mise par Corneille en tête de chacun des cinq actes dans l'édition de 1661. On en jugera par les premières lignes qui suivent immédiatement le *Prologue :*

<blockquote>Un jardin magnifique succede à cette agreable solitude qui a servy de Décoration au Prologue : ce jardin est bordé tout au tour par des berceaux de chevrefeuilles, de jasmins et de grenadiers, dont les feuilles et les fleurs laissent voir d'espace en espace une grille de fer doré, ornée de festons et de corbeilles treillissées d'or, qui font avec la verdure un des plus agreables objets du monde : Au bas de ces berceaux regne une palissade de roziers chargés de fleurs, au long de laquelle sont des pieds d'estaux de marbre, qui portent des Statues d'or.</blockquote>

99 *bis*. Œuvres de Corneille. Tome Premier [Tome Second]. *A Paris, Chez Augustin Courbé, dans la petite Sale du Palais, à la Palme*. M. DC. XXXXVII [1647]. Auec Priuilege du Roy. 2 vol. in-4.

Recueil factice d'éditions séparées des pièces de Corneille dans le format in-4. Un exemplaire est porté au Catalogue La Vallière de 1767 ; un autre appartient à M. le comte de Lignerolles, qui a découvert successivement chacun des deux volumes.

M. L. Potier nous signale ce recueil, dont l'absence du propriétaire ne nous permet pas de donner une description détaillée.

100. L'édition de 1648 se distingue de celle de 1652 par un détail matériel qui permet de la reconnaître facilement : elle est imprimée par cahiers 6 ff., tandis que les signatures de l'édition de 1652 se suivent régulièrement de 12 en 12 ff.

110 et 113. Nous avons émis des doutes, page 146, sur l'existence de frontispices destinés à accompagner l'édition de 1668 (A); mais, depuis l'impression de notre chapitre IIIe, M. Lessore a bien voulu nous communiquer un exemplaire dans sa primitive reliure du *Théatre* de Pierre et de Thomas Corneille, édition de 1668 (A), qui contient les frontispices que nous avons cru n'appartenir qu'au Recueil de 1682. Ainsi se trouve confirmée l'hypothèse émise par M. Daguin (voy. p. 150). Quant à l'édition de 1668 (B), il est hors de doute qu'elle n'a jamais eu de frontispices gravés.

250. Une lettre de Huet à Ménage, datée du 16 mars 1663, et dont l'original appartient à M. le baron James de Rothschild, nous apprend que la *Plainte de la France à Rome* avait d'abord passé dans le public pour être l'œuvre de Corneille : « On m'a envoyé, dit Huet, une élégie sur la guerre de Rome, que je pris d'abord avec bien d'autres pour estre de Mr Corneille ; j'en suis présentement désabusé. »

421. Lisez : *Ulm*, 1836.

640 *g*. Ajoutez : [par l'abbé Champion de Nilon]. Supprimez le n° 630 *i*.

799. Lisez : URVAL.

825 *bis*. HORATIORUM ET CURIATIORUM GLORIOSISSIMUM PRO IMPERIO CERTAMEN. *Absque nota*.

Traduction abrégée d'*Horace* représentée dans un des colléges des jésuites. Elle est citée au *Catalogue Pont-de-Vcyle*, n° 1919.

828 *bis*. RAGIONAMENTO SU L'UTILITÀ E SU LE PARTI DEL POEMA DRAMMATICO, portato dal Francese nell' Italiana favella dall' abate G. Cito.

Traduction italienne du *Discours sur l'utilité et les parties du Poëme Dramatique* ; elle se trouve dans les *Notizie letterarie intorno ad alcuni huomini illustri della Francia, pubblicate dall' abate G. Cito* ; 1738, in-4.

900. Lisez : Ἑράκλιε.

Tandis que les dernières feuilles de notre *Bibliographie* étaient sous presse, la littérature roumaine s'est enrichie d'une nouvelle traduction de Corneille. M. Georges Sion, qui nous exprimait, il y a quelques mois, le regret de voir Corneille aussi négligé de ses compatriotes, s'est mis lui-même à l'œuvre, et, dans la séance de l'Académie roumaine du 29 août-10 septembre dernier, il a présenté à cette société, dont il est un des membres les plus distingués, une traduction en vers d'*Horace*, dont l'impression a été aussitôt décidée.

915. Lisez : *Over against the New Exchange.*

928. Effacez une fois *Nicolaes.*

1146 *bis.* I VERI AMICI, Dramma recitato nel Teatro di S. Cassiano l'anno 1713; [Poesia dell'Abate Froncesco Silvani, Veneziano, e Domenico Lalli Veneziano ; Musica di Andrea Paulati, Veneziano]. *In Venezia, per Marino Rossetti,* 1713. In-12.

<small>Cet opéra, tiré d'*Héraclius,* a été repris à Venise, au théâtre Saint-Angiolo, en 1723, avec quelques changements. Il a été fait alors une nouvelle édition du livret (*In Venezia, per Francesco Storti,* 1723, in-12).</small>

BIBLIOGRAPHIE
CORNÉLIENNE

I. — ÉDITIONS DES PIÈCES DE THÉATRE DE CORNEILLE

PUBLIÉES PAR LUI-MÊME.

I

1. Melite, ‖ ov ‖ les favsses ‖ Lettres. ‖ Piece Comique. ‖ *A Paris,* ‖ *Chez François Targa, au premier* ‖ *pillier de la grande Salle du Palais, deuant* ‖ *les Consultations, au Soleil d'or.* ‖ M. DC. XXXIII [1633]. ‖ Avec Priuilege du Roy. In-4 de 6 ff., 150 pp. et 1 f. blanc.

Les feuillets prélim. comprennent : 1 f. de titre ; 3 ff. pour la dédicace à M. de Liancour, l'avis *Au Lecteur* et l'*Argument*; 2 ff. pour le *Privilége* et les noms des *Acteurs*.

Le privilége, daté de Saint-Germain en Laye, le dernier jour de janvier 1633, porte : « Nostre bien amé François Targa, Marchand « Libraire de nostre bonne ville de Paris, nous a fait remontrer qu'il « a nouuellement recouuré un Livre intitulé *Melite, ou les fausses* « *Lettres, Piece comique,* faicte par Mº Pierre Corneille, Advocat « en nostre Cour de Parlement de Rouen, qu'il desireroit faire « imprimer et mettre en vente, etc. » Le privilége lui est accordé pour dix ans consécutifs, « à compter du jour et datte qu'il sera acheué d'imprimer ». On lit à la fin : *Acheué d'imprimer pour la premiere fois, le douziéme iour de Feburier mil six cens trente-trois.*

Tous les biographes de Corneille ont raconté comment il composa *Mélite,* en souvenir d'une aventure galante dont il avait été le héros. Une mention insérée dans un manuscrit de la Bibliothèque de Caen, *le Moréri des Normands* par Joseph-André Guiot de Rouen, nous a fait connaître le nom véritable de *Mélite.* C'était une demoiselle Millet, qui demeurait, ainsi que nous l'apprend M. Gaillard, rue aux Juifs, nº 15. L'abbé Granet, qui avait fait de longues recherches sur Corneille, désigne, il est vrai, l'héroïne de *Mélite* sous le nom de Mme Dupont, et l'on a supposé, pour concilier les deux versions, que la jeune fille, qui avait d'abord montré une préférence pour Corneille, avait épousé, par la suite, un autre que lui. Les documents retrouvés par M. Gosselin ne permettent pas de s'arrêter à cette hypothèse. « Au moment du mariage de Pierre Corneille, la dame Dupont se trouvait veuve de Thomas Dupont, conseiller-correcteur à la Chambre des Comptes de Rouen, et son nom était Marie Courant. Cela résulte d'un arrêt du Parlement, du 11 août 1639, qui statuait sur une difficulté née antérieurement entre les frères Thomas, Jacques et Guillaume Dupont, et sur laquelle un premier arrêt était déjà intervenu le 26 juin 1638. A cette date, Thomas Dupont vivait encore, et, circonstance assez curieuse, il avait choisi pour son procureur François Corneille, oncle de l'ami de sa femme et le sien aussi sans doute. » (*Particularités de la vie judiciaire de Corneille*, par E. Gosselin; Rouen, 1865, in-8, p. 15.) Si l'on admet l'authenticité du récit relatif à *Mélite*, il faut donc tout au moins distinguer Mlle Millet de Mme Dupont.

Pour ne pas nous éloigner de l'ordre suivi par les éditeurs de Corneille et par Corneille lui-même, nous faisons figurer *Mélite* en tête de ses œuvres, bien qu'elle n'ait été imprimée qu'après *Clitandre*. Cette première pièce fut représentée par la troupe de Mondory, la seule qu'il y eût alors à Paris. L'époque de la représentation n'a pu être jusqu'ici exactement déterminée. L'opinion la plus probable la place à la fin de l'année 1629 ou au commencement de l'année 1630. Le succès confirma la vocation dramatique de Corneille.

Quelques exemplaires de l'édition originale présentent des corrections qui indiquent de légers remaniements pendant le tirage. La faute d'impression 9ε au lieu de 63, qui se remarque dans la pagination des premiers exemplaires, a disparu des seconds; on a, de plus, introduit en manchette, p. 101, après le vers :

Si proches du logis, il vaut mieux l'y porter,

l'indication d'un jeu de scène : *Cliton et la Nourrice emportent Mélite pasmée en son logis, ou Cloris les suit appuyée sur Lisis*. Par contre, on a laissé subsister les fautes *Episrte* pour *Epistre*, au titre courant de la p. v, et 79 pour 97 dans la pagination. Les deux tirages se trouvent à la Bibliothèque nationale : le premier y est porté Y. 5801, le second Y. 5801 + A.

Il existe, sous la date de 1633, une édition de *Mélite* dans le format in-8, que M. Brunet et M. Frère ont rangée, sans l'avoir vue, parmi les éditions originales de Corneille. Nous avons eu l'occasion de l'examiner, et nous avons reconnu que c'est une simple contrefaçon. On en trouvera la description ci-après, en tête de notre chapitre VII. C'est probablement cette édition qui est citée au Catalogue Pompadour (n° 890), avec la mention : *Paris, Targa*, 1633, in-12.

II

2. CLITANDRE, || OV || L'INNOCENCE || DELIVRÉE || Tragi-Comedie. || Dediée à Monseigneur || le Duc de Longueuille. || *A Paris,* || *Chez François Targa, au premier pilier* || *de la grand'Salle du Palais, au Soleil d'or.* || M. DC. XXXII [1632]. || Auec Priuilege du Roy. — MESLANGES || POETIQVES || Du mesme. || *A Paris,* || *Chez François Targa, au premier* || *pilier de la grand'Salle du Palais,* || *au Soleil d'or.* || M. DC. XXXII [1632]. || Auec Priuilege du Roy. In-8 de 12 ff. et 159 pp.

Collation des feuillets prélim. : 1 f. de titre; 5 pp. pour la dédicace; 6 pp. pour la *Préface*; 9 pp. pour l'*Argument*; 1 f. pour l'*Extrait du Privilége* et les *Acteurs*.

Clitandre occupe les 118 pp. suivantes; il y a ensuite un feuillet blanc, puis vient le second titre. Les *Meslanges poëtiques* continuent la pagination et même les signatures de la pièce (le cahier H compte 4 ff. de *Clitandre* et 4 ff. des *Meslanges*); ils ne peuvent donc en être détachés.

Le privilége, donné à Paris le 8 mars 1632, est accordé à *François Targa*, pour six ans. L'achevé d'imprimer est du 20 mars 1632.

Corneille paraît ici pour la première fois devant le public. Il avait déjà fait représenter *Mélite*, qui lui avait valu une certaine réputation; mais il aima mieux livrer d'abord à l'impression son *Clitandre*, pour lequel il semble avoir eu une affection particulière. Il s'était efforcé d'en faire une pièce plus régulière que sa *Mélite,* et dont le nœud, l'intrigue, tous les incidents et la conclusion pussent tenir dans un espace de vingt-quatre heures. Il voulut aussi l'écrire « dans un style plus élevé », ce qui ne l'empêcha pas de se permettre une de ces licences qui ne seraient guère de mise aujourd'hui sur la dernière de nos scènes comiques. Calliste, fiancée de Rosidor, vient trouver celui-ci dans son lit; « il est vrai, dit Fontenelle, qu'ils doivent bientôt être mariés. »

Lorsque Corneille eut acquis l'habitude du théâtre, il reconnut que *Clitandre* était peu digne de lui; il en fit si bonne justice dans l'*Examen* qu'il y ajouta, qu'on eût dit qu'il se reprochait son ancienne prédilection.

Clitandre dut être joué en 1631. En en plaçant la représentation en 1632, les frères Parfaict nous semblent n'avoir pas pris garde à la date du privilége et de l'achevé d'imprimer. Il est difficile d'ad-

mettre que si, par exemple, la pièce avait été donnée au mois de janvier, le privilége, dont l'obtention demandait certainement d'assez longues démarches, eût pu être daté des premiers jours de mars. Corneille, d'ailleurs, n'était pas encore assez connu pour que les libraires missent une grande diligence à l'imprimer. Ce qui le prouve bien, c'est que Targa crut nécessaire de grossir quelque peu le volume, avant de le lancer dans le public, circonstance qui vint probablement encore retarder l'impression. En effet, les *Meslanges* sont précédés de l'avis suivant : « Au Lecteur. Quelques-unes de
« ces pieces te desplairont : sçache aussi que je ne les justifie pas
« toutes, et que je ne les donne qu'à l'importunité du Libraire pour
« grossir son Livre. Je ne croy pas cette Tragi-Comedie si mauvaise,
« que je me tienne obligé de te recompenser par trois ou quatre
« bons Sonnets. »

Les pièces contenues dans le recueil sont :

A monsieur D. L. T.

    Enfin eschappé du danger
    Où mon sort me voulut plonger...

Ode sur un prompt Amour.

    O Dieux! qu'elle sçait bien surprendre...

A Monseigneur le Cardinal de Richelieu. Sonnet.

    Puisqu'un d'Amboise et vous d'un succez admirable...

Sonnet pour M. D. V. envoyant un Galand à M. L. D. L.

    Au point où me réduit la distance des lieux...

Madrigal pour un Masque donnant une boëte de Cerises confites à une Damoiselle.

    Allez voir ce jeune Soleil....

Epitaphe de Didon. Traduit du Latin d'Ausone.

    Miserable Didon, pauvre amante seduite..

Mascarade des Enfants gastez.

    L'Officier. Une ambition desreglée...

Récit pour le Ballet du Chasteau de Bissestre.

    Toy dont la course journaliere...

Pour monsieur L. C. D. F. representant un diable au mesme Ballet. Epigramme.

    Quand je voy, ma Phillis, ta beauté sans seconde...

Stances sur une absence en temps de pluye.

    Depuis qu'un malheureux adieu...

Sonnet.

Apres l'œil de Melite il n'est rien d'admirable...

(Ce sonnet avait été récité au théâtre, lors de la représentation de *Mélite*, mais il était encore inédit en 1632.)

Madrigal.

Je suis blessé profondément...

Epigrammes. Traduites du Latin d'Audoenus [Owen].

Jane toute la journée
Dit que le joug d'Hyménée...

Dialogue. Tirsis. Calliste.

Tirsis. Calliste mon plus cher souci...

Chanson.

Toy qui près d'un beau visage
Ne veux que feindre l'amour...

Chanson.

Si je perds bien des maistresses
J'en fais encor plus souvent...

III

3. LA || VEFVE || OV LE || TRAISTRE || TRAHY. || Comedie. || A Paris, || Chez François Targa, au premier || pilier de la grand'Salle du Palais deuant la || Chappelle, au Soleil d'or. || M. DC. XXXIV [1634]. || Auec Priuilege du Roy. In-8 de 20 ff. prélim., sign. ã, ẽ, par 8, ĩ par 4, et 144 pp. imprimées en caract. ital.

Les feuillets prélim. contiennent : 1 titre, 5 pp. pour la dédicace à Madame de la Maison-Fort et 4 pp. pour l'avis *Au Lecteur* (lequel n'a pas été réimprimé ailleurs). Les 23 pp. suivantes sont occupées par des vers que divers auteurs adressent à Corneille, au sujet de sa pièce. Ces hommages sont au nombre de 26 ; ils sont signés de Scudéry, Mairet, Guérente, I. G. A. E. P. [Jacques Gaillard, avocat en Parlement], de Rotrou, C. B. [Charles Beys], Du Ryer, Bois-Robert, d'Ouville, Claveret, J. Collardeau, L. M. P. [Louis Mauduit, Parisien, auteur du poëme de *Narcisse*], du Petit Val, Pillastre, de Marbeuf, de Canon, L. N. [Louis Neufgermain, ou L. Nondon, auteur de la tragédie de *Cyrus*], Burnel, Marcel, Voille, Beaulieu et A. C. [A. Chappelain, ou Adam Campigny, poëtes cités en 1633 et 1634]. Il y a parmi ces noms des auteurs connus et des auteurs inconnus. Ces derniers devaient être des Rouennais, amis du poëte, ainsi que M. Taschereau le suppose avec beaucoup de vraisemblance. Il y avait à Rouen, au commencement du dix-septième siècle, deux libraires appelés *du Petit-Val :* Raphaël et David. L'un et l'autre publièrent un grand nombre de pièces de théâtre Voy. notamment le Catalogue Soleinne, nos 879, 881, 906 à 911 et 1022. Il s'agit sans doute ici de David, neuf fois couronné par l'Académie des Palinods (1615-1658). Aucun des éditeurs modernes n'a cherché à interpréter les initiales ; nous les expliquons sous toutes réserves, d'après une note que M. P. Lacroix a bien voulu nous communiquer. *La Veuve* est, du reste, la seule de ses pièces que Corneille ait eu la faiblesse de faire précéder de stances, sonnets, strophes et madrigaux en son honneur, et il ne manqua pas de les supprimer dans le recueil de 1644 et dans les éditions suivantes. — Le recto du 19e f. est occupé par l'extrait du privilége, accordé à *François Targa,* pour six ans, par lettres datées du 9 mars 1634. L'achevé d'imprimer qui suit le privilége est du « treisiesme jour de mars mil six cens trente-quatre ». Au verso du 19e f., on trouve le relevé des plus notables fautes survenues à l'impression ; enfin le 20e f. contient au recto l'*Argument* et, au verso, la liste des *Acteurs.*

La plupart des éditeurs de Corneille, et M. Taschereau lui-même, ont cru que la *Veuve* n'avait dû être représentée qu'en 1634 ; M. Marty-Laveaux (*Œuvres de Corneille*, I, p. 373) a démontré, à l'aide de deux passages de la dédicace, que la représentation avait dû avoir lieu plus tôt et que les frères Parfaict avaient eu raison de la placer en 1633. (*Hist. du Théatre François*, t. V, p. 43.)

IV

4. LA || GALERIE || DV PALAIS, || OV || L'AMIE RIVALLE. || Comedie. || *A Paris,* || *Chez Augustin Courbé, Imprimeur & Libraire de* || *Monseigneur frere du Roy, dans la petite Salle* || *du Palais, à la Palme* ; [ou *Chez François Targa, au premier pilier de la grand'* || *Salle du Palais, deuant la Chappelle,* || *au Soleil d'or*]. || M. DC. XXXVII [1637]. || Auec Privilege du Roy. In-4 de 4 ff. et 143 pp.

Collation des feuillets prélim. : titre ; 3 pp. pour la dédicace ; 2 pp. pour le *Privilége ;* 1 p. pour les noms des *Acteurs.*

Nous trouvons ici le texte entier du privilége accordé à *Courbé,* pour « trois Comédies ; Sçavoir *La Galerie du Palais, ou l'Amie* rivalle, La Place Royalle, ou l'Amoureux Extravagant, et la Suivante ; Et une Tragédie-Comédie intitulée, Le Cid, composées par M. Corneille. » Ce privilége est donné pour une durée de vingt ans, à la date du 21 janvier 1637, et Courbé déclare y associer *François Targa*, « suivant le contract passé entr'eux pardevant les Notaires du Chastelet de Paris ». L'achevé d'imprimer est du 20 février 1637.

M. Marty-Laveaux, à l'exemple des précédents éditeurs de Corneille, a d'abord placé la représentation de la *Galerie du Palais* en 1634, mais il a remarqué ensuite un passage d'une pièce latine adressée par Corneille à Richelieu, pièce qui a dû être composée en 1634, et dans laquelle il est question de la *Place Royale*. Il a fallu avancer d'un an la date généralement admise de cette comédie, et, comme il n'est pas probable que Corneille ait pu donner trois pièces en un an, changer aussi la date de la *Galerie du Palais* et la reporter à 1633. (Voy. *Œuvres de Corneille*, éd. Marty-Laveaux, t. X, pp. 7 et 65.)

Corneille assura le succès de sa quatrième comédie en lui donnant pour scène un lieu connu de tous, cette fameuse Galerie du Palais, où se vendaient ses ouvrages et qui était alors le rendez-vous du monde élégant. Ses détracteurs lui reprochèrent plus tard avec aigreur cette manière de fixer l'attention du public. Un pamphlet anonyme publié dans la querelle du *Cid*, la *Lettre à* *** *sous le nom d'Ariste*, contient le passage suivant : « Il reste maintenant à parler de ses autres pièces qui peuvent passer pour farces, et dont les tiltres seuls faisoient rire autrefois les plus sages et les plus sérieux. Il a fait voir une *Mélite*, la *Galerie du Palais* et la *Place Royale*, ce qui nous faisoit espérer que Mondory annonceroit bientost le *Cimetière S. Jean*, la *Samaritaine* et la *Place aux Veaux*. » Ce passage est curieux, parce qu'il prouve que toutes les comédies de Corneille furent représentées par Mondory ; on l'avait supposé jusqu'ici, mais on n'avait appuyé cette opinion d'aucune preuve.

Une innovation qui mérite d'être rappelée est la suppression de la nourrice traditionnelle, que Corneille avait conservée dans *Mélite* et dans la *Veuve*, et qui est remplacée ici par une « suivante ». A la vérité, les suivantes remplirent toujours plus ou moins le rôle joué jadis par les nourrices ; elles ne ressemblèrent en rien aux chambrières du XVI° siècle ou du commencement du XVII°. Ces dernières intriguaient toujours pour leur propre compte, tandis que les suivantes n'intriguèrent que pour leur maîtresse.

La *Galerie du Palais* dut rester en portefeuille pendant quatre ans. Elle ne vit le jour qu'après que le *Cid* eut mis le sceau à la réputation de Corneille. Elle fut ainsi comprise dans le Privilége accordé au libraire du poëte triomphant, privilége d'une durée plus longue qu'aucun de ceux que nous avons rencontrés à cette époque.

La mention qui termine le privilége, mention que nous trouvons, du reste, en plusieurs autres endroits, devrait inspirer à quelque chercheur l'idée de fouiller les études des notaires de Paris, pour y retrouver les minutes des contrats intervenus entre Courbé,

Targa, Sommaville, de Luyne, Billaine et les autres éditeurs des grands écrivains du xviie siècle. Nul doute qu'il ne se soit conservé quelques-uns de ces actes, qui nous révéleraient de piquants détails sur les bénéfices qu'une pièce de Corneille pouvait rapporter aux libraires qui la publiaient.

Les exemplaires avec le nom de *Targa* sont très-rares. On en conserve un à la Bibliothèque de l'Institut (Q. 150. B).

V

5. La ǁ Svivante, ǁ Comedie. ǁ *A Paris,* ǁ *Chez Augustin Courbé, Imprimeur* ǁ *& Libraire de Monseigneur Frere du Roy, dans la* ǁ *petite Salle du Palais, à la Palme ;* [ou *Chez François Targa, au premier* ǁ *Pilier de la grand' Salle du Palais, deuant* ǁ *la Chappelle, au Soleil d'or*]. ǁ M. DC. XXXVII [1637]. ǁ Avec Privilege du Roy. In-4 de 5 ff. prélim. et 128 pp.

Les feuillets prélim. contiennent : 1 f. de titre et 3 ff. pour l'épître dédicatoire (sign. ã), plus 1 f. non signé, formant encart pour l'*Extrait du Privilége*. Ce dernier texte est extrait du privilége, donné pour vingt ans à Augustin Courbé, à la date du 21 janvier 1637, c'est-à-dire après la représentation du *Cid*. Courbé déclare y associer François Targa. L'achevé d'imprimer est du 9 septembre 1637.

La Suivante dut être représentée en 1634, mais ne fut publiée qu'après le grand succès du *Cid*. Cette circonstance explique le ton de l'épître qui la précède. Tout en présentant sa pièce au public sous la forme d'une dédicace probablement imaginaire, il vise les ennemis du *Cid* et défend ses œuvres avec la conscience de son génie. Quant à *la Suivante*, « elle est d'un genre, dit-il, qui de-
« mande plustost un style naïf que pompeux : les fourbes et les
« intrigues sont principalement du jeu de la Comedie, les passions
« n'y entrent que par accident. Les regles des Anciens sont assez
« religieusement observées en celle-cy : il n'y a qu'une action prin-
« cipale à qui toutes les autres aboutissent, son lieu n'a point plus
« d'estendue que celle du Theatre, et le temps n'en est point plus
« long que celuy de la representation, si vous en exceptez l'heure
« du disner qui se passe entre le premier et le second Acte. La
« liaison mesme des Scenes, qui n'est qu'un embellissement, et
« non pas un precepte, y est gardée ; et si vous prenez la peine de
« conter les vers, vous n'en trouverez pas en un acte plus qu'en
« l'autre. [Il y a 340 vers dans chaque acte.] Ce n'est pas que je me
« sois assujetty depuis aux mesmes rigueurs : j'ayme à suivre les
« regles, mais, loin de me rendre leur esclave, je les élargis et reserre

« selon le besoin qu'en a mon sujet, et je romps mesme sans scru-
« pule celle qui regarde la durée de l'action, quand sa severité me
« semble absolument incompatible avec les beautez des evenemens
« que je décris. »

VI

6. La Place || Royalle, || ov || l'Amovrevx || Extravagant.
|| Comedie. || *A Paris,* || *Chez Augustin Courbé, Impri-
meur & Libraire de* || *Monseigneur frere du Roy, dans la
petite Sale* [sic] *du Palais, à la Palme;* [ou *Chez François
Targa au premier pillier de la* || *grand'Salle du Palais,
deuant la Chapelle,* || *au Soleil d'or*]. || M. DC. XXXVII
[1637]. || Auec Privilege du Roy. In-4 de 4 ff. prélim.
et 112 pp.

Collation des feuillets prélim. : 1 f. de titre ; 2 ff. pour la dédicace
à Monsieur *** et 1 f. pour le Privilége.

L'extrait du privilége est le même que celui de *la Suivante*. Il
y a de même partage amiable entre *Courbé* et *Targa*. L'achevé
d'imprimer est du 20 février 1637.

Nous avons déjà parlé, à propos de *la Galerie du Palais*, de la
pièce latine adressée par Corneille au cardinal de Richelieu, en
l'année 1634, pièce qui contient une allusion à *la Place Royale*
(voy. Marty-Laveaux, *Œuvres de Corneille*, t. X, pp. 64-72, et, en
particulier, les vers 29 et 30 du poëme latin). Il convient
donc de placer en 1634 la représentation de cette comédie, que l'on
considère généralement comme ayant eu lieu en 1635.

Corneille, en prenant pour titre de sa pièce le nom de la Place
où se réunissait alors le beau monde, voulut exploiter le succès
qu'il avait obtenu avec *la Galerie du Palais*. Il paraît que Claveret
avait déjà fait choix du même titre pour un de ses ouvrages, et, dans
sa lettre « au soy-disant auteur du *Cid* », il accuse Corneille de
plagiat. « Il faudrait, dit M. Taschereau, avoir la bosse du vol bien
prononcée pour se laisser aller à dérober quoi que ce fût à Claveret. » (*Hist. de Corneille*, 2e éd., p. 34.)

Le principal personnage de *la Place Royale*, Alidor, parle des
femmes, en termes peu ménagés, et, s'il faut en croire l'édition
de *Corneille*, publiée en 1747, plusieurs spectatrices se plaignirent
de ce que leur sexe était aussi peu ménagé par le poëte ; aussi,
l'épître dédicatoire à M. *** contient-elle une longue justification
d'Alidor, dont l'auteur déclare ne point partager les sentiments.

La Bibliothèque nationale possède un exemplaire au nom de *Courbé*,
et la Bibliothèque de l'Institut un exemplaire au nom de *Targa*.

VII

7. Medee ‖ Tragedie. ‖ *A Paris,* ‖ *Chez François Targa,* au ‖ *premier pillier de la grand' Salle du Palais,* ‖ *deuant la Chapelle, au Solier* [sic] *d'or.* ‖ M. DC. XXXIX [1639]. ‖ Auec Priuilege du Roy. In-4 de 4 ff. et 95 pp.

Les feuillets prélim. contiennent : 1 titre ; 2 ff. pour la dédicace à Monsieur P. T. N. G. et 1 f. pour l'*Extrait du Privilège* et les noms des *Acteurs.*

Le privilége, daté du 11 février 1639, est accordé à *François Targa*, pour sept ans. L'achevé d'imprimer est du 16 mars 1639.

Médée dut être représentée dans les premiers mois de l'année 1635, mais ne fut imprimée que deux ans après le *Cid*, en même temps que l'*Illusion comique*. Corneille, obligé de répondre aux attaques furieuses de ses ennemis, ne se pressa point de donner un nouvel aliment à leurs critiques, en faisant imprimer les deux pièces qui n'avaient pas été comprises dans le privilége du *Cid*. Après avoir obtenu ce privilége pour vingt ans, son libraire n'obtint que sept ans pour *Médée* et l'*Illusion comique*. On dirait ainsi que les injures des Mairet et des Claveret produisirent impression sur les Conseils du roi.

Jusqu'ici Corneille n'est connu que comme poëte comique ; il se révèle maintenant comme poëte tragique, en faisant choix d'un sujet déjà traité par Euripide et par Sénèque. Il y a de beaux vers dans sa *Médée*, et, malgré des faiblesses et des longueurs, on y sent déjà l'auteur du *Cid*. Cette première tragédie n'eut pourtant pas de succès, et l'indifférence du public peut expliquer qu'elle n'ait vu le jour qu'après *le Cid*. La troupe de Molière, qui avait repris la pièce donnée au théâtre de l'Hôtel de Bourgogne, plus de vingt-cinq ans auparavant, ne l'en conserva pas moins au répertoire, mais ne la joua jamais seule. Le Registre de Lagrange en mentionne 13 représentations, de 1665 à 1677. Le 2 octobre 1665, elle fut donnée avec l'*Alexandre* de Racine ; le 7 et le 9 novembre 1666, elle reparut avec *le Menteur*, etc.

M. Marty-Laveaux dit que la *Médée* de Longepierre, représentée en 1694, fit oublier celle de Corneille, ce qui n'est pas absolument exact. Longepierre s'était plus ou moins inspiré de son devancier et, loin de s'appliquer à éviter ses défauts, les avait encore exagérés. Il est vrai que sa *Médée* resta au théâtre pendant tout le cours du xviiie siècle, « parce que le rôle principal, ainsi que le remarque M. Taschereau, offrait l'occasion de briller à une actrice imposante » ; mais la pièce de Corneille ne fut pas entièrement oubliée.

Un curieux travail placé à la fin de l'édition de Racine, publiée par M. Ménard, nous apprend qu'elle fut reprise en 1763. Quelques scènes en ont été représentées au Théâtre-Français dans ces dernières années, notamment en 1871, et les spectateurs ont témoigné leur intérêt pour l'œuvre de Corneille.

Vendu : 170 fr. vél., Huillard, 1870 (n° 589).

VIII

8. L'ILLVSION || COMIQVE || Comedie. || *A Paris,* || *Chez François Targa, au* || *premier pillier de la grand' Salle du Palais,* || *deuant la Chapelle, au Soleil d'or.* || M. DC. XXXIX [1639]. || Auec Priuilege du Roy. In-4 de 4 ff. et 124 pp.

Les feuillets prélim. contiennent : 1 f. de titre ; 3 pp. pour la dédicace à Madamoiselle M. F. D. R.; 1 p. pour l'errata, et 1 f. pour l'*Extrait du Privilége* et les noms des *Acteurs*.

Le privilége est accordé à François Targa, à la date du 11 février 1639, pour une durée de sept ans. L'achevé d'imprimer est du 16 mars 1639, comme celui de *Médée*, imprimée en vertu du même privilége.

« Si *Médée*, qui fait honneur au jeune talent de Corneille, fut froidement accueillie, dit M. Taschereau, une composition extravagante, que les admirateurs de son génie voudraient pouvoir rayer du catalogue de ses pièces, fut peu après reçue avec enthousiasme : nous voulons parler de l'*Illusion,* représentée en 1636. Il la déclare lui-même un *monstre étrange*, et ce jugement n'est que juste. Toutefois, on peut s'expliquer, par le mouvement qu'elle présente, par une grande supériorité de style sur tous les précédents ouvrages du même auteur, et par la nouveauté du personnage de *Matamore*, imité du *Miles gloriosus* de Plaute et du Capitan du théâtre espagnol, l'avantage qu'elle eut de se maintenir pendant plus de trente ans à la scène. »

Malgré ce jugement sévère, M. Taschereau lui-même cite un fort beau passage de l'*Illusion* (c'est le titre que porta la pièce à partir de 1660), le passage où Corneille prend à tâche de relever la profession de comédien, comme s'il ne voulait pas qu'on pût confondre un jour les interprètes du *Cid* avec les saltimbanques ou les faiseurs de parade. M. Marty-Laveaux cite d'autres vers, placés dans la bouche de Matamore, mais qui ne sont pas empreints de l'exagération comique propre à ce personnage ; on les dirait empruntés au récit de Rodrigue dans le *Cid.* Ajoutons que certains vers de l'*Illusion* sont dans toutes les mémoires, ceux-ci par exemple :

> Ainsi de nostre espoir la Fortune se joue ;
> Tout s'esleve ou s'abaisse au bransle de sa roue,
> Et son ordre inégal qui regit l'Univers
> Au milieu du bonheur a ses plus grands revers.
> (Acte V, scène vi, de l'édition originale.)

Il ne s'agit pas ici de défendre le sujet de l'*Illusion*, ni d'y chercher, à l'exemple de M. Aimé-Martin, l'histoire de Corneille et de Mondory ; mais nous pouvons nous étonner du mépris avec lequel M. Taschereau parle du rôle de Matamore. Ce personnage pouvait ne pas être goûté en 1829, mais il est étrange que M. Taschereau ne l'ait pas traité avec plus d'indulgence en 1855, dans sa seconde édition. Lors de la timide reprise de l'*Illusion comique*, faite par M. Édouard Thierry, en 1861 et en 1862, pour l'anniversaire de la naissance de Corneille, l'artiste de talent chargé d'interpréter le rôle de Matamore a su montrer que, pour ne pas appartenir au genre élevé, la figure du spadassin gascon n'est pas moins d'un effet véritablement comique. Corneille, plus encore que Mareschal ou que Scarron, a fait passer en proverbe le nom de Matamore, sous lequel fut longtemps connu l'acteur Bellemore.

IX

9. Le Cid ǁ Tragi-Comedie. ǁ *A Paris,* ǁ *Chez Augustin Courbé, Im-* ǁ *primeur & Libraire de Monseigneur* ǁ *frere du Roy, dans la petite Salle du* ǁ *Palais, à la Palme ;* [ou *Chez François Targa,* ǁ *au premier pillier de la grand' Salle du Palais,* ǁ *deuant la Chapelle, au Soleil d'or*]. ǁ M. DC. XXXVII [1637]. ǁ Auec Priuilege du Roy. In-4 de 4 ff. et 128 pp.

Collation des feuillets prélim. : titre ; 2 ff. pour la dédicace à Madame de Combalet ; 1 f. pour l'*Extrait du Privilége* et les noms des *Acteurs*.

Le privilége, accordé à *Courbé* pour le *Cid*, en même temps que pour *la Galerie du Palais, la Place Royalle* et *la Suivante* (voy. ci-dessus), est daté du 21 janvier 1637 et garantit les droits de l'éditeur pendant vingt ans. Courbé déclare y associer *Fr. Targa*, « suivant le contract passé entr'eux pardevant les Notaires du Chastelet de Paris ». L'achevé d'imprimer est du 23 mars 1637.

Dans certains exemplaires, dans un notamment qui fait partie de la collection Cousin, l'adresse du libraire *Courbé* est ainsi disposée : *A Paris,* || *Chez Augustin Courbé,* || *Imprimeur & Libraire de Monseigneur* || *frere du Roy, dans la petite Salle* || *du Palais, à la Palme.* L'Achevé d'imprimer y est, non plus du 23 mars, mais du 24 mars 1637.

La 3º stance récitée par Rodrigue à la fin du premier acte est ainsi conçue, dans les exemplaires de la première catégorie :

> Pere, maistresse, honneur, amour,
> Illustre tyrannie, adorable contrainte,
> Par qui de ma raison la lumiere est esteinte,
> A mon aveuglement rendez un peu de jour.

Les autres exemplaires, avec l'achevé d'imprimer du 24 mars, portent :

> Pere, maistresse, honneur, amour,
> Noble et dure contrainte, aymable tyrannie,
> Tous mes plaisirs sont morts ou ma gloire est ternie ;
> L'un me rend mal-heureux, l'autre indigne du jour.

On trouve, dans les éditions in-12 citées ci-après, une troisième leçon très-différente.

Corneille avait déjà composé la tragédie de *Médée*, quand il emprunta aux auteurs espagnols le sujet du *Cid*. Ce fut, dit-on, à l'instigation de l'évêque de Chalon qu'il abandonna le théâtre de Sénèque pour suivre les traces de Guillen de Castro. Les *Mocedades del Cid* et les diverses romances du Cid donnèrent naissance à une tragédie qui excita, dès qu'elle parut, l'admiration universelle. Voltaire a cru découvrir, en 1764, que la pièce de Corneille avait été presque mot à mot traduite d'une pièce de Diamante, intitulée : *El Honrador de su padre*, mais il a été démontré depuis que Diamante n'avait fait que traduire la tragédie française vingt ans plus tard.

Si l'on en croit les frères Parfaict (*Histoire du Théatre François*, t. VI, p. 92), *le Cid* fut représenté vers la fin de novembre 1636. Il fut joué par Mondory et sa troupe, et les acteurs montrèrent tant de talent, que les adversaires du *Cid* leur attribuèrent tout le succès de la nouvelle tragédie.

« Il est malaisé, dit Pellisson (*Relation concernant l'histoire de l'Académie françoise*, 1653, in-8, pp. 186 sq.), il est malaisé de s'imaginer avec quelle approbation cette pièce fut reçue de la cour et du public. On ne se pouvoit lasser de la voir, on n'entendoit autre chose dans les compagnies, chacun en sçavoit quelque partie par cœur, on la faisoit apprendre aux enfants, et en plusieurs endroits de la France il estoit passé en proverbe de dire : *Cela est beau comme le Cid.* »

L'immense supériorité du *Cid* sur toutes les productions dramatiques qui l'avaient précédé excita la jalousie de tous les auteurs qui tenaient alors le premier rang dans l'estime publique. Les Mairet, les Claveret, les Scudéry, ces anciens amis de Corneille, se déchaînèrent contre lui avec une véritable fureur. Ils entassèrent libelle sur libelle, injure sur injure, sans parvenir à ternir la gloire du poëte, qui leur répondit en homme qui a la conscience de sa force et de son génie. Il eut pour lui le public et une puissante protectrice, Anne d'Autriche, qui vit avec bonheur sur la scène les héros de sa chère Espagne. La reine paralysa quelque peu les mauvaises dispositions de Richelieu, qui, dans sa jalousie contre *le Cid*, prenait plaisir à le voir jouer par des laquais et des marmitons. C'est très-vraisemblablement à son influence que Pierre Corneille le père dut les lettres de noblesse qu'il reçut en janvier 1637. Mme de Combalet, à qui fut dédiée l'édition originale du *Cid*, s'intéressa très-chaudement à l'auteur. C'était la nièce et, si l'on doit ajouter foi aux récits souvent suspects de Guy-Patin et de Tallemant des Réaux, plus que la nièce du cardinal. Son intervention eût pu calmer les jalousies excitées contre Corneille, s'il ne les avait imprudemment réveillées en faisant paraître son *Excuse à Ariste*.

Nous n'avons pas à étudier ni même à énumérer ici les pièces publiées dans la célèbre querelle du *Cid;* elles seront décrites ci-après dans notre chapitre XIX. Nous voulons seulement ajouter quelques mots sur les acteurs qui jouèrent à l'origine les rôles de la tragédie. M. Marty-Laveaux a fait à ce sujet de très-intéressantes recherches, dont nous pouvons profiter à notre tour. *Mondory* représenta Rodrigue pendant quelque temps, mais il fut frappé d'une attaque d'apoplexie qui lui enleva la parole. Mlle *Villiers* joua Chimène, ainsi que nous l'apprend Scudéry dans sa *Lettre à l'Académie*, p. 5. D'après M. Aimé-Martin, qui ne cite, il est vrai, aucun texte à l'appui de son dire, le personnage de don Diègue aurait été créé par *d'Orgemont;* ce qui est certain, c'est qu'il fut rempli ensuite par *Le Baron*, qui mourut en 1655. Le rôle de l'Infante, si souvent et si justement critiqué, fut joué par Mlle *Beauchâteau* et ne fut sans doute composé que pour elle. « Doña Urraque, dit Scudéry dans ses *Observations sur le Cid*, n'y est que pour faire jouer la *Beauchâteau*. » Corneille fait lui-même cet aveu, dans son *Discours du poëme dramatique*, quand il dit : « Aristote blasme « fort les Episodes détachez, et dit que les mauvais Poëtes en font « par ignorance, et les bons en faveur des Comédiens, pour leur « donner de l'employ. L'Infante du *Cid* est de ce nombre, et on « la pourra condamner ou luy faire grace par ce texte d'Aris- « tote, suivant le rang qu'on voudra me donner parmy nos mo- « dernes. »

Un manuscrit conservé à la Bibliothèque nationale (Msc. fr., n° 2509, ancien fonds de Versailles n° 237) nous donne une liste complète des acteurs qui jouaient le *Cid*, à l'époque de la mort de Corneille. Ce manuscrit intitulé : *Repertoire des Comedies françoises qui se peuvent jouer eu 1685*, a été exécuté pour le Dauphin, dont la reliure porte les armes. Il contient la distribution complète de 73 pièces des deux Corneille, de Rotrou, de Du Ryer, Molière, Racine, etc., plus une liste de 28 « petites comedies », sans l'indication des acteurs. Ces pièces formaient le répertoire courant des comédiens du roi au commencement de l'année 1685 (il est probable que le manuscrit fut exécuté avant l'époque du carnaval).

Voici la distribution du *Cid* :

DAMOISELLES.

Chimene : *Chanmeslé.*
Elvire : *Guiot.*
L'Infante : *le Comte.*
Leonor : *Poisson.*

HOMMES.

Rodrigue : *Baron.*
D. Diegue : *Chanmeslé,* ou *Guerin.*
Le Roy : *le Comte,* ou *la Tuillerie.*
D. Sanche : *de Villiers,* ou *la Torilliere.*
D. Arias : *Hubert.*
D. Alonze : *Beauval.*
Le Comte : *La Tuillerie.*

En 1728, un anonyme, que l'on a cru être Jean-Baptiste Rousseau, publia une édition remaniée du *Cid,* dans laquelle il avait supprimé le rôle de l'Infante, celui de Léonor et celui du page (voy. ci-après chap. XIV). Cette suppression fut dès lors admise au Théâtre-Français, où l'on s'avisa plus tard de retrancher la première scène entre Élvire et Chimène, et de commencer la pièce par la scène IIIe de l'original :

Enfin vous l'emportez, et la faveur du Roy
Vous esleve en un rang qui n'estoit deub qu'à moy.

En 1737 et en 1741, on tenta de remettre *le Cid* au théâtre, dans son intégrité ; le 1er juin 1806, Napoléon le fit jouer à Saint-Cloud, par Monvel (don Diègue), Talma (Rodrigue), Mlle Duchesnois (Chimène), Lafon (le Roi), Mlle Georges (l'Infante) ; mais, malgré une distribution aussi extraordinairement favorable, l'épreuve ne réussit pas. Le 22 janvier 1842, la première scène fut jouée dans son intégrité, pour une représentation de Mlle Rachel, mais ce n'est que le 4 octobre 1872 que la pièce a été jouée sans coupure, sur le Théâtre-Français, pour la première fois depuis plus d'un siècle. Les débuts de M. Mounet-Sully et de Mlle Rousseil ont été l'occasion de cette restitution.

Le Cid, ainsi que nous l'apprend Corneille dans sa *Lettre apologétique*, fut représenté trois fois au Louvre et deux fois à l'hôtel de Richelieu. Le Registre de Lagrange mentionne quatre représentations en 1659 et deux en 1679. A partir de cette époque, nous pouvons, en nous aidant du curieux travail de M. Despois (*Œuvres de Racine*, éd. Mesnard, t. VIII, pp. 608 sqq.), dresser un tableau des représentations du *Cid*, données par les Comédiens du Théâtre-Français, de 1680 à février 1875 :

De 1680 à 1715	à la ville : 219 à la cour : 23	242
Règne de Louis XV (1715-1774)	à la ville : 177 à la cour : 13	190
Règne de Louis XVI (1774-1789)	à la ville : 49 à la cour : 6	55
Révolution (1789-1793)		17
Directoire, Consulat, Empire (1799-1814)	à la ville : 191 à la cour : 5	190
Restauration (1814-1830)	à la ville :	86
Règne de Louis-Philippe (1830-1848)	à la ville :	75
Seconde République (1848-1851)		9
Second Empire (1851-1870)	à la ville :	30
République (1870 à février 1875)		33
Ensemble		933

L'édition in-4 du *Cid* est peu commune, et les beaux exemplaires en sont fort rares ; nous en avons vu à la Bibliothèque nationale, à la Bibliothèque de l'Institut et à la Bibliothèque Cousin. La Bibliothèque publique de Niort en possède un dans sa première reliure, qui a appartenu à Marie de la Tour, duchesse de la Trémoille, dont la marque est collée sur l'une des gardes. Le même volume contient *la Galerie du Palais* et *la Place Royalle*. Le libraire *Targa* avait sans doute reçu un beaucoup moins grand nombre d'exemplaires que son confrère *Courbé* ; aussi, les exemplaires qui portent son nom sont-ils particulièrement rares. Nous en avons trouvé un dans la Bibliothèque municipale de Versailles, avec l'achevé d'imprimer du 24 mars.

10. Le || Cid || Tragicomedie. || *A Paris,* ||
Ches { *François Targa* / *Augustin Courbé* } *au Palai'*
S. d. [1637]. In-12 de 4 ff. et 88 pp.

Il n'y a pas d'autre titre à cette édition qu'un frontispice gravé, représentant un cippe sur lequel sont assis deux amours qui tiennent un rideau. On lit sur ce rideau le titre de la pièce et au bas du cippe le nom des libraires. Dans le coin gauche du piédestal se lit la lettre ML, monogramme du graveur Michel Lasne. Le frontispice est suivi de 2 ff. pour la dédicace et 1 f. pour l'*Extrait du Privilége* et les noms des *Acteurs*.

Cette première édition in-12 du *Cid* est d'un très-petit format (la justification est de 94 millimètres sur 49), et imprimée en très-petits caractères. Il importe de ne pas la confondre avec l'édition décrite ci-après. Le texte présente plusieurs leçons qui diffèrent des éditions in-4 ; la principale est la correction faite à la 3e des stances de Rodrigue, laquelle commence ainsi :

> Pere, maistresse, honneur, amour,
> Impitoyable loy, cruelle tyrannie,
> Tous mes plaisirs sont morts, ou ma gloire ternie :
> L'un me rend mal-heureux, l'autre indigne du jour.

Cette leçon se retrouve dans la seconde édition in-12 citée ci-après (n° 12) ; mais dans les différents recueils de ses œuvres, Corneille est revenu au texte des exemplaires de l'édition originale qui portent la date du 24 mars 1637.

L'extrait du privilége est le même que dans l'édition in-4 ; l'achevé d'imprimer est daté, en toutes lettres, du vingt-troisiesme Mars 1637. Cette date a pu faire croire que l'édition in-12 avait été tirée en même temps que la première édition in-4, qui porte la date du 23 mars, et non celle du 24 ; mais le passage des strophes de *Rodrigue* que nous avons rapporté ne permet pas de s'arrêter à cette supposition. Toutefois il est certain que l'édition in-12 dut paraître dans le courant de l'année 1637, puisque le texte en est reproduit dans deux éditions hollandaises datées de 1638.

Le prodigieux succès du *Cid* put seul donner l'idée d'en faire une édition in-12. Le format consacré pour les tragédies était l'in-4 ou, tout au moins, l'in-8. Les libraires voulurent fournir au public curieux qui discutait dans les ruelles les mérites de la pièce nouvelle un texte facile à transporter ; les lecteurs s'habituèrent à ces éditions, dont l'usage était plus commode, en même temps que le prix en était moins élevé. Toutes les pièces de Molière, de Racine, de Boursault, etc., parurent dans le format in-12. Quant aux pièces de Corneille, tant qu'elles eurent de la vogue, il en fut fait en même temps deux éditions, dans les deux formats in-4 et in-12. Le jour où le public commença de s'en dégoûter, les libraires renoncèrent définitivement à l'in-4.

Vendu : 34 fr., mar. citr., sans indication de relieur, Solar, 1860 (n° 1692).

11. LE CID ‖ Tragi-Comedie. ‖ *A Paris,* ‖ *Chez Augustin Courbé, Libraire & ‖ Imprimeur de Monsieur frere du Roy, dans la ‖ petite Salle du Palais, à la Palme;* [ou *Chez François Targa, au premier ‖ pillier de la grand'Salle du Palais, deuant ‖ la Chapelle, au Soleil d'or*]. ‖ M. DC. XXXIX [1639]. ‖ Auec Priuilege du Roy. In-4 de 4 ff. et 110 pp., caract. ital.

Le titre est suivi de 2 ff., imprimés en caractères italiques, pour la dédicace à Madame de Combalet, et d'un f. pour l'*Extrait du Privilége* et le nom des *Acteurs*. Ces ff. prélim. sont semblables à ceux de l'édition de 1637, mais le texte en est moins serré. On ne pourra les confondre en s'en rapportant aux indications suivantes :

Page iij, dernière ligne :
1637 : de six cens ans vient encor de triompher
1639 : batailles après sa mort, & son nom au bout.

Page v, dernière ligne :
1637 : quelque durée pour cet heureux effort de
1639 : ma plume, ce n'est point pour apprendre.

L'achevé d'imprimer rappelé au bas de l'extrait du privilége est du 24 mars 1637. Le texte de la troisième strophe du *Cid* reproduit le texte des exemplaires de l'édition in-4 de 1637, que nous avons rangés dans la seconde catégorie.

12. LE ‖ CID ‖ Tragicomedie. ‖ *A Paris,* ‖ Ches { *Augustin Courbé* / *Pierre le Petit* } *au Palai*' S. d. [*vers* 1642]. In-12 de 4 ff. et 88 pp.

Dans cette édition, le frontispice, l'extrait du privilége et l'achevé d'imprimer sont en tout semblables à ceux de l'édition in-12 citée plus haut (n° 10). Le texte est le même, et, comme la justification est celle que nous voyons d'ordinaire employée dans les éditions in-12 des pièces de Corneille (103 mm. sur 58), on serait tenté, au premier abord, de la considérer comme la vraie édition originale du *Cid* dans ce format, mais la mention de

Pierre le Petit, au lieu de *François Targa*, sur le titre, ne nous permet pas de nous arrêter à cette supposition. En effet, ce libraire, qui mourut en 1686, ne commença d'exercer qu'en 1642, tandis que François Ier Targa fut libraire de 1612 à 1653, époque à laquelle son fils, François II, lui succéda.

Un fait qui vient confirmer notre opinion, c'est que le frontispice de Michel Lasne, qui se trouve dans les deux éditions in-12, avec le seul changement du nom des libraires, a précisément la justification du petit in-12.

Le nombre des ff. des deux éditions est identique, mais le contenu des pp. n'est pas toujours le même. On les distinguera sans peine, sans même avoir besoin de les mesurer, en comparant les premiers mots des pp. suivantes :

ÉDITION A :	ÉDITION B :
f. 2, v° : cor de triompher...	son corps porté dans...
f. 3, r° : vous donnez tousiours...	n'ont iamais le pouvoir...
p. 5 : L'amour est un tyran...	Escoute, escoute enfin...
p. 26 : Et s'il peut m'obéir...	Soit qu'il cede..., etc., etc.

Cette édition fait partie du recueil publié en 1647, sous le nom de Tome second des *Œuvres* de Corneille.

13. LE CID ‖ Tragi-Comedie. ‖ *A Paris, Chez Augustin Courbé, Libraire &* ‖ *Imprimeur de Monseigneur le Duc d'Orléans,* ‖ *en la Salle des Merciers, à la Palme;* [ou *Chez la Veuue Iean Camusat,* ‖ *et* ‖ *Pierre le Petit, ruë Sainct Iacques, à la Toyson d'Or*]. ‖ M. DC. XXXXIV [1644]. ‖ Auec Priuilege du Roy. In-4 de 4 ff. et 110 pp., caract. ital.

Cette édition est faite sur l'édition in-4 de 1639, et le texte en est le même. Cependant la dédicace à Madame de Combalet, qui occupe les 2e et 3e ff. prélim., est imprimée ici en lettres rondes et non en caractères italiques.

Le 4e feuillet prélim. contient l'extrait du privilège au recto et les noms des Acteurs au verso. Le privilège est le même que dans la 1re édition in-4, et l'on n'y trouve que les mêmes mentions, sans qu'il soit parlé de la *Veuve Camusat* ni de *Pierre le Petit*. L'achevé d'imprimer est du 24 mars 1637.

Le passage cité plus haut des strophes du *Cid* est ici conforme au texte de l'édition in-12. Les 110 pp. de texte reproduisent exactement l'édition de 1639. Voici pourtant l'indication de quelques légères différences :

page 13, 1er vers :
1639 : Parlons en mieux, le Roy fait *honneur* à vostre *aage,*
1644 : .... le Roy fait *hõneur* à vostre *âge.*

page 15, 2º ligne :
1639 : Scene V,
1644 : Scene VII (faute d'impression).

page 33, 2º ligne :
1639 : Scene VI (faute d'impression),
1644 : Scene IV.

page 83, 1ᵉʳ vers :
1639 : Par mon *commandement*,
1644 : Par mon *cõmandement*.

Une autre différence matérielle facile à saisir, c'est que, dans l'édition de 1639, le mot *Tragicomédie*, qui figure au titre courant, est écrit en un mot jusqu'à la p. 64, tandis que, dans l'édition de 1644, il est uniformément écrit en deux mots : *Tragi-Comedie*.

Les exemplaires de cette édition avec le nom de *Courbé* sont plus rares que les autres ; nous en avons trouvé un à la bibliothèque Sainte-Geneviève (Y. 457. Rés.).

14. LE CID, ‖ Tragedie. ‖ Par P. Corneille. ‖ *A Paris,* ‖ *Chez* ‖ *Guillaume de Luyne, dans la Salle des* ‖ *Merciers, sous la montée de la Cour des Aydes* ‖ *à la Justice.* ‖ *Estienne Loyson, au premier Pillier de* ‖ *la grand' Salle proche les Consultations* ‖ *au Nom de Jesus.* ‖ *Pierre Traboüillet, dans la Galerie des* ‖ *Prisonniers, à l'Image S. Hubert, & à la Fortune* ‖ *proche le Greffe des Eaux & Forests.* ‖ M. DC. LXXXII [1682]. ‖ Avec Privilege du Roy. In-12 de 2 ff. prél. pour le titre et le privilége, 74 pp. et 1 f. blanc, sign. A. D.

Édition publiée en vertu du privilége général accordé en 1679, à *G. de Luyne* et à ses associés. C'est un simple extrait de l'édition du *Théâtre* de 1682, tiré sur les mêmes formes. L'achevé d'imprimer est du 14 avril 1682.

X

15. HORACE, ‖ Tragedie. ‖ *A Paris,* ‖ *Chez Augustin Courbé, Libraire & Imprimeur de* ‖ *Monsieur frere du Roy, dans*

la petite Salle du || *Palais, à la Palme.* || M. DC. XXXXI [1641]. || Auec Priuilege du Roy. In-4 de 6 ff. et 103 pp.

Collation des feuillets prélim. : front. gravé, qui représente le combat des Horaces et des Curiaces ; il porte en tête le titre : *Horace, tragedie,* avec la devise : *Nec ferme res antiqua alia est nobilior.* Tit., et en bas, le nom de *Courbé,* la date de 1641 et la signature du dessinateur et du graveur : *Le Brun inv.* ; *P. Daret fecit ;* — 1 f. de titre et 4 ff. pour la dédicace à « Monseigneur le Cardinal Duc de Richelieu », et les noms des *Acteurs.*

Le privilége occupe le verso du dernier f., c'est-à-dire la p. qu devrait être chiffrée 104. Il est accordé à *Augustin Courbé,* pour dix ans, et daté du 11 décembre 1640. L'achevé d'imprimer est du 15 janvier 1641.

Cette édition, imprimée à Paris, chez *Courbé,* est beaucoup moins belle que les éditions rouennaises de *Laurens Maurry ;* les caractères en sont moins nets et l'encre moins noire ; les fleurons sont également moins bien gravés.

L'animosité que les rivaux de Corneille apportèrent à leur lutte contre l'auteur du *Cid* le força de garder le silence pendant longtemps. M. Taschereau (*Histoire de Corneille,* 2º éd., p. 94) a reproduit un curieux fragment d'une lettre de Chapelain, conservée dans un recueil manuscrit appartenant alors à M. Sainte-Beuve, et légué depuis à la Bibliothèque nationale, qui permet de supposer que le poëte fut sur le point de renoncer au théâtre. « Il ne fait plus rien, dit Chapelain, et Scudery a du moins gagné cela, en le querellant, qu'il l'a rebuté du mestier, et lui a tari sa veine. Je l'ay, autant que j'ay pu, rechauffé et encouragé à se venger et de Scudery et de sa protectrice, en faisant quelque nouveau *Cid* qui attire encore les suffrages de tout le monde, et qui montre que l'art n'est pas ce qui fait la beauté ; mais il n'y a pas moyen de l'y résoudre ; et il ne parle plus que de regles et que des choses qu'il eust pu responder aux Académiciens, s'il n'eust pas craint de choquer les puissances, mettant au reste Aristote entre les auteurs apocryphes, lorsqu'il ne s'accommode pas à ses imaginations. » Cette lettre, adressée à Balzac, est datée du 15 janvier 1639 ; elle prouve qu'*Horace* n'était pas encore commencé à cette époque. Une autre lettre de Chapelain, du 9 mars 1640, nous apprend, au contraire, que la nouvelle tragédie venait d'être jouée pour la première fois devant Richelieu ; nous avons ainsi la date certaine de la représentation.

Le sujet d'*Horace* appartient bien en propre à Corneille, bien qu'il eût été traité auparavant par trois autres auteurs : par l'Arétin (*l'Horazia, tragedia di Pietro Aretino* [dédiée au pape Paul III] ; In Vinegia, appresso Gabriel Giolito de Ferrari, 1546, in-8, et 1549, in-12) ; par d'Aigaliers (*les Poësies de Laudun d'Aigaliers, contenans deux Tragédies, la Diane, Meslanges et Acrostiches ;* à Paris, chez David Le Clerc, 1596, in-12), et par Lope de Vega (*El honrado Hermano, tragi-comedia famosa,* publiée dans la *Decima octava Parte de*

2.

las Comedias de Lope de Vega Carpio; Madrid, Juan Gonçalez, 1623, in-4, et reproduite dans le *Tesoro del Teatro español, arreglado por D. Eugenio de Ochoa;* Paris, 1838, in-8, t. II). On a cru à tort que Corneille avait emprunté l'idée du sujet à Lope de Vega : les deux pièces n'offrent aucune ressemblance. Nous pensons plutôt que Corneille aura voulu, de propos délibéré, s'éloigner des auteurs espagnols, et qu'en lisant l'histoire romaine, pour laquelle il avait une prédilection marquée, il aura fait choix de l'épisode qui l'aura le plus frappé, pour donner un pendant au *Cid.* La phrase de *Tite-Live* qu'il a prise pour épigraphe indique à elle seule cette tendance de son esprit. C'est de l'histoire romaine qu'il tire le sujet d'*Horace;* c'est à la même source qu'il emprunte successivement douze autres de ses pièces. Il vit, pour ainsi dire, dans le monde romain et trace de son passé les plus saisissants tableaux.

Mondory ayant quitté la scène peu de temps après les premières représentations du *Cid,* on suppose qu'*Horace* fut donné sur le théâtre de l'Hôtel de Bourgogne. Ce qui est certain, c'est que deux acteurs de ce théâtre, *Floridor* et *Beauchâteau,* le jouaient en 1657 (voy. le passage de d'Aubignac, cité par M. Marty-Laveaux, t. III⁰, p. 251). C'était Mlle *Beauchâteau* qui remplissait le rôle de Camille, ainsi que nous l'apprend Molière dans l'*Impromptu de Versailles* (1663). La troupe de Molière en donna, de son côté, quelques représentations. Le Registre de Lagrange en mentionne deux : le mardi 29 juillet 1659, avec une recette de 145 livres, et le mardi 9 décembre de la même année, avec une recette de 867 livres. C'est aux *Précieuses ridicules,* représentées en même temps que la pièce de Corneille, qu'était due l'affluence du public à cette représentation.

Le Répertoire dressé pour le Dauphin au commencement de l'année 1685 (voy. nº 9) ne mentionne pas *Horace.* Peut-être cette pièce était-elle du nombre de celles qui devaient être inscrites dans les feuillets laissés en blanc dans ce volume.

Parmi les acteurs modernes qui se sont particulièrement distingués dans *Horace,* on doit citer *Monvel* (m. en 1812), qui a laissé de grands souvenirs dans le rôle du vieil Horace, et Mlle *Rachel,* qui a joué 69 fois le rôle de Camille, dans lequel elle débuta au Théâtre-Français (12 juin 1838).

D'après le tableau déjà cité de M. Despois, la Comédie-Française a donné 624 représentations d'*Horace,* de 1680 à 1875, savoir sous Louis XIV : 123 à la ville et 22 à la cour ; — sous Louis XV : 121 à la ville et 12 à la cour ; — sous Louis XVI : 19 à la ville et 2 à la cour ; — pendant la Révolution : 3 ; — sous le Directoire, le Consulat et l'Empire : 135 à la ville et 4 à la cour ; — sous la Restauration : 58 à la ville ; — sous Louis-Philippe : 66 ; — sous la République : 8 ; — sous le second Empire : 28 ; — sous la République : 3.

Vendu : 95 fr., exemplaire à relier, Huillard, 1870 (nº 591).

16. HORACE, || Tragedie. || *A Paris,* || *Chez Augustin Courbé,*

Libraire & Imprimeur ‖ *de Monsieur frere du Roy, dans la petite Salle* ‖ *du Palais, à la Palme.* ‖ M. DC. XXXXI [1641]. ‖ Auec Priuilege du Roy. In-4 de 6 ff. et 103 pp.

Cette édition, dont la collation est la même que celle de l'édition qui précède, en diffère entièrement. Ce n'est pas un simple tirage avec des remaniements, mais une composition faite à nouveau. Nous avons eu la bonne fortune de trouver des exemplaires de l'une et de l'autre à la Bibliothèque de l'Institut (Q. 150. ᴮ). Voici comment on peut les distinguer.

Le frontispice de la véritable édition originale (éd. A), est d'un meilleur tirage; dans B, l'impression est moins noire et la planche paraît fatiguée. La marque de *Courbé*, qui se voit sur le titre, est au contraire plus noire dans B, mais on voit que le cuivre a été retravaillé. L'observation que nous avons faite pour le frontispice s'applique aussi aux fleurons, qui sont les mêmes, mais qui sont usés dans B. Quant aux caractères, ils sont très-différents; on peut surtout comparer la forme des z minuscules, des Q et des T majuscules. Le texte des deux éditions ne présente pas de véritables variantes; on relève toutefois dans B un certain nombre de fautes qui nous semblent indiquer que le libraire *Courbé*, voyant ses exemplaires in-4 sur le point d'être épuisés, aura fait faire une réimpression en toute hâte. Ainsi seulement peuvent s'expliquer les différences suivantes :

P. 5, 8ᵉ vers :

A : Ny d'obstacle aux vainqueurs, ni d'espoir aux vaincus,
B : Ny d'obstacle*s* aux vainqueurs, etc.
   (ce vers est imprimé en deux lignes);

P. 11, 13ᵉ vers :

A : Ie pris sur cet Oracle vne entiere asseurance,
B : Ie pris cet Oracle, etc.

P. 17, 8ᵉ vers :

A : D'horreur pour la bataille & d'ardeur pour ce choix
B : D'horreur pour la bataille, d'ardeur, etc.

Ces fautes sont nombreuses, et jamais ni Corneille, ni les personnes qu'il aurait pu charger de la révision des épreuves, ne les auraient commises, si l'impression ne s'était faite avec une grande précipitation. Sur un point seulement B est plus correct :

P. 10, 16ᵉ vers :

A : Et nous faisant amant, il nous fit ennemis,
B : Et nous faisant amant*s*, etc.

C'est là une légère faute qui a pu échapper à Corneille, beaucoup plus facilement que des vers faux. Du reste, les typographes se sont astreints à reproduire l'original ligne pour ligne ; ils ont même reproduit, dans B, des fautes bizarres, comme celle-ci, p. 10, 12e vers :

> Vnissant nos maisons il des vnit nos Rois.

Nous donnons avec soin tous ces détails, au risque d'être accusé de minutie excessive ; outre qu'ils ne sont pas sans intérêt pour les éditeurs de Corneille, ils peuvent exercer une certaine influence sur le prix des livres dans les ventes.

17. HORACE ‖ Tragedie. ‖ *A Paris,* ‖ *Chez Augustin Courbé, Impr.* ‖ *& Libraire de Monseigneur Frere Vnique* ‖ *du Roy au Palais, à l'entrée de la* ‖ *Gallerie des Prisonniers, à la Palme.* ‖ M. DC. XXXXI [1641]. ‖ Auec Priuilege du Roy. In-12 de 6 ff. prél., 106 pp., inexactement chiffrées, et 1 f. pour le privilége.

Collation des feuillets prélim.; frontispice gravé qui représente Romulus et Rémus, supportés par des attributs guerriers, et tenant un rideau sur lequel on lit : *Horace, tragedie ;* une banderole enroulée autour des attributs contient ces mots : *Nec ferme res antiqua alia est nobilior titus liu' l-po* [sic], enfin un bouclier porte le nom de Courbé, avec la date de 1641; titre imprimé; 4 ff. pour la dédicace et les noms des *Acteurs*.

Nous avons vu, à la librairie Caen, un exemplaire, où l'adresse du libraire était ainsi disposée: *A Paris,* ‖ *Chez Augustin Courbé,* ‖ *Impr. & Libraire de Monseigneur* ‖ *Frere Vnique du Roy, au Palais,* ‖ *à l'entrée de la Gallerie des* ‖ *Prisonniers, à la Palme.*

Le privilége, qui occupe le dernier feuillet, est le même que dans l'édition in-4, avec l'achevé d'imprimer du 15 janvier 1641.

La pagination est régulière jusqu'à la p. 96, dernière du cahier H ; puis elle reprend, par erreur, à 79, et se continue ainsi jusqu'à la fin du cahier I (79-88). Cette erreur se trouve dans les deux catégories d'exemplaires.

La justification est de 105 mm. sur 58.

18. HORACE. ‖ Tragedie. ‖ *Imprimé à Roüen, & se vend* ‖ *à Paris,* ‖ *Chez Augustin Courbé,* ‖ *au Palais, en la Gallerie des* ‖ *Merciers, à la Palme.* ‖ M. DC. XLVII. [1647] ‖ Auec Priuilege du Roy. In-12 de 4 ff., 74 pp. et 1 f.

Au titre, un fleuron représentant un panier fleuri. La dédicace à Monseigneur le Cardinal Duc de Richelieu, occupe les 5 pp. suivantes. Au verso du 4e f., les noms des *Acteurs*. Le feuillet non chiffré qui suit les 74 pp. est occupé par le privilége reproduit in extenso. Ce privilége, daté du 11 décembre 1640, est donné à *Courbé*. A la fin : *Acheué d'imprimer le quinziéme Ianuier, mil six cens quarante-vn.*

Cette édition fait partie du recueil de 1647.

19. Horace, ‖ Tragedie. ‖ Par P. Corneille. ‖ *A Paris,* ‖ *Au Palais.* ‖ *Chez Guillaume de Luyne, dans la Salle des* ‖ *Merciers sous la montée de la Cour des Aydes* ‖ *à la Justice.* ‖ *Estienne Loyson, au premier Pillier de* ‖ *la grand' Salle proche les Consultations,* ‖ *au Nom de Jesus.* ‖ *Pierre Traboüillet, dans la Galerie des* ‖ *Prisonniers, à l'Image S. Hubert, & à la Fortune* ‖ *proche le Greffe des Eaux et Forests.* ‖ M. DC. LXXXII [1682]. ‖ Avec Privilege du Roy. In-12 de 2 ff et 64 pp., chiffr. de 77 à 140.

Extrait de l'édition du *Théâtre* de 1682, précédé d'un feuillet de titre et d'un feuillet pour l'*Extrait du Privilége*.

XI

20. Cinna ‖ ov ‖ la Clemence ‖ d'Avgvste ‖ Tragedie. ‖ Horat. ——— cui lecta potenter erit res ‖ Nec facundia deseret hunc, nec lucidus ordo. ‖ *Imprimé à Roüen aux despens de l'Autheur, & se vendent.* ‖ *A Paris, Chez Toussainct Quinet, au Palais, soubs* ‖ *la montée de la Cour des Aydes.* ‖ M. DC. XLIII [1643]. Auec Priuilege du Roy, in-4 de 8 ff., 110 pp. et 1 f. blanc.

L'édition est précédée d'un frontispice gravé, qui représente les conjurés implorant la clémence d'Auguste, avec ce titre en haut : *Cinna ou la Clemence d'Auguste*, et dans le coin inférieur de droite : *A Paris, Chez Tous. Quinet, au Palais, auec Pri.* 1643. Ce frontispice est compris dans la sign. ã, et précède 7 autres feuillets prél. contenant : le titre, 1 f.; la dédicace à M. de Montoron, 3 ff., dont le dernier est blanc au verso; l'extrait de Sénèque, *de Clementia*, 1 f.; l'extrait de Montaigne, *Essais*, liv. Ier, 1 f.; l'*Extrait du Privilége* et la liste des *Acteurs*, 1 f. Les 110 pp. sont entièrement imprimées en caractères italiques.

Le privilége de *Cinna* est accordé directement à Corneille, et les conditions en sont aussi favorables que celles du privilége du *Cid*. Il y est dit : « Il est permis à nostre amé et feal Pierre Corneille nostre Conseiller et Advocat general à la Table de Marbre des Eaues et Forests de Rouen, de faire imprimer une Tragedie de sa composition intitulée *Cinna*, ou *La clemence d'Auguste*, durant le temps de *vingt* ans, à compter du jour que ladite piece sera achevée d'imprimer. Et deffenses sont faictes à tous Imprimeurs et Libraires d'en imprimer, vendre et distribuer d'autre impression que celle qu'aura fait faire ledit Corneille, ou ses ayans cause, sur peine de quinze cens livres d'amende, confiscation des exemplaires, et de tous despens, dommages et interests, ainsi qu'il est porté par les lettres de Privilége. Donné à Fontaine-bleau, le premier aoust 1642. Signé *Clier*. Et scellé du grand sceau de cire jaune. » Corneille fit imprimer la pièce à ses frais, comme l'indique la mention portée sur le titre, mais il s'entendit avec *Quinet*, au moment de la mise en vente. Il est fait mention, à la fin du Privilége, de la cession consentie par le poëte, en faveur de ce libraire. Corneille déclare lui transporter tous ses droits « ainsi qu'il a esté accordé entre eux ». L'achevé d'imprimer est du 18 janvier 1643. On a lieu d'être surpris de cette date, si l'on observe que l'arrangement intervenu entre Corneille et Quinet ne fut conclu que le 27 janvier. Voici ce qu'on lit, à ce sujet, dans les *Mémoires* de Mathieu Molé :

« Le 16 juin [1643], sur la requête de *Toussaint Quinet*, marchand-libraire à Paris, il y eut arrêt de la Cour, ainsi qu'il suit : « Vu par la Cour les lettres patentes du Roi, données à Paris le 21 juillet 1642, signées : Par le Roi en son Conseil, Le Brun, et scellées sur simple queue de cire jaune, par lesquelles et pour les causes y contenues, ledit Seigneur auroit permis à *Toussaint Quinet*, marchand libraire à Paris, d'imprimer, vendre et débiter, pendant sept années entières, les *Harangues héroïques des hommes illustres, tant anciens que modernes,* tirées de plusieurs auteurs et en plusieurs volumes, en telles marques, caractères et autant de fois que bon lui semblera, durant ledit temps, à compter du jour que lesdites *Harangues* seront achevées d'imprimer, et fait défenses à toutes personnes de les imprimer, ou faire imprimer, vendre ni débiter, sans le consentement dudit *Quinet*, sous les peines y contenues. Vu aussi autres lettres patentes du Roi, données à Paris, le 1er août dudit an 1642, par lesquelles ledit Seigneur auroit aussi permis à maître Pierre Corneille, conseiller du Roi et avocat général du siége de la Table de marbre des eaux et forêts de Rouen, de faire imprimer, vendre et débiter une tragédie de sa composition, intitulée : *Cinna, ou la Clémence d'Auguste*, aussi en telles marques et caractères et autant de fois qu'il voudra, pendant l'espace de vingt ans, aussi sous les peines et aux charges y contenues ; la cession et transport fait par ledit Corneille dudit Privilége audit *Quinet* de faire imprimer ladite tragédie, du 27e janvier, passée entre eux sous seing privé, requête présentée à ladite Cour par ledit *Quinet* à fin d'entérinement desdites lettres, conclusions du procureur général du Roi, tout considéré : ladite Cour a ordonné et ordonne que lesdites lettres des 21ᵉ juillet et 1ᵉʳ août dernier seront enregistrées au greffe d'icelle, pour jouir par ledit *Quinet* de l'effet et contenu en icelles, selon leur forme et teneur, aux charges y contenues. » *Mémoires de Mathieu Molé,* publiés par Aimé Champollion-Figeac, t. IIIᵉ. (*Paris,* 1856, in-8, pp. 66 sq.)

Il ne serait pas impossible que l'achevé d'imprimer eût été antidaté de quelques jours, pour bien constater que l'impression s'était faite aux frais de l'auteur.

M. Édouard Fournier (*Notes sur la vie de Corneille,* pp. cxvii sq.) s'est efforcé de démontrer que le sujet de *Cinna* avait été inspiré par les événements dont Rouen fut le théâtre en 1639, et qu'en mettant sur la scène la clémence d'Auguste, l'auteur du *Cid* avait eu la pensée de protester indirectement contre les exécutions que le chancelier Séguier ordonna contre les partisans de *Jean-va-nu-pieds.* Il n'est pas impossible que le poëte ait été guidé dans ses développements par le désir d'inspirer la modération aux agents du cardinal ; mais nous croyons, quant à nous, qu'il n'aura puisé son sujet, comme celui d'*Horace,* que dans ses lectures journalières sur l'histoire romaine. Nous ne pensons pas qu'il ait pu songer à faire la leçon à Richelieu, qu'il s'appliquait au contraire à ménager depuis la querelle du *Cid.*

Cinna fut joué sur le théâtre du *Marais,* vers la fin de 1640. Les frères Parfaict (*Histoire du Théâtre François,* t. Vᵉ, p. 92) placent la représentation à la fin de 1639 ; mais, comme *Horace* venait à peine d'être joué le 9 mars 1640, c'est là une erreur évidente.

De même que le *Cid, Cinna* fut représenté en costumes de cour de l'époque, c'est-à-dire que les hommes avaient la fraise plate, les hauts-de-chausse à bouts de dentelle, le justaucorps à petites basques, la longue épée, les souliers à nœuds énormes ; et les femmes le corsage court et rond, le sein découvert, la grande, ample et solide jupe à queue, les talons hauts, les cheveux crêpés et bouffants ou retombant en boucles. Auguste portait une couronne de lauriers par-dessus sa vaste perruque. (Voy. *Curiosités théâtrales anciennes et modernes, françaises et étrangères,* par V. Fournel ; Paris, Adolphe Delahays, 1859, in-16.)

On ne peut dire avec certitude quels acteurs eurent l'honneur d'interpréter pour la première fois cette tragédie. On sait seulement que *Bellerose* remplit le rôle de *Cinna* (*le Théâtre François,* par Chapuzeau, p. 123) ; *Floridor* et *Beauchâteau* lui succédèrent (*Pratique du Théâtre,* par l'abbé d'Aubignac, p. 52).

Du 3 mai 1659 au 28 mai 1680, la troupe de Molière donna 10 représentations de *Cinna.* Les détails que nous fournit le Registre de Lagrange nous prouvent que la vogue des pièces de Corneille ne fut pas constante. Le mardi 18 novembre 1659, un spectacle composé de *Cinna* et des *Précieuses ridicules,* alors dans leur nouveauté, rapporta aux comédiens 533 livres, tandis que le mardi 3 octobre 1662, *Cinna,* donné seul, ne produisit qu'une recette de 65 livres !

Le Manuscrit du Dauphin, dont nous avons parlé plus haut (n° 9), nous donne pour *Cinna*, au commencement de 1685, la distribution suivante :

DAMOISELLES.

Emilie : *Chanmeslé.*
Fulvie : *Poisson.*
Julie [Livie] : *Guiot,* ou *Bertrand.*

HOMMES.

Cinna : *Baron.*
Auguste : *Chanmeslé,*
Maxime : *Villiers,* ou *la Torilliere.*
Euphorbe : *Raisin.*
Policlette : *Beauval.*
Evandre : *Hubert.*

Cinna subit à la scène des coupures analogues à celles qui furent pratiquées dans le *Cid.* Le rôle de Livie fut supprimé, comme celui de l'Infante. Voltaire dit, en parlant de cette suppression, qu'elle remonte à plus de trente ans (*Œuvres de Corneille,* édition de 1764). Les actrices chargées du personnage d'*Émilie* n'hésitèrent pas à retrancher le grand monologue placé en tête de la pièce ; mais Voltaire obtint qu'il fût conservé. Quant au rôle de Livie, il fut rétabli pour une représentation donnée à Saint-Cloud en 1806, sans que les sociétaires du Théâtre-Français eussent l'idée de le remettre à la scène. Ce n'est que le 21 novembre 1860 que la pièce a reparu dans son intégrité.

De tous les acteurs modernes qui ont joué dans *Cinna,* celui qui a laissé les plus durables souvenirs est *Joanny* (m. en 1849), qui donnait au rôle d'Auguste une grandeur qu'aucun artiste n'a su lui donner depuis. Quant au rôle d'Émilie, il a été joué 60 fois par *M*[lle] *Rachel.*

Les 692 représentations de *Cinna* données au Théâtre-Français, de 1680 au 28 février 1875, se décomposent de la manière suivante : sous Louis XIV : à la ville, 139 ; à la cour, 27 ; — sous Louis XV : à la ville, 92 ; à la cour, 22 ; — sous Louis XVI : à la ville, 43 ; à la cour, 9 ; — sous la Révolution : 7 ; — sous le Directoire, le Consulat et l'Empire : à la ville, 130 ; à la cour, 5 ; — sous la Restauration : à la ville, 57 ; — sous Louis-Philippe : 110 ; — sous la seconde République : 8 ; — sous le second Empire : 36 ; — sous la République : 7.

Vendu : 300 fr., exempl. à relier, Huillard, 1870 (n° 592) ; — 135 fr., mar. r. ancien, exempl. court de marges et raccommodé, Potier, 1870, n° 1227.

21. CINNA || OV || LA CLEMENCE || D'AVGVSTE. || Tragedie. || Horat.... cui lecta potenter erit res || Nec facundia de-

seret hunc, nec lucidus ordo. || *A Paris,* || *Chez Toussainct Quinet,* || *au Palais, soubs la montée de la* || *Cour des Aydes.* || M. DC. XLIII [1643]. || Auec Priuilege du Roy. In-12 de 10 ff. prélim. et 76 pp.

Collation des feuillets préliminaires : frontispice gravé représentant une aigle romaine qui abrite, à l'aide d'une draperie qu'elle tient dans ses serres, la louve dont Romulus et Rémus prennent le lait ; sur la draperie on lit : *Cinna, ou la Clemence d'Auguste,* et au bas, dans un cartouche : *A Paris, chez Tous. Quinet, au Palais. Auec Priuilege du Roy.* 1643 ; 1 f. pour le titre imprimé ; 3 ff. pour la dédicace ; 4 ff. pour les extraits des auteurs ; 1 f. pour l'*Extrait du Privilége* et les noms des *Acteurs*.

L'extrait du privilége et l'achevé d'imprimer sont les mêmes que dans l'édition in-4.

Cette édition in-12 fait partie du recueil de 1647.

Vendu : 14 fr., vélin, exempl. taché, B*** [Bordes], 1873 (n° 356).

22. CINNA || OV || LA CLEMENCE || D'AVGVSTE || Tragedie. || Horat. — cui lecta potenter erit res || Nec facundia deseret hunc, nec lucidus ordo. || *Imprimé à Roüen, & se vend* || *A Paris,* || *Chez Toussainct Quinet, au Palais, sous* || *la montée de la Cour des Aydes.* || M. DC. XLVI [1646]. || Auec Priuilege du Roy. In-4 de 8 ff. et 96 pp.

Collation des feuillets préliminaires : titre ; 2 ff. pour la dédicace à Monsieur de Montoron ; 1 f. pour l'extrait de Sénèque ; 1 f. pour l'extrait de Montaigne ; 2 ff. pour la *Lettre de Monsieur de Balzac à Monsieur Corneille, sur le sujet de cette Tragedie* (imprimée ici pour la première fois) ; 1 f. pour l'*Extrait du Privilége* et les noms des *Acteurs*.

Ce qui fait le prix de cette édition, c'est la lettre de Balzac à Corneille, dont voici le début :

« Monsieur,

« J'ay senty un notable soulagement depuis l'arrivée de vostre paquet. Je crie donc miracle, dés le commencement de ma Lettre : Vostre *Cinna* guérit les malades : Il fait que les paralytiques battent des mains : Il rend la parole à un enrumé, qui l'avoit perdue avec la voix ; et la luy rend pour les employer l'une et l'autre en perpetuelles exclamations, et pour dire sans cesse, *La belle chose.* Vous avez peur neantmoins d'estre de ceux qui sont accablez par la majesté des choses qu'ils traittent. Vous croyez estre inferieur à vostre matiere, et n'avoir pas apporté assez de force pour soutenir la grandeur Romaine. Quoy que cette modestie me plaise, elle ne me persuade pas, et je m'y oppose pour l'interest de la vérité. Vous estes trop subtil examinateur d'une composition universellement approuvée : Et s'il estoit vray qu'en quelqu'une de ses parties vous eussiez senty quelque foiblesse, ce seroit un secret entre vos Muses et vous, car je vous asseure que personne ne l'a reconnue. »

L'extrait du privilége et l'achevé d'imprimer sont les mêmes que dans l'édition de 1643.

Vendu : 27 fr. mar. r. *(Capé)*, Giraud, 1855 (n° 1636).

23. CINNA, OV LA CLEMENCE D'AVGVSTE, Tragedie. Horat. — cui lecta potenter erit res Nec facundia deseret hunc, nec lucidus ordo. *Imprimé à Roüen, & se vend A Paris, Chez Toussainct Quinet, au Palais, sous la montée de la Cour des Aydes.* M. DC. XLVI [1646]. Auec Priuilege du Roy. In-12.

Édition citée par les bibliographes, en particulier par M. Marty-Laveaux (t. XII, p. 524). Nous ne sommes pas parvenu à en trouver un exemplaire.

24. CINNA, || Tragedie. || *A Rouen, & se vend* || *A Paris, Chez Guillaume de Luyne, Libraire Iuré, au Palais, en la Gallerie des Merciers, à la Iustice;* [ou *Chez Thomas Iolly, au Palais, dans la petite Salle, à la Palme, & aux Armes de Hollande;* ou *Chez Louis Billaine, au Palais,* || *au second Pillier de la grand'Sale à la* || *Palme, & au grand Cesar*]. || M. DC. LXIV [1664]. || Auec Priuilege du Roy. In-12 de 6 ff. et 71 pp.

Collation des feuillets préliminaires : titre; 2 ff. pour la dédicace; 3 ff. pour la lettre de Balzac et les noms des *Acteurs*.

Au verso de la page 71 se trouve un extrait du privilége de janvier 1653, avec mention de la cession faite par Corneille à *Courbé* et à *de Luyne*, et par *Courbé*, pour sa moitié, à *Jolly* et à *Billaine*. On lit à la fin : *Acheué d'imprimer pour la premiere fois [en] vertu du present Priuilege, le dernier d'Octobre 1660, à Roüen, par Laurens Maurry.*

25. CINNA, Tragedie. Par P. Corneille. *A Paris, Au Palais. Chez Guillaume de Luyne, dans la Salle des Merciers, sous la montée de la Cour des Aydes à la Justice. Estienne Loy-*

son, *au premier Pillier de la grand'Salle proche les Consultations, au Nom de Jesus. Pierre Traboüillet, dans la Galerie des Prisonniers, à l'Image S. Hubert, & à la Fortune proche le Greffe des Eaux et Forets.* M. DC. LXXXII [1682]. Avec Privilege du Roy. In-12.

Nous avons cité plus haut (n°s 14 et 19) des éditions du *Cid* et d'*Horace* avec la date de 1682; nous croyons pouvoir affirmer qu'il a été fait des tirages à part, sinon des 32 pièces contenues dans le recueil de 1682, du moins des 16 pièces qui forment les tomes II° et III° de cette édition. Nous n'avons vu par nous-même ou rencontré dans les catalogues que cinq de ces tirages à part : *le Cid, Horace, Pompée, Théodore* et *Œdipe,* mais ces indications nous ont paru assez significatives pour que nous n'ayons pas hésité à faire figurer, sous la date de 1682, toutes les pièces comprises entre le *Cid* et la *Toison d'Or.*

Cinna doit compter 2 ff. pour le titre, l'*Extrait du Privilége* et les *Acteurs,* et 63 pp.

XII

26. POLYEVCTE || MARTYR. || Tragedie. || *A Paris,* || *Chez Antoine de Sommauille, en* || *la Gallerie des Merciers, à l'Escu* || *de France.* || *Au Pa-* || *lais.* || *& Augustin Courbé, en la mesme* || *Gallerie, à la Palme.* || M. DC. XLIII [1643]. || Auec Priuilege du Roy. In-4 de 8 ff. prél., 121 pp. et 1 f.

Collation des feuillets prélim. : frontispice gravé qui représente les chrétiens brisant les idoles dans un temple ; on lit sur le mur du temple le titre : *Polieucte, martir;* titre imprimé; 3 ff. pour la dédicace à la reine régente; 3 ff. pour l'*Abregé du martyre de saint Polyeucte* et le nom des *Acteurs.*

Au verso de la page 121 commence le privilége, qui se développe sur le recto du feuillet suivant. Il est daté du 30 janvier 1643, et est accordé pour dix ans à Corneille lui-même. On lit à la fin : *Acheué d'imprimer à Roüen pour la premiere fois, aux dépens de l'Autheur, par Laurens Maurry, ce* 20. *jour d'Octobre* 1643. Il n'est pas fait mention de la cession aux libraires. L'achevé d'imprimer ne se trouve pas dans un exemplaire que nous avons vu chez M. Benzon.

A l'époque où Corneille entreprit de mettre sur la scène un martyr chrétien, il y avait plus de vingt ans que les drames religieux, renouvelés des mystères du moyen âge, avaient disparu du théâtre. Dans les premières années du dix-septième siècle, quelques auteurs de province, comme J. Gauché, J. Boissin de Gallardon, Denis Coppée, etc., avaient emprunté à la Bible ou aux légendes des Saints le sujet de plusieurs tragédies ; mais, à mesure que le goût s'était formé, la fable avait été remise en honneur. Les pièces de Hardy, de Rotrou et de Scudéry sont entièrement païennes, et l'auteur du *Traité de la disposition du poëme dramatique* ne fait que se conformer aux usages reçus, quand il reconnaît que les arguments tirés des livres saints « sont plus propres en particulier qu'en public, et dans les colléges de l'Université ou dans les maisons privées, qu'à la cour ou à l'Hôtel de Bourgogne ». Baro songea le premier à revenir aux sujets chrétiens. Il mit sur la scène un *Saint Eustache, martyr*, qui donna peut-être à Corneille l'idée de *Polyeucte*. La pièce de Baro ne fut publiée qu'en 1649, mais nous savons qu'elle avait été jouée vers 1639.

Dans un chapitre manuscrit ajouté à l'exemplaire de *la Pratique du Théâtre* que possède la Bibliothèque nationale, l'abbé d'Aubignac dit ce qui suit : « Depuis peu d'années, Barreau mit sur le théâtre de l'Hostel de Bourgogne le martyre de saint Eustache, et Corneille ceux de Polyeucte et de Theodore » (*Voy.* Marty-Laveaux, t. IIIe, p. 467) ; Baro lui-même s'exprime ainsi dans la préface de *Saint-Eustache :* « Cher lecteur, je ne te donne pas ce poëme comme une piece de théatre, où toutes les regles seroient observées, le sujet ne s'y pouvant accommoder : c'est sans doute que je n'y aurois point travaillé, si je n'y avois été forcé par une autorité souveraine ; la mesme obéissance qui me le fit composer, me le fait mettre en lumière, apres m'en estre défendu depuis dix ans : et j'ay cru enfin que je devois ceste justice au sieur des Fontaines, qui a fait imprimer le sien sans se nommer [des Fontaines avait publié, en 1643, un nouveau *Martyre de saint Eustache*], de ne souffrir que son nom et le mien fussent confondus dans un mesme ouvrage. »

Corneille, dominé par des idées pieuses, crut pouvoir suivre l'exemple donné par Baro. Il mit *Polyeucte* sur la scène, malgré l'accueil assez froid que la pièce avait reçu à l'hôtel de Rambouillet. S'il faut en croire Voltaire, ce serait un prélat, Godeau, évêque de Grasse, qui aurait été le plus opposé à l'introduction des sujets chrétiens sur la scène.

On admet généralement que *Polyeucte* fut représenté à la fin de l'année 1640. M. Marty-Laveaux lui-même adopte cette opinion dans la notice qu'il a mise en tête de la tragédie (t. IIIe, p. 468) ; mais il s'est aperçu plus tard, en reproduisant une lettre latine adressée à Corneille par le conseiller Claude Sarrau (t. X^e, pp. 438 sq.), que la représentation ne pouvait être antérieure à l'année 1643. Dans cette lettre, datée de la veille des ides de décembre (12 décembre) 1642, Sarrau parle des trois grandes pièces déjà composées par Corneille et de la quatrième qu'il prépare : « Ut valeas tu cum tuis Musis scire imprimis desidero, et utrum *tribus* eximiis et divinis tuis dramatis quartum adjungere mediteris... Inaudivi nescio quid de aliquo tuo *poemate sacro,* quod an affectum ac perfectum sit, quæso, rescribe. » Comme cette lettre contient une allusion à la mort de Richelieu, arrivée le 4 décembre 1642, on ne peut supposer que la date en ait été altérée. On doit donc placer la représentation de *Polyeucte* en 1643, et reculer en conséquence celle des pièces suivantes.

Le succès de *Polyeucte* fut éclatant et rappela celui du *Cid.* Les acteurs de l'Hôtel de Bourgogne, qui le représentèrent, y gagnèrent autant d'argent qu'à aucune tragédie profane.

On peut affirmer que Corneille n'emprunta rien à Baro; il n'emprunta rien non plus au *Saül* ni à l'*Esther* de Du Ryer (1642 et 1644), pièces qui avaient sans doute aussi précédé *Polyeucte.* Si le sujet de ces tragédies est tiré de la Bible, ce ne sont pourtant pas des pièces chrétiennes.

On ne sait rien de positif sur les acteurs qui jouèrent *Polyeucte* à l'origine. M. Lefèvre indique, dans son édition, une distribution de fantaisie, dont il se garde bien de faire connaître la source. Le *Journal* (manuscrit) *du Théâtre François,* qui appartenait autrefois à M. Beffara et qui est conservé maintenant à la Bibliothèque nationale, indique comme la distribution primitive celle que nous fournit le Manuscrit du Dauphin (voy. ci-dessus, n° 9). Voici, d'après ce manuscrit, la liste des acteurs qui jouaient *Polyeucte* au commencement de l'année 1685 :

DAMOISELLES.

Pauline :   *le Comte*
Stratonice :   *Guiot*

HOMMES.

Polyeucte :   *La Tuillerie*
Severe :   *Baron*
Felix :   *Chanmeslé*
Nearque :   *la Torilliere*
Fabian :   *Hubert*
Albin :   *Guerin*
Cleon :   *Beauvai*

Le rôle de *Pauline* a rarement trouvé de dignes interprètes. Tandis que les moindres élèves du Conservatoire ont cru pouvoir se charger avec succès du rôle de *Camille,* dans *Horace,* des tragédiennes comme Mlle Clairon ont regardé le rôle de *Pauline* comme étant au-dessus de leurs forces. (*Mémoires de Mlle Clairon,* nouvelle édition; Paris, Ponthieu, 1822, in-8, pp. 315-318.)

Les deux comédiennes à qui la tragédie de *Polyeucte* a valu le plus beau triomphe, ont été Adrienne Lecouvreur, qui, en 1705, âgée d'environ quinze ans, prit part à une représentation de cette pièce, organisée par quelques jeunes gens, et Rachel, qui joua le rôle de *Pauline* pour la première fois le 22 décembre 1840, juste deux cents ans après la première représentation.

Adrienne « avait emprunté un habit de la femme de chambre de Mme la présidente le Jay, dans lequel elle ne parut pas avantageusement; mais elle charma tout le monde par une façon de réciter toute nouvelle, mais si naturelle et si vraie, qu'on disoit d'une voix unanime qu'elle n'avoit plus qu'un pas à faire pour devenir la plus grande comédienne qui eût jamais été sur le Théâtre-François. » (*Lettre à Mylord* *** *sur Baron et Mlle Lecouvreur* [par d'Allainval], 1730, in-12, pp. 23-25.)

Quant à Rachel, « avec quelle ardeur, dit M. Jules Janin (*Rachel et la Tragédie;* Paris, Amyot, 1859, gr. in-8, p. 160), avec quelle ardeur elle était tour à tour la femme obéissante à son mari, la fille qui résiste à son père, et cette Pauline adorable, à l'aise même avec Sévère qu'elle aime et dont elle est aimée, et qui le revoit après un an d'absence, comme si elle l'avait vu la veille! Elle était surtout la *Pauline* de Corneille en tout ce quatrième acte admirable et rempli des émotions les plus touchantes, et comme enfin elle disait jusqu'aux nues ce grand cri : *Je vois! je crois! je suis chrétienne* [sic]! En ce moment solennel, tout brillait, tout parlait, tout brûlait dans cette personne héroïque ; elle avait dix coudées, elle était immortelle. En ce moment, nous retrouvions, contents d'elle et de nous, la jeune fille inspirée des premiers jours, lorsque, toute seule sur ce théâtre, abandonnée à elle-même, sans manteau et presque sans tunique, la tête chargée d'un diadème dédoré, la main armée d'un poignard de hasard, elle s'abandonnait librement, sans chercher l'effet, sans viser au pittoresque et sans songer aux applaudissements du parterre absent, à ce grand art dont elle était l'espoir, à ce grand souffle ingénu que contenait son étroite poitrine, à cette inspiration qui lui était venue comme le chant vient à l'oiseau, et qui l'obsédait à son insu.

« Le rôle de *Pauline* est resté jusqu'à la fin de ses jours une des meilleures révélations de Mlle Rachel; elle ne l'a pas joué moins de soixante et une fois. La veille de son dernier jour au Théâtre-Français, Mlle Rachel a joué *Pauline*. »

Il ne faut pas oublier que M. Beauvallet, dans le rôle de Polyeucte, fut presque à la hauteur de Mlle Rachel. Bien que celui de Sévère eût toujours été considéré comme le plus important, M. Beauvallet, par le caractère religieux qu'il sut donner à Polyeucte, en fit le premier rôle.

Le nombre des représentations de *Polyeucte* données au Théâtre-Français, de 1680 à 1875, a été de 405; savoir : sous Louis XIV : à la ville, 95 ; à la cour, 17; — sous Louis XV : à la ville, 122; à la cour, 17; — sous Louis XVI : à la ville, 14; à la cour, 2 ; — sous la Révolution : 2 ; — sous le Directoire, le Consulat et l'Empire : à la ville, 27 ; à la cour, 4 ; — sous la Restauration, 10 ; — sous Louis-Philippe, 41 ; — sous la seconde République, 15 ; — sous le second Empire, 39 ; — sous la République : 1.

On a dit souvent que le gouvernement révolutionnaire avait interdit la représentation de *Polyeucte*. M. Hallays-Dabot, désireux sans doute de justifier par un précédent semblable les trop fréquentes erreurs de l'administration à laquelle il préside, n'a pas manqué de le répéter (*Histoire de la Censure dramatique en France*; Paris, Dentu, 1862, in-18, p. 215), en attribuant au Consulat l'honneur d'avoir permis la reprise de la pièce. Il y a là une erreur évidente, et M. Marty-Laveaux a bien fait de la relever. Si *Polyeucte* fut interdit dans un moment d'effervescence, il fut remis au théâtre dès le 13 floréal an II.

Vendu : 105 fr., exempl. à relier, Huillard, 1870 (n° 593).

27. POLYEVCTE || MARTYR. || Tragedie. || *Imprimé à Roüen, & et se vend* || *A Paris,* || *Chez* || *Antoine de Somma* || *uille, en la Gallerie* || *des Merciers, à l'Escu* || *de France.* || *Au Palais* || *Et* || *Augustin Courbé,* || *en la mesme Gallerie,* || *à la Palme.* || M. DC. XLIIII [1644]. Auec Priuilege du Roy. In-12 de 10 ff., 85 pp. et 1 f.

Collation des feuillets prélimin. : 1 f. blanc ; 1 f. pour le titre ; 3 ff. pour la dédicace ; 5 ff. pour l'extrait de Surius et les noms des *Acteurs*.

Le privilége, dont nous trouvons un extrait au verso de la page 85 et au recto du feuillet suivant, est celui dont le texte entier figure dans l'édition in-4. On lit à la fin : *Acheué d'imprimer le 27 novembre* 1643 (cinq semaines, par conséquent, après l'édition en grand format).

Cette édition fait partie du recueil de 1647.

Vendu : 100 fr., mar. r. (*Duru et Chambolle*), Potier, 1870 (n° 1228).

28. POLYEVCTE || MARTYR. || Tragedie. || *A Paris,* || *Chez* || *Antoine de Sommauille, en* || *la Gallerie des Merciers, à l'Escu* || *de France.* || *&* || *Augustin Courbé, en la mesme* || *Gallerie, à la Palme.* || M. DC. XLVIII [1648]. || Auec Priuilege du Roy. In-4 de 8 ff., 121 pp. et 1 f.

Collation des feuillets prélim. : frontispice gravé (le même que dans l'édition de 1643) ; titre imprimé ; 3 ff. pour la dédicace ; 3 ff. pour l'*Abrégé du martyre de saint Polyeucte* et les noms des *Acteurs*.

Le privilége, qui occupe le verso de la page 121 et le recto du feuillet suivant, n'est suivi d'aucun achevé d'imprimer.

29. POLYEVCTE || MARTYR. || Tragedie chrestienne. || *A Paris,* || *Chez Antoine de Sommuille* [sic], || *au Palais, dans la petite salle des Merciers,* || *à l'Escu de France.* || M. DC. XLVIII [1648]. || Auec Priuilege du Roy. In-12 de 10 ff., 85 pp. et 1 f.

Collation des feuillets prélim. : 1 f. blanc ; titre avec les armes de France et de Navarre ; 3 ff. pour la dédicace ; 5 ff. pour les extraits des auteurs et les noms des *Acteurs*.

Le privilége, daté du 30 janvier 1643, est donné par extrait au verso de la page 85, et se développe sur le recto du feuillet suivant.

30. POLYEVCTE MARTYR, Tragedie chrestienne. *A Roüen, & se vend A Paris, Chez. . . .*, 1664, in-12.

Nous empruntons cette indication au *Catalogue des livres de la bibliothèque de feue M*^{me} *la marquise de Pompadour*, n° 890. On pourrait croire qu'il y a ici une faute d'impression, et que l'édition annoncée est celle de 1644, in-12 ; mais, comme elle est classée après celle de 1648, il est plus naturel de supposer qu'il existe effectivement une réimpression de *Polyeucte* faite par *Laurens Maurry* en 1664. Elle devait se vendre chez *de Luyne, Jolly* et *Billaine*, comme les éditions de *Cinna* et du *Menteur* publiées sous la même date (n° 24 et 38).

31. POLYEUCTE MARTYR, Tragedie chrestienne. Par P. Corneille. *A Paris, Au Palais. Chez Guillaume de Luyne, dans la Salle des Merciers sous la montée de la Cour des Aydes à la Justice. Estienne Loyson, au premier Pillier de la grand'Salle proche les Consultations au Nom de Jesus. Pierre Trabouillet dans la Galerie des Prisonniers, à l'Image S. Hubert, & à la Fortune proche le Greffe des Eaux & Forets.* M. DC. LXXXII [1682]. Avec Privilege du Roy. In-12.

Nous n'avons pas vu cette édition, mais il est hors de doute qu'elle existe, les pièces contenues dans les tomes II° et III°, sinon toutes les pièces du recueil de 1682, ayant été tirées à part. (Voy. ci-dessus, n° 25.) *Polyeucte* doit compter 2 ff. et 72 pp.

XIII

32. La Mort ‖ de Pompee. ‖ Tragedie. ‖ *A Paris,* ‖ *Chez* ‖ *Antoine de Sommauille, en la Gallerie* ‖ *des Merciers, à l'Escu de France.* ‖ *Au Pa* ‖ *lais.* ‖ *&* ‖ *Augustin Courbé, en la mesme Gallerie à la Palme.* ‖ M. DC. XLIV. [1644]. ‖ Auec Priuilege du Roy. In-4 de 8 ff prél. et 100 pp.

Collation des feuillets prélim. : frontispice gravé qui représente l'assassinat de Pompée dans une barque, sur la mer, et qui porte le titre de la tragédie et les noms des deux libraires; *Au palles* [sic], 1644, avec la signature : F[rançois] C[hauveau] *in. et fecit;* 1 f. pour le titre; 2 ff. pour la dédicace à « Monseigneur l'éminentissime Cardinal Mazarin; » 2 ff. pour le remercîment à Son Éminence (en vers), et 2 ff. pour l'avis *Au Lecteur,* les extraits de Lucain et de Velleius Paterculus, et pour les noms des *Acteurs.* M. Brunet indique par erreur 9 ff. prélim.

Le dernier feuillet, paginé 99-100, contient le privilége accordé à Corneille, pour *la Mort de Pompée* et *le Menteur.* Ce privilége, daté du 22 janvier 1644, lui est donné pour dix ans. Il déclare en faire cession à *Antoine de Sommaville* et à *Augustin Courbé.* L'achevé d'imprimer est du 16 février 1644.

Nous donnons la collation de l'édition d'après plusieurs exemplaires semblables que nous avons eus entre les mains; mais l'exemplaire de la Bibliothèque Cousin contient, après l'indication des *Acteurs,* deux feuillets préliminaires pour la traduction latine du *Remercîment à Mazarin : Gratiarum Actio eminentissimo Cardinali Iulio Mazarino, ex gallico Cornelii,* traduction qui compte 79 vers hexamètres et qui est signée A. R. (Abrahamus Remius). La place occupée par ces deux feuillets, qui portent à dix le nombre des feuillets préliminaires, est une preuve, croyons-nous, qu'ils ont été intercalés après coup dans l'édition dont ils ne faisaient primitivement pas partie. Du reste, le *Remercîment* parut d'abord en édition séparée; nous aurons l'occasion d'en parler plus loin.

C'est à Lucain, son auteur favori, que Corneille a emprunté le sujet de *la Mort de Pompée.* Il le déclare dans son avis *Au Lecteur,* où il ajoute que la lecture de ce poëte l'a rendu si amoureux de la force de ses pensées et de la majesté de son raisonnement, qu'afin d'en enrichir notre langue, il a fait cet effort pour réduire en poëme dramatique ce que Lucain a traité en épique. « On trouvera icy, « dit Corneille, cent ou deux cents vers traduits ou imités de luy. » En dehors de ces emprunts et de ceux qu'il a faits à Velleius Paterculus, Corneille a tiré quelques idées de deux tragédies françaises qui avaient précédé sa pièce : la *Cornélie* de Robert Garnier (*Paris, Robert Estienne*, 1574, in-8), et *la Mort de Pompée*, de Charles Chaulmer (*Paris, Antoine de Sommaville*, 1638, in-4). Voltaire a le premier fait connaître les analogies qui existent entre ces deux pièces et celle de Corneille. On trouve dans celle de Garnier une scène entre la veuve de Pompée et Philippe, l'affranchi du triumvir, qui permet quelques rapprochements curieux avec la tragédie de Corneille. Quant à celle de Chaulmer, « cette pièce, dédiée à Richelieu, dit M. Marty-Laveaux, diffère tout à fait, par le plan, de celle de Corneille. Elle a, il est vrai, le mérite de mieux justifier son titre, car Pompée en est le principal personnage ; mais ce mérite est à peu près le seul qu'elle possède. L'auteur a eu cependant la pensée de substituer à l'unique discours de Photin sur le parti à prendre à l'égard de Pompée, une véritable délibération, déjà dramatique, qui a été de quelque utilité à Corneille pour l'admirable scène par laquelle sa pièce commence. » On conçoit à peine comment le savant rédacteur du *Catalogue Soleinne* a pu dire, en parlant de la tragédie de Chaulmer (nº 1168) : « On pourrait avancer et soutenir, avec quelques bonnes raisons, que ce Ch. Chaulmer n'est qu'un pseudonyme, et que le grand Corneille est l'auteur de cette première ébauche de *la Mort de Pompée*. »

Le poëte nous apprend, dans l'épître qui précède *le Menteur*, qu'il fit *Pompée* « pour satisfaire à ceux qui ne trouvaient pas les vers de *Polyeucte* si puissants que ceux de *Cinna*, et leur montrer qu'il en saurait bien trouver la pompe quand le sujet le pourrait fournir ». Il l'écrivit, ajoute-t-il, dans le même hiver que *le Menteur*. Si l'on adopte pour *Polyeucte* la date de 1643, comme la lettre du conseiller Sarrau oblige de le faire, il faudra dire que ce n'est pas deux pièces, mais trois pièces, que Corneille a écrites dans le seul hiver de 1642, et l'on a encore plus de « peine à croire qu'elles soient parties de la même main ». La représentation dut avoir lieu, au théâtre du Marais, dans les premiers mois de l'année 1643. Jusqu'à ces derniers temps, il n'avait pas été possible de déterminer, avec une entière certitude, la scène sur laquelle cette pièce fit son apparition. La découverte d'un projet de lettres patentes, présenté au roi par Corneille en 1643, afin d'obtenir qu'il pût empêcher les comédiens de jouer ses œuvres sans son autorisation, a dissipé tous les doutes. « Le sieur Corneille, y est-il dit, nous a fait remonstrer qu'il a cy-devant employé beaucoup de temps à composer plusieurs pieces tragiques nommées *Cinna, Polyeucte* et *la Mort de Pompée*, lesquelles il auroit fait representer par nos comédiens ord[res], representant au Marais du Temple à Paris ; et d'autant qu'il a appris que depuis quelque temps les autres comediens auroient, à son grand prejudice, entreprins de representer lesdictes pieces et que si Ils avoient cette liberté, l'exposant seroit frustré de son labeur, nous suppliant sur ce luy pourvoir et luy accorder nos lettres necessaires, etc. » Cette demande si juste ne fut d'ailleurs pas admise, et les comédiens continuèrent de jouer Corneille malgré lui, parce qu'il était d'usage que les pièces une fois imprimées appartinssent au domaine public. (*Voy.* Marty-Laveaux, tome Ier, pp. LXXIV sq.)

Le Registre de Lagrange nous apprend que Molière en donna trois représentations en 1659 : le jeudi 16 mai, avec une recette de 135 livres ; le jeudi 19 juin, avec une recette de 153 livres, et le mardi 26 août, avec une recette de 90 livres seulement. Cette dernière soirée, qui ne rapporta que 3 livres à chacun des comédiens, fit abandonner *Pompée*, que nous ne voyons plus mentionner jusqu'à la fin du registre de Lagrange. Lors des trois représentations que nous venons de citer, ce fut Molière lui-même qui remplit le rôle de César, ainsi que nous l'apprend un passage de *l'Impromptu de l'Hostel de Condé* (Paris, N. Pépingué, 1664, in-12), cité par M. Marty-Laveaux. Dans cette comédie, Montfleury, relevant les attaques que Molière avait dirigées contre les comédiens de l'Hôtel de Bourgogne dans *l'Impromptu de Versailles,* met dans la bouche de ses personnages les vers suivants :

LE MARQUIS.

Cet homme est admirable,
Et dans tout ce qu'il fait il est inimitable.

ALCIDON.

Il est vray qu'il récite avec[que] beaucoup d'art,
Témoin dedans *Pompée* alors qu'il fait Cesar.
Madame, avez-vous vû dans ces tapisseries
Ces héros de romans?

LA MARQUISE.

Ouy.

LE MARQUIS.

Belles railleries.

ALCIDON.

Il est fait tout de même ; il vient le nez au vent,
Les pieds en parentaise, et l'épaule en avant,
Sa perruque qui suit le côté qu'il avance,
Plus pleine de laurier qu'un jambon de Mayence,
Les mains sur les côtez d'un air peu negligé,
La teste sur le dos comme un mulet chargé,
Les yeux fort égarez, puis débitant ses rôles,
D'un hoquet éternel sépare ses paroles,
Et lorsque l'on luy dit : *Et commandez icy,*

Il répond :

Connoissez-vous Cesar de luy parler ainsi?
Que m'offriroit de pis la Fortune ennemie,
A moy qui tient le Sceptre egal à l'infamie?

Le Manuscrit du Dauphin (voy. n° 9) nous fournit pour la *Mort de Pompée*, à l'époque de la mort de Corneille, la distribution suivante :

DAMOISELLES.

Cornelie : *Beauval.*
Cleopatre : *le Comte.*
Charmion : *Raisin.*

HOMMES.

Ptolomée : *Baron*
Cesar : *Chanmeslé.*
Antoine : *le Comte.*
Achorée : *la Tuillerie.*
Photin : *Dauvilliers.*
Achillas : *Villiers.*
Septime : *Raisin L.*
Philippe : *Beauval.*

Le rôle de Cornélie fut pour Adrienne Lecouvreur, au commencement du dix-huitième siècle, l'occasion d'un grand triomphe; Mlle Clairon, au contraire, déclara qu'elle ne le comprenait pas et refusa de le jouer.

La Mort de Pompée a eu 193 représentations au Théâtre-Français, de 1680 à 1870, savoir : sous Louis XIV : à la ville, 80 ; à la cour, 9 ; — sous Louis XV : à la ville, 50 ; à la cour, 6 ; — sous Louis XVI : à la ville, 3 ; à la cour, 9 ; — sous le Directoire, le Consulat et l'Empire : à la ville, 28 ; à la cour, 3 ; — sous la Restauration, 7 ; — sous le second Empire, 4. Elle n'a pas été reprise dans ces dernières années.

Vendu : 100 fr., exempl. à relier, Huillard, 1870 (n° 594).

33. La Mort ‖ de ‖ Pompee. ‖ Tragedie. ‖ *A Paris,* ‖ *Chez* ‖ *Antoine de Somma-* ‖ *uille, en la Gallerie des* ‖ *Merciers, à l'Escu de Frãce.* ‖ *Au Pa-* ‖ *lais.* ‖ *Et* ‖ *Augustin Courbé* ‖ *en la mesme Gallerie, à la* ‖ *Palme.* ‖ M. DC. XLIIII [1644]. ‖ Auec Priuilege du Roy. In-12 de 12 ff. et 71 pp.

Collation des feuillets prélim. : 1 f. blanc ; 1 f. de titre ; 3 pp. pour la dédicace à Mazarin, 6 pp. pour le Remerciment à Mazarin (ce Remerciment est accompagné de la traduction latine *ex gallico Cornelii*, dont nous avons parlé plus haut) ; 4 pp. pour l'avis *Au Lecteur* ; 2 pp. pour les extraits des auteurs ; 5 pp. pour le *Privilége* et les *Acteurs*.

Le privilége et l'achevé d'imprimer sont les mêmes que dans l'édition in-4.

Cette édition fait partie du recueil de 1647.

Vendu : 80 f. mar. r. (*Duru et Chambolle*), Potier, 1870, n° 1229.

34. Pompée. ‖ Tragedie. ‖ Par P. Corneille. ‖ *A Paris,* ‖ *Au Palais.* ‖ *Chez* ‖ *Guillaume de Luyne, dans la Salle des* ‖ *Merciers sous la montée de la Cour des Aydes* ‖ *à la Justice.* ‖ *Estienne Loyson,* ‖ *au premier Pillier de* ‖ *la grand'-Salle proche les Consultations* ‖ *au Nom de Jesus.* ‖ *Pierre Traboüillet, dans la Galerie des* ‖ *Prisonniers, à l'Image S. Hubert, & à la Fortune* ‖ *proche le Greffe des Eaux & Forets.* ‖ M. DC. LXXXII [1682]. ‖ Avec Privilege du Roy. In-12 de 66 pp. et 1 f. pour le privilége, sign. A. D.

Édition publiée en vertu du privilége général accordé en 1679 à G. de Luyne et à ses associés. C'est un simple extrait du *Théâtre* de 1682, tiré sur les mêmes formes. L'achevé d'imprimer est du 7 février 1682.

XIV

35. Le Mentevr, ‖ Comedie. ‖ *Imprimé à Roüen, & se vend* ‖ *A Paris,* ‖ *Chez* ‖ *Antoine de Sommauille,* ‖ *en la Gallerie des Merciers,* ‖ *à l'Escu de France.* ‖ *Au* ‖ *Palais* ‖ *Et* ‖ *Augustin Courbé, en la mesme* ‖ *Gallerie, à la Palme.* ‖ M. DC. XLIV [1644]. ‖ Auec Priuilege du Roy. In-4 de 4 ff. prélim., 136 pp. et 1 f.

Collation des feuillets prél. : titre, avec le fleuron de *Laurens Maurry* et les initiales L. M.; 3 ff. pour la dédicace et les noms des *Acteurs*. M. Brunet indique un front. gravé que nous n'avons jamais rencontré.

Le privilége, qui occupe le dernier f., est accordé à Corneille pour *la Mort de Pompée* et *le Menteur*, à la date du 22 janvier 1644; il est d'une durée de dix ans. On lit à la fin : *Acheué d'imprimer pour la premiere fois, à Roüen, par Laurens Maurry, le dernier d'Octobre 1644.* Il n'est pas fait mention de la cession du privilége aux libraires.

Après avoir emprunté aux Espagnols le sujet du *Cid*, Corneille leur emprunta le sujet de sa première comédie sérieuse. *La Verdad sospechosa*, qui lui servit de modèle, parut en 1630 sous le nom de Lope de Vega (*Parte veynte y dos de las Comedias del Fenix de España, Frey Lope Felix de Vega Carpio;* Çaragoça, Pedro Verges, 1630, in-4), mais elle fut revendiquée en 1630, par son véritable auteur, D. Juan de Alarcon. (*Parte segunda de las Comedias del licenciado Don Juan Ruyz de Alarcon y Mendoça;* Barcelona, Sebastian de Cormellas, 1634, in-4.) C'est de cette pièce, dont on trouvera facilement le texte dans les *Comedias escogidas de Don Juan Ruiz de Alarcon y Mendoza;* Madrid, Ortega y Compañia, 1826-29, 2 vol. in-8, t. Ier, dans les *Comedias escogidas de Don Juan Ruiz de Alarcon;* edicion de la real Academia española; Madrid, 1867, 3 vol. in-8, t. IIIe, et dans le *Tesoro del Teatro español, desde su origen hasta nuestros dias, arreglado y dividido en cuatro partes, por D. Eugenio de Ochoa;* Paris, Baudry, 1838, 5 vol. in-8, t. IVe, que Corneille a tiré les traits principaux du *Menteur;* il ne fait point difficulté de le reconnaitre, et il ajoute dans l'*Examen* joint à la comédie en 1660, « qu'il voudrait avoir donné les deux plus belles pièces qu'il ait faites et que ce sujet fût de son invention. » M. Marty-Laveaux a donné place dans son édition de Corneille (t. IVe, pp. 241-273) à une intéressante étude de M. Viguier, sur l'original espagnol et sur l'imitation française. On peut y suivre, scène par scène, les deux comédies, et s'y rendre compte de tous les détails que Corneille a dû modifier, tant pour accommoder son modèle au goût du temps que pour rester fidèle aux règles qu'il s'était prescrites. L'avantage n'est pas toujours pour Corneille, moins libre dans ses allures que l'écrivain espagnol, mais le poëte français l'emporte par la précision et l'élégance. On ne peut donc que négliger des critiques superficielles comme celles d'un auteur allemand, dont M. Viguier a pris la peine de relever les erreurs. Dans un accès de gallophobie, M. Ad. Fréd. de Schack (*Geschichte der dramatischen Literatur und Kunst in Spanien;* Berlin, 1845-1846, 3 vol. in-8, t. IIe, pp. 430 et 625) a pris plaisir à célébrer les poëtes espagnols aux dépens du *Cid* et du *Menteur*, mais toutes ses études sur le théâtre espagnol ne lui ont même pas appris à quelle époque écrivait au juste Diamante!

Le *Menteur* fut représenté au Marais en 1643. Dans une de ses lettres à Corneille, Balzac, s'il ne témoigne pas encore du succès qu'obtint la nouvelle comédie, semble tout au moins indiquer qu'on en parlait déjà dans le public : « Vous serez Aristophane, quand il vous plaira, lui dit-il, comme vous estes déjà Sophocle (*Lettres choisies du sieur de Balzac;* Paris, 1647, in-8, 2º partie, p. 535, lettre du 10 février 1643; *Œuvres de Corneille,* éd. Marty-Laveaux, t. X^e, pp. 442 sqq). » Le Registre de Lagrange nous apprend que la troupe de Molière en donna 3 représentations en 1659. *Le Menteur* occupait alors une soirée à lui seul ; mais, le vendredi 14 novembre de cette année, il ne rapporta aux comédiens que 70 livres, soit 3 livres 3 sols pour chacun des membres de la troupe. Il fut dès lors établi qu'il ne suffisait plus pour « faire la recette ». Molière, qui jouait volontiers les œuvres de Corneille et qui appréciait sans doute *le Menteur,* ne renonça pourtant pas à le jouer, mais il l'accompagna d'une seconde pièce : *le Cocu imaginaire, l'École des Maris,* etc. Le Registre de Lagrange mentionne 18 représentations de 1660 à 1666.

La distribution du *Menteur* indiquée par le Manuscrit du Dauphin, au commencement de 1685, est la suivante :

DAMOISELLES.

Lucresse :	*Poisson.*
Clarice :	*Raisin.*
Sabine :	*Beauval,*
Isabelle :	*Guiot.*

HOMMES.

Lisandre [Dorante] :	*La Grange.*
Cliton :	*Poisson.*
Artabaze [Alcippe] :	*Brecourt.*
Philisse [Philiste] :	*de Villiers.*
Le Pere [Geronte] :	*Chanmeslé.*
Dueliste [Lycas] :	*Beauval.*

Parmi les actrices qui jouèrent *le Menteur*, Dangeau (*Journal*, t. XIe, p. 306) fait figurer la duchesse du Maine qui, le lundi 21 février 1707, donna, dit-il, à Clagny, une représentation de cette pièce à laquelle assista la duchesse de Bourgogne. Il est vrai que, d'après *le Mercure*, ce ne serait pas le *Menteur*, mais *les Importuns* de Malézieux, que la duchesse du Maine aurait joué à cette occasion.

Les deux artistes qui, de notre temps, se sont le plus distingués dans le rôle du *Menteur* sont Firmin (m. en 1859) et M. Delaunay.

De 1680 à 1870, la Comédie-Française a donné 616 représentations du *Menteur*, savoir : sous Louis XIV : à la ville, 169 ; à la cour, 13 ; — sous Louis XV : à la ville, 161 ; à la cour, 15 ; — sous Louis XVI : à la ville, 28, à la cour, 6 ; — sous la Révolution : 8 ; — sous le Directoire, le Consulat et l'Empire : à la ville, 74, à la cour, 2 ; — sous la Restauration : 30 ; — sous Louis-Philippe : 51 ; — sous la seconde République : 5 ; sous le second Empire : 54.

Vendu : 30 fr. mar. v. (*Duru*), Giraud, 1855 (n° 1637).

36. LE ǁ MENTEVR, ǁ Comedie. ǁ *Imprimé à Roüen, & se vend* ǁ *A Paris,* ǁ *Chez* ǁ *Antoine de Somma -* ǁ *uille, en la Gallerie* ǁ *des Merciers, à l'Escu* ǁ *de France.* ǁ *Au* ǁ *Palais* ǁ *Et* ǁ *Augustin Courbé, en la mesme Gallerie,* ǁ *à la Palme.* ǁ M. DC. XLIV [1644]. Auec Priuilege du Roy. In-12 de 4 ff. et 91 pp.

Collation des feuillets prélim. : titre ; 2 ff. pour l'*Epistre* ; 1 f. pour le *Privilége* et les noms des *Acteurs*. Le privilége, qui n'est rapporté ici que par extrait, est le même que dans l'édition in-4 ; il est suivi du même achevé d'imprimer.

Cette édition fait partie du recueil de 1647.

37. LE || MENTEVR, || Comedie. || Par le Sieur Corneille. || *A Paris,* || *Chez Guillaume de Luyne, au Palais, en la* || *Gallerie des Merciers, sous la montée de* || *la Cour des Aydes.* || M. DC. LIII [1653]. In-4 de 2 ff et 124 pp.

Collation des feuillets prélim. : titre ; 1 f. pour l'*Epistre.*

Nous avons vu deux exemplaires tout à fait semblables de cette édition, l'un à la Bibliothèque Cousin, l'autre à la Bibliothèque Mazarine ; ils n'ont bien tous deux que 2 ff. prélim., c'est-à-dire qu'ils ne contiennent ni le *Privilége* ni les *Acteurs.* Il est vrai que le privilége n'est pas annoncé sur le titre.

38. LE || MENTEVR, || comedie. || *A Roüen, Et se vend* || *A Paris,* || *Chez Guillaume de Luyne, Libraire Iuré, au Palais, en la Gallerie des Merciers, à la Iustice,* [ou *Chez Thomas Iolly, au Palais, dans la* || *petite Salle, à la Palme, & aux Armes de Hollande;* ou *Chez Loüis Billaine, au second Pillier de la grand Salle du Palais, à la Palme & au grand Cesar*]. || M. DC. LXIV [1664]. || Auec Priuilege du Roy. In-12 de 2 (?) ff. et 92 pp.

Collation des feuillets prélimin. : titre ; 1 f. pour l'*Extrait du Privilége* et les *Acteurs.*

Le privilége, daté de janvier 1653, est donné à Corneille lui-même pour neuf années. Corneille déclare y associer *Augustin Courbé* et *Guillaume de Luyne,* et *Courbé* fait cession de sa part à *Thomas Jolly* et à *Louis Billaine.* On lit à la fin : *Acheué d'imprimer pour la premiere fois,* [*en*] *vertu du present Priuilege, le dernier d'Octobre* 1660, *à Roüen, par Laurens Maurry.*

L'exemplaire de la Bibliothèque Cousin, le seul de cette édition que nous ayons eu entre les mains, n'a que deux feuillets prélim. Il est au nom de *Jolly.* Nous avons complété l'adresse des autres libraires sur l'édition de *Cinna* de 1664 (n° 24).

39. LE MENTEUR, Comedie. Par P. Corneille. *A Paris, Au Palais, Chez Guillaume de Luyne, dans la Salle des Merciers sous la montée de la Cour des Aydes à la Justice. Estienne Loyson, au premier Pillier de la Grand'Salle pro-*

che les Consultations au Nom de Jesus. Pierre Traboüillet, dans la Galerie des Prisonniers, à l'Image S. Hubert, & à la Fortune proche le Greffe des Eaux & Forests. M. DC. LXXXII [1682]. Avec Privilege du Roy. In-12.

Nous avons la certitude que cette édition existe, bien qu'elle n'ait pas encore été citée. Elle doit compter 2 ff. et 84 pp. Voy. ci-dessus, n° 25.

XV

40. La Svite ‖ dv ‖ Mentevr, ‖ Comedie. ‖ *Imprimé à Roüen, & se vend* ‖ *A Paris,* ‖ *Chez Antoine de Sommauille,* ‖ *en la Gallerie des Merciers,* ‖ *à l'Escu de France.* ‖ *Au* ‖ *Palais.* ‖ *Et* ‖ *Augustin Courbé, en la mesme* ‖ *Gallerie, à la Palme.* ‖ M. DC. XLV [1645]. ‖ Auec Priuilege du Roy. In-4 de 6 ff. et 136 pp.

Collation des feuillets prélim. : titre avec un fleuron représentant une tête coiffée de plumes, de laquelle se détachent des rinceaux et des guirlandes (on remarque les initiales de *Laurens Maurry* entre les guirlandes); 7 pp. pour l'*Epistre;* 2 pp. pour le *Privilége;* 1 p. pour les *Acteurs.*

Le privilége reproduit *in extenso* occupe une page et demie. Il est donné à « nostre cher et bien amé le sieur Corneille » pour un espace de cinq ans, à compter du jour que la pièce sera acheuée d'imprimer pour la première fois, et porte la date du 5 août 1645. On lit à la fin : *Acheué d'imprimer pour la premiere fois à Roüen, par Laurens Maurry, ce dernier Septembre* 1645. Il n'est pas fait mention de la cession faite par l'auteur aux libraires.

Le texte est imprimé en caractères italiques avec manchettes aux pp. 14, 24, 68, 99, 101, 102, 128 et 132.

La comédie, présentée par Corneille comme une *Suite du Menteur,* ne se rattache nullement à cette pièce. Le poëte lui-même nous avertit qu'elle est tirée d'une comédie de Lope de Vega, intitulée : *Amar sin saber à quien,* qui est très-probablement antérieure à celle d'Alarcon. Les deux ouvrages se trouvent, il est vrai, réunis dans le recueil qu'un libraire de Saragosse donna, en 1630, sous le nom de L. de Vega (*Parte veynte y dos de las comedias del Fenix de España, Frey Lope de Vega Carpio;* Çaragoça, Vedro Verges, 1630, in-4); mais, en 1635, quelques mois avant la mort de Lope, Luis de

Usátegui, son gendre, publia le véritable tome XXIIe des comédies du « Phénix de l'Espagne » où l'on ne retrouve plus la *Verdad sospechosa*, désormais rendue à Alarcon (voy. le n° 35). Il est assez vraisemblable que la réunion fortuite des deux comédies dans un même volume aura seule inspiré à Corneille l'idée de les compléter l'une par l'autre. Presque tous les ouvrages qui obtinrent un grand succès au XVIIe siècle, à quelque genre qu'ils appartinssent, donnèrent lieu à des suites. On eut la *Suite de Don Quichotte*, la *Suite du Cid*, la *Suite des Lettres portugaises*, etc. *Le Menteur* ayant réussi à la scène, Corneille aima mieux lui donner une suite que d'en laisser composer une par Chevreau ou par Desfontaines. Il voulut seulement que le public retrouvât dans la pièce nouvelle les principaux personnages du *Menteur*. Mais, quelque soin que prenne Cliton, dès les premières scènes, d'exposer les incidents qui servent de lien entre les deux pièces, il n'en faut pas moins reconnaître que le caractère de Dorante est singulièrement changé.

La *Suite du Menteur* fut jouée à la fin de l'année 1643, sur le théâtre du Marais, par les mêmes acteurs que le *Menteur*. Jodelet lui-même, qui avait contribué au succès de la première pièce, dans le rôle de Cliton, récita le portrait peu flatté que le poëte traçait de lui. Les frères Parfaict (*Histoire du Théâtre François*, t. VIe, pp. 237 sqq.) et M. Marty-Laveaux (t. IVe, pp. 123 sqq.) nous ont donné quelques détails sur ce comédien qui entra au Marais en 1610 et mourut à la fin de mars 1660, ainsi que nous l'apprend *la Muse historique de Loret*.

Jodelet divertit le parterre pendant cinquante ans, aussi fut-on surpris de le voir en 1649 et en 1650 prendre une part active à la Fronde. Une mazarinade de 1649 contient le passage suivant :

> « Il n'est pas jusque(s) à Jodelet
> Qui n'ait en main le pistolet,
> Ayant adjoint à sa cabale
> Les gens de la Troupe Royale ;
> Si bien qu'eux tous jusqu'aux Portiers
> Ont cuirasse et sont cavaliers,
> Tesmoignant bien mieux leur courage
> En personne qu'en personnage. »

Le Courrier françois dit encore en 1650 :

> « L'hostel de Bourgogne ferma,
> La trouppe du Marais s'arma.
> Jodelet n'eut plus de farine
> Dont il put barbouiller sa mine. »

Voy. *Choix de Mazarinades, publié par C. Moreau*; Paris, 1853, 2 vol. in-8, t. Ier, p. 300 et t. IIe, p. 167 ; voy. aussi la *Bibliographie des Mazarinades* du même auteur, n°s 1080, 1257, 1736.

Malgré les efforts de Jodelet et de ses camarades, la *Suite du Menteur* échoua ; Corneille l'avoue lui-même, dans son *Epistre* et dans son *Examen*, sans se rendre bien compte des causes de son insuccès. Sans parler des défauts de la pièce, qui, malgré d'excellentes scènes, n'est pas d'un intérêt véritablement dramatique, on peut dire qu'il est sans exemple dans la littérature que la suite d'un ouvrage ait jamais participé à la vogue que l'auteur se proposait d'exploiter. « Bien que d'abord cette Piéce n'eut pas grande « approbation, ajoute Corneille, à la fin de son *Examen,* quatre « ou cinq ans après la Troupe du Marais la remit sur le Théâtre « avec un succès heureux, mais aucune des Troupes qui courent « les Provinces ne s'en est chargée. » Cette reprise dut avoir lieu peu de temps avant que Jodelet se joignit aux frondeurs ; ce fut la dernière. Le Registre de Lagrange ne mentionne aucune représentation de la *Suite du Menteur ;* ce n'est qu'au commencement de ce siècle qu'Andrieux essaya les retouches conseillées par Voltaire. La pièce, réduite en 4 actes, fut jouée sur le Théâtre-Français, où elle obtint 7 représentations. Andrieux, mécontent de son ouvrage, la remit en 5 actes et la donna sous cette nouvelle forme sur le Théâtre de l'Impératrice, l'Odéon actuel (voy. notre chapitre XIV).

On joua en 1645 une pièce de d'Ouville, dont le titre reproduisait celui de la comédie de Lope de Vega, dont Corneille a tiré *la Suite du Menteur : Aymer sans savoir qui* (à Paris, chez Cardin Besongne, 1647, in-4). L'analyse que les frères Parfaict ont donnée de cette pièce (*Histoire du Théatre François,* t. VIe, pp. 411-415) permet de dire qu'elle n'a aucun rapport avec l'ouvrage espagnol.

Vendu : 40 fr., exempl. à relier, Huillard, 1870 (n° 595) ; — 170 fr., même exempl., Potier, 1870 (n° 1231).

41. La Svite || dv || Mentevr, || Comedie. || *Imprimé à Roüen, & se vend* || *A Paris,* || *Chez* || *Antoine de Somma-* || *uille en la Gallerie* || *des Merciers, à l'Escu* || *de France.* || *Au* || *Palais.* || *Et* || *Augustin Courbé,* || *en la mesme Gallerie,* || *à la Palme.* || M. DC. XLV [1645]. || Auec Priuilege du Roy. In-12 de 6 ff., 93 pp. et 1 f. blanc.

Collation des feuillets prélim. : titre ; 7 pp. pour la dédicace ; 2 pp. pour le *Privilége ;* 1 p. pour les noms des *Acteurs*. Le privilége et l'achevé d'imprimer sont les mêmes que dans l'édition in-4.

Cette édition fait partie du recueil de 1647.

42. La || Svite || dv || Mentevr, || Comedie. || *A Paris,* || *Chez Toussainct Quinet,* || *au Palais, dans la petite Salle, sous la montée* || *de la Cour des Aydes ;* [ou *Chez Antoine de Sommauille,* || *au Palais, dans la petite salle des Mer-*

ciers, || à l'Escu de France]. || M. DC. XLVIII [1648]. || Auec Priuilege du Roy. In-12 de 6 ff. et 93 pp.

La collation est la même que dans l'édition in-12 de 1645, mais les caractères sont plus fins et la justification plus petite (109 mm. sur 56). Le privilége est le même, mais il n'y a pas d'achevé d'imprimer.
Cette édition fut sans doute publiée lors de la reprise, dont parle Corneille à la fin de son *Examen*. Nous en avons vu des exemplaires à la Bibliothèque Cousin, chez M. L. Potier et à la librairie Techener.

43. LA SUITE DU MENTEUR, Comedie. Par P. Corneille. *A Paris, Au Palais. Chez Guillaume de Luyne, dans la Salle des Merciers sous la montée de la Cour des Aydes à la Justice. Estienne Loyson, au premier Pillier de la Grand'-Salle proche les Consultations au nom de Jesus. Pierre Traboüillet, dans la Galerie des Prisonniers, à l'Image S. Hubert, & à la Fortune proche le Greffe des Eaux & Forests.* M. DC. LXXXII [1682], Avec Privilege du Roy. In-12.

Nous avons la certitude que cette édition existe, bien que nous ne l'ayons pas vue. Elle doit se composer de 2 ff. et 84 pp. Voy. ci-dessus n° 25.

XVI

44. RODOGVNE || PRINCESSE || DES PARTHES. || Tragedie. || *Imprimé à Roüen, & se vend* || *A Paris,* || *Chez Toussaint Quinet, au Palais,* || *sous la montée de la Cour des Aydes;* [ou *Chez Antoine de Sommauille, au Palais, en la* || *Gallerie des Merciers, à l'Escu de France;* ou *Chez Augustin Courbé, au Palais, en la* || *Gallerie des Merciers, à la Palme.* || M. DC. XLVII [1647]. || Auec Priuilege du Roy. In-4 de 9 ff. et 115 pp.

Collation des feuillets prél. : Figure représentant Rodogune qui empêche Antiochus de prendre la coupe ; on lit en haut le titre de la tragédie, avec le nom de Corneille, et en bas ces mots : *C. le Brun in.*, au-dessous desquels se trouve l'indication du lieu de publication : *A Paris, Au Palais, Auec Priuilege du Roy,* 1647 (cette figure, imprimée sur un f. séparé, manque souvent); 1 f. de titre avec un fleuron portant le monogramme de *L. Maurry;* 4 ff. pour la dédicace à « Monseigneur Monseigneur le Duc d'Anguien »; 2 ff. pour l'extrait d'Appien ; 1 f. pour l'*Extrait du Privilége* et les noms des *Acteurs.*

Le privilége, daté du 17 avril 1646, est donné pour cinq ans à *Toussainct Quinet,* lequel y associe *A. de Sommaville* et *A. Courbé.* L'achevé d'imprimer est du dernier jour de janvier 1647.

Dans certains exemplaires d'un premier tirage, la dernière page est chiffrée par erreur 107.

Dans tous les recueils des œuvres de Corneille, sauf dans la grande édition in-folio de 1663, *Rodogune* est placée après *Théodore,* mais il est certain que cette dernière pièce ne fut jouée qu'en 1645, tandis que la première dut l'être dans le courant de l'année 1644. Tous les historiens du théâtre sont unanimes sur ce point. Voltaire a pensé qu'ils se trompaient et que l'ordre chronologique n'avait pas dû être abandonné par Corneille ; il a donc reculé la représentation de *Rodogune* jusqu'en 1646, tandis qu'avec tous les auteurs il a laissé *Théodore* à l'année 1645. L'ordre dans lequel furent publiées les deux tragédies n'est pas, à notre avis, un motif suffisant pour écarter une tradition universellement admise.

La place occupée par *Théodore,* dans les éditions de 1647 à 1655, lui fut sans doute donnée en raison de la date à laquelle elle fut publiée. Corneille s'était d'autant plus empressé de la faire imprimer, qu'il espérait que sa *Vierge chrétienne,* malgré l'échec qu'elle avait subi à Paris, serait bien accueillie sur les théâtres de province, tandis qu'il retarda l'impression de *Rodogune* pour protéger les droits des comédiens et les siens. Lors de la composition du recueil de 1647, les libraires s'en tinrent à l'ordre dans lequel les pièces avaient été imprimées. Corneille conserva cet ordre, sans y rien changer, jusqu'en 1660, époque à laquelle il se préoccupa de donner une forme définitive aux éditions de ses œuvres. Il mit alors *Théodore* immédiatement après *Pompée,* c'est-à-dire avant le *Menteur,* dans la pensée de la rapprocher de *Polyeucte,* dont elle était le pendant. La grande édition de 1663 innova sur ce point et rangea toutes les pièces à leur vraie place, y compris *Théodore,* mais les éditions de 1664 in-8, de 1668 et de 1682 revinrent aux errements antérieurs. A partir de cette époque, il nous paraît facile d'expliquer la transposition faite par Corneille. Les dernières éditions de ses œuvres sont « réglées » à huit pièces par volume ; *Théodore,* étant sa dix-septième pièce, devait naturellement ouvrir le tome III°. Il est naturel de penser que le poëte, qui avait commencé le tome II° par le *Cid,* aura voulu mettre en tête du tome III°, une pièce qui eût obtenu un succès incontesté ; il choisit *Rodogune* et relégua *Théodore* au second plan, à la fin du volume précédent. L'édition in-folio étant réglée à douze pièces par volume, c'est

Pompée qui ouvrait la seconde partie, en sorte que *Théodore* avait pu sans inconvénient y occuper sa vraie place.

Fontenelle prétend que son oncle fut plus d'un an à disposer le sujet de *Rodogune*. Il en devait l'idée première à un épisode raconté par Appien ; mais, l'histoire ne pouvant être mise sur la scène dans toute sa nudité, le récit de Justin, les témoignages du Livre des Machabées et de Josèphe n'étant d'ailleurs pas conformes sur tous les points aux faits rapportés par l'historien grec, Corneille dut tirer de son propre fonds la plus grande partie du poëme. Cet effort d'imagination lui coûta beaucoup de peine et lui inspira pour *Rodogune* une affection particulière. « On m'a souvent fait une question à la
« Cour, dit-il dans son *Examen*, quel étoit celuy de mes Poëmes que
« j'estimois le plus, et j'ay trouvé tous ceux qui me l'ont faite si
« prévenus en faveur de *Cinna*, ou du *Cid*, que je n'ay jamais osé
« déclarer toute la tendresse que j'ay toujours eue pour celui-cy, à
« qui j'aurois volontiers donné mon suffrage, si je n'avois craint de
« manquer en quelque sorte au respect que je devois à ceux que je
« voyois pencher d'un autre costé. Cette préférence est peut-estre en
« moy un effet de ces inclinations aveugles, qu'ont beaucoup de
« péres pour quelques-uns de leurs enfans, plus que pour les autres :
« peut-estre y entre-t'il un peu d'amour-propre, en ce que cette Tra-
« gédie me semble estre un peu plus à moy, que celles qui l'ont pré-
« cédée, à cause des incidens surprenans qui sont purement de
« mon invention, et n'avoient jamais été veus au Théatre ; et peut-
« estre enfin y a-t'il un peu de vray mérite, qui fait que cette incli-
« nation n'est pas tout-à-fait injuste. »

Au moment où Corneille achevait de combiner les scènes de sa tragédie, il fut trahi par un de ceux qui avaient reçu ses confidences. Gabriel Gilbert, auteur dramatique médiocre, dont la reine Christine de Suède avait fait son secrétaire, profita de cette indiscrétion et ne craignit pas d'écrire une *Rodogune*, qu'il fit représenter sous son nom en 1644, quelques mois avant la pièce de Corneille (*Rodogune, Tragi-Comedie* ; à Paris, chez Toussainct Quinet, 1646, in-4). Le plagiaire avait eu connaissance des quatre premiers actes de la vraie *Rodogune*, qu'il suivit assez fidèlement, mais il fut abandonné à lui-même pour le cinquième, et le misérable dénoûment qu'il imagina suffit pour révéler son larcin. Corneille ne se plaignit même pas de cet abus de confiance qu'il feignit d'ignorer ; la supériorité du style était pour lui une vengeance plus que suffisante. D'ailleurs Gilbert, ignorant de quel auteur le sujet était tiré, n'avait pas su à qui appliquer le nom de *Rodogune* ; il l'avait donné par erreur à la reine que Corneille appelle *Cléopatre*.

Rodogune fut représentée à l'hôtel de Bourgogne ; elle fut jouée par Mlle *Bellerose*, à ce que nous apprend une mazarinade intitulée : *Lettre de Bellerose à l'abbé de la Rivière* (1649). Plus tard elle passa dans le répertoire courant de la troupe de Molière. Le Registre de Lagrange en mentionne 23 représentations de 1659 à 1680. Les comédiens de l'hôtel de Bourgogne ne cessèrent point pour cela de donner *Rodogune*, si l'on s'en rapporte à la distribution indiquée par Mouhy, dans son *Journal du Théâtre François* (voy. Marty-Laveaux, t. IVe, pp. 406 sq.). Ce furent très-probablement les acteurs que nomme Mouhy : *Baron, Villiers, Champmeslé, Lecomte, Mlle de Champmeslé, Mlle Dupin et Mlle Guiot* qui représentèrent la pièce à Versailles en octobre 1676, lors de la reprise qui donna lieu au *Remerciement* de Corneille. C'étaient les mêmes acteurs qui jouaient *Rodogune*, au commencement de l'année 1685, ainsi que nous l'apprenons par le Manuscrit du Dauphin (voy. ci-dessus, n° 19). Les indications de ce manuscrit sont d'autant plus importantes qu'elles viennent corroborer le témoignage de Mouhy. Voici la distribution qu'il nous fournit :

DAMOISELLES.

Cleopatre : *Beauval, ou Dupin.*
Rodogune : *Chanmeslé.*
Laodice : *Guiot.*

HOMMES.

Antiochus : *Baron.*
Seleuchus : *de Villiers, ou le Comte.*
Timagene : *Chanmeslé.*
Oronte : *le Comte.*

Parmi les artistes qui ont rempli le rôle de Cléopatre, nous citerons, d'après Lemazurier (*Galerie des acteurs du Théâtre Français*, t. IIe), *Mlle Aubert*, en 1712 ; *Mlle Lamotte*, en 1722 ; *Mlle Balicourt*, en 1727 ; enfin et surtout *Mlle Dumesnil*. Les plus brillantes interprètes de *Rodogune* ont été *Mlle Gaussin* et *Mlle Clairon*.

Les représentations données par le Théâtre-Français de 1680 à 1870 ont été au nombre de 455, savoir : sous Louis XIV : à la ville, 133 ; à la cour, 21 ; — sous Louis XV : à la ville, 135 ; à la cour, 14 ; — sous Louis XVI : à la ville, 34 ; à la cour, 6 ; — sous la Révolution, 9 ; — sous le Directoire, le Consulat et l'Empire : à la ville, 67 ; à la cour, 3 ; — sous la Restauration, 18 ; — sous le second Empire, 15.

45. Rodogvne || princesse || des Parthes. || Tragedie. || *Imprimé à Roüen, & se vend* || *à Paris,* || *Chez Toussaint Quinet, au* || *Palais, sous la montée de la Cour des Aydes ;* [ou *Chez Antoine de Sommaville,* || *au Palais, en la Gallerie des Mer-* || *ciers, à l'Escu de France ;* ou *Chez Augustin Courbé* || *au Palais, en la Salle des Merciers,* || *à la*

Palme]. || M. DC. XLVII [1647]. || Auec Priuilege du Roy. In-12 de 10 ff. et 87 pp.

Collation des feuillets prélim. : frontispice gravé portant ces mots dans un cartouche : *La Rodogune, Tragedie de M. de Corneille*, 1647 (ce frontispice manque à beaucoup d'exemplaires où il est remplacé par 1 f. blanc) ; 1 f. de titre ; 4 ff. de dédicace à *Monseigneur le Prince* (le v° du dernier est occupé par un simple fleuron) ; 4 ff. contenant l'extrait d'*Appian Alexandrin* et les noms des *Acteurs*.

Nous avons eu sous les yeux deux exemplaires au nom de *Quinet*, ou le fleuron et la lettre ornée qui précèdent la dédicace étaient différents, tandis qu'ils étaient pour tout le reste absolument conformes.

Le privilége occupe le verso de la p. 87. Il est au nom de *Toussainct Quinet*, qui déclare y associer *Antoine de Sommaville* et *Augustin Courbé*. On lit à la fin : *Acheué d'imprimer pour la première fois, le dernier iour de Ianuier* 1647.

La Bibliothèque Cousin possède un exemplaire de cette édition au nom de *Courbé*, avec la date de 1646. Il y a là une faute d'impression évidente, puisque l'achevé d'imprimer porte, comme dans tous les exemplaires, le dernier jour de janvier 1647.

Vendu : 16 fr. mar. r. doublé de mar. bl. (*Gruel*), Giraud, 1855 (n° 1641) ; — 40 fr., exempl. à relier, Catalogue Lefebvre (de Bordeaux), 1875 (n° 56).

46. RODOGUNE, PRINCESSE DES PARTHES, Tragedie. Par P. Corneille. *A Paris, Au Palais. Chez Guillaume de Luyne, dans la Salle des Merciers sous la montée de la Cour des Aydes à la Justice. Estienne Loyson, au premier Pillier de la Grand'Salle proche les Consultations au Nom de Jesus. Pierre Trabouillet, dans la Galerie des Prisonniers, à l'Image S. Hubert, & à la Fortune proche le Greffe des Eaux & Forests.* M. DC. LXXXII [1682]. Avec Privilege du Roy. In-12.

Nous avons la certitude que cette édition existe, bien qu'elle n'ait pas encore été citée. Elle doit compter 2 ff. et 68 pp. Voy. ci-dessus n° 25.

XVII

47. Theodore || vierge et martyre, || Tragedie || chrestienne. || *Imprimé à Roüen, & se vend* || A *Paris*, || *Chez Toussainct Quinet, au Palais, sous* || *la montée de la Cour des Aydes ;* ou *Chez Antoine de Sommauille, au Palais,* || *en la Gallerie des Merciers, à l'Escu de France ;* [ou *Chez Augustin Courbé, au Palais, en* || *la Gallerie des Merciers, à la Palme*]. || M. DC. XLVI [ou M. DC. XLVII] [1646 ou 1647]. || Auec Priuilege du Roy. In-4 de 5 ff. et 128 pp.

Collation des feuillets prélim. : figure représentant la décollation de sainte Théodore ; titre avec le fleuron de Laurens Maury et ses initiales L. M.; 5 pp. pour la dédicace à Monsieur L. P. C. B.; 1 p. pour l'*Extrait du Privilége* et les noms des *Acteurs*.

Le privilége, daté du 17 avril 1646 (comme le privilége de *Rodogune*), est accordé pour cinq ans à *Toussainct Quinet*, qui déclare y associer *A. de Sommauille* et *A. Courbé*. L'achevé d'imprimer est du dernier jour d'octobre 1646.

La plupart des exemplaires de cette édition que nous avons vus portent la date de 1647 ; ce sont ceux dans lesquels nous avons trouvé le frontispice gravé. La Bibliothèque Cousin possède un exemplaire de 1646, sans frontispice avec le nom de *Courbé*. Un autre exemplaire est porté au Catalogue Pompadour, n° 890. Il est possible que la gravure n'ait pas été achevée, lorsque les premiers exemplaires furent mis en vente.

En écrivant *Théodore*, Corneille espéra renouveler le succès de *Polyeucte*. Il écrivit *Théodore* après *Polyeucte*, comme il avait écrit *la Place Royale* après *la Galerie du Palais*, *Cinna* après *Horace*, *la Suite du Menteur* après *le Menteur*. Il emprunta le sujet de la pièce au *De Virginibus* de saint Ambroise et crut pouvoir mettre sur la scène une légende presque semblable à celle de sainte Agnès, que les spectateurs naïfs du moyen âge écoutaient avec un recueillement religieux. Nous connaissons un drame provençal du commencement du xive siècle, auquel cette dernière sainte donne son nom (*Sancta Agnes, provenzalisches geistliches Schauspiel, herausgegeben von Karl Bartsch ;* Berlin, Weber, 1869, pet. in-8), et dans les premières années du xviie siècle, Pierre Troterel, seigneur d'Aves, en fit l'héroïne d'une tragédie (*Tragédie de Sainte Agnes, par le Sieur d'Aves ;* Rouen, David du Petit Val, 1615, pet. in-12 de 95 pp.). Personne alors ne trouvait mauvais qu'une partie de l'action se passât dans un lieu de prostitution ;

mais Corneille avait épuré le goût public, et les spectateurs ne purent supporter le quatrième acte de sa pièce. Jouée, en 1645, par les comédiens du Roi, *Théodore* n'eut, d'après le *Journal du Théatre François*, que cinq représentations. Corneille ne put dissimuler son échec : « La representation de cette Tragédie, dit-il
« dans son *Examen*, n'a pas eu grand éclat, et sans chercher des
« couleurs à la justifier, je veux bien ne m'en prendre qu'à ses
« défauts, et la croire mal faite, puisqu'elle a été mal suivie. J'au-
« rois tort de m'opposer au jugement du Public; il m'a été trop
« avantageux en d'autres Ouvrages pour le contredire en celui-cy,
« et si je l'accusois d'erreur ou d'injustice pour *Théodore*, mon
« exemple donneroit lieu à tout le monde de soupçonner des mes-
« mes choses les Arrests qu'il a prononcez en ma faveur. Ce n'est
« pas toutefois sans quelque satisfaction, que je voy la meilleure
« et la plus saine partie de mes Juges imputer ce mauvais succès à
« l'idée de la prostitution qu'on n'a pû souffrir, bien qu'on sçeust
« assez qu'elle n'auroit point d'effet, et que pour en extenuer l'hor-
« reur j'aye employé tout ce que l'Art et l'expérience m'ont pû
« fournir de lumiéres; pouvant dire du quatrieme Acte de cette
« Pièce que je ne croy pas en avoir fait aucun, où les diverses pas-
« sions soient ménagées avec plus d'adresse et qui donne plus lieu
« à faire voir le talent d'un excellent Acteur. » Dans les provinces, les spectateurs étaient moins exigeants qu'à Paris. Après avoir remarqué que la *Suite du Menteur* n'y fut point donnée, Corneille termine l'*Examen* de cette pièce par la réflexion suivante : « Le
« contraire est arrivé de *Théodore*, que les Troupes de Paris n'y
« ont point rétablie depuis sa disgrace, mais que celles des
« Provinces y ont fait assez passablement réüssir. »

Nous avons déjà parlé (voy. le n° 44) du rang assigné à *Théodore*, dans les diverses éditions collectives que Corneille donna de ses ouvrages. Nous n'avons pu voir d'autre motif à l'interversion qui l'a fait passer avant *Rodogune*, et même, en 1660, avant le *Menteur*, que le désir qu'eut le poëte de la rapprocher de *Polyeucte* et de ne pas mettre en tête d'un volume une pièce qui n'avait pas obtenu un complet succès.

48. THEODORE ‖ VIERGE ET MARTYRE, ‖ tragedie chrestienne. ‖ *Imprimé à Rouën, & se vend* ‖ *A Paris,* ‖ *Chez Toussainct Quinet,* ‖ *au Palais, sous la montée de la* ‖ *Cour des Aydes* [ou *Chez Antoine de Sommauille,* ‖ *au Palais, en la Gallerie des Merciers,* ‖ *à l'Escu de France ;* ou *Chez Augustin Courbé,* ‖ *au Palais, en la Gallerie des* ‖ *Merciers, à la Palme*]. ‖ M. DC. XLVI [1646]. ‖ Avec Privilege du Roy. In-12 de 4 ff., 82 pp. et 1 f. blanc.

Collation des feuillets prélim. : titre; 2 ff. pour la dédicace à

Monsieur L. P. C. B.; 1 f. pour l'*Extrait du Privilége* et les noms des *Acteurs*.

Le privilége, daté du 17 avril 1646, est accordé pour cinq ans à *Toussainct Quinet,* qui déclare y associer *Antoine de Sommaville* et *Augustin Courbé.* L'achevé d'imprimer pour la première fois est du dernier jour d'octobre 1646.

Cette édition fait partie du recueil de 1647.

La Bibliothèque Cousin possède un exemplaire an nom de *Courbé,* avec la date de 1647, qui ne présente d'ailleurs aucune différence avec les exemplaires datés de 1646.

Vendu : 20 fr., mar. r. doublé de mar. bl. (*Gruel*), Giraud, 1855 (n° 1639) ; — 75 fr., mar. r. (*Duru et Chambolle*), Potier, 1870 (n° 1230).

49. THEODORE VIERGE ET MARTYRE, Tragedie chrestienne. Par P. Corneille. *A Paris, Au Palais. Chez Guillaume de Luyne, dans la Salle des Merciers sous la montée de la Cour des Aydes à la Justice. Estienne Loyson, au premier Pillier de la Grand'Salle proche les Consultations au Nom de Jesus. Pierre Trabouillet, dans la Galerie des Prisonniers, à l'Image S. Hubert, & à la Fortune proche le Greffe des Eaux & Forests.* M. DC. LXXXII [1682]. Avec Privilege du Roy. In-12.

Cette édition doit se composer de 2 ff. et 76 pp.
Vendu : 6 fr. mar. v. (*Duru*), Giraud, 1855 (n° 1640).

XVIII

50. HERACLIVS ‖ EMPEREVR ‖ D'ORIENT, ‖ Tragedie, ‖ *Imprimé à Roüen, & se vend* ‖ *A Paris,* ‖ *Chez Toussainct Quinet, au Palais,* ‖ *sous la montée de la Cour des Aydes;* [ou *Chez Antoine de Sommauille, au Palais,* ‖ *en la Gallerie des Merciers, à l'Escu de France ;* ou *Chez Augustin Courbé, au Palais,* ‖ *en la Gallerie des Merciers, à la Palme*]. ‖ M. DC. XLVII [1647]. ‖ Auec Priuilege du Roy. In-4 de 6 ff., 126 pp. et 1 f.

Collation des feuillets prélim. : 1 f. de titre avec un fleuron, au monogramme de *L. Maurry* ; 3 ff. pour la dédicace *A Monseigneur Seguier, Chancelier de France* ; 2 ff. pour l'avis *Au Lecteur* et les noms des *Acteurs*.

Le privilége, dont le texte remplit le dernier f., est accordé pour cinq ans à *T. Quinet*, à la date du 17 avril 1647, et Quinet déclare y associer *A. de Sommaville* et *A. Courbé*. L'achevé d'imprimer est du 28 juin 1647.

Les libraires associés pour la publication de la pièce eurent un procès dont Scarron (éd. de 1786, t. VIIe, p. 56) nous a conservé le souvenir dans les vers suivants, que M. Marty-Laveaux a relevés :

> Si l'on ne payoit point les Muses,
> Elles deviendroient bien camuses ;
> On ne feroit plus rogatums,
> On n'imprimeroit que factums ;
> *Courbé, Quinet* et *Sommaville*
> Finiroient leur guerre civile,
> Et ne s'entre-plaideroient plus
> Pour *Cassandre* et l'*Heraclius*.

Dans le procès intenté par *Quinet* à ses deux associés *Sommaville* et *Courbé*, Corneille, croyons-nous, donna raison aux derniers. Leurs deux noms figurent, en 1648, sur une édition de *Polyeucte* (n° 28), tandis qu'on n'y voit pas celui de *Quinet*. Du reste la brouille ne fut pas de longue durée. *Courbé* ayant obtenu, en 1648, un privilége pour les pièces de Corneille, y associa *Sommaville* et *Quinet*. Leur entente est constatée par le recueil de 1648, dont l'achevé d'imprimer est du 31 septembre. (Voy. notre chapitre III.)

Héraclius fut représenté à l'hôtel de Bourgogne vers la fin de l'année 1646. Nous adoptons cette date et non celle de 1647 que nous fournissent les historiens du théâtre, parce que le passage du *Déniaisé* de Gillet de la Tessonnerie, que cite M. Marty-Laveaux (t. V, p. 117), nous paraît tout à fait concluant. Dans cette comédie figurent deux amants qui se vantent tour-à-tour de leur galanterie pour leur belle :

> J'ay fait voir à Daphnis dix fois *Heraclius*,
> — Moy, vingt fois *Themistocle* et peut-estre encor plus.

Le privilége du *Déniaisé* est daté du 9 mars 1647. Si l'on tient compte du temps nécessaire pour l'obtention des lettres royales ; si l'on réfléchit que les acteurs ne jouaient alors que trois fois par semaine, et qu'une pièce ne pouvait avoir plus de dix représentations en un mois ; si enfin l'on admet que la Tessonnerie ne put composer et faire jouer sa pièce en moins d'un mois, on est forcé de placer *Héraclius* avant la fin de l'année 1646. Corneille luimême nous fournit un argument à l'appui de cette opinion. Dans l'avis au lecteur qui précède *Rodogune* (dont l'achevé d'imprimer est du 31 janvier 1647), il dit que cette tragédie n'est pas la seule où il ait pris de la liberté avec l'histoire, et il ajoute : « Je l'ay « poussée encore plus loin dans *Heraclius* que je viens de mettre « sur le théâtre. » Cette phrase, écrite au commencement de l'année 1647, se rapportait sans doute à un événement antérieur de quelques semaines.

Corneille composa *Héraclius* en combinant plusieurs passages des *Annales ecclesiastici* de Baronius. « Cette Tragédie, nous dit-il dans « son *Examen*, a encore plus d'effort d'invention que celle de « *Rodogune*, et je puis dire que c'est un heureux Original, dont il « s'est fait beaucoup de belles copies, si-tost qu'il a paru. » Malgré la netteté de cette déclaration faite par un homme dont on connait la franchise, quelques critiques du commencement du xviii° siècle s'avisèrent de rechercher une comédie de Calderon intitulée : *En esta vida todo es verdad y todo mentira*, qui présente dans certains passages de frappantes analogies avec *Héraclius*, et prétendirent que le poëte français avait emprunté sa pièce à l'Espagne. Cette assertion fut avancée assez à la légère dans le *Mercure* de 1724, mais démentie par le savant jésuite Tournemine, dont Jolly reproduisit les observations dans l'*Avertissement des Œuvres de Corneille*, publiées par lui en 1738. Quelque incroyables que fussent les accusations de plagiat portées contre Corneille, Voltaire n'hésita pas à les reprendre, mais ne trouva pour les soutenir que les plus détestables raisons. Corneille n'emprunta rien à Calderon ; ce fut au contraire l'auteur espagnol qui fit entrer des fragments de la pièce de Corneille dans une conception presque insensée. Sa comédie de *Todo es verdad y todo mentira*, ne fut publiée que 17 ans après *Héraclius* (*Tercera Parte de las Comedias de D. Pedro Calderon de la Barca;* Madrid, por Domingo Garcia Morràs, 1664, in-4 de 6 ff. non chiff. et 272 ff. chiff.) ; c'est ce que M. Viguier (*Anecdotes littéraires sur Pierre Corneille;* Rouen, 1846, in-8, pp. 13 sqq., et *Œuvres de Corneille*, éd. Marty-Laveaux, t. V°, pp. 122 sqq.), a démontré d'une manière irréfragable. Il faut toute la passion d'un « Franzosenfresser » comme M. de Schack (*Geschichte der dramatischen Literatur und Kunst in Spanien*, t. III°, p. 177 ; *Nachtrag*, p. 104), ou toute l'ardeur castillane d'un poëte comme M. Harzenbusch, qui fait de la question une question d'amour-propre national, pour accuser Corneille d'un plagiat commis au contraire à son détriment.

Au dire de Corneille, le poëme d'*Héraclius* « est si embarrassé, « qu'il demande une merveilleuse attention. J'ay veu, ajoute-t-il, « de fort bons esprits, et des personnes des plus qualifiées de la « Cour, se plaindre de ce que sa représentation fatiguoit autant « l'esprit qu'une étude sérieuse. Elle n'a pas laissé de plaire, mais « je croy qu'il l'a fallu voir plus d'une fois, pour en remporter une « entière intelligence. » La troupe de Molière donna plus tard *Héraclius*, comme la plupart des autres pièces de Corneille. Le Registre de Lagrange en mentionne 14 représentations de 1659 à 1680, dont 7 pour la seule année 1661. D'après une tradition recueillie dans l'édition de la Bruyère, donnée par Coste en 1731 (t. I°r, p. 3), Molière « réussit si mal la première fois qu'il parut à la tragédie d'*Héraclius*, dont il faisoit le principal personnage, qu'on lui jeta des pommes cuites qui se vendoient à la porte, et il fut obligé de quitter ». Peut-être la malheureuse représentation où

Molière subit cet affront est-elle celle que Lagrange cite à la date du samedi 18 mai 1659, avec une recette de 72 livres. Molière n'avait pour sa part que 3 livres !

Robinet nous raconte, dans sa *Lettre en vers à Madame*, du 1er décembre 1668, une représentation d'*Héraclius* donnée chez Monsieur :

> Lundy, les Altesses Royales,
> En l'une de leurs grandes Sales,
> Où tout brilloit tant que rien plus,
> Veirent le grand *Héraclius*,
> L'un des beaux fruits des doctes *Veilles*
> Du digne Aîné des deux Corneilles,
> Qu'avec un honneur non tel quel,
> Jouërent Messieurs de l'Hôtel.

Au commencement de l'année 1685, *Héraclius* était distribué de la manière suivante :

DAMOISELLES.

Pulcherie : *Chanmeslé.*
Léontine : *Beauval, ou Dupin.*
Eudoxe : *Poisson.*

HOMMES.

Héraclius : *Baron, ou Dauvilliers.*
Marsian : *Dauvilliers, ou le Comte.*
Phocas : *Chanmeslé.*
Crispe : *Hubert, ou le Comte.*
Octavian : *Raisin L.*
Exupere : *Hubert.*
Amintas : *Beauval.*

De 1680 à 1870, le Théâtre-Français a donné 305 représentations d'*Héraclius*, savoir : sous Louis XIV ; à la ville, 60 ; à la cour, 4 ; — sous Louis XV ; à la ville, 137 ; à la cour, 17 ; — sous Louis XVI ; à la ville, 18 ; à la cour, 6 ; — sous la Révolution : 5 ; — sous le Directoire, le Consulat et l'Empire : à la ville, 40 ; à la cour, 2 ; — sous la Restauration : 13 ; — sous le second Empire : 3.

51. HERACLIVS ‖ EMPEREVR ‖ D'ORIENT, ‖ Tragedie. ‖ *Imprimé à Roüen, & se vend* ‖ *A Paris,* ‖ *Chez Toussainct Quinet, au Palais, sous la montée de la* ‖ *Cour des Aydes ;* [ou *Chez Antoine de Sommauille,* ‖ *au Palais, en la gallerie des Merciers,* ‖ *à l'Escu de France ;* ou *Chez Augustin Courbé, au Palais, en la Gallerie des Merciers, à la Palme*].

‖ M. DC. XLVII [1647]. ‖ Auec Priuilege du Roy. In-12 de 6 ff., 93 pp. et 1 f.

Collation des feuillets prélim. : titre ; 2 ff. pour la dédicace ; 3 ff. pour l'avis *Au Lecteur* et les *Acteurs*.
Le privilége est le même que dans l'édition in-4 qui précède. Il se termine par la même mention et le même achevé d'imprimer.
Cette édition dut paraître peu de temps après l'édition in-4. Dans la lettre citée ci-dessus, Conrart dit à Félibien, à la date du 16 août 1647 : « Je tiendray le *petit Heraclius* tout prest pour vous l'envoyer par la premiere commodité d'amy qui se présentera. »
Vendu : 21 fr. mar. bl. doublé de mar. r. (*Gruel*), Giraud, 1855 (n° 1642) ; — 40 fr., exempl. à relier, Catalogue Lefebvre (de Bordeaux), 1875 (n° 57).

52. Heraclivs ‖ Emperevr ‖ d'Orient, ‖ Tragedie. ‖ *A Paris, ‖ Chez Guillaume de Luine, au Palais, sous ‖ la montée de la Cour des Aydes.* ‖ M. DC. LII. [1652]. ‖ Auec Priuilege du Roy. In-12 de 6 ff., 82 pp. et 1 f.

Collation des feuillets prélim. : titre ; 2 ff. pour la dédicace ; 3 ff. pour l'avis *Au Lecteur* et les noms des *Acteurs*.
Cette édition est imprimée en petits caractères très-nets ; la justification est de 104 mm. sur 58, tandis que l'édition de 1647 a 111 mm. sur 58. Il existe des exemplaires de l'édition de *Guillaume de Luine*, avec la date de 1653. Nous avons pu nous convaincre à la Bibliothèque Cousin, où nous avons trouvé un exemplaire sous chacune des deux dates, que les deux catégories d'exemplaires appartiennent à une seule et même édition.

53. Heraclius Empereur d'Orient, Tragedie. Par P. Corneille. *A Paris, Au Palais. Chez Guillaume de Luyne, dans la Salle des Merciers, sous la montée de la Cour des Aydes à la Justice. Estienne Loyson, au premier Pillier de la Grand'Salle proche les Consultations au Nom de Jesus. Pierre Traboüillet, dans la Galerie des Prisonniers, à l'Image S. Hubert, & à la Fortune proche le Greffe des Eaux & Forests.* M. DC. LXXXII [1682]. Avec Privilege du Roy. In-12.

Cette édition doit se composer de 2 ff., 72 pp. et 1 f. blanc.
Voy. la note du n° 25.

XIX

54. Dessein de la Tragedie ‖ d'Andromede, ‖ Representée sur le Theatre ‖ Royal de Bourbon. ‖ Contenant l'ordre des Scénes, la descri ‖ ption des Theatres & des Machines, ‖ & les paroles qui se chantent ‖ en Musique. ‖ *Imprimé à Roüen, aux despens de l'Autheur.* ‖ M. DC. L. [1650]. ‖ Auec Priuilege du Roy. ‖ *Et se vend à Paris, chez Augustin Courbé,* ‖ *Imprimeur & Libraire ordinaire de M. le Duc* ‖ *d'Orleans, au Palais, à la Palme.* In-8 de 68 pp., y compris le titre.

Au verso du titre, se trouve l'extrait du privilége accordé à Corneille, pour cinq ans, à la date du 12 octobre 1649. L'achevé d'imprimer est du 3 mars 1650.

Mazarin, qui avait apporté d'Italie le goût de l'opéra et des représentations à grand spectacle, fit jouer, pendant le carnaval de 1647, un ballet italien intitulé *Orphée* (*Orphée, Tragi-Comedie en Musique en Vers Italiens, representée devant Leurs Majestés*; Paris, Sebastien Cramoisy, 1647, in-4 de 29 pp.). Malgré les splendeurs de la mise en scène, ce ballet n'eut qu'un médiocre succès, que Renaudot, le rédacteur de la *Gazette,* ne parvint pas à grandir. Les spectateurs ne comprirent pas les vers italiens, ou, s'ils les comprirent, ne purent qu'en déplorer la faiblesse. Mazarin, pour faire mieux goûter par le public le genre de fêtes qui lui plaisait, eut alors l'idée de monter un opéra français, dont les vers fussent écrits par le plus grand poëte de l'époque ; il désigna Corneille pour le composer. Le poëte n'eut pas le choix du sujet, qui lui fut probablement imposé par le cardinal. Il s'agissait d'utiliser les décorations et les machines exécutées sous la direction de l'Italien Torelli, pour le ballet d'*Orphée*, et l'on ne pouvait mettre sur la scène qu'un grand spectacle mythologique.

Le sujet d'Andromède avait été traité plusieurs fois déjà par les faiseurs d'opéras italiens (*Andromeda, Tragicomedia boscareccia di Diomisso Guazzoni,* [Cremonese]; in Venetia, per Domenico Imberti, 1587 et 1599 in-12 ; — *Andromeda, Tragicomedia per Musica* [poesia di Ridolfo Campeggi, Bolognese, musica di Girolamo Giacobbi, maestro di capella di S. Petronio]; in Bologna, per Bartolommeo Cecchi, 1610, in-12 ; — *Andromeda, Dramma per Musica rappresentato nel Teatro di S. Cassiano di Venezia l'anno* 1637, [poesia di Benedetto Ferrari, di Reggio di Modena, musica di Francesco Manelli, di Tivoli] ; in Venezia, per Antonio Bariletto, 1637, in-12 ; —

Andromeda, Festa teatrale [di Ascanio Pio di Savoja]; in Ferrara, 1639, in-fol., figg.) ; nul doute que Corneille n'ait eu entre les mains sinon toutes ces compositions, au moins les plus récentes, et qu'il ne s'en soit inspiré.

La musique d'*Andromède* fut écrite non pas, comme l'a cru Voltaire, par le compositeur Boesset, ou Boissette, mais par le poëte burlesque Dassoucy, qui, dans un fragment de recueil placé à la suite d'un exemplaire de ses *Rimes redoublées* que possède la Bibliothèque de l'Arsenal, dit expressément : « C'est moy qui ay donné l'âme à l'*Andromede de M. de Corneille*. » Ce passage a été relevé, pour la première fois, par M. Paul Lacroix (*la Jeunesse de Molière*, p. 173), et M. Fournier (*Notes sur Corneille*, p. xc) en a rapproché avec beaucoup de raison le sonnet adressé par Corneille à Dassoucy sur son *Ovide en belle humeur*, sonnet qui fut écrit en 1650, l'année même de la représentation d'*Andromède*.

L'hypothèse des deux savants que nous venons de citer est maintenant une certitude. Dassoucy a fait imprimer des *Airs à quatre parties* (Paris, Robert Ballard, 1653, très-pet. in-8 obl.), qui contiennent deux fragments d'*Andromède*, un morceau du Prologue : *Cieux, escoutez, escoutez, Mers profondes*, et un morceau de l'acte quatrième : *Vivez heureux amants*. Ce petit recueil est d'autant plus intéressant qu'il contient quelques vers de Corneille à Dassoucy, qui ont échappé à tous les éditeurs. Nous les reproduirons dans notre chapitre V[c].

Corneille se mit à l'œuvre en 1647, assisté de Dassoucy et de Torelli. Une maladie du roi et les pieuses exhortations de Vincent de Paul retardèrent la représentation, qui devait avoir lieu pendant le carnaval de 1648. Dans une lettre datée du 20 décembre 1647, Conrart nous donne à ce sujet de curieux détails. « On préparoit, dit-il, force machines au palais Cardinal, pour représenter à ce carnaval une comedie en musique dont M. Corneille a fait les paroles. Il avoit pris *Andromede* pour sujet, et je crois qu'il l'eust mieux traité à nostre mode que les Italiens ; mais depuis la guerison du Roy, M. Vincent a degousté la Reine de ces divertissemens, de sorte que tous les ouvrages ont cessé (*Lettres familieres de M. Conrart à M. Felibien*; Paris, Barbin, 1681, in-12, pp. 110 sq.). » Ce témoignage est confirmé par un passage de Dubuisson-Aubenay, emprunté par M. Marty-Laveaux (t. V[e], pp. 247 sq.) à un manuscrit de la Bibliothèque Mazarine. « L'affaire de la comedie françoise d'*Andromede*, dit-il entre le 2 et le 8 janvier 1648, pour l'avancement de laquelle le sieur Corneille avoit receu 2400 livres, et le sieur Torelli, gouverneur des machines de la piéce d'*Orphée*, ajustandes à celle-cy, plus de 1200 livres, a été derechef rompue ou intermise, apres avoir été nagueres remise sus. »

Les théâtres furent fermés pendant la Fronde, et la représentation d'*Andromède* fut encore ajournée. Le 18 août 1649, le roi revint à Paris ; mais plusieurs mois s'écoulèrent avant que la cour pût se donner le divertissement d'un grand opéra. Ce n'est que vers la fin de janvier 1650 que les comédiens du Petit-Bourbon donnèrent la pièce de Corneille. Le succès en fut très-grand, et Renaudot en fit un long et pompeux éloge dans un extraordinaire de la *Gazette* daté du 18 février 1650.

Nous parlerons à l'article suivant d'une distribution d'*Andromède* indiquée à la main dans un exemplaire de la pièce qui a fait partie de la bibliothèque de M. de Soleinne. Il paraît certain que les chanteurs, quels qu'ils fussent, se faisaient remplacer sur la scène par de simples comparses. On lit dans le registre de Lagrange, à propos de la représentation de *Psyché* (1671) : « Jusques icy les Musiciens et Musiciennes n'avoient point voulu paroistre en public. Ils chantoient à la comedie dans des loges grillées et treillissées. Mais on surmonta cet obstacle et avec quelque legere despance on trouva des personnes qui chanterent sur le theastre à visage descouvert habillées comme les comediens. »

Certains passages d'*Andromède* devinrent populaires, soit à cause des paroles, soit à cause de la musique. Ainsi l'on trouve dans le *Nouveau Recueil de Chansons et Airs de cour pour se divertir agréablement* (A Paris, chez Marin Leché, 1656, in-12, pp. 51 sq.) l'*Air chanté aux grandes Machines d'Andromede à la gloire de nostre Monarque :*

<pre>
        Cieux, escoutez; escoutez, Mers profondes,
            Et vous, Antres et Bois,   bis.
        Affreux deserts, rochers battus des ondes, etc.
                        (Vers 75 à 89 d'Andromède.)
</pre>

Le *Dessein de la Tragedie*, simple programme à l'usage des spectateurs, qui, nous le voyons par les premiers mots du texte, fut rédigé par Corneille lui-même, témoigne à lui seul du grand succès de l'opéra. Le 18 février, Renaudot parlait de personnes qui avaient vu jouer cet ouvrage dix ou douze fois; or ce n'est que le 3 mars suivant que s'achève l'impression du programme destiné certainement à faciliter au public l'intelligence des représentations ultérieures. Cela permet de supposer que la pièce, interrompue par le carême, dût être reprise après Pâques.

55. Andromede || tragedie. || Representée auec les Machines || sur le Theatre Royal || de Bourbon. || *A Roüen,* || *Chez Laurens Maurry, prés le Palais.* || M. DC. LI. [1651]. || Auec Priuilege du Roy. || *Et se vendent A Paris,* || *Chez Charles de Sercy, au Palais,* || *dans la Salle Dauphine, à la bonne* || *Foy Couronnée.* In-12 de 8 ff. prélim. et 92 pp., y compris 1 f. pour le privilége.

Les ff. prélim. comprennent : 1 f. blanc et 1 f. de titre, puis 6 ff.

signés *a* pour la dédicace à M. M. M. M., l'*Argument*, les noms des *Acteurs* et la *Decoration du Prologue*.

Le privilége, accordé à Corneille, pour « deux pièces de théâtre, « l'une intitulée *Andromede* et l'autre *D. Sanche d'Arragon,* » est daté du 11 avril 1650 et garantit sa propriété pendant dix ans. L'achevé d'imprimer est du 13 août 1650.

Vendu : 52 fr. vél., Catalogue Lefebvre (de Bordeaux), 1875, n° 59.

56. ANDROMEDE || Tragedie. || Representée auec les Maschines sur le || Theatre Royal de Bourbon. || *A Roüen,* || *Chez Laurrens Maurry, prés le Palais.* || Auec Priuilege du Roy. || M. DC. LI. [1651]. || *Et se vendent A Paris,* || *Chez Charles de Sercy, au Palais, dans la Salle* || *Dauphine, à la bonne Foy Couronnée.* In-4 de 6 ff. et 123 pp., plus 6 grandes figures pliées.

Collation des feuillets prélim. : frontispice gravé représentant une scène du 1er acte, et portant le titre de la pièce avec le monogramme de *François Chauveau;* titre imprimé; 3 pp. pour la dédicace à M. M. M. M.; 3 pp. pour l'argument; 1 f. pour le nom des *Acteurs* et la *Décoration du Prologue*.

Corneille avoue à la fin de l'*Argument* que cette pièce n'est que pour les yeux; c'est assez dire que les figures ont une grande importance.

Ces cinq figures sont doubles et doivent être montées sur onglet. La première, qui se place avant le prologue, représente une grotte percée à jour par la mer; les premiers plans sont occupés par des arbres et des rochers; au-dessus de la grotte paraissent, à gauche du théâtre, Melpomène, la muse de la tragédie, et, à droite, le soleil traîné dans un char à quatre chevaux.

La deuxième figure précède l'acte 1er; on y voit l'apparition de Vénus, au-dessus des palais somptueux qui ornent la capitale du royaume de Céphée. Les personnages se prosternent devant la déesse. Les hommes portent un costume de fantaisie assez voisin des costumes de parade en usage sous Louis XIV; quant aux femmes, leur habillement est tout moderne.

La troisième figure, qui manque à la plupart des exemplaires que nous avons vus, représente le « jardin délicieux » où se passe le second acte. On y voit de chaque côté des « vases de marbre blanc qui portent alternativement, les uns des statues d'où sortent autant de jets d'eau, les autres des myrthes, des jasmins, et d'autres arbres de cette nature ». Les acteurs, qui occupent la scène, contemplent avec étonnement les zéphyrs qui apparaissent dans les nuages.

La quatrième figure précède le 3º acte. Elle représente Andromède attachée aux rochers en habit de noce et sur le point d'être dévorée par le monstre, lorsque Persée apparaît dans les airs monté sur Pégase. Sur le devant de la scène est ménagé un coin du rivage, où se tiennent Cassiope, Timante et le Chœur, vivement émus à la vue de cette scène prodigieuse.

La cinquième figure, placée en tête du 4º acte, nous montre une cour magnifique entourée de portiques et de statues. Junon, portée dans un char que traînent deux vastes paons, apparaît dans les airs aux regards étonnés de Phinée et d'Ammon.

La sixième figure, qui précède le 5º acte, représente la cour d'un temple, décoré de colonnes couplées, dont les bases sont ornées de bas-reliefs. Dans les nuages apparaissent Jupiter et Neptune, et les personnages tombent encore une fois en adoration devant les dieux.

Les six figures portent le nº de la page à laquelle elles correspondent. Celle du Prologue est signée : *Giacomo Torelli jnu., Berdot de Montbelliard pinx.; Fr. Chauueau fe.*; les trois figures suivantes ne sont pas signées ; la cinquième porte en toutes lettres le nom de *Chauveau,* la sixième n'a que ses initiales. Les figures sont d'un format double de celui du livre ; elles doivent en conséquence être repliées.

La plupart des exemplaires que nous avons eus entre les mains sont incomplets d'une ou deux figures ; presque toujours aussi les figures ont été atteintes par le couteau du relieur, en sorte que les chiffres qui renvoient aux pages de l'édition ont disparu. Un accident de ce genre était arrivé à l'exemplaire que M. Marty-Laveaux a collationné et lui a fait croire (t. Vᵉ, p. 253) que les figures avaient été gravées pour être vendues séparément. Nous donnons notre description d'après un exemplaire qui appartient à M. le baron James de Rothschild.

Comme le remarque M. Marty-Laveaux, les décorations de Torelli montrent une grande magnificence, mais elles manquent de variété. On y retrouve toujours la forme des coulisses, au lieu d'y admirer les effets imprévus que savent produire les artistes modernes. Ajoutons que les apparitions qui terminent les cinq actes, et la manière dont tous les acteurs se prosternent, nous paraîtraient aujourd'hui fastidieuses.

Le Registre de Lagrange nous apprend ce que devint l'œuvre de Torelli, qui avait tant excité l'admiration du public. En 1660, le théâtre du Petit-Bourbon fut démoli ; les comédiens obtinrent à grand'peine un autre asile. Ils demandèrent la faveur d'emporter pour leur nouvel établissement du Palais-Royal les loges et les autres choses nécessaires, « ce qui fust accordé, sous réserve des décorations que le sʳ de Vigarani, machiniste du Roy, nouvellement arrivé à Paris, se réserva sous prétexte de les faire servir au pallais des Tuilleries, mais il les fist brusler jusques à la dernière, affin qu'il ne restât rien de l'invention de son prédécesseur, qui étoit le s^r Torelli, dont il vouloit ensevelir la mémoire. »

Le privilége, daté du 12 mars 1651, se trouve au verso de la p. 123. Il y est dit que : « Nostre cher et bien amé le sieur Corneille, Nous a fait remonstrer, qu'il a cy-devant donné au Public diverses pieces de théatre qui ont esté receuës avec succez, et qu'il est sollicité d'en mettre maintenant au jour quatre nouvelles intitulées, *Andromede, le Feint Astrologue,* et les *Engagemens du hazard;* ce qu'il ne peut faire sans avoir nos Lettres de permission sur ce necessaires... etc. » Le privilége lui est accordé pour dix ans, « à condition qu'il sera mis deux Exemplaires de chaque volume, qui sera imprimé en vertu des presentes, en nostre Bibliotheque publique, et un en celle de nostre tres-cher et feal le Sieur marquis de Chasteauneuf Chevalier, Garde-des-Seaux de France. »

Ainsi Corneille demande et obtient sous son nom le privilége nécessaire à l'impression de deux des pièces de son frère ; *le Feint Astrologue* et *les Engagements du hazard*. On ne peut croire qu'il y ait là une confusion involontaire ; le libellé du privilége ne permet pas de le supposer. Il est probable que Thomas Corneille aura voulu, grâce à cette innocente supercherie, obtenir pour ses pièces les conditions exceptionnellement favorables auxquelles la grande réputation de son frère pouvait seule prétendre. Nous trouvons une confusion semblable dans le privilége de *Pertharite*.

L'obligation imposée au titulaire du privilége de déposer deux exemplaires de chaque impression de son ouvrage dans la bibliothèque du Roi et un dans celle du Garde des sceaux est un détail intéressant pour l'histoire du dépôt légal ; elle se retrouve dans plusieurs autres priviléges accordés à Corneille.

Le privilége ne fait aucune mention des libraires cessionnaires ; l'achevé d'imprimer est du 13 août 1651.

On sera frappé de ce que l'édition in-4º n'ait pas été imprimée en vertu du privilége du 12 octobre 1649, spécial au *Dessein de la Tragedie d'Andromede*, ni même en vertu de celui du 11 avril 1650 déjà relatif à *Andromède;* il est à croire que l'auteur et le libraire *Charles de Sercy* ayant entrepris de faire graver à grands frais des figures pour l'édition in-4º auront voulu obtenir un privilége qui garantît leurs droits pendant une année de plus. L'exécution des planches dut aussi retarder la publication de cette édition, postérieure d'un an à l'édition in-12.

M. Marty-Laveaux (t. V^e, pp. 257 et 313) a supposé que l'achevé d'imprimer du 13 août 1650, qui se trouve à la fin d'*Andromède* dans le recueil de 1654, était une faute d'impression. Il n'a pas remarqué que la même date se trouvait à la fin de l'édition in-12 de 1651 ; la différence des priviléges suffirait au besoin pour déterminer l'ordre dans lequel les deux éditions doivent être classées et ne permet pas de supposer une erreur de date dans les achevés d'imprimer.

On trouve au *Catalogue Soleinne* (t. Ier, pp. 251-253) la description d'un exemplaire de la grande édition d'*Andromède*, dans lequel les noms des acteurs ont été ajoutés d'une écriture du temps, en regard des noms des personnages, de la manière suivante :

DIEUX DANS LES MACHINES.

du parc	Jupiter.
M. beiart	Junon.
de brie	Neptune.
L'éguisé	Mercure.
beiart	Le Soleil.
M. de brie	Venus.
M. Herué	Melpomene.
vauselle	Eole.
M. de brie	Cymodoce.
M. Menon	Ephyre.
M. Magdelon	Cydippe.
valets	Huit Vents.

HOMMES.

dufresne	Cephée.
M. vauselle	Cassiope
M. beiart	Andromede.
Moliere } Ces deux noms	Phinée. *Chasteauneuf.*
Chasteauncuf } sont raturés.	Persée. *Moliere.*
beiart	Timante.
de vauselle	Ammon.
M. de brie	Aglante.
M. herué	Cephalie.
M. Magdelon	Liriope.
L'Eguisé	Un page de Phinée.
L'Estang	Chœur du peuple.
M. herué	*phorbas*.

M. P. Lacroix n'a pas hésité à reconnaître, dans ces annotations, un autographe de Molière. Nous ne serons pas aussi affirmatif, mais nous dirons que, si elles n'émanent pas de Molière lui-même, elles sont du moins l'œuvre d'un de ses camarades. C'est dans une de ses tournées en province, peut-être à Lyon, que Molière donna des représentations d'*Andromède*. Parmi les acteurs nommés ci-dessus, *L'Eguisé, Vauselle, Dufresne, Chasteauneuf, Hervé, L'Estang*, Mlles *de Vauselle, Menon* et *Magdelon* n'avaient pas encore été cités comme ayant appartenu à sa troupe. Tout en relevant ces particularités, M. P. Lacroix signale une curieuse transposition dans le texte de la pièce. Plusieurs vers du rôle de Céphalie sont mis à dessein dans celui d'Aglante. Le savant bibliophile fait, à ce propos, de très-ingénieuses et très-intéressantes conjectures que nous regrettons de ne pouvoir reproduire.

L'exemplaire dont nous venons de parler appartient à Mme de Maindreville, qui l'a payé 530 fr. à la vente Soleinne; il a figuré, en 1873, à l'exposition organisée par M. Ballande pour le jubilé de Molière (n° 9 du Catalogue).

57. ANDROMEDE || Tragedie. || Representée auec les Machines || sur le Theatre Royal || de Bourbon. || *A Paris,* || *Chez Antoine de Sommauille,* || *au Palais, en la Gallerie des Merciers,* || *à l'Escu de France.* || M. D. C. L. V. [1655]. || Auec Priuilege du Roy. In-12 de 8 ff. et 92 pp.

> Collation des feuillets prélim. : 1 f. blanc; titre, avec les armes de France et de Navarre; 5 ff. pour la dédicace et l'argument; 1 f. pour la *Décoration du Prologue* et les noms des *Acteurs.*
> Les pp. 91 et 92 sont occupées par le texte du privilége accordé à Corneille le 11 avril 1650 pour *Andromède* et *Don Sanche.*
> Cette édition existe probablement aussi avec les noms d'*Edme Pepingué* et de *Louis Chamhoudry.*

58. ANDROMEDE, Tragedie. Par P. Corneille. *A Paris, Au Palais. Chez Guillaume de Luyne, dans la Salle des Merciers sous la montée de la Cour des Aydes à la Justice. Estienne Loyson, au premier Pillier de la grand'Salle proche les Consultations, au nom de Jesus. Pierre Traboüillet, dans la Galerie des Prisonniers, à l'Image S. Hubert, & à la Fortune proche le Greffe des Eaux & Forests.* M. DC. LXXXII [1682]. In-12.

> Extrait du recueil de 1682, qui doit se composer de 2 ff. et 80 pp. Nous le citons, sans l'avoir vu, pour le motif exposé ci-dessus, n° 25.

59. ANDROMEDE || Tragedie || en Machines. — [Au verso du dernier f. :] *Permis d'imprimer. Fait ce 14 Juillet 1682. De la Reynie.* || *De l'Imprimerie de la veuve G. Adam, sur le Quay* || *des Augustins, à l'Olivier,* 1682. In-4 de 6 ff. et 32 pp.

> Collation des feuillets prélim. : titre, qui ne comprend que les trois lignes transcrites ci-dessus; 4 ff. pour l'*Argument tiré du quatriéme et cinquiéme Livre des Metamorphoses d'Ovide;* 1 f., dont le recto est blanc, pour les noms des *Acteurs.*
> La page 1 contient un titre de départ ainsi conçu: *Andromede* ||

Tragedie en machines. || de Monsieur || de Corneille *l'Aisné,* || Re-
presentée sur le Theatre Royal || *des seuls Comediens du Roy,* en- ||
tretenus par sa Majesté en leur Hô- || *tel, Rue de Guenegaud.* ||
Entreprise sous la conduite du sieur Dufort, || *Ingenieur & Machiniste
du Theatre Royal* || *des seuls Comediens du Roy.*

La *Gazette* de 1682 parle d'une représentation d'*Andromède* à
laquelle le Dauphin assista le 18 août de cette année; les frères
Parfaict y font également allusion; enfin Jolly, dans l'*Avertissement*
de son édition de Corneille, cite d'une manière expresse le programme de 1682; mais, tout en rapportant ces témoignages,
M. Marty-Laveaux n'a pas connu l'édition qui nous occupe. Elle existe
pourtant à la Bibliothèque nationale et à la Bibliothèque de l'Arsenal. Nous croyons utile d'en faire exactement connaître le contenu.

Comme on le voit par le titre reproduit ci-dessus, la reprise
faite par les comédiens du faubourg Saint-Germain n'est pas donnée avec les machines de Torelli, détruites en 1660, mais avec des
machines nouvelles construites par le sieur Dufort. Après avoir
reproduit l'*Argument* de la pièce, non pas d'après le *Dessein* de
1650, mais d'après l'édition de 1651, l'éditeur de ce nouveau programme y ajoute un avis au lecteur ainsi conçu :

« Chacun sçait l'estime et le respect que le siecle present et la
posterité doivent aux travaux du Prince des Poëtes François, dont
le nom est si reveré, que les Estrangers mêmes ont traduit ses
Ouvrages en leurs Langues : C'est de l'Illustre Monsieur de Corneille l'aîné que l'on entend parler ; il remet aujourd'huy sur le
Theatre une piece où son genie inimitable n'a pas mêlé moins
d'invention et de varieté dans le spectacle, que de conduitte et d'esprit dans le sujet.

« Son *Andromede* après plus de trente ans n'a pû vieillir, et
c'est par l'avis d'un nombre choisi d'honnestes gens, que les Comediens du Roy ont bien voulu faire une dépense tres-considerable
pour ce grand spectacle.

« Il seroit à souhaitter que cette description pût ressembler aux
effets qu'il produit; cependant bien qu'il paroisse impossible d'y
reüssir, on ne laissera pas d'en donner icy une legere idée.

« L'impatience et la curiosité presque inseparables, ne seront
pas long-temps dans le lieu du spectacle sans estre satisfaites, puisqu'au mesme moment que les Violons avertissent du commencement de la Piece, on voit le Theatre s'ouvrir par un enlevement de
Rideau qui ne cause pas moins de surprise que de plaisir, tant
pour la rapidité dont il se dérobe aux yeux des spectateurs, que
par l'Invention agréable du Machiniste qui le fait emporter de
chaque costé du Theatre dans ses nuages par deux Amours, qui en
embrassent chacun une moitié. Cette nouvelle maniere d'ouvrir le
lieu de la scene est assez ingenieuse, et semble bien entrer dans
l'esprit de l'Autheur, puisque l'amour de Persée et celuy de Phinée
pour Andromede sont le sujet de la Piéce. »

Le programme comprend la description de la décoration du

prologue et de chacun des cinq actes, ainsi que les vers chantés dans la pièce. On verra par la seule description relative au prologue, combien le texte diffère de celui que nous fournit l'édition de 1651.

Édition de 1651 :

L'ouverture du Theatre presente de front aux yeux des spectateurs une vaste montagne, dont les sommets inégaux, s'eslevant les uns sur les autres, portent le faiste jusque dans les nues. Le pied de cette montagne est percé à jour par une grotte profonde qui laisse voir la mer en esloignement. Les deux costez du Theatre sont occupez par une forest d'arbres touffus et entrelacez les uns dans les autres. Sur un des sommets de la montagne paroist Melpomene, la Muse de la Tragedie, et à l'opposite dans le ciel, on voit le Soleil s'avancer dans un char lumineux, tiré par les quatre chevaux qu'Ovide luy donne.
(La rédaction du *Dessein* publié en 1650 est un peu différente, mais les variantes ont été relevées par M. Marty-Laveaux.)

Programme de 1682 :

On voit une Forest épaisse, formée de plusieurs Arbres de differente nature, et groupez differemment par un mélange de monceaux de terre et de Rochers. Dans le fonds il s'éleve une Montagne percée, au travers de laquelle la Mer paroît en éloignement, et sur le Sommet de la Montagne l'œil découvre une vaste Campagne avec des lointains à perte de veuë. C'est sur cette éminence que paroît Melpomene, la Muse de la Tragedie, et à son opposite le Soleil dans son Char lumineux, tiré par les quatre Chevaux qu'Ovide luy donne. Ces deux Personnages qui font le Prologue à la gloire du Roy, aprés avoir dit tout ce que leur divin langage doit prononcer à l'occasion de ce grand Monarque, s'unissent ensemble de sentimens et de voix, et aprés un vol merveilleux, que Melpomene fait dans le Char du Soleil, il l'enlève rapidement pour aller ensemble publier les mêmes louanges au reste de l'Univers.

Les vers mis en musique méritent encore plus d'être rapportés, car les remaniements que nous allons y signaler sont probablement de Corneille lui-même.

Le vers 79º du Prologue :

Louis est le plus *jeune* et le plus grand des Rois,

est ainsi modifié :

Louis est le plus *sage*, etc.

Les deux strophes suivantes (vers 80 à 95) ont été remplacées par une seule strophe dont voici le texte :

Par trop de grands exploits l'invincible Louis
Semble avoir travaillé contre sa propre gloire,
L'Univers n'a point d'yeux qui n'en soient éblouis ;
  Mais quand l'avenir dans l'Histoire
  Verra tant de faits inouis,
  L'avenir les pourra-t-il croire ?

La description des décorations des cinq actes, si on la rapproche de l'édition de 1651, offre des différences analogues à celles que nous avons signalées pour le Prologue. Quant aux vers chantés, nous en ferons connaître les variantes.

Le vers 332 est devenu plus harmonieux :
Éd. de 1651 :

> Reyne de *Paphe* et d'Amathonte,

Progr. de 1682 :

> Reyne d'*Eryce* et d'Amathonte.

Les noms des acteurs sont indiqués, à partir du deuxième acte, d'une manière très-curieuse.

Les vers 510 à 533 sont chantés par *M. de Villiers* (un page), les vers 546 à 569 par *Mlle d'Ennebaut* (Liriope), et les deux artistes chantent ensemble les vers 570 à 583.

Au troisième acte, *M. de Villiers* chante les vers suivants, qui manquent à toutes les éditions de Corneille, et qui doivent s'intercaler, croyons-nous, après le vers 785 :

> Repetez nos tristes accens,
> Rochers, antres affreux, infortuné rivage ;
> Andromede du Ciel le plus parfait ouvrage,
> Va perdre la lumière au plus beau de ses ans.
> Injustes Dieux, trouppe barbare,
> Laisserez-vous perir une Beauté si rare ?
> Changez vos claires eaux en pleurs,
> Fontaines et Ruisseaux qui coulez dans la plaine,
> Et vous tendres Zephirs, que vostre douce haleine
> Fasse monter aux Cieux nos cris et nos douleurs.

Le chœur chante les vers 982 à 985, et les vers 986 à 993 sont remplacés par les vers suivants, que *M. de Villiers* chante seul :

> Quand le danger presse une Belle,
> Qu'elle craint et languit,
> Qu'une pâleur mortelle
> La trouble et l'interdit ;
> Le peril devient necessaire
> Tout doit en estre charmant,
> Et l'Amant le plus temeraire
> N'est pas le moins heureux Amant.
>
> Vous estes sa digne conqueste,
> Victoire à son amour, Victoire tous [*sic*] ;
> C'est luy qui calme la tempeste
> Et c'est luy qui vous donne enfin l'illustre Epoux
> Qui seul estoit digne de vous.

Les vers 1356 à 1370, du quatrième acte, ainsi que les vers 1733 à 1740 et 1765 à 1772, du cinquième acte, sont reproduits ici sans variante, à l'exception du vers 1765, qui est ainsi conçu, par suite d'une faute d'impression évidente :

> Allez, Amans, sans jalousie,

au lieu de :

> Allez, Amans, allez sans jalousie.

Les frères Parfaict (*Histoire du Théatre François*, t. XIIe, p. 321, note a) disent, à propos des représentations de 1682 : « *Andromede* fut jouée à cette reprise trente-trois fois de suite, jusqu'au quatriéme jour d'Octobre suivant : on la continua le Vendredi 22. Janvier 1683. jusqu'au 3. Février de la même année, jour de la trente-neuviéme représentation. La quarantiéme est du Samedi 20. Mars, et la quarante-cinquiéme et derniere, le 4. Avril. »

De Vizé, en rendant compte de ces représentations dans le *Mercure galant* (juillet 1682, pp. 359 sq.), dit qu'une des choses qui intéressèrent le plus le public fut de voir Pégase représenté par un véritable cheval. Les frères Parfaict, qui citent ce passage du *Mercure galant*, racontent comment on s'y prenait pour faire marquer à ce cheval une ardeur guerrière : « Un jeûne austere auquel on le réduisoit lui donnoit un grand appétit ; et lorsqu'on le faisoit paroître, un Gagiste étoit dans une coulisse, où il vannoit de l'avoine. Ce Cheval, pressé par la faim, hannissoit, trépignoit des piés, et répondoit ainsi parfaitement au dessein qu'on avoit. » En 1679, on avait représenté un opéra de *Bellérophon*, où l'on voyait le héros combattre la Chimère, monté sur le coursier céleste ; il faut croire qu'à cette époque Pégase était encore en carton.

Un troisième exemplaire de ce programme est mentionné dans la *Bibliothèque dramatique de Pont de Veyle* (Paris, 1847, in-8), n° 1819.

XX

60. D. SANCHE ǁ D'ARRAGON, ǁ Comedie heroique. ǁ *Imprimé à Roüen, & se vend* ǁ *A Paris,* ǁ *Chez Augustin Courbé, au Palais, en la petite* ǁ *Salle des Merciers, à la Palme.* ǁ M. DC. L. [1650]. ǁ Auec Priuilege du Roy. In-4 de 8 ff. et 116 pp.

Collation des feuillets prélim. : titre sur lequel se voit un fleuron avec le monogramme de *L. Maurry;* 11 pp. pour l'*Epistre* dédicatoire à M. de Zuylichem ; 3 pp. pour l'*Argument* et les noms des *Acteurs*.

Le privilége, qui occupe la page 116, est donné à Corneille pour *Andromède et D. Sanche*, dont il lui reconnaît la propriété pendant dix ans. Il est daté du 11 avril 1650. On lit à la fin : *Acheué d'imprimer à Roüen par Laurens Maurry, le quatorziéme de May mil six cens cinquante.*

Après avoir imité Guillen de Castro, Alarcon et Lope de Vega, Corneille crut s'être assez pénétré de l'esprit espagnol pour inventer lui-même un sujet, à la manière des auteurs dramatiques de la Péninsule. « Cette Piéce, dit-il, dans l'*Examen de D. Sanche*, est toute « d'invention, mais elle n'est pas toute de la mienne. Ce qu'a de « fastüeux le prémier Acte, est tiré d'une Comédie Espagnole inti- « tulée : *El Palacio confuso*, et la double reconnoissance qui finit le « cinquième est pris du Roman de *Don Pelage*. » Le poëte indique avec sa franchise ordinaire les sources auxquelles il a puisé; mais on peut dire qu'il ne leur doit que peu de chose. La comédie intitulée *El Palacio confuso*, comédie dont la scène est en Italie et non pas en Espagne, a paru pour la première fois dans la *Parte veynte y ocho de Comedias de varios Autores;* en Huesca, por Pedro Bluson, 1634, in-4. Elle a été réimprimée dans la *Parte veynte y ocho de las Comedias de Lope Felix de Vega Carpio*, Çaragoça, 1639, in-4 ; dans la *Parte veynte y cuatro de las Comedias de Lope Felix de Vega Carpio*, Madrid, 1640 (?), in-4 ; dans la *Parte veinte y ocho de Comedias nuevas de los mejores ingenios d'esta corte*, Madrid, Joseph Fernandez de Buendia, 1667, in-4. Dans ce dernier recueil, la pièce est attribuée à Mira de Amescua ; mais, comme elle figure dans les œuvres *authentiques* de Lope de Vega, il n'est pas douteux qu'elle ne soit de lui.

L'autre livre dont Corneille avoue s'être servi, *Dom Pelage, ou l'Entrée des Maures en Espagne, par le Sieur de Juvenel* (à Paris, chez Guillaume Macé, 1643, 2 vol. in-8), n'offre que de bien faibles analogies avec *Don Sanche;* M. Marty-Laveaux, qui a pris la peine de le lire, n'a pu en rapprocher que deux courts passages (*Œuvres de Corneille*, t. V[e], pp. 483 et 489).

On remarquera que la pièce est annoncée non pas comme une tragédie, mais comme une comédie héroïque. Le poëte nous en dit lui-même la raison dans son *Épître* dédicatoire.

La représentation de *Don Sanche* dut avoir lieu presque en même temps que celle d'*Andromède;* on a même supposé qu'elle avait précédé celle de l'opéra. Immédiatement après la phrase de l'*Examen* que nous avons citée plus haut, Corneille dit, en parlant de sa pièce : « Elle eut d'abord grand éclat sur le Théâtre, mais une dis- « grace particulière fit avorter toute sa bonne fortune. Le refus « d'un illustre suffrage dissipa les applaudissemens que le Public « lui avoit donnez trop libéralement, et aneantit si bien tous les « Arrests que Paris et le reste de la Cour avoient prononcez en sa « faveur, qu'au bout de quelque temps elle se trouva reléguée dans « les Provinces, où elle conserve encor son prémier lustre. » La Monnoye (*Jugements des Savants sur les principaux ouvrages des Auteurs* [par Adrien Baillet; Paris, 1722, 7 vol. in-4], t. V[e], p. 354 en note), Joly (*Théâtre de P. Corneille;* Paris, 1747, t. Ier, p. xxxix),

Voltaire (*Théatre de Corneille;* Genève, 1764, t. V°, p. 305), Guizot (*Corneille et son temps;* Paris, 1852, in-8, p. 204) et M. Marty-Laveaux (*Œuvres de Corneille,* t. V°, p. 400), ont cru que l'«illustre suffrage» refusé à *Don Sanche* était celui du prince de Condé; or, l'arrestation de Condé ayant eu lieu le 18 janvier 1650, il faut de toute nécessité, si l'on admet cette opinion, placer la représentation de *Don Sanche* avant la fin de l'année 1649. Malgré les autorités sur lesquelles cette explication est appuyée, elle nous paraît peu probable. Condé devait être trop occupé des événements politiques pour s'arrêter à critiquer une pièce de théâtre. Nous avons peine à croire que les comédiens aient donné un ouvrage nouveau alors que la rivalité de Mazarin et de Condé mettait tout Paris en feu. Ce ne fut qu'après l'arrestation du prince que la cour put songer aux fêtes et aux spectacles. Alors sans doute, mais alors seulement, furent joués *Andromède* et *Don Sanche*. Nous croyons que le suffrage refusé à Corneille fut celui de la reine. Anne d'Autriche avait aimé *le Cid,* qui lui avait montré un véritable héros espagnol; elle ne dut voir dans *Don Sanche* qu'un héros de roman d'une origine trop humble pour qu'une princesse pût s'éprendre de lui.

Ce fut peut-être pour consoler le poëte du chagrin que lui causa le mauvais succès de sa pièce que la reine, profitant d'un voyage de la cour à Rouen, le fit nommer procureur des états de Normandie (15 février 1650).

Corneille fait hommage de *Don Sanche* à Huyghens, seigneur de Zuilychem, homme d'État hollandais, né en 1596. Ce personnage, qui a laissé divers ouvrages, était un homme fort lettré; il professait une estime particulière pour l'auteur du *Cid,* et nous aurons l'occasion de citer, dans notre chapitre VIIe, les deux pièces de vers ajoutées par lui à l'édition elzévirienne du *Menteur*. M. Éd. Fournier a publié, dans la *Revue des Provinces* du 15 février 1865, deux lettres de Corneille à Huyghens qui viennent fort heureusement compléter la dédicace imprimée. Nous y voyons que l'*Argument* ajouté à *Don Sanche* et à *Andromède* est une concession faite aux idées du savant hollandais.

Corneille répète dans la dernière édition de ses œuvres, publiée en 1682, la phrase qu'il écrivait en 1660, que *Don Sanche* est « relégué dans les provinces ». On peut en conclure que les théâtres parisiens ne reprirent pas *Don Sanche* avant 1682, mais à cette date, sinon un peu plus tôt, la pièce fut remise à la scène. Un manuscrit de la Bibliothèque nationale (msc. franç. n° 24.330) nous fournit une liste des pièces qui composèrent le répertoire du théâtre du Faubourg Saint-Germain de 1673 à 1685, et l'on y voit figurer *Don Sanche*. Cependant cette pièce n'est pas mentionnée dans le manuscrit du Dauphin (voy. ci-dessus n° 9).

De 1680 à 1715, la Comédie française en donna 14 représentations à la ville et 3 à la cour. Sous Louis XV, *Racot de Grandval* interpréta *Don Sanche* avec un grand succès (1753); la pièce de Corneille eut alors 35 représentations, dont 4 à la cour.

En 1833, la Comédie française a donné un arrangement de *Don Sanche* dû à M. Planat (voy. notre chapitre XII⁰). C'est sous cette forme réduite que Mlle *Rachel* l'a joué en 1844.

61. D. Sanche || d'Arragon, || Comedie heroique. || *Imprimé à Roüen, & se vend* || *A Paris,* || *Chez Augustin Courbé, au* || *Palais, en la petite Salle* || *des Merciers, à la Palme.* || M. DC. L. [1650]. || Auec Priuilege du Roy. In-12 de 8 ff. et 83 pp.

Collation des feuillets prélim. : titre ; 5 ff. pour l'épître dédicatoire ; 2 ff. pour l'*Argument* et les noms des *Acteurs*.
Le privilége occupe les pp. 82 et 83 ; il contient les mêmes mentions que le texte contenu dans l'édition in-4°. L'achevé d'imprimer est du 14 mai 1650, *à Rouen par Laurens Maurry*.

62. D. Sanche || d'Arragon, || Comedie heroique. || *A Paris, Chez Augustin Courbé, au Palais, en la Salle des Merciers, à la Palme ;* [ou *Chez Guillaume de Luyne,* || *au Palais, en la Gallerie des* || *Merciers, sous la montée de* || *la Cour des Aydes*]. || M. DC. LIII. [1653]. || Auec Priuilege du Roy. In-12 de 6 ff. prél. sign. ê, et 72 pp. sign. A-F.

Au verso du titre, l'extrait du privilége accordé pour dix ans au Sieur de Corneille, à la date du 11 avril 1650. Il n'y est pas fait mention des libraires à qui l'auteur l'a cédé. On lit au-dessous : *Acheué d'imprimer à Paris le* 15. *Septembre* 1653. Les 5 ff. suivants sont occupés par l'épître dédicatoire, l'*Argument* et les noms des *Acteurs*.

63. D. Sanche || d'Arragon, || Comedie heroique. || *A Paris,* || *Chez Antoine de Sommauille,* || *au Palais, en la Gallerie des Merciers,* || *à l'Escu de France ;* [ou *Chez Edme Pepingué, en* || *la grand' Salle du Palais, du Costé* || *de la Cour des Aydes ;* ou *Chez Loüys Chamhoudry,* || *au Palais, deuaint la Saincte* || *Chappelle*]. || M. DC. LV. [1655] || Auec Priuilege du Roy. In-12 de 6 ff. et 72 pp.

Au verso du titre, l'extrait du privilége, comme dans l'édition précédente, mais sans achevé d'imprimer. Les caractères sont un peu plus petits, et l'impression est plus nette que dans l'édition de 1653. Le nombre des pages est le même, bien qu'il y ait souvent un nombre de vers différent dans les pages qui se correspondent.

Quant au texte, nous n'y avons relevé que de légères variantes orthographiques, par exemple, p. 13 :

Éd. de 1653 :

Et bien, seigneur Marquis, qu'est-il besoin qu'on *face?*

Éd. de 1655 :

. . . . , qu'est-il besoin qu'on *fasse?*

64. D. SANCHE D'ARRAGON, Comedie heroïque. Par P. Corneille. *A Paris, Au Palais. Chez Guillaume de Luyne, dans la Salle des Merciers, sous la montée de la Cour des Aydes à la Justice. Estienne Loyson, au premier Pillier de la grand'Salle proche les Consultations, au Nom de Jesus. Pierre Traboüillet, dans la Galerie des Prisonniers, à l'Image S. Hubert, & à la Fortune proche le Greffe des Eaux & Forests.* M. DC. LXXXII [1682]. In-12.

Nous n'avons pas vu cette édition, qui doit se composer de 2 ff., 69 pp. et 1 f. Cf. ci-dessus, n° 25.

XXI

65. NICOMEDE ‖ Tragedie. ‖ *A Roüen,* ‖ *Chez Laurens Maurry, prés le Palais.* ‖ Auec Priuilege du Roy. ‖ M. DC. LI [1651]. ‖ *Et se vend A Paris,* ‖ *Chez Charles de Sercy, au Palais, dans la Salle* ‖ *Dauphine, à la bonne Foy Couronnée.* In-4 de 4 ff. et 124 pp.

Collation des feuillets prélim. : titre ; 2 ff. pour l'avis *Au Lecteur ;* 1 f. pour l'*Extrait du Privilége* et les noms des *Acteurs.*

Le privilége, daté du 12 mars 1651, est celui dont nous avons déjà parlé à la fin de l'édition originale in-4° d'Andromède (n° 51). Il n'y est pas fait mention du libraire ou des libraires à qui Corneille en a fait cession,

On remarquera que l'édition in-12, que nous décrivons ci-après, parle d'une cession faite, non pas à *Charles de Sercy,* mais à

Guillaume de Luyne. On lit à la fin : *Achevé d'imprimer le vingt-neufiéme de Nouembre mil six cent cinquante & un.*

Le faible succès qu'avait eu *Don Sanche* décida Corneille à s'éloigner des Espagnols et à revenir à l'antiquité. Un court passage de Justin lui fournit le sujet d'une tragédie qui doit être comptée parmi ses plus beaux ouvrages. Ainsi qu'il le déclare lui-même dans l'*Examen de Nicomède*, il a voulu faire une pièce dans laquelle « la tendresse et les passions » ne tinssent aucune place. « Mon « principal but, ajoute-t-il, a été de peindre la Politique des « Romains au dehors, et comme ils agissoient impérieusement avec « les Rois leurs alliez ; leurs Maximes pour les empescher de s'ac- « croistre, et les soins qu'ils prenoient de traverser leur grandeur, « quand elle commençoit à devenir suspecte, à force de s'augmenter, « et de se rendre considérable par de nouvelles conquestes. »

On ne sait rien ni des acteurs qui jouèrent *Nicomède* à l'origine, ni même du théâtre sur lequel la pièce fut donnée. Jolly (*Théâtre de Corneille*; Paris, 1738, t. Ier, p. LII ; Paris, 1747, t. Ier, p. XL) rapporte seulement que la représentation eut lieu avant que le prince de Condé et son frère eussent été remis en liberté (13 février 1651) ; quelques-uns donnèrent ainsi matière à des allusions qui en augmentèrent le succès.

Les troupes qui parcouraient les provinces, la troupe de Molière en particulier, jouèrent à leur tour *Nicomède*. Dans l'avertissement placé par Lagrange en tête de l'édition des *Œuvres de Monsieur Moliere* (Paris, Denis Thierry, 1682, 8 vol. in-12), on trouve des détails très-curieux sur une représentation qui décida du sort de Molière et de ses camarades. « Le 24. Octobre 1658., dit Lagrange, cette Troupe commença de paroistre devant Leurs Majestez et toute la Cour, sur un Théâtre que le Roy avait fait dresser dans la Salle des Gardes du vieux Louvre. *Nicomede*, Tragedie de Monsieur de Corneille l'aisné, fut la Piece qu'elle choisit pour cet éclatant debut. Ces nouveaux Acteurs ne déplurent point, et l'on fut surtout fort satisfait de l'agrément et du jeu des Femmes. » Molière remercia le Roi de sa bienveillance, et fit ingénieusement l'éloge de la troupe royale, ce qui ne l'empêcha pas de la tourner en ridicule, cinq ans après, à propos de cette même pièce de *Nicomède*.

« J'avois songé, dit Molière, dans l'*Impromptu* de Versailles, une Comedie, où il y auroit eu un Poëte que j'aurois représenté moy-mesme, qui seroit venu pour offrir une Piece à une Trouppe de Comediens nouvellement arrivez de la campagne. Avez-vous, auroit-il dit, des Acteurs et des Actrices, qui soyent capables de bien faire valoir un Ouvrage, car ma piece est une piece... Eh ! Monsieur, auroient répondu les Comediens, nous avons des Hommes et des Femmes qui ont esté trouvé raisonnables par tout où nous avons passé. Et qui fait les Roys parmy vous ? voilà un Acteur qui s'en démesle par fois. Qui ! ce jeune Homme bien fait ? vous mocquez-vous ! Il faut un Roy qui soit gros et gras comme quatre. Un Roy, morbleu, qui soit entripaillé comme il faut ! un Roy d'une vaste

circonférence, et qui puisse remplir un Throsne de la belle manière!
La belle chose qu'un Roy d'une taille galante! voilà déjà un grand
défaut; mais que je l'entende un peu réciter une douzaine de Vers.
Là-dessus le Comedien auroit récité, par exemple, quelques Vers
du Roy de *Nicomede* :

> Te le diray-je Araspe, il m'a trop bien servy,
> Augmentant mon pouvoir....

Le plus naturellement qui luy auroit esté possible. Et le Poëte :
Comment vous appelez cela reciter? C'est se railler; il faut dire les
choses avec emphase. Ecoutez-moy :

> Te le diray-je, Araspe, etc.

Imitant Monfleury excellent Acteur de l'Hostel de Bourgogne.
Voyez-vous cette posture? remarquez bien cela, là appuyez comme
il faut le dernier Vers. Voilà ce qui attire l'approbation, et fait
faire le brouhaha, etc. »

Le Registre de Lagrange ne mentionne que cinq représentations
de *Nicomède*, deux en 1660 : le 13 avril et le 30 mai, et trois en 1661 :
les 29 et 31 juillet et le 21 août. A chacune de ces représentations,
Molière ajouta une de ses comédies : *les Précieuses ridicules, le Cocu
imaginaire* et *l'École des maris*. Cette addition, qui assurait la
recette, est un indice que la tragédie n'avait plus beaucoup de
vogue auprès du public. Peut-être la foule se pressait-elle à l'hôtel
de Bourgogne, où régnait l'emphatique Montfleury.

Dans sa *Lettre en vers à Madame*, du 17 novembre 1668, Robinet
nous rend compte en ces termes d'une représentation de *Nicomède* :

> Achevant de verbaliser,
> Gazetiser, nouvelliser,
> D'un Monsieur d'assez bonne mine,
> J'apprend que chez mon Héroïne,   [Madame.]
> Jeudy, la Troupe de l'Hôtel,
> Par un Poëme, non tel quel,
> Charma trés-nombreuse Assemblée,
> De Beaux, et de Belles, comblée,
> Frisez et musquez, comme il faut,
> Et braves par bas, et par haut,
>   *Nicomède*, étoit ce Poëme,
> Digne d'une loüange extréme.
> Il est de Corneille, l'Aîné,
> Qui fut, je croi, prédestiné,
> Pour emporter, dans le Tragique,
> Tout seul l'Honneur du Dramatique.

Parmi les interprètes de *Nicomède*, il convient de citer au premier rang *Baron* qui sut donner un grand caractère au prince de
Bithynie. Le Manuscrit du Dauphin nous donne la distribution
complète de la pièce au commencement de l'année 1685 :

DAMOISELLES.

Laodice :	le Comte.
Arsinoé :	Beauval.
Cleone :	Poisson.

HOMMES.

Attale :	de Villiers.
Flaminius :	la Tuillerie.
Nicomede :	Baron.
Prusias :	Chanmeslé.
Araspe :	Beauval.

Baron prit sa retraite en 1691 ; il fut remplacé dans le rôle de Nicomède par *Beaubourg* (17 décembre 1691), puis par *Dufer* (2 mai 1694). Au dix-huitième siècle, *Grandval* (1754) et *Lekain* (1771) tinrent ce même rôle avec un talent qui frappa vivement leurs contemporains. Dans ces dernières années, *M. Beauvallet* l'a rempli non sans éclat (6 juin 1861).

Quant au rôle de Laodice, il suffit de rappeler qu'il a été joué par Mlle *Lecouvreur*, Mlle *Clairon*, Mme *Vestris* et Mlle *Rachel*.

La Comédie française a donné, de 1680 à 1870, 314 représentations de *Nicomède*, savoir : sous Louis XIV : à la ville, 138 ; à la cour, 12 ; — sous Louis XV : à la ville, 48 ; à la cour, 2 ; — sous Louis XVI : à la ville, 3 ; — sous le Directoire, le Consulat et l'Empire : à la ville, 74 ; à la cour, 3 ; — sous la Restauration : 27 ; — sous Louis-Philippe : 3 ; — sous le second Empire : 4.

66. NICOMEDE. ‖ Tragedie. ‖ *A Paris*, ‖ *Chez Guillaume de Luine*, ‖ *au Palais, en la Salle des Merciers, sous* ‖ *la montée de la Cour des Aydes.* ‖ M. DC. LII. [1652]. ‖ Auec Priuilege du Roy.

66 *bis*. NICOMEDE. ‖ Tragedie. ‖ *A Paris*, ‖ *Chez Guillaume de Luine, au* ‖ *Palais, en la Salle des Merciers, sous* ‖ *la montée de la Cour des Aydes;* [ou *Chez Augustin Courbé, au Palais,* ‖ *en la salle des Merciers, à la* ‖ *Palme*]. ‖ M. DC. LIII. [1653]. ‖ Auec Priuilege du Roy. In-12 de 4 ff. et 80 pp.

Collation des feuillets prélim. : titre ; 2 ff. pour l'avis *Au Lecteur* ; 1 f. pour l'*Extrait du Privilége* et les noms des *Acteurs*.

On trouve à la fin du privilége (le même que dans l'édition in-4°) mention de la cession faite par Corneille à *Guillaume de Luine* (sic).

Première édition in-12 de *Nicomède*, comme le prouve la double

date de 1652 et 1653. Elle paraît avoir été exécutée à Paris et ne doit pas être confondue avec la suivante.
Vendu : 70 fr., vélin, Potier, 1870 (n° 1232).

67. NICOMEDE ‖ tragedie. ‖ *A Rouen,* ‖ *Chez Laurens Maurry, prés le Palais.* ‖ Auec Priuilege du Roy. ‖ M. DC. LIII [1653]. ‖ *Et se vend A Paris,* ‖ *Chez Guillaume de Luyne,* ‖ *au Palais, sous la montée de la* ‖ *Cour des Aydes.* In-12 de 4 ff. et 80 pp., sign. A-G.

Les ff. prél. comprennent : 1 f. de titre ; 2 ff. pour l'avis *Au Lecteur* et 1 f. pour le privilége et les noms des *Acteurs.*

Le privilége est donné par extrait comme dans l'édition précédente et se termine par une mention de la cession faite à *Guillaume de Luyne.*

La collation de cette édition est la même que celle de l'édition que nous croyons avoir été imprimée à Paris, mais les caractères et fleurons sont différents, ainsi que le contenu d'un certain nombre de pages. On distinguera facilement les deux éditions en tenant compte des détails suivants :

A (édition de *Paris*), dernière ligne du 2ᵉ f. r° :

dessein de faire assassiner *sõ* fils Nicomede pour

B (édition de *Rouen*) *ibid.* :

dessein de faire assassiner *son,* etc.

A, p. 3, dernière ligne :

Qui liuroit Annibal pourra bien vous *contraindre.*

B, *ibid.* :

Qui liuroit Annibal pourra bien vous *cõtraindre.*

A, p. 33 (chiffrée par erreur 36), 1ᵉʳ vers :

Alors peut-estre, alors vous le prierez en vain.

B, *ibid.* :

Ma vie est en vos mains, mais non ma dignité.

(Le vers qui commence la page dans A n'est ici que le 5ᵉ).

Toutes les pages présentent de petites différences analogues à celles que nous venons de signaler.

Il doit exister une édition de *Nicomède* publiée par *Sommaville* et ses associés *Pepingué* et *Chamhoudry,* en 1655, dans le format in-12. Voy. le n° 103.

68. NICOMEDE, Tragedie. Par P. Corneille. *A Paris, Au Palais. Chez Guillaume de Luyne, dans la Salle des Merciers,*

sous la montée de la Cour des Aydes à la Justice. Estienne Loyson, au premier Pillier de la grand'Salle proche les Consultations, au nom de Jesus. Pierre Traboüillet, dans la Galerie des Prisonniers, à l'Image S. Hubert, & à la Fortune, proche le Greffe des Eaux et Forests. M. DC. LXXXII. [1682]. In-12.

Cette édition, que nous n'avons pas vue, doit se composer de 2 ff. et 72 pp. Cf. ci-dessus, n° 25.

XXII

69. PERTHARITE || ROY || DES || LOMBARDS, || Tragedie. || *A Rouen,* || *Chez Laurens Maurry, prés le Palais.* || Auec Priuilege du Roy. || M. DC. LIII. [1653]. || *Et se vend A Paris,* || *Chez Guillaume de Luynes, au Pa-* || *lais, sous la montée de la Cour des Aydes.* In-12 de 6 ff. et 71 pp.

Collation des feuillets prélim. : titre; 1 f. pour l'avis *Au Lecteur;* 4 ff. pour les extraits des auteurs et la liste des *Acteurs.*

La page 71 est occupée par l'*Extrait du Privilége*, accordé « au sieur Corneille, Advocat en nostre Parlement, » pour trois pièces de théâtre intitulées : *Pertharite, Roy des Lombards, D. Bertran de Cigarral* et *l'Amour à la mode*. Nous trouvons ici une confusion entre les pièces de Pierre et de Thomas Corneille, analogue à celle que nous avons relevée à propos d'*Andromède*. Le privilége, dont Corneille déclare faire cession à *Guillaume de Luyne*, lui est donné pour vingt ans, à la date du 24 décembre 1651. L'achevé d'imprimer est du 30 avril 1653.

Après *Nicomède*, le génie de Corneille touche à son déclin. *Pertharite,* dont le sujet est tiré de Paul Diacre et des *Historiæ insubricæ* d'Henri Dupuis, ne trouva pas grâce devant le public. La pièce ne fut jouée, dit-on, qu'une ou deux fois. M. Marty-Laveaux (t. VIe, p. 4) a fort habilement fixé la date de la représentation, que la plupart des éditeurs de Corneille plaçaient en 1653. Il a relevé un passage de Tallemant des Réaux qui avait échappé à ses devanciers : « Au carnaval de 1652, dit Tallemant, Mme de Montglas fit une plaisante extravagance chez la presidente de Pommereuil. On y devait joüer *Pertharite, roy des Lombards*, piéce de Corneille qui n'a pas réussi... »

Avec sa franchise ordinaire, Corneille nous apprend lui-même l'échec de *Pertharite :* « La mauvaise reception que le Public a faite

« à cet Ouvrage, nous dit-il au commencement de l'avis *Au Lecteur*,
« m'avertit qu'il est temps que je sonne la retraite... Il vaut mieux
« que je prenne congé de moy-mesme que d'attendre qu'on me le
« donne tout à fait, et il est juste qu'apres vingt années de travail
« je commence à m'appercevoir que je deviens trop vieux pour etre
« encor à la mode. » Cette dernière phrase, écrite en 1652, fournit un argument de plus à ceux qui placent la représentation de
Mélite en 1629 ou en 1630. Nous n'avons pas à insister sur ce point,
qui ne nous a pas paru contestable (Voy. ci-dessus, n° 1). S'il était
vrai, comme le prétend Fontenelle et comme le répète d'après lui
la *Bibliothèque du Théâtre François* (t. III°, p. 2), que *Mélite* eût
été jouée en 1625, Corneille n'eût pas manqué de dire : « Apres
vingt-cinq années de travail. »

Malgré ses faiblesses, *Pertharite* offre encore de beaux passages ;
mais ce qui fait le principal intérêt de cette pièce, c'est que Racine
en a tiré plusieurs des situations d'*Andromaque*. Voltaire a, l'un
des premiers, relevé les ressemblances qui existent entre les deux
tragédies ; mais, comme dans bien d'autres circonstances, il s'est
montré injuste pour Corneille : « Il est évident, dit-il, que Racine
a tiré son or de cette fange. » Parmi les critiques qui ont le mieux
apprécié *Pertharite* et le mieux mis en lumière les emprunts faits
par Racine à Corneille, nous citerons M. A. Thiénot, qui a consacré un long article à cette question dans le journal *le Constitutionnel* du 18 août 1869.

70. PERTHARITE || ROY || DES || LOMBARDS, || Tragedie. || *Imprimé à Roüen,* || *& se vend* || *A Paris,* || *Chez Augustin Courbé, au Palais,* || *en la Gallerie des Merciers,* || *à la Palme.* || M. DC. LIV. [1654]. Auec Priuilege du Roy. In-12 de 94 pp. et 1 f. bl., sign. Cc-Ff.

Cette édition, dont un exemplaire est conservé à la Bibliothèque
nationale (Y. 5624. A. Rés.), est un tirage à part du recueil publié
en 1654, sous le titre d'*Œuvres de Corneille* du 24 décembre 1651,
avec l'achevé d'imprimer du 30 avril 1653. Nous dirons plus loin
(n° 102) dans quelles circonstances ce tirage à part fut exécuté.
La pagination commence au deuxième feuillet, à 579, et se continue
régulièrement jusqu'à 670. La dernière page contient un extrait
du privilége.

71. PERTHARITE || ROY || DES || LOMBARDS, || Tragedie. || *A Paris,* || *Chez Anthoine de Sommauille,* || *au Palais, en la Gallerie des Merciers,* || *à l'Escu de France.* || M. DC. LVI

[1656]. ‖ Auec Priuilege du Roy. In-12 de 84 pp., y compris le titre et les feuillets prélim.

L'extrait du privilége, qui occupe la page 15, est le même que dans l'édition de 1653, avec achevé d'imprimer du 30 avril 1653.

Il doit exister des exemplaires au nom d'*Edme Pepingué* et de *Louis Chamhoudry*.

72. PERTHARITE, ROY DES LOMBARDS, Tragedie. Par P. Corneille. *A Paris, au Palais. Chez Guillaume de Luyne, dans la Salle des Merciers sous la montée de la Cour des Aydes à la Justice. Estienne Loyson, au premier Pillier de la grand'Salle proche les Consultations au nom de Jesus. Pierre Trabouïllet, dans la Galerie des Prisonniers à l'Image S. Hubert, & à la Fortune, proche le Greffe des Eaux & Forests.* M. DC. LXXXII. [1682]. Avec Privilege du Roy. In-12.

Cette édition doit compter 2 ff. et 68 pp. (Voy. ci-dessus, n° 25.)

XXIII

73. ŒDIPE, ‖ Tragedie. ‖ Par P. Corneille. ‖ *Imprimée à Roüen, & se vend* ‖ A Paris, ‖ *Chez* ‖ *Augustin Courbé, au Palais en la* ‖ *Gallerie des Merciers, à la Palme.* ‖ *Et* ‖ *Guillaume de Luyne, Libraire Iuré,* ‖ *dans la mesme Gallerie,* ‖ *à la Iustice.* ‖ M. DC. LIX. [1659]. ‖ Auec Priuilege du Roy. In-12 de 6 ff., 89 pp. et 1 f. blanc.

Collation des feuillets prélim. : titre ; 2 ff. pour les *Vers presentez à Monseigneur le Procureur General Foucquet, Sur-Intendant des Finances* ; 3 ff. pour l'avis *Au Lecteur* et les noms des personnages.

Au verso de la page 89 se trouve l'extrait du privilége accordé pour sept ans à Corneille lui-même, à la date du 10 février 1659, et dont Corneille fait cession aux deux libraires nommés sur le titre. On lit à la fin : *Acheué d'imprimer pour la premiere fois, le 26. Mars 1659, à Roüen, par L. Maurry*.

Au rapport de M. Marty-Laveaux (t. VIe, p. 110 ; t. X^e, p. 133), on trouve en tête de certains exemplaires une pièce intitulée : *Sur la mort de Damoiselle Elisabeth Ranquet, Femme de Nicolas de Cheureul, Escuyer, Sieur d'Esturville. Epitaphe*. Nous n'avons pas été assez heureux pour voir nous-même un exemplaire présentant cette particularité.

L'échec de *Pertharite* dégoûta Corneille du théâtre; pendant sept ans il se consacra tout entier à la traduction de l'*Imitation de Jésus-Christ* et à des travaux littéraires de moindre importance, qui ne nous sont pas tous parvenus. Les représentations données par Molière à Rouen en 1658, l'admiration que la Du Parc fit éprouver à Corneille, enfin l'invitation de Fouquet décidèrent l'auteur du *Cid* à reprendre la plume. Dans une pièce de vers adressée au surintendant, il lui demanda de choisir un sujet, promettant de retrouver, pour le traiter,

> La main qui crayonna
> L'âme du grand Pompée et l'esprit de Cinna.

Fouquet choisit trois sujets : *Œdipe, Camma* et un troisième sujet qui n'est pas connu. Pierre Corneille écrivit *Œdipe,* tandis que Thomas se chargea de *Camma.* Il se pourrait que le troisième sujet fût celui de *Stilicon,* traité par Thomas Corneille peu de temps avant la représentation d'*Œdipe.* Dans sa lettre du 29 janvier 1661, l'auteur de la *Muse historique* établit une sorte de parenté entre ces trois pièces :

> Tout-de-bon le cadet Corneille
> Quoy qu'il ait fait mainte merveille,
> Et maint Ouvrage bien sensé,
> En cétuy-cy s'est surpassé.
>   Ainsi cette Piéce divine,
> Qui du grand *Œdipe* est couzine,
> Et propre sœur de *Stilicon,*
> (Piéces qu'on tient sans parangon)
> Est très-digne de sa naissance,
> Et par l'agréable abondance
> De mille beaux traits diférens,
> Ne fait point tort à ses parens.

Le sujet d'*Œdipe,* emprunté à Sophocle et à Sénèque, avait été plusieurs fois remis à la scène avant Corneille, entre autres par les Italiens (*Edipo, tragedia di Seneca, tradotta da Lodovico Dolce; in Vinegia, per Giambattista e Marchio Sessa,* 1560, in-12; — *Edipo, tragedia di Gio. Andrea dell' Anguillara; in Vinegia, per Dom. Farri,* 1565, in-8; in Padova, per Lorenzo Pasquati, 1565, in-4; — *Edipo Tiranno, tragedia di Sofocle ridotta in lingua volgare da Orfato Giustiniano; in Venetia, per Francesco Ziletti,* 1585, in-4; — *Edipo Tiranno, tragedia di Sofocle ridotta dalla greca nella toscana lingua da Pietro Angelio [detto il Bargeo]; in Firenze, per Bart. Sermatelli,* 1589, in-8; — *Edipo Re, tragedia di Sofocle, tradotta in lingua italiana da Girolamo Giustiniani; Venetia, per Sebastiano Combi,* 1610, in-12; — *Edipo, tragedia di Seneca tradotta, da Ettore Nini; in Venezia, per Marco Ginammi,* 1622, in-8). Les *Anecdotes dramatiques* (Paris, 1775, 3 vol. in-8, t. IIe, p. 15) indiquent deux

pièces françaises écrites avant Corneille sur le sujet d'*Œdipe* :
l'une de Jean Prévôt (1605), l'autre de Nicolas de Sainte-Marthe
(1614); mais ce renseignement est en tout cas inexact : nous ne
connaissons pas l'*Œdipe* de Sainte-Marthe, qui n'est cité dans aucune bibliographie; quant à celui de Prévôt, il n'est pas de 1605,
mais de 1614 (*Les Tragedies et autres Œuvres poëtiques de Jean Prévost, advocat en la Basse-Marche;* à Poictiers, chez Julian Thoreau,
1614, in-12).

Corneille ne s'arrêta pas à ces imitations modernes; il prit directement pour guides Sophocle et Sénèque, mais, dès qu'il eut
commencé sa tragédie, il crut devoir faire de larges concessions à
l'esprit de son siècle. Il s'éloigna ainsi de ses modèles et renonça
volontairement à la simplicité, qui est le plus noble caractère du
drame antique. Cette condescendance envers la mode ne manqua
pas de séduire le parterre. Le nouvel *Œdipe*, représenté le vendredi 24 janvier 1659, eut un grand succès. Voici en quels termes
Loret en rendit compte, dès le lendemain, dans sa *Muze historique :*

> Monsieur de Corneille, l'Aîné,
> Depuis peu de temps a donné
> A ceux de l'Hôtel de Bourgogne
> Son dernier Ouvrage, ou Bezogne,
> Ouvrage grand et signalé,
> Qui l'*Œdipe* est intitulé ;
> Ouvrage (dis-je) Dramatique,
> Mais si tendre et si patétique,
> Que, sans se sentir émouvoir,
> On ne peut l'entendre ou le voir.
> Jamais Piéce, de cette sorte,
> N'ût l'élocution si forte,
> Jamais, dit-on, dans l'Univers,
> On entendit [*sic*] de si beaux vers.
> Hier, donc, la Troupe Royale,
> Qui, tels sujets point ne ravale,
> Mais qui les met en leur beau jour,
> Soient qu'ils soient de Guerre, ou d'Amour,
> En donna le premier spectacle,
> Qui fit, cent fois, crier miracle.
> Je n'y fus point; mais on m'a dit
> Qu'incessamment on entendit
> Exalter cette Tragédie
> Si merveilleuze et si hardie;
> Et que les gens d'entendement
> Luy donnoient, par un jugement
> Fort sincere et fort équitable,
> Le beau titre d'inimitable,
> Mais cela ne me surprend pas
> Qu'elle ait d'admirables apas,
> Ny qu'elle soit rare et parfaite;
> Le divin Corneille l'a faite.

Le roi assista, le 8 février, à une représentation d'*Œdipe* qui, au

dire de Loret et de Renaudot (Voy. Marty-Laveaux, t. VIe, pp. 106 sqq.), fut des plus brillantes. *Floridor*, qui remplissait le principal rôle, fit à Louis XIV un compliment qui charma toute la cour. Le roi fut si satisfait qu'il fit remettre à Corneille une gratification dont celui-ci parle naïvement dans son avis *Au Lecteur* : « Cette Tragedie
« a plû assez au Roy, dit-il, pour me faire recevoir de veritables
« et solides marques de son approbation : Je veux dire ses libera-
« litez que j'ose nommer ses ordres tacites, mais, pressans de con-
« sacrer aux divertissemens de Sa Majesté ce que l'âge et les
« vieux travaux m'ont laissé d'esprit et de vigueur. »

Le succès de l'*Œdipe* ne fut dépassé que par celui des *Précieuses ridicules*, de Molière, représentées à la fin de la même année. Voici comment Loret s'exprime, au sujet de cette dernière pièce, dans sa lettre du 6 décembre 1659 :

> Cette Troupe de Comédiens,
> Que Monsieur avoue être siens,
> Représentant sur leur Théatre
> Une action assez folâtre,
> Autrement, un sujet plaizant,
> A rire sans cesse induizant
> Par des chozes facécieuzes,
> Intitulé *Les Précieuses;*
> Ont été si fort vizitez
> Par Gens de toutes qualitez
> Qu'on en vit [*sic*] jamais tant ensemble
> Que ces jours passez, ce me semble,
> Dans l'Hôtel du Petit-Bourbon,
> Pour ce sujet mauvais, ou bon.
> Ce n'est qu'un sujet chymérique,
> Mais si boufon et si comique,
> Que jamais les Pièces Du-Ryer,
> Pui fut si digne de laurier,
> Jamais l'*Œdipe* de Corneille,
> Que l'on tient être une merveille ;
> La *Cassandre* de Bois-robert ;
> Le *Néron* de Monsieur Gilbert ;
> *Alcibiade, Amalazonte,*   de M. Quinaut.
> Dont la Cour a fait tant de conte ;
> Ny le *Fédéric* de Boyer,
> Digne d'un immortel loyer,
> N'ûrent une vogue si grande,
> Tant la Piéce semble friande
> A pluziers, tant sages, que fous ;
> Pour moy j'y portay trente sous :
> Mais oyant leurs fines paroles
> J'en ry pour plus de dix pistoles.

A l'exception de *Floridor*, nous ne savons rien des acteurs qui jouèrent *Œdipe* à l'origine. L'actrice qui remplissait le rôle de Jocaste tomba malade après quelques représentations et fut remplacée par la *Beauchâteau* (lettre de Corneille à l'abbé de Pure, en date du 12 mars 1659). Molière ne disputa point *Œdipe* à l'Hôtel de Bourgogne; du moins le Registre de Lagrange n'en mentionne aucune représentation.

En 1663, le rôle d'Iphicrate était tenu par *de Villiers* : c'est Molière lui-même qui nous l'apprend dans *l'Impromptu de Versailles*. Quant au rôle d'*Œdipe*, il fut joué avec éclat par *Baron* (1676). Il servit plus tard aux débuts de *Champvalon* (1718) et de *Sarrasin* (1729). Depuis lors l'*Œdipe* de Voltaire, représenté en 1718, a remplacé au répertoire celui de Corneille.

De 1680 à 1729, le Théâtre-Français a donné 114 représentations de l'*Œdipe* de Corneille, savoir : sous Louis XIV : à la ville, 70 ; à la cour, 22 ; — sous Louis XV : à la ville, 21 ; à la cour, 1.

74. ŒDIPE, ‖ Tragedie. ‖ Par P. Corneille. ‖ *A Paris, ‖ Au Palais. ‖ Chez ‖ Guillaume de Luyne, dans la Salle des ‖ Merciers sous la montée de la Cour des Aydes ‖ à la Justice. ‖ Estienne Loyson, au premier Pillier de ‖ la grand' Salle proche les Consultations ‖ au Nom de Jesus. ‖ Pierre Traboüillet, dans la Galerie des ‖ Prisonniers, à l'Image S. Hubert, & à la Fortune, ‖ proche le Greffe des Eaux & Forests. ‖* M. DC. LXXXII [1682]. ‖ Avec Privilege du Roy. In-12 de 2 ff. et 78 pp.

Tirage à part du recueil de 1682. Le deuxième feuillet, qui contient l'*Extrait du Privilége* et les *Acteurs,* est encore paginé, au verso, 444. Pour le reste de la pièce, la pagination a été changée.

XXIV

75. DESSEINS ‖ DE LA ‖ TOISON D'OR, ‖ Tragedie. ‖ Representée par la Troupe Royale du Marests, chez M⁺ le ‖ Marquis de Sourdeac, en son Chasteau du Neufbourg, ‖ pour réjoüissance publique du Mariage du Roy, & de la ‖ Paix auec l'Espagne, & en suite sur le Theatre Royal du ‖ Marests. ‖ *Imprimée à Roüen, Et se vend ‖ A Paris, ‖ Chez Augustin Courbé, au Palais, en la Gallerie ‖ des Merciers,| à la Palme. ‖ Et ‖ Guillaume de Luyne, Libraire Iuré, dans la ‖ mesme Gallerie, à la Iustice.* ‖ M. DC. LXI

[1661]. ‖ Auec Priuilege du Roy. In-4 de 26 pp. (y compris le titre), et 1 f. pour l'*Extrait du Privilége*.

Le privilége, daté du 27 janvier 1661, est accordé pour dix ans à *Augustin Courbé*, qui déclare y associer *Guillaume de Luyne*. On lit à la fin : *Acheué d'imprimer pour la premiere fois le 31. Ianuier 1661, à Roüen, par Laurens Maurry*.

Le sujet de *la Toison d'or*, comme celui d'*Andromède*, avait été choisi par les Italiens pour des représentations à grand spectacle. On avait représenté sur le théâtre des Saints-Jean-et-Paul, à Venise, en 1642, un « drame ou fête théâtrale », d'Orazio Persiani, dont Marco Marazzoli avait écrit la musique, et qui était intitulé : *Amori di Giasone e d'Isifile* (Venezia, per Antonio Bariletti, 1642, in-12). Cette pièce, que nous n'avons pas sous les yeux, pourrait bien avoir été mise entre les mains de Corneille par les machinistes italiens ou par le marquis de Sourdéac lui-même, lorsqu'il vint trouver l'auteur du *Cid* pour lui demander une tragédie mêlée de musique qui pût être représentée au château de Neufbourg. Ce gentilhomme, que Tallemant des Réaux nous représente comme un « original », voulait célébrer sur ses domaines, avec une pompe inusitée, le mariage du roi avec l'infante Marie-Thérèse. Le mariage royal, arrêté lors de la paix des Pyrénées (6 novembre 1659), ne fut célébré par procuration que le 3 juin 1660, mais c'est vraisemblablement dès la fin de l'année 1659 que le marquis de Sourdéac conçut l'idée de sa représentation. Il commença aussitôt les préparatifs de la fête projetée, mais il faillit ne pouvoir s'entendre avec Corneille. « Il a, dit Tallemant (*Historiettes*, édit. Paulin Paris, t. VIIe, p. 370), de l'inclination aux méchaniques; il travaille de la main admirablement : il n'y a pas un meilleur serrurier au monde. Il luy a pris une [fantaisie de] faire joüer chez luy une comedie en musique, et pour cela il a fait faire une salle qui luy couste au moins dix mille escûs. Tout ce qu'il faut pour le theatre et pour les sieges et les galeries, s'il ne travailloit lui-mesme, luy reviendroit, dit-on, à plus de deux fois autant. Il avoit pour cela fait faire une piece par Corneille; elle s'appelle *les Amours de Médée*; mais ils n'ont pu convenir de prix. C'est un homme riche et qui n'a point d'enfans. Hors cela, il est assez œchonome. »

L'affaire se raccommoda pourtant, et la représentation eut lieu au château de Neufbourg, au commencement de l'hiver de 1660. Le marquis de Sourdéac fit ensuite don de ses machines aux comédiens du Marais, qui les installèrent sur leur théâtre. Voici ce que dit Loret, dans sa lettre du 1er janvier 1661 :

> Les Comédiens du Marest
> Font un inconcevable aprest,
> Pour joüer, comme une Merveille,
> Le *Jazon* de Monsieur Corneille.

La représentation n'eut lieu que six semaines plus tard, et Loret nous en rend compte longuement dans sa lettre du 19 février ·

> *La Conqueste de la Toizon*
> Que fit, jadis, défunt Jazon,
> Piéce infiniment excellente,
> Enfin, dit-on, se reprézente
> Au Jeu de Paume du Marais,
> Avec de grandissimes frais.
>   Cette Piéce du grand Corneille,
> Propre pour l'œil et l'oreille,
> Est maintenant, en vérité,
> La merveille de la Cité,
> Par ses Scènes toutes divines,
> Par ses surprenantes Machines,
> Par ses concerts délicieux,
> Par le brillant aspect des Dieux,
> Par des incidens mémorables,
> Par cent ornemens admirables,
> Dont Sourdiac, Marquis Normand,
> Pour rendre le tout plus charmant,
> Et montrer sa magnificence,
> A fait l'excessive dépence,
> Et si splendide sur ma-foy,
> Qu'on diroit qu'elle vient d'un Roy.
> J'aprens que ce rare spectacle
> Fait à pluzieurs crier miracle,
> Et je croy qu'au sortir de là
> On ne plaindra point, pour cela,
> Pistole, ny demy-pistole,
> Je vous en donne ma parole.... etc.

Ce ne sont pas les seules louanges que Loret donne à la pièce de son compatriote. Il revient sur le même sujet le 3 décembre 1661, le 14 janvier et le 18 février 1662 (voy. Marty-Laveaux, t. VIe, pp. 226 sqq.).

Nous ne savons rien de la musique de la *Toison d'or*, mais elle ne peut avoir été composée que par un des quatre musiciens alors célèbres : Dassoucy, Cambert, Lambert ou Boesset. Dassoucy avait composé la musique d'*Andromède*, mais il s'était tellement perdu de réputation depuis, qu'il est difficile de croire que Corneille ait encore voulu travailler avec lui. Cambert (né en 1628, mort en 1677) composa, en 1661 et en 1662, deux opéras, dont Perrin avait écrit les paroles : *Ariane et Adonis*, mais il ne put les faire représenter, ce qui prouve qu'il n'était pas alors en grande vogue. Lambert et Jean-Baptiste Boesset, fils d'Antoine Boesset, le musicien de Louis XIII, jouissaient au contraire de la faveur publique, et l'on retrouvera peut-être un jour dans les ouvrages imprimés ou manuscrits de l'un ou de l'autre des fragments de la partition qui nous occupe. La complaisance avec laquelle Loret nous parle de Boesset, dans sa lettre du 20 janvier 1663, nous montre quelle était la réputation de ce musicien à l'époque de la représentation de la *Toison d'or.* Il s'agit d'un service funèbre célébré à Saint-Denis, en l'honneur de Madame :

> La muzique de la Chapelle,   de la Chapelle du Roy.
> Digne d'une gloire immortelle,
> Et celle de la Chambre, aussy,
> Que, par un noble et beau soucy,
> Le sieur Boisset, Homme trés-rare,
> Qu'avec justice l'on compare
> Aux Amphions du temps passé,
> Etant dans son Art bien versé,
> A, de belle et bonne maniére,
> Remize en sa splendeur premiére,
> Ces deux grandes Muziques, donc,
> Admirables, s'il en fut onc,
> Avec des douceurs sans-pareilles,
> Charmérent toutes les oreilles,
> En commençant par un Motet
> Compozé par ledit Boisset,
> Par où, toute la Compagnie
> Admira son divin génie,
> Trés-propre à faire de beaux Airs
> Pour de mélodieux Concerts.

Les décorations de la *Toison d'or* ne furent pas gravées comme celles d'*Andromède,* mais, au dire des contemporains, elles les surpassèrent encore en splendeur (voy. *le Théatre François,* par Chapuzeau, p. 52).

Le programme auquel Corneille a donné le nom de *Desseins,* a dû être imprimé avec une grande hâte. Le privilége n'est que de quatre jours antérieur à l'achevé d'imprimer, bien que l'impression se fît à Rouen. Les exemplaires purent arriver à temps à Paris pour être distribués aux spectateurs le jour de la première représentation.

Les seuls exemplaires des *Desseins* qui aient été cités jusqu'ici sont ceux de la Bibliothèque nationale (Y. 5969. A), et deux autres exemplaires contenus dans des recueils de la Bibliothèque de Pont de Veyle (Catalogue de 1847, n°s 1810 et 1813).

76. DESSEINS DE LA TOISON D'OR, Tragedie. Representée par la Troupe Royale du Marais, chez M^r le Marquis de Sourdeac, en son chasteau du Neufbourg, pour reiouissance publique du Mariage du Roy et de la Paix auec l'Espagne, et ensuite sur le Theatre Royal du Marais. *A Paris, Chez Augustin Courbé, au Palais, en la Galerie des Merciers, à la Palme.* M. DC. LXI [1661]. In-8.

Édition citée par M. Marty-Laveaux, t. XII°, p. 531. Il ne nous a pas été possible d'en trouver un exemplaire.

77. La ǁ Toison d'or, ǁ Tragedie. ǁ Representée par la Troupe Royale du ǁ Marests, chez M^r le Marquis de Sour- ǁ deac, en son Chasteau du Neufbourg, ǁ pour ré- joüissance publique du Mariage ǁ du Roy, & de la Paix auec l'Espagne, ǁ & en suite sur le Theatre Royal du ǁ Marests. ǁ *Imprimée à Roüen, Et se vend* ǁ *A Paris,* ǁ *Chez* ǁ *Augustin Courbé, au Palais, en la* ǁ *Gallerie des Merciers, à la Palme.* ǁ *Et* ǁ *Guillaume de Luyne, Libraire Iuré, dans la mesme Gallerie,* ǁ *à la Iustice.* ǁ M.DC.LXI [1661]. ǁ Auec Priuilege du Roy. In-12 de 6 ff., 105 pp. et 1 f.

Collation des feuillets prélim. : 1 f. blanc; 1 f. de titre; 3 ff. pour l'*Argument;* 1 f. pour la liste des *Acteurs.*

Le privilége commence au verso de la page 105, et occupe le recto du feuillet suivant. Il est accordé à *A. Courbé*, qui déclare y associer *G. de Luyne*, et daté du 27 janvier 1661. Il y est dit que Courbé pourra « faire imprimer, vendre et debiter en tous les lieux de l'obeïssance de sa Majesté, une Tragédie composée par le sieur P. Corneille, intitulée *la Conquête de la Toison d'Or, Avec les Desseins de ladite Piece,* en telles marges et tels caracteres, en un ou plusieurs volumes, et autant de fois qu'il voudra, durant dix ans entiers, à compter du jour que ladite Tragedie sera achevée d'imprimer pour la premiere fois. » Cet achevé d'imprimer est daté du 10 mai 1661.

C'est dans la première scène du Prologue de cette tragédie qu'on trouve ces vers bien connus :

> A vaincre tant de fois, mes forces s'affoiblissent :
> L'Etat est florissant, mais les Peuples gemissent ;
> Leurs membres décharnés courbent sous mes hauts faits,
> Et la gloire du Trône accable les Sujets.

Campistron imita ce passage dans la seconde scène du second acte de *Tiridate :*

> Je sais qu'en triomphant les Etats s'affoiblissent ;
> Le Monarque est vainqueur, et les Peuples gémissent :
> Dans le rapide cours de ses vastes projets,
> La gloire dont il brille accable les Sujets ;

mais au xviiie siècle, l'on avait encore moins de liberté qu'au xviie; les vers de Corneille, remaniés par Campistron, furent jugés séditieux; le poëte dut les supprimer. (Voy. l'*Éloge de Campistron,* dans les *Œuvres* de d'Alembert, édit. Belin, t. IIe, p. 578.)

Vendu : 205 fr., mar. r. (*Thibaron-Échaubard*), Huillard, 1870 (n° 597).

78. La Toison d'or, Tragedie. Par P. Corneille. *A Paris, Au Palais. Chez Guillaume de Luyne, dans la Salle des Merciers sous la montée de la Cour des Aydes à la Justice. Estienne Loyson, au premier Pillier de la grand'Salle proche les Consultations au Nom de Jesus. Pierre Traboüillet dans la Galerie des Prisonniers, à l'Image S. Hubert, & à la Fortune proche le Greffe des Eaux et Forets.* M, DC. LXXXII [1682]. Avec Privilege du Roy. in-12.

Cette édition doit compter 2 ff., 94 pp. et 1 f. Voy. ci-dessus, n° 25.

79. La Toison d'or, Tragedie en Machines de M. de Corneille l'Aisné. *A Paris, chez V. Adam,* 1683, in-4.

Nous n'avons pu retrouver cette édition, dont les recueils de Pont de Veyle vendus en 1847 contenaient deux exemplaires (n°s 1809 et 1813 du Catalogue), et dont un troisième exemplaire a été adjugé à M. Techener pour la modique somme de 2 francs, lors de la vente des livres de M. Giraud, en 1855 (n° 1646 du Catalogue). Nous savons seulement que c'est un simple programme, précédé d'un prologue en vers par La Chapelle. La pièce avait été remise à la scène le 9 juillet 1683, avec des décorations nouvelles du sieur Durfort, qui avait déjà exécuté celles d'*Andromède* l'année précédente. Voici en quels termes les *Anecdotes dramatiques* (Paris, veuve Duchesne, 1775, t. II°, p. 233) nous parlent de cette reprise :

« A une reprise de cette pièce, en 1683, la Chapelle y ajouta un Prologue ; et les Comédiens, pour lui marquer leur reconnoissance, résolurent, dans une assemblée, de lui faire présent de quinze louis d'or, qu'ils lui envoyèrent par un de leurs camarades. A la dixième représentation de cette reprise, les Comédiens interrompirent le Spectacle, étant informés que la Reine venoit de mourir ; et ils firent rendre l'argent à la porte. »

Il serait très-désirable que le programme de 1683 pût être retrouvé. Il contient sans nul doute des changements analogues à ceux que nous avons signalés ci-dessus (n° 59) dans le programme d'*Andromède* de 1682.

XXV

80. SERTORIVS, ‖ Tragedie. ‖ *Imprimée à Roüen, Et se vend* ‖ *A Paris,* ‖ *Chez* ‖ *Augustin Courbé, au Palais, en la* ‖ *Galerie des Merciers, à la Palme.* ‖ *Et* ‖ *Guillaume de Luyne, Libraire Iu-* ‖ *ré, au Palais, en la Galerie des* ‖ *Merciers, à la Iustice.* ‖ M. DC. LXII[1662]. ‖ Auec Priuilege du Roy. In-12 de 6 ff. et 95 pp.

Collation des feuillets prélim. : titre ; 4 ff. pour l'avis *Au Lecteur* ; 1 f. pour l'*Extrait du Privilége* et la liste des *Acteurs*.
Le privilége, daté du 16 mai 1662, permet à *Guillaume de Luyne* « de faire imprimer deux Pieces de Theatre, composées par les Srs Corneille, intitulées *Sertorius* et *Maximian*, pendant sept années. » On lit à la fin : *Acheué d'imprimer le huitiéme iour de Iuillet* 1662. *à Roüen, par L. Maurry.*
Après *Œdipe* et *la Toison d'or*, qui inaugurèrent la seconde partie de sa carrière dramatique, Corneille revint à l'histoire romaine. Il tira de Plutarque le bel épisode de *Sertorius*, qu'il enrichit de détails de son invention. Il se mit au travail dans les derniers mois de l'année 1661. A la date du 3 novembre de cette année, Corneille, écrivant à l'abbé de Pure, s'excuse de ne lui avoir pas encore donné son avis sur une tragédie dont il n'avait reçu que deux actes, et il ajoute : « C'est ce qui a différé ma responce, et la
« priere que j'ay à vous faire de ne vous contenter pas du bruit que
« les Comediens font de mes deux Actes, mais d'en juger vous
« mesme et m'en mander vostre sentiment tandis qu'il y a encor
« lieu à la correction. J'ay prié Melle Des Œilletz, qui en est saisie,
« de vous les montrer quand vous voudrez, et cependant je veux
« bien vous prevenir un peu en ma faveur, et vous dire que si le
« reste suit du mesme air, je ne croy pas avoir rien escrit de mieux.
« Mes deux Héroïnes ont le mesme caractere de vouloir espouser
« par ambition un homme pour qui elles n'ont aucun amour, et le
« dire à luy-mesme et toutefois je croy que cette ressemblance se
« trouvera si diversifiée par la maniere de l'exprimer que beaucoup
« ne s'en apercevront pas. »
La représentation de *Sertorius* eut lieu vers la fin de février 1662. Loret en parle longuement dans sa lettre du 4 mars de cette année :

>Depuis huit jours, les beaux Esprits
>Ne s'entretiennent dans Paris,
>Que de la derniére merveille

Qu'a produite le grand Corneille,
Qui, selon le commun récit,
A plus de beautez que son *Cid*,
A plus de forces et de graces
Que *Pompée*, et que les *Horaces*.
A plus de charmes que n'en a
Son inimitable *Cinna*,
Que l'*Œdipe*, ny *Rodogune*,
Dont la gloire est si peu commune,
Ny, mesmement, qu'*Héraclius*;
Sçavoir le Grand *Sertorius*,
Qu'au Marest du Temple l'on joüe,
Sujet que tout le monde avoüe
Etre divinement traité,
Nonobstant la stérilité ;
Et c'est en un semblable Ouvrage,
Ce qu'on admire davantage.
On ne voit, en cette action,
Tendresse, amour, ny passion,
Ny d'extr' ordinaire spectacle,
Et passe, pourtant, pour miracle.
 Certes, cét illustre Normand
Qui n'écrit rien que de charmant,
De merveilleux et d'énergique,
Passe, en qualité de Tragique,
Les Poëtes les plus hardis
Du temps prézent, et de jadis :
Il fait mieux, dit-on, qu'Euripide,
Bûveur de l'Onde Aganipide,
Mieux que Sénéque le Romain,
Prizé de tout le Genre Humain,
Et, bref, mieux que défunt Sophocle,
Qui n'a de rime qu'Empédocle,
Mais dont les Esprits mieux sensez
Dizent encor du bien assez
Depuis deux mille ans que cet Homme
Est mort, bien loin, par-delà Rome.
 Les Comédiens du Marest
Poussez de leur propre intérest,
Et qui dans des chozes pareilles,
Ne font leur métier qu'à merveilles,
S'éforcent à si bien joüer,
Qu'on ne peut les en trop loüer :
Et, pour ne pas paroître chiches,
On leur voit des habits si riches,
Si brillans de loin et de prés,
Et, pour le sujet, faits exprés,
Que chaque Spectateur proteste
Qu'on ne peut rien voir de plus leste.

Les deux textes que nous venons de citer présentent une difficulté d'interprétation assez sérieuse : « Les comédiens dont Corneille parle dans sa lettre sont, suivant toute apparence, dit M. Marty-Laveaux, ceux de l'hôtel de Bourgogne, puisque c'est à cette troupe qu'appartenait Mlle des Œillets; et pourtant, d'après le témoignage de Loret, c'est au théâtre du Marais que l'ouvrage a été représenté pour la première fois. On pourrait, à la vérité, chercher à expliquer cette contradiction en supposant que Mlle des Œillets a fait, pendant quelque temps, partie du théâtre du Marais, ou que Corneille a retiré sa pièce à la troupe qui devait d'abord la jouer, pour la faire représenter à l'hôtel de Bourgogne; mais un passage d'une autre lettre de notre poëte à l'abbé de Pure, datée du 25 avril, et par conséquent postérieure de deux mois à la représentation de *Sertorius*, ne permet pas d'adopter une telle supposition. En effet, Corneille, expliquant pourquoi il ne pourra de sitôt donner une pièce aux comédiens du Marais, s'exprime ainsi : « Outre que je « seray bien aise d'avoir mon tour à l'Hostel.... et que je ne puis « manquer d'amitié à la Reine Viriate à qui j'ay tant d'obligation, « le demenagement que je prepare pour me transporter à Paris me « donne tant d'affaires que je ne sçay si j'auray assez de liberté « d'esprit pour mettre quelque chose cette année sur le Théatre. » Certes, ce passage prouve bien que *Sertorius* avait été joué à l'hôtel de Bourgogne, et il semble indiquer que cette reine Viriate, envers qui Corneille se reconnaît si obligé, n'est autre que Mlle des Œillets. Comment concilier le témoignage de notre auteur avec celui de Loret? »

Le savant éditeur de Corneille déclare avoir cherché en vain une conciliation; mais, en pareil cas, les hypothèses sont permises, et l'on peut, croyons-nous, proposer au moins une explication plausible du problème. Corneille dit bien, le 3 novembre 1661, que *Mlle des Œillets* est « saisie » des deux premiers actes de *Sertorius*, mais rien ne prouve qu'elle ait effectivement joué ce rôle. Peut-être ne se sera-t-elle pas crue assez jeune pour le remplir (elle était née en 1621). Il nous parait probable que le rôle de Viriate aura été joué par *Mlle Marotte*, dont Corneille parle au début de sa lettre du 25 avril 1662 : « L'estime et l'amitié que j'ay depuis quelque « temps pour Melle Marotte me fait vous avoir une obligation tres « singuliere de la joye que vous m'avez donnée en m'apprenant son « succes et les merveilles de son debut. Je l'avois veue icy represen-« ter *Amalasonte*, et en avois conceu une assez haute opinion pour « en dire beaucoup de bien à Mr. de Guise, quand il fut question, « vers la My-caresme, de la faire entrer au Marais. » Si l'on admet cette interprétation, qui nous semble naturelle, les raisons alléguées par Corneille pour ne pas donner de pièce nouvelle peuvent s'entendre dans ce sens qu'il serait bien aise de faire jouer quelque ouvrage à l'Hôtel de Bourgogne, mais qu'il craint de manquer à l'amitié qu'il a pour *Mlle Marotte*, en confiant un rôle à une artiste de la troupe rivale. La fin de la lettre est assez obscure, mais elle concorde avec notre explication plutôt qu'elle ne la contredit: « Ainsy, si ces Mrs ne les secourent ainsy que moy, il n'y a « pas d'apparence que le Marais se restablisse, et quand la ma-« chine (*la Toison d'or*), qui est aux abois, sera tout à fait defunte,

« je trouve que ce Theatre ne sera pas en trop bonne posture. Je ne
« renonce pas aux Acteurs qui le soustiennent, mais aussi je ne
« veux point tourner le dos tout à fait à M^{rs} de l'Hostel dont
« je n'ay aucun lieu de me plaindre et où il n'y a rien à craindre
« quand une piece est bonne. » Que signifie ce passage, sinon que
le théâtre du Marais, inférieur à l'Hôtel de Bourgogne pour la
tragédie, a besoin pour se soutenir des pièces à grand spectacle? Si
Corneille avait fait représenter *Sertorius* par les comédiens de
l'Hôtel, dirait-il qu'il ne veut point leur tourner le dos *tout à
fait?*

Du reste, *Sertorius* ne tarda pas à être joué par les troupes rivales. Le registre de Lagrange nous fournit à ce sujet des indications curieuses qui prouvent que la tragédie, dont le succès fut très-grand, fut jouée par la troupe de Molière avant d'avoir été imprimée. L'impression n'en fut achevée que le 8 juillet 1662, et la troupe de Molière la représenta, pour la première fois, le vendredi 23 juin 1662. Elle en donna trois autres représentations en 1662, neuf en 1663, trois en 1664, et vingt autres représentations de 1665 à 1670, soit, en tout, trente-neuf. Nous comprenons dans ces chiffres une représentation donnée, en 1664, à Villers-Coterets, chez Monsieur, où les comédiens séjournèrent du 20 au 27 septembre.

A l'époque de la mort de Corneille, le Manuscrit du Dauphin nous fournit la distribution suivante :

DAMOISELLES.

Aristie :   *Chanmeslé*
Viriate :   *le Comte*
Thamire :   *Raisin.*

HOMMES.

Sertorius :   *Chanmeslé*
Perpenna :   *Dauvilliers*
Aufide :   *le Comte*
Pompée :   *Baron*
Celsus :   *Beauval*
Arcas :   *Hubert,* ou *Raisin.*

Au xviiie siècle, plusieurs acteurs se distinguèrent dans *Sertorius*. *Grandval* remplit avec un grand succès le rôle du général romain (1758); celui de Viriate fut joué avec éclat par Mlle *Clairon* et Mme *Vestris*.

La Comédie-Française a donné 107 représentations de *Sertorius*, de 1680 à 1814, savoir : sous Louis XIV : à la ville, 46 ; à la cour, 11 ; — sous Louis XV : à la ville, 24 ; à la cour, 1, — sous Louis XVI : à la ville, 7 ; à la cour, 4 ; — sous le Directoire, le Consulat et l'Empire : à la ville, 13 ; à la cour, 1. La pièce n'a pas été reprise depuis lors.

Vendu : 120 fr., vél., Huillard, 1870 (n° 596); 102 fr., vél., et 155 fr., mar. r. (*Chambolle-Duru*), Potier, 1870 (n°s 1233 et 1234).

81. SERTORIVS, || Tragedie. || *Imprimé à Roüen, Et se vend* || *A Paris,* || *Chez* || *Augustin Courbé, au Palais, en la* || *Gallerie des Merciers, à la Palme.* || *Et* || *Guillaume de Luyne, Libraire* || *Iuré, au Palais, en la Gallerie des* || *Merciers, à la Iustice.* || M. DC. LXII. [1662]. Auec Priuilege du Roy. In-12 de 6 ff., 82 pp. et 1 f. blanc.

Collation des feuillets prélim. : titre ; 4 ff. pour l'avis *Au Lecteur ;* 1 f. pour l'*Extrait du Privilége* et les *Acteurs.*

L'extrait du privilége est le même que dans l'édition précédente. On lit à la fin : *Acheué d'imprimer le huitiéme Iuillet* 1662. *A Rouen par L. Maurry.*

Cette édition n'a jamais été distinguée de la précédente par les bibliographes de Corneille.

XXVI

82. SOPHONISBE, || Tragedie. || Par P. Corneille. || *Imprimée à Roüen, Et se vend* || *A Paris,* || *Chez Guillaume de Luyne, Libraire Iuré, au* || *Palais, en la Gallerie des Merciers,* || *à la Iustice;* [ou *Chez Thomas Iolly, au Palais, dans la petite* || *Salle, aux Armes de Hollande,* || *& à la Palme;* ou *Chez Loüys Billaine, au second Pilier de la grand'Sale du Palais, à la Palme & au grand César.* || M. DC. LXIII [1663]. || Auec Priuilege du Roy. In-12 de 6 ff. et 76 pp.

Collation des feuillets prélim. : titre ; 4 ff. pour l'avis *Au Lecteur ;* 1 f. pour l'*Extrait du Privilége* et les noms des *Acteurs.*

Le privilége, en date du 4 mars 1663, donne à G. *de Luyne* le droit exclusif, pendant cinq ans, de publier deux pièces de théâtre des sieurs Corneille intitulées : *La Sophonisbe* et *Persée et Demetrius.* De Luyne déclare associer à son droit *Th. Jolly* et *L. Billaine.* On lit à la fin : *Acheué d'imprimer pour la premiere fois le* 10. *Auril* 1663. *A Roüen, Par L. Maurry.*

L'histoire de *Sophonisbe*, reine de Numidie, que Tite-Live, Polybe et Appien ont racontée, est un des sujets qui ont le plus souvent inspiré les poëtes dramatiques modernes. Le premier auteur qui la mit au théâtre fut le Trissin. Il fit représenter sa tragédie à Vicence vers 1510. Cette pièce eut un grand succès, attesté par les nombreuses éditions que les libraires italiens en publièrent pendant tout le cours du xvie siècle (*Sophonisba, tragedia;* in Roma, Lodovico degli Arrighi et Lautitio Perugino, 1524, pet. in-4; — in Roma, per Lodovico Vicentini [degli Arrighi], 1524, pet. in-4, seconde édition, avec deux lettres grecques sur le titre; — in Vicenza, per Tolomeo Janiculo, 1529, in-4; — *Di M. Giovangiorgio Trissino la Sophonisba, li Retratti, Epistola, Oracion al serenissimo Principe di Vinegia;* in Vinegia, per Ieronimo Pentio da Lecho, a instantia de Nicolo Garanta, 1530, pet. in-8; — [in Vinegia], per Al. Pag. Benacense, s. d., in-8; — *La Sofonisba, tragedia del S. Giorgio Trissino Vicentino;* in Vinegia, per Bernardo de' Bindoni, 1549, in-8; — in Vinegia, per Gabriele Giolito et Fratelli, 1553, 1562, 1585 et 1586, in-12; — in Vinegia, per Francesco Lorenzini, 1560, in-8; — in Genova, per Antonio Bellone, 1572, in-8; — in Vinegia, per Altobello Salicato, 1582, pet. in-12; — in Vicenza, per Perin Libraro, e Giorgio Greco Compagni, 1585, in-12; — in Venetia, per Michele Bonibelli, 1595, in-12, etc.). Un autre auteur italien, Galeotto Caretto, publia en 1546 une seconde *Sophonisbe* qui ne fit pas oublier celle du Trissin (*La Sophonisba, Tragedia del magnifico Cavaliere et Poeta Messer Galeotto Carretto;* in Vinegia, appresso Gabriel Giolito de' Ferrari, 1546, in-8). La première *Sophonisbe* fut traduite en prose française par Mellin de Saint-Gelais, et représentée à Blois, devant le roi, en 1559. Gilles Corrozet en publia deux éditions anonymes sous ce titre singulier: *Sophonisba, Tragedie tres excellente, tant pour l'argument que pour le poly langage et graves sentences dont elle est ornée; representée et prononcée devant le Roy en sa ville de Bloys;* à Paris, chez Philippe Danfrie et Richard Breton, 1559, in-8; — à Paris, chez Richard Breton, 1560, in-8. Un peu plus tard, Claude Mermet en fit une nouvelle traduction en vers (*La Tragedie de Sophonisbe Reyne de Numidie, où se verra le desastre qui luy est advenu, pour avoir esté promise à un mary, et espousée par un autre; et comme elle a mieux aimé eslire la mort, que de se voir entre les mains de ses ennemis;* à Lyon, chez Léonard Odet, 1584, in-8). Corneille n'a pas connu les deux traductions que nous venons de mentionner, ou du moins il n'en a pas fait usage; il ne paraît pas non plus s'être servi de la *Mort courageuse de Sophonisba, par le Sieur de Reboul* (Lyon, Jacques Roussin, 1597, in-12), tandis qu'il a eu entre les mains les deux imitations suivantes: *Sophonisba, Tragedie, par Anthoine de Montchrestien, sieur de Vasteville;* à Caen, chez la veufve de Jacques le Bas, 1596, in-8 (reproduite sous le titre de: *la Carthaginoise, ou la Liberté,* dans les *Tragédies* du même auteur; à Rouen, chez Jean le Petit [1601], pet. in-8; — à Rouen, chez Jean Osmond, 1604, pet.

in-12; — à Niort, chez Porteau, 1606, pet. in-12; — à Rouen, chez Martin de la Motte, 1627, pet. in-8); *La Sophonisbe, Tragedie, par le Sieur du Mont-Sacré (Nicolas de Montreux), gentil-homme du Maine;* à Rouen, chez Raphaël du Petit-Val, 1601, pet. in-12.

La tragédie de Mairet est la première pièce française sur ce sujet qui eut un mérite sérieux et dont le succès fut durable. Elle fut représentée, à ce que l'on croit, en 1629, et imprimée quelques années après : *La Sophonisbe, Tragi-Comedie, dediée à M. le Garde des Sceaux;* à Paris, chez Pierre Rocolet, 1635, in-4. Dans cette pièce, antérieure non-seulement au *Cid,* mais à *Mélite* et à *Clitandre,* Mairet introduisit la règle de vingt-quatre heures, qui n'avait jamais été observée auparavant. La vogue de *Sophonisbe,* qui fit croire à Mairet qu'il pourrait jouer un rôle parmi les adversaires du *Cid,* se prolongea longtemps après le succès des chefs-d'œuvre de Corneille ; aussi se produisit-il dans le public un sentiment de vive curiosité quand on apprit que Corneille se proposait de traiter le même sujet. Cette concurrence inattendue jeta Mairet dans un violent chagrin ; on prétend même qu'il en fit une maladie. Corneille, qui s'était depuis longtemps réconcilié avec son ancien ennemi, ne manqua pas de protester de ses bonnes intentions ; il exagéra même l'éloge de son devancier : « Depuis trente ans que Monsieur Mairet a fait admirer « sa *Sophonisbe* sur nostre Théatre, dit-il dans la préface de sa « tragédie, elle y dure encore, et il ne faut point de marque plus « convaincante de son mérite, que cette durée, qu'on peut nommer « une ébauche, ou plûtost des arrhes de l'immortalité, qu'elle as-« seure à son illustre Autheur. Et certainement il faut avoüer « qu'elle a des endroits inimitables, et qu'il seroit dangereux de « retaster après luy. Le démeslé de Scipion avec Massinisse, et les « desespoirs de ce Prince sont de ce nombre : il est impossible de « penser rien de plus juste, et tres-difficile de l'exprimer plus heu-« reusement. L'un et l'autre sont de son invention, je n'y pouvois « toucher sans luy faire un larcin, et si j'avois été d'humeur à me « le permettre, le peu d'espérance de l'égaler me l'auroit défendu. « J'ay creu plus à propos de respecter sa gloire et ménager la « mienne, par une scrupuleuse exactitude à m'écarter de sa route, « pour ne laisser aucun lieu de dire, ny que je sois demeuré au « dessous de luy, ni que j'aye pretendu m'élever au dessus, puis-« qu'on ne peut faire aucune comparaison entre des choses, où l'on « ne voit aucune concurrence. » Corneille proteste donc qu'il a simplement voulu « faire autrement, sans ambition de faire mieux » ; il cite, pour se justifier, nombre de sujets qui ont été successivement traités par divers auteurs, tels que ceux de *Marianne,* de *Panthée,* de *Cléopatre,* etc.

La nouvelle *Sophonisbe* fut représentée à l'Hôtel de Bourgogne en janvier 1663. Malgré l'aigreur des critiques que l'abbé d'Aubignac dirigea contre Corneille, le succès paraît avoir répondu à l'attente du poëte. Loret le constate avec complaisance dans sa lettre du 20 janvier 1663 :

Quitons cette importante Afaire,
Que le temps nous rendra plus claire ;
Et parlons d'un célébre Autheur
Dont je suis grand admirateur.
　Cette Piéce de conséquence,
Qu'avec une extrême impatience
On atendoit de jour en jour,
Dans tout Paris et dans la Cour,
Piéce qui peut être apellée
Sophonisbe, renouvelée
Maintenant se joüe à l'Hôtel　　　　de Bourgogne.
Avec applaudissement tel,
Et si grand concours de personnes,
De hautes Dames, de Mignonnes,
D'esprits beaux en perfection,
Et de Gens de condition,
Que, de longtemps, Piéce nouvelle
Ne receut tant d'éloges qu'elle.
　Je ne m'embarasseray point
A déduire, de point en point,
Ses plus importantes matieres,
Ny ses plus brillantes lumieres :
Pour dignement les concevoir
Il faut les oüir et les voir ;
Je veux, pourtant, dans nôtre Histoire,
Prouver son mérite et sa gloire
Par un invincible argument,
Car en dizant, tant seulement,
Que cette Piéce nompareille
Est l'Ouvrage du grand Corneille,
C'est pousser sa louange à bout,
Et qui dit Corneille, dit tout.

Le succès dont nous entretient Loret fut de courte durée. Les adversaires de Corneille, à la tête desquels s'était placé l'abbé d'Aubignac, rabaissèrent sa *Sophonisbe* en exaltant celle de Mairet. Ces critiques, dont nous parlerons dans notre chapitre XIXe, furent réfutées par divers auteurs. Saint-Evremond, notamment, mit en relief, dans sa *Dissertation sur l'Alexandre de Racine,* les côtés de la pièce qui avaient déplu au public. Les beaux esprits de la cour reprochaient à Corneille ce qui était son principal mérite : l'exactitude des mœurs et des caractères ; ils savaient gré au contraire à Mairet de n'être sorti de son siècle que pour emprunter quelques noms à l'antiquité.

Le poëte fut très-sensible aux éloges de Saint-Evremond et lui écrivit une lettre de remerciment qui nous a été conservée : « Me « voulez-vous bien permettre d'ajoûter ici, disait Corneille en ter-« minant, que vous m'avez pris par mon foible, et que ma *Sopho-« nisbe,* pour qui vous montrez tant de tendresse, a la meilleure « part de la mienne ? Que vous flattez agréablement mes sentimens, « quand vous confirmez ce que j'ai avancé touchant la part que « l'Amour doit avoir dans les belles Tragédies, et la fidélité avec

« laquelle nous devons conserver à ces vieux Illustres les carac-
« teres de leur temps, de leur Nation et de leur humeur! » (*Œuvres diverses de Corneille*; Paris, 1738, in-12, pp. 221 sq.; Marty-
Laveaux, t. X⁰, p. 498.)

Un auteur qui, après avoir attaqué *Sophonisbe*, en devint le plus
ardent défenseur, Donneau de Visé, nous fournit, dans sa première
critique (*Nouvelles nouvelles;* à Paris, chez Gabriel Quinet, 1663,
in-12, 3ᵉ partie), des détails précis sur les acteurs qui remplirent
les principaux rôles de la pièce. *Montfleury* joua Syphax ; *Floridor*,
Massinisse; *La Fleur*, Lélius; M¹¹ᵉ *des Œillets*, Sophonisbe, et
M¹¹ᵉ *Beauchâteau*, Eryxe.

Le Registre de Lagrange ne mentionne aucune représentation de
Sophonisbe par la troupe de Molière. Les registres du Théâtre-
Français n'en citent que deux représentations entre 1680 et 1700. Il
ne serait même pas impossible qu'il ne s'agît ici de la tragédie de
Mairet.

Le sujet de *Sophonisbe* a été traité deux fois au XVIIIᵉ siècle, par
Lagrange-Chancel et par Voltaire. La pièce de Lagrange-Chancel
fut jouée quatre fois au mois de novembre 1716, mais elle n'a pas
été imprimée ; celle de Voltaire, représentée en 1764, a été publiée
sous un nom supposé.

Cette dernière pièce est entièrement tirée de Mairet, dont Voltaire
n'a voulu que rajeunir et que relever le style. Le succès en a été
médiocre.

Vendu : 60 fr., mar. r. anc., Chédeau, 1865 (n° 703).

83. SOPHONISBE, ‖ Tragedie. ‖ Par P. Corneille. ‖ *A Paris,
‖ Chez Guillaume de Luyne, Libraire ‖ Iuré, au Palais,
dans la Salle des Merciers, ‖ à la Iustice;* [ou *Chez Tho-
mas Iolly, au Palais, dans la petite Salle, aux Armes de
Hollande & à la Palme;* ou *Chez Louys Billaine, au second
Pilier de la grand' Sale du Palais, à la Palme & au grand
César.*] ‖ M. DC. LXIII. [1663]. ‖ Auec Priuilege du Roy.
In-12 de 6 ff., 80 pp., et 1 f. pour *l'Extrait du Privi-
lége*.

Collation des feuillets prélim. : titre; 9 pp. pour l'avis *Au Lecteur;*
1 p. pour les *Acteurs*.

Cette édition, dont M. Piot possède un exemplaire, a été probablement imprimée à Paris. L'extrait du privilége est le même que
celui dont nous avons parlé ci-dessus (n° 80) et contient les mêmes
mentions. La justification est, pour les feuillets préliminaires, de
119 mm. sur 63, et, pour le corps du texte, de 117 mm. sur 64.

XXVII

84. OTON ‖ Tragedie. ‖ Par P. Corneille. ‖ *A Paris,* ‖ *Chez Guillaume de Luyne, Libraire-Iuré,* ‖ *au Palais dans la Sale* [sic] *des Merciers* ‖ *à la Iustice;* [ou *Chez Thomas Iolly, au Palais dans la* ‖ *petite Sale des Merciers à la Palme & aux* ‖ *Armes d'Hollande;* ou *Chez Loüys Billaine, au second Pillier* ‖ *de la grand Sale du Palais, à la Palme* ‖ *& au grand Cesar*]. ‖ M. DC. LXV [1665]. ‖ Auec Privilege du Roy. In-12 de 2 ff., 78 pp. et 1 f.

84 bis. OTHON ‖ Tragedie. ‖ Par P. Corneille. ‖ *A Paris,* ‖ *Chez Guillaume de Luyne, Libraire Iuré, au* ‖ *Palais, en la Gallerie des Merciers, à la Iustice;* [ou *Chez Thomas Iolly, au Palais dans la* ‖ *petite Sale* [sic] *des Merciers, à la Palme & aux* ‖ *Armes d'Hollande;* ou *Chez Loüys Billaine, au second Pillier* ‖ *de la grand Sale du Palais, à la Palme* ‖ *& au grand Cesar*]. ‖ M. DC. LXV [1665]. ‖ Auec Priuilege du Roy. In-12 de 2 ff., 78 pp. et 1 f.

Collation des feuillets prélim. : titre ; 1 f. pour l'avis *Au Lecteur* et les *Acteurs.*

Le privilége, dont un extrait occupe le dernier feuillet, est daté du dernier d'octobre 1664 ; il est accordé pour sept ans *à Guillaume de Luyne,* qui déclare y associer *Thomas Jolly* et *Louis Billaine.*

L'achevé d'imprimer est du 3 février 1665.

Les deux titres que nous avons reproduits appartiennent à une seule et même édition. Les titres, qui portent la faute d'impression, *Oton* pour *Othon,* sont certainement antérieurs aux autres et doivent être plus rares. Nous en avons cependant trouvé dans plusieurs exemplaires : à l'Institut, à la bibliothèque Cousin, etc.

« Si mes amis ne me trompent, cette Piéce égale ou passe la
« meilleure des miennes, dit Corneille dans la préface qu'il a placée
« en tête de la tragédie d'*Othon*. Quantité de suffrages illustres et
« solides se sont déclarez pour elle, et si j'ose y meler le mien, je
« vous diray que vous y trouverez quelque justesse dans la con-
« duite, et un peu de bon sens dans le raisonnement. Quant aux

« Vers, on n'en a pas vu de moy que j'aye travaillez avec plus de
« soin. »

Nous savons en effet qu'*Othon* est une des pièces qui coûtèrent au poëte le plus de peine; on assure qu'il en refit trois fois le cinquième acte, et que cet acte lui « coûta douze cents vers ». (*Histoire du Théatre François*, tome IXe, p. 322, note *a*; notes manuscrites de Tralage à la Bibliothèque de l'Arsenal, citées par M. Taschereau : *Œuvres de Corneille*, t. Ier, p. xxvi, et par M. Marty-Laveaux, t. VIe, p. 567.) Le sujet de la pièce est tiré des Histoires de Tacite, mais Corneille a mis également à contribution Plutarque et Suétone dans leurs Vies de Galba et d'Othon.

M. Marty-Laveaux suppose que Corneille s'est inspiré d'une pièce italienne représentée en 1652. D'après le savant éditeur, cette pièce serait de Ghirardelli, auteur de la *Mort de Crispe*, citée par Corneille dans son *Discours de la Tragédie*; mais ce renseignement, emprunté à la *Biographie universelle*, paraît inexact. La seconde édition de la *Drammaturgia* d'Allacci (Venezia, 1755, in-4º) mentionne une tragédie d'*Othon* imprimée avant la pièce française (*Ottone, tragedia*; in Bologna, per Giacomo Monti, 1652, in-4º), mais elle l'attribue à Louis Manzoni, de Bologne, et non à Ghirardelli. D'ailleurs, si la notice donnée par la *Biographie universelle* est exacte, l'*Ottone* de Ghirardelli n'aurait jamais été imprimé, en sorte qu'il eût été bien difficile à Corneille de s'en inspirer. Nous croyons donc que notre poëte n'a pas puisé à d'autres sources que celles qu'il indique avec sa bonne foi ordinaire. C'est l'exacte peinture de la politique romaine qui fait l'intérêt de sa pièce, et ce sont ces mérites historiques qui lui ont valu un accueil bien plus favorable de la part des critiques modernes que de la part des critiques du XVIIe siècle.

Othon fut joué pour la première fois à Fontainebleau, le 3 août 1664, ainsi que le rapporte Loret dans sa lettre du 2 août :

> Ce qu'illec je sceus davantage,
> C'est qu'*Othon*, excélent Ouvrage,
> Que Corneille, plein d'un beau feu,
> A produit au jour depuis peu,
> De sa plume docte et dorée,
> Devoit, la suivante soirée,
> Ravir et charmer à son tour
> Le Légat et toute la Cour :   [Le légat Chigi]
> Je l'appris de son Autheur mesme ;
> Et j'ùs un déplaizir extresme
> Qui me fit bien des fois pester
> De ne pouvoir encor rester
> Pour voir, dudit Sieur de Corneille,
> La fraîche et derniére Merveille,
> Que je verray s'il plaît à Dieu,
> Quelque-jour en quelque autre lieu.

Dans la lettre du 8 novembre 1664, nous trouvons le compte rendu de la première représentation d'*Othon* à Paris :

> Il faut icy, donc, que j'avoüe
> Qu'à l'Hôtel de Bourgogne on joüe,
> Depuis un jour ou deux, dit-on,
> Un sujet que l'on nomme *Othon*,
> Sujet Romain, sujet sublime,
> Et digne d'éternelle estime.
> Jamais de plus hauts sentimens,
> Ny de plus rares ornemens,
> Piéce ne fut si bien pourvûe.
> Je ne l'ay point encore vûe,
> Et je ne suy que le raport
> Que m'en fit hier maint Esprit fort,
> Qui dit qu'elle est incomparable,
> Et que sa conduite admirable,
> Dans Fontainebleau, l'autre-jour,
> Charma tous les Grands de la Cour.
> Mais d'où luy naît cet avantage?
> Et d'où vient que de cét Ouvrage
> Tout le monde est admirateur?
> C'est que Corneille en est Autheur,
> Cét inimitable Génie;
> Et que l'illustre Compagnie,
> Ou Troupe Royale, autrement,
> Qui la récite excélemment,
> Luy donne toute l'éficace,
> Tout l'éclat et toute la grace
> Qu'on doit prétendre, en bonne foy,
> Des grands Comédiens du Roy.

Ainsi, Loret n'a vu lui-même aucune des deux représentations, et il ne juge la nouvelle tragédie que d'après ce que lui ont dit l'auteur et certain esprit fort de sa connaissance. Le public a-t-il apprécié *Othon* comme l'a fait le chroniqueur de cour? c'est ce qu'il est difficile de savoir.

Boileau, dit le *Bolœana* (1742, in-12, pp. 132 et 134) « n'étoit point du tout content de la tragédie d'*Othon* qui se passoit tout en raisonnement, et où il n'y avoit point d'action tragique »; mais cette opinion ne fut pas générale. S'il faut en croire les *Anecdotes dramatiques*, le maréchal de Gramont aurait dit, à l'occasion d'*Othon*, que Corneille devrait être le « Bréviaire des Rois » et M. de Louvois, « qu'il faudroit, pour juger cette pièce, un parterre composé de ministres d'État. » Ce qui est certain, c'est qu'*Othon* resta au répertoire. Voici, d'après le Manuscrit du Dauphin, comment il était interprété à l'époque de la mort de Corneille :

DAMOISELLES.

Camille :	*le Comte.*
Plautine :	*Chanmeslé.*
Albiane :	*Raisin.*
Flavie :	*Poisson.*

HOMMES.

Othon :	*Baron.*
Vinius :	*La Tuillerie.*
Martian :	*Dauvilliers.*
Lacus :	*le Comte,* ou *Dauvilliers.*
Galba :	*Chanmeslé.*
Albin :	*de Villiers.*

Les registres du Théâtre-Français dépouillés par M. Despois indiquent, de 1680 à 1700, 29 représentations à la ville et 6 à la Cour. *Othon* fut joué une fois encore avant 1715 ; il n'a pas été repris depuis lors.

Vendu : 53 fr., vél., Chédeau, 1865 (n° 704).

XXVIII

85. AGESILAS, ‖ Tragedie. ‖ En Vers libres rimez. ‖ Par P. Corneille. ‖ *A Roüen, Et se vend* ‖ *à Paris,* ‖ *Chez Thomas Iolly, au Palais dans la petite Salle des Merciers à la Palme & aux Armes d'Hollande;* [ou *Chez Guillaume de Luyne, Libraire* ‖ *Iuré, au Palais, en la Gallerie des* ‖ *Merciers, à la Iustice ;* ou *Chez Loüis Billaine, au Palais,* ‖ *au second Pilier de la grand'Salle, à la Palme, & au grand Cesar*]. ‖ M. DC. LXVI [1666]. ‖ Auec Priuilege du Roy. In-12 de 2 ff., 88 pp. et 2 ff., dont le dernier est blanc.

Collation des feuillets prélim. : titre avec un fleuron qui représente une corbeille de fleurs et de fruits ; 1 f. pour l'avis *Au Lecteur* et la liste des *Acteurs.*

L'extrait du privilége occupe le premier des 2 ff. non chiffrés de la fin. Il est accordé au sieur P. Corneille pour sept années, et le poëte déclare avoir cédé ses droits à *Thomas Jolly, Guillaume de Luyne et Louis Billaine.* Les frais de l'impression avaient été supportés par Corneille ; le fait est mentionné formellement après le privilége. L'achevé d'imprimer, placé au verso du privilége, est ainsi conçu : *Acheuée d'imprimer le 3. iour d'Avril 1666. par L. Maurry.*

Il existe des exemplaires de cette édition avec la date de 1667 et de 1668 (Bibliothèque Cousin). La nécessité où les libraires se virent de la rajeunir ainsi aux yeux du public suffirait pour prouver qu'elle n'était pas d'une vente facile.

En mettant sur le théâtre l'histoire du roi de Sparte Agésilas, Corneille crut pouvoir renouveler le succès de ses premières tragédies, grâce à une innovation qui dut paraître hardie. Il abandonna l'alexandrin uniforme, et n'employa que les vers libres mêlés. « La « manière dont je l'ay traitée, dit-il dans son avis *Au Lecteur,* n'a « point d'éxemple parmy nos François, ny dans ces précieux restes « de l'antiquité qui sont venus jusqu'à nous, et c'est ce qui me l'a « fait choisir. » L'espoir du poëte fut malheureusement déçu ; le public ne prit aucun goût à la nouveauté. L'épigramme de Boileau est trop connue pour que nous la reproduisions ici ; ce « bon mot de deux rimes orné » exprimait sans doute le sentiment du parterre. Robinet, dans sa *Lettre en vers à Madame,* du 6 mars 1666, fit pourtant l'éloge d'*Agésilas.* Après avoir rappelé que la mort de la reine Anne d'Autriche empêchait les mascarades du carnaval, il continuait en ces termes :

> Mais vous avez pour supplement
> Le noble divertissement
> Que vous donnent les doctes veilles
> De l'aisné des braves Corneilles :
> Son charmant *Agesilaüs.*
> Où sa Veine coule d'un flus
> Qui fait admirer à son age
> Ce grand et rare personnage.

La première représentation avait dû avoir lieu à l'hôtel de Bourgogne, dans le cours du mois précédent, c'est-à-dire en février. Le deuil de la cour hâta l'abandon d'*Agésilas,* qui n'a jamais été repris depuis. Nous ne possédons, ni sur les représentations, ni sur la pièce elle-même, aucune critique contemporaine ; Corneille, qui souvent nous fournit dans ses préfaces des renseignements à ce sujet, n'en donne aucun dans l'avis *Au Lecteur* que nous avons déjà cité.

Vendu : 37 fr., v. br., exempl. raccommodé, Chédeau, 1865 (n° 705) ; — 50 fr., v. f. (*Simier*), Huillard, 1870 (n° 598) ; — 155 fr., mar. r. (*Chambolle-Duru*), Potier, 1870 (n° 1235).

XXIX

86. ATTILA ‖ ROY ‖ DES HVNS, ‖ Tragedie. ‖ Par T. [ou P.] Corneille. ‖ *A Paris,* ‖ *Chez Guillaume de Luyne, Libraire Iuré,* ‖ *au Palais, dans la Salle des Merciers, sous* ‖ *la montée de la Cour des Aydes,* ‖ *à la Iustice ;* [ou *Chez Thomas Iolly, au Palais,* ‖ *dans la Salle des Merciers, à la Palme,* ‖ *& aux Armes de Hollande;* ou *Chez Loüis Billaine, au Palais, au second pillier de la grand' Salle, à la Palme, & au grand Cesar*]. ‖ M. DC. LXVIII [1668]. ‖ Avec Privilege du Roy. In-12 de 4 ff., 78 pp. et 1 f. blanc.

Collation des feuillets prélim. : 1 f. blanc; 1 f. de titre; 2 ff. pour l'avis *Au Lecteur* et la liste des *Acteurs*. La faute d'impression *T. Corneille* pour *P. Corneille* ne se trouve que sur le titre d'un petit nombre d'exemplaires.

Le privilège, dont un extrait est placé à la p. 78, au-dessous de 9 lignes de texte, est daté du 25 novembre 1666; il est accordé pour cinq ans à *Guillaume de Luyne,* qui déclare y associer *Thomas Jolly* et *Louis Billaine.* L'achevé d'imprimer est du 20 novembre 1667.

Les critiques modernes ont vengé Corneille des injustes attaques de Boileau : « Après l'*Attila,* Holà ! » Boileau, qui n'entendait rien à l'histoire, qui confondait les Visigoths et les Huns, ne voyait dans la pièce de Corneille que des personnages grotesques ; nous y voyons au contraire une peinture historique des plus parfaites et des plus saisissantes. Ce qui nous parait fade aujourd'hui, ce sont les scènes d'amour introduites par Corneille par déférence pour le goût de son siècle, mais le personnage même d'*Attila* est à nos yeux d'une grande beauté. Le caractère de ce barbare est rendu avec une vérité frappante, et les historiens ont même reconnu que le poëte, par une sorte d'intuition qui n'appartient qu'au génie, avait, sur certains points, devancé les découvertes de l'histoire.

Attila fut représenté par la troupe de Molière, et le Registre de Lagrange nous fournit à cette occasion les renseignements les plus précieux. On y lit, à la date du vendredi 4 mars 1667 : « *Attila :* Piece nouvelle de M. de Corneille l'aisné, pour laquelle on luy donna 2,000 livres, prix faict. » Il est curieux de noter ce que rapportèrent les dix premières représentations :

Vendredy,	4ᵉ Mars	1.027 livres.
Dimanche,	6ᵉ Mars	527 —
Mardy,	8ᵉ Mars	604 —
Vendredy,	11ᵉ Mars	811 —
Dimanche,	13ᵉ Mars	589 — 10 s.
Mardy,	15ᵉ Mars	223 —
Vendredy,	18ᵉ Mars	273 —
Dimanche,	20ᵉ Mars (avec *le Medecin malgré luy*)...	602 —
Mardy,	22ᵉ Mars (id.)......	424 —
Dimanche,	27ᵉ Mars (id.)......	684 —

Ce tableau est plus instructif que tous les articles de la *Gazette*; il nous montre que le nom de Corneille était encore assez puissant pour attirer une grande foule à la première représentation, mais que ses pièces n'avaient plus une vogue bien durable. Cependant Robinet (*Lettre en vers à Madame*, du 13 mars 1667) dit, en parlant d'*Attila* :

Cette derniére des Merveilles
De l'Aîné des fameux Corneilles,
Est un Poëme sérieux,
Où cet Autheur si glorieux,
Avecque son Stile énergique,
Des plus propres pour le Tragique,
Nous peint, en peignant Attila,
Tout à fait bien, ce Régne-là ;
Et de telle façon s'explique
En matiére de Politique,
Qu'il semble avoir, en bonne foy,
Eté grand Ministre ou grand Roy.
Tel, enfin, est ce rare Ouvrage,
Qu'il ne se sent point de son âge,
Et que d'un Roy des plus mal nais [*sic*],
D'un Héros qui saigne du nez,
Il a fait, malgré les Critiques,
Le plus beau de ses Dramatiques.
  Mais on peut dire, aussi, cela
Qu'apres luy, le même *Attila,*
Est, par le sieur La Torilliére,
Reprézenté d'une maniére,
Qu'il donne l'Ame à ce Tableau
Qu'en a fait son parlant Pinceau.
  Toute la Compagnie, au reste,   La Troupe du Roy,
Ses beaux Talens y manifeste ;   au Palais Royal,
Et chacun selon son Employ,
Se montre digne d'être au Roy.
Bref, les Acteurs et les Actrices
De plus d'un Sens, font les Délices,
Par leurs Attrais, et leurs Habits
Qui ne sont pas d'un petit prix :
Et mêmes, une Confidente   Mˡˡᵉ Moliere.
N'y parêt pas la moins charmante,

Et maint (le cas est évident)
Voudroit en être Confident.
Sur cet Avis, qui vaut l'Affiche,
Voyez demain, si je vous triche,
Aussi-tôt que vous aurez lû,
De ma Lettre, le Residu.

Ainsi *La Thorillière* jouait Attila et *Mlle Molière* Flavie. On peut supposer que le rôle d'Honorie fut tenu primitivement par *Mlle du Parc*, qui se sépara de la troupe de Molière après la 11e représentation et passa à l'Hôtel de Bourgogne pour y jouer l'*Andromaque* de Racine. Les représentations de la pièce de Corneille, interrompues par les fêtes de Pâques et peut-être aussi par le départ de *Mlle du Parc*, reprirent le dimanche 15 mai et se poursuivirent sans interruption jusqu'à la fin de juin. Il y en eut trois autres au mois d'octobre de la même année et une le 29 avril 1668, soit en tout 30 représentations, ce qui, au milieu du XVIIe siècle, était certainement un chiffre très-honorable pour une tragédie.

De 1680 à 1700, M. Despois a relevé, sur les registres du Théâtre-Français, 12 représentations d'*Attila* données à la ville et 3 à la cour. Depuis lors, la pièce que Boileau avait condamnée n'a pas été remise à la scène, mais peut-être assisterons-nous bientôt à une reprise qui sera pour la plupart des spectateurs une révélation. Un excellent artiste, qui est en même temps un homme de lettres et un érudit, M. Got, de la Comédie-Française, a, nous assure-t-on, la pensée de jouer *Attila*. Nul doute qu'il ne sache donner à ce rôle son véritable caractère.

Vendu : 120 fr., vél., Chédeau, 1865 (n° 706).

XXX

87. Tite ‖ et ‖ Berenice. ‖ Comedie heroïque. ‖ Par P. Corneille. ‖ *A Paris,* ‖ *Chez Thomas Jolly, au Palais, dans la petite Salle, à la Palme & aux Armes de Hollande;* [ou *Chez Guillaume de Luyne Libraire* ‖ *Juré, au Palais, dans la Gallerie* ‖ *des Merciers, à la Justice;* ou *Chez Loüis Billaine, au Palais, au second* ‖ *pillier de la grand'Salle, à la Palme,* ‖ *& au grand César.* ‖ M. DC. LXXI [1671]. ‖ Avec Privilege du Roy. In-12 de 4 ff. et 76 pp.

Collation des feuillets prélim. : titre; 1 f. pour les extraits des auteurs; 3 pp. pour le *Privilége*; 1 p. pour la liste des *Acteurs*.

La page 76 et dernière est chiffrée par erreur 44.

Le privilége, daté du dernier jour de décembre 1670, est accordé pour neuf ans à Pierre Corneille; il offre cette particularité remarquable qu'il lui est donné non-seulement pour *Tite et Bérénice*, mais encore pour une « traduction en vers François de la *Thebaïde* de Stace ». On lit à la fin que « ledit sieur Corneille a cedé son droit de Privilege à *Thomas Jolly, Guillaume de Luynes*, et *Louis Billaine*, pour la comedie de *Tite et Berenice* seulement, suivant l'accord fait entre eux. »

L'achevé d'imprimer est du 3 février 1671.

Du Ryer fit représenter, en 1645, une tragédie en prose intitulée *Bérénice*, qui fut mise en vers douze ans plus tard par Thomas Corneille. Cette pièce n'a point de rapport avec *Tite et Bérénice*. Voici la courte analyse qu'en ont donnée les frères Parfaict : « Criton, pour se soustraire à la cruauté de Phalaris, tyran d'Agrigente, se retire dans l'Isle de Créte, avec sa fille Bérénice. Le Roy de Créte, et Tarsis, fils de ce Roy, deviennent amoureux de Bérénice, qui est reconnue pour fille du Roy de Créte, et Tarsis, pour le fils de Criton. Le Roy consent au mariage de sa fille, avec Tarsis : c'est ce qui termine la Piece, qui est assez passable. » (*Histoire du Théatre François*, t. VIe, p. 384.)

Les biographes de Corneille et de Racine nous ont raconté tour à tour comment Henriette d'Angleterre fit secrètement inviter les deux poëtes à traiter un sujet qui devait lui rappeler les amours de Louis XIV et de Marie Mancini, et les sentiments qu'elle avait elle-même inspirés au roi son beau-frère. Les détails relatifs à ce « duel », dont le marquis de Dangeau fut le confident, ont été recueillis par M. Marty-Laveaux et M. Mesnard, et nous n'avons qu'à renvoyer à leurs excellentes éditions (*Œuvres de Corneille*, t. VIIe, pp. 185-196; *Œuvres de Racine*, t. IIe, pp. 343-362).

La pièce de Racine fut jouée le 21 novembre 1670; celle de Corneille ne le fut que huit jours après. La première fut représentée à l'Hôtel de Bourgogne; la seconde fut interprétée par la troupe de Molière. A la date du vendredi 28 novembre, on lit dans le Registre de Lagrange : « *Berenice*. Piece nouvelle de M. de Corneille l'aisné, dont on luy a payé 2000 livres. » Le public, désireux de comparer les deux ouvrages, accourut en foule à la première représentation. Les comédiens encaissèrent 1913 livres; c'est peut-être la somme la plus élevée qu'aucune soirée leur ait jamais rapportée. Le dimanche 30 novembre, la recette fut encore de 1669 livres; le mardi 2 décembre, de 935 livres, et le vendredi 12, de 1080 livres. C'était là, pour le moins, un succès de curiosité. La troupe de Molière donna de suite, pendant l'hiver de 1670-1671, 21 représentations de *Tite et Bérénice*.

La gazette rimée de Robinet nous révèle un fait curieux, qui n'a pas encore été signalé. Monsieur, veuf depuis le 30 juin 1670, eut la curiosité d'entendre, avant la représentation, la pièce de Corneille, dont l'origine lui était certainement connue. Corneille en fit la lecture chez lui le lundi 16 novembre. Voici en quels termes Robinet nous raconte cet incident dans sa *Lettre en vers à Monsieur*, du 22 novembre 1670 :

> Grand Prince, je fais conscience,
> De vous demander audience
> Des Façons de mon Impromptu
> Sans Flâme, Brillant, ny Vertu
> Lorsqu'encor, vous avez l'oreille
> Pleine des beaux Vers de Corneille,
> De ces vers entousiasmans
> Elevez, pompeux, et charmans,
> Dont, dimanche, il vous fit lecture :
> Où je fus, par bonne Avanture,
> Du nombre des maints Auditeurs
> Qui furent ses admirateurs
> Avec Vôtre Altesse Royale,
> Qui goûta ce charmant Régale,
> Mieux qu'on ne goûte, dans les Cieux,
> Le ravissant Nectar des Dieux.
> Tous mes discours vous seroient fades
> Aux prix de ces rares Tirades,
> Dont, à tous coups, à tous instans,
> Il enlevoit les ecoutans,
> Au prix, dis-je, de ces Saillies,
> De son plus beau feu, rejaillies,
> De ses rapides mouvemens,
> De ses fins et grands Sentimens,
> Et, bref, de tous ces traits de maître,
> Qu'il a fait, dimanche, paraître,
> Dans son Poëme merveilleux
> Et je dirois miraculeux,
> Pour qui, sans fin, se recrierent
> Les delicats qui l'écouterent,
> Disant, dans leur étonnement,
> Ou leur juste ravissement,
> C'est Corneille, le grand Corneille, etc.

Dans cette même lettre, Robinet fait figurer l'annonce de la prochaine représentation parmi les nouvelles importantes :

> La premiere en forme d'avis,
> Dont maints et maints seront ravis,
> Est que ce Poëme de Corneille
> La *Berenice* non pareille,
> Se donnera pour le certain,
> Le Jour de Vendredy prochain,
> Sur le Théatre de Molière.

Huit jours après, Robinet nous raconte qu'il n'a pu voir jouer *Bérénice*, n'ayant pu « sortir par la porte, pour une raison assez forte »; mais le 20 décembre suivant, il nous en donne un compte rendu complet :

> La *Bérénice* de Corneille,
> Qu'on peut, sans qu'on s'en émerveille,

Dire un vrai-Chef-d'œuvre de l'Art,
Sans aucun Mais, ni Si, ni Car,
Est fort suivie, et fort louée,
Et, même, à merveille, jouée,
Par la digne Troupe du Roy,
Sur son Théatre, en noble arroy.
Mademoiselle de Molière,
Des mieux, soûtient le Caractére
De cette Reyne, dont le cœur
Témoigne un Amour plein d'honneur.
Cette autre admirable Chrêtienne,
Cette rare Comédienne,
Mademoiselle de Beauval,
Sçavante dans l'Art Théatral,
Fait bien la fiére Domitie :
Et *Mademoiselle de Brie*
Qui tout joue agréablement,
Comme judicieusement,
Y pare grandement la Scéne,
Parlant avec cette Romaine,
Qui l'entretient confidamment
Dessus l'incommode Tourment
Que lui cause au fonds de son Ame
Son Ambition, et sa Flâme.
La Torilliere fait Titus,
Empereur orné de Vertus,
Et remplit, dessus ma parole,
Dignement, cet auguste Rôle.
  De mesme, le jeune *Baron*
Héritier, ainsi que du Nom,
De tous les charmes de sa Mére,
Et des beaux Talens qu'eut son Pére,
Y représente, en son air doux,
Domitian, au gré de tous,
Dans l'amour tendre autant qu'extrême,
Dont ladite Romaine, il aime.
  Enfin, leurs Confidans, aussi,   les Srs Hubert du Croisi,
Dont à côté les Noms voici,   et La Grange.
Y fait tres-bien leur Personnage,
Et dans un brillant Equipage,
Ainsi que tous, pareillement,
Dont l'on ne doute nulement,
Font dans le *Bourgeois Gentil-homme,*
Où *La Grange,* en fort galant Homme,
Fait le Rôle qui lui sied mieux,
Sçavoir celui d'un Amoureux.
Ayant vû l'une, et l'autre Piéce,
Avec extase, avec liesse,
J'en puis, ceci, mettre en avant,
Et j'en parle comme un sçavant.

    La *Gazette* mentionne une représentation de *Tite et Bérénice* don
née à Vincennes, devant le roi, le 24 janvier suivant.
    Malgré les témoignages d'estime que nous venons de rapporter,

Corneille ne fut pas satisfait du succès de sa pièce. Il sentait que le public préférait celle de Racine, et, pour se consoler, il s'en prit aux interprètes de son œuvre. Ce sentiment se montra clairement, six ans après, dans le remercîment qu'il adressa au roi. En le remerciant d'avoir fait reprendre ses premières tragédies, il le priait de faire jouer aussi les dernières :

> *Agésilas* en foule auroit des spectateurs
> Et *Bérénice* enfin trouverait des acteurs.

On peut conclure de ce passage que la troupe de Molière ne s'était pas distinguée dans *Tite et Bérénice* autant que le disait Robinet. Elle remit cependant l'ouvrage de Corneille à la scène le 20 septembre 1678, et le joua neuf fois de 1678 à 1680.

Le tableau dressé par M. Despois ne mentionne aucune représentation de *Tite et Bérénice*; il n'est pas impossible, cependant, que cette pièce ait été donnée quelquefois par la Comédie-Française, à la fin du xviie siècle; mais, comme elle portait dans l'usage le simple titre de *Bérénice*, elle aura pu être confondue avec la tragédie de Racine.

Vendu : 20 fr. br., Chédeau, 1865 (n° 707),

88. TITE || ET || BERENICE. || Comedie heroique. || Par P. Corneille. || *A Paris,* || *Chez Guillaume de Luyne,* || *Libraire Juré, au Palais, dans la Gallerie* || *des Merciers, à la Justice;* [ou *Chez Jean Guignard, dans la grand' Salle du Palais, à l'Image S. Jean;* ou *Chez Estienne Loyson,* || *à l'entrée de la Galerie des Prisonniers,* || *au Nom de Jésus;* ou *Chez Pierre Traboüillet,* || *dans la grand' Salle du Palais au Pilier des* || *Consultations, au Sacrifice d'Abel*]. || M. DC. LXXIX [1679]. || Avec Privilege du Roy. In-12 de 4 ff. et 76 pp.

Collation des feuillets prélim. : titre; 1 f. pour les extraits des auteurs; 2 ff. pour le *Privilége* et la liste des *Acteurs*.

Le privilége, daté du 17 avril 1679, est accordé pour dix ans à G. *de Luyne*, qui déclare y associer *J. Guignard, E. Loyson* et *P. Trabouillet*, « pour en jouir conjointement avec luy, suivant les parts et portions qu'ils ont en la présente comedie seulement. » C'est en vertu du même privilége que *G. de Luyne* publia, en 1682, le *Théâtre* de Corneille, mais il n'y associa cette fois que *Loyson* et *Trabouillet*.

Vendu : 5 fr. cart., Chédeau, 1865 (n° 708); — 15 fr., exempl. à relier, Catalogue Lefebvre (de Bordeaux), 1875 (n° 70).

XXXI

89. PULCHERIE || Comedie || heroïque. || *A Paris,* || *Chez Guillaume de Luyne, Libraire* || *Juré, au Palais, dans la Salle des Merciers, sous* || *la montée de la Cour des Aydes,* || *à la Justice.* || M. DC. LXXIII [1673]. || Avec Privilege du Roy. In-12 de 4 ff. et 72 pp.

Collation des feuillets prélim. : titre, avec la marque de *G. de Luyne* représentant la Justice; 3 pp. pour l'avis *Au Lecteur;* 2 pp. pour le *Privilége;* 1 p. pour la liste des *Acteurs.*

Le privilége, daté du 30 décembre 1672, est accordé à *Guillaume de Luyne,* pour une durée de cinq années. L'achevé d'imprimer est du 20 janvier 1673.

L'idée de composer une pièce dont la sœur de l'empereur Théodose fût l'héroïne dut venir à Corneille alors qu'il écrivait *Attila.* Il mit dans la bouche du roi des Ostrogoths, Valamir, un éloge de cette princesse, qui prouve bien que le caractère de cette femme, énergique autant que vertueuse, l'avait vivement frappé. Le poëme auquel Pulchérie donna son nom fut achevé longtemps avant la représentation. Mᵐᵉ de Sévigné, dans ses lettres du 15 janvier et du 9 mars 1672, parle de lectures faites par Corneille chez M. de la Rochefoucauld et chez le cardinal de Retz.

Ces lectures, auxquelles Donneau de Visé fait allusion dans le *Mercure galant* du 19 mars, produisirent un effet des plus favorables. Le poëte avait eu le rare bonheur de trouver des auditeurs à qui les situations de *Pulchérie* devaient naturellement plaire; il ne recueillit que des approbations. Huit mois s'écoulèrent cependant avant que le nouvel ouvrage se produisît en public; ce ne fut que le vendredi 15 novembre 1672 qu'il fut représenté. Robinet nous dit, le lendemain, dans une *Lettre en vers* qui n'a pas encore été citée, qu'on a joué au Marais

> Hier, certaine *Pulchérie*
> En Beautez, dit-on, fort fleurie.

Après certaines équivoques du goût le plus douteux, Robinet ajoute :

> Cette charmante *Pulchérie*
> Est une belle Comédie
> Qu'on joua, pour le premier coup,
> Et qui plût, m'a-t'on dit, beaucoup.

> Or point je ne m'en émerveille,
> Car elle est de l'Aîné Corneille,
> Et c'est à dire de celui,
> De qui tout Autheur d'aujourd'hui,
> Doit, certe, le Théatre apprendre,
> S'il veut, au Métier, se bien prendre.
>
> En ce Dramatique nouveau,
> Sorti de son sçavant Cerveau,
> On m'a dit, aussi, que la Troupe
> Sembloit avoir le Vent en poupe,
> Et qu'enfin, il n'y manquoit rien,
> Ce qu'encore je croi trés-bien,
> Mais c'est tout ce que j'en puis dire,
> Attendant que, pour en écrire,
> Et plus asseurement, et mieux,
> De mes Oreilles, et mes Yeux,
> Je puisse avoir le Témoignage,
> Que j'aime, toûjours, davantage.

Robinet ne manqua pas, en effet, d'aller au théâtre du Marais. Sa *Lettre en vers* du 17 décembre contient un compte-rendu complet de la représentation :

> J'ai trouvé toutes les beautez
> Que l'on en dit de tous côtez :
> Et cette belle *Pulchérie*,
> A part, ici, la Flaterie,
> M'en fit mêmes, voir, encor, plus.
> Par où je connus que Phœbus
> Conserve, dans le grand Corneille,
> La même vigueur nompareille,
> Et tout le beau Feu qu'on lui veid
> Dans son tendre et [tres] fameux *Cid;*
> Et qu'il a, depuis, fait paraître
> En tous ses Ouvrages de Maître,
> Par lesquels, jusques aujourd'hui
> Il tire l'Echelle après lui.
> O que ladite *Pulchérie*
> Est, par tout, brillante, et fleurie,
> Et qu'en ce Sujet, bien écrit,
> On void de ces beaux trais d'Esprit,
> Particuliers à ce Corneille,
> Dont je dirai, toûjours, merveille,
> Tant je suis épris justement
> De son Cothurne si charmant !

Voici maintenant les noms des acteurs, que M. Marty-Laveaux n'avait pas retrouvés :

> Primò, l'agréable *Dupin*,
> Dont le Corsage est si poupin,
> Et si chargé de Pierrerie,
> Y fait fort bien, la Pulchérie.

Mademoiselle *Desurlis,*
L'un des Objets *les* plus accomplis,
Que l'Amour, nôtre commun Sire,
Fasse briller dans son Empire,
Y joue un grand Rôle, et des mieux,
Avec son Air majestueux.

Item, Mad'moiselle *Marote,*
Que pour bonne Actrice, l'on note,
D'une Justine, y fait, aussi,
Le Rôle, non coussi, coussi.

Léon, Amant de Pulchérie,
Qui n'est pas assez attendrie,
Pour lui présenter la Main, quand
Il ne quadre pas à son Rang,
Par *Douvilliers,* se représente,
D'une façon, certe, excellente,
Et montre, ne manquant en rien,
Qu'il est un bon Comédien.

Martian qui, par Pulchérie,
Sent, encor, d'Amour, la furie,
Mais qu'il reprime comme il faut,
Ainsi que je l'ay dit plus haut,
Ce Vieillard, que, par politique,
Cette Princesse qui s'en pique,
Choisit, pour son Epous de Nom,
En donnant sa Fille, à Léon,
Est désigné fort bien encore
Par *Verneuil,* je m'en remémore :
Et le sieur *Désurlis,* enfin
D'un Rôle politique et fin,
Trés-méritoirement, s'acquite.
Voila, donc, la Piéce décrite
Tant bien que mal, de bout, en bout :
Mais qui voudra mieux sçavoir tout,
Aille la voir dessus la Scène,
Elle en vaut, ma foy, bien la peine.

Corneille, nous l'avons rappelé à propos de *Sertorius* (n° 80), avait pour M*lle Marotte,* qui remplissait le rôle de *Pulchérie,* une estime particulière, mais cette actrice et le théâtre du Marais en général n'étaient pas en grande faveur auprès du public. « Je me « contenteray de vous dire, ajoute le poëte, à la fin de son avis *Au* « *Lecteur,* que bien que cette Piéce aye été réléguée dans un lieu, « où l'on ne vouloit plus se souvenir qu'il y eust un Théâtre, bien « qu'elle ait passé par des bouches pour qui on n'étoit prévenu d'au- « cune estime, bien que ses principaux caractéres soient contre le « goust du temps, elle n'a pas laissé de peupler le Desert, de mettre « en crédit des Acteurs dont on ne connoissoit pas le mérite, et « de faire voir qu'on n'a pas toujours besoin de s'assujettir aux « entestemens du Siécle pour se faire écouter sur la Scene. »
Le succès dont parle Robinet et dont Corneille lui-même se féli-

cite ne fut pourtant pas très-vif. Le 24 février 1673, Mme de Coulanges écrit à Mme de Sévigné que « *Pulchérie* n'a point réussi ». La pièce fut abandonnée par les acteurs qu'elle avait mis en crédit et n'a jamais été représentée après la mort de l'auteur.

Vendu : 50 fr., cart., Potier, 1870 (n° 1236).

XXXII

90. SURENA || GENERAL || DES PARTHES, ||. Tragedie. || *A Paris,* || *Chez Guillaume de Luyne, Libraire* || *Juré, au Palais en la Salle des Merciers,* || *sous la montée de la Cour des* || *Aydes, à la Justice.* || M. DC. LXXV [1675]. || Avec Privilege du Roy. In-12 de 2 ff. et 72 pp.

Collation des feuillets prélim. : titre, au verso duquel se trouve l'*Extrait du Privilége;* 1 f. pour l'avis *Au Lecteur* et les *Acteurs.*

Par le privilége, daté du 6 décembre 1674, il est permis à *Guillaume de Luyne* « d'imprimer, ou faire imprimer, vendre et débiter, durant cinq années entières et accomplies une pièce de Théatre intitulée : *Suréna, General des Parthes, Tragédie,* composée par le sieur de Corneille. » L'achevé d'imprimer est du 2 janvier 1675.

Nous ne savons rien de cette dernière pièce de Corneille qui dut être jouée en novembre 1674. Corneille en avait emprunté le sujet à Plutarque, en ajoutant au récit de l'historien divers personnages et divers incidents imaginaires. On ne peut mettre en doute l'insuccès de *Suréna,* bien que nous ne possédions pas les lettres dans lesquelles Robinet devait donner des détails sur la représentation. La pièce tomba sans bruit; Corneille, accablé déjà par la mort de son second fils, sentit avec désespoir qu'il avait perdu la vigueur de la jeunesse. Il se tint désormais éloigné du théâtre, plein d'une sombre tristesse. Il souffrait surtout de la décadence de son génie, et nous retrouvons ce sentiment dans tout ce qu'il écrivit jusqu'à sa mort. Par surcroît de malheur, le Roi suspendit ses libéralités, et l'auteur du *Cid* fut plongé dans la misère. Aucune histoire ne fait une plus douloureuse impression que celle des dernières années de Corneille.

La bibliothèque Cousin possède un exemplaire de *Suréna,* relié en maroquin rouge aux armes de Colbert. Ne serait-ce pas un exemplaire de dédicace envoyé par l'auteur au premier ministre, avant qu'il lui écrivît la lettre déchirante dans laquelle il sollicita son intervention auprès du Roi (Marty-Laveaux, t. X^e, pp. 501 sq.)?

II. PIÈCES DE THÉATRE ÉCRITES PAR DIVERS AUTEURS

AVEC LA COLLABORATION DE CORNEILLE.

I

91. La'|| Comedie || des || Tvileries. || Par les cinq Autheurs. || *A Paris,* || *Chez Augustin Courbé, Imprimeur,* & || *Libraire de Monseigneur Frere du Roy, dans la* || *petite Salle du Palais, à la Palme.* || M. DC. XXXVIII [1638]. || Auec Priuilege du Roy. In-4 de 10 ff. et 140 pp.

Collation des feuillets prélim. : titre avec la marque de *Courbé*; 2 ff. pour l'épitre « A Monseigneur le Chevalier d'Igby, » signée *J. Baudoin*; 3 pp. pour l'avis *Au Lecteur*; 2 pp. pour le *Privilége*; 1 p. pour les *Acteurs*; 4 ff. pour *Les Tuilleries, Monologue.*

Le privilége, accordé pour sept ans à *Courbé*, est daté du 28 mai 1638; l'achevé d'imprimer est du 19 juin de la même année.

La *Comédie des Tuileries* est l'œuvre collective des cinq auteurs que Richelieu avait entrepris de faire travailler sous sa direction : Boisrobert, Colletet, Corneille, L'Estoile et Rotrou. Pellisson (*Histoire de l'Academie Françoise*, Paris, 1653, in-8, p. 181) nous a donné quelques détails curieux sur cette collaboration à laquelle Richelieu avait recours pour achever une comédie en un mois. C'est par lui que nous connaissons la fameuse anecdote des cinquante pistoles données par le cardinal à Colletet pour les vers sur le canard, qui figurent dans le *Monologue des Tuileries*. Les cinq auteurs se répartirent les actes de la pièce dont Richelieu avait fait le plan. D'après une tradition très-probable, recueillie par Voltaire, le troisième acte de la tragédie serait échu à Corneille; on y trouve en effet plusieurs passages qui rappellent sa manière.

Nous connaissons la date exacte de la représentation des *Tuileries*. La *Gazette* du 10 mars 1635 nous apprend que cette comédie avait été jouée devant la Reine le 4 mars précédent. Le numéro du 21 avril parle d'une autre représentation donnée pour le duc d'Orléans cinq jours auparavant.

L'auteur de la dédicace au chevalier d'Igby est J. Baudoin, académicien qui se fit un nom en signant les ouvrages des autres. Baudoin, qui présenta de même au public l'*Aveugle de Smyrne*, écrivit l'avis *Au Lecteur*, dans lequel on trouve un long éloge de la pièce : « Vous sçavez, y est-il dit, avec quelle magnificence elle a esté representée à la Cour, et que ceux qui l'ont veuë en ont tous admiré la conduitte, et les decorations de Theatre.... Vous sçaurez au reste qu'elle a esté faite par cinq différens Autheurs, qui pour n'être pas nommez, ne laissent pas toutesfois d'avoir beaucoup de Nom ; et les Ouvrages desquels sont assez connus d'ailleurs, pour vous faire advouer le merite de celuy-cy. »

Vendu : 30 fr., v. m., Huillard, 1870 (n° 599).

92. La || Comedie || des || Tvileries. || *S. l. n. d.* [*A Paris, Chez Augustin Courbé*, 1638], pet. in-12 de 7 ff. et 100 pp.

Collation des feuillets prélim. : frontispice gravé ; 2 ff. pour la dédicace ; 4 ff. pour l'avis *Au Lecteur*, le *Privilége* et les *Acteurs*.

Le frontispice gravé, qui tient lieu de titre, représente une femme assise dans une allée des Tuileries et qui joue de la guitare ; près d'elle se tient un gentilhomme en costume du temps. Au-dessus des deux personnages se trouve le titre reproduit ci-dessus ; en bas, dans l'angle de gauche, le nom du graveur *Daret*.

Le premier feuillet de texte est signé par erreur $\bar{e}iij$, au lieu de $\bar{e}iiij$; il appartient au même cahier que les trois ff. précédents.

Le privilége et l'achevé d'imprimer sont les mêmes que dans l'impression en grand format.

Cette édition, à laquelle l'édition in-12 du *Cid* (n° 10) a servi de modèle, est d'un format très-petit (la justification varie entre 90 et 95 millim. en hauteur, sur 49 en largeur) ; elle est remarquablement imprimée. On dit que la composition fut faite avec des caractères d'argent qui servirent, en 1656, à l'impression de la Bible de Richelieu, mais cette tradition paraît pour le moins fort douteuse.

Nous donnons à cette édition la date de 1638, à cause de l'analogie qu'elle présente avec la petite édition du *Cid*, que nous avons rapportée à l'année 1637 (n° 10), et parce qu'il nous paraît probable qu'elle a dû être exécutée en même temps que l'édition in-4. M. Brunet (*Manuel du Libraire*, 5° édition, t. II°, col. 71) lui donne la date de 1648, mais il reproduit évidemment une faute d'impression qui se trouve dans le catalogue Soleinne (n° 1129).

Vendu : 70 fr., mar. citr. (*Trautz-Bauzonnet*), Cat. Potier, 1859 ; — 100 fr., même exemplaire, Chédeau, 1865 (n° 714).

II.

93. L'Aveugle ∥ de ∥ Smyrne. ∥ Tragi-Comedie. ∥ Par les Cinq Autheurs. ∥ *Chez Augustin Courbé, Imprimeur & ∥ Libraire de Monseigneur Frere du Roy, dans la ∥ petite Salle du Palais, à la Palme.* ∥ M. DC. XXXVIII [1638]. ∥ Auec Priuilege du Roy. In-4 de 4 ff. et 146 pp.

Collation des feuillets prélim. : titre, avec la marque de *Courbé;* 3 pp. pour la dédicace « A Monseigneur le Marquis de Coualin, Colonel des Suisses, etc., » dédicace signée *Baudoin;* 3 pp. pour l'avis *Au Lecteur;* 1 p. pour les *Acteurs* et l'*Extrait du Privilége.*

Le privilége, daté du 28 mai 1638, comme celui de la *Comédie des Tuileries,* est accordé pour sept ans à *Augustin Courbé.* L'achevé d'imprimer pour la première fois est du 17 juin 1638. Comme on le voit, cette pièce, postérieure de deux ans à la précédente, fut imprimée deux jours auparavant; c'est ce qui l'a fait placer la première dans les recueils qui contiennent le théâtre des Cinq Auteurs.

Nous faisons figurer l'*Aveugle de Smyrne* dans ce chapitre, parce qu'il appartient au théâtre des *Cinq Auteurs,* mais il n'est pas certain que Corneille y ait eu la moindre part. Comme l'a fait remarquer M. Livet (*Histoire de l'Académie françoise, par Pellisson et d'Olivet,* t. Ier, p. 83, note 1), on lit dans l'avis *Au Lecteur* qui suit la dédicace : « Vous pourrez juger de ce que vaut cet Ouvrage, soit par l'excellence de sa Matière, soit par la forme que lui ont donnée *quatre* célébres Esprits. » Ce passage semble bien indiquer que les cinq auteurs étaient réduits à quatre. L'absent ne pouvait être que Corneille à qui semblable collaboration était certainement à charge, et qui, dit Voltaire, avait prétexté « les arrangements de sa petite fortune » pour se retirer à Rouen. Bien que cette explication ait toutes les chances de probabilité, on pourrait à la rigueur soutenir que l'auteur de l'avis *Au Lecteur* a voulu distinguer la matière et la forme de l'ouvrage. On admettrait alors que l'un des cinq auteurs avait prêté son nom à Richelieu pour l'invention du sujet, tandis que les quatre autres poëtes s'étaient chargés de l'exécution. Dans le doute, nous avons cru que l'*Aveugle de Smyrne* devait être mentionné dans notre Bibliographie.

La *Gazette* du 28 février 1637 nous apprend que cette pièce fut représentée le 22 de ce mois dans l'hôtel de Richelieu, par les deux troupes de comédiens qui existaient alors, « en présence du Roi, de la Reine, de Monsieur, de Mademoiselle sa fille, du prince de Condé, du duc d'Enghien son fils, du duc Bernard de Weimar, du maréchal de La Force et de plusieurs autres seigneurs et dames de grande condition ».

Richelieu avait fait de grands frais pour la représentation. *Mondory*, qui l'année précédente avait été frappé d'apoplexie en jouant le rôle d'Hérode dans la *Marianne* de Tristan l'Hermite, avait dû remonter sur la scène pour interpréter le rôle de l'aveugle ; « mais il n'en put représenter que deux actes, et s'en retourna dans sa retraite avec une pension de deux mille livres que le cardinal lui assura. Les Seigneurs de ce temps-là se signalèrent aussi en libéralités ; ils lui donnèrent presque tous des pensions, ce qui fit à Mondory environ huit à dix mille livres de rentes, dont il jouit jusqu'à sa mort, et dans un âge fort avancé. » (*Anecdotes dramatiques*, t. Ier, pp. 520 sq.)

Vendu : 10 fr., v. m., avec la *Comédie des Tuileries*, Giraud, 1855 (n° 1655).

94. L'AVEVGLE || DE SMYRNE || Tragicomedie. || *S. l. n. d.* [*A Paris, Chez Augustin Courbé,* 1638]. Pet. in-12 de 3 ff. et 92 pp.

Collation des feuillets prélim. : frontispice gravé représentant l'aveugle qui descend les degrés d'un perron, appuyé sur l'épaule d'un enfant ; il porte un costume presque entièrement semblable à celui des gentilshommes de la fin du règne de Louis XIII ; le frontispice, qui tient lieu de titre, est signé : *C. le Brun I. — Daret Sc.;* 1 f. pour la dédicace ; 1 f. qui contient au recto l'avis *Au Lecteur,* et au verso les *Acteurs* et l'*Extrait du Privilége*.

On trouve à la fin un rappel de l'achevé d'imprimer du 17 juin 1638.

Cette édition est imprimée avec les petits caractères dont nous avons parlé ci-dessus ; elle est très-jolie et peut-être plus rare que l'édition in-4. Nous en avons trouvé un exemplaire relié avec la *Comédie des Tuileries*, à la Bibliothèque municipale de Versailles. (E. 457. d.)

Vendu : 160 fr., mar. citr. (*Trautz-Bauzonnet*), Chédeau, 1865 (n° 715).

III

95. PSICHÉ, || Tragedie-Ballet. || Par I. B. P. Moliere. || *Et se vend pour l'Autheur,* || *A Paris,* || *Chez Pierre Le Monnier, au Palais,* || *vis-à-vis la porte de l'Eglise de la S. Chapelle,* || *à l'Image S. Louis, & au Feu Divin.* ||

M. DC. LXXI. ‖ Avec Privilege du Roy. In-12 de 2 ff., 90 pp. et 1 f.

Les 2 ff. prélim. comprennent le titre et un avis du *Libraire au Lecteur*.

Le privilége dont un extrait occupe le dernier f., est accordé, pour dix ans, à Jean-Baptiste Pocquelin de Molière, « l'un des Comediens de Sa Majesté »; il est daté du 31 décembre 1670. L'achevé d'imprimer est du 6 octobre 1671.

Le libraire nous explique dans son avis *Au Lecteur* comment fut composée la tragédie-ballet de *Psyché;* Molière choisit le sujet et disposa le plan de la pièce, mais ne put achever qu'une partie de la versification : le prologue, le premier acte et la première scène des deux actes suivants. Le reste de l'ouvrage fut écrit par Corneille, à l'exception des paroles destinées à être chantées, qui furent composées par Quinault. Le vieux Corneille écrivit plus de 1,100 vers en quinze jours. Il avait conservé par intervalle une ardeur toute juvénile; il eût pu s'écrier comme autrefois :

    Cent vers me coustent moins que deux mots de Chanson.

Grâce à la collaboration des trois auteurs et de Lully, *Psyché* fut achevée dans le délai fixé par le roi. La représentation eut lieu le 16 janvier 1671, dans une grande salle neuve construite au Louvre, sur les plans de Vigarani.

L'abbé de Pure (*Idées des spectacles anciens et nouveaux;* Paris, 1668, in-12, pp. 311 sqq.) et le programme de *Psyché* nous fournissent des renseignements précis sur cette salle; nous avons aussi par la *Gazette* et par le Registre de Lagrange des détails circonstanciés sur la représentation. Voici, d'après le programme, quelle était dans le principe la distribution des rôles :

Jupiter		*Du Croisy.*
Venus		Mlle *de Brie.*
L'Amour		*Baron.*
Ægiale	} Graces {	*Les petites La*
Phaëne		*Torilliere et du Croisy.*
Psiché		Mlle *Moliere.*
Le Roy, Pére de Psiché		*La Torilliere.*
Aglaure	} Sœurs {	
Cidippe	} de Psiché {	Mlles *Marotte et Boval.*
Cleomene	} Princes, {	
Agenor	} Amans {	*Hubert et La Grange.*
	} de Psiché {	
Le Zephire		*Moliere.*
Lycas		*Chasteauneuf.*
Le Dieu d'un fleuve		*De Brie.*

Le Registre de Lagrange nous fait connaître les artistes chargés des parties de chant : c'étaient Mlles *de Rieux, Turpin, Grandpré, MM. Forestier, Mosnier, Champenois, Ribou, Pouffin*. La même source nous donne le détail des dépenses faites pour monter la pièce, dépenses qui s'élevèrent à 4,359 livres, 15 sols. Pendant les représentations, Beauchamps, qui avait réglé les ballets, reçut 1,100 livres, plus 11 livres par jour pour conduire l'orchestre et entretenir les ballets.

Après plusieurs représentations réservées à la cour, la tragédie-ballet fut enfin jouée en public le 24 juillet 1671. Le succès répondit à l'attente des auteurs et des acteurs. La troupe de Molière donna de suite 38 représentations qui lui valurent de belles recettes. Elle reprit la pièce le 11 novembre 1672 et la joua de nouveau 32 fois sans interruption. Nous avons recueilli sur cette reprise un document qui n'a pas encore été signalé ; c'est un passage d'une *Lettre en vers* de Robinet datée du 26 novembre 1672. Bien que ce morceau soit un peu long, nous ne croyons pas sans intérêt de le reproduire ici. Il nous paraît compléter heureusement les informations de M. Marty-Laveaux. On y voit quelques changements dans la distribution ; ainsi le rôle du Zéphire est tenu non plus par *Molière*, mais par Mlle *du Croisy la jeune*.

Après avoir dit dans des termes très-singuliers que la première représentation de *Pulchérie* avait eu lieu la veille au théâtre du Marais, Robinet continue ainsi :

> Cependant, ajoûtons ici
> Encore, ce petit mot-ci,
> Que l'Autheur a fait ce Poëme,
> Par l'effet d'une estime extrême
> Pour la merveilleuse Psiché,
> Par qui chacun est alléché,
> Ou *Mad(e)moiselle de Molière*,
> Qui, de façon si singuliére,
> Et, bref, avecque tant d'appas,
> Qui font courir les Gens, à tas,
> Encor, maintenant, represente
> Ladite Psiché si charmante.
>
> Dimanche, encore, je la veis,
> Et tous mes sens furent ravis
> A ce plus rare des Spectacles,
> Et lequel, rempli de Miracles,
> Surpasse tous les Opera
> Qu'on voit et, je croi, qu'on verra.
>
> Ah ! que Venus dans sa Machine,   Mlle de Brie.
> Me parut, encore, divine :
> Et que je fus charmé des Airs,
> Et des admirables Concerts
> Par qui, sur la Terre, on l'appelle,
> Ayant les Graces avec Elle !

Que ces petites Grâces là, les petites La Torilliere,
Encor, aussi, me plûrent là, et de Beauval.
Par leurs discours, et par leurs gestes,
Qui paressent, vrayment celestes!

Que les Amours, pareillement, le petit la Torilliere,
Qui sont de l'Accompagnement, et Barbier.
Encore, aimables me semblérent,
Et, tout de même, me charmérent!

Qu'encor, de Psiché, les deux Sœurs, Mlles de Beauval, et de
Faisant, si bien, les Rôles leurs, la Grange.
Me délectèrent, et ravirent,
Ainsi que tous ceux qui les virent!

Que les deux Princes, ses Amans, les Srs Hubert et de
Par leurs honnêtes Complimens, la Grange.
Soit qu'ils soyent morts, ou bien en vie,
Me rendoyent l'Ame, encor ravie!

Que le Père, aussi de Psiché, Le Sr de la Torilliere.
Qu'on voit, pour elle, si touché,
M'attendrit avecque ses Larmes,
Et qu'il leur sçait donner de charmes!

Qu'encore, je fus satisfait
De l'Amour si beau, si parfait, le Sr. Baron.
Alors que, pour le dire en somme,
Il devient là, grand comme un Hôme!

Que son Zéphir, des plus Galans, Mlle du Croisi la jeune.
Des plus jeunes, des plus brillans
Qui soyent sous l'Empire de Flore,
Me donna de Plaisir, encore!

Que de même, encore, Psiché,
Par qui maint cœur est ébréché,
Me sembla bien digne d'Hommages,
Dans ses trois divers Personnages!

Qu'encore, encore, aussi, Venus
Me plût, voire tant que rien plus,
Soit qu'éclatast sa Jalousie,
Soit qu'elle parust radoucie!

Qu'encore, le tonnant Jupin,
Qui les holas vient mettre, enfin,
Qui nôtre Psiché déifie,
Et bref, à l'Amour la marie,
Me sembla fermer dignement,
Ledit Spectacle si charmant!

Qu'encor j'admiray les Machines,
Où ces Personnes célestines,

Sçavoir Venus, Psiché, l'Amour,
Vont en l'Olympien Séjour!

Qu'encor les Airs, et la Musique,
Que, de bien goûter, je me pique,
Qu'encor la jeunette *Turpin*,
Qui chante d'un air si poupin,
Qu'encor le Sauteur admirable,
Qu'on croid favorisé du Diable,
Pour faire les Sauts surprenans,
Dont il étonne tous les Gens,
Qu'encor les diverses Entrées,
Qui sont là, si bien incérées,
Où l'incomparable *Beauchamp,*
A le loüer, donne un beau champ,
Qu'encor, enfin, toutes les choses,
Dedans cette Merveille, encloses,
Sçavoir les décorations,
Et diverses Mutations.
De la claire, et pompeuse Sçene,
Me rendirent, chose certaine,
Extasié, charmé, contant!
Ah! jamais, je ne le fus tant.

Robinet, dans son langage burlesque, témoigne naïvement de l'admiration que *Psyché* avait le don d'exciter dans le public; aussi cette tragédie-ballet laissa-t-elle des souvenirs durables. En 1703, Mlle *Desmares* et *Baron* fils firent le succès d'une nouvelle reprise; la pièce fut donnée 29 fois, du 1er juin au 1er août suivant.

Le 19 août 1862 la Comédie-Française a donné une très-curieuse représentation de *Psyché*. Les principaux rôles étaient tenus par Mlles *Devoyod, Fix, Rose Deschamps, Favart, Tordeus, Ponsin, Rose Didier;* MM. *Maubant, Worms, Ariste.* C'est à des femmes qu'était confiée l'interprétation des rôles créés par *Molière* et par *Baron.*

96. PSICHÉ, ‖ Tragedie-Ballet. ‖ Par I. B. P. Moliere. ‖ *A Paris,* ‖ *Chez Claude Barbin, au Palais, sur* ‖ *le Second Perron de la S. Chapelle.* ‖ M. DC. LXXIII [1673]. ‖ Avec Privilege du Roy. In-12 de 2 ff., 90 p. et 1 f.

Les 2 ff. prélim. contiennent le titre et l'avis du *Libraire au Lecteur;* le dernier f. contient l'*Extrait du Privilége.* Cet extrait est semblable à celui de l'édition de 1671, sauf qu'il contient la mention suivante : « Ledit Sieur Moliere a cedé son droit de Privilege à *Anne David,* Femme de *Jean Ribou,* ainsi qu'il apert par sa Cession; et ladite *David* a cedé du droit de Privilege des Œuvres dudit Sieur Moliere à *Claude Barbin,* suivant l'accord fait entre eux. » L'achevé d'imprimer est du 12 avril 1673.

Nous n'avons relevé dans le texte des deux éditions que quelques variantes orthographiques sans importance.

97. Psiché, || Tragedie-Ballet || Par I. B. P. Moliere. || *Suivant la Copie imprimée* || *A Paris.* || M. DC. LXXI [1671]. In-12 de 82 pp. (y compris le titre), et 1 f. blanc, signé A.-D.

Édition imprimée par *Daniel Elzevier*, à *Amsterdam*, avec une sphère sur le titre. M. Pieters (*Annales des Elzevier*, 2ᵉ édit., Gand, 1858, in-8, p. 346) en cite des réimpressions datées de 1675 et 1680.

Pour une édition moderne de *Psyché* et pour les ballets qui en ont été tirés, nous renverrons à la *Bibliographie moliéresque*, nᵒˢ 171, 202 et 203.

III. — ÉDITIONS COLLECTIVES DU THÉATRE DE CORNEILLE

PUBLIÉES PAR LUI-MÊME.

I

98. ŒVVRES ‖ DE ‖ CORNEILLE. ‖ Premiere partie. ‖ *Imprimé à Roüen, & se vend* ‖ *A Paris,* ‖ *Chez* ‖ *Antoine de Somma-* ‖ *uille, en la Gallerie* ‖ *des Merciers, à l'Escu* ‖ *de France.* ‖ *Et Augustin Courbé,* ‖ *en la mesme Gallerie,* ‖ *à la Palme.* ‖ *Au Palais.* ‖ M. DC. XLIV [1644]. In-12 de 4 ff., 654 pp. et 1 f. blanc.

Collation des feuillets prélim. : portrait de Corneille gravé par Michel Lasne; frontispice gravé représentant des Amours qui tiennent un cartouche sur lequel on lit : *Œuvres de Corneille,* 1645; 2 ff. pour le titre imprimé et l'avis *Au Lecteur.* On lit à la fin de la page 654 : *Imprimé à Roüen par Laurens Maurry.*

Cette édition, qui ne contient ni privilége ni achevé d'imprimer, dut être publiée en vertu des priviléges particuliers obtenus pour chaque ouvrage. Elle comprend huit pièces : *Mélite, Clitandre, la Veuve, la Galerie du Palais, la Suivante, la Place Royale, Médée* et *l'Illusion comique,* précédées chacune d'une dédicace, mais sans les *Examens* qui parurent pour la première fois en 1660.

La publication des *Œuvres* réunies de Corneille dut être une véritable spéculation de librairie. Les éditeurs voulurent exploiter le succès de ses dernières pièces : du *Cid,* d'*Horace,* de *Cinna,* de *Polyeucte,* de *Pompée,* du *Menteur,* de *Rodogune,* en composant un recueil de ses premiers ouvrages déjà presque oubliés du public. Corneille lui-même semble avouer que telle fut l'intention de Sommaville et de Courbé, quand il dit dans son avis *Au Lecteur :*
« C'est contre mon inclination que mes Libraires vous font ce
« présent, et j'aurois esté plus aise de la suppression entiere de

« la plus grande partie de ces Poëmes, que d'en voir renouveler
« la mémoire par ce recueil.... Et certes, j'aurois laissé périr entie-
« rement ceux-cy, si je n'eusse recognu que le bruit qu'ont fait
« les derniers obligeoit desjà quelques curieux à la recherche des
« autres, et pourroit estre cause qu'un Imprimeur, faisant sans
« mon adveu ce que je ne voulois pas consentir, adjousteroit
« mille fautes aux miennes. » Il ajoute qu'il y a jeté un coup d'œil,
« non pas pour les corriger exactement (il eust esté besoin de les
« refaire presque entiers), mais du moins pour en oster ce qu'il
« y a de plus insupportable. »

Quelques auteurs, s'appuyant sur un passage du commentaire de Voltaire, ont supposé que l'édition de 1644 avait dû avoir une seconde partie contenant les huit pièces publiées depuis l'*Illusion comique*; mais personne n'a jamais vu cette seconde partie, et M. Taschereau (*Œuvres de Corneille*, t. Ier, p. xxx) a fort bien démontré pourquoi elle n'avait jamais dû exister. La pensée de spéculation qui avait porté les libraires à faire un recueil des premières pièces du poëte, devait les porter à ne pas y faire immédiatement entrer toutes les pièces qui avaient encore un débit assuré. Les premières éditions du *Cid*, données en 1637, ayant été tout entières épuisées, on en fit en 1644 une cinquième édition qui ne se serait plus vendue si le public eût trouvé la pièce dans un recueil. *Horace* ne vit le jour qu'en 1641; *Cinna* et *Polyeucte* ne furent imprimés qu'en 1643; *Pompée* et *le Menteur* qu'en 1644; la *Suite du Menteur* en 1645; *Théodore* et *Rodogune* en 1647. C'est assez dire que, à plus forte raison, ces dernières pièces ne pouvaient pas encore être réunies aux *Œuvres*.

En réimprimant ses premières comédies, Corneille y a changé des centaines de vers. L'excellente édition de M. Marty-Laveaux a, pour la première fois, recueilli toutes ces variantes, qui ont un grand intérêt non-seulement pour l'histoire de la langue, mais pour l'histoire littéraire en général. Le recueil de 1644 nous montre, de la manière la plus frappante, le soin avec lequel Corneille revoyait ses ouvrages en les donnant à l'impression. La plupart des éditions postérieures ont été corrigées par lui avec la même sollicitude.

Le recueil de 1644 est un livre d'une haute importance, qui mérite de passionner tous les vrais bibliophiles.

Vendu : 505 fr., mar. r., Chédeau, 1865 (n° 676).

99. ŒVVRES ‖ DE ‖ CORNEILLE. ‖ Tome II. ‖ *A Paris,* ‖ *Chez Augustin Courbé, dans la* ‖ *petite Sale du Palais, à la Palme.* ‖ M. DC. XXXXVII [1647]. Auec Priuilege du Roy. In-12.

Cette seconde partie des *Œuvres* de Corneille, destinée à faire suite au tome Ier de 1644, ne constitue pas une édition séparée;

c'est un recueil factice des éditions in-12 du *Cid (Augustin Courbé et Pierre le Petit, s. d.)*; d'*Horace (Courbé,* 1647); de *Cinna (Quinet,* 1643); de *Polyeucte (Sommaville et Courbé,* 1644); de *la Mort de Pompée (Sommaville et Courbé,* 1644); du *Menteur (Sommaville et Courbé,* 1644); de *la Suite du Menteur (Sommaville et Courbé,* 1645); de *Theodore (Quinet,* 1646); et de *Rodogune (Quinet,* 1647).

Le recueil est précédé de deux feuillets contenant le titre et la table; il n'y a pas de privilége général. L'exemplaire de M. Bancel renferme en outre le portrait de 1644, mais ce portrait ne fait certainement pas partie du livre.

On trouvera la collation de chacune des pièces énumérées ci-dessus dans notre chapitre Ier (nos 12, 18, 21, 27, 33, 36, 41, 45, 48).

Vendu : avec un exemplaire du tome Ier de 1644, 3,850 fr., mar. bl., doublé de mar., avec comp. en mosaïque (*Chambolle-Duru*), B*** [Bordes], 1873 (no 346); — 6,000 fr., même exempl., Fontaine, 1874 (no 564); — 4,000 fr., même exempl., Benzon, 1875 (no 243).

100. OEVVRES ‖ DE ‖ CORNEILLE. ‖ Premiere [Seconde] Partie. ‖ *Imprimé à Roüen, & se vend* ‖ A Paris, ‖ *Chez Augustin Courbé,* ‖ *au Palais dans la petite Salle,* ‖ *à la Palme ;* [ou *Chez Antoine de Sommauille,* ‖ *au Palais, en la Gallerie des Merciers,* ‖ *à l'Escu de France ;* ou *Chez Toussainct Quinet* ‖ *au Palais, sous la montée de* ‖ *la Cour des Aydes.*] ‖ M. DC. XLVIII [1648]. ‖ Auec Priuilege du Roy. 2 vol. in-12.

Première partie : Portrait de Corneille par Michel Lasne; frontispice gravé (avec la date de 1645); titre imprimé et avis *Au Lecteur;* ensemble 4 feuillets prélim., 654 pp. et 1 f. blanc.

Seconde partie : 2 ff. pour le titre et l'avis *Au Lecteur;* 639 pp. et 2 ff. dont le dernier est blanc.

La première partie est semblable à celle de 1644 quant à l'impression et au nombre de pages, mais la composition est différente, comme il est facile de s'en convaincre par une foule de détails; par exemple par les suivants :

Page 11, 1re ligne :

1644 : C'est en vain que l'õ fuit, tost ou tard on s'y brule :
1648 : C'est en vain que l'on fuit, tost ou tard on s'y brûle (en deux lignes).

Page 21, dernière ligne :

1644 : Pour vous *recompēser* du *temps* que vous perdez.
1648 : Pour vous *recompenser* du *tēps* que vous perdez.

Page 45, 4e ligne :

1644 : Ie commence à m'estimer quelque chose puis
1648 : Ie commence à m'estimer quelque chose

Page 131, 2ᵉ ligne :
1644 : Mais vous monstrerez bien embrassant ma *defēce*
1648 : Mais vous monstrerez bien embrassant ma *deffēce*

Page 159, 1ʳᵉ ligne :
1644 : Tu chercherois bien-tost moyen de t'en *desdire*
1648 : Tu chercherois bien-tost moyen de t'en *dédire.*

Page 281, dernière ligne :
1644 : Du moins ces deux sujets balancent ton courage.
1648 :
DORINANT.
Sçais-tu bien que c'est là iustement mon visage?

Il y a dans l'éd. de 1648 deux lignes de plus, et l'accord ne se rétablit qu'au bas de la page 283.

Page 343, 1ʳᵉ ligne :
1644 : Prenne ou laisse à son choix vn homme de merite.

Ce vers est le dernier de la page précédente dans l'éd. de 1648, et la p. 343 se termine par ce vers :

Allons chez moy, Madame, acheuer la iournée.

Page 527, 1ʳᵉ ligne :
1644 : Contant nostre Hymenée entre vos *aduantures,*
1648 : Contant nostre Hymenée entre vos *auantures.*

La Bibliothèque nationale possède un exemplaire de cette Première Partie relié en mar. r. par *Capé* (Y + 5512 + B Rés.), qui est composé de fragments des trois éditions de 1644, 1648 et 1652. Nous pensons que nos indications suffiront pour mettre les amateurs à l'abri de pareilles supercheries. Telle est l'utilité des différences matérielles que nous signalons çà et là entre des éditions qui paraissent à première vue semblables.

La *Premiere Partie* se termine par un privilége qui commence au bas de la p. 654 et se développe sur les deux pp. suivantes ; on trouve à la fin un achevé d'imprimer du 30 mars 1648.

La *Seconde Partie* contient sept pièces : *le Cid, Horace, Cinna, Polyeucte, Pompée, le Menteur* et *la Suite du Menteur*. Elle est précédée d'un avis *Au Lecteur* qui commence ainsi : « Voicy une « Seconde Partie de Pieces de Theatre un peu plus supportables que « celles de la premiere. » Cet avis n'a été reproduit que dans les éditions de M. Taschereau et de M. Marty-Laveaux. Le volume se termine par un privilége, qui commence au verso de la p. 639 et occupe entièrement le feuillet suivant.

Le privilége, daté du 25 février 1647, porte ce qui suit : « Nous avons permis et permettons par ces presentes à l'Exposant [*Augustin*

Courbé] d'imprimer, faire imprimer, vendre et debiter, en tous les lieux de nostre obeïssance, les Pieces de Theatre du sieur Corneille, Intitulées, *Clitandre, la Vefve, la Melite, la Gallerie du Palais, la Place Royalle, la Suivante, la Medée, l'Illusion Comique*, et autres qui ont esté desja mises en lumiere, avec Privileges du feu Roy nostre tres-honoré Seigneur et Pere, ou de Nous, desquelles le temps est expiré, et ce en un ou plusieurs Volumes, en telles marges, en tels caracteres, et autant de fois qu'il voudra, durant l'espace de sept ans, à compter du jour que chaque Piece ou Volume sera achevé d'imprimer pour la première fois en vertu des presentes. » *Augustin Courbé*, concessionnaire du privilége, déclare y associer *Antoine de Sommaville* et *Toussaint Quinet*.

L'achevé d'imprimer de la *Seconde Partie* est du 31 septembre 1648 (sic).

Au moment où parut ce recueil, trois autres pièces de Corneille avaient été publiées séparément : *Théodore, Rodogune* et *Héraclius*. Les éditions de ces pièces n'étant pas encore épuisées, les libraires jugèrent inutile de les réimprimer pour en faire une seconde partie.

Vendu : 256 fr., mar. r., doublé de mar. bl. (sans indication de relieur), Giraud, 1855 (n° 1621); — 1,015 fr., même exemplaire, Solar, 1860 (n° 1684); — 2,105 fr., mar. r. (*Capé*), B*** [Bordes], 1873 (n° 347); — 1,505 fr., même exemplaire, Benzon, 1875 (n° 244).

La seconde partie seule : 710 fr., v. f., Chédeau, 1865 (n° 677).

101. ŒVVRES ǁ DE ǁ CORNEILLE. ǁ Premiere [Seconde et Troisieme] Partie. ǁ *Imprimé à Roüen, & se vend* ǁ *A Paris,* ǁ *Chez Augustin Courbé, au Palais,* ǁ *en la Gallerie des Merciers,* ǁ *à la Palme;* [ou *Chez Antoine de Sommauille,* ǁ *au Palais, en la Gallerie des Mer-* ǁ *ciers, à l'Escu de France;* ou *Chez Toussainct Quinet,* ǁ *au Palais, sous la montée de* ǁ *la Cour des Aydes*]. ǁ M.DC.LII [1652]. ǁ Auec Priuilege du Roy. 3 vol. in-12.

Premiere Partie : portrait de Corneille; frontispice gravé (le même que ci-dessus, avec la date de 1645) ; 2 ff. pour le titre imprimé et l'avis *Au Lecteur*, et 656 pp. — Le privilége commence au milieu de la p. 654 et se développe sur les 2 pp. suivantes. On lit à la fin : *Acheué d'imprimer à Roüen par Laurens Maurry, ce 30. iour de Mars* 1648.

Seconde Partie : 2 ff. pour le titre et l'avis *Au Lecteur*, et 642 pp. — Le privilége occupe les pp. 640 et suiv. L'achevé d'imprimer est du 31 septembre 1648 (sic).

Troisieme Partie : 287 pp., y compris 1 f. blanc, le titre général et le titre particulier de *Théodore*. Ce volume ne contient ni privilége ni achevé d'imprimer. Le titre à l'adresse de *Sommaville* porte : *Chez Antoine de Sommaville, au* || *Palais en la Gallerie des Merciers,* || *à l'Escu de France.*

L'édition de 1652 a la même justification que celles de 1644 et de 1648 (110^{mm} sur 58^{mm},2).

Le contenu des deux premiers volumes est le même que celui des deux parties de 1648, mais on les distinguera facilement parce que l'édition de 1652 est imprimée par cahiers de 12 ff. et les précédentes par cahiers de 6 ff. Le troisième volume renferme : *Théodore, Rodogune* et *Héraclius.*

Le privilége qui se trouve à la fin des deux premières parties est celui du 25 février 1647, auquel *Courbé* associe ses deux confrères. Le tome IIIe ne contient pas de privilége.

102. OEvvres || de || Corneille. || Premiere [Seconde et Troisiéme] Partie. || *Imprimé à Roüen, & se vend* || *A Paris,* || *Chez Augustin Courbé, au Palais,* || *en la Gallerie des Merciers,* || *à la Palme;* [ou *Chez Guillaume de Luyne, au* || *Palais, sous la montée de la Cour des Aydes*]. || M.DCLIV [1654]. || Auec Priuilege du Roy. 3 vol. in-12.

Première Partie : portrait de Corneille; frontispice gravé, avec la date de 1654 et 691 pp., y compris 5 ff. pour le titre imprimé, l'avis *Au Lecteur*, le titre particulier et la dédicace de *Mélite.* — Le privilége occupe les pp. 690 et 691; il se termine par un rappel de l'achevé d'imprimer du 30 mars 1648.

Seconde Partie : 2 ff. et 642 pp. — Le privilége occupe les pp. 641 et 642; il se termine par l'achevé d'imprimer du 31 septembre 1648.

Troisiéme Partie : 670 pp., y compris 1 f. blanc, le titre général et le titre particulier de *Théodore.*

Les deux premiers volumes contiennent les mêmes pièces que ceux des éditions qui précèdent; le tome troisième renferme : *Théodore, Rodogune, Héraclius, Andromède, D. Sanche d'Arragon, Nicomède* et *Pertharite.*

Le privilége reproduit *in extenso* dans les deux premiers volumes est celui du 25 février 1647. Le troisième volume contient, p. 575, après *Nicomède*, un extrait du privilége accordé à Corneille le 12 mars 1651 pour *Andromède, Nicomède, le Feint Astrologue* et les *Engagements du hasard* (Voy. ci-dessus, n°s 56 et 65), et p. 670 un autre extrait du privilége du 25 décembre 1651 relatif à *Pertharite, D. Bertran de Cigarral* et *l'Amour à la mode* (voy. n° 69). On trouve à la p. 670 un achevé d'imprimer du 30 avril 1653.

Nous avons vu chez M. L. Potier un exemplaire de la *Troisiéme Partie* dans sa reliure primitive, qui présente une particularité remarquable. Les 275 premières pages sont conformes aux exemplaires ordinaires, mais la fin du volume, à partir d'*Andromède*, appartient à l'édition que nous décrirons ci-après, sous la date de 1656 (n° 104). La page qui devrait être chiffrée 276 y est entièrement blanche, au lieu de contenir la réclame *Andro-* en lettres capitales comme dans les autres exemplaires datés de 1654 et dans ceux de 1656.

Il n'est pas impossible d'expliquer cette particularité. La troisième partie, telle que *Courbé* la fit d'abord imprimer, ne devait contenir, comme celle de 1652, que trois pièces : *Théodore, Rodogune, Héraclius*. Le volume s'arrêtait à la p. 275, sans extrait du privilége ni achevé d'imprimer, et le verso de cette page était blanc. Pour compléter la troisième partie, *Courbé* dut faire imprimer successivement les trois pièces d'*Andromède*, de *D. Sanche* et de *Nicomède*, qui se terminèrent par un extrait du privilége du 24 décembre 1651, puis *Pertharite*, avec un autre extrait du privilége. Ainsi s'explique, sans qu'on ait besoin de supposer que toutes les pièces du recueil de 1654 aient été tirées à part, l'existence de l'édition de *Pertharite* que nous avons décrite ci-dessus (n° 70).

Le troisième volume étant ainsi composé de deux et même de trois parties distinctes, on comprend sans peine que Courbé ait pu compléter de différentes manières les exemplaires qui lui restaient en magasin.

Il existe sous la même date une *Quatriesme Partie*, qui contient deux pièces de Thomas Corneille : *le Feint Astrologue* et *D. Bertran de Cigarral*. Ce volume, qui paraît dû, soit à une supercherie, soit à une grossière erreur du libraire *Courbé*, ne peut pas être considéré comme faisant partie intégrante de l'édition; il se compose de 224 pp. chiffr., y compris 2 feuillets prélim. On trouve à la p. 108, après *le Feint Astrologue*, un extrait du privilége du 12 mars 1651, relatif à *Andromède*, à *Nicomède*, au *Feint Astrologue* et aux *Engagements du hasard* (voy. n° 56) et à la p. 224, après *D. Bertran de Cigarral*, un extrait du privilége du 24 décembre 1651, relatif à *Pertharite*, à *D. Bertran de Cigarral* et à *l'Amour à la mode* (voy. n° 69). Ces deux priviléges attribuant à Pierre Corneille toutes les pièces énumérées ci-dessus, il est possible que *Courbé* ait été de bonne foi en les joignant à ses œuvres. L'exemplaire de cette Quatrième Partie que possède la Bibliothèque nationale (Y. + 5512 B + a 4) contient en plus *l'Amour à la mode* et *le Berger extravagant* avec une pagination séparée.

Nous avons vu à la librairie Fontaine un exemplaire avec la date de 1655.

La justification de l'édition de 1654 est de 122^{mm} sur 65; les caractères et les fleurons sont plus gros que ceux de l'édition de 1652.

Les exemplaires que nous avons eus sous les yeux ne portent que le nom de *Courbé*, ou celui de *Luyne*. Les priviléges ne contiennent du reste aucune indication relative à l'association des libraires.

Il est probable que *Courbé* et de *Luyne*, au lieu de s'entendre avec d'autres libraires pour la vente de cette édition, auront cédé à *Sommaville, Pépingué, Chamhoudry* et *Loyson* le droit d'en publier une autre. Ainsi doit s'expliquer, croyons-nous, l'existence du recueil suivant.

Vendu : 325 fr., exempl. à relier, Aguilhon, 1870 (n° 351).

103. Œvvres ǁ de ǁ Corneille. ǁ Premiere [Seconde et Troisiéme] Partie. ǁ *A Paris,* ǁ *Chez Antoine de Sommauille,* ǁ *au Palais, en la Gallerie des Mer-* ǁ *ciers, à l'Escu de France;* [ou *Chez Edme Pepingué, dans la gran-* ǁ *de Salle du Palais, vis à vis le* ǁ *troisiesme pillier;* ou *Chez Loüys Chamhoudry,* ǁ *au Palais, deuant la Saincte* ǁ *Chappelle;* ou *Chez Iean Baptiste Loyson,* ǁ *près la sainte Chappelle, à l'entrée de* ǁ *la petite Salle des Merciers*]. ǁ M.DC.LV [1655]. ǁ Auec Priuilege du Roy. 3 vol. in-12.

Premiere Partie : 2 ff. pour le titre et l'avis *Au Lecteur,* 654 pp. et 1 f. blanc. — Elle contient huit pièces, de *Mélite* à *l'Illusion.*

Nous avons vu chez M. Bancel un exemplaire de cette *Premiere Partie,* au nom de *Loyson,* avec la date de 1654.

Seconde Partie : 2 ff. et 639 pp. — Elle contient sept pièces, du *Cid* à la *Suite du Menteur.*

Troisième partie : 287 pp., y compris 1 f. blanc, le titre général et le titre particulier de *Théodore.* — Elle contient trois pièces : *Théodore, Rodogune, Héraclius.* Sur le titre au nom de *Pépingué,* l'adresse de ce libraire est ainsi disposée : *Chez Edme Pépingué, en* ǁ *la grand' Salle du Palais, du costé* ǁ *de la Cour des Aydes.*

Cette édition, dont la justification est de 107^{mm} sur 58, est imprimée en petits caractères; elle ne renferme ni privilége, ni achevé d'imprimer. Le titre de la troisième partie porte un fleuron aux armes de France et de Navarre, qui rappelle l'enseigne de *Sommaville.*

Nous avons dit ci-dessus (n° 102) ce que nous pensons de cette édition, qui a dû être exécutée par les quatre libraires cités à la suite d'une entente avec *Courbé.* Au premier abord, on pourrait croire que cette entente n'avait pas dû être nécessaire, le privilége général accordé à *Courbé* pour sept ans en 1647, ayant pris fin en 1654. Mais on ne peut s'arrêter à cette idée si l'on songe que les priviléges particuliers de *la Galerie du Palais,* de *la Suivante,* de la *Place Royale* et du *Cid* étaient valables jusqu'en 1657, et celui de *Cinna* jusqu'en 1663. Des imprimeurs provinciaux pouvaient bien faire paraître des contrefaçons anonymes qui échappaient souvent aux peines portées par les ordonnances ; un libraire parisien, établi au Palais, à côté du légitime propriétaire du privilége, ne l'eût certainement pas osé. Il est hors de doute que les confrères de *Courbé* firent exécuter l'édition de 1654-1655, en même temps qu'il publiait lui-même, avec de *Luyne*, celle qui porte la date de 1654. L'une fut imprimée à Paris, tandis que l'autre fut imprimée à Rouen. *Sommaville*, dont le nom se trouve sur la plupart des exemplaires que nous connaissons, dut être le principal cessionnaire de *Courbé*, mais il fit particier à son entreprise trois de ses confrères.

Le tome III° du recueil de 1655, comme celui de 1652, ne contient que trois pièces. Nous avons dit que le tome III° de 1654 fut complété après coup; *Sommaville* et ses associés voulurent agir de même avec leur édition. Ils firent réimprimer à part, avec les mêmes caractères et dans le même format, les pièces que *Courbé* avait déjà réunies à son troisième volume et les firent relier à la suite du leur. Nous avons cité *Andromède* (n° 57), *Don Sanche* (n° 63) et *Pertharite* (n° 71). *Nicomède* doit également exister, bien que nous n'en ayons vu aucun exemplaire.

Vendu : 380 fr., exempl. à relier, Aguilhon, 1870 (n° 352).

104. ŒVVRES ǁ DE ǁ CORNEILLE. ǁ Premiere [Seconde et Troisiesme] Partie. ǁ *A Paris,* ǁ *Chez Augustin Courbé, au Palais,* ǁ *en la Gallerie des Merciers,* ǁ *à la Palme;* [ou *Chez Guillaume de Luyne au* ǁ *Palais, dans la Salle des Merciers,* ǁ *à la Iustice.*]. ǁ M.DC.LVI [1656]. ǁ Auec Priuilege du Roy. 3 vol. in-12.

Premiere Partie : 4 ff. et 696 pp. (?) — Nous n'en connaissons pas d'exemplaire.

Seconde Partie : 2 ff. et 643 p. — Les trois dernières pages sont occupées par le privilége, à la fin duquel on lit : *Acheué d'imprimer le 28. Nouembre* 1656.

Troisiesme Partie : 670 pp., y compris 1 f. blanc, le titre général et le titre de Théodore. — Le volume contient, comme le volume correspondant de l'édition de 1654, les extraits de deux priviléges placés aux pp. 575 et 670. On trouve à la fin du premier un achevé d'imprimer du 20 octobre 1655, et à la fin du second un achevé d'imprimer du 29 octobre 1655.

Le privilége, dont le texte est reproduit à la fin du second volume, est celui du 25 février 1647; on a lieu de s'en étonner puisque ce privilége était expiré depuis deux ans.

La répartition des pièces entre les trois volumes est la même que dans l'édition de 1654.

Nous avons vu plusieurs exemplaires de la seconde et de la troisième parties, mais, quelques recherches que nous ayons faites, il ne nous a pas été possible d'en découvrir un seul de la première. Nous pouvons suppléer à cette lacune à l'aide du tome Ier que nous allons décrire ci-après, l'édition de 1657 ne se distinguant de l'édition de 1656 que par le titre (voy. le n° 105). Il n'est guère possible de pénétrer les motifs qui ont décidé les libraires à remanier le recueil de 1656, mais il est très-probable que la publication de l'édition de 1655 ne fut pas étrangère à ce remaniement. Peut-être *Courbé* avait-il cédé à *Loyson*, puis à *Sommaville* le droit de rééditer les *Œuvres de Corneille*, en s'engageant de son côté à ne pas en donner de réimpression pendant un certain délai. On pourrait alors supposer que *Courbé*, ayant fait exécuter par avance, en 1656, une édition sur laquelle l'imprimeur aurait fait figurer la date vraie de l'année, fut obligé d'en changer la date avant de la mettre en vente.

Il doit exister avec la date de 1656 une *Quatriesme Partie* contenant, comme en 1654, deux pièces de Thomas Corneille.

105. ŒVVRES ‖ DE ‖ CORNEILLE. ‖ Premiere [Seconde et Troisiéme] Partie. ‖ *A Paris,* ‖ *Chez Augustin Courbé, au Palais,* ‖ *en la Gallerie des Merciers,* ‖ *à la Palme;* [ou *Chez Guillaume de Luyne, au* ‖ *Palais, dans la Salle des Merciers,* ‖ *à la Iustice*]. ‖ M.DC.LVII [1657]. ‖ Auec Priuilege du Roy. 3 vol. in-12.

Premiere Partie : portrait de Corneille, par *Michel Lasne*; frontispice gravé avec la date de 1654, titre imprimé; 1 f. pour l'avis *Au Lecteur* et 696 pp.

La collation de la *Seconde* et de la *Troisiesme Partie* est entièrement semblable à celle de l'édition de 1656.

Nous avons dit ci-dessus (n° 104) que les deux éditions de 1656 et 1657 ne diffèrent que par le titre. En opérant la substitution de ce titre, les libraires ont également réimprimé l'avis *Au Lecteur*, qui se trouve sur le feuillet correspondant. Le texte en est le même que dans l'édition de 1648.

Nous avons vu chez M. L. Potier un exemplaire dans sa primitive reliure, qui se composait d'un tome Ier avec la date de 1657 et des tomes IIe et IIIe avec la date de 1656.

L'exemplaire de M. Didot est complété par une *Quatrième Partie*, analogue à celle que nous avons décrite ci-dessus (n° 102), et qui devait primitivement porter la date de 1656. Elle se compose de 224 pp., y compris les titres, et renferme deux pièces : *le Feint Astrologue* et *D. Bertran de Cigarral*; mais la table, placée au verso du titre général, indique en outre : *l'Amour à la mode* et *le Berger extravagant*. Ces deux pièces sont jointes au volume en éditions séparées : l'une en 112, l'autre en 113 pp. Un simple faux-titre sans nom de libraire y remplace le titre primitif.

106. Le || Theatre || de P. Corneille. || Reueu & corrigé par l'Autheur. || I. [II. et III.] Partie. || *Imprimé à Roüen, Et se vend* || *A Paris,* || *Chez* || *Augustin Courbé, au Palais, en la* || *Gallerie des Merciers, à la Palme.* || *Et* || *Guillaume de Luyne, Libraire Iuré,* || *dans la mesme Gallerie,* || *à la Iustice.* || M.DC.LX [1660]. || Auec Priuilege du Roy. 3 vol. in-8.

I. Partie : xc pp. prélim. (y compris un frontispice gravé et le titre imprimé), 2 ff. non chiff. pour le *Privilége* et le titre de *Mélite*, et 704 pp. — Le frontispice représente un cartouche surmonté de deux Amours tenant une couronne ; on lit dans le centre du cartouche le titre et la date de 1660. — Les pages prélim. contiennent le *Discours de l'Utilité et des Parties du Poëme dramatique* et les *Examens.*

Le volume renferme 8 pièces (de *Mélite* à l'*Illusion*) accompagnées chacune d'une figure. Les figures de *Mélite*, de *Clitandre*, de *la Veuve*, de *la Suivante*, de *la Place Royale*, de l'*Illusion* sont signées F. C[hauveau], *delin.;* H. D[avid], *sculp.;* celles de la *Gallerie du Palais* et de *Médée* sont signées L. S[pirinx].

Dans l'exemplaire de la Bibliothèque nationale (y + # 5510 Rés.), cette première partie renferme de plus en face du titre un portrait de Corneille (celui de l'édition de 1644), tiré dans le format in-8, sur papier fort ; nous croyons que ce portrait ne fait pas partie de l'édition.

II. Partie : cxviij pp. prélim. (y compris un frontispice gravé et le titre imprimé) ; 4 ff. pour le *Privilége* et le titre particulier du *Cid*, et 720 pp. — Le frontispice représente un cartouche soutenu par deux Amours sonnant de la trompette ; il porte la date de 1660. — Les pages prélim. contiennent le *Discours de la Tragedie, et des moyens de la traiter selon le vray-semblable ou le necessaire*, et les *Examens.* Elles sont suivies de 8 pièces placées dans cet ordre : *le Cid, Horace, Cinna, Polyeucte, Pompée, Théodore, le Menteur* et *la Suite du Menteur.*

Les figures du *Cid*, de *Cinna*, de *Polyeucte*, du *Menteur*, de la *Suite du Menteur* et de *Théodore* sont signées de *Chauveau* et de *David;* celle d'*Horace* est signée de *Spirinx;* celle de *Pompée* ne porte pas de signature.

III. Partie : lxxxiij pp. prélim. (y compris un frontispice gravé et le titre imprimé) ; 1 f. pour le titre de *Rodogune* et 632 pp. — Le frontispice, qui représente un cartouche surmonté d'une corbeille de fleurs, est daté de 1660 et signé : *I. Math[eus]f.* — Les pages prélim. comprennent le *Discours des trois Unitez d'Action, de Jour et de Lieu*, et les *Examens.* Au verso de la p. lxxxiij se trouve un *Extrait du Privilége.* — Le volume renferme 7 pièces accompagnées de 7 figures : *Rodogune, Héraclius, Andromède, D. Sanche, Nicomède, Pertharite* et *Œdipe*.

Les figures de *Rodogune* et de *Don Sanche* sont signées de *L. Spirinx*; celles d'*Héraclius*, d'*Andromède* et de *Pertharite* sont signées de *Chauveau* et *David*; celles de *Nicomède* et d'*Œdipe* sont signées de *Matheus*.

Le privilége est daté de janvier 1653, sans indication du quantième ; il est donné pour neuf ans à Corneille lui-même, qui déclare le céder à *Augustin Courbé* et *Guillaume de Luyne*, suivant l'accord fait entre eux. On lit à la fin : *Acheué d'imprimer pour la première fois, [en] vertu du présent privilége, le dernier d'octobre* 1660, *à Rouen, par Laurens Maurry*.

En 1644, Corneille, ainsi que nous l'avons fait remarquer, soumit ses pièces à une première révision ; il introduisit aussi quelques changements dans les pièces qui formèrent la *Seconde Partie* publiée en 1648. Les éditions qui suivirent reproduisirent fidèlement le texte arrêté alors par le poëte ; les quelques variantes qu'on y relève sont le plus souvent le fait des typographes ou le résultat du hasard. En 1660, Corneille fit une nouvelle révision de son théâtre. Il agrandit le format qu'il avait précédemment adopté, rendit ses volumes plus symétriques, mit en tête de chacun d'eux un *Discours* spécialement écrit pour l'édition, et des *Examens* dans lesquels il passa en revue chacune de ses pièces.

Corneille lui-même nous entretient dans une lettre à l'abbé de Pure, datée du 25 août 1660, de la peine que lui donna la publication de ce nouveau recueil, en particulier la confection des *Discours :*

« Je suis, dit-il, à la fin d'un Travail fort penible sur une matiere
« fort delicate. J'ay traité en trois Prefaces les principales ques-
« tions de l'art poetique sur mes trois volumes de Comedies. J'y
« ay fait quelques explications nouvelles d'Aristote, et avancé quel-
« ques propositions, et quelques maximes inconnues à nos Anciens.
« J'y refute celles sur lesquelles l'Academie a fondé la condamna-
« tion du Cid, et ne suis pas d'accord avec M^r d'Aubignac de tout
« le bien mesme qu'il a dit de moy. Quand cela paroistra, je ne
« doute point qu'il ne donne matiere aux Critiques, prenez un peu
« ma protection. Ma premiere Preface examine si l'utilité ou le
« plaisir est le but de [la] Poesie Dramatique, de quelles utilités elle
« est capable et quelles en sont les parties, tant intégrales comme
« le Sujet et les mœurs, que de quantité comme le Prologue, l'Epi-
« sode et l'Exode. Dans la seconde je traite des conditions du Sujet
« de la belle tragedie, de quelle qualité doivent estre les incidents
« qui la composent et les personnages qu'on y introduit afin de
« sentir la pitié et la crainte, comment se fait la purgation des
« passions par cette pitié et cette crainte, et des moyens de traiter
« les choses selon le vraysemblable ou le nécessaire. Je parle en la
« troisiesme des trois unitez, d'action, de jour et de lieu. Je croy
« qu'apres cela, il n'y a plus guere de questions d'importance à

« remuer et que le reste n'est que la broderie qui (sic) peuvent ajouter
« la Rethorique, la Morale et la Politique. » (Marty-Laveaux, t. X°,
pp. 486 sq.; l'original est à la Bibliothèque nationale, msc. franç.,
n° 12763, fol. 157 sq.)

On joint à cette édition les deux volumes suivants imprimés dans
le même format et avec les mêmes caractères : POEMES ‖ DRAMATIQVES ‖ DE ‖ T. ‖ CORNEILLE. ‖ I. [II.] Partie. ‖ *Imprimés à Roüen, Et se vendent* ‖ *A Paris,* ‖ *Chez* ‖ *Augustin Courbé, au Palais, en la* ‖ *Gallerie des Merciers, à la Palme.* ‖ *Et* ‖ *Guillaume de Luyne, Libraire Iuré,* ‖ *dans la mesme Gallerie,* ‖ *à la Iustice.* ‖ M.D.LXI [1661]. ‖ Auec Priuilege du Roy. 2 vol. in-8.

I. Partie : frontispice gravé, portant le titre suivant : *Poemes* ‖ *drama-* ‖ *tiques* ‖ *de T.* ‖ *Corneille.* ‖ *I. Partie.* ‖ 1660 ;—titre imprimé, au verso duquel se trouve la table des *Poëmes contenus en cette première Partie;* 709 pp. (y compris 6 figures qui précèdent chacune des 6 pièces contenues dans le volume) et 1 f. pour le *Privilége,* lequel commence au verso de la p. 709.

II. Partie : frontispice gravé avec la date de 1661 et les signatures : *Choueau* (sic) *in.* et *Le Doyen fe.;* — titre imprimé ; 632 pp. et 1 f. pour le *Privilége.*

Nous parlerons des figures au n° 109.

Le privilége, daté du 3 décembre 1657, du jour même où *Courbé* obtenait un nouveau privilége pour les *Œuvres de Pierre Corneille,* est accordé pour vingt ans à *Augustin Courbé,* qui déclare y associer *Guillaume de Luyne.* L'achevé d'imprimer est du 15 décembre 1660.

Vendu : 120 fr., mar. bl. (*Niedrée*) Giraud, 1855 (n° 1622), pour la Bibliothèque nationale.

107. LE ‖ THEATRE ‖ DE ‖ PIERRE CORNEILLE. ‖ Imprimé du vivant de l'Auteur. ‖ Tome Premier [Tome Second]. ‖ *A Roüen,* ‖ *Chez Laurent Maurry, ruë Neuve Saint Lo,* ‖ *à l'Imprimerie du Louvre.* ‖ M.DC.LXIII [1663]. ‖ Avec Privilege du Roy. 2 vol. in-fol.

Édition qui se confond avec la suivante. Nous n'en connaissons qu'un seul exemplaire, celui qui a été donné à la Bibliothèque du Théâtre-Français par M. Geffroy. Cet exemplaire est incomplet; il y manque : *Polyeucte, le Menteur* et la *Suite du Menteur,* mais il est assez bien conservé pour que nous puissions en donner une description.

La publication de la grande édition imprimée par *Maurry,* en 1663 (voy. le n° 108), dut être retardée par la gravure du portrait et du frontispice. Il est probable qu'en attendant que ces deux planches fussent terminées, *Maurry* aura mis en circulation quelques exemplaires avec un titre provisoire, et c'est un de ces exemplaires que nous avons eu sous les yeux. L'édition ne contient encore que les pièces de théâtre, c'est-à-dire qu'elle ne renferme ni les discours en prose, ni même aucun privilége. Le tome Ier doit se composer d'un simple feuillet de titre, de 638 pp. et de 1 f. blanc; le tome IIe, d'un titre et de 672 pp.

108. LE || THEATRE || DE || P. CORNEILLE. || Reveu et corrigé par l'Autheur. || I. [et II.] Partie. || *Imprimé à Roüen, Et se vend* || *A Paris,* || *Chez Guillaume de Luyne, Libraire Iuré, au* || *Palais, en la Gallerie des Merciers,* || *à la Iustice;* [ou *Chez Thomas Iolly, au Palais, dans la petite* || *Salle, aux Armes de Hollande,* || *& à la Palme;* ou *Chez Loüis Billaine, au Palais, au second Pilier de la Grand'-Salle, à la Palme, & au grand Cesar*]. || M.DC.LXIII [1663 ; ou M.DC.LXIV, 1664 ; ou M.DC.LXV, 1665]. || Avec Privilege du Roy. 2 vol. in-fol.

I. Partie : portrait de Corneille; frontispice gravé; titre imprimé en rouge et en noir; 30 ff. prélim. (paginés de I à LX), contenant 1 f. pour la *Table* et le *Privilége*, 2 ff. pour l'avis *Au Lecteur*), 27 ff. pour le *Discours du Poëme dramatique* et les *Examens*; 638 pp. et 1 f. blanc.

Le portrait représente Corneille en costume des premières années du règne de Louis XIV, avec la perruque, la calotte et le rabat. Autour du portrait on lit : *Pierre Corneille, né à Rouen en M.VI.C.VI*; au-dessous, sont les armes de Corneille supportées par des licornes. Les noms du dessinateur et du graveur sont inscrits au bas de la figure : *A. Paillet, ad uiuum delin.* 1663; *Guillelmus Vallet, sculpsit*.

Le frontispice représente le buste de Corneille, placé sur un piédestal et couronné de lauriers par deux grandes figures drapées; au-dessus du buste est une renommée qui souffle dans une trompette ornée d'une flamme sur laquelle on lit le mot *Tragedie;* une autre trompette, qu'elle tient de la main gauche, porte le mot *Comedie;* un cartouche, placé sur la clef de voûte d'une arcade qui fait le fond du sujet, contient l'indication du titre : *le Theatre de P. Corneille;* sur le piédestal est gravée cette inscription : *Ament serique nepotes*, et sur la base se trouvent les noms du dessinateur et du graveur : *A. Paillet, inv. et del.; G. Vallet, sculpsit*.

Le volume contient 12 pièces, de *Mélite* à *Polyeucte;* il se termine par un second privilége.

II. Partie : titre imprimé sur un feuillet séparé; 30 ff. prélim. (paginés de I à LX), dont le premier renferme la *Table* et le *Privilége*, et les autres le *Discours de la Tragedie* et les *Examens;* 672 pp. contenant 12 pièces ainsi disposées : *Pompée, le Menteur, la Suite du*

Menteur, Rodogune, Théodore, etc., jusqu'à la *Toison d'or* (réunie pour la première fois dans cette édition au *Théâtre* de Corneille); xvij pp. pour le *Discours des trois Unitez*, et un second *Privilége;* 1 f. blanc.

Chaque volume contient, nous l'avons dit, deux priviléges, mais ces priviléges sont de date différente. Celui qui est placé immédiatement après le titre est daté du 3e jour de décembre 1657; il est accordé pour vingt ans à *Augustin Courbé*, qui aura le droit exclusif d'imprimer, vendre et débiter les œuvres des sieurs de Corneille frères, « à condition qu'il sera mis deux des exemplaires qui seront imprimez en vertu des presentes, en notre Bibliothèque publique, et un en celle de nostre tres-cher et féal le sieur Seguier, Chevalier Chancellier de France, avant que de les exposer en vente ; et qu'elles seront registrées dans le livre de la Communauté des Libraires de nostre dite ville de Paris, suivant les Arrests de nostre Cour de Parlement, à peine de nullité d'icelles. » A la fin du privilége se trouvent les mentions suivantes : « Ledit *Courbé* a fait part de la moitié du susdit privilége à *Guillaume de Luyne,* aussi Marchand Libraire à Paris. Et ledit *Courbé* a cedé son droit particulier du present privilege à *Thomas Jolly* et *Louis Billaine,* aussi Marchands Libraires à Paris, suivant l'accord fait entre eux. — La presente impression in-folio des œuvres du sieur P. Corneille, a esté achevée d'imprimer le 22. Decembre 1663. » Le traité de cession conclu par *Courbé* avec deux de ses confrères explique qu'on ne rencontre pas d'exemplaires à son nom.

Le privilége placé à la fin des volumes est accordé à Corneille lui-même pour neuf ans, à la date de   janvier 1653 (le quantième est resté en blanc); il n'était donc pas expiré à l'époque où *Courbé* obtint celui de 1657. Mais ce nouveau privilége ne lui fut accordé que du consentement de Corneille, car il était cessionnaire, avec *Guillaume de Luyne,* des droits conférés au poëte en 1653. Le texte du privilége de 1653 est donné ici comme dans l'édition de 1660, avec la date de l'achevé d'imprimer de cette édition au 31 octobre 1660. Un détail qu'il est difficile d'expliquer, c'est que la pièce se termine dans le premier volume par la mention suivante : *Et cette dernière Edition* [in-folio] *achevée le 24. Avril* 1663. *audit Roüen, par ledit Maurry*, et, dans le second volume, par cette autre mention : *Et cette derniere Edition achevée le* 15. *de Septembre* 1663, *audit Roüen, par ledit Maurry.*

L'édition fut terminée plusieurs mois avant l'achèvement du portrait et du frontispice et les 2 ff. prélim. ne furent imprimés qu'au dernier moment. Les deux volumes que nous avons décrits sous le numéro précédent, aussi bien que les trois achevés d'imprimer que nous venons de rapporter, ne laissent aucun doute à cet égard.

Les libraires durent faire tirer en même temps des titres, sous plusieurs dates différentes, car l'impression de ces titres paraît avoir été effectuée sur les mêmes formes.

L'édition de 1663 nous offre un texte revu par Corneille pour la troisième fois. Le poëte s'inquiéta beaucoup plus, en faisant cette révision, de la forme que du fond. Il voulut introduire un système orthographique nouveau, pour faciliter aux étrangers la prononciation de notre langue. L'avis *Au Lecteur,* qui précède le premier volume, est consacré tout entier à l'exposition de son système, dont les points fondamentaux sont : la distinction de l'*i* voyelle et du *j* consonne, de l'*u* voyelle et du *v* consonne ; la distinction de l'*s* allongé (ſ) et de l'*s* rond ; l'accentuation de l'*e* ouvert et de l'*é* fermé ; l'emploi des doubles lettres.

Tout en posant ces préceptes, Corneille ne put obtenir des typographes qu'ils les suivissent exactement. Dans tout le cours de cette édition, comme dans celles de 1664, in-8° de 1668, l'*i* et le *j*, l'*u* et le *v* sont encore souvent confondus. Les accents n'y sont pas marqués non plus d'après les indications de l'auteur : Corneille le reconnaît lui-même dans l'avis *Au Lecteur* du recueil de 1682.

Les premières lignes de l'avis *Au Lecteur* de l'édition in-folio témoignent du soin avec lequel le poëte arrêtait lui-même la composition de ses volumes : « Ces deux Volumes, dit-il, contiennent
« autant de Pieces de Theatre que les trois que vous avez veus
« cy-devant imprimez in-Octavo. Ils sont réglez à douze chacun, et
« les autres à huit. *Sertorius* et *Sophonisbe* ne s'y joindront point,
« qu'il n'y en aye assez pour faire un troisiéme de cette *Impression,*
« ou un quatriéme de l'autre. Cependant, comme il ne peut entrer
« en celle-cy que deux des trois *Discours* qui ont servy de Prefaces
« à la précédente, et que dans ces trois Discours j'ay tasché d'ex-
« pliquer ma pensée touchant les plus curieuses et les plus impor-
« tantes questions de l'Art Poétique, cet Ouvrage de mes reflexions
« demeureroit imparfait si j'en retranchois le troisième. Et c'est ce
« qui me fait vous le donner en suite du second Volume, attendant
« qu'on le puisse reporter au devant de celuy qui le suivra, si-tost
« qu'il pourra estre complet. »

Vendu : 145 fr., mar. r. (*Niedrée*), Bertin, 1854 (n° 762) ; — 330 fr., mar. r., *Duru,* Giraud, 1855 (n° 1623) ; — 250 fr., mar. r. (avec la date de 1665), Solar, 1860 (n° 1685) ; — 900 fr., mar. r. (*Duru-Chambolle*), Benzon, 1875 (n° 246).

109. Le ‖ Theatre ‖ de ‖ P. Corneille. ‖ Reveu & corrigé par l'Autheur. ‖ I. [II. III. et IV.] Partie. ‖ *A Roüen, Et se vend* ‖ *A Paris,* ‖ *Chez Guillaume de Luyne, Libraire Iuré,* ‖ *au Palais, en la Gallerie des Merciers,* ‖ *à la Iustice;* [ou *Chez Thomas Iolly, au Palais, dans* ‖ *la petite Salle, à la Palme, & aux* ‖ *Armes de Hollande;* ou *Chez Loüis Billaine, au Palais, au second* ‖ *Pilier de la grand'-Salle, à la Palme,* ‖ *& au grand Cesar.* ‖ M.DC.LXIV

[1664, et pour la IV. Partie, M.DC.LXVI — 1666]. || Avec Privilege du Roy. 4 vol. in-8.

I. Partie : cxviij pp. prélim. (y compris le frontispice gravé et le titre) ; 2 ff. non chiffr. pour le *Privilége* et le titre de *Mélite ;* 703 pp. et 8 figures.

II. Partie : cxiv pp. prélim. (y compris le frontispice gravé et le titre), 2 ff. pour le *Privilége* et le titre du *Cid ;* 720 pp. et 8 figures.

III. Partie : xcj pp. prélim. (y compris le frontispice gravé et le titre) ; 1 f. pour le titre de *Rodogune ;* 743 pp. et 8 figures.

Le contenu de ces trois volumes est le même que celui du recueil de 1660, sauf l'addition de la *Toison d'or*. La Ire Partie s'ouvre par un avis *Au Lecteur*, qui précède le *Discours du Poëme dramatique ;* dans la IIe Partie, l'ordre des pièces est changé : *Théodore,* au lieu d'être placée après *Pompée,* se trouve à la fin du volume ; la IIIe Partie renferme 8 pièces au lieu de sept.

Les frontispices sont les mêmes qu'en 1660 ; la date n'en a pas été modifiée. Les figures sont également les mêmes ; celle qui accompagne *la Toison d'or,* dernière pièce du tome IIIe, est seule nouvelle ; elle est signée : G^l *Ladame, inv. et fecit.*

M. Brunet a confondu le recueil de 1664 in-8 avec celui de 1660. Cette erreur ne peut s'expliquer que par le peu de soin avec lequel les éditions originales de Corneille avaient été étudiées jusque dans ces dernières années.

On évitera même de confondre les feuillets provenant des deux recueils en observant les *i* et les *j,* les *u* et les *v,* dont la distinction est généralement faite dans cette dernière édition.

IV. Partie, 1666 (la disposition typographique employée pour les adresses des libraires n'est pas tout à fait semblable à celle que nous avons indiquée pour les trois premières parties) : 2 ff. prélim., 252 pp. et 1 f. blanc ; 3 figures.

Cette IVe partie contient *Sertorius, Sophonisbe* et *Othon ;* elle a dû être publiée originairement sans figures, car de tous les exemplaires qui nous sont passés sous les yeux, quatre seulement les possédaient, notamment celui de la Bibliothèque nationale, celui de M. Cousin et celui de M. Didot. Les figures de *Sertorius* et de *Sophonisbe* portent la signature de *L. Spirinx ;* celle d'*Othon* n'est pas signée.

Le privilége, dont les deux premières parties de cette édition contiennent le texte, tandis qu'un extrait occupe le verso de la p. xcj de la IIIe Partie, est le privilége de janvier 1653 ; il est suivi de la mention de la cession faite par *Courbé* à *Jolly* et à *Billaine,* mention dont nous avons parlé ci-dessus (n° 108). On lit à la fin de ce privilége dans les tomes Ier et IIe : *Et cette dernière Edition achevée le 15. Aoust 1664. audit Roüen, par ledit Maurry,* tandis que le tome IIIe porte : *achevée le quatorziéme Aoust mil six cens soixante-quatre.*

La IVᵉ Partie ne reproduit qu'un extrait du privilége du 3 décembre 1657, terminé par une mention de la cession faite par *Courbé* et d'un achevé d'imprimer daté du 30. *Octobre* 1665.

On joint à cette édition les trois volumes suivants :

POEMES || DRAMATIQUES || DE || T. CORNEILLE. || I. [II. et III.] Partie. || *A Roüen, Et se vendent* || *A Paris,* || *Chez Guillaume de Luyne, Libraire Iuré,* || *au Palais, en la Gallerie des Merciers,* || *à la Iustice;* [ou *Chez Thomas Iolly, au Palais, dans la* || *Salle des Merciers, à la Palme, &* || *aux Armes de Hollande;* ou *Chez Loüis Billaine, au Palais* || *Pilier de la grand' Salle, à la Palme,* || *& ou grand Cesar.* || M.DC.LXV [-M.DC.LXVI : 1665-1666]. || Avec Privilege du Roy. 3 vol. in-8.

I. Partie, 1665 : frontispice gravé avec la date de 1660 ; titre imprimé, 709 pp. et 1 f. qui contient la fin du privilége (lequel commence p. 710). Ce volume renferme 6 pièces précédées chacune d'une figure. La figure du *Feint Astrologue* est signée de *Choveau* (sic) et *Le Doyen*; celle de *l'Amour à la mode* et du *Charme de la Voix* sont signées de *Matheus*; celle du *Berger extravagant* porte le nom de *Le Doyen* seul ; les deux autres ne sont pas signées.

II. Partie, 1665 : frontispice gravé signé *Choveau* (sic) et *Le Doyen*, avec la date de 1661 ; titre imprimé, 652 pp. et 2 ff. pour le privilége et l'achevé d'imprimer. Ce volume renferme, comme le précédent, 6 pièces précédées chacune d'une figure. Les figures des *Illustres ennemis* et de *la Mort de Commode* sont signées de *Choveau* et *Le Doyen*; celles de *Bérénice* et de *Darius* portent le nom de *Matheus*.

Le privilége des deux premiers volumes est daté de 1657 ; c'est le même que dans l'édition de 1661 ; il est suivi d'une mention de la cession faite par *Courbé* à *Jolly* et à *Billaine* de la moitié des droits qu'il s'était réservés, et d'un achevé d'imprimer du mois de décembre 1664 : *à Roüen, par le susdit L. Maurry.*

III. Partie, 1666 (la disposition des adresses des libraires n'est pas la même que dans les deux premiers volumes) : 2 ff. prélim. pour le titre général et le titre particulier du *Galant doublé;* 1 figure pour cette même pièce et 401 pp., plus 3 autres figures. Ce volume renferme 4 pièces accompagnées chacune d'une figure : *le Galant doublé*, *Stilicon*, *Camma* et *Maximian*. Les 4 planches sont signées du nom ou du monogramme de *Spirinx*.

Le privilége, dont l'extrait occupe le verso de la p. 401, est le même que celui des deux premières parties, mais l'achevé d'imprimer est du 30 octobre 1665.

Les amateurs modernes ont pris l'habitude d'éliminer les œuvres de Thomas Corneille, qui à l'origine accompagnaient celles de son frère ; mais les deux recueils étaient si bien destinés à être vendus ensemble que, dans les exemplaires en reliure ancienne (dans ceux, par exemple, de M. Cousin et de M. Didot), la troisième partie des *Poëmes* de Thomas est réunie à la quatrième partie des *Œuvres* de

Pierre. Grâce à cette combinaison, les libraires pouvaient donner au public cinq volumes de même épaisseur.

Nous avons vu figurer à la vente Pasquier en 1875 (n° 327 du Catalogue) un exemplaire de cette édition où le titre du tome IIe était emprunté à l'édition de 1660. Un restaurateur, plus habile qu'honnête, avait complété la date à la plume. Grâce à notre système de description, il nous a été facile de découvrir cette supercherie, contre laquelle les amateurs feront bien de se mettre en garde.

Vendu (avec les *Poëmes* de Th. Corneille) : 140 fr., mar. r. anc., Bertin, 1854 (n° 760) ; — 485 fr., même exempl., Solar, 1860 (n° 1685), pour M. Didot ; — 260 fr., mar. r. mod., même vente (n° 1686) ; — 760 fr., mar. v. (V° *Niedrée*), Benzon, 1875 (n° 245). — Sans les *Poëmes* de Th. Corneille : 600 fr., mar. r. (*Tripon*), Fontaine, 1872 (n° 2644) ; — 2,000 fr., mar. r. doublé de mar. r. (*Trautz-Bauzonnet*), Fontaine, 1874 (n° 565) ; — 1,000 fr., mar. r. jans. (*Trautz-Bauzonnet*), ibid. (n° 566).

110. LE || THEATRE || DE || P. CORNEILLE. || Reveu & corrigé par l'Autheur. || I. [II., III. et IV.] Partie. || *A Rouën, Et se vend* || *A Paris,* || *Chez Guillaume de Luyne,* || *Libraire Iuré, au Palais, en la Gallerie* || *des Merciers, à la Iustice;* [ou *Chez Thomas Iolly, au Palais,* || *dans la petite Salle, à la Palme, & aux* || *Armes de Hollande;* ou *chez Louis Billaine, au Palais,* || *au second Pilier de la grand' Salle, à la* || *Palme, & au grand Cesar.*] || M.DC.LXVIII [1668]. || Avec Privilege du Roy. 4 vol. in-12.

I. Partie : xcviij pp. (y compris le titre) ; 3 ff. non chiff. pour le titre) ; 3 ff. non chiff. pour le *Privilége* et pour le titre de *Mélite;* 586 pp. et 1 f. blanc.

II. Partie : cx pp. (y compris le titre) ; 3 ff. non chiff. pour le *Privilége* et le titre du *Cid;* 596 pp. et 2 ff. blancs.

III. Partie : lxxxiv pp. (y compris le titre) ; 3 ff. non chiff. pour le *Privilége* et le titre de *Rodogune;* 618 pp. et 1 f. blanc.

Le contenu de ces trois premières parties est le même que celui des parties correspondantes du recueil de 1664.

IV. Partie : xxvj pp. (y compris 1 f. blanc et le titre) ; 3 ff. pour le *Privilége* et le titre de *Sertorius;* 364 pp.

La ive partie renferme cinq pièces : *Sertorius, Sophonisbe, Othon, Agésilas* et *Attila*. Elle est précédée d'un avis ainsi conçu : « *Le Libraire au Lecteur.* Je n'ay pû tirer de l'Autheur, pour ce quatrième Volume, un discours pareil à ceux qu'il a mis au devant des trois qui l'ont précédé, ny sa Critique sur les piéces qui le composent, mais il m'a promis l'un et l'autre quand ce volume sera complet, et qu'il en aura huit comme les précédens. En attendant l'effet de cette promesse, je vous donne ici les Préfaces dont il a accompagné chacune de celles-cy quand il les a fait imprimer. » Cet avis est effectivement suivi des cinq préfaces.

Les 4 volumes renferment le même privilége, non pas celui qui fut accordé à *Courbé* pour vingt ans le 3 décembre 1657, mais celui que Corneille avait obtenu en janvier 1653. C'est là une erreur évidente, puisque le privilége de 1653 n'était valable que pour 9 ans.

A la fin du privilége est mentionnée la cession faite par Corneille à *Courbé* et à *de Luyne*, puis par *Courbé*, pour sa part, à *Jolly* et à *Billaine*. On lit ensuite : *Et cette derniere Edition achevée le 15. Septembre 1668. audit Rouen, par ledit Maurry*.

Corneille ne tint pas la promesse qu'il avait faite à son libraire de lui fournir pour la IV° partie un Discours préliminaire et des Examens. *Tite et Bérénice*, *Pulchérie* et *Suréna* complétèrent plus tard les 8 pièces qui devaient former cette partie, mais n'y furent réunis qu'en 1682. « G. de Luyne et ses associés se bornèrent, dit M. Taschereau, à ajouter au tome IV de cette édition de 1668 des exemplaires des éditions originales, puis des réimpressions séparées des trois dernières pièces de l'auteur. Pour hâter sans doute l'épuisement de ces quatre volumes, ils prirent même le parti, en 1672, de faire imprimer pour un certain nombre d'exemplaires 40 pages in-12, avec pagination particulière (36 pages numérotés et en tête 2 feuillets non paginés), mais avec signatures faisant suite à celles des 364 pages du volume, contenant les Vers et les Poëmes sur les victoires de Louis XIV, les uns composés, les autres traduits par P. Corneille. »

Nous rapportons ces paroles de M. Taschereau, parce que, pour notre part, nous n'avons pas rencontré d'exemplaires ainsi complétés. Nous aurons l'occasion de faire remarquer plus loin (n° 112) avec quelle lenteur se débita le recueil de 1668, mais il ne faut pas en attribuer le peu de débit à l'indifférence du public. Les libraires firent imprimer en même temps deux éditions à deux prix différents, et le livre dut être tiré à un très-grand nombre d'exemplaires.

On joint au recueil de 1668 (A) l'édition suivante des *Poëmes* de Th. Corneille :

Poemes || dramatiques || de || T. Corneille. || I. [II. III. IV. et V.] Partie. || *A Rouen, Et se vendent* || *A Paris,* || *Chez Guillaume de Luyne, Libraire* || *Iuré, au Palais, en la Gallerie des* || *Merciers, à la Iustice;* [ou *chez Thomas Iolly, au Palais, dans la petite Salle, à la Palme, & aux Armes de Hollande;* ou *Chez Louis Billaine, au Palais, au second Pillier de la grand' Salle, à la Palme, et au grand Cesar*]. || M.DC.LXIX. [-M.DC.LXXX : 1669-1680]. || Avec Privilége du Roy. 5 vol. in-12.

I. Partie, 1669 : 592 pp. (y compris le titre) et 2 ff. pour le *Privilége*.

II. Partie, 1669 : 544 pp. (y compris le titre) et 2 ff. pour le *Privilége*.

III. Partie, 1669 : 584 pp. (y compris le titre) et 2 ff. pour le *Privilége*.

IV. Partie, 1673 : recueil factice d'éditions séparées précédé d'un titre général et contenant : *Laodice*, 1668 ; *le Baron d'Albikrac*, 1669 ; *la Mort d'Annibal*, 1670 ; *la Comtesse d'Orgueil*, 1671 ; *Ariane*, 1672 ; *Théodat*, 1673.

V. Partie, 1680 : recueil factice d'éditions séparées, précédé d'un titre général et contenant : *la Mort d'Achille*, 1674 ; *D. Cesar d'Avalos*, 1676 ; *Circé*, 1675 ; *l'Inconnu*, 1676 ; *le Comte d'Essex*, 1678.

Les trois premiers volumes contiennent le texte du privilége du 3 décembre 1657, avec un achevé d'imprimer daté du mois d'avril 1669 ; les deux volumes complémentaires ne renferment pas de privilége général.

Quelques amateurs pensent que chacune des parties de l'édition de 1668 doit être accompagnée d'un frontispice gravé. Cette opinion nous parait fort douteuse. De tous les exemplaires qui nous sont passés entre les mains, un seul contenait des frontispices ; c'était un exemplaire en reliure moderne auquel on avait ajouté les frontispices de 1682, qui n'étaient pas de la même grandeur que le livre.

111. LE || THEATRE || DE || P. CORNEILLE. || Reveu et corrigé par l'Autheur. || I. [II. III. et IV.] Partie. || *A Rouen, Et se vend* || *A Paris,* || *Chez Guillaume de Luyne, Libraire* || *Iuré, au Palais, en la Gallerie des* || *Merciers, à la Iustice;* [ou *Chez Thomas Iolly, au Palais,* || *dans la petite Salle, à la Palme, & aux* || *Armes de Hollande;* ou *Chez Louis Billaine, au Palais* || *au second Pilier de la grand' Salle, à la* || *Palme, & au grand Cesar*]. || M.DC.LXVIII [1668]. || Avec Privilege du Roy. 4 vol. in-12.

Cette édition, dont le titre est exactement semblable à la précédente, n'en est pas moins toute différente. Pour en faire plus aisément la collation, nous désignerons la première par A et la seconde par B.

I. Partie : xcviij pp. prélim. (y compris le titre); 3 ff. pour le *Privilége* et le titre particulier de *Mélite;* 474 pp.

II. Partie : xc pp. prélim. (y compris le titre) ; 3 ff. pour le *Privilége* et le titre du *Cid;* 479 pp.

III. Partie : lxxxiv pp. prélim. (y compris le titre) ; 3 ff. pour le *Privilége,* 1 f. blanc, 1 f. pour le titre de *Rodogune ;* 531 pp.

IV. Partie : xxvj pp. prélim. (y compris le titre et 1 f. blanc qui précède le titre) ; 3 ff. pour le *Privilége* et le titre de *Sertorius ;* 312 pp. — Les feuillets prélim. de l'édition B sont exactement semblables à ceux de l'édition A. Cette similitude est si complète qu'il ne nous a pas été possible de relever le moindre détail typographique qui pût servir à les distinguer. Par contre, le texte du théâtre est beaucoup plus compacte dans B que dans A, ainsi qu'on peut s'en convaincre en comparant les collations de chaque volume. Pour gagner de la place, l'imprimeur n'a pas inséré le nom des personnages au-dessus de chaque couplet, dans une ligne de blanc ; il s'est contenté de placer des initiales à la marge.

M. Taschereau (*Œuvres de Corneille,* t. Ier, p. xxxviij) signale cette édition B, qu'il considère comme une simple contrefaçon. Il est vrai que le papier en est moins beau, mais les caractères, les lettres ornées et les fleurons sont identiques, et les feuillets prélim. des 4 volumes ont été certainement imprimés sur la même composition. Nous sommes plutôt d'avis que les libraires associés auront voulu faire une édition d'un prix moins élévé que l'édition A, et qu'ils y auront employé un papier moins fin et un texte plus compacte, pour diminuer l'épaisseur des volumes. Il n'était pas possible de réduire la place occupée par les discours préliminaires. Aussi a-t-on employé la même composition pour les deux éditions, tandis qu'il a suffi d'un remaniement très-simple pour gagner une centaine de pages pour chacune des trois premières parties et une cinquantaine pour la quatrième. M. Taschereau a été frappé de ce que tous les volumes de B, qu'il a eu entre les mains, portaient le nom de *Thomas Jolly,* mais nous en avons un sous les yeux qui porte le nom de *Louis Billaine,* et nous avons rencontré celui de *Guillaume de Luyne* sur des volumes de Thomas Corneille.

En effet, l'édition de Thomas Corneille, qui porte la date de 1669, est double comme l'édition du théâtre de son frère. Voici la description de ce recueil, qu'on peut joindre à l'édition B.

Poemes || dramatiques || de T. Corneille. || I. (II. et III.) Partie. || *A Rouen, Et se vendent* || *A Paris,* || *Chez Guillaume de Luyne,* || *Libraire Iuré, au Palais, en la Gallerie* || *des Merciers, à la Iustice ;* ou *Chez Thomas Iolly, au Palais, dans la petite Salle* || *à la Palme, & aux Armes de Hollande ;* ou *Chez Louis Billaine, au Palais, au second Pillier de la grand' Salle, à la Palme & au grand Cesar*]. || M.DC.LXIX. || Avec Privilege du Roy, 3 vol. in-12.

Ire *Partie :* 437 pp. (y compris le titre) et 1 f. non chiff., contenant la fin du *Privilége,* qui commence p. 438. — *II*[e] *Partie :* 446 pp. (y compris le titre), 2 ff. pour le *Privilége* et 3 ff. blancs. — *III*[e] *Partie :* 487 pp. (y compris le titre), 1 f. contenant la fin du *Privilége* et 1 f. blanc.

Cette édition désigne également les personnages par de simples initiales placées dans la marge. Nous avons à peine besoin de remarquer qu'on peut y ajouter les deux recueils qui portent le titre de IVe et Ve Partie (voy. n° 110).

Tout en admettant que B n'est pas une contrefaçon, nous devons reconnaître que cette édition est postérieure à l'édition A. Celle-ci indique après le privilége de la IIe Partie la correction suivante : p. xlix, l. 24 : *Alciabe*, lisez *Alcibiade*; or, dans B, la correction est faite, ce qui indique bien un tirage subséquent.

M. Taschereau dit n'avoir jamais rencontré d'exemplaire de la IVe partie de B complété par des exemplaires des trois dernières pièces de Corneille. Cette particularité est facile à expliquer. Les libraires voulurent écouler d'abord les exemplaires dont le prix était le plus élevé; ils en complétèrent la troisième partie pour les recommander au public. Nous allons voir, sous le numéro suivant, comment furent vendus les exemplaires de l'édition B qui étaient restés en magasin.

112. LE ‖ THEATRE ‖ DE ‖ P. CORNEILLE. ‖ Reveu & corrigé par l'Auteur. ‖ *A Roüen, Et se vend* ‖ *A Paris,* ‖ *Chez Pierre Traboüillet, dans la* ‖ *grande Salle du Palais, vis-à-vis la porte* ‖ *proche les Consultations, à la Fortune* ‖ *& à l'Image S. Louys.* ‖ M.DC.LXXX [1680]. ‖ Avec Privilege du Roy. 4 vol. in-12.

Cette édition, dont nous avons trouvé des volumes dépareillés à la bibliothèque Sainte-Geneviève, fut faite à l'aide d'un procédé analogue à celui que les libraires avaient employé en 1657. *Trabouillet* se rendit acquéreur en 1680 des exemplaires invendus de l'édition à bon marché de 1668, laquelle, ainsi que nous l'avons fait remarquer, avait dû être tirée à grand nombre; il retira les anciens titres et leur en substitua de nouveaux, sans rien changer au reste du livre. Il nous suffit donc de renvoyer pour la collation de cette édition au n° 111.

Les *Poëmes dramatiques de Th. Corneille* (édition B de 1669) ont subi un remaniement du même genre. On peut les joindre à cette édition avec la date de 1680.

113. LE ‖ THEATRE ‖ DE ‖ P. CORNEILLE. ‖ Reveu et corrigé par l'Autheur. ‖ I. [II. III. et IV.] Partie. ‖ *A Paris,* ‖ *Chez Guillaume de Luyne,* ‖ *Libraire Juré, au Palais, en la Galerie des* ‖ *Merciers, sous la montée de la Cour des* ‖ *Aydes, à la Justice;* [ou *Chez Estienne Loyson, au premier* ‖ *Pillier de la grand' Salle du Palais, proche les* ‖ *Consultations*

au nom de Jesus; ou *Chez Pierre Traboüillet, au* || *Palais, en la Galerie des Prisonniers, à l'Image* || *S. Hubert, & à la Fortune proche le* || *Greffe aux Eaux et Forests*]. || M.DC.LXXXII [1682]. || Avec Privilege du Roy. 4 vol. in-12.

I. Partie : frontispice gravé; portrait de Corneille; xcviij pp. prélim. (y compris le titre); 1 f. pour le titre de *Mélite;* 586 pp. et 1 f. pour le *Privilége*. — Le frontispice est une réduction du grand frontispice qui précède l'édition in-fol. de 1663; on lit au-dessous : *Le Theatre de P. Corneille.* Le portrait de Corneille ne porte pas de signature; il représente le poëte dans le costume des premières années du règne de Louis XIV : perruque, calotte et rabat; on lit au-dessous : *Pierre Corneille né à Rouen en l'Année* M.VI.C.VI.

II. Partie : frontispice gravé ; cx pp. prélim. (y compris le titre); 1 f. pour le titre du *Cid;* 597 pp. — Le frontispice représente deux Amours placés au-dessous de vastes lauriers; l'un tient une draperie qui porte ces mots : *le Theatre de P. Corneille;* l'autre grave sur la pierre les armes du poëte; ce dernier Amour est assis sur une base en pierre, qui porte l'inscription suivante : *Reueu et corrigé et augmenté de diuerses pieces nouuelles. 2. Partie.*

Il y a deux sortes d'exemplaires de cette IIe Partie; les uns comptent 597 pp. et contiennent un *Extrait du Privilége* au verso de la p. 597; les autres n'ont que 596 pp. et l'*Extrait du Privilége* y occupe le recto du feuillet suivant. Cette différence vient de ce que, pendant le tirage, Corneille a supprimé vingt vers dans la scène V[e] du cinquième acte de *Théodore* (p. 587). La feuille Bb, dernière du volume, s'est ainsi trouvée subir un remaniement complet.

III. Partie (l'adresse des libraires est disposée autrement que dans les deux premiers volumes) : frontispice gravé, LXXXIV pp. prélim. (y compris le titre); 1 f. pour le titre de *Rodogune;* 618 pp. et 1 f. pour l'*Extrait du Privilége*. — Le frontispice représente une femme nue, qui personnifie la Vérité ; cette femme, qui se tient debout sur une boule, est entourée de six personnages en costumes romains et asiatiques; elle supporte des deux mains une banderole sur laquelle on lit ces mots : *te Theatre de P. Corneille.*

IV. Partie : frontispice gravé; xxij pp. prélim. (y compris le titre); 1 f. pour le titre de *Sertorius* et 591 pp. — Le frontispice représente Apollon entouré de personnages de diverses nations. Au verso de la p. 591 se trouve un *Extrait du Privilége.*

Cette édition, la dernière qu'ait publiée Corneille, nous donne le texte définitif adopté par lui. Elle a, par cela même, une grande importance et mérite d'être recherchée peut-être plus encore que toutes les précédentes. Les exemplaires en sont moins rares, mais il est fort difficile d'en trouver de bien complets avec tous les frontispices. Un exemplaire qui a figuré à la vente Pasquier, en 1875, offrait un défaut qu'il importe de signaler. L'un des frontispices était emprunté à l'édition de Th. Corneille, que nous allons décrire ci-après ; un faussaire y avait changé le T en un P plus ou moins bien réussi. Le but de cette bibliographie est précisément de mettre les amateurs à l'abri de fraudes semblables.

Chacun des volumes du recueil de 1682 contient huit pièces ; l'ordre dans lequel elles sont placées est celui qui avait déjà été suivi en 1668 ; le tome IV⁰ contient de plus *Tite et Bérénice, Pulchérie et Suréna*.

Le privilége, « donné à S. Germain en Laye, le 17. jour d'Avril, l'an de grace 1679, » est accordé pour dix ans à *Guillaume de Luyne*, qui déclare y associer *Estienne Loyson* et *Pierre Trabouillet*. L'achevé d'imprimer pour la première fois est du 26 février 1682. La troisième partie porte le 16 février, ce qui est évidemment une faute d'impression.

On joint à cette édition l'édition suivante de Thomas Corneille :

POEMES || DRAMATIQUES || DE || T. CORNEILLE. || [I. II. III. IV. et V.] Partie. || *A Paris,* || *Chez Guillaume de Luyne, Libraire* || *Juré au Palais, dans la Salle des Merciers, sous* || *la montée de la Cour des Aydes à la Justice ;* [ou *Chez Trabouillet, au Palais, en la* || *Galerie des Prisonniers, à l'Image S. Hubert, & à* || *la Fortune proche le Greffe des Eaux & Forets*]. || M.DC.LXXXII [1682]. || Avec Privilege du Roy. 5 vol. in-12.

I. *Partie* : frontispice gravé ; titre imprimé ; 592 pp. — Le frontispice représente une femme debout couronnée de lauriers, qui tient de la main droite une trompette, tandis que, de la main gauche, elle fait jaillir du lait de son sein ; près de cette femme trois Amours jouent avec divers attributs. — Ce Ier volume ne contient ni privilége, ni achevé d'imprimer.

II. *Partie* : frontispice gravé ; 545 pp. et 3 ff. blancs. — Le frontispice représente l'empereur Commode, vêtu d'une longue robe, qui se perce la poitrine d'un poignard ; à ses pieds se trouvent sa couronne et les autres insignes de son pouvoir impérial. — Un *Extrait du Privilége* occupe le verso de la p. 545.

III. *Partie :* frontispice gravé ; 510 pp. et 1 f. blanc. — Le frontispice représente une femme qui personnifie la comédie ; cette femme tient de la main droite un tambour de basque et de la gauche une trompette ; à ses pieds se voient une Folie et un violon, près d'elle un Amour joue de la vielle.

IV. *Partie :* 533 pp. en tout. Un *Extrait du Privilége* occupe le verso du dernier feuillet.

V. *Partie :* 571 pp. et 2 ff. blancs. Le verso du dernier feuillet imprimé (p. 572) contient un *Extrait du Privilége*.

Nous n'avons jamais vu de frontispices à ces deux dernières parties. Un amateur distingué, M. Daguin, ancien président du tribunal de commerce, qui a particulièrement étudié les éditions collectives données par Corneille, nous déclare ne les avoir jamais rencontrés non plus. « C'est précisément cette particularité, ajoute-t-il dans une note qu'il a bien voulu nous communiquer, qui me fait penser que les frontispices destinés aux *Poëmes* de Thomas Corneille ont été exécutés pour l'édition de 1669 (voy. ci-dessus n° 111) et non pour celle de 1682. Dans ce cas, il faudrait admettre que les frontispices gravés pour les *Œuvres* de Pierre Corneille appartiennent, eux aussi, à l'édition de 1668, et non à celle de 1682.» Nous avons déjà exposé ce système, qui ne nous paraît pas encore appuyé de preuves suffisantes.

Le privilége, daté du 17 avril 1679, est donné pour dix ans à *Guillaume de Luyne*, qui déclare y associer *Pierre Trabouillet*. L'achevé d'imprimer, qui suit les *Extraits du Privilége*, est, pour la IIe partie, du 26 février 1682, pour la IVe et la Ve partie, du 23 juillet de la même année.

IV. — ÉDITIONS DES OUVRAGES DE PIÉTÉ DE CORNEILLE

PUBLIÉES PAR LUI-MÊME.

I

114. L'IMITATION || DE || IESVS CHRIST. || Traduite en vers François || par P. Corneille. || *A Roüen,* || *Chez Laurens Maurry, prés le Palais.* || M.DC.LI [1651]. || Auec Priuilege du Roy. || *Et se vendent A Paris,* || *Chez Charles de Sercy, au Palais,* || *dans la Salle Dauphine, à la bonne* || *Foy Couronnée;* [ou *Imprimé à Roüen,* || *Et se vendent* || *A Paris,* || *Chez Pierre le Petit, Imprimeur* || *& Libraire ordinaire du Roy, rüe* || *S. Iacques à la Croix d'Or*]. || M.DC.LI [1651]. || Auec Priuilege du Roy. || In-12 de 5 ff. non chiffr. et 56 ff. chiffr.

Collation des feuillets prélim. : frontispice gravé représentant un écusson soutenu par deux anges, qui personnifient la Foi et la Charité; on lit dans l'écusson: *L'Imi* || *tation* || *de Iesus Christ* || *mise* || *en vers François* || *Par P. Corneille,* et au-dessous, la date de 1651 et la signature *H. Dauid Fec.*; ce frontispice est tiré sur 1 f. séparé qui ne fait pas partie du premier cahier; — titre imprimé portant un fleuron aux insignes de la passion (les titres, au nom de *P. le Petit,* sont imprimés en rouge et en noir); — 2 ff. pour l'avis *Au Lecteur;* — 1 f. pour l'*Approbation des Docteurs* et la première page du texte latin.

Cette édition renferme le premier fragment de l'*Imitation* publié par Corneille, c'est-à-dire les 20 premiers chapitres seulement du livre Ier. L'auteur du *Cid* voulait, ainsi qu'il nous l'apprend lui-même, sonder par cet essai le goût du public: « Les matieres y ont

« si peu de disposition à la Poësie, dit-il dans son avis *Au Lecteur*,
« que mon entreprise n'est pas sans quelque apparence de temerité.
« Et c'est ce qui m'a empesché de m'engager plus avant, que je
« n'aye consulté le jugement du Public par ces vingt Chapitres que
« je luy donne pour coup d'essay, et, pour arres du reste. J'appren-
« dray par l'estime ou le mépris qu'il en fera, si j'ay bien ou mal
« pris mes mesures, et de quelle façon je dois continuer : s'il me
« faut estendre davantage les pensées de mon Autheur, pour leur
« faire recevoir par force les agrèments qu'il a méprisez, ou si ce
« peu que j'y adjouste quelquefois par la nécessité de fournir une
« strophe, n'est point une liberté qu'il soit à propos de retran-
« cher. »

L'avis *Au Lecteur* est suivi de l'*Approbation des Docteurs*, dont le texte, assez bizarrement conçu, a passé dans toutes les premières éditions de l'*Imitation*. Voici comment s'expriment les Docteurs : « Le livre de l'Imitation de Jésus-Chrrist avoit honoré toutes les Langues des Nations mesme les plus éloignées, mais il n'avoit point encor parlé celle du Parnasse. Ce travail estoit reservé à Monsieur Corneille pour en exprimer parfaitement dans la douceur de ses beaux Vers tout l'esprit et la lettre. La grandeur du sujet, le mérite de l'Autheur qui en a fait le choix, et la maniere dont il a sçeu le traiter, donnent à cet Ouvrage plus de recommandation que tous les Eloges possibles ; et tout le témoignage que nous en pouvons rendre, est que cette traduction est toute fidelle, toute Orthodoxe, et toute conforme à son Original, et par consequent tresdigne de passer dans les mains de toutes les personnes de piété, tres-utile pour inspirer les plus belles Maximes de la Morale Chrestienne, et capable de faire de tres-grands fruits. C'est ainsi que nous soubssignez Docteurs en la Sacrée Faculté de Theologie de Paris, et Chanoines de l'Eglise de Rouen, l'avons estimé. A Rouen le 30. d'Aoust 1651. GAULDE, R. LE CORNIER. »

Dans cette première édition, le texte latin est placé en regard de la traduction ; il occupe le verso des feuillets, tandis que les vers de Corneille sont imprimés sur le recto des feuillets correspondants. Le 56º f. est rempli par le texte du privilége, daté du 22 septembre 1650 ; nous y lisons, après les mentions de style : « Nostre « cher et bien-amé le Sieur Corneille nous a fait remonstrer qu'il « a traduit en Vers François l'*Imitation de Jésus Christ*, et qu'il est « sollicité de donner au Public ladite Version ; ce qu'il n'oseroit « faire sans avoir nos Lettres sur ce necessaires, lesquelles il nous « a tres-humblement supplié de luy accorder. » A ces causes Corneille est investi pour cinq ans du privilége. Le texte se termine par la mention suivante : *Acheué d'imprimer pour la premiere fois, le 15. de Nouembre* 1651.

Les sentiments de piété dans lesquels vivait Corneille furent les seuls mobiles qui le portèrent à traduire l'*Imitation de Jesus Christ*. Comme il le donne clairement à entendre dans sa dédicace au pape Alexandre VII, il voulait en quelque sorte racheter l'orgueil que ses succès au théâtre avaient pu lui inspirer, en traduisant un livre qui se refusait aux ornements de la poésie. Malgré la dédicace au pape, peut-être la reine Anne d'Autriche ne fut-elle pas étrangère à cette entreprise. L'auteur du *Carpenteriana* parle du désir que la reine aurait exprimé au poëte, de voir s'achever son œuvre; mais elle prête un singulier motif à la pénitence que s'était donnée Corneille. La traduction de l'*Imitation* lui aurait été imposée par un confesseur, pour se faire pardonner un poëme licencieux qu'il aurait composé quelques années auparavant, l'*Occasion perdue et recouvrée*. Nous parlerons de ce poëme dans notre chapitre VIe, consacré aux ouvrages attribués à Corneille, mais nous devons dire dès maintenant que M. Marty-Laveaux, dans l'introduction de son t. X^e, a fait bonne justice des imputations calomnieuses dirigées par l'auteur du *Carpenteriana* contre la mémoire de notre poëte.

La traduction de l'*Imitation* eut un très-grand succès, dont les nombreuses éditions qui en furent publiées sont la meilleure preuve. Nous craignons que le chapitre que nous leur consacrons n'offre bien des lacunes; mais il présentera du moins la description raisonnée d'un certain nombre d'éditions, qui ne sont désignées dans les bibliographies que par une simple date.

Vendu : 110 fr., mar. bl. (*Trautz-Bauzonnet*), Solar, 1860 (n° 215).

115. L'Imitation ‖ de ‖ Iesvs-Christ. ‖ Traduite en vers ‖ François, ‖ Par P. Corneille. ‖ *Imprimé à Roüen,* ‖ *Et se vendent* ‖ *A Paris,* ‖ *Chez Pierre le Petit, Imprimeur* ‖ *& Libraire ordinaire du Roy, ruë* ‖ *S. Iacques à la Croix d'Or.* ‖ M.DC.LI [1651]. ‖ Auec Priuilege du Roy. In-12 de 6 ff. non chiff., 107 ff. chiffr. et 1 f. non chiffr.

Collation des feuillets prélim. : frontispice gravé représentant un écusson supporté par deux anges qui personnifient la Foi et la Charité (le même que dans l'édition précédente, mais avec la date de 1652, ou même dans quelques exemplaires de 1653); — titre imprimé en rouge et en noir; — 2 ff. pour l'avis *Au Lecteur*, dans lequel le passage que nous avons cité ci-dessus a été omis; — 2 ff. pour l'*Approbation des Docteurs*, la *Table des Chapitres*, et la première page du texte latin.

Cette édition contient le premier livre de l'*Imitation* en entier (25 chapitres); l'original latin y est placé en regard de la traduction. Le privilége commence au verso du f. 107 et se développe sur le recto du feuillet suivant. La date et le texte sont les mêmes que dans la première édition. On lit à la fin : *Acheué d'imprimer pour la première fois, le* 31. *d'Octobre* 1652, c'est-à-dire onze mois et demi après la publication des vingt premiers chapitres. Le titre porte cependant la date de 1651.

Il existe probablement des exemplaires au nom de *Ch. de Sercy*.

Vendu : 19 fr., mar. r., Giraud, 1855 (n° 196).

Nous décrivons ci-après (n°ˢ 117 et 119) deux éditions datées de 1651, mais en réalité postérieures.

116. L'Imitation de Iesvs-Christ. Traduite en vers François par P. Corneille. Seconde Partie. *A Roüen, De l'Imprimerie de L. Maurry, ruë aux Iuifs, derriere la Chapelle du Palais;* [ou *Imprimé à Roüen, & se vend à Paris, Chez Charles de Sercy, au Palais, en la Salle Dauphine, à la bonne Foy couronnée*]. M.DC.LII [1652]. In-12 de 6 ff. prélim. et 60 ff. chiffr.

Cette édition renferme les chapitres XXI-XXV du livre premier et les six premiers chapitres du livre second de l'*Imitation*. Le texte latin est placé en regard de la traduction française; l'achevé d'imprimer est du 31 octobre 1652.

Il existe sans doute des exemplaires au nom de *Pierre le Petit*.

Vendu : avec le n° 114, 50 fr. m. bl. (*Capé*), Giraud, 1855 (n° 195); — 131 fr. même exempl., Solar, 1860 (n° 216),

117. L'Imitation || de || Iesvs-Christ. || Traduite en vers François || par P. Corneille. || *A Roüen,* || *Chez Laurens Maurry, prés le Palais.* || M.DC.LI [1651]. || Auec Priuilege du Roy. || *Et se vendent A Paris,* || *Chez Charles de Sercy, au Palais,* || *dans la Salle Dauphine, à la bonne* || *Foy Couronnée*. In-12 de 5 ff. non chiffr. et 60 ff. chiffr.

Collation des feuillets prélim. : frontispice gravé, tiré sur 1 f. séparé (c'est le même que dans les éditions ci-dessus) ; — titre imprimé avec les insignes de la passion ; — 2 ff. pour l'avis *Au Lecteur* ; — 1 f. pour l'*Approbation des Docteurs*, et la première page du texte latin.

Cette édition, où le texte est placé en regard de la traduction, contient le livre Ier et les six premiers chapitres du livre IIe.

Le privilége, qui occupe le f. 59 v° et le f. 60 r°, est suivi d'un achevé d'imprimer du 31 octobre 1652.

Il doit exister des exemplaires au nom de *P. le Petit*.

118. L'Imitation || de || Iesvs-Christ. || Traduite en Vers François par P. C. || Enrichie de Figures de Taille-Douce || sur chaque Chapitre. || *Imprimé à Roüen, & se vend* || *A Paris,* || *Chez Charles de Sercy, au Palais dans*

la Salle Dauphine, à la bonne Foy Couronnée; [ou *Chez Pierre le Petit, Imprimeur ord. du Roy,* || *ruë S. Iacques, à la Croix d'Or*]. || M.DC.LIII [1653]. || Auec Priuilege du Roy. In-12 de 6 ff. et 191 pp.

Collation des feuillets prélim. : frontispice gravé représentant un ange aux ailes éployées qui tient une draperie sur laquelle est inscrit le titre ; — titre imprimé avec les insignes de la passion ; — 2 ff. pour l'avis *Au Lecteur* et l'*Approbation des Docteurs ;* — 1 f. pour la *Table;* — 1 f. pour la fig. du 1er chapitre.

Cette édition contient le Ier livre et 6 chapitres du IIe livre ; — chaque chapitre est précédé d'une vignette. Voici l'indication des figures : f. vj, v° : *Jesus-Christ enseignant les troupes qui le suivoient,* composition signée *David*, très-différente de la même gravure faite sur le même sujet en 1656 ; — p. 4 : *S. Alexis meurt en habit de mandiant;* — p. 8 : *S. Thomas d'Aquin;* — p. 16 : *Ste Marcelle;* — p. 20 : *l'Eunuque de la Reine d'Ethiopie;* — p. 24 : *David regardant Bersabée;* — p. 28 : *la Chute de Lucifer;* — p. 34 : *la Madelaine;* — p. 38 : *S. Maur commandé par S. Benoist* ; — p. 42 : *S. Bruno;* — p. 46 : *la Conversion de Sainct Augustin;* — p. 52 : *le roy Ezechias adverty de sa mort;* — p. 56 : *Job dans la souffrance;* — p. 64 : *S. Vitalian passe sa vie à hanter des femmes publiques;* — p. 68 : *la Madelaine au pied de Jesus-Christ;* — p. 72 : *la Conversion de St Paul;* — p. 76 : *Carloman, fils de Charlemagne;* — p. 80 : *S. Paul et S. Antoine;* — p. 86 : *S. François porte l'impression des sacrés stigmates;* — p. 92 : *S. Benoist dans une grotte;* — p. 100 : *S. Pierre pleurant son péché;* — p. 108 : *Thomas à Kempis;* — p. 118 : *Charles Quint fait faire ses funérailles;* — p. 130 : *le Jugement dernier et universel;* — p. 140 : *S. Elisabeth de Hongrie:* — p. 150 : *l'Annonciation;* — p. 162 : *le prophète Daniel;* — p. 166 : *S. Estienne;* — p. 171 : *S. Pachome;* — p. 176 : *Adam et Eve;* — p. 182 : *Joseph dans les prisons de Pharaon.*

La plupart des figures sont signées de *R. du Clos* et de *David;* une seule est signée de *Le Brun.*

Le privilége occupe les pp. 189-191. Il se termine par un achevé d'imprimer du 31 octobre 1652.

Cette édition est la première qui contienne une gravure en tête de chaque chapitre. M. Marty-Laveaux ne l'a pas connue, car il dit que cette particularité se présente tout d'abord dans une édition achevée d'imprimer le 30 juin 1653 (n° 120).

La correspondance de Corneille avec le P. Boulart nous révèle toute l'importance que le poëte attachait à ces gravures, pour lesquelles il demanda des sujets à plusieurs religieux. L'exécution en est des plus médiocres, mais la naïveté même de la conception nous montre l'esprit de Corneille dans toute sa candeur et toute sa foi. Les amateurs feront bien de rechercher de préférence les éditions où elles se trouvent.

119. L'Imitation ‖ de ‖ Iesvs-Christ. ‖ Traduite en vers ‖ François, ‖ Par P. Corneille. ‖ *Imprimé à Roüen,* ‖ *Et se vendent* ‖ *A Paris,* ‖ *Chez Pierre le Petit, Imprimeur* ‖ *& Libraire ordinaire du Roy, ruë* ‖ *S. Iacques à la Croix d'Or.* ‖ M.DC.LI [1651]. ‖ Auec Priuilege du Roi. Pet. in-12 de 6 ff. non chiff. et 66 ff. chiffr.

 Collation des feuillets prélim. : frontispice gravé représentant un ange aux ailes éployées qui tient au milieu des airs une draperie sur laquelle on lit : *l'Imitation de Iesus-Christ* ‖ *mise en vers* ‖ *françois* ‖ *par* ‖ *P. Corneille;* — titre imprimé en rouge et en noir; — 2 ff. pour l'avis *Au Lecteur* et l'*Approbation des Docteurs;* 2 ff. pour la *Table,* le *Privilége* et la 1re p. du texte latin.

 Cette édition, qui complète le fragment décrit sous le n° 115, existe probablement au nom de *Sercy;* elle contient les douze premiers chapitres du livre IIe de l'*Imitation;* le texte latin est placé en regard de la version de Corneille.

 Le privilége ne contient pas de mention de la cession faite par le poëte aux libraires. Il est suivi de ces mots : *Acheué d'imprimer pour la premiere fois le 30. de Iuin* 1653.

120. L'Imitation ‖ de ‖ Iesvs-Christ. ‖ Traduite en Vers François par P. C. ‖ Enrichie de Figures de Taille-douce sur chaque Chapitre. ‖ *A Roüen,* ‖ *De l'Imprimerie de L. Maurry, ruë aux Iuifs,* ‖ *derriere la Chapelle du Palais;* [ou : *Imprimé à Roüen, & se vend* ‖ *A Paris,* ‖ *Chez Charles de Sercy, au Palais, en la Salle* ‖ *Dauphine, à la bonne Foy couronnée;* ou *Chez Augustin Courbé, au Palais en la Salle des Merciers, sous la montée de la Cour des Aydes;* ou *Chez Guillaume de Luyne, au Palais, en la Salle des Merciers, sous la montée de la Cour des Aydes.*] ‖ M.DC.LIII [1653]. ‖ Auec Privilege du Roy. In-12 de 6 ff. et 239 pp.

 Collation des feuillets prélim. : frontispice gravé avec la date de 1652; il représente un cartouche soutenu par deux anges dans lesquels sont personnifiés la Foi et la Charité (dans les exemplaires au nom de *Sercy,* le frontispice représente un ange aux ailes éployées, qui soutient au milieu des airs une draperie sur laquelle on lit ce titre : *l'Imitation* ‖ *de* ‖ *Jesus-Christ* ‖ *mise en vers* ‖ *françois* ‖ *par P. Corneille);* — titre imprimé, qui porte les insignes de la passion ; — 3 ff. pour l'avis *Au Lecteur* et l'*Approbation des Docteurs;* —

1 f. pour la 1ʳᵉ figure : *Jesus-Christ enseignant les troupes qui le suivoient.* Le volume contient 37 figures.

Les 31 premières figures sont celles que nous avons déjà décrites (n° 118). Voici comment les suivantes sont placées : — p. 188 : *S. Cecile;* — p. 192 : *S. Ignace, martyr, estant deschiré par les lions;* — pp. 199-200 : *le Martyre de Sainct Laurens;* — pp. 209-210 : *le Pharisien et le Publicain;* — p. 216 : *l'Empereur Lothaire;* — pp. 221-222 : *S. Antoine.*

Cette édition contient la traduction des deux premiers livres, sans texte latin. Les pp. 238 et 239 sont occupées par le privilége du 22 septembre 1651. On lit à la fin : *Acheué d'imprimer pour la premiere fois, le 30. de Iuin* 1653.

121. L'IMITATION ‖ DE ‖ IESVS-CHRIST. ‖ Traduite en Vers François ‖ par P. Corneille. ‖ Liure premier [Liure second]. ‖ *Imprimé à Roüen, & se vend* ‖ A Paris, ‖ Chez Pierre le Petit, Imprimeur ord. du Roy, ‖ *ruë S. Iacques, à la Croix d'Or.* ‖ M.DC.LIII [1653]. ‖ Auec Priuilege du Roy. 2 vol. in-12.

Livre premier : frontispice gravé qui représente un grand cartouche soutenu par deux anges qui personnifient la Foi et la Charité; on lit dans le cartouche le titre du livre, et au-dessous la date de 1653 (même planche que ci-dessus); — titre imprimé qui porte les insignes de la passion; — 2 ff. pour l'avis *Au Lecteur;* — 2 ff. pour l'*Approbation des Docteurs*, la *Table* et la première page du texte latin; ensemble 6 ff. non chiff., 107 ff. chiff. et 1 f. occupé par la fin du privilége, lequel commence au verso du f. 107.

Livre second : frontispice gravé qui représente un ange aux ailes éployées soutenant une draperie sur laquelle se lit le titre de l'*Imitation,* — titre imprimé qui porte les insignes de la passion; — 2 ff. pour l'avis *Au lecteur* et l'*Approbation;* — 2 ff. pour la table, le privilége et la première page du texte latin; — 66 ff. chiff.

Le privilége contenu dans chacune des deux parties est le même; il est daté du 22 septembre 1651. L'achevé d'imprimer pour la première fois est, à la fin du Premier Livre, du 31 octobre 1652, et, à la fin du Second Livre, du 30 juin 1653.

Cette édition, où le texte latin est placé en regard de la traduction, est évidemment postérieure à la précédente. Le changement de date sur le frontispice suffit pour le démontrer.

Il doit en exister des exemplaires au nom de *Sercy* et peut-être d'autres libraires.

122. L'IMITATION ‖ DE ‖ IESVS-CHRIST. ‖ Traduite en Vers François ‖ par P. Corneille. ‖ Liure Premier [Liure Se-

cond]. ‖ *Imprimé à Roüen, & se vend* ‖ *A Paris,* ‖ *Chez Charles de Sercy, au Palais, en la Salle* ‖ *Dauphine, à la bonne Foy couronnée;* [ou *Chez Pierre le Petit, Imprimeur ord. du Roy, ruë S. Iacques, à la Croix d'or*]. ‖ M.DC.LIIII [1654]. ‖ Auec Priuilege du Roy. 2 vol. in-12.

Livre Premier : frontispice gravé représentant un grand cartouche supporté par deux anges qui personnifient la Foi et la Charité ; — titre imprimé qui porte les insignes de la passion ; — 2 ff. pour l'avis *Au Lecteur ;* — 2 ff. pour l'*Approbation des Docteurs,* la *Table des chapitres,* et la 1re p. du texte latin ; ensemble 6 ff. prélim., 107 ff. chiff. et 1 f. Le texte latin est placé en regard de la traduction.

Le dernier feuillet est occupé par le privilége, qui commence au verso du f. 107. Ce privilége est celui du 22 septembre 1651. On lit à la fin : *Acheué d'imprimer pour la premiere fois, le 30. de Juin* 1653.

Livre Second : front. gravé représentant un ange aux ailes éployées qui tient une draperie au milieu des airs ; — titre imprimé qui porte les insignes de la passion ; — 2 ff. pour l'avis *Au Lecteur* et l'*Approbation ;* 2 ff. pour la *Table des chapitres,* le *Privilége* et la 1re p. du texte latin ; ensemble 6 ff. prélim. et 66 ff. chiff.

Cette seconde partie est accompagnée du texte latin comme la première et n'a pas non plus de figures. Le privilége et l'achevé d'imprimer sont les mêmes.

La première partie ne diffère peut-être que par le titre du n° 121, et la seconde est peut-être la même que celle qui a été décrite sous les n°s 119 et 121. Ces diverses éditions étant conservées dans des dépôts publics différents, il ne nous a pas été possible de les comparer.

123. L'Imitation ‖ de ‖ Iesvs-Christ. ‖ Traduite en Vers François par P. C. ‖ Liure Troisiéme. ‖ *A Paris,* ‖ *Chez Robert Ballard, seul Impr. de la* ‖ *Musique du Roy, ruë S. Iean de Beauuais,* ‖ *au Mont Parnasse.* ‖ M.DC.LIIII [1654]. ‖ Auec Priuilege du Roy. In-12 de 6 ff. prélim. et 132 ff. chiffr.

Collation des feuillets prélim. : frontispice gravé qui représente, dans certains exemplaires, deux patriarches soutenant une draperie, et, dans d'autres exemplaires, un large rideau soutenu par des anges au-dessus d'un paysage ; — titre imprimé qui porte les insignes de la passion ; — 4 ff. pour l'avis *Au Lecteur,* l'*Approbation,* le *Privilége* et la *Table.*

Cette édition, où le texte latin est placé en regard de la traduction française, renferme les trente premiers chapitres du livre IIIe.

Le privilége, daté du 30 décembre 1653, est accordé pour quinze ans à Pierre Corneille. On y lit ce qui suit : « Nostre cher et amé le sieur Corneille, Nous a fait remonstrer qu'il a traduit en vers François l'*Imitation de Jésus-Christ,* dont il a desja fait imprimer les deux premiers Livres en vertu du Privilege à luy accordé par nos Lettres du 22. Septembre 1651. Lesquels deux premiers Livres il auroit fait enrichir de Figures de taille-douce sur chaque Chapitre, contenans chacune quelque exemple tiré de l'Escriture Sainte, ou de la Vie des Saints, et appliquée à une sentence contenue ausdits Chapitres ; Ce qu'il désireroit continuer à l'avenir pour les deux Livres restans à imprimer : Et d'autant que dans nosdites Lettres en forme de Privilege il ne seroit parlé desdites Figures, et que plusieurs personnes pourroient les faire graver de nouveau pour les appliquer sur le texte Latin et Original de l'*Imitation de Jesus-Christ,* ou sur les Versions qu'on en a faites en Prose Françoise et autres langues, ou mesme pour les vendre ou débiter au public en Images separees, et frustrer par ce moyen ledit Exposant des fruits de son travail... »

A ces causes, le privilége a été porté à une durée de quinze ans, à partir de la première impression faite en vertu des nouvelles lettres, et s'applique également aux figures. Corneille déclare faire cession de ses droits au sieur *Ballard.*

On lit à la fin : *Acheué d'imprimer pour la premiere fois à Roüen, par Laurens Maurry, le dernier d'Aoust mil six cens cinquante-quatre.*

124. L'IMITATION ‖ DE ‖ IESVS-CHRIST. ‖ Traduite en Vers François par P. C. ‖ Enrichie de Figures de Taille-douce ‖ sur chaque Chapitre. ‖ Liure troisiéme. ‖ *A Paris,* ‖ *Chez Robert Ballard, seul Impr. de la* ‖ *Musique du Roy, ruë S. Iean de Beauuais,* ‖ *au Mont Parnasse.* ‖ M.DC.LIIII [1654]. ‖ Auec Priuilege du Roy. In-12 de 6 ff. et 180 pp.

Collection des feuillets prélim. : frontispice gravé qui représente une vaste draperie soutenue par six petits anges au-dessus d'un riche paysage ; — titre imprimé qui porte les insignes de la passion ; — 1 f. pour l'avis *Au Lecteur ;* — 3 ff pour l'*Approbation des Docteurs,* la *Table* et la 1re figure.

En regard de chaque tête de chapitre se trouvent des figures faisant suite à celles des deux premiers livres, éd. de 1653. En voici la description sommaire :

F. vj, verso : *S. Mathieu quitte sa barque ;* — p. 4 : *Le Prophete*

Samuel; — pp. 9-10 : *Sainte Catherine;* — p. 18 : *Joseph s'enfuit de sa Maistresse;* — p. 24 : *Iesus Christ instruit la Samaritaine;* — p. 32 : *S. Pierre et S. André;* — p. 40 : *S. Iustin;* — pp. 47-48 : *Le Roy Nabuchodonozor parmi les bestes;* — pp. 53-54 : *S. Ignace de Loyola se plonge dans un estang;* — p. 58 : *Henri Suso Iacobin;* — p. 64 : *S. Benoist se roule tout nu sur des espines;* — p. 68 : *Le P. Laurens de Suniano, Capucin sollicité par une femme impudique....;* — p. 74 : *Saül est agité du malin esprit;* — pp. 79-80 : *Dauid surmonte le géant Goliat;* — pp. 85-86 : *S. François Xavier;* — pp. 91-92 : *S. Louis Roy de France;* — pp. 97-98 : *S. André;* — p. 102 : *La Nativité de Iesus Christ;* — p. 108 : *S. François renonce à la succession de son pere;* — p. 114 : *S. Eustache;* — p. 120 : *Iesus Christ espouse S*te *Catherine;* — pp. 129-130 : *S. Pierre Celestin se demet du Pontificat;* — p. 136 : *Iesus Christ lauant les pieds de ses Apostres;* — p. 144 : *S. Arnoul refuse la Couronne Ducale;* — p. 148 : *Boëce emprisonné injustement;* — pp. 153-154 : *S. Iean Calibite;* — p. 160 : *Heliodorus voulant piller les tresors du Temple;* — p. 166 : *David meprise les injures que lui conte Semeï;* — pp. 169-170 : *Iesus Christ au jardin des Oliues;* — p. 174 : *Iesus Christ rend la veue à vn aueugle.*

Toutes ces figures sont signées du graveur *H. David;* celles pour lesquelles nous avons donné un double numéro sont imprimées au verso d'un feuillet dont le recto est blanc.

Le privilége, dont les feuillets prélim. contiennent le texte, est celui du 30 décembre 1653. Corneille déclare faire cession de ses droits à *Ballard.* On lit à la fin : *Acheué d'imprimer pour la premiere fois à Roüen, Par Laurens Maurry, le dernier d'Aoust mil six cens cinquante-quatre.*

Cette troisième partie, comme la précédente, ne contient que les trente premiers chapitres du livre IIIe.

125. L'Imitation ∥ de ∥ Iesvs-Christ. ∥ Traduite & paraphrasée en Vers ∥ François. ∥ Par P. Corneille. ∥ Premiere Partie. ∥ *Imprimé à Roüen par L. Maurry,* ∥ *Pour* ∥ *Robert Ballard, seul Imprimeur de la* ∥ *Musique du Roy, à Paris, ruë S. Iean de* ∥ *Beauuais, au Mont Parnasse.* ∥ M.D.LVI [1656]. ∥ Auec Approbation des Docteurs, & Priuilege du Roy. In-12 de 12 ff. et 239 pp.

Collation des feuillets prélim. : frontispice gravé représentant deux prophètes qui tiennent une draperie sur laquelle est inscrit le titre; — titre imprimé qui porte les insignes de la passion; — 7 ff. pour la dédicace; — 2 ff. pour l'avis *Au Lecteur;* — 1 f. pour l'*Approbation des Docteurs* et la figure du premier livre.

Les pp. 238-240 contiennent le *Privilége;* l'achevé d'imprimer est du 20 mars 1656.

Nous ne connaissons de cette édition qu'une première partie qui contient le Ier livre et les douze premiers chapitres du IIe livre; M. Marty-Laveaux (t. VIIIe, p. xx, note 3) n'en a pas non plus retrouvé la suite, qui n'a peut-être jamais été imprimée, les libraires ayant dès lors fait paraître des éditions contenant plusieurs parties avec pagination suivie.

126. L'IMITATION ǁ DE ǁ IESVS-CHRIST. ǁ Traduite & paraphrasée en Vers ǁ François. ǁ Par P. Corneille. ǁ Premiere Partie. ǁ *Imprimé à Roüen par L. Maurry,* ǁ *Pour* ǁ *Robert Ballard, seul Imprimeur de la* ǁ *Musique du Roy, à Paris, rue S. Iean de* ǁ *Beauuais, au Mont Parnasse.* ǁ M.DC.LVI [1656]. ǁ Auec Approbation des Docteurs, & Priuilege du Roy. In-12 de 12 ff. et 420 pp., figg.

Collation des feuillets prélim. : frontispice gravé qui représente une draperie soutenue par deux prophètes; Dieu le Père plane au-dessus d'eux dans les cieux; on lit sur la draperie : *L'Imitation* ǁ *de* ǁ *Iesus Christ* ǁ *mise en* ǁ *vers françois* ǁ *par* ǁ *P. Corneille*, et, en bas de la figure, *H. Dauid fecit;* — titre imprimé qui porte les insignes de la passion; — 7 ff. pour l'épistre *Au Souuerain Pontife;* — 2 ff. pour l'avis *Au Lecteur;* — 1 f. pour l'*Approbation des Docteurs* et la 1re figure.

Les pp. 417 à 420 sont occupées par la *Table*; il n'y a pas de copie du privilége.

Cette édition renferme les deux premiers livres de l'*Imitation* et les trente premiers chapitres du troisième livre. Elle est ornée des mêmes figures que les premières éditions.

127. L'IMITATION ǁ DE ǁ IESVS-CHRIST. ǁ Traduite & paraphrasée en Vers ǁ François. ǁ Par P. Corneille. ǁ Derniere Partie. ǁ *Imprimée à Rouen par L. Maurry,* ǁ *Pour* ǁ *Robert Ballard, seul Imprimeur de la* ǁ *Musique du Roy, à Paris, ruë S. Iean de* ǁ *Beauuais, au Mont Parnasse;* [ou *Chez Pierre Rocolet, Imprimeur & Libraire ordinaire du Roy, au Palais, en la Gallerie des Prisonniers, aux Armes du Roy et de la Ville;* ou *Chez Antoine de Sommauille, au Palais, en la Gallerie des Merciers, à l'Escu de France;* ou *Chez André Soubron, Libraire de la Reyne, au Palais, à l'entrée de la Gallerie des Prisonniers, à l'Image Nostre-Dame*]. ǁ M.DC.LVI [1656]. ǁ Auec Appro-

bation des Docteurs, & Priuilege du Roy. In-12 de 6 ff., 306 pp. et 3 ff. non chiff. pour la *Table*.

Collation des feuillets prélim. : frontispice gravé qui représente un écusson supporté par trois anges, au-dessus d'un paysage; on lit dans l'écusson : *L'Imitation* || *de* || *Iesus Christ* || *mise en vers* || *françois par* || *P. Corneille;* — titre imprimé qui porte les insignes de la passion; — 3 ff. pour l'avis *Au Lecteur* et le *Privilége;* — 1 f. pour l'*Approbation des Docteurs* et la figure du chapitre xxxi du livre troisième.

Cette première figure est signée *Campion;* le sujet en est ainsi indiqué : *S. François de Paule refuse l'or et l'argent que luy presente le Roy Louis unziesme.* Les autres figures, dont nous indiquerons sommairement le sujet, sont placées de la manière suivante :

Pages 7-8 : Ste *Thaïs;* — p. 12 : *S. Raimont;* — p. 16 : *La Transfiguration;* — p. 22 : Ste *Marie Niepce de S. Abraham;* — pp. 27-28 : *Les trois enfans d'Israel dans la fournaise;* — pp. 33-34 : *Le Sacrifice d'Abraham;* — pp. 39-40 : *Josaphat;* — p. 44 : *David;* — pp. 47-48 : *Le Roy Ezechias;* — p, 54 : *S. Simeon Stylite;* — pp. 57-58 : *L'Empereur Maurice;* — pp. 63-64 : *Frere Girard;* — p. 70 : *Iesus Christ devant Pilate;* — pp. 73-74 : Ste *Lucie;* — pp. 81-82 : Ste *Lucie;* — pp. 89-90 : *La Mere des Machabées;* — pp. 95-96 : Ste *Nathalie;* — pp. 103-104 : *Iesus Christ tirant les Ames des Limbes;* — p. 112 : *S. Norbert;* — pp. 121-122 : *S. Joseph;* — p. 126 : *S. Jacques Hermite;* — pp. 131-132 : *S. Jean Baptiste;* — pp. 137-138 : *S. François;* — pp. 149-150 : Ste *Elisabeth;* — pp. 157-158 : *Simon le Cyreneen;* — pp. 163-164 : *Les Apostres fuyant;* — pp. 169-170 : *La Mort du Mauvais Riche;* — p. 186 : *Venite ad me omnes;* — pp. 189-190 : *Iesus Christ dans le S^t.-Sacrement;* — p. 200 : *S. Guillaume;* — pp. 207-208 : *Iesus Christ benit cinq pains;* — p. 214 : *S. Basile;* — pp. 221-222 : *S. Malachie;* — p. 228 : *Udo Euesque de Magdebourg;* — pp. 231-232 : *S. Estienne;* — pp. 237-238 : *Iesus Christ mourant;* — p. 242 : *La Presentation de la Ste Vierge;* — p. 248 : *Le Prophete Elie;* — pp. 255-256 : *S. Paul;* — p. 266 : *Iesus Christ appelle Zachée;* — pp. 271-272 : *S. Faustin Iouite;* — pp. 277-278 : *Les Pelerins d'Emaüs;* — pp. 283-284 : Ste *Mathilde;* — pp. 289-290 : *Les Sarrasins et* Ste *Claire;* — pp. 295-296 : *L'Annonciation;* — p. 302 : *L'Institution du St-Sacrement.*

Les figures, dont nous avons indiqué le placement par un double numéro, sont imprimées au verso de feuillets blancs au recto. La plupart portent le nom de *Campion;* quelques-unes le nom de *Chauveau;* quelques-unes enfin sont anonymes. Sur plusieurs le nom du graveur *David* accompagne celui du dessinateur.

L'*Approbation des Docteurs,* qui s'applique désormais à l'ouvrage complet, est conçue dans les termes suivants :

« Monsieur Corneille ayant heureusement achevé cette admirable Traduction du Livre de l'Imitation de Jesus-Christ, nous sommes obligez de rendre ce témoignage à la vérité en sa faveur, qu'il ne se pouvoit pas mieux, et que toute y est Catholique, Orthodoxe, et conforme au sens de l'Autheur. Nous ne doutons pas qu'un si excellent Ouvrage, où la Poésie parle si purement le langage des Sainots, ne trouve l'approbation qu'il mérite, et que la Charité qui en a fourny les plus riches idées, n'échauffe le cœur de ceux qui auront la piété de le lire avec application. Donné à Rouen ce jour de Saint Mathias, le vingt-cinquième de Février mil six cens cinquante-six.

« Signé, Gaulde, et R. Le Cornier. »

Le privilége, reproduit par extraits dans les feuillets prélim., est celui du 30 décembre 1653; avec mention de la cession faite par Corneille à *Ballard*, et par *Ballard* à *Rocolet, Sommaville* et *Soubron*. On lit à la fin : *Acheué d'imprimer pour la premiere fois, le dernier iour de Mars mil six cens cinquante-six, à Roüen, Par Laurens Maurry.*

128. L'Imitation ‖ de ‖ Iesvs-Christ. ‖ Traduite et paraphrasée en Vers François. ‖ Par P. Corneille. ‖ *Imprimé à Rouen par L. Maurry,* ‖ *Pour* ‖ *Robert Ballard, seul Imprimeur du Roy* ‖ *pour la Musique, Marchand Libraire, A Paris,* ‖ *ruë S. Iean de Beauuais, au Mont Parnasse;* [ou *A Paris, Chez Pierre Rocolet, Imprimeur & Libraire ordinaire du Roy, au Palais, en la Gallerie des Prisonniers, aux Armes du Roy, & de la Ville;* ou *Chez Anthoine de Sommauille, au Palais, en la Gallerie des Merciers, à l'Escu de France;* ou *Chez André Soubron, Libraire de la Reyne,* ‖ *au Palais à l'entrée de la Gallerie des Prisonniers,* ‖ *à l'Image Nostre-Dame*]. ‖ M.DC.LVI [1656]. ‖ Auec Approbation des Docteurs, & Privilege de sa Majesté. In-4 de 9 ff., 551 pp. et 4 ff.

Collation des feuillets prélim. : frontispice gravé représentant une croix entourée d'anges et de saincts, au pied de laquelle se trouvent les armes du pape; une draperie attachée à la croix porte ces mots : *Les* ‖ *Quatre Liures* ‖ *de* ‖ *l'Imitation de* ‖ *Iesus Christ* ‖ *Traduits et Paraphrasez* ‖ *en vers françois* ‖ *Par P. Corneille;* ce frontispice est tiré sur un feuillet séparé, non compris dans les signatures; — titre imprimé qui porte les insignes de la passion entourés de quatre têtes d'anges; — 5 ff. pour l'épître *Au Souverain Pontife Alexandre VII*; — 1 f. pour l'avis *Au Lecteur;* — 1 f. pour l'*Approbation des Docteurs* et la figure du 1er livre représentant Jésus enseignant à la multitude, figure signée : *F. Chauueau in. et fe.*

La *Table des Chapitres* commence au verso de la p. 551 et occupe les 3 ff. suivants. Le dernier feuillet est rempli par le privilége du 30 décembre 1653. On trouve à la fin la mention de la cession consentie par Corneille au profit de *Ballard*, et de l'association formée entre *Ballard, Rocolet, Sommaville* et *Soubron*, puis on lit ces mots : *Acheué d'imprimer pour la premiere fois, ce dernier iour de Mars mil six cens cinquante-six, à Roüen, Par Laurens Maurry.*

La figure du livre second (pp. 111 et 112) représente l'Annonciation; celle du livre troisième (p. 182), le Christ enseignant à deux pécheurs qui deviennent ses disciples; celle du quatrième livre (pp. 457-458), la Cène. Toutes ces figures sont signées *Chauveau*.

M. le duc d'Aumale possède un exemplaire de cette édition qui provient des ventes Pixerécourt et Giraud, et qui porte l'envoi suivant de la main de l'auteur : « Pour le R. P. D. Laurens Balland, « chartreux, son tres humble serviteur Corneille. » Telle est du moins la lecture donnée par M. L. Potier dans le catalogue Giraud; les catalogues Didot et Pixerécourt appellent le donataire « Laurens Ballaud »; enfin M. Marty-Laveaux l'appelle « Ballard ». Un autre exemplaire, donné par M. Henri Barbet à la bibliothèque de Rouen, porte : « Pour le R. P. don Augustin Vincent, chartreux, son tres humble serviteur et ancien amy Corneille. » Cette dernière dédicace a donné lieu à la publication suivante : *Sur un Autographe de Pierre Corneille, avec fac-simile;* par M. Deville (*Revue de Rouen*, 1835, 2e semestre, pp. 183 sqq.).

129. Limitation ‖ de Iesvs christ ‖ Mise en vers ‖ françois ‖ Par ‖ Pierre ‖ Corneille. ‖ *Imprimé A Roüen par L. Maurry,* ‖ *Pour* ‖ *Robert Ballard, seul imprimeur* ‖ *du Roy pour la Musique, Marchand* ‖ *Libraire, A Paris, ruë S. Iean de* ‖ *Beauuais, au Mont Parnasse.* ‖ M.DC.LVI [1656]. ‖ Auec Priuilege du Roy. Très-pet. in-12 de 8 ff., 507 pp. et 2 ff. pour le privilege.

Collation des feuillets prélim. : titre qui porte une réduction en taille-douce de la gravure décrite ci-dessus; une draperie soutenue dans les airs par une légion de petits anges : — 9 pp. pour l'*Epistre au pape;* — 4 pp. pour l'avis *Au Lecteur;* — 1 p. pour l'*Approbation des Docteurs.*

Cette petite édition contient les quatre livres d'après l'édition in-4. Chaque chapitre y est précédé d'une figure gravée en taille-douce, mais tirée dans le texte à mi-page. Les figures reproduisent en petit celles que nous avons décrites plus haut.

Le privilége commence au verso de la p. 507 et se développe sur les 2 ff. suivants. Il est suivi d'un rappel de l'achevé d'imprimer du dernier jour de mars 1656.

Ce petit volume, très-bien exécuté, était un de ces livres de poche condamnés à une rapide destruction ; aussi les exemplaires en sont-ils fort rares ; nous n'en avons rencontré que trois, qui appartiennent à M. le baron de Ruble, à M. L. Potier et à M. Bocher. Ce dernier exemplaire provient de la vente Pasquier, 1875, où il a été vendu 301 fr., relié en mar. v., par *Trautz-Bauzonnet.*

130. L'IMITATION ‖ DE ‖ IESVS-CHRIST. ‖ Traduite & paraphrasée en Vers François. ‖ Par P. Corneille. ‖ *Imprimée A Roüen par L. Maurry,* ‖ *Pour* ‖ *Robert Ballard, seul Imprimeur du Roy* ‖ *pour la Musique, Marchand Libraire, A Paris,* ‖ *ruë S. Iean de Beauuais, au Mont Parnasse;* [ou *A Paris, Chez Pierre Rocolet, Imprimeur & Libraire ordinaire du Roy, au Palais, en la gallerie des Prisonniers, aux Armes du Roy, & de la Ville;* ou *Chez Antoine de Sommauille, au Palais, en la Gallerie des Merciers, à l'Escu de France;* ou *Chez André Soubron, Libraire de la Reyne, au Palais, à l'entrée de la Gallerie des Prisonniers, à l'Image Notre-Dame*]. ‖ M. DC. LVIII. [1658]. ‖ Auec Approbation des Docteurs, & Priuilege du Roy. In-4 de 11 ff. et 531 pp.

Collation des feuillets prélim. : frontispice gravé (le même que dans l'édition de 1656, in-4) ; portrait de Corneille, au-dessous duquel se trouvent ses armes et cette inscription : *Pierre Corneille, natif de Rouen, s'est rendu celebre par quantite de pieces de Theatre, et par la traduction fidelle en vers François du livre incomparable de l'imitation de Iesus Christ;* on lit au bas : *A Paris chez Pierre Mariette, rue S. Iacques à l'Esperance, avec privilége du Roy;* — titre imprimé ; — 5 ff. pour l'*Epistre au Souverain Pontife;* — 2 ff. pour l'avis *Au Lecteur* et l'*Approbation des Docteurs;* — figure qui représente Jésus instruisant le peuple.

Les figures placées en tête de chaque livre sont les mêmes que dans l'édition de 1656.

L'extrait du privilége occupe le verso de la p. 531. Il porte la date du 30 décembre 1653 et contient les mentions qui se trouvent dans l'édition de 1656.

M. Alfred Dubois a bien voulu nous communiquer le précieux exemplaire de cette édition acheté par feu M. Aimé Dubois, son père, à la vente Renouard.

Cet exemplaire, relié en veau marbré ancien, contient 15 corrections manuscrites de Corneille aux pp. 133, 148, 153, 159, 164, 219, 259, 285, 297, 396, 413, 419, 497, 506 et 511. Une note inscrite sur le frontispice gravé nous apprend qu'il appartenait, en 1752, au couvent de Sainte-Colombe de Sens, de l'ordre de Saint-Benoît. Sur la dernière garde, Renouard a inséré une note ainsi conçue : « Les corrections que l'on voit écrites sur quinze pages de ce volume, sont toutes de la main de l'illustre auteur de cette traduction, Pierre Corneille. Vérification en a été faite à la Bibliothèque royale. R. » Voy. *Catalogue de la Bibliothèque d'un amateur*, t. Ier, p. 95.

Les corrections manuscrites ont été relevées par M. Marty-Laveaux.

Un exemplaire de la Bibliothèque de l'Arsenal porte une note manuscrite ainsi conçue : *Don de l'Autheur. Nicolas de Brulion, prestre de l'Oratoire.*

131. L'IMITATION || DE || IESVS-CHRIST. || Traduite et Paraphrasée en Vers || François. || Par P. Corneille. || [Premiere [et Derniere] Partie. || *Imprimée à Roüen, par L. Maurry,* || *Pour* || *Robert Ballard, seul Imprimeur de la* || *Musique du Roy, à Paris, ruë S. Iean de* || *Beauuais, au Mont Parnasse* ; [ou *A Paris, chez Pierre Rocolet, Imprimeur & Libraire ordinaire du Roy, au Palais, en la gallerie des Prisonniers, aux Armes du Roy, & de la Ville;* ou *Chez Antoine de Sommauille, au Palais en la Gallerie des Merciers, à l'Escu de France;* ou *Chez André Soubron, Libraire de la Reyne, au Palais, à l'entrée de la Gallerie des Prisonniers, à l'Image Nostre-Dame*]. || M.DC.LIX [1659]. || Auec Approbation des Docteurs & Priuilege du Roy. 2 vol. in-12.

M. L. Potier se rappelle avoir eu entre les mains les deux parties de cette édition, mais nous n'avons vu que la *Derniere Partie*, qui contient la seconde moitié du livre troisième (chap. XXXI à LIX) et le livre quatrième (ch. I-XVIII). Le volume se compose de 4 ff. et 304 pp.

Collation des feuillets prélim.: frontispice gravé représentant un médaillon soutenu par des anges au-dessus d'un paysage ; on lit dans le médaillon : *L'Imitation* || *de* || *Iesus Christ* || *mise en vers* || *françois par* || *P. Corneille ;* — titre imprimé qui porte les insignes de la passion ; 2 ff. pour l'Approbation des Docteurs, le privilège et la première figure.

Les figures sont les mêmes que dans l'édition de 1656, in-12, et ont le même placement, à l'exception des 4 dernières qui se trouvent reculées de 2 pp. L'extrait du privilége et l'achevé d'imprimer sont également semblables.

132. L'Imitation || de Iesvs-Christ. || Traduite & paraphrasée en Vers || François. || Par P. Corneille. || *A Paris,* || *Chez Robert Ballard, seul Imprimeur* || *de la Musique du Roy, ruë S. Iean de Beauuais, au Mont Parnasse;* [ou *Chez Pierre Rocolet, Imprimeur du Roy, au Palais en la* || *gallerie des Prisonniers, aux Armes* || *du Roy, & de la Ville;* ou *Chez Antoine de Sommauille, au Palais en la Gallerie des Merciers, à l'Escu de France;* ou *Chez André Soubron, Libraire ordinaire* || *de la Reyne, au Palais à l'entrée de la Gallerie* || *des Prisonniers, à l'Image de Nostre-Dame*]. || M.D.LIX [1659]. || Auec Approbation des Docteurs, & Priuilege du Roy. In-12 de 12 ff., 554 pp. et 5 ff. pour la *Table* et le *Privilége.*

Collation des feuillets prélim. : frontispice gravé qui représente une croix entourée d'anges et de saints, au-dessous de laquelle sont placées les armes du pape Alexandre VII (Chigi); la croix porte une draperie avec cette inscription : *L'Imitation* || *de* || *Iesus-Christ* || *Traduite & paraphras.* || *en vers François* || *Par P. Corneille;* — titre imprimé qui porte le chiffre du Christ placé dans une couronne d'épines; — 7 ff. pour la dédicace *Au Souverain Pontife;* — 2 ff. pour l'avis *Au Lecteur;* — 1 f. qui contient au recto l'*Approbation des Docteurs,* et au verso une figure pour le livre premier, représentant Jésus qui instruit le peuple.

Cette édition renferme les quatre livres précédés chacun d'une figure. La p. 114, qui précède le Livre second, est occupée par une figure représentant l'Annonciation; la p. 182 contient une figure pour le Livre troisième, où l'on voit le Christ instruisant deux de ses disciples qui reviennent de la pêche. La figure du Livre quatrième occupe la page 462; elle représente la Cène.

Le privilége, placé à la fin de la table, est le privilége donné à Corneille à la date du 30 décembre 1653. Corneille déclare céder ses droits à *Ballard,* qui y associe *Rocolet, Sommaville* et *Soubron.* Il n'y a pas d'achevé d'imprimer.

Il existe sous la même date et avec les mêmes noms de libraires deux éditions qui ne diffèrent absolument que par les fleurons et quelques légers détails orthographiques. Ces différences n'ont pas d'intérêt littéraire, mais suffisent pour indiquer une nouvelle composition typographique. Nous en relèverons seulement quelques-unes :

A, p. 47 : le fleuron représente une corbeille de fleurs ; — B, *ibid.* : le fleuron représente une tête d'ange radiée, accompagnée de deux ailes.

A, p. 97, 17ᵉ vers :

Donne pour ce grand iour, donne *odre* à tes affaires.

La faute est corrigée dans B.

B, p. 178 : Les premières lignes ont chevauché à l'impression ; elles sont régulières dans A.

A, p. 289 : Les deux derniers vers occupent chacun deux lignes ; ils n'en tiennent qu'une dans B.

A, p. 419, les deux vers :

C'est, ô Dieu tout-puissant, c'est l'heureux sacrifice...
As voulu qu'icy-bas l'homme embaumast tes pieds...

sont imprimés chacun en deux lignes ; ils sont écrits en une ligne dans B, l'aide d'abréviations.

Les figures des deux catégories d'exemplaires sont des réductions des figures in-4 de 1656.

133. L'IMITATION || DE || IESVS-CHRIST. || Traduite & paraphrasée en Vers || François. || Par P. Corneille. || *A Paris,* || *Chez Robert Ballard, seul Imprimeur* || *du Roy, pour la Musique, ruë S. Iean* || *de Beauuais, au Mont Parnasse;* [ou *A Paris, Chez Pierre Rocolet, Imprimeur & Libraire ordinaire du Roy, au Palais, en la Gallerie des Prisonniers, aux Armes du Roy & de la Ville;* ou *Chez Antoine de Sommauille, au Palais, en la Gallerie des Merciers, à l'Escu de France;* ou *Chez André Soubron, Libraire de la Reyne, au Palais, à l'entrée de la Gallerie des Prisonniers, à l'Image Nostre-Dame*]. || M.DC.LXII [1662]. || Auec Approbation des Docteurs, & Priuilege du Roy. In-12 de 12 ff., 554 pp., et 5 ff. non chiff. pour la *Table* et le *Privilége.*

Collation des feuillets prélim. : frontispice gravé représentant une croix posée sur des nuages et entourée de saints ; au pied de la croix les armes du pape Alexandre VII ; — titre gravé qui porte le chiffre du Christ entouré de rayons et de la devise : *Laudabile nomen Domini;* — 7 ff. pour la dédicace au Pape ; — 2 ff. pour l'avis *Au Lecteur;* — 1 f. pour l'*Approbation des Docteurs*, au verso de laquelle se trouve la figure pour le premier Livre.

Les IIᵉ, IIIᵉ et IVᵉ Livres sont précédés chacun d'une figure comprise dans la pagination. Les figures sont des réductions de celles de *Chauveau.*

Le privilége, rapporté *in extenso,* est daté du 30 décembre 1653. Il est suivi d'une mention de la cession faite par *Corneille* à *Ballard* et par *Ballard* à *Rocolet, Sommaville* et *Soubron.*

134. L'Imitation || de || Iesvs-Christ. || Traduite & Paraphrasée en Vers || François. Par P. Corneille. || *A Paris,* || *Chez* || *Robert Ballard, seul Imprimeur du Roy pour la Musique, ruë S. Iean de* || *Beauuais, au Mont-Parnasse.* || *Et au Palais, Thomas Jolly, dans la petite Salle, à la Palme & aux armes de Hollande;* [ou *Et au Palais,* || *Guillaume de Luyne, Libraire Iuré, au* || *Palais, au bout de la Salle des Merciers, sous* || *la montée de la Cour des Aydes, à la Iustice;* ou *Et au Palais, Louis Billaine, au second pillier de la grand'Salle à la Palme & au grand Cesar*]. || M.DC.LXV [1665]. || Avec Approbation des Docteurs, & Privilege du Roy. Pet. in-12 carré de 6 ff. et 404 pp.

Collation des feuillets prélim. : frontispice gravé représentant une croix posée sur les nuages et entourée de saints ; il ne porte pas les armes du pape ; — titre imprimé avec un petit fleuron représentant une corbeille de fleurs ; — 3 ff. pour l'avis *Au Lecteur* ; 1 f. pour l'*Approbation des Docteurs* et l'*Extrait du Privilége.*

Les quatre livres sont précédés chacun d'une figure réduite d'après les originaux de *Chauveau;* les figures sont comprises dans la pagination.

L'avis *Au Lecteur* que nous trouvons ici est nouveau ; la première partie est une refonte des avis publiés dans les éditions antérieures, mais la seconde partie a été spécialement écrite pour l'édition et reproduite dans les réimpressions postérieures.

Quant au texte, il reproduit celui de l'édition de 1659 (n° 133), mais il est moins correctement imprimé.

Le privilége est celui du 30 décembre 1653. Corneille déclare céder ses droits au sieur *Ballard,* qui y associe les sieurs *Jolly, de Luine* (sic) et *Billaine.* L'extrait se termine par un rappel de l'achevé d'imprimer du dernier jour de mars 1656.

M. Brunet (*Manuel du Libraire,* t. IIIe,col. 423), indique une édition de 1666 que nous n'avons pas retrouvée.

135. L'Imitation || de || Jesus-Christ. || Traduite & Paraphrasée en Vers || François. || Par P. Corneille. || *A*

Paris, ‖ *Chez Robert Ballard, seul Imprimeur du* ‖ *Roy pour la Musique, ruë S. Jean de* ‖ *Beauvais, au Mont-Parnasse;* [ou *Chez Thomas Jolly, au Palais, dans la petite Salle, à la Palme & aux Armes de Hollande;* ou *Chez Guillaume de Luyne, Libraire Juré, au Palais, dans la Gallerie des Merciers à la Justice;* ou *Chez Loüis Billaine, au Palais au second pillier de la grand'Salle, à la Palme, & au grand César*]. ‖ M.DC.LXX [1670]. ‖ Avec Approbation des Docteurs, & Privilége du Roy. In-16 carré de 8 ff., et 528 pp.

> Collation des feuillets prélim. : faux-titre ;— frontispice gravé représentant une croix entourée d'anges et de saints (sans les armes du pape); une draperie suspendue à la croix porte : *L'Imitation* ‖ *de I. C.* ‖ *Traduitte en vers* ‖ *Par P. Corneille;* — titre imprimé avec un petit fleuron ; — 4 ff. pour l'avis *Au Lecteur;* — 1 f. pour l'*Approbation* et l'*Extrait du Privilége.* La figure du Ier Livre appartient au corps du texte ; elle est imprimée sur le f. A i.
>
> Le privilége, dont un *Extrait* se trouve à la fin des feuillets prélimin., est celui du 30 décembre 1653, auquel *Ballard* déclare associer *Jolly, de Luyne* et *Billaine;* l'*Extrait* se termine par un rappel de l'achevé d'imprimer du dernier mars 1656.
>
> Les figures qui précèdent chaque livre sont une réduction assez médiocre des quatre grandes figures de *Chauveau.*

136. L'IMITATION DE JESUS-CHRIST. Traduite & Paraphrasée en Vers François. Par P. Corneille. *Paris,* 1673, pet. in-12.

> Voy. catalogue Pompadour, 1765 (n° 61), et *Manuel du Libraire* (t. IIIe, col. 423). M. Marty-Laveaux (t. XIIe, p. 536) cite une édition de *Paris, de Luyne,* 1675, in-16.

II

137. LOVANGES ‖ DE LA ‖ SAINTE VIERGE. ‖ Composées en rimes Latines ‖ par S. Bonauenture. ‖ Et mises en vers François par ‖ P. Corneille. ‖ *A Rouen, & se vendent* ‖ *A Paris,* ‖ *Chez Gabriel Quinet, au Palais,* ‖ *dans la Gallerie*

des Prisonniers, ‖ *à l'Ange Gabriel.* ‖ M.DC.LXV [1665]. ‖ Auec Priuilege du Roy. In-12 de 5 ff. prélim. et 83 pp.

Collation des feuillets prélim. : frontispice gravé signé *Ludovic. Cossinus*, qui représente la Vierge tenant sur ses genoux l'Enfant-Jésus ; une banderole, qui se développe au bas de la planche, porte ces mots : *Tota pulchra es, amica mea, et macula non est in te ;* — titre ; — 2 ff. pour l'avis *Au lecteur ;* — 1 f. pour l'*Extrait du Privilége*, au verso duquel commence le texte latin.

Le texte est imprimé dans tout le corps du livre en regard de la traduction française, chaque page contenant deux strophes latines ou deux strophes françaises, surmontées chacune d'un petit fleuron.

Le privilége, daté du 19 juillet 1665, est donné pour six ans au sieur P. Corneille. On lit à la fin : *Achevé d'imprimer pour la premiere fois le 22. d'Aoust 1665. à Roüen par L. Maurry, aux depens de l'Autheur, lequel a traité de la presente impression, & du Privilege à l'avenir avec Gabriel Quinet Marchand Libraire à Paris, pour en joüir, suivant l'Accord fait entr'eux.*

Le poëme latin traduit par Corneille se compose de 83 strophes de huit vers rimés, et présente cette particularité que les lettres initiales du premier vers de chaque strophe donnent en acrostiche la Salutation angélique : *Ave Maria, gratia plena, Dominus tecum, benedicta tu in mulieribus et benedictus Fructus ventris tui.*

Cet ouvrage ascétique, d'une forme assez barbare, est attribué par le poëte à saint Bonaventure, mais il avoue lui-même dans sa préface que l'attribution ne lui paraît pas très-certaine.

III

138. L'Office ‖ de la ‖ Sainte Vierge. ‖ Traduit en françois, ‖ tant en vers qu'en prose. ‖ Avec les sept Pseaumes Penitentiaux, ‖ les Vespres & Complies du Dimanche, ‖ & tous les Hymnes du Breviaire ‖ Romain ‖ Par P. Corneille. ‖ *A Paris,* ‖ *Chez Robert Ballard, seul Imprimeur du Roy,* ‖ *pour la Musique, ruë S. Iean de Beauvais,* ‖ *au Mont Parnasse.* ‖ *Et au Palais. Chez Thomas Jolly, dans la petite Salle, à la Palme & aux Armes de Hollande ;* [ou *Et au Palais.* ‖ *Chez Guillaume de Luynes, à la Salle des Merciers, à l'Enseigne de la Iustice ;* ou *Et*

*au Palais. Chez Louis Billaine, au second pilier de la grand'
Salle, à la Palme & au grand Cesar*]. || M.DC.LXX [1670].
|| Avec Approbation des Docteurs, & Privilege du Roy.
In-12 de 8 ff., 528 pp. et 2 ff. pour le *Privilége,* plus
10 figures.

Collation des feuillets prélim. : 1 f. blanc; — (figure); — titre avec un petit fleuron représentant le Saint-Esprit; — 5 ff. pour la dédicace *A la Reine*; l'*Oratio pro Rege,* la *Priere pour le Roy* [en vers], l'*Oraison pour le Roy,* l'*Oraison pour la Reine* et l'*Oraison pour Monseigneur le Dauphin*; — 1 f. pour la *Permission* et les *Approbations*.

Les figures sont tirées sur des feuillets séparés, et ne sont pas comprises dans la collation. En voici la description : 1º (en face du titre), Vierge, signée *Mariette ex.*; — 2º p. 4, l'Annonciation; — 3º p. 88, la Crèche, signée des lettres I G T en monogramme; — 4º p. 132, la Présentation, signée *Jean Messager excudit*; — 5º p. 170, le roi David; — 6º p. 224, la Résurrection, signée *Mariette ex.*; — 7º p. 226, le Sermon sur la montagne, signé I G T ; on lit au-dessous ces deux vers :

> Jesus apprend à ceste multitude
> Quels sont les fruicts de sa beatitude.

8º p. 326, le Christ en croix, signé *Pierre Mariet le fils excudit*; — 9º p. 406, l'Ascension, signée *Mariette excud.*; — 10º p. 502, St Jean. Toutes ces figures, excepté la dernière, portent le chiffre de la page à laquelle elles correspondent.

Le volume contient au verso des feuillets l'Office de la Vierge, en latin sur une colonne avec la traduction française en prose sur l'autre colonne, et au recto des feuillets placés en face la traduction en vers par Corneille. Voici les pièces qui précèdent le texte de l'Office :

« *Permission et Approbation de Monsieur le Grand Vicaire.*

« On peut imprimer et donner au Public l'Office de la Sainte-Vierge, les sept Pseaumes de la Pénitence, Vespres et Complies du Dimanche, et les Hymnes du Breviaire Romain, traduits et mis en Vers François par Monsieur de Corneille; toutes Versions et Poësies susdites ne contenant rien qui ne soit conforme au Texte, qui ne soit digne de la grandeur du sujet, et capable d'augmenter la dévotion des Fidelles. Fait à Paris ce 25. jour d'Octobre 1669 G. DE LA BRUNETIERE, *Vic. Général.* »

« *Approbation de Monsieur Loisel, Docteur de la Société de Sorbonne, Chancelier de l'Eglise et Université de Paris, Curé de Jean en Grève.*

« Vous trouverez dans cette production de Pieté, une lettre qui ne tue point, mais qui vivifie. Les paroles de l'Escriture et de l'Eglise, qui y sont traduites mot à mot, y conservent toute leur force, et la Poësie, qui les accompagne pas à pas, ne leur fait perdre, ny le prix ny le poids de leurs matières, ny de leurs mystéres ; vous en gousterez la douceur, comme de cette coupe, que le céleste Salomon a présentée à ses amis, et que le docte Origène n'auroit pas voulu refuser de la main d'un Poëte, la voyant remplie du vin de la doctrine Orthodoxe, et du laict de la devotion Evangélique ; je vous en recommande l'usage et j'y soubscrips. Ce premier jour de l'an 1670. LOISEL. »

« *Approbation de Monsieur de Saint-Laurens.*

« J'ay leu la traduction de l'Office de la Sainte Vierge, etc., avec la Paraphrase en vers, faite par Monsieur Corneille. C'est un ouvrage qui exprime le sens des Pseaumes et des priéres de l'Eglise d'une manière si nette, si majestueuse, et si touchante en mesme temps, qu'il en imprime la vénération par de hautes idées, et qu'il excite la piété dans le cœur par de saintes affections. C'est le témoignage que j'ai crû estre obligé de rendre à l'excellence de cet ouvrage, et au mérite de cet Autheur si célèbre. Fait à Paris ce 1. jour de l'année 1670. N. GOBILLON, *Docteur de la Maison et Société de Sorbonne, Curé de Saint-Laurens.* »

Nous ne savons pourquoi ces *Approbations* n'ont jamais été reproduites par les éditeurs de Corneille.

Le privilége, daté du 24 novembre 1669, est accordé pour sept ans à Corneille lui-même, qui déclare céder et transporter son droit au sieur *Ballard,* aux sieurs *Joly, de Luynes* et *Billaine,* marchands libraires à Paris, « pour cette impression seulement, » suivant l'accord fait entre eux. On lit à la fin : *Acheué d'imprimer pour la premiere fois, le 15. jour de Ianvier mil six cens septante.*

Nous avons dit, en parlant de l'*Imitation de Jésus-Christ,* que la Reine avait peut-être engagé elle-même Corneille à en tenter la traduction. C'est à elle maintenant qu'il dédie ce volumineux recueil, qui est plus spécialement liturgique.

L'*Office de la Sainte Vierge* dut être employé comme livre d'église, aussi les exemplaires en sont-ils devenus fort rares.

IV

139. VERSION DES HYMNES DE SAINT VICTOR. *S. l. n. d.* [*Paris, vers* 1680], pet. in-4 de 4 pp., caract. ital.

Cette pièce, dont un exemplaire se trouve à la Bibliothèque de l'Institut (Q.400 E*) et un autre à la Bibliothèque de l'Arsenal, n'a qu'un titre de départ ; elle ne porte pas le nom de l'auteur.

Les *Hymnes à Saint Victor* furent écrites par Santeul, qui les publia d'abord à part sous ce titre :

Pro Sancto Victore Martyre. Hymni tres. *S. l. n. d.* [*Paris, vers* 1680], in-4 de 3 pp., sans nom d'auteur. (Bibliothèque Sainte-Geneviève, dans un recueil coté Y 421.)

Le texte publié d'abord diffère assez sensiblement d'un autre texte contenu dans un recueil de poésies latines de Santeul, imprimé vers 1710, sans titre général. Ce recueil, qui forme un volume in-12 de IV et 56 pp., commence par une dédicace intitulée : *Claudio Lalano* || *Sodali Suo* || *I. B. Santolius V.;* il ne porte ni date, ni nom de lieu. Les hymnes latines en occupent les pp. 28-31 ; elles sont suivies d'une traduction en douze strophes par Charpentier, de l'Académie française, et de la traduction de Corneille. (Voy. Marty-Laveaux, t. IXe, pp. 605 sq.)

V. — ŒUVRES DIVERSES DE CORNEILLE

I. OUVRAGES EN PROSE OU EN VERS PUBLIÉS SÉPARÉMENT DE SON VIVANT OU APRÈS SA MORT.

140. MESLANGES ‖ POETIQUES ‖ Du mesme. ‖ *A Paris,* ‖ *Chez François Targa, au premier pilier de la grand'Salle du Palais,* ‖ *au Soleil d'Or.* ‖ M.DC.XXXII [1632]. ‖ Auec Priuilege du Roy. In-8.

> Nous citons ici pour mémoire ce petit recueil dont nous avons déjà donné une description (voy. ci-dessus, n° 2). En le joignant à *Clitandre,* sur les instances de son libraire, Corneille suivait l'exemple de plusieurs auteurs de son temps. Nous mentionnerons plus loin deux pièces de Scudéry : *Ligdamon et Lidias* et le *Trompeur puny* (nos 180-182), et une pièce de La Pinelière, *Hippolyte* (n° 185), qui sont suivies toutes trois de poésies diverses.

141. EXCVSE A ARISTE. *S. l. n. d.* [*Paris,* 1637], in-4 de 2 ff. non chiffr. de 28 lignes à la page pleine, caract. ital.

> Ce petit poëme, qui fut en partie cause de la querelle du *Cid,* est trop connu pour que nous ayons à en parler ici. Il nous suffira de renvoyer aux savantes recherches de Marty-Laveaux, t. IIIe, pp. 29-31; t. X^e, pp. 74-78.
>
> L'édition in-4 que nous décrivons n'a pas été citée jusqu'ici. Nous en avons trouvé un exemplaire à la Bibliothèque Sainte-Geneviève (Y. 458 (4) Rés.). Cet exemplaire est couvert d'annotations manuscrites qui nous ont paru curieuses; malheureusement la marge qui les contient a été à moitié coupée par le relieur, et nous n'osons pas tenter un travail de restitution que nous recommandons à des personnes plus familiarisées que nous avec la paléographie du XVIIe siècle.

142. Excvse a Ariste. *S. l. n. d.* [*Paris,* 1637], in-8 de 4 pp. de 34 lignes, sign. A, caract. ital.

Le titre de cette pièce n'occupe qu'une ligne, au-dessous de laquelle commence le poëme, sans qu'on ait réservé aucun blanc. La 1re page contient trente et un vers; la page 4 en compte cinq, au-dessous desquels se trouve le rondeau : *Qu'il fasse mieux, ce jeune jouvencel,* puis ce vers : *Omnibus invideas, livide, nemo tibi.*
Bibliothèque nationale (Y. 5665 Rés. — 2 exempl.). — Bibliothèque de l'Arsenal (B. L. 9809).

M. Marty-Laveaux (t. X^e, p. 74) indique une autre édition de l'*Excuse à Ariste,* dans le format in-8, qui, dit-il, se trouve à la Bibliothèque nationale, à côté de la précédente. La réimpression que le savant éditeur a prise pour une édition séparée appartient, en réalité, à la seconde édition des *Observations sur le Cid* (voy. notre chapitre XIXe), et c'est par erreur qu'elle en a été séparée dans un des recueils de la Bibliothèque nationale. Elle ne compte que 3 ff., et le 4e f., qui doit compléter le cahier, est précisément le titre du volume : *Observations sur le Cid,* etc.

Cette réimpression, en tête de laquelle se trouve un fleuron à tête de lion, est fort peu correcte. On y lit, au vers 15 : *laisse* au lieu de *leurre,* et au vers 35 : *m'ait* au lieu de *met,* etc.

L'*Excuse à Ariste* ne fut pas oubliée aussi vite que la querelle du *Cid* ; elle fut reproduite, en 1671, par la Fontaine, dans son *Recueil de Poësies chrestiennes et diverses,* dédié à Mgr le prince de Conty.

143. Rondeau.

> Qu'il fasse mieux, ce ieune iouuencel,
> A qui le *Cid* donne tant de martel,
> Que d'entasser iniure sur iniure,
> Rimer de rage une lourde imposture,
> Et se cacher ainsi qu'un criminel, etc.

Ce rondeau, dont on trouvera le texte dans l'*Histoire de Corneille,* de M. Taschereau, 2e édit., p. 64, et dans les *Œuvres de Corneille,* éd. Marty-Laveaux, t. X^e, p. 79, parut d'abord imprimé sur un simple feuillet in-4. Nous en avons vu des exemplaires à la Bibliothèque de l'Arsenal (B. L. 9809) et à la Bibliothèque Sainte-Geneviève (Y. 458 (5), in-4, Rés.).

144. Lettre ‖ apologitiqve ‖ dv Sr Corneille. ‖ contenãt sa responce aux Observations fai- ‖ ctes par le Sr Scuderi ‖ sur le Cid. ‖ M.DC.XXXVII [1637]. *S. l.,* in-8 de 14 pp. (y compris le titre) et 1 f. blanc, signé à la fin Corneille.

« Monsieur, dit Corneille au commencement de cette lettre, il ne

« vous suffit pas que vostre Libelle me deschire en public. Voz
« lettres me viennent quereller jusques dans mon Cabinet, et vous
« m'envoyez d'injustes accusations lorsque (sic) me devez pour
« le moins des excuses. Je n'ay point fait la piece qui vous picque, je
« l'ay receue de Paris avec une lettre qui m'a appris le nom de son
« Autheur ; Il l'adresse à un de nos amis qui vous en pourra donner
« plus de lumiere. Pour moy, bien que je n'aye guere de jugement,
« si l'on s'en rapporte à vous. Je n'en ay pas si peu que d'offencer
« une personne de si haute condition, dont je n'ay pas l'honneur
« d'estre cogneu, et de craindre moins ses ressentimens que les
« vostres. »

Bibliothèque nationale (Y. 5668 Rés.). — Bibliothèque Sainte-Geneviève (Y. 2538 (2) Rés.). — Arsenal (9809). — Bibliothèque Mazarine (20220).

145. LETTRE || APOLOGETIQVE || DV Sr CORNEILLE, || contenant sa Response aux || Observations faites par le || Sr Scudery sur le Cid. || M.DC.XXXVII [1637]. *S. l.*, in-8 de 8 pp.

Cette édition, qui paraît être la seconde, se termine par une imitation en vers d'une épigramme de Martial, qu'on retrouve dans la *Lettre pour Monsieur de Corneille contre les mots de la Lettre sous le nom d'Ariste :* Je fis donc résolution de guérir ces idolatres. — Bibliothèque nationale (Y + 5665 (7) et Y + 5668. A. Rés.). — Bibliothèque de l'Université.

146. REMERCIMENT || a || Monseigneur || Monseigneur l'Eminentissime || Cardinal Mazarin. || *A Paris,* || *Chez* || *Antoine de Sommauille, en la Salle* || *des Merciers à l'Escu de France.* || *au Palais.* || *&* || *Augustin Courbé, Imprimeur & Libraire* || *de Monseigneur le Duc d'Orléans, dans la mesme Salle à la Palme.* || M.DC.XXXXIII [1643]. In-4 de 4 ff. non chiffr. de 25 lignes à la page pleine, sign. ã, caractères ital.

Ce *Remerciment*, intercalé la même année dans l'édition originale de *la Mort de Pompée* (n° 32), compte quatre-vingts vers et commence ainsi :

> Non, tu n'es point ingrate, ô Maistresse du monde,
> Qui de ce grand pouvoir sur la terre, et sur l'onde
> Malgré l'effort des temps retiens sur nos Autels
> Le Souverain Empire, et des droits immortels.
> Si de tes vieux Heros j'anime la memoire,
> Tu releves mon nom sur l'aisle de leur gloire,

>   Et ton noble Genie en mes vers mal tracé
>   Par ton nouveau Heros m'en a recompensé...

Il est signé à la fin, en gros caractères : CORNEILLE.

Le *Remerciment* parut isolément, mais il fut suivi à court intervalle de la traduction latine d'Abr. Remius, dont voici le titre : GRATIARVM ACTIO || Eminentissimo Cardinali || Iulio Mazarino, || ex Gallico Poëmate || Cornelij. *Absque nota*, in-4 de 2 ff. paginés, de de 24 lignes à la page pleine, sign. A., caract. ital.

Cette pièce n'a qu'un simple titre de départ. Nous en avons trouvé un exemplaire relié à la suite du *Remerciment*, dans le précieux recueil conservé à la Bibliothèque Sainte-Geneviève (Y. 458 in-4, Rés.). Elle se retrouve dans le recueil intitulé : *Abrahami Remmii Poemata*; Parisiis, 1644, in-12.

147. SVR LE DEPART DE MADAME LA MARQVISE DE B. A. C.

Granet (*Œuvres diverses de Corneille*; Paris, 1738, in-12, p. 194) nous apprend que les vers composés par Corneille *Sur le départ de Madame la Marquise*, autrement dit de Mlle du Parc, parurent d'abord « en feuille volante in-4, mais sans date d'année ». Nous n'avons pas retrouvé cette édition que d'autres bibliographes auront peut-être la chance de rencontrer. La même pièce figure dans le recueil dit de *Sercy* (n° 207); elle se trouve aussi dans un *Petit Recueil de Poësies choisies* publié, en 1660, sous la rubrique d'*Amsterdam* (n° 210). M. Marty-Laveaux (t. X^e, p. 141) en cite une copie manuscrite conservée à la Bibliothèque de l'Institut, dans un des portefeuilles de la collection Godefroy.

148. REMERCIMENT || AV ROY. || *A Paris,* || M.DC.LXIII [1663]. In-4 de 7 pp.

Sur les rapports de Chapelain et de Costar, Louis XIV pensionna soixante-douze écrivains français ou étrangers, à partir du 1er janvier 1663. Corneille, compris dans ces libéralités, adressa au roi un *Remerciment* qui commence ainsi :

>   Ainsi du Dieu vivant la bonté surprenante
>   Verse quand il luy plaist sa grace prévenante,
>   Ainsi du haut des Cieux il aime à départir
>   Des biens dont nostre espoir n'osoit nous advertir...

Les autres écrivains qui avaient eu part aux faveurs royales durent adresser de même à Louis XIV leurs remerciments dans une forme solennelle. Ils ne furent pas tout à fait libres de conserver leur reconnaissance dans leur for intérieur. C'est ce que nous apprend une curieuse lettre de Huet à Ménage, dont l'original appartient à M. le baron James de Rothschild. Nous en citerons un passage qui permet de fixer approximativement la date des vers de Corneille.

« A Rouen, le 17. Aoust 1663.

« Je suivray vostre exemple en ce qui regarde M‍r. Colbert, et plust à Dieu le pouvoir suivre aussi en ce qui est des vers de remerciement au Roy. Je le feroi du meilleur de mon cœur, tant parce que je suis presentement en des estudes tout à fait opposées à la versification, que par ce que je suis fort occupé à disposer mon livre [*Origenis Commentaria in Sacram Scripturam;* Rothomagi, 1668, 2 vol. in-fol.] pour le donner à l'Imprimeur, et qu'il y a quelque sorte de honte de faire des vers pour de l'argent, comme vous me le dittes avec raison. Mais si le Roy en desire, et que M‍r. Colbert s'en soit expliqué, comme vous me l'apprenez, et comme le P. Rapin me le confirme, adjoustant mesme que ceux qui y manqueront, seront remarquez; la honte et la bassesse qui peut estre en cela n'est elle pas couverte et effacée par ce commandement? Je ne vois donc pas de moyen de m'en dispenser, et si vous m'en voulez croire vous n'y manquerez pas non plus. Vous voyez que tout le monde le fait; cette singularité que vous aurez affectée, sera sans doute condamnée. Il fait bon suivre le torrent, *et in neutram partem conspici.* Dans le dessein où je suis contre mon gré de deployer ma chalemie je vous supplie tres humblement de m'envoyer le plustost que vous pourrez, les *remerciemens* de M‍rs. de Valois [*Soteria pro Ludovico Magno;* Parisiis, 1663, in-4; *Oratio de laudibus Ludovici Adeodati regis;* Parisiis, 1663, in-4] et de M‍r. Corneille [le *Remerciment* de Th. Corneille n'est cité nulle part], car je n'ay pas appris que d'autres en ayent encore fait outre ces M‍rs. et M‍rs. Chapelain [*Ode pour le Roy;* Paris, 1663, in-4°] et du Perier [ce *Remerciment* est resté inconnu] dont j'ay veu les pieces, et celle du P. Rapin (*Regi Ludovico XIV. Pacifer Delphinus; Carmen heroicum;* Parisiis, 1662, in-fol.). »

Nous ne connaissons de l'édition originale du *Remerciment au Roy* qu'un seul exemplaire qui appartient à M. le baron de Ruble.

149. A Monseignevr ‖ le Dvc de Gvise, ‖ Sur la Mort de Monseigneur son Oncle. ‖ Sonnet. *S. l. n. d.* [*Paris*, 1664], placard in-fol., imprimé d'un seul côté.

En tête, un fleuron; puis viennent les quatre lignes de titre, immédiatement suivies du sonnet, lequel est imprimé en gros caractères et porte en bas la signature : Corneille. Nous transcrivons les quatre premiers vers :

> Croissez, jeune Heros, nostre douleur profonde
> N'a que ce doux espoir qui la puisse affoiblir;
> Croissez, et hastez-vous de faire voir au Monde
> Que le plus noble sang peut encor s'ennoblir.

Le duc de Guise, dont il est ici question, est Louis-Joseph, fils unique de Louis de Lorraine, duc de Joyeuse et d'Angoulême, lequel hérita, en 1664, du titre de son oncle, Henri II, duc de Guise. M. Marty-Laveaux (t. X‍e, pp. 182 sq.) cite avec beaucoup d'à-propos un passage d'une lettre de Mézerai, publiée par M. Edouard Guardet (*Revue française*, V‍e année, t. XVII‍e, 1859, pp. 568 sq.), lettre datée du 10‍e de juillet de 1664, et dans laquelle il est parlé du sonnet de Corneille.

Bibliothèque nationale (Y. Rés.).

150. Av Roy ‖ svr son retovr ‖ de Flandre. — [A la fin:] Corneille.‖ Avec Permission. 1667. *S. l.* [*Paris*], in-4 de 4 pp. chiffr. de 30 lignes, caract. ital.

Cette pièce, dont un exemplaire est conservé à la Bibliothèque Cousin, n'a qu'un simple titre de départ précédé d'un fleuron. Elle se compose de 94 vers et commence ainsi :

> Tu reviens, ô mon Roy, tout couvert de lauriers,
> Les palmes à la main tu nous rends nos guerriers,
> Et tes peuples surpris et charmés de leur gloire
> Meslent un peu d'envie à leurs chants de victoire.

Louis XIV revint à Paris, à la fin du mois d'août 1667.

151. Poeme ‖ svr les ‖ Victoires ‖ dv Roy ‖ Traduit de Latin ‖ en François ‖ Par P. Corneille. ‖ *A Paris,* ‖ *Chez Guillaume de Luyne, Libraire* ‖ *juré, au Palais, en la Salle des Merciers, sous la* ‖ *montée de la Cour des Aydes,* ‖ *à la Iustice;* [ou *Chez Thomas Iolly, au Palais, en la Salle* ‖ *des Merciers, à la Palme, & aux Armes d'Hollande;* ou *Chez Loüys Billaine, au second Pilier de la grand'Sale du Palais, à la Palme & au grand César*]. ‖ M.DC.LXVII [1667]. ‖ Avec Privilege du Roy. In-8. de 38 pp. (y compris le titre), et 1 f. pour l'*Extrait du Privilége.*

La page 3 contient un avis *Au Lecteur.* Le *Poëme sur les Victoires du Roy* occupe les pp. 4 à 29. Le texte latin signé du P. Charles de la Rue, jésuite, est imprimé en regard du texte français, sous le titre de *Regis Epinicion.* La p. 30 est remplie par une épigramme latine de M. de Montmor, « premier maistre des requestes de l'Hostel du Roy, » en quatre vers latins, suivie de quatre traductions ou imitations de Corneille, chacune en quatre vers. Viennent ensuite les pièces suivantes également de Corneille : *Au Roy sur son retour de Flandre,* pp. 31-35, et *Remerciment présenté au Roy, en l'année* 1663, pp. 35-38.

Le privilége, daté du 28 novembre 1667, est accordé pour sept ans à *Guillaume de Luynes* (sic), qui déclare y associer les sieurs *Jolly* et *Billaine.* L'achevé d'imprimer est du 15 décembre 1667. Voy. l'éd. Marty-Laveaux, t. X°, p. 192.

152. De Victoriis Regis Christianissimi Ludovici XIV. Poema a Clarissimo viro Petro Corneille versibus Gallicis redditum. *Parisiis, Apud Sebastianum Mabre-Cramoisy,* 1667, in-8.

153. Av Roy ‖ svr la Conqveste ‖ de la Franche-Comté. *S. l. n. d.* [*Paris*, 1668], in-4 de 2 ff.

Cette pièce, qui n'est qu'un simple sonnet, est imprimée au verso du 1ᵉʳ feuillet, et la traduction en 18 vers latins lui fait face sur le recto du 2º f. Le sonnet qui commence par ces deux vers :

> Quelle rapidité de conqueste en conqueste
> En depit des hyvers guide tes étendars ?

est signé P. Corneille. Les vers latins imprimés en regard ne sont précédés d'aucun autre titre que du mot *Idem ;* ils sont au nombre de 19 et sont signés : Santolivs Victorinvs.
Le recto du 1ᵉʳ feuillet et le verso du 2ᵉ sont blancs.
Nous avons vu cette pièce à la Bibliothèque nationale (Y. Rés.).

154. Av Roy ‖ svr sa Conqveste ‖ de la Franche-Comté. — [A la fin :] *A Rouën. De l'Imp. de L. Maurry*, 1668. In-8 de 8 pp., sign. A.

Cette édition, qu'il ne faut pas confondre avec la précédente, n'a pas de feuillet de titre, mais un simple titre de départ. Elle comprend :

1º Les stances :

> Quelle rapidité de conqueste en conqueste
> En dépit des Hyvers guide tes étendarts ?

signées : *P. Corneille.*

2º *Idem latine :*

> *Quis te per medias hyemes, Rex Maxime, turbo,*
> *Quis-ve triumphandi præscius ardor agit ?...*

10 distiques, signés : *P. Corneille.*

3º *Idem,* 20 vers hexamètres latins, signés : *Car. de la Rue, Soc. Jesu.*

4º *Idem,* 5 strophes latines de 4 vers, signées : *I. Tourné Soc. Iesu.*

5º *Idem,* 19 vers latins, signés : *Santolius Victorinus* (ce sont les mêmes que dans l'édition précédente).

6º *Idem,* 3 vers hexamètres latins, signés : *Carolus Du Perier.*

7º *Idem alio Carmine,* 5 strophes latines de 4 vers, signées : *Carolus Du Perier.*

8º *Idem,* 6 strophes latines de 4 vers, signées : *Rob. Riguez Soc. Iesu.*

9º *In junctionem utriusque Maris Epigraphe,* 13 vers hexamètres latins, signés : *I. Parisot, in Senatu Tolosano causarum patronus.*

10° *Imitation :*

> La Garonne et l'Atax dans leurs grottes profondes
> Soûpiroient de tout temps pour voir unir leurs ondes.

12 vers signés : *P. Corneille.*

Bien que l'édition précédente ne soit pas datée, il est certain que celle-ci doit être postérieure. La variété des pièces qui la composent en est la meilleure preuve.

155. Poeme ‖ svr les ‖ Victoires ‖ dv Roy ‖ Traduit de Latin ‖ en François ‖ Par P. Corneille. *S. l. n. d.* [*Paris, vers* 1670], in-12 de 34 pp. (y compris le titre), et 1 f. pour l'*Extrait du Privilége.*

Ce recueil, dont nous avons trouvé un exemplaire à la Bibliothèque Sainte-Geneviève, n'a qu'un simple faux-titre, sans nom de lieu ni d'imprimeur. Il contient les pièces suivantes :

1°, p. 3 : *Au Lecteur ;*

2°, pp. 4-5 : *Regi. Epinicion* [par le P. de la Rue]; — *Les Victoires du Roy en l'année* 1667 [texte latin et traduction française en regard];

3°, p. 24 : *Traductions et Imitations de l'Epigramme Latine de Monsieur de Montmor premier Maistre des Requestes de l'Hostel du Roy* [texte en deux distiques latins et quatre quatrains français traduits ou imités de l'original] ;

4°, p. 25 : *Au Roy sur son retour de Flandre ;*

5°, p. 28 : *Remerciment présenté au Roy en l'année* 1663 ;

6°, p. 32 : *Au Roy sur sa Conqueste de la Franche-Comté ;*

7°, p. 33 : *Idem, latine.* [Cette traduction est signée en toutes lettres : *P. Corneille*] ;

8° *In junctionem utriusque Maris, Epigraphe* [signée I. Parisot] ;

9° *Imitation* [signée P. Corneille].

L'*Extrait du Privilége,* qui occupe le recto du dernier feuillet, est le même que celui que nous avons décrit ci-dessus (n° 152); il ne se rapporte qu'au *Poëme sur les Victoires du Roy* et se termine par un rappel de l'achevé d'imprimer du 15 décembre 1667, bien que le recueil contienne des pièces relatives à l'année 1668.

Il ne faut pas confondre ce recueil avec celui qui, d'après M. Taschereau, complète certains exemplaires du *Théatre* de Corneille, édition de 1668 A (n° 110).

156. Deffence des Fables ‖ dans la Poesie. ‖ Imitation du latin ‖ de M. de Santeüil. [A la fin :] P. Corneille. *S. l.*

n. d. [*Paris, vers* 1670], in-4 de 4 pp., de 28 lignes, caract. ital.

Ce poëme n'a qu'un titre de départ, surmonté d'un large fleuron, au milieu duquel se voient les armes de France et de Navarre. Il compte 82 vers, dont voici les premiers :

> Qu'on fait d'injure à l'Art de luy voler la Fable !
> C'est interdire aux Vers ce qu'ils ont d'admirable,
> Anéantir leur pompe, éteindre leur vigueur,
> Et hazarder la Muse à secher de langueur.

Les vers de Jean-Baptiste Santeul, imités par Corneille, durent être composés en 1669. Ils furent publiés l'année suivante (*Ad illustrissimum Virum P. Bellevræum, pro defensione Fabularum, Elegia;* 1670, in-4 de 2 ff.) et réunis en 1729 aux œuvres du poëte latin. M. Marty-Laveaux les a réimprimés en même temps que ceux de Corneille (t. XIe, pp. 234-241).

157. LA THEBAÏDE DE STACE, traduite en Vers François. *Paris,* 1671 ?

Tous les bibliographes de Corneille se sont efforcés de retrouver cette traduction qui a dû être imprimée, mais les recherches entreprises jusqu'ici sont demeurées infructueuses. Il ne nous coûte pas d'avouer que nous n'avons pas été plus heureux que nos devanciers. En parlant de *Tite et Bérénice* (n° 87), nous avons fait observer que Corneille avait obtenu un privilége valable à la fois pour cette pièce et pour la traduction de la *Thébaïde*. Ce privilége étant daté du 31 décembre 1670, l'impression de ce dernier ouvrage ne put avoir lieu qu'en 1671. Un fragment tout au moins en fut imprimé et communiqué à quelques amis, puisque Ménage en cite trois vers dans ses *Observations sur la langue Françoise*, publiées au commencement de l'année 1672. Il est probable, malgré ce témoignage, que l'ouvrage ne fut jamais mis en circulation et même ne fut jamais achevé. On ne peut expliquer autrement la disparition totale d'un livre aussi important. Si quelques exemplaires avaient été donnés au public, le fait aurait été assez connu, pour que le *Mercure galant* d'octobre 1684 ne parlât pas de la *Thébaïde* comme d'un poëme laissé par Corneille en portefeuille.

Voy. l'excellente note que M. Marty-Laveaux a consacrée à cette question (t. X^e, pp. 245 sq.).

158. SVR LE DEPART DV ROY. — REGI ITER MEDITANTI. *S. l. n. d.* [*Paris,* 1672], in-4 de 2 ff.

Cette pièce, dont un exemplaire est conservé à la Bibliothèque nationale (Y n. p.), ne se compose que de 8 vers empruntés à la première scène du second acte de *Tite et Bérénice*. Santeul les fit réimprimer à part et y joignit une traduction latine en 6 vers.

L'édition forme un simple placard sur lequel le texte latin est placé en regard du texte français. Les deux morceaux ont été reproduits dans les diverses éditions des œuvres de Santeul.

159. REGI PRO RESTITUTA APUD BATAVOS CATHOLICA FIDE. [*Parisiis*, 1672], in-12 de 2 ff.

Corneille nous apparaît ici à la fois comme poëte latin et comme poëte français. Ses vers latins, au nombre de 24, sont suivis d'une traduction française en autant de vers, intitulée : *Au Roy sur le rétablissement de la Foi Catholique et ses Conquestes de Hollande*. Nous ne connaissons l'édition séparée que par une citation de Granet (*Œuvres diverses de Corneille;* Paris, 1738, in-12, p. 46), qui nous apprend que ces deux pièces furent imprimées in-12 en feuille volante. Elles ont été réimprimées dans un recueil qui sera décrit plus loin (n° 224).

160. LES ‖ VICTOIRES ‖ DU ROY ‖ SUR LES ESTATS DE HOLLANDE, ‖ en l'année M.DC.LXXII. ‖ Par P. Corneille. ‖ *A Paris, Chez* ‖ *Guillaume de Luyne, au Palais,* ‖ *et* ‖ *Simon Benard, ruë Saint Jacques.* ‖ M.DC.LXXII [1672]. ‖ Avec Permission. In-fol. de 19 pp., caract. ital.

Cette belle édition est ornée au titre d'un fleuron qui représente le Rhin et l'Escaut enchaînés, détournant leurs regards éblouis par le soleil. En tête de la p. 3 se trouve un grand fleuron de *Fr. Chauveau* représentant le passage du Rhin, fleuron que reproduit, croyons-nous, un tableau de Van der Meulen.

Le poëme, traduit de l'original latin du P. de la Rue, se compose de 444 vers, à la fin desquels se trouve répété le nom de P. COLNEILLE. Il commence ainsi :

> Les douceurs de la Paix, et la pleine abondance
> Dont ses tranquilles soins comblent toute la France,
> Suspendoient le couroux [*sic*] du plus grand de ses Rois,
> Ce couroux seur de vaincre, et vainqueur tant de fois, etc.

Bibliothèque nationale (Y. Rés.) — Bibliothèque Mazarine (C. 274. A°).

Voici la description de l'édition latine du poëme qui correspond à celle-ci :

LVDOVICO ‖ MAGNO ‖ POST ‖ EXPEDITIONEM ‖ BATAVICAM. ‖ EPINICIVM. ‖ *Parisiis,* ‖ *Apud* ‖ *Guillelmun de Luynes, in Palatio.* ‖ *Et* ‖ *Si-*

monem Benard, via Jacobæa, || M.DC.LXXII [1672]. || Cum Permissu. In-fol. de 12 pp., avec un grand fleuron sur le titre, un autre au-dessus du titre de départ et un petit fleuron à la fin (les mêmes que dans l'édition française donnée par Corneille). A la fin : C. DE LA RUE. S. I.

Bibliothèque Mazarine (C. 274. A⁹).

161. LES VICTOIRES DU ROY SUR LES ESTATS DE HOLLANDE, en l'année M.DC.LXXII. Par Pierre Corneille. *A Paris, Chez Guillaume de Luynes, au Palais, et Simon Benard, ruë Saint Jacques.* M.DC.LXXII [1672]. Avec Permission. In-8.

Édition citée par l'abbé Granet.

162. LES VICTOIRES DU ROY SUR LES ESTATS de HOLLANDE en l'année M.DC.LXII. Par Pierre Corneille. *Grenoble*, 1673, in-12.

Catalogue L*** [Longuemare], 1853, n° 780.

163. AV ROY || SVR SA LIBERALITÉ ENVERS || LES MARCHANDS DE LA VILLE DE PARIS. || *S. l. n. d.* [*Paris*, 1674], in-fol. de 4 ff. de 26 lignes à la page, caract. ital.

Cette pièce, dont la Bibliothèque Mazarine possède un exemplaire (C. 274. A⁹. 77), n'a qu'un simple titre de départ, au-dessus duquel se trouve un grand fleuron de *Chauveau*, représentant Alexandre entouré de guerriers ; un général s'avance en se prosternant devant le roi. A la fin se trouve la signature P. CORNEILLEE (*sic*), au-dessous de laquelle on voit un grand fleuron aux armes de la ville de Paris.

Les *Mémoires secrets* de Bachaumont (t. V°, pp. 62 sq.) nous font connaître les circonstances dans lesquelles fut composé ce poëme, qui n'est qu'une traduction de Santeul. Les vers de Corneille commencent ainsi :

Chantez, Peuple, chantez, la valeur libérale,
La bonté de Louis à son grand cœur égale...

Voici la description de l'édition latine faite pour accompagner celle-ci :

REGI || PRO SVA || ERGA VRBIS || MERCATORES || AMPLIORIS ORDINIS || MVNIFICENTIA. || *Parisiis,* || *Typis Petri le Petit, Regii Typographi :* || *via Iacobæa, sub Cruce aurea.* || M.DC.LXXIV [1674]. || Cum Permissu. In-fol. de 8 pp.

L'édition renferme trois grands fleurons placés sur le titre, au-dessus du titre de départ et à la fin. Les deux derniers sont signés de *Chauveau*. La pièce est signée : Santolius Victorinus.
Bibliothèque Mazarine (C. 274. A⁹, 11).

164. Regis ‖ pro sva ‖ erga Vrbis ‖ Mercatores ‖ amplioris ordinis ‖ Mvnificentia ‖ Encomivm. ‖ *Parisiis,* ‖ *Typis Petri le Petit, Regii Typographi: via* ‖ *Iacobæa, sub Cruce aurea.* ‖ M.DC.LXXIV [1674]. ‖ Cum Permissu. In-8 de 14 pp. et 1 f. blanc.

Les pp. 3-8 sont occupées par le poëme de Sauteul; les pp. 9-14 par la traduction de Corneille. Aucune des deux pièces n'est signée.
Bibliothèque nationale (Y. Rés.).

Il existe sous le même titre et dans le même format une autre édition où les vers de Santeul sont accompagnés d'une traduction française de Du Périer. Ce poëte, plus connu par ses œuvres latines que par ses œuvres françaises, était grand ami de Santeul; il se vante dans sa traduction de l'avoir vue préférée par Santeul lui-même à celle de Corneille.

165. Poeme a la louange de Louis XIV, présenté par les Gardes des Marchands merciers de la ville de Paris. *Paris*, 1770, in-fol.

Ce recueil, imprimé avec grand luxe, contient les vers de Santeul et de Corneille, accompagnés d'une notice extraite des registres des délibérations du bureau de la mercerie.

166. Au Roy ‖ sur son depart ‖ pour l'armée en 1676. *S. l. n. d.* [*Paris,* 1676], in-4 de 4 pp. de 23 lignes, caract. ital.

Cette pièce n'a qu'un titre de départ surmonté d'un grand fleuron aux armes de France; un autre fleuron occupe le bas de la 4ᵉ page. Le poëme ne porte pas de signature; il commence ainsi :

> Le Printemps a changé la face de la terre,
> Il ramene avec luy la saison de la guerre.

Corneille s'est borné à paraphraser une pièce latine publiée sous le titre suivant :

Regi ‖ ad exercitvm inevnte ‖ vere proficiscenti ‖ Ode. — [In fine :] Joannes Lucas Societatis Jesu. — *Ex Officinâ Simonis Benard, viâ Jacobææ. S. d.* [1676], in-4 de 4 pp. de 24 lignes, avec un fleuron à la première page et à la dernière.

Bibliothèque nationale (*Recueil Thoisy, matières historiques*, t. X^e, in-fol.).

Le catalogue de M. de Bruyères-Chalabre (Paris, 1833, n° 168) mentionne un exemplaire de ce poëme avec envoi autographe de Corneille à l'abbé de Camilly.

167. Vers presentez || au Roy || sur sa Campagne de 1676. — [A la fin :] *A Paris, || Chez Guillaume de Luyne, Libraire Iuré ; au Palais || dans la Salle des Merciers, sous la montée de la Cour || des Aydes à la Justice.* || M.DC.LXXVI [1676]. || Avec Permission. In-4 de 2 ff. de 30 vers à la page pleine, sans chiffre, réclames ni signature, caract. ital.

La pièce n'a pas de feuillet de titre, mais un simple titre de départ. Le nom du libraire et la date se trouvent au bas de la p. 3.

Le poëme ne se compose que de 76 vers, dont voici les premiers :

> Ennemis de mon Roy, Flandre, Espagne, Allemagne,
> Qui croyiez que Bouchain deust finir sa Campagne,
> Et n'avanciez vers luy que pour voir comme il faut
> Regler l'ordre d'un Siege, ou livrer un assaut, etc.

Bibliothèque nationale (Y. Rés.).

168. Ode a Monsieur Pellisson. *S. l. n. d.* [*Paris, vers* 1676], in-4.

Cette pièce, traduite par Corneille d'une pièce latine dont on ignore l'auteur (*Clarissimo Viro D. Pellissonio, Regi Christianissimo a secretioribus Consiliis, svpplicum Libellorum Magistro*), dut être composée vers 1676 ; elle a été reproduite pour la première fois par l'abbé Granet (*Œuvres diverses de Corneille*, pp. 220 sqq.).

Nous n'avons pu retrouver l'édition originale citée par Granet.

169. Sur les Victoires du Roy. En l'année 1677. — [A la fin :] *A Paris, Chez Guillaume de Luyne, Libraire Juré, au Palais, dans la Salle des Merciers, sous la montée de la Cour des Aydes à la Justice.* Avec Permission. In-4 de 2 ff.

Cette pièce, reproduite dans le *Mercure galant* du mois de juillet 1677, compte 72 vers ; elle commence ainsi :

> Je vous l'avois bien dit, Ennemis de la France,
> Que pour vous la victoire auroit peu de constance,

> Et que de Philisbourg à vos armes rendu
> Le pénible succès vous seroit cher vendu...

Elle n'a pas d'autre titre qu'un simple titre de départ et ne porte pas le nom de Corneille.

M. Marty-Laveaux (t. X^e, p. 322) dit que cette édition existe à la Bibliothèque de l'Arsenal : nous ne l'y avons pas retrouvée.

170. SUR LES VICTOIRES ‖ DU ROY ‖ En l'Année 1677. *S. l. n. d.* [*Paris*, 1677], in-4 de 2 ff. de 26 lignes à la page, sans chiffre, réclame ni signature.

Cette édition n'a, comme la précédente, qu'un titre de départ.
Bibliothèque nationale (Y. Rés.).

171. AV ROY. ‖ SUR LA PAIX DE 1678. — [A la fin :] *De l'Imprimerie de Pierre le Petit. Impr. ord. du Roy & de l'Academie Françoise.* In-fol. de 4 pp. chiffr. de 30 lignes.

Cette pièce n'a qu'un simple titre de départ surmonté d'un large fleuron représentant les armes royales.

Le poëme, qui n'est pas signé, compte 100 vers et commence ainsi :

> Ce n'estoit pas assez, grand Roy, que la victoire
> A te suivre en tous lieux mist sa plus haute gloire,
> Il falloit pour fermer ces grands evenements,
> Que la paix se tinst preste à tes commandements, etc.

Bibliothèque nationale (Y. Rés.).

172. INSCRIPTION POUR L'ARCENAL DE BREST. *S. l. n. d.* [*Paris*, 1679]. 1 f. in-8.

Cette feuille volante contient la traduction, faite par Corneille, en huit vers, d'une des inscriptions que Santeul avait composées pour l'arsenal de Brest. Elle est signée P. CORNEILLE.

Le poëte de Saint-Victor avait dû primitivement faire imprimer cinq des pièces qu'il écrivit sur ce sujet, bien que nous n'en connaissions pas d'édition antérieure à l'impression des vers de Corneille. Le placard, dont la Bibliothèque de l'Arsenal (B. L., n° 7329 B. a) et la Bibliothèque de Caen possèdent un exemplaire, contient, en effet, avec les vers français, cinq pièces latines. Nous ignorons si ce placard doit se confondre avec le placard in-4 dont parle l'abbé Granet.

Santeul composa plus tard d'autres inscriptions sur le même sujet. Un recueil intitulé : *Inscriptions faites pour l'Arcenal de*

Brest, et daté, en français, *Du 6 Septembre* 1679 (*s. l.*, in-4 de 10 ff., à la Bibliothèque Mazarine), en contient huit, à la suite desquelles on trouve une longue *Réponse à la critique des Inscriptions faites pour l'Arcenal de Brest*. Dans les œuvres de Santeul, les inscriptions sont au nombre de neuf.

Un placard, formant 2 ff. in-4 imprimés d'un seul côté (Bibliothèque nationale, Y), contient, sous ce titre : *Pour l'Arcenal de Brest*, les neuf inscriptions de Santeul, et une dixième pièce : *Pour la Fontaine du même Port*.

173. A ǁ Monseigneur. ǁ Svr son Mariage. *S. l. n. d.* [*Paris*, 1680], in-fol. de 4 pp. chiffr. de 34 lignes, caract. ital.

La pièce commence par un simple titre de départ, précédé d'un fleuron qui représente Apollon entouré des Muses ; elle est signée à la fin des initiales : P. C.

Le poëme, composé de 124 vers, débute ainsi :

> Prince. l'appuy des Lys, et l'amour de la France,
> Toy, dont au berceau mesme elle admira l'enfance,
> Et pour qui tous nos vœux s'efforçoient d'obtenir
> Du Souverain des Rois un si bel avenir... etc.

Il a été reproduit dans le *Mercure galant* du mois de mars 1680.
La Bibliothèque nationale possède en même temps l'imprimé (Y+Rés.) et le manuscrit autographe du poëme (Msc. franc., n° 12763, fol. 165).

174. Œuvres diverses de Pierre Corneille. *A Paris, chez Gissey, rue de la Vieille Boucherie, à l'Arbre de Jessé ; Bordelet, ruë S. Jacques, vis-à-vis le College des Jésuites, à S. Ignace*, M.DCC.XXXVIII [1738]. Avec Approbation et Privilége du Roi. In 12. de xxxiv-461 pp. et 3 ff. non chiffr. pour la *Table* (laquelle commence p. 462) et le *Privilége*.

Les pp. xxxiii-xxxiv sont imprimées sur un encart, sans feuillet correspondant.

L'abbé François Granet, éditeur de ce recueil, l'a fait précéder d'une préface dans laquelle il insiste sur l'intérêt que présentent les moindres fragments de Corneille. Il a réuni les traductions que le grand tragique avait faites de plusieurs poëmes latins du P. de la Rue et de Santeul, les vers qu'il avait présentés au Roi dans plusieurs circonstances, etc. Pour les productions de la jeunesse de Corneille, il s'est montré plus réservé. « En retranchant les morceaux d'une galanterie licencieuse, dit-il, je n'ai fait que me conformer à l'exemple de M. Corneille, qui a purgé ses premieres comédies de tout ce qui en pouvoit rappeler l'idée. » L'éditeur a fait entrer dans son livre trois madrigaux extraits de *la Guirlande de Julie;* il a réimprimé plusieurs morceaux qui figuraient dans les éditions originales des pièces de théâtre, mais qui avaient été laissés de côté depuis; enfin il a reproduit quelques-uns des vers adressés par Corneille aux auteurs de ses amis et mis par ceux-ci en tête de leurs ouvrages.

A l'exemple de Fontenelle, Granet s'est efforcé de retrouver les deux livres de Stace traduits par Corneille, mais il n'a pas été plus heureux que son devancier.

Le privilége, daté du 13 décembre 1737, est accordé pour six ans au sieur.....

La préface est suivie de la *Défense du grand Corneille*, par le Père Tournemine, jésuite.

Les pièces qui composent le recueil sont au nombre de 96, en y comprenant diverses épigrammes latines traduites par Corneille.

Le volume doit renfermer un carton qui n'est pas semblable dans tous les exemplaires. Dans les uns, il contient seulement le *Sonnet sur la Mort de Louis XIII;* dans les autres, il contient une autre rédaction de la même pièce, suivie du *Placet au Roy, sur le retardement de sa pension.* (Voy. Marty-Laveaux, t. X°, pp. 88 sq.).

175. ŒUVRES DIVERSES DE PIERRE CORNEILLE. Nouvelle édition augmentée. *A Amsterdam, chez Zacharie Chatelain*, 1740, in-12 de LX pp. 1 f. blanc, 428 pp. et 4 ff.

Réimpression du recueil de l'abbé Granet. L'éditeur hollandais se vante dans un avis *Au Lecteur* de l'avoir notablement augmenté; mais, en réalité, il n'y a pas ajouté une seule pièce de Corneille.

Les additions sont indiquées à la table des matières par un astérisque; elles comprennent :

1° *Dissertation sur les caractères de Corneille et de Racine, contre le sentiment de la Bruyère* (par Tafignon), pp. XXXI-LX;

2° *La Fable est un reste du paganisme dont les poëtes chrétiens doivent s'abstenir dans leurs ouvrages* (imitation en vers d'une pièce de Santeul; elle n'est pas de Corneille), pp. 209-212;

3° *In hæc verba Sancti Augustini Deum alloquentis : Quis mihi dabit acquiescere in te*, etc. (épigramme latine de Santeul, traduite par Corneille; Granet n'avait pas reproduit le texte original), p. 372;

4° *Ad Santolium Victorinum de obitu Petri Cornelii* (5 distiques latins de Léonard Mathieu imprimés dans les Œuvres de Santeul), p. 428.

Le titre du recueil porte un fleuron avec la devise : *Libertas ex fœdere et pace*. On lit au-dessous · *B. Picart del. — C. de Putter fecit* 1739.

176. DOCUMENT RELATIF A CORNEILLE, communiqué à l'Académie par M. Floquet. [*Rouen*, 1835], in-8 de 4 pp.

Extrait du *Précis analytique des travaux de l'Académie de Rouen*, 1835, in-8, pp. 240 sqq.
Le document publié par M. Floquet est la touchante lettre adressée par Corneille à Colbert, en 1678, pour le prier de lui faire obtenir, comme par le passé, une part dans les faveurs du roi. Cette lettre, dont la Bibliothèque nationale possède l'autographe original, a été découverte par M. Lacabane dans la collection généalogique de Chérin de Barbimont.

177. VERS INÉDITS DE P. CORNEILLE, publiés par M. Faugère. *Paris, Typographie de F. Didot frères*, 1847, in-8 de 16 pp.

Extrait de la *Nouvelle Revue encyclopédique*, t. IIIe, pp. 466-478, mars 1847.
M. Faugère a eu l'heureuse chance de retrouver, à la Bibliothèque Sainte-Geneviève, une version des *Hymnes de Sainte-Geneviève*, écrite en entier de la main de Corneille. Cette version, exécutée sans doute entre 1660 et 1665, à la requête du P. Boulart, ou de quelque autre génovéfain, ami du poëte, a été réunie, en 1855, par M. Lefèvre aux *Œuvres de Corneille*. (Voy. Marty-Laveaux, t. IXe, pp. 615 sqq.)

178. LETTRES INÉDITES DE P. CORNEILLE. 1653-1656. Avec une introduction par M. Célestin Port. *Paris, Typographie de F. Didot frères*, 1852, in-8 de 15 pp.

Extrait de la *Bibliothèque de l'École de Chartes*, 3e série, t. IIIe, pp. 348 sqq.
Ces lettres sont au nombre de quatre; elles sont adressées au R. P Boulard, et datées de *Rouen, la veille de Pasques* (30 mars) 1652, le 12 avril 1652, le 23 avril 1652 et le 10 juin 1656. Elles sont tirées d'un manuscrit de la Bibliothèque Sainte-Geneviève, intitulé : *Recueil de pièces pour prouver que Thomas à Kempis est l'auteur de l'Imitation* (D. f. 11, in-fol.), et sont toutes relatives à la traduction de l'*Imitation*.

179. DEUX LETTRES INÉDITES DE P. CORNEILLE à Huyghens de Zuilychem, par Édouard Fournier. (Extrait de la *Revue des Provinces* du 15 février 1865.) *Paris, Imprimerie parisienne Dupray de la Maherie*, 1865, in-8 de 11 pp.

« Ces deux lettres, dit M. Fournier, se trouvent au *British Museum*, où nous en avons nous-même pris copie, il y a deux ans, avec l'aide de notre savant ami Francisque Michel. Elles y sont placées dans les *Additional Mss.*, sous les nos 21,514, fol. 20, 21 et 22, 23. La première fut acquise, en 1824, à une vente dont le livret (*Catalogue of a valuable Collection of Autograph Letters*, 1824, in-8), l'indique à la p. 21. La seconde ne fut achetée qu'en 1856 (*British Museum. A Guide to the Autograph Letters*, 1862, in-8). »

Les deux lettres sont datées du 6 mars 1649 et du 28 mai 1650.

Dans la première, Corneille remercie son correspondant de l'envoi d'un volume de poésies latines, sans doute, les *Momenta desultoria, Poematum Libri XIV*; il lui envoie en même temps deux recueils de ses ouvrages, « qui n'ont rien de nouveau que l'impression », et y joint quelques vers ïambiques latins sur sa tragédie de *Médée,* tout en s'excusant de « cette eschappée en une langue qu'il y a trente ans qu'il a oubliée ».

Dans la seconde, Corneille annonce à Zuilychem l'envoi d'une comédie qu'il lui dédie, c'est-à-dire de *Don Sanche d'Aragon*. (Voy. n° 60.)

I. Ouvrages ou Recueils divers contenant des pièces de Corneille en prose ou en vers.

180. Ligdamon || et Lidias : || ov || la Ressemblance. || Tragi-Comedie. || Par Monsieur || de Scudery. || *A Paris,* || *Chez François Targa, au premier* || *pilier de la grand'Salle du Palais,* || *deuant les Consultations.* || M.DC.XXXI [1631]. || Auec Priuilege du Roy. — Avtres || Œvvres || de || Monsievr || de Scvdery. || *A Paris,* || *Chez François Targa, au premier* || *pilier de la grand'Salle du Palais,* || *deuant les Consultations.* || M.DC.XXXI [1631]. || Auec Priuilege du Roy. In-8 de 20 ff. et 264 pp., sign. A-R.

Collation des feuillets prélim. : frontispice gravé qui représente Ligdamon combattant dans une arène contre des lions, en présence de trois juges et de plusieurs autres personnages (ce frontispice porte le titre de la pièce, le nom et l'adresse de *Targa*, et deux marques très-curieuses de ce libraire); — titre imprimé; — 2 ff. pour la dédicace à M. le duc de Montmorency; — 1 p. pour un *Sonnet à luy mesme;* — 8 pp. pour un avis *A qui lit;* — 12 pp. pour des hommages à Scudéry, signés : de Rotrou, Scarron, A. Hardy, Corneille, de la Crette Bellenger, du Ryer, Guerente, Belleville, il Cavalier Grambosco, Dom Ivan Florimond, de Chandeville-Sarcilly; — 3 pp. pour

13

le *Privilége* ; — 3 ff. pour l'*Argument;* 1 f. pour l'erratum et les *Acteurs.*

La tragi-comédie occupe les 133 premières pages du volume; on trouve ensuite le second titre que nous avons reproduit ci-dessus, et la pagination reprend de 137 à 264.

Le privilége, daté du 17 juillet 1631, est accordé à *Targa* pour dix ans ; l'achevé d'imprimer est du 18 septembre 1631.

Le verso du 11e feuillet prélim. contient un quatrain adressé par Corneille à Scudéry. Ce quatrain, signalé déjà par les frères Parfaict (*Histoire du Théatre françois,* t. IVe, p. 443), puis inséré par M. Édouard Tricotel dans le *Bulletin du Bouquiniste* (1er août 1859), a été ajouté aux œuvres de notre poëte, par M. Marty-Laveaux (t. Xe, p. 57). Il est ainsi conçu :

> Encor que Ligdamon en dépeignant Silvie
> Lui donne assez d'appas pour charmer l'Univers,
> Sa beauté toutefois dont la France est ravie
> Ne me toucheroit point sans celle de tes vers.

181. LE TROMPEVR PVNY, OV L'HISTOIRE SEPTENTRIONALE, Tragi-Comedie par Monsieur de Scudery. *A Paris, Chez Pierre Billaine.* M.DC.XXXIII [1633]. In-8.

Nous n'avons pas vu cette édition mentionnée au Catalogue Soleinne sous le n° 1070.

Au verso du 12e feuillet se trouve le madrigal suivant, signé CORNEILLE :

> Ton Cleonte, par son trespas,
> Jette un puissant appas
> A la supercherie ;
> Vu l'esclat infini
> Qu'il reçoit de ta plume, apres sa tromperie ;
> Chacun voudra tromper pour estre ainsi puny ;
> Et quoy qu'il en perde la vie,
> On portera tousjours envie
> A l'heur qui suit son mauvais sort ;
> Puis qu'il ne vivroit plus s'il ne fust ainsi mort.

182. LE || TROMPEVR || PUNY. || OV L'HISTOIRE SEPTENTRIONALE. || Tragi-Comedie || Par || Monsieur de Scudery. || *A Paris,* || *Chez Antoine de Sommauille, au Palais,* || *dans la petite Salle à l'Escu de France.* || M.DC.XXXV [1635]. || Auec Priuilege. — AVTRES || ŒVVRES || DE MONSIEVR || DE SCVDERY. In-8 de 16 ff. et 168 pp., sign. A-L.

Collation des feuillets prélim. : frontispice gravé qui représente deux personnages assis, dont l'un écrit, tandis que l'autre tient un livre; un tableau, placé derrière eux, reproduit une autre scène de la pièce; enfin l'on aperçoit dans le lointain, à travers une porte ouverte, deux hommes qui se battent en duel; ce frontispice, signé de *Michel Lasne*, porte le titre de la pièce, l'adresse de *Sommaville* et la date de 1635; — portrait de Scudéry par *Michel Lasne*, autour duquel on lit sa fameuse devise :

> « Et Poëte et Guerrier,
> « Il aura du laurier; »

— titre imprimé; — 7 pp. pour la dédicace « A Madame de Combalet »; — 4 pp. pour la « Preface par Monsieur de Chandeville, sur les Œuvres de Monsieur de Scudery »; — 12 pp. occupées par divers hommages en vers, signés : Du Ryer, Mairet, d'Inville, Boisrobert, Corneille, d'Autheuil, Guérente, Mondory, G. de Coste, de S. Firmin; — 3 pp. pour le privilége.

La pièce de Corneille occupe le recto du feuillet *ēiij*.

Le privilége, daté du 18 décembre 1632, est accordé à *Pierre Billaine*, qui déclare en faire cession à *Sommaville*. L'achevé d'imprimer est du 4 janvier 1633.

La tragi-comedie s'arrête à la p. 111 (sign. A-G); elle est suivie de 28 ff. qui continuent la pagination de la pièce de 113 à 168 et sont signés H-L. Cette seconde partie, analogue à celle qui est jointe au *Clitandre* de Corneille (n° 2), n'a qu'un faux-titre.

183. LA || SŒVR || VALEVREVSE, || OV || L'AVEVGLE || AMANTE. || Tragi-Comedie || Dediée à Monseigneur || le Duc de Vandosme. || Par le Sr Mareschal. || *A Paris,* || *Chez Anthoine de Sommauille, dans la* || *Galerie du Palais, à l'Escu de France.* || M.DC.XXXIIII [1634]. || Auec Priuilege du Roy. In-8 de 16 ff. et 200 pp. (la dernière page est chiffr. par erreur 196).

Collation des feuillets prélim. : frontispice gravé de *Michel Lasne*, représentant Mars qui tient un bouclier, sur lequel se détache le portrait du poëte; aux pieds de Mars jouent deux Amours; au-dessus du dieu une Renommée tient une couronne de lauriers et une trompette qui porte le titre; — titre imprimé; — 5 pp. pour la dédicace; — 7 pp. contenant des hommages en vers, signés : de Scudéry, Mairet, de Rotrou, Corneille, du Ryer; 7 ff. pour l'*Argument*; — 1 f. pour les *Acteurs*.

L'édition ne renferme ni privilége ni achevé d'imprimer.

Au verso du 6e feuillet commence une pièce en 20 vers, signée CORNEILLE, dont voici les premiers vers :

> Rendéz-vous, Amants et Guerriers,
> Craignez ses attraits et ses armes;

> Sa valeur, égale à ses charmes,
> Unit les myrthes aux lauriers...

Cette pièce se termine au recto du 7ᵉ f. Elle a été recueillie pour la première fois par M. Édouard Fournier dans ses *Notes sur la vie de Corneille*, qui précèdent *Corneille à la Butte Saint-Roch*, et reproduite par M. Marty-Laveaux (t. X^e, pp. 62 sq.).

M. de Soleinne possédait le manuscrit original de cette pièce avec une dédicace particulière au duc de Vendôme (Catalogue Soleinne, nº 1047); les envois poétiques à l'auteur ne devaient pas s'y trouver.

184. Epinicia || Mvsarvm. || Eminentissimo || Cardinali || Duci || de Richelieu. || *Parisiis,* || *Apud Sebastianum Cramoisy Typographum* || *Regium, via Iacobæa, sub Ciconiis.* M.DC.XXXIV [1634]. || Cum Priuilegio Regis. In-4 de 12 ff., 282 pp. et 1 f., pour la *Table*.

Collation des feuillets prélim. : titre; — 7 ff. pour l'épître adressée au cardinal de Richelieu, par Gomin; — 4 ff. contenant une pièce en prose à la louange des *Epinicia*, un avis du libraire au lecteur, un extrait du privilége et un portrait de Richelieu, non signé.

L'avis au lecteur est ainsi conçu: « *Typographus Lectori.* Ne mirare, Lector, si nullam hîc, nec rerum, nec temporum, nec personarum servatam seriem vides : nam ut singula in manus nostras venere, ea prælo subjecimus. Si qui sua hîc desiderari querentur, sciant ea nos effugisse, quibus tamen secunda editione, quæ brevi locupletior prodibit et accuratior, faciemus satis. Hoc te monitum volui. Vale et fruere. »

Le privilége, daté du 23 avril 1633, est accordé à Boisrobert, qui en a fait cession à *Cramoisy*; l'achevé d'imprimer est du 14 août 1634.

Ce recueil, relié d'ordinaire à la suite d'un recueil français intitulé : *Les Sacrifices des Muses au grand Cardinal de Richelieu* (à Paris, chez Sebastien Cramoisy, 1635, in-4), contient, pp. 248-251, une pièce composée de 43 distiques latins et intitulée : *P. Cornelli* || *Rothomagensis,* || *ad illustrissimi* || *Francisci* || *Archiepiscopi* || *Normanniæ Primatis* || *invitationem,* || *qua gloriosissimum Regem,* || *Emimentissimumque Cardinalem-Ducem* || *versibus celebrare jussus est,* || *Excusatio*. Suivent les distiques qui commencent ainsi :

> Neustriacæ lux alma plagæ, quo nostra superbit
>   Infula, et Aonii laurus opaca jugi,
> Heroum ad laudes, dignosque Marone triumphos
>   Parce, precor, tenuem sollicitare chelyn...

En étudiant ce poëme avec plus de soin que les précédents éditeurs, M. Marty-Laveaux y a remarqué des allusions à la *Place*

Royale, qui lui ont permis de rectifier la date de cette pièce et celle de la *Galerie du Palais*. (Voy. ci-dessus, nos 5 et 7.)

Il existe dans le même format, avec le même privilége et le même achevé d'imprimer, deux recueils destinés à célébrer la gloire du Roi, comme les précédents ont pour but de publier les louanges du Cardinal : *Palmæ Regiæ invictissimo Ludovico XIII. Regi Christianissimo, a præcipuis nostri ævi Poetis in Trophæum erectæ;* Parisiis, apud Sebastianum Cramoisy, 1634; et *Le Parnasse Royal, où les immortelles Actions du tres-chrestien et tres-victorieux Monarque Louis XIII sont publiées par les plus celebres Esprits de ce temps;* à Paris, chez Sebastien Cramoisy, 1635.

On ne trouve dans ces recueils en l'honneur du roi aucune pièce de Corneille. L'auteur du *Cid* n'avait chanté la gloire de Richelieu qu'à l'instigation de l'archevêque de Rouen, François Harlay de Champvalon, et l'on peut admettre que le prélat avait recommandé au poëte de s'adresser plutôt à Richelieu qu'à Louis XIII. Les panégyristes montrèrent d'ailleurs peu d'empressement à chanter la gloire du roi. La difficulté qu'eut l'imprimeur à remplir son recueil en retarda longtemps la publication, ainsi qu'il l'avoue lui-même dans l'avis au lecteur. Les vers adressés au cardinal eussent probablement pu paraître plus tôt, mais il eût été peu convenable qu'ils parussent avant les vers adressés au roi.

185. HIPPOLYTE, || Tragedie. || Par de la Pineliere, Angeuin. || *A Paris,* || *Chez Antoine de Sommauille, au Palais,* || *en la petite Salle, à l'Escu de France.* || M.DC.XXXV [1635]. || Auec Priuilege du Roy. — AVTRES || ŒVVRES || POETIQVES || du mesme || Autheur. || M.DC.XXXV [1635]. In-8 de 20 ff. et 112 pp., dont les deux dernières ne sont pas chiffr.

Collation des feuillets prélim. : titre ; — 3 ff. pour la dédicace « A Monsieur de Bautru, introducteur des Ambassadeurs » ; — 6 ff. pour la « Préface sur l'Hippolyte de Monsieur de la Pineliere. Par le sieur de Hautgalion » ; — 4 ff. pour l'avis *Au Lecteur;* — 6 ff. pour l'erratum, les *Acteurs* et les envois poétiques de divers auteurs à la Pinelière.

Les envois, au nombre de six, sont signés : Th. de la Rivière, de Bensserade, Corneille, le sieur de Buys, de Montereul, d'Alibray.

Les vers de Corneille occupent le verso du f. ū ij. Ils commencent ainsi :

> Phedre, si ton chasseur auoit autant de charmes
> Qu'en donne à son visage un si docte pinceau,
> Ta passion fut juste et merite des larmes
> Pour plaindre le malheur qui le met au tombeau.

L'*Hippolyte* s'arrête à la p. 98, après le 1er f. du cahier N, et les *Autres Œuvres poëtiques* occupent le reste du cahier N et le cahier O. Ils se terminent par le mot *Fin*, après l'épigramme intitulée : *Sur une Courtisane devenue aveugle.*

Les vers de Corneille, reproduits pour la première fois au Catalogue Soleinne (*Supplément au* t. Ier, p. 201), ont été réimprimés depuis par M. Edouard Fournier (*Notes sur la vie de Corneille,* pp. xcvii sq.) et par M. Marty-Laveaux (t. Xe, p. 73).

186. LA GVIRLANDE DE IVLIE. Pour Mademoiselle de Ramboüillet Iulie Lucine d'Angennes. *Escript par N. Jarry.* M.DC.XLI [1641]. In-fol.

Tous ceux qui s'occupent de livres connaissent, au moins de réputation, le chef-d'œuvre du calligraphe *Jarry.* Ce manuscrit, exécuté pour le duc de Montausier, passa plus tard entre les mains de Gaignat et du duc de la Vallière. Voici la description qu'en donne le *Catalogue* de cet illustre amateur (1re partie, t. IIe, no 3247) : « Manuscrit précieux sur vélin, unique dans son genre, et que rien ne peut égaler en beauté. M. Huet [*Huetiana*, Paris, 1722, in-12, p. 103] l'a appelé le chef-d'œuvre de la galanterie, et en a vanté la magnificence de l'exécution. Ce fut le baron de Sainte-Maure, plus connu sous le nom de duc de Montausier, qui en conçut l'idée et en fit la dépense. Il chargea le fameux *Robert* de peindre les fleurs dont il est enrichi, et *Nicolas Jarry,* dont le talent ne peut être trop célébré, d'écrire les Madrigaux, que les hommes de lettres qui fréquentoient l'hôtel de Rambouillet s'empressèrent de faire sur chaque fleur, à la louange de celle pour qui ce livre était destiné.

« Ces fleurs sont au nombre de 29; sçavoir : l'Amarante, l'Anémone, l'Angélique, la Couronne Impériale, l'Eliotrope, la Flambe, la Fleur d'Adonis, la Fleur de Grenade, la Fleur d'Orange, la Fleur de Thym, l'Hyacinthe, le Jasmin, l'Immortelle blanche, l'Immortelle jaune, la Jonquille, le Lis, le Méleagre, le Muguet, le Narcisse, l'Œillet, le Pavot, la Pensée, la Perceneige, la Rose, le Safran, le Souci, la Tulipe, la Tulipe flamboyante et la Violette.

« Ces Fleurs, réunies d'abord sur une même page et formant une guirlande superbe au milieu de laquelle on lit : *La Guirlande de Iulie,* se trouvent ensuite séparées et peintes sur le recto de 29 feuillets, qui ne contient jamais qu'une seule fleur.

« Les Madrigaux, dont chaque fleur est l'objet, sont supérieurement écrits en lettres rondes, chacun séparément sur un feuillet. On en compte 61, parce qu'il y en a plusieurs sur une même fleur. M. de Montausier, lui-même, est au nombre des Poëtes qui les ont faits. Le plus beau, le plus connu et le plus souvent cité, est celui de Desmarets, sur la Violette.

« On voit sur le septième feuillet une belle miniature représentant Zéphyr dans un nuage, tenant dans sa main gauche la Guirlande de Julie et, dans sa droite, une rose. Il parsème la terre de diverses fleurs que son souffle fait éclore de sa bouche.

« Le duc de Montausier, en ordonnant l'exécution de ce riche MS., le destinoit à Julie-Lucine d'Angenes, Marquise de Rambouillet, à qui il le présenta en 1641. Il eut soin auparavant de faire relier magnifiquement ce livre [en maroquin rouge, par *Le Gascon*], et d'orner le dedans et le dehors de la couverture, du chiffre de cette fille célèbre, qu'il épousa quatre ans après, en 1645. Ce fut, sans contredit, le plus beau présent qu'il pût lui faire, et le plus analogue à son goût et à ses talents.

« M. l'Abbé Rive a donné une notice particulière très-exacte et très-étendue de ce MS. [*Notices historiques et critiques de deux Manuscrits, uniques et très-précieux, de la Bibliothèque de M. le Duc de la Vallière, dont l'un a pour titre : la Guirlande de Julie, et l'autre, Recueil de fleurs et insectes, peints par Daniel Rabel, en* 1624; Paris, Didot l'aîné, 1779, in-4.] »

Une autre notice écrite par Gaignères et complétée par De Bure se trouve dans le *Supplément à la première partie du Catalogue de M. le duc de la Vallière*; elle a été reproduite par Didot jeune, Nodier et M. Livet, en tête des éditions citées ci-après.

Six pièces de la *Guirlande* : le *Lis*, la *Tulipe*, la *Hyacinthe*, la *Fleur d'orange*, la *Fleur de Grenade* et l'*Immortelle blanche*, sont signées d'un C. dans le manuscrit. Le libraire *Charles de Sercy*, qui a fait entrer la *Guirlande* dans un recueil de poésies dont nous parlerons plus loin, a signé du nom entier de Corneille trois de ces madrigaux : la *Tulipe*, la *Fleur d'orange* et l'*Immortelle blanche*, tandis qu'il n'a marqué les trois autres que d'une simple initiale. Granet n'a reproduit dans ses *Œuvres diverses* de Corneille que les trois morceaux que lui attribuait *Sercy;* mais M. Taschereau (*Vie de Corneille*, 2e éd., pp. 107 sq.) a, non sans raison, croyons-nous, revendiqué les six pièces pour l'auteur du *Cid*. Il est fort possible en effet que *Sercy* ait donné ses indications au hasard.

Gaignères et deux des éditeurs de la *Guirlande de Julie,* Didot et Nodier, ont fait honneur à Conrard des six madrigaux marqués d'un C. M. Marty-Laveaux a cru prudent de suivre l'exemple de Granet.

Ce précieux manuscrit fut vendu après la mort de la duchesse d'Uzès, fille du duc de Montausier, à un particulier qui le paya quinze louis et le revendit à Moreau, valet de chambre du duc de Bourgogne, lequel en fit présent à M. de Gaignères. Après la mort de Gaignères, le volume passa entre les mains du chevalier de B***. L'abbé de Rothelin l'acheta à la vente de cet amateur, et en fit présent, à son tour, à Boze, dans le catalogue de qui nous le voyons mentionné. M. de Cotte l'acquit des héritiers de M. de Boze et le céda plus tard à Gaignat. Il fut donné pour 780 livres à la vente Gaignat, mais il atteignit le prix de 14,510 à la vente la Vallière, en décembre 1783. Il fut acquis par la duchesse de Châtillon, fille du duc de la Vallière, à la mort de laquelle il passa chez Mme la duchesse d'Uzès, sa fille. Il appartient aujourd'hui à M. le duc de Crussol, qui l'a reçu de son père, M. le duc d'Uzès. Il a figuré à l'exposition organisée à Paris, en 1874, au profit des Alsaciens-Lorrains.

M. Brunet (*Manuel du Libraire*, v° Jarry) parle d'un manuscrit qui paraît avoir été l'esquisse et le modèle de *Jarry*. C'est un in-4 de 53 ff., exécuté sur papier en belles lettres bâtardes. Il a figuré aux ventes Crozat de Tugny en 1751 (n° 1316 du Catalogue) et Courtanveaux, en 1783 (n° 1275 du Catalogue). M. P. Firmin-Didot jeune s'en est alors rendu acquéreur pour la somme modique de 3 fr. 75.

187. LA GVIRLANDE DE IVLIE. Pour Mademoiselle de Ramboüillet, Iulie-Lucine d'Angennes. *Escript par N. Jarry*. 1641. In-8.

L'auteur du *Huetiana* dit que le duc de Montausier fit faire deux exemplaires tout pareils de la *Guirlande de Julie*; c'est une erreur. La copie fut également exécutée par *Jarry*, mais elle est du format in-8. « Elle contient 40 feuillets écrits en bâtarde. Elle ne renferme que les Madrigaux seuls, sans aucune peinture. La couverture en est ornée du chiffre de Julie, à qui il fut offert par le duc de Montausier, en même temps que le MS. précédent. » — *Catalogue la Vallière*, 1re partie, t. IIe, n° 3248.

Ce volume vendu 406 fr. chez la Vallière, en 1783, fut revendu 622 fr. chez d'Hangard; 250 fr. seulement chez Lefebvre, et 2,900 fr. chez de Bure, en 1853; il appartient depuis lors à M. le marquis de Sainte-Maure.

188. LA GUIRLANDE DE JULIE. *A Paris, De l'Imprimerie de Didot jeune*, 1784. In-8.

Édition publiée d'après le manuscrit sur papier cité plus haut.

Renouard dit qu'elle a été tirée à 90 exemplaires; M. Brunet (v° *Montausier*) dit, au contraire, qu'il en existe au moins 250 exemplaires.

La *Guirlande de Julie* avait été déjà imprimée à la suite de la *Vie de M. de Montausier, écrite sur les Mémoires de la duchesse d'Uzès sa fille* (par Nicolas Petit, jésuite); Paris, 1729, 2 tomes en un vol. in-12.

189. LA GUIRLANDE DE JULIE, offerte à Mademoiselle de Rambouillet, Julie Lucie-Lucine d'Angènes, par le marquis de Montausier; ornée de 30 gravures dessinées et peintes par Madame Legendre. *A Paris, chez Mademoi-*

selle Adèle Prudhomme, rue des Marais, n° 18 ; H. Nicolle et Pélicier, [Imprimerie de Didot jeune], 1818. In-8,

Édition sur papier vélin double satiné.

190. La Guirlande de Julie, expliquée par de nouvelles annotations sur les madrigaux et sur les fleurs peintes qui la composent, par M. Amoreux, D. M. *Montpellier et Paris, Gabon et C°, [Imprimerie de X. Jullien, à Montpellier]*, 1824. In-18.

191. La Guirlande de Julie, offerte à Mademoiselle de Rambouillet par M. de Montausier. *Paris, N. Delangle, éditeur, rue du Battoir, n° XIX*, M.DCCC.XXVI [1826]. Pet! in-12 de xj et civ pp.

Collection de Petits Classiques françois, « imprimée à 500 exemplaires, aux frais et par les soins de Charles Nodier et N. Delangle, avec les caractères de Jules Didot ainé. »
Nous avons dit que Nodier attribuait à Conrard les six madrigaux signés d'un C dans l'original.

192. Précieux et Précieuses. — Caractères et Mœurs littéraires au XVII° siècle, par M. Ch.-L. Livet. *Paris, Libraire académique, Didier et C°*, 1859, in-8 de 2 ff., XXXVI-442 pp. et 1 f. pour la *Table*.

L'ouvrage de M. Livet contient (pp. 393-442) une réimpression complète de la *Guirlande de Julie*.

193. Les || Chevilles || de || Mᶜ Adam || Menuisier || de Neuers. || *A Paris,* || *Chez Toussainct Quinet,* || *au Palais, sous la montée de la* || *Cour des Aydes.* || M.DC.XLIV [1644]. || Auec Priuilege du Roy. In-4 de 18 ff., 100 pp., 4 ff. et 315 pp.

Collation des feuillets prélim. : portrait de Mᶜ Adam, au-dessous duquel on lit un sixain en son honneur et l'adresse de *Quinet ;* — titre ; — 12 ff. (paginés 5-28) pour l'*Epistre ;* — 4 ff. pour la *Preface de Monsieur de Marolles, Abbé de Ville-Loin,* et le *Privilége.*
Les 100 pp. qui forment la première partie contiennent des vers français, latins, grecs, italiens et espagnols adressés au poëte par

plus de cinquante auteurs, et réunis sous le titre d'*Hommage du Parnasse*. Un sonnet signé de Corneille occupe la p. 11 ; en voici le premier quatrain :

> Le Dieu de Pythagore, et sa Metempsycose,
> Jettans l'ame d'Orphée en un Poëte François,
> Par quel crime, dit-elle, ay-je offencé vos loix,
> Digne du triste sort que leur rigueur m'impose ?

Les 4 ff. qui suivent l'*Hommage du Parnasse* contiennent les *Noms des Auteurs* et la *Table des Pieces contenues aux Chevilles de Maistre Adam*.

Le privilége, daté du 16 avril 1644, est accordé pour dix ans à « Adam Billault, Maistre Menuisier de la ville de Nevers », qui déclare en faire cession à *Toussaint Quinet*. L'achevé d'imprimer est du 25 mai 1644. Détail curieux : on trouve dans l'*Honneur du Parnasse* deux pièces signées du libraire *Quinet*.

194. LES EPISTRES || DV SIEVR || DE BOIS-ROBERT- || METEL, Abbé de Chastillon. || Dediées a Monseigneur || l'Eminentissime Cardinal Mazarin. || *A Paris,* || *Chez Cardin Besongne, au Palais, au haut de la montée* || *de la Ste Chappelle, aux Roses vermeilles.* || M.DC.XLVII [1647]. || Auec Priuilege du Roy. In-4 de 10 ff., 200 et 47 pp.

Collation des feuillets prélim. : titre, avec la marque du libraire ; — 3 pp. pour la dédicace « A Monseigneur l'Eminentissime Cardinal Mazarin ; — 7 pp. pour les hommages poétiques, signés : Menagius, de Gombaut, Menard et Corneille ; — 4 ff. pour la *Préface*, par M. Mascaron.

Le recueil se compose de deux parties, dont la première compte 200 pp.; la seconde commence ensuite par un titre de départ ainsi conçu : *Autres* || *Œuures* || *poëtiques* || *de Monsieur de Boisrobert*.

Au verso de la p. 47 se trouve l'*Extrait* du privilége accordé pour dix ans à Boisrobert, à la date du 4 juin 1646 ; l'auteur déclare en faire cession à *Cardin Besogne*. L'achevé d'imprimer est du 21 juillet 1646.

La pièce de Corneille occupe le recto du 6e f. prélim.; elle débute ainsi :

> Que tes entretiens sont charmants,
> Que leur douceur est infinie, etc.

195. LES || TRIOMPHES || DE || LOVIS LE IVSTE || XIII. DV NOM, || ROY DE FRANCE ET DE NAVARRE. || Contenans || les plus grandes Actions ou Sa Maiesté s'est || trouuée en personne, representées en Figures Ænigmatiques exposées

par vn || Poëme Heroïque de Charles Beys, & accompagnées de vers François sous || chaque Figure, composez par P. de Corneille. || Auec les Portraits des Rois, Princes et Generaux d'Armees, || qui ont assisté ou seruy ce Belliqueux Louis le Iuste Combattant; Et de leurs Deuises & || Expositions en forme d'Eloges, par Henry Estienne, Escuyer, Sieur des Fossez, Poëte & || Interprete du Roy és Langues Grecque & Latine. || Ensemble le Plan des Villes, Sieges et Batailles, auec || vn Abregé de la Vie de ce Grand Monarque, par René Barry, Conseiller du Roy, & Hi- || storiographe de sa Majesté. || Le tout traduit en Latin par le R. P. Nicolaï, Docteur en Sorbonne de la Faculté || de Paris, & premier Regent du grand Conuent des Iacobins. || Ouurage entrepris & finy par Iean Valdor, Liegeois, Calcographe du Roy. || Le tout par commandement de leurs Maiestez. || *A Paris,* || *En l'Imprimerie Royale, Par Antoine Estienne, Premier Imprimeur* || *& Libraire ordinaire du Roy.* || M.DC.XLIX [1649]. || Auec Priuilege de Sa Maiesté. — Lvdovici Ivsti || Tertii Decimi || nvncvpati, Galliæ simvl et Navarræ || Christianissimi Regis, || Trivmphalia Monvmenta. || Quibus egregia maxime quæ per seipsam tam Augusta || Maiestas facinora peregit, continentur; Ænigmaticis Iconibus ac figuris expressa, || quas Heroico Carmine Carolus Beys explicauit, & Gallicis quoque versibus ad || singulas figuras Iconasque affixis P. Cornelius seorsim exornauit. || Cum Iconibus etiam Regum, Principum, Strategorum, || qui bellicoso illi Regi Ludouico Iusto pugnanti, vel obsequium, vel auxilium præstiterunt; Adectis || ad has eorum effigies ac stemmata, singulorum Symbolis & Elogiis per Henricum Stephanum Equitem || Fossarum Dominum, Græcarum Latinarumque literarum Interpretem, ac Poëtam Regium, explicatis. || Accessit et Vrbium, Obsidionum, ac Præliorum, tam Augusti || Monarchæ Regno gestorum, cum compendiariâ vitæ illius narratione, descriptio; quam historico || stylo Renatus Barry, Consiliarius & Historiographus Regius, delineauit ac expressit. ǁ Omnia porrô ex Gallico Idiomate in Latinum conuertit F. Ioannes Nicolai Sacræ Theologiæ in Facultate ǁ Parisiensi Doctor, & apud Fratres Prædicatores in Conuentu S. Iacobi primarius Professor. ǁ Opus, curâ Ioannis Valdorii Leodiensis propalatum, susceptum, ac perfectum; ǁ Accedente ad præfata omnia elaboranda Regio iussu. ǁ *Lutetiæ Parisiorum,* ǁ *In Regiâ ipsâ Typographiâ per Antonium Stephanum, Proto Typographum Regium,* ǁ *& Christianissimi Regis Bibliocômum ordinarium.* ǁ M.DC.XLIX [1649]. ǁ Cum eiusdem Christianissimæ Majestatis Priuilegio. In-fol. de 33 ff., 87 pp., 142 pp. et 2 ff., non chiffr.; 106 ff. chiffr., 6 ff. non chiffr. et 2 ff. chiffr. 109-110.

Collation des feuillets prélim. : titre français; titre latin; 2 ff. pour l'*Epistre* de Valdor au Roi (l'un de ces feuillets est un encart qui répète la signature *aij*, détail qui explique le nombre impair des ff. prélim.) ; — 2 ff. pour la traduction latine de l'*Epistre*, et un morceau signé des Fossez (Estienne) ; — 2 ff. pour l'*Epistre* de Valdor à la Reine ; — 5 ff. pour la traduction latine de cette *Epistre*, une *Ode au Roy*, en vers français et latins et une grande figure ; — 13 ff. pour l'*Exposition des Devises qui sont pour la Reyne Regente*, une *Ode à la Reyne*, en français et en latin, ode qui est accompagnée d'un grand portrait ; deux hommages poétiques à Louis le Juste en français et en latin, signés du P. Le Moyne et de R. Rapin ; des hommages poétiques à Valdor, sur son ouvrage, signés de Ferran, de Beys, d'Isaac Habert, de G. Colletet, de Scudéry, de Tristan l'Hermite, de Furetière, de F. Cassandre, de Jean Nicolaï ; — 7 ff. pour les préfaces en latin et en français, pour les lettres du roi au P. Nicolaï, à Estienne des Fossez, à Beys, à Bary et à Corneille, pour une ode de Furetière *Au Roy, sur son portrait* et pour le *Privilege*.

La 1re partie renferme une planche de S. *della Bella* et 20 planches de *Valdor* qui représentent les grandes actions du roi ; chacune de ces dernières est accompagnée d'une inscription en vers due à Corneille.

La 2e partie contient 25 portraits remarquablement gravés.

La 3e partie est entièrement consacrée à des plans topographiques, gravés dans un format double de celui du livre ; la collation en présente quelques irrégularités. Il semble que l'ouvrage dût contenir six planches de plus qu'il n'en contient en réalité. Voici l'indication de ces lacunes : La foliation saute de 10 à 13 ; de 26 à 29 ; de 68 à 71 ; de 72 à 75 ; de 96 à 99 ; de 102 à 105. Après le f. 106 sont placées 2 feuilles doubles (soit 4 ff.) signées d'une simple étoile et 2 ff. sans chiffre ni signature. Le volume se termine par 2 ff. chiffrés 109 et 110.

Le privilége, daté du 22 mai 1649, est accordé à Valdor pour dix ans. Sur ce graveur, qui fut nommé en 1651 agent du prince-évêque de Liége en France, et sur son ouvrage, on peut consulter le travail suivant : *Le 3e Valdor, calcographe de Louis XIV ;* Liége, imprimerie de L. Grandmont-Donders, 1865, in-8 de 50 pp. avec un portrait lithographié. (*Extrait du Bulletin de l'Institut archéologique liégeois.*)

M. Ambr. F. Didot possède l'exemplaire de dédicace relié en mar. r., aux armes d'Anne d'Autriche.

196. Les Lettres || de Sainct || Bernard, || Premier Abbé || de Clervaux, || Docteur de l'Eglise. || Traduites || Par le R. P. Dom Gabriel de Sainct Malachie, || Religieux Feuillent [*sic*] de l'Ordre de Cisteaux. || Dediées à Monseigneur le Mareschal de l'Hospital. || *A Paris,* || *Chez Gaspar Meturas, ruë Sainct Iacque* || *à la Trinité, prés les Maturins.* || M.DC.XLIX [1649.] || Auec Priuilege & Approbation. In-4 de 22 ff. (dont le premier est blanc) et 607 pp. — Lettres || de Sainct || Bernard, || Traduites en François || Par le R. P. en Nostre Seigneur, Dom Gabriel de Saint || Malachie, Religieux de la Congregation de N. Dame || de [sic] Feüillans, de l'Ordre de Cisteaux. || Seconde Partie. || *A Paris,* || *Chez George Iosse, rue Sainct Iacques,* || *à la Couronne d'Espine.* || M.DC.LIV [1654]. || Auec Priuilege & Approbation. In-4 de 12 ff. et 644 pp.

Dans l'exemplaire de ce livre que possède la Bibliothèque nationale (C. 2043), les feuillets prélim. du Ier sont ainsi composés : 1 f, blanc ; — titre ; — 4 ff. pour l'*Epistre ;* — 2 ff. pour l'*Avertissement ;* — 2 ff. pour des hommages poétiques au traducteur, signés de Gemmaris ; — 4 ff. pour un *Cantique de S. Bernard à la louange de Jesus, traduit en François par Monsieur de Sales* (ces 4 ff. qui portent une pagination et qui sont signés A, forment encart dans le volume et ne se trouvent peut-être pas dans tous les exemplaires) ; — 2 ff. pour des hommages poétiques au traducteur, signés : Corneille, de Sales, du Breton et pour l'*Extrait du Privilége ;* — 6 ff. contenant la *Table* et 1 figure.

Le privilége, dont la première partie seule contient un extrait, est daté du 14 mai 1648 ; il est accordé pour dix ans à *G. Meturas.* On trouve à la fin un achevé d'imprimer du 23 août 1649.

Le sonnet de Corneille est adressé à saint Bernard; il commence ainsi :

> Du Cloistre et de la Cour precieuse clarté,
> Mais du Cloistre sans tache, et d'une Cour sans crimes,
> Aussi ferme soustien des Ordres legitimes,
> Qu'implacable ennemy de la fausse equité...

197. Epitaphivm in æde San benedictina Parisiis appendendvm, Nicolaus Gulonius, mortalitatis maiorumque memor, piis illorum Manibus designabat. *Anno* CIƆ DCL [1650]. In-fol. de 12 pp.

Ce recueil, que M. Marty-Laveaux a signalé pour la première fois, et dont la Bibliothèque nationale possède un exemplaire, contient les épitaphes de neuf membres de la famille de Nicolas Goulu et la sienne propre, sans parler d'un éloge de Jean Goulu et d'un avis sur ses ouvrages. Jean Goulu, savant bénédictin, né en 1576, mort en 1629, était petit-fils par sa mère du célèbre poëte Jean Dorat. Corneille composa en son honneur une épitaphe latine à laquelle Dom Pierre de Saint Romuald fait allusion dans son *Trésor chronologique et historique* (Paris, 1647, in-fol., 3ᵉ partie, pp. 899 sq.). C'est précisément cette épitaphe, dont le texte authentique s'est retrouvé dans le volume cité plus haut. Voy. Marty-Laveaux, t. Xᵉ, pp. 392 sqq.

198. L'Ovide ǁ en belle hvmevr, ǁ de M. Dassovcy. ǁ *Enrichi de toutes ses* ǁ *figures burlesques.* ǁ *A Paris,* ǁ *Chez Charles de Sercy, au Palais, en la* ǁ *Galerie Dauphine, à la Bonne Foy.* ǁ M.DC.L [1650]. ǁ Auec Priuilege du Roy. In-4 de 6 ff., 142 pp. et 1 f.

Collation des feuillets prélim. : frontispice gravé représentant Ovide, en costume grotesque, une couronne de lauriers sur la tête, et sa plume sur l'oreille; il est assis dans un fauteuil, et le poëte lui présente un portrait où il se reconnaît; titre imprimé; 4 ff. pour la dédicace « A Monseigneur le Comte de Sᵗ Aignan », le sonnet de Corneille à Dassoucy et deux envois poétiques de Chavannes et de Tristan l'Hermite.

La p. 1 est occupée par un madrigal de Bergerac; la p. 2 par une figure singulière qui représente une lanterne étendant les bras pour créer le monde.

Le volume contient 6 autres figures comptées dans la pagination.

Le privilège, dont un extrait occupe le recto du dernier feuillet, est accordé pour sept ans à Dassoucy, à la date du 18 février 1650. L'achevé d'imprimer est du 25 février 1650.

L'*Ovide en belle humeur* a été réimprimé à *Paris* en 1653, in-4; en 1659 et 1664, pet. in-12; et à *Lyon*, 1658, in-12. Il en existe une édition elzévirienne (*Suivant la copie imprimée à Paris*, 1651, pet. in-12 de 94 pp.) que M. Pieters (2º édition, p. 201) qualifie de « rare et chère ».

199. LES CHASTES || MARTIRS, || Tragedie || chrestienne || Par Mademoiselle Cosnard. || *A Paris,* || *Chez Nicolas et Iean de la Coste, au mont S. Hilaire à* || *l'Escu de Bretagne : Et en leur boutique à la petire* [sic] *porte du Palais,* || *qui regarde le Quay des Augustins.* || M.DC.L [1650]. || Auec Priuilege du Roy. In-4 de 6 ff. et 95 pp.

Collation des feuillets prélim. : un f. blanc ou un frontispice gravé (?); titre; 1 f. pour la dédicace « A la Reyne Regente »; 1 f pour deux hommages poétiques signés de Corneille et de M. de Saint-Nicolas, maître des eaux et forêts à Vire; 2 ff. pour l'avis *Au Lecteur* et les *Acteurs*.

Nous empruntons cette description à M. Marty-Laveaux (*Œuvres de Corneille*, t. Xᵉ, p. 129), qui l'a donnée d'après un exemplaire appartenant à M. Léon de la Sicotière, d'Alençon, exemplaire qui provient de la vente Soleinne (nº 1249 du Catalogue). La Bibliothèque de l'Arsenal ne possède qu'un exemplaire incomplet, et, quant à la Bibliothèque nationale, nous n'y avons trouvé qu'une contrefaçon intitulée :

LES CHASTES || MARTIRS, || Tragedie || chrestienne. || Par Mademoiselle Cosnard. || *Sur l'Imprimé.* || *A Paris,* || *Chez Augustin Courbé, dans la petite* || *Salle du Palais, à la Palme.* || M.DC.LI [1651]; In-12 de 3 ff. et 65 pp., soit en tout 36 ff. signés A-K.

Cette contrefaçon, mal imprimée, ne contient pas les hommages poétiques.

La Bibliothèque nationale possède en outre une tragédie chrétienne de Mˡˡᵉ Cosnard intitulée : *Les Filles genereuses, ou le Triomphe de la Pudicité* (Ms. franç., nº 25503).

200. ILLVSTRISSIMO VIRO || POMPONIO || DE BELLIEVRE || Regi a Consiliis || et || Primo in Principe || Galliarum Senatu || Præsidi || inaugurato || Panegyricus || in Colleg. Marchiano || Parisiensis || Academiæ || dictus. || *Parisiis,* || *Apud Dionysium Langlæum,* || *in monte D. Hilarij, sub Pelicano.* || M.DC.LIII [1653]. In-4 de 32 pp. et 2 ff.

Au verso de l'avant-dernier f. (p. 34) se trouvent des vers de Corneille « A Monsieur de Loy, Professeur en l'Université de Paris, sur son Panegyrique de Monseigneur le Premier President de Bellievre », vers qui commencent ainsi :

> Pourquoy s'étoner que de Loy
> Réussisse avec avantage...

201. AIRS ‖ à quatre parties, ‖ Du Sieur Dassoucy, ‖ *A Paris,* ‖ *Par Robert Ballard, seul Imprimeur du* ‖ *Roy pour la Musique.* ‖ Auec Priuilege de sa Majesté. ‖ Basse-Contre. ‖ 1653. Très-pet. in-8 obl. de 23 ff. chiffr. et 1 f. non chiffr., sign. A-C., titre encadré.

Au verso du titre commence la dédicace *A Son Altesse Royale Madame la Duchesse de Savoye*, qui se développe sur le feuillet suivant. En voici le début :

« Apres avoir respandu toutes mes larmes sur le Tombeau du deffunct Roy mon auguste Protecteur, je creus apres l'eclypse de ce grand Astre, qu'il n'y avoit plus de jour au monde, ny d'azile pour la vertu ; Dans cette funeste pensée, je jugé que ce n'estoit pas assez de faire pleurer à mes tristes Airs la mort de celuy qui ne les avoit pas dedaignez durant sa vie, si pour satisfaire à ma douleur, je ne les condamnois à mourir : C'en estoit fait et mes Competiteurs n'estoient pas marris que j'eusse enterré un talent qui leur causoit de la jalousie ; Mais depuis que (par l'honneur que j'ay receu dans vostre Royal service) j'ay appris qu'il y avoit encore un climat, une Cour, et une Reyne, ou plustost une divinité, l'amour de toute la terre, et l'aymant de toutes les vertus, aupres de qui le merite ne va jamais, sans y trouver sa gloire et sa recompense ; J'ay revoqué cet Arrest inhumain, etc. »

Au recto du 3e f. se trouvent les vers suivants qui, avant M. Marty-Laveaux, n'avaient jamais été réunis aux œuvres de Corneille :

POUR MONSIEUR DASSOUCY,
sur ses Airs,

> Cet Autheur a quelque Genie,
> Ses Airs me semblent assez doux :
> Beaux Esprits, mais un peu jaloux,
> Divins enfants de l'harmonie,
> Ne vous en mettez en courroux,
> Apollon aussi bien que vous
> Ne les peut ouyr sans envie.
>
> CORNEILLE.

Les airs de Dassoucy sont au nombre de 19. Le 14e et le 15e s'appliquent à deux passages de l'*Andromède* de Corneille : *Vivez, heureux Amants*, etc., et *Cieux, escoutez.* Voy. ci-dessus, n° 54.

La seule partie de ce recueil que nous connaissions, la partie de *Basse-Contre*, conservée à la Bibliothèque nationale, est malheureusement la moins intéressante des quatre. Il serait bien curieux de pouvoir reconstituer, en réunissant les autres parties, un fragment de la musique d'*Andromède*.

202. RELATION ‖ contenant ‖ l'histoire ‖ de ‖ l'Academie ‖ Françoise. ‖ *A Paris,* ‖ *Chez Augustin Courbé, au Palais, en la Salle des Merciers à la Palme;* [ou *Chez Pierre le Petit, Imprimeur* ‖ *& Libraire ordinaire du Roy, ruë S.* ‖ *Iacques, à la Croix d'Or*]. ‖ M.DC.LIII [1653]. ‖ Auec Priuilege du Roy. In-8 de 2 ff., dont le premier est blanc, 590 pp. et 3 ff. pour le *Privilége*.

Le privilége, daté du 14 novembre 1652, est accordé pour dix ans à Paul Pellisson Fontanier, qui déclare en faire cession à *Augustin Courbé* et à *Pierre le Petit*.

Pellisson nous a conservé un quatrain et plusieurs fragments de lettres de Corneille. Voy. Marty-Laveaux, t. X[e], pp. 86, 427-432.

La *Relation* de Pellisson a été réimprimée en 1671, 1672, 1700, 1729, 1730 et 1743. M. Livet en a donné une nouvelle édition, en y joignant la continuation publiée par l'abbé d'Olivet. (*Paris, Didier,* 1858, 2 vol. in-8.)

203. LA VIE ‖ DE DAMOISELLE ‖ ELIZABETH ‖ RANQVET. ‖ *A Paris,* ‖ *Chez Charles Savreux, Libraire & Relieur* ‖ *du Chapitre de l'Eglise de Paris, au* ‖ *Parvis Nostre Dame, aux* ‖ *trois Vertus.* ‖ M.DC.LV [1655]. ‖ Auec Approbation & Privilege. In-12 de 7 ff. et 131 pp.

Collation des feuillets prélimin. : portrait d'Élisabeth Ranquet, gravé par *J. Frosne*; on lit à l'entour : *Elizabeth Ranquet, agée de 36 ans, decedée le 6 d'Avril* 1654 ; en bas sont ses armes et un quatrain; sur les côtés, son chiffre ; — titre imprimé avec la marque du libraire ; — 2 ff. pour l'*Avertissement;* — 3 ff. pour l'*Approbation* et trois hommages poétiques.

Les vers de Corneille occupent le verso du 5e f. et le recto du 6e. Nous avons dit qu'ils se trouvent en tête de certains exemplaires de l'édition originale d'*Œdipe* (n° 73).

Le privilége, dont un extrait se trouve au verso du dernier f., est accordé à *Charles Savreux*, pour sept ans, à la date du   avril 1655 (le quantième est resté en blanc). L'achevé d'imprimer est du 10 mai 1655.

204. POESIES ‖ CHOISIES ‖ DE MESSIEVRS ‖ CORNEILLE. ‖ BENSSERADE. ‖ DE SCVDERY. ‖ BOISROBERT. ‖ SARRASIN. ‖ DESMA-

RETS. || Bertavd. || S. Lavrent. || Colletet. || la Mesnadiere. || de Monterevil. || Vignier. || Chevreav. || Malleville. || Tristan. || Testv. || Mavcroy. || de Prade. || Girard. || de l'Age. || Et plusieurs autres. || *A Paris, Chez Charles de Sercy, au Palais, dans la* || *Salle Dauphine, à la Bonne-Foy Couronnée.* || M.DC.LIII [1653]. || Avec Priuilege du Roy. In-12 de 14 ff., 418 pp. et 1 f. pour les *Fautes à corriger*.

Collation des feuillets prélim. : frontispice gravé qui représente un rideau sur lequel est inscrit le titre du livre; au-dessus du rideau, un masque grotesque accoté de deux Amours qui tiennent une couronne de laurier; — titre imprimé qui porte la marque de Sercy; — 1 f. pour la dédicace « A Monseigneur l'Abbé de Saint-Germain Beaupré »; — 10 ff. pour la *Table*; — 1 f. pour le *Privilége*.

Première édition de ce recueil, qui forma successivement un, deux, trois, quatre et cinq volumes.

Cette première partie contient quatre pièces de Corneille, savoir :

La Poësie à la Peinture, p. 235;
Sonnet : Demeurez en repos, etc., p. 399;
Sonnet : Deux sonnets partagent la ville, p. 401;
Epigramme : Amy veux tu sçavoir, etc., p. 402.

M. P. Lacroix attribue en outre à Corneille un sonnet signé d'un C à la *Table*, mais anonyme dans le recueil : *Une Troupe seruile*, etc., p. 304.

Le privilége, daté du 19 janvier 1653, est accordé à *Sercy* pour neuf ans; l'achevé d'imprimer est du 24 mars 1653.

205. Poesies || choisies || de Messievrs || Corneille. || Bensserade. || de Scvdery. || Boisrobert. || la Mesnardiere. || Sarrasin. || Desmarets. || Bertavd. || de Monterevil. || Vignier. || Chevreav. || Malleville. || Petit. || Le Bret. || de Prade. || Mavcroy. || Et de plusieurs autres. || Premiere Partie. || Seconde Edition, reueuë, corrigée, & augmentée. [Et Seconde Partie]. || *A Paris,* || *Chez Charles de Sercy, au Palais, dans la* || *Salle Dauphine, à la BonneFoy couronnée.* || M.DC.LIII [1653]. || Avec Privilege du Roy. 2 vol. in-12.

Premiere Partie : frontispice gravé (le même que ci-dessus); — titre imprimé; — 1 f. pour la dédicace; — 2 ff. pour un avis du

Libraire au Lecteur; — 12 ff. pour la *Table;* — 1 f. pour le *Privilége.* — Ensemble : 17 ff. et 456 pp.

Ce volume contient les quatre pièces de Corneille déjà citées; il n'a pas d'achevé d'imprimer.

La *Seconde partie* est nouvelle; en voici le titre :

Poesies || choisies || de Messievrs || Corneille. || Boisrobert. || Sarrasin. || Desmarets. || L. de Laffemas. || Brebevf. || Maleville. || de Montrevil. || Petit. || Cotin. || Vignier. || Le Bret. || de Ivssy. || dv Perier. || Et de plusieurs autres. || Seconde Partie. || A Paris, || Chez Charles de Sercy, au Palais || dans la Salle Dauphine, à la Bonne-Foy || Couronnée. || M.DC.LIII [1653]. || Auec Priuilege du Roy.

Collation : frontispice gravé représentant un cœur formé d'épis et de lauriers; le titre est inscrit au milieu de cette couronne, et des banderoles, qui se déroulent à l'entour, portent les devises suivantes : *L'Amour a ses lauriers comme il a ses guerriers; l'embellis bien vn cœur;* — titre imprimé; — 1 f. pour l'avis du *Libraire au Lecteur;* — 13 ff. pour la *Table;* — 1 f. pour le *Privilége;* — 1 f. blanc; ensemble : 18 ff. et 444 pp.

Beaucoup de pièces qui composent ce second volume sont empruntées à la *Guirlande de Julie.* Il y a dans le nombre trois pièces signées de Corneille :

La Tulippe. Madrigal, p. 235.
La Fleur d'Orange. Madrigal, p. 238.
L'Immortelle blanche. Madrigal, p. 242.

L'achevé d'imprimer est du 12 août 1653.

206. Poesies || choisies || de Messievrs || Corneille. || Bensserade. || de Scvdery. || Boisrobert. || la Mesnardiere. || Sarrasin. || Desmarets. || Bertavd. || de Montrevil. || Cottin. || Vignier. || Chevreav. || Maleville. || Vavvert. || Petit. || Mavcroy. || Et de plusieurs autres. || Premiere [Seconde] Partie. || A Paris, || Chez Charles de Sercy, au Palais, dans la || Salle Dauphine, à la Bonne-Foy couronnée. || M.DC.LIV [1654]. || Auec Priuilege du Roy. 2 vol. in-12.

Premiere Partie (Troisiéme Edition, reueuë, corrigée, & || augmentée) : frontispice gravé (le même que ci-dessus); — titre imprimé; — 1 f. pour la dédicace; — 2 ff. pour l'avis du *Libraire au Lecteur;* — 12 ff. pour la *Table;* — 1 f. pour le *Privilége;* ensemble : 18 ff. et 456 pp.

Le contenu est le même que celui de la seconde édition; il n'y a pas d'achevé d'imprimer.

Seconde Partie (Seconde Edition, reueue, corrigée, & || augmentée) : 18 ff. et 444 pp.

Même collation que ci-dessus. L'achevé d'imprimer est du 14 juillet 1654.

On doit joindre à ces deux volumes une *Troisiesme Partie*, que Sercy annonce en ces termes dans son avis *Au Lecteur* : « La reputation des Poësies choisies vous est assez connue, les deux premieres que je vous ai données ont esté si bien receues, que pour contenter le public, j'ay esté obligé d'en renouveller et d'en augmenter l'impression par plusieurs fois. Mais cela n'a pas suffit (sic), il m'en est tant venu de tous costez que je n'ay peu me deffendre de vous donner ceste troisiesme Partie. » En voici la description :

POESIES || CHOISIES. || DE MESSIEVRS, || BENSSERADE. || BOISROBERT. || SEGRAIS. || BERTAVLT. || DE MARIGNY. || DE LAFEMAS. || BOILEAV. || DE MONTEREVIL. || DE FRANCHEVILLE. || TESTV. || PETIT. || LORET. || LE BRET. || BARDOV. || Et de plusieurs autres. || Troisiesme Partie. || *A Paris,* || *Chez Charles de Sercy, au Palais,* || *dans la Salle Dauphine, à la Bonne-Foy* || *Couronnée.* || D.DC.LVI [1656]. || Auec Privilege du Roy. In-12 de 12 ff., 457 pp. et 1 f. pour le *Privilége*.

Collation des feuillets prélim. : frontispice gravé représentant un écusson surmonté d'un Amour qui tient une banderole; deux autres Amours sont assis en bas sur un piédestal; — titre imprimé; — 1 f. pour l'avis *Au Lecteur*; — 9 ff. pour la *Table*.

L'achevé d'imprimer pour la première fois est du 6 février 1656.

Ce volume ne contient aucune pièce signée de Corneille.

207. POESIES || CHOISIES || DE MESSIEVRS || CORNEILLE. || BENSERADE. || DE SCVDERY. || BOISROBERT. || LA MESNADIERE. || SARRASIN. || DESMARETS. || BERTAVD. || DE MONTEREVIL. || COTTIN. || VIGNIER. || CHEVREAV. || MALEVILLE. || VAVVERT. || PETIT. || MAVCROY. || Et de plusieurs autres. || *A Paris,* || *Chez Charles de Sercy, au Palais, dans la* || *Salle Dauphine, à la Bonne-Foy couronnée.* || M.DC.LVII [-M.DC.LVIII : 1657-1658]. || Auec Priuilege du Roy. 4 vol. in-12.

Premiere Partie (Quatriéme Edition, reueuë, corrigée, & || augmentée), 1657 : frontispice gravé (le méme que ci-dessus); — titre imprimé; — 1 f. pour la dédicace; — 2 ff. pour l'avis du *Libraire au Lecteur;* — 11 ff. pour la *Table;* — 2 ff. pour le *Privilége;* ensemble : 18 ff. et 456 pp.

Rappel de l'achevé d'imprimer du 30 octobre 1653.

Seconde Partie, 1657 : frontispice gravé; — titre imprimé, qui contient 18 noms; — 1 f. pour l'avis du *Libraire au Lecteur,* — 13 ff. pour la *Table;* — 1 f. pour le *Privilége;* — 1 f. blanc ; ensemble : 18 ff. et 444 pp.

Rappel de l'achevé d'imprimer du 14 juillet 1653.

Troisiesme Partie, 1658 : frontispice gravé ; — titre imprimé, qui porte 14 noms ; — 1 f. pour l'avis *Au Lecteur* ; — 9 ff. pour la *Table* et l'*Extrait du Privilége* ; ensemble : 12 ff. et 454 pp.

L'achevé d'imprimer est du 17 août 1658.

Cette troisième partie contient, p. 365, un sonnet signé d'un C, qui ne se trouve pas dans la première édition :

> Que me sert qu'on m'écoute avec tant de transport, etc.

M. P. Lacroix a pensé que cette pièce était de Corneille, et M. Marty-Laveaux (t. X°, p. 19) a regardé l'attribution comme très-vraisemblable, sans pourtant se croire autorisé à joindre le sonnet aux *Œuvres* de notre poëte.

Avant même d'avoir réimprimé la troisième partie, *Sercy* joignit à son recueil un nouveau volume dont voici le titre :

Poesies || choisies || de Messievrs || Maleville. || Maynard. || de l'Estoille. || de Rampale. || Cotin. || de Marigny. || Bardov. || de Monterevil. || de Ligniers. || le Clerc. || de Laffemas. || Boissiere. || le Vavassevr. || Et plusieurs autres. || Quatriesme Partie. || *A Paris,* || *Chez Charles de Sercy, au Palais,* || *dans la salle Dauphine, à la Bonne-* || *Foy Couronnée.* || MDC.LVIII [1658]. || Auec Priuilege du Roy. In-12 de 16 ff. et 455 pp.

Collation des feuillets prélim. : frontispice gravé qui représente un dé en pierre sur lequel reposent Apollon et Minerve ; devant cette pierre qui porte le titre, trois Amours jouent avec une pierre sur laquelle se voient des armes gravées ; — titre imprimé ; — 2 ff. pour la dédicace « A haut et puissant Seigneur, Messire François de Rostaing » ; — 11 ff. pour la *Table* et le *Privilége* ; — 1 f. blanc.

L'achevé d'imprimer est du 12 janvier 1658.

Cette partie ne contient aucune pièce de Corneille.

Le succès du livre n'étant pas encore épuisé, *Sercy* y ajouta un dernier volume dont voici le titre :

Poesies || choisies || de Messievrs || Corneille. || Boisrobert. || de Marigny. || Desmarests. || Gombavlt. || de la Lanne. || de Cerisy. || Mavcroix. || de Monterevil. || de Lignieres. || Petit. || de Qvincy. || Maistre Adam. || Bardov. || Porcher. || Et plusieurs autres. || Cinquiesme Partie. || *A Paris,* || *Chez Charles de Sercy, au Palais, dans* || *la Salle Dauphine, à la Bonne-Foi couronnée.* || M.DC.LX [1660]. || Auec Priuilége du Roy. In-12 de 18 ff. et 429 pp.

Collation des feuillets prélim. : frontispice gravé qui représente un poëte couronné de lauriers par la main d'une Muse ; au-dessus du poëte, trois Amours tiennent dans les airs une couronne de fleurs qui sert de cadre au titre (la planche est signée : *Heince in., Le Doyen fecit*) ; — titre imprimé ; — 2 ff. pour la dédicace « A Monsieur de Benserade » ; — 11 ff. pour la *Table* ; — 2 ff. pour le *Privilége* ; — 1 f. blanc.

On lit à la fin du *Privilége : Acheué d'imprimer pour la premiere fois le* 18. *Aoust* 1660.

Ce volume contient 19 pièces indiquées à la Table avec le nom de Corneille :

Pages 73 : *Jalousie.* N'aimez plus tant, Philis...
75 : *Bagatelle.* Quoy si-tost que j'en veux...
77 : *Stances.* J'ay veu la peste en raccourcy...
78 : *Sonnet.* Vous aimez que je me range...
79 : *Sur le départ de M. la M. de B. A. T.*
82 : *Pour une Dame qui representoit la Nuit. Madrigal.*
83 : *Elegie.* Iris, je vay parler...
87 : *Sonnet.* Je vous estime, Iris...
88 : *Sonnet.* D'un accueil si flateur...
89 : *Stances.* Marquise, si mon visage...
90 : *Sonnet.* Usez moins avec moy...
91 : *Sonnet perdu au jeu.* Je cheris ma défaite...
92 : *Chanson.* Vos beaux yeux sur...
93 : *Stances.* Caliste, lorsque je vous...
94 : *Madrigal.* Mes deux mains à l'envy...
94 : *Madrigal.* Je ne veux plus devoir...
96 : *Stances.* Que vous sert-il de me charmer...
96 : *Epigramme.* Qu'on te flatte, qu'on te baise...
96 : *Rondeau.* Je pense à vous...

208. POESIES || CHOISIES || DE MESSIEVRS || CORNEILLE. || BENSERADE. || DE SCVDERY. || BOISROBERT. || LA MESNARDIERE. || SARRASIN. || DESMARETS. || BERTAVD. || DE MONTEREVIL. || COTTIN. || VIGNIER. || CHEVREAV. || MALEVILLE. || VAVVERT. || PETIT. || MAVCROY. || Et de plusieurs autres. || *Imprimées à Roüen & se vendent* || *A Paris,* || *Chez Charles de Sercy, au Palais, dans la* || *Salle Dauphine, à la Bonne-Foy couronnée.* || M.DC.LX [-M.DC.LXI : 1660-1661]. || Auec Priuilege du Roy. 5 vol. in-12.

La collation de cette édition est la même que celle de l'édition qui précède. Le premier volume porte un achevé d'imprimer de 1660 ; les autres, un achevé d'imprimer du 23 février 1661.

Cette réimpression, exécutée par *Laurens Maurry*, ne porte sur aucun volume la mention de quatrième ou de cinquième édition.

Il existe encore une ou deux éditions postérieures. Nous avons vu des volumes imprimés à Paris, avec la date de 1662 ; M. Brunet en indique avec la date de 1666.

209. LES || HOMMES || ILLVSTRES || de Mr de Campion. || Tome Premier. || Premiere Partie. || *Imprimé à Roüen par L. Maurry* || *Pour* || *Augustin Courbé, Marchand Libraire au*

Palais, || *à Paris, en la petite Salle des Merciers, à la Palme.* || M.DC.LVII [1657]. || Auec Priuilege du Roy. In-4 de 15 ff. et 711 pp.

Collation des feuillets prélim. : titre; — 9 ff. pour la dédicace « A Son Altesse Monseigneur Henry d'Orléans, Duc de Longueville, etc. » et l'avis *Au Lecteur*; — 4 ff. contenant des hommages poétiques signés : le Parc Rousenay, Rault, le Veillard, Corneille, le *Privilége* et la table du t. Ier; — 1 f. encarté pour la table des *Hommes illustres de la Seconde Partie du premier Tome.*
La première partie du premier volume est la seule qui ait paru.
Le privilége, daté du 9 décembre 1656, est accordé pour sept ans à Campion, qui déclare céder ses droits à *Augustin Courbé.* L'achevé d'imprimer de la Ire partie est du 15 janvier 1657.
Notons, en passant, que Campion, qui donne dans son recueil une *Vie du Cid,* n'y a fait aucune allusion à la tragédie de son illustre compatriote.
La pièce de Corneille a été reproduite pour la première fois par M. Léon de Duranville dans la *Revue de Rouen,* avril 1843, p. 222. Elle a donné lieu à des articles insérés dans l'*Impartial de Rouen* des 22 et 23 juin 1845.

210. PETIT || RECVEIL || DE || POESIES || CHOISIES || Non encore Imprimées. || *A Amsterdam* || M,DC.LX [1660]. In-12. de 62 pp. (y compris le titre) et 1 f. blanc.

Ce recueil, qui présente l'aspect des contrefaçons de librairie, a été imprimé dans une ville de province de France, malgré la rubrique d'*Amsterdam.*
On trouve à la p. 47 la pièce intitulée : *Sur le départ de Mademoiselle la Marquise de C. A. B.* (Voy. ci-dessus n° 147).

211. RECVEIL || DES PLUS || BEAVX VERS, || qui ont esté mis || en chant, || Auec le Nom des Autheurs tant des Airs || que des Paroles. || *A Paris,* || *Chez Charles de Sercy, au* || *Palais, dans la Salle Dauphine, à la* || *Bonne-Foy Couronnée.* || M.DC.LXI [1661]. || Auec Priuilege du Roy. In-12 de 16 ff. et 286 pp.

Collation des feuillets prélim. : frontispice gravé qui représente Apollon au milieu des Muses; une des Muses déploie une draperie sur laquelle est inscrit le titre du livre; la planche est signée *Le Doyen fe;* on lit au bas l'adresse du libraire; — titre imprimé; — 3 ff. pour la dédicace « A Monsieur de Pelisson Fontanier; » — 10 ff. pour la *Table* et le *Privilége;* — 1 f. blanc.

Le privilége, daté du 10 janvier 1661, est accordé pour dix ans au Sieur B. D. B. [de Bacilly?], qui déclare en faire cession à *Charles de Sercy;* l'achevé d'imprimer est du 18 juin 1661.

Ce recueil contient, p. 89, 6 vers intitulés : *Air de Mr Lambert pour la Reyne,* et signés : *M. de Corneille.*

212. RECVEIL DES PLUS BEAUX VERS QUI ONT ESTÉ MIS EN CHANT, Avec le Nom des Autheurs. Seconde et Nouvelle Partie, dans laquelle sont compris les Airs de Versailles. *A Paris, Chez Monsieur Ballard, seul Imprimeur du Roy pour la Musique, et chez Pierre Bienfait.* M.DC.LXVIII [1668]. In-12.

Ce recueil, dont l'achevé d'imprimer est du 5 juin 1668, contient (p. 257) un *Air de M. Blondel,* sur des paroles signées : M. DE CORNEILLE. Ces paroles, qui ne sont composées que de six vers, sont adressées à Iris, c'est-à-dire, selon toute vraisemblance, à Mlle du Parc.

213. LES ‖ DELICES ‖ DE LA ‖ POËSIE ‖ GALANTE, ‖ Des plus Celebres Autheurs ‖ de ce Temps. ‖ Premiere [Seconde et Troisiesme] Partie. ‖ *A Paris,* ‖ *Chez Iean Ribou, au Palais, sur le* ‖ *Grand Perron, deuant la S. Chapelle,* ‖ *à l'Image S. Louis.* ‖ M.DC.LXVI [1666]. ‖ Auec Priuilege du Roy. 3 vol. in-12.

Premiere partie : frontispice gravé représentant un cippe sur lequel est assis un Amour; autour de ce cippe, qui porte le titre du livre, on voit six personnages allégoriques; en bas le nom du libraire et la date; — titre imprimé; — 2 ff. pour l'épître « A Monseigneur le Duc de Coeslin »; — 6 ff. pour la *Table* et l'*Extrait du Privilége;* ensemble 10 ff. et 254 pp.

Ce volume, dont l'achevé d'imprimer est du 12 juillet 1664, contient, pp. 36-39, le *Remerciment au Roy,* signé P. CORNEILLE.

Seconde Partie : frontispice gravé qui représente trois femmes montrant ironiquement les *Délices de la Poësie galante* à deux hommes qui se détournent; ces trois femmes sont placées autour d'une table qui porte les œuvres de Brébeuf, de Sarrazin et de Voiture; au bas de la planche l'adresse du libraire et la date; — titre ainsi conçu : LES DELICES DE LA POËSIE GALANTE. Seconde Partie. *A Paris. Chez Iean Ribou, au Palais, vis à vis la Porte de l'Eglise de la Sainte Chapelle, à l'Image Saint Louis.* M.DC.LXVII [1667]. Auec Priuilege du Roy; — 136 pp.

L'achevé d'imprimer est du 24 mai 1667.

Troisiesme Partie (le titre est disposé autrement que le précédent) : 2 ff. pour les titres (il n'y a pas de frontispice) ; — 2 ff. pour la dédicace « A Monseigneur Messire Henry Louis Habert, Chevalier, Comte de Mesny-Habert, etc. » et pour l'*Extrait du Privilége* ; — 88 pp.

L'achevé d'imprimer est du 7 avril 1667.

C'est ici la seconde édition des *Délices de la Poësie galante ;* mais cette édition est très-différente de la première. Il avait d'abord paru deux parties de ce recueil dans la forme suivante :

Les || Delices || de la || Poësie || galante, || Des plus celebres Autheurs || du Temps. || Dediées à Monsieur le Marquis || de Coislin. || *A Paris,* || *Chez Iean Ribou, au Palais, sur les degrez de* || *la Saincte Chapelle, à l'Image S. Louis.* || M.DC.LXIII [1663], || Auec Priuilege du Roy. In-12 de 13 ff. (frontispice gravé qui porte la date de 1664 ; titre imprimé, qui commence le cahier *a* ; 3 ff. pour l'épitre ; 8 ff. pour la *Table* et l'*Extrait du Privilége*) et 283 pp.

Ce volume, qui porte un achevé d'imprimer du 25 septembre 1663, ne contient aucune pièce de Corneille, mais on y trouve plusieurs morceaux qui ne figurent pas dans la réimpression, notamment le *Balet de l'Inclination,* que *Ribou* supprima plus tard pour insérer le *Remerciment au Roy.*

Le succès de ce recueil, destiné à remplacer la collection de *Sercy,* déjà vieille de dix ans, avait déterminé *Ribou* à lui donner une suite dont voici le titre :

Les || Delices || de la Poësie || galante, || Des plus Celebres Autheurs || de ce Temps. || Seconde Partie. || *A Paris,* || *Chez Iean Ribou, au Palais, sur le* || *Grand Perron, deuant la S. Chapelle,* || *à l'Image S. Louis.* || M.DC.LXVI [1666]. || Auec Priuilege du Roy. In-12 de 2 ff., 265 pp. et 1 f. pour le *Privilége.*

Le volume est précédé du frontispice déjà décrit, qui porte la la date de 1664.

La date indiquée sur le titre est une faute d'impression évidente ; il faut lire M.DC.LXIV [1664].

L'achevé d'imprimer est du 12 juillet 1664.

Le privilége rapporté dans ces différents volumes est daté du 14 septembre 1663 ; il est accordé à *Ribou* pour cinq ans.

214. Elogia || Ivlii Mazarini || Cardinalis. || *Parisiis,* || *Excudebat Antonius Vitré, Regis & Cleri Gallicani* || *Typographus.* || M.DC.LXVI. [1666]. In-fol. de 6 ff., 240, 74, 292 pp. et 1 f. pour la *Table des Auteurs.*

Collation des feuillets prélim. : frontispice gravé, signé *Ægid. Rousselet sculp.,* 1666 ; ce frontispice représente la Renommée tenant dans les airs le tombeau de Mazarin ; au-dessous de la Renommée, une femme drapée écrit l'histoire du cardinal dans un livre que porte un géant dompté; — titre imprimé; — 4 ff. pour la dédicace latine de Ménage.

Les trois paginations que nous avons indiquées correspondent à trois parties : une partie latine, une partie italienne, une partie française.

Le *Remerciment* de Corneille « A Monseigneur l'Eminentissime Cardinal Mazarini » occupe les pp. 5-7 de la 3º partie. La 1ʳᵉ partie (pp. 51-53) en contient la traduction latine, signée en toutes lettres : *Abrahamus Remius, Poëta Regius*. Voy. ci-dessus, nᵒˢ 32 et 146.

215. LA || THEOLOGIE || DES SAINTS, || où sont representez || les Misteres & les Merueilles || de la Grace. || Par le R. P. Claude Delidel, || de la Compagnie de Iesus. || *A Paris,* || *Chez Iean Henault, Libraire-Iuré,* || *rue S. Iacques, à l'Ange-Gardien.* || M.DC.LXVIII [1668]. || Auec Approbation, & Priuilege du Roy. In-4 de 8 ff., 506 et 424 pp.

Collation des feuillets prélim. : titre; — 3 pp. pour la dédicace « A Monseigneur l'Eminentissime Cardinal de Retz »; — 3 pp. pour l'hommage poétique de Corneille à l'auteur; — 3 ff. pour la *Table* et l'*Errata*; — 1 f. pour la *Permission*, les *Approbations* et le *Privilége*.

Le privilége, daté du dernier jour de novembre 1666, est accordé pour cinq ans à *Jean Hénault*; l'achevé d'imprimer est du 16 janvier 1668.

La pièce de Corneille se compose de six strophes de dix vers intitulées : *Au R. P. Delidel, de la Compagnie de Jesus, sur son Traité de la Théologie des Saints*. On lit à la fin : *Par son tres-obligé Disciple*, PIERRE DE CORNEILLE. *Quod scribo, et placeo, si placeo, omne tuum est.*

216. CAROLI DE LA RVE || E || SOCIETATE IESV, || IDYLLIA. || *Rothomagi,* || *Typis Maurrianis,* || *In officina Richardi Lallemant, prope Collegium.* || M.DC.LXIX [1669]. In-12. de 88 pp.

Ce recueil comprend les pièces suivantes :

1º *Ad clarissimum virum P. Cornelium, tragicorum principem*, épître composée de 157 vers et datée de Rouen, des calendes de juin 1669;

2º *Regi post Belgicam expeditionem an. M.DC.LXVII. Epinicium.*

3º *Les Victoires du Roy en l'année M.DC.LXVII. De la traduction de M. Corneille.* Voy. nº 151;

4° *Annæ Austriacæ Reginæ Christianissimæ Epicedium;*
5°-9° Cinq Emblèmes héroïques dont le troisième est intitulé :
Ad clarissimum virum Petrum Cornelium in obitu Caroli filii;
10°-14° Cinq *Paraphrases horatianæ;*
15° Sonnet de Benserade sur l'embrasement de Londres;
16° Traduction latine, par le P. de la Rue;
17° *Au Roy sur la Conqueste de la Franche-Comté* [par P. Corneille]. Voy. n°s 153-155;
18° *Idem latine ab eodem authore P. Cornelio;*
19°-21° Trois petites pièces latines sur le même sujet, par le P. de la Rue et deux autres auteurs.

M. Ballin a donné la description de ce recueil, d'après un exemplaire appartenant à M. Thomas, de Rouen (*Précis analytique des Travaux de l'Académie des sciences, belles-lettres et arts de Rouen,* année 1850, in-8).

217. CAROLI DE LA RVE E SOCIETATE IESV, IDYLLIA. *Parisiis,* 1670 (?), in-12.

Cette seconde édition n'est citée nulle part, mais elle doit exister.

218. CAROLI DE LA RUE ‖ E ‖ SOCIETATE JESU, IDYLLIA. ‖ Tertia Editio auctior. ‖ *Parisiis,* ‖ *Apud Simonem Benard, via Jacobæâ,* ‖ *è regione collegij Claromontani socie-* ‖ *tatis Jesu.* ‖ M.DC.LXXII [1672]. ‖ Cum Priuilegio Regis. In-12 de 108 pp. en tout.

Dans cette édition, les *Emblemata heroica* sont au nombre de 7; il y a de plus à la fin du volume trois odes religieuses, dont l'une en français et en latin.

La p. 108 contient un extrait du privilége accordé pour cinq ans à *Simon Bénard,* à la date du 29 décembre 1671. On lit à la fin : *Edito perfecta est die* 15. *Ianuarij* 1672.

219. CAROLI RUÆI ‖ E SOCIETATE JESU ‖ CARMINUM ‖ LIBRI QUATUOR ‖ Ad celsissimum Principem ‖ Ferdinandum ‖ Episcopum ‖ Monasteriensem et Paderborniensem. ‖ *Lutetiæ Parisiorum* ‖ *Apud Simonem Benard, viâ Jacobæâ* ‖ *è regione collegii Claromontani Soc. Jesu.* ‖ M.DC.LXXX [1680]. ‖ Cum Privilegio Regis. In-4 de 5 ff. et 283 pp.

Belle édition qui mériterait d'être recherchée aujourd'hui. Les feuillets prélim. comprennent un grand frontispice gravé par *Edelinck;* le titre; un portrait de l'évêque de Paderborn, peint par *Michelin* et gravé par *Edelinck;* 2 ff. pour la dédicace et le fauxtitre.

Le privilége, daté du 14 décembre 1679, est accordé pour vingt ans à S. *Benard*.

220. CAROLI RUÆI E SOCIETATE JESU CARMINUM LIBRI QUATUOR. Editio quinta. *Lutetiæ Parisiorum, Apud Viduam Simonis Benard, viâ Jacobæâ è regione Collegii Soc. Jesu.* M.DC.LXXXVIII [1688]. Cum Privilegio Regis. In-12 de 233 pp.

Cette édition des œuvres du P. de la Rue, sous le nom de *Carmina*, se divise, comme la précédente, en 4 livres; le premier porte le titre de *dramaticus*, le second de *panegyricus*, le troisième de *symbolicus*, le quatrième de *miscellaneus*. On y retrouve toutes les pièces citées plus haut.

Il en existe une réimpression publiée à *Anvers*, en 1693, in-12.

221. CAROLI RUÆI E SOCIETATE JESU CARMINUM LIBRI QUATUOR. Editio sexta. *Lutetiæ Parisiorum*, 1754. In-12.

222. LES FONTAINES ‖ DE PARIS. *S. l. n. d.* [*Paris vers* 1670], in-12 de 12 pp.

Ce petit recueil, dont nous vu un exemplaire à la Bibliothèque nationale (V. 2715 A.), n'a qu'un simple titre de départ; il renferme les vers de Santeul sur les fontaines de Paris, avec leurs traductions par Corneille, du Périer et Charpentier, puis les épîtres de Santeul à Cl. Pelletier et à Henri Fourché.

Les deux pièces traduites par Corneille sont l'inscription *Sur la Pompe du Pont de Nostre Dame*, et l'inscription pour la *Fontaine des Quatre Nations*. M. Marty-Laveaux (t. X^e, p. 243) dit qu'elles ont été plusieurs fois imprimées en feuilles volantes in-4 et in-12, ordinairement sans date. Nous n'avons pas rencontré d'autre édition que celle-ci.

223. OBSERVATIONS ‖ DE MONSIEVR ‖ MENAGE ‖ SVR ‖ LA LANGVE ‖ FRANÇOISE. ‖ *A Paris,* ‖ *Chez Claude Barbin, au Palais,* ‖ *sur le segond Perron de la Sainte* ‖ *Chapelle.* ‖ M.DC.LXXII [1672]. ‖ Avec Privilege du Roy. In-12 de 4 ff., 486 pp. et 21 ff. pour la *Table* et le *Privilége*.

Le privilége, daté du 10 mai 1671, est accordé pour dix ans au sieur Ménage qui déclare céder ses droits à *Claude Barbin*. L'achevé d'imprimer est du 7 avril 1672.

C'est dans les *Additions et Changemens* qui terminent cet ouvrage, pp. 462 et 465, que sont cités deux passages de la *Thébaïde*, de Corneille. Les voici :

« Pag. 119. Ajoutez [à propos de l'expression Ou que] : Et dans sa Thebaïde, page 68.

« *Où qu'il jette la vue, il voit briller des armes.* »

« Pag. 143. Ajoutez [à propos du mot Sphinx]... Et M. Corneille dans sa Thebaïde, livre 2. page 65.

« *Dont autrefois le Sphinx, ce monstrueux oiseau,*
« *Avoit pour son repaire envahi le coupeau.* »

224. A LA GLOIRE || DE LOUIS || LE GRAND || CONQVERANT || DE LA || HOLLANDE. Par Mrs Corneille, Montauban, || Quinault, & autres. || *A Paris,* || *Chez* || *Olivier de Varennes, au Palais,* || *en la Galerie des Prisonniers, au Vaze d'Or.* || *Et* || *Pierre Bienfaict, Libraire-Juré, en la Court* || *du Palais, à l'Image S. Pierre, prés Monseigneur* || *le Premier President.* || M.DC.LXXII [1672]. || Avec Permission. In-4 de 12 pp.

Voici l'indication des pièces contenues dans ce recueil :

1º Una dies Lotharos, Burgundos Hebdomas una,
Una domat Batavos Luna ; quid annus erit ?

et l'*Explication* en 6 vers français ;

2º *Regi pro restituta apud Batavos Catholica fide :* 24 vers hexamètres latins ;

3º *Au Roy sur le restablissement de la Foy catholique en ses Conquestes de Hollande* (6 strophes de 4 vers de douze pieds), traduction française du morceaux précédent ;

4º *Au Roy.* Sonnet, signé Montauban ;

5º *Au Roy.* Sonnet, signé Quinault ;

6º *Au Roy.* Sonnet, non signé ;

7º *Au Roy sur la Conqueste de la Hollande.* Sonnet, signé C. B. ;

8º *Au Roy.* Madrigal, signé D. M.

9º *Sur le Progrès des Conquestes du Roy.* Madrigaux, signés P. L. M. P. E. P. ;

10º *Sur la Naissance de Monsieur le Duc d'Anjou.* Madrigal, non signé.

Chacune de ces dix pièces occupe une page.

225. Le || MERCVRE || GALANT, || Contenant tout ce qui s'est passé dans || les Armées du Roy, & dans les || Ruelles

pendant l'année 1673. avec || une douzaine d'Histoires nouvelles, || & grand nombre de Pieces Galantes, || tant en Prose qu'en Vers. || Tome VI. || *A Paris,* || *Chez Henry Loyson, au Palais, dans* || *la Salle Royale, à l'entrée en montant par* || *le grand Escalier qui regarde la place Dauphine, aux Armes de France.* || M.DC.LXXIV [1674]. || Avec Privilege du Roy. In-12 de 6 ff., 384 pp. et 2 ff., dont le dernier est blanc.

Après avoir reproduit plusieurs pièces relatives à la prise de Maestricht, Donneau de Visé ajoute (p. 37) :
« On me vient d'apporter encor un *Sonnet* sur la Prise de Mastric, que je croy, Madame, que vous serez bien aise d'avoir, puisqu'il est du grand Corneille : Il a plû et à la Cour et à la Ville, et je ne doute point que vostre Province ne soit du mesme sentiment. »
Suit le sonnet *Sur la Prise de Mastric.*

226. LE NOUVEAU || MERCURE || GALANT, || Contenant tout || ce qui s'est passé de curieux de- || puis le premier de Janvier, jus- || ques au dernier Mars 1677. || *A Paris,* || *Chez Claude Barbin, au Palais sur* || *le Second Perron de de la S. Chapelle.* || M.DC.LXXVII [1677]. || Avec Privilege du Roy. In-12 de 4 ff. et 208 pp.

On trouve dans ce volume (p. 47) les vers adressés par Corneille au roi, lors de la reprise de *Cinna,* de *Pompée* et d'*Horace* :

> Est-il vray, grand Monarque, et puis-je me vanter,
> Que tu prennes plaisir à me ressusciter ;

et, pp. 83 sq., le *Placet au Roy* :

> Plaise au Roy ne plus oublier
> Qu'il m'a depuis quatre ans promis un Benefice...

227. LE NOUVEAU || MERCURE || GALANT. || Contenant les Nouvelles || du Mois de Juillet 1677. & plusieurs autres. || *A Paris,* || *Chez Theodore Girard, au Palais,* || *dans la Grand' Salle, à l'Envie.* || M.DC.LXXVII [1677]. || Avec Priuilege du Roy. In-12 de 1 f., 285 pp. et 2 ff.

On lit dans ce volume, p. 164 : « Venons aux Vers que M. de Corneille l'aisné a presentez au Roy sur ses Conquestes. Je pourrois me dispenser de vous les envoyer, parce qu'ils sont imprimez ;

mais comme ils ne le sont qu'en feuille volante, il est bon de vous donner lieu de les conserver; et d'ailleurs si le mot de Parélie a embarrassé quelqu'une de vos Dames de Province, vous leur en ferez voir l'explication dans le changement des deux Vers où ce mot estoit employé. » Suit la pièce citée plus haut (n° 169). Les vers 21 et 22 :

> Ainsi quand le Soleil fait naistre un parélie,
> La splendeur qu'il lui prête à la sienne s'allie,

y sont ainsi modifiés :

> Ainsi quand le Soleil sur un épais nuage,
> Pour se faire un second imprime son image.

228. MERCURE || GALANT || Dedié à Monseigneur || le Dauphin. || Mars 1679. || *A Paris.* || *Au Palais.* In-12 de 361 pp. et 1 f., plus une planche de musique pliée.

Ce volume contient, pp. 76-85, la pièce intitulée : *Au Roy sur la paix.* (Voy. ci-dessus, n° 171.)

229. MERCURE || GALANT || Dedié à Monseigneur || le Dauphin. || Mars 1680. || Seconde Partie. || Contenant les Ceremonies du Ma- || riage de Monseigneur le Dauphin. || *A Paris.* || *Au Palais.* In-12 de 4 ff., 304 pp., plus une planche pliée.

Ce volume, dont l'achevé d'imprimer est du 2 avril 1680, ne contient que des pièces relatives au mariage du dauphin, qui avait été célébré le 7 mars précédent. On y trouve, pp. 264-271, les vers de Corneille *A Monseigneur sur son mariage* (n° 173).

La planche pliée est une grande gravure de *Coypel*, tirée sur papier jaune et rehaussée d'or.

230. RELATION DE L'ETAT || DV || CANAL ROYAL || DE || COMMVNICATION || DES MERS || EN LANGVEDOC ||, Avec la Verification qui en a été faite par || Ordre de Sa Majesté. || *A Beziers, Par Henri Martel.* || M.DC.LXXXI [1681]. In-8 de 48 pp.

On trouve dans ce volume, p. 37, l'épigramme de Corneille : *Sur la jonction des Mers.* (Voy. n°s 154 et 155.)

231. JOAN. || BAPTISTÆ || SANTOLII || VICTORINI || OPERA || POËTICA. || *Parisiis,* || *Apud Dionysium Thierry, vid Jaco-*

bed, ‖ *sub signo Urbis Lutetiæ.* ‖ M.DC.XCIV [1694]. Cum Privilegio Regis. In-12 de 10 ff. et 472 pp.

Collation des feuillets prélim. : titre; 3 pp. pour la dédicace *Hieronymo Peleterio*; 7 pp. pour la *Table*; 3 ff. pour l'avis *Ad Lectorem*; 1 f. pour l'*Extrait du Privilége*.
On trouve dans ce recueil les pièces suivantes :
Sur la libéralité du Roy touchant les Marchands de Paris, p. 6 ;
Et la traduction de P. Corneille, Poëme, p. 12 ;
Sur le départ du Roy pour l'Armée, par P. Corneille. Traduct. Latine par l'Auteur, p. 211 ;
Sur la Conqueste de la Franche-Comté, par P. Corneille. Traduct. Latine par l'Auteur, p. 212 ;
Pour la défense des Fables dans la Poësie, à M. de Bellievre. Elegie, p. 225 ;
Traduction de la même piece par P. Corneille, p. 227 ;
Inscriptions de toutes les Fontaines de Paris, et leurs traductions par P. Corneille et autres, p. 378 ;
Le privilége, daté du 1er février 1694, est accordé pour douze ans à Santeul, qui en fait cession à *D. Thierry*.

232. JOANNIS BAPTISTÆ ‖ SANTOLII ‖ VICTORINI ‖ OPERUM OMNIUM ‖ EDITIO SECUNDA, ‖ In qua reliqua opera nondum conjunctim edita ‖ reperiuntur. ‖ *Parisiis,* ‖ *Apud Dionysium Thierry, viâ Jacobeâ,* ‖ *sub signo Urbis Lutetiæ.* ‖ M.DC.XCVIII [1698]. ‖ Cum Privilegio Regis. 2 vol. in-12.

Tomus Primus : portrait; titre; 1 f. pour la dédicace *Hieronymo Peletierio*; 3 ff. pour l'avis *Ad Lectorem*; 5 ff. pour la *Table* et l'*Extrait du Privilége*, 1 f. paginé 218-219, et signé *T ij*, qui doit former carton dans le corps du texte; ensemble : 12 ff. et 500 pp.
Tomus Secundus : 3 ff. et 192 pp.
Dernière édition publiée du vivant de l'auteur.
La 1re partie contient les pièces de Corneille énumérées ci-dessus.

233. JOANNIS BAPTISTÆ SANTOLII VICTORINI Operum omnium Editio tertia. *Parisiis, Esprit Billot, Barbou,* 1729, 3 vol. in-12.

Édition publiée par André-François Billard; elle est plus complète que les précédentes.
On ne trouve aucune pièce de Corneille dans le recueil intitulé : *Œuvres de feu Monsieur de Santeuil, chanoine régulier de Saint-Victor*, etc.; Paris, S. Benard, 1698, in-12.

234. Recueil des Harangues prononcées par Messieurs de l'Academie Françoise, dans leurs receptions, et en d'autres occasions differentes, depuis l'establissement de l'Academie jusqu'à présent. *A Paris, Chez Jean-Baptiste Coignard,* 1698, in-4.

> On trouve dans ce recueil, pp. 11-13, le discours prononcé par Corneille lors de sa réception à l'Académie françoise.

235. Recueil des harangues prononcées par Messieurs de l'Academie Françoise, dans leurs receptions, et en d'autres occasions différentes, depuis l'establissement de l'Academie jusqu'à présent. *A Paris, Chez Jean-Baptiste Coignard,* 1714, in-12.

236. Diversitez curieuses pour servir de récréation à l'esprit, [par l'abbé Bordelon]. *A Paris, Chez U. Coustellier;* M.DC.LXXXXVIII [1698]; [ou *A Amsterdam, Chez André de Hoogenhuysen,* M.DC.XCIX [1699]. 7 vol. in-12.

> On y trouve, t. IIe, pp. 1 sqq., les vers adressés *Au Roy* par Corneille, lors de la reprise de *Cinna,* de *Pompée* et d'*Horace.* (Voy. n° 226).

237. Les véritables OEuvres de Monsieur de Saint Evremond, Publiées sur les Manuscrits de l'Auteur [par Des Maizeaux]. *A Londres, Chez Jacob Tonson, Libraire, à Grais-Inn-Gate, Et se vendent chez les Libraires François, dans le Strand.* M.DCC.V [1705]. 2 vol. in-4.

> On y trouve une lettre adressée par Corneille à Saint-Evremond, à propos de *Sophonisbe,* avec la réponse de Saint-Evremond.
> Pour les autres éditions des *OEuvres* de Saint-Evremond, voy. Frère, *Manuel du Bibliographe normand,* t. IIe, p. 495.

238. Mémoires de littérature, par de S*** [Sallengre]. *La Haye,* 1715-1717. — Continuation des Mémoires de littérature et d'histoire [par le P. Desmolets, Goujet et autres]. *Paris,* 1726-1731 ; ensemble 11 vol. in-12.

> Ce recueil, pour lequel le libraire *Nyon fils* fit faire de nouveaux titres en 1749, contient (t. X^e, pp. 439-443), une *Lettre de M. Pierre Corneille à M. d'Argenson, Conseiller du Roi en son Parlement de Normandie, et Intendant de sa justice en Xaintonge.*

239. Les Nouveaux Amusements du Cœur et de l'Esprit, Ouvrage periodique [publié par Philippe de Retot]. *A la Haye* [Paris], *Chez Zacharie Chatelain*, 1737-1745, 15 vol. in-12.

On trouve dans ce recueil (t. XIVe, p. 330) le *Sonnet sur la mort de Louis XIII* :

Sous ce marbre repose un Monarque François, etc.

L'abbé Granet avait ajouté cette pièce aux *Œuvres diverses de Corneille* (n° 174), à l'aide d'un carton, mais il en avait donné un texte très-différent. M. Marty-Laveaux (t. X^e, pp. 87-91) a soigneusement relevé ces variantes ; il a reproduit six textes divers du même sonnet, tant d'après les deux recueils imprimés que nous venons d'indiquer que d'après quatre recueils manuscrits.

240. Remecîment fait par Corneille pour Jaqueline Pascal.

Jacqueline Pascal n'avait que treize ans, en 1640, lorsqu'elle composa une pièce de vers *Sur la Conception de la Vierge,* pièce dont Corneille lui avait fourni le sujet et qui remporta le prix de l'Académie des Palinods de Rouen, au mois de décembre de cette même année. Corneille assistait à la distribution des récompenses et improvisa, au nom de la jeune fille, un *Remercîment* en 10 vers, qui nous a été conservé dans le manuscrit des *Mémoires de Marguerite Périer* (Bibl. nat., fonds français, n° 12988). L'impromptu de Corneille, signalé d'abord par M. Sainte-Beuve (*Histoire de Port-Royal*, 2e édit., t. IIe, p. 469), a été publié par M. Cousin dans le *Bulletin du Bibliophile*, 17e série, 1843-1844, p. 273, et dans la *Bibliothèque de l'Ecole des Chartes*, 1re série, t. V^e, p. 330.

Il a été reproduit par M. Marty-Laveaux, t. X^e, p. 81.

On peut consulter à ce sujet la *Vie de Corneille,* de M. Taschereau, 2e édition, pp. 106 et 317, et les *Mémoires de l'Académie de Rouen*, t. XXXVIe, p. 197, et t. L^e, p. 293.

241. Sonnet inédit de Corneille.

Ce sonnet, publié par M. Ludovic Lalanne dans l'*Athenæum français* du 26 mars 1853, a été trouvé par lui à la Bibliothèque de l'Institut (recueil msc. de Godefroy, portefeuille n° 217). Il contient une plainte adressée au roi, à propos des taxes dont on voulait frapper les lettres de noblesse. MM. Lalanne et Taschereau avaient considéré cette pièce comme postérieure à l'année 1664 ; M. Marty-Laveaux a fort bien démontré qu'elle devait avoir été écrite vers 1657. En voici les premiers vers :

La noblesse, grand Roy, manquoit à ma naissance ;
Ton Pere en a daigné gratifier mes vers,

>Et mes vers annoblis ont couru l'univers
>Avecque plus de pompe et de magnificence.

242. Vers inédits de P. Corneille.

Lettre de M. P. Lacroix à M. E. Fournier, et Observations de M. Fournier insérées dans la *Revue des Provinces*, t. IIe (Paris, 1864, in-8), pp. 476-486.

M. Lacroix a reproduit, en les attribuant à Corneille, deux sonnets signés d'un C dans le recueil des *Poésies choisies de Messieurs Corneille, Benserade*, etc. (Voy. ci-dessus, n°s 204, 207), et qui ne sont peut-être pas de lui (cf. Marty-Laveaux, t. X^e, pp. 254 sq.); il a signalé pour la première fois le madrigal mis en musique par Blondel (voy. n° 212); enfin il a donné, comme de Corneille, une assez longue pièce extraite des manuscrits de Trallage. Ce dernier morceau, que Mme de Maintenon présenta, dit-on, à Louis XIV, aurait été, suivant M. Lacroix, composé par Corneille en 1682. On doit avouer qu'il ne rappelle guère la manière du poëte; aussi M. Marty-Laveaux n'a-t-il pas cru devoir le reproduire.

243. Addenda aux œuvres des grands écrivains.

Sous ce titre, M. Paul Lacroix a publié, dans le *Bulletin du Bouquiniste*, plusieurs lettres qui contiennent divers fragments de Corneille, ou attribués à Corneille, qui n'avaient pas encore été relevés. La 2e lettre (1863, pp. 467-470) contient le sonnet *A Saint Bernard* (voy. ci-dessus, n° 196); — la 3e lettre (1863, pp. 499-502) contient les vers *A Monsieur de Loy* (n° 200); — la 5e lettre (1863, pp. 691-696) contient les épigrammes contre d'Aubignac, attribuées à Corneille par Tallemant des Réaux (n° 255); — la 6e lettre (1864, pp. 51-54) renferme une épigramme qui figure sous le nom de Corneille dans la quatrième édition du recueil de *Sercy* (voy. le n° 207), mais qui est en réalité de Saint-Amand (Marty-Laveaux, t. X^e, pp. 357 sqq.), et deux sonnets pour la tragédie de *Timocrate*, de Thomas Corneille, qui sont probablement de Thomas Corneille lui-même; — la 7e lettre (1864, pp. 251-255) pose la question de savoir si le distique : *Una dies Lotharos, Burgundos hebdomas una*, etc., et la traduction française qui l'accompagne dans le recueil intitulé : *A la gloire de Louis le Grand, conquérant de la Hollande* (voy. ci-dessus, n° 224), doivent être attribués à Corneille; la 8e lettre (1864, pp. 555-561) revient sur le recueil de *Sercy* et sur l'un des quatrains contre d'Aubignac, attribué par Tallemant à Corneille ou à quelque « cornellien »; — la 9e lettre (1864, pp. 587-591) signale une *Ode sur la Paix et le Mariage* (Paris, de Luyne, 1660, in-4), qui « pourrait être signée Corneille, sans faire tort à l'auteur du *Cid* et de *Cinna* », et reproduit deux petites pièces françaises signées Corneille, qui se trouvent dans les éditions des œuvres de Santeul (voy. ci-dessus, n°s 158, 231-233). La dernière de ces pièces n'est qu'un passage légèrement remanié de *Tite et Bérénice*.

VI. — OUVRAGES ATTRIBUÉS A CORNEILLE.

I. Ouvrages publiés séparément.

244. Paraphrase ‖ de la Devise de l'Observatevr.

Voici une reproduction aussi exacte que possible de cette pièce qui n'a pas encore été signalée :

PARAPHRASE
DE LA DEVISE DE L'OBSERVATEVR
Et poete et gverrier
Il avra dv lavrier.

Ou commentaire de ces mots, *Soit qu'il m'attaque en foldat maintenant qu'il eft obligé de l'eftre, foit qu'il m'attaque en efcriuain. &c.* page 10. de la Lettre à l'Illustre Academie.

Dans le milieu d'vn camp, l'afsé [sic] de commander;
Sur la peau d'vn tambour où je vay m'accouder,
Plus haut que les canons je fais fonner ma veine :
A Paris quant je laiffe efchapper quelque efcrit,
Mon liure des l'abord fait sçauoir, a qui lit,
  Combien je fuis grand Capitaine.
Ainfi les nobles feux qu'allume la chaleur
  De la mufe & de la valeur :
Et dont a tous moments je pouffe les fumées :
Pour m'acquerir le nom de Poëte, & guerrier;
M'erigent en rimeur jusques dans les armées,
Et me rendent vaillant jusques sur le papier.

Dedidicit jam pacé ducem. Lucanus, 1º, Phar.

Nous sommes disposé à ranger la pièce qui précède parmi les œuvres diverses de Corneille. Outre qu'elle nous paraît bien dans sa manière, nous l'avons trouvée à la suite du *Rondeau* dans le précieux recueil de la bibliothèque Sainte-Geneviève (Y. 458, in-4°, Rés.). Elle est imprimée sur une feuille volante du format in-4, dont le verso est blanc. Les caractères diffèrent de ceux qui ont été employés pour la composition du *Rondeau*, mais la disposition du texte est presque la même. On remarquera le vers latin qui termine l'épigramme ; il est emprunté à Lucain, l'auteur favori de Corneille.

Le P. Niceron et divers autres bibliographes ont attribué, sans aucune raison, à Corneille plusieurs des pièces publiées dans la querelle du *Cid*. Nous avons classé parmi ses œuvres diverses les trois pièces qui sont incontestablement de lui. On trouvera les autres dans notre chapitre XIX°.

245. LE PRESBYTERE D'HENOVVILLE. A Tircis. *A Roüen, Chez Iean le Boullenger.* M.DC.XXXXII [1642]. In-12 de 12 pp.

Cette pièce a été pour la première fois attribuée à Corneille par M. Emm. Gaillard (*Précis analytique des travaux de l'Académie de Rouen*, 1834, pp. 164-169) ; M. Brunet (*Manuel du libraire*, t. II°, col. 286) et M. Édouard Fournier (*Notes sur la vie de Corneille*, pp. LXXI sq.) l'ont ajoutée sans contestation aux œuvres de notre poëte, mais M. Marty-Laveaux (t. X°, pp. 11-14) a soumis la question à un nouvel examen. La raison qui avait déterminé M. Gaillard à considérer Corneille comme l'auteur du *Presbytère d'Hénouville*, c'était que le poëte aurait été souvent l'hôte de l'abbé Legendre, curé d'Hénouville ; or M. Gosselin (*Pierre Corneille (le père) et sa maison de campagne*, Rouen, 1864, in-8) a démontré depuis que c'était à Petit-Couronne que la famille Corneille allait respirer l'air des champs. Ce détail n'est assurément pas décisif ; mais ce qui est plus significatif, c'est que le *Presbytère d'Hénouville* n'ait pas été imprimé chez *Laurens Maurry*. M. Marty-Laveaux a fait en outre remarquer, avec beaucoup d'à-propos, que le nom de *Tircis* était le nom sous lequel Corneille s'était mis en scène dans *Mélite*, et que les mots « A Tircis » semblent indiquer que le poëme ne fut pas composé par lui, mais lui fut au contraire adressé par un de ses amis.

Le seul exemplaire connu du *Presbytère d'Hénouville* appartient à la Bibliothèque de Rouen (*Recueil de poësies diverses*, O. 744).

246. SYLLA, tragédie en cinq actes et en vers, précédée d'une Dissertation dans laquelle on cherche à prouver, par la tradition, par l'histoire, par des anecdotes particulières et par un examen du style et des caractères,

que cette pièce est du grand Corneille; publiée d'après un manuscrit du dix-septième siècle déposé chez M. Tion de la Chaume, notaire de Paris, par M. C. Palmézeaux. *A Paris, Charon, Madame Masson, Barba, an XIII*-1805. In-8 de 2 ff., lvij et 95 pp.

> Cette tragédie parut, pour la première fois, dans la *Suite de la Grammaire françoise*, du P. Buffier (*Paris, Nicolas le Clerc.* 1728, in-12). Elle a été attribuée par Barbier à Mallet de Brefud, mais le véritable auteur est le P. Charles de la Rue. On consultera, sur l'histoire de cette pièce et sur les différentes éditions qui en ont été publiées, la *Bibliothèque des écrivains de la Compagnie de Jésus*, par Augustin et Aloïs de Backer, t. Ier (Liége, 1853, grand in-8), pp. 663 sq.

247. L'OCCASION PERDUE RECOUVERTE, par Pierre Corneille. Nouvelle edition accompagnée de notes et de commentaires, avec les sources et les imitations qui ont été faites de ce poème célèbre, non recueilli dans les Œuvres de l'auteur. *Paris, Chez Jules Gay, éditeur,* 1862. In-8 et in-12 de 96 pp. en tout.

> Édition tirée à 320 exemplaires, tous numérotés et sur papier vergé; 250 format petit in-12, et 70 format in-8.
> MM. Gay père et fils, qui se sont fait une célébrité peu enviable comme éditeurs de « livres galants », n'ont pas craint de porter atteinte à la mémoire de Corneille en réimprimant sous son nom cette pièce depuis longtemps oubliée.
> *L'Occasion perdue recouvrée* parut d'abord dans les *Poësies gaillardes, galantes et amoureuses de ce temps;* s. l. n. d. [Rouen, vers 1655], pet. in-12 de 82 pp., et dans le *Nouveau Cabinet des Muses, ou l'Eslite des plus belles Poësies de ce temps*; Paris, veuve Edme Pépingué, 1658, in-12; elle fut intercalée après coup dans ce dernier recueil, où elle occupa un cahier de 50 pp. imprimé à part, qui manque à la plupart des exemplaires. Elle reparut ensuite dans l'*Elite des Poësies héroïques et gaillardes de ce temps;* s. l. n. d. (vers 1660), in-12 de 94 pp.; dans les *Poësies nouvelles et autres Œuvres galantes du Sieur de C*** [Cantenac]; *Paris, Théodore Girard,* 1662, in-12; puis dans un certain nombre de réimpressions de l'*Elite des poësies héroïques et gaillardes* (Paris, imprimé cette année [vers 1670, selon le catalogue Luzarche, n° 2386]; s. l., 1683, catalogue la Vallière, n° 13506; s. l., 1689, catalogue Cigongne, n° 945; s. l. [à la Sphère], 1695, pet. in 12); dans [les *Poësies héroïques et galantes,* s. d., 1687, in-12; enfin dans la *Nouvelle Elite des Poësies heroïques et gaillardes de ce temps;* Utrecht, 1734 et 1737, in-12.

Il ne vint à l'esprit d'aucun contemporain d'attribuer l'*Occasion perdue* à Corneille; le premier ouvrage où l'on trouve cette attribution est le *Carpenteriana, ou Recueil des pensées historiques, critiques, morales et de bons mots de M. Charpentier, de l'Académie françoise* (Paris, J. Fr. Morisset, 1724, in-8), publié par Boscheron. On lit dans ce recueil, p. 284 :

« M. Corneille l'aîné est auteur de la pièce intitulée : *L'Occasion perdue et recouvrée*. Cette pièce étant parvenue jusqu'à M. le chancelier Séguier, il envoya chercher M. Corneille et lui dit que cette pièce, ayant porté scandale dans le public et lui ayant acquis la réputation d'un homme débauché, il falloit qu'il lui fît connoître que cela n'étoit pas, en venant à confesse avec lui; il l'avertit du jour. M. Corneille ne pouvant refuser cette satisfaction au chancelier, il fut à confesse avec lui, au P. Paulin, petit père de Nazareth, en faveur duquel M. Séguier s'est rendu fondateur du couvent de Nazareth. M. Corneille s'étant confessé au révérend père d'avoir fait des vers lubriques, il lui ordonna, par forme de pénitence, de traduire en vers le premier livre de l'*Imitation de J.-C.*, ce qu'il fit. Ce premier livre fut trouvé si beau, que M. Corneille m'a dit qu'il avoit été réimprimé jusqu'à trente-deux fois. La Reine, après l'avoir lu, pria M. Corneille de lui traduire le second; et nous devons à une grave maladie dont il fut attaqué la traduction du troisième livre, qu'il fit après s'en être heureusement tiré. »

L'année même où avait lieu la publication du *Carpenteriana*, les *Mémoires pour l'histoire des sciences et des beaux-arts*, publiés à Trévoux (décembre 1724, pp. 2272-2276), réfutèrent une anecdote blessante pour la mémoire de Corneille. Ils s'attachèrent à démontrer que l'*Occasion perdue recouverte* n'était pas de lui, mais de Cantenac, et que, par conséquent, l'auteur du *Cid* n'avait pas eu à faire pénitence de ce poëme.

La question paraissait jugée depuis longtemps, lorsque a paru la réimpression de M. Gay. Les raisons alléguées par lui pour attribuer à Corneille une pièce licencieuse n'ont pas trouvé grâce aux yeux du parquet, qui a fait saisir les exemplaires de la réimpression restés en magasin, en même temps que d'autres productions du même libraire.

M. Marty-Laveaux (t. VIIIe, pp. i-ix) s'est cru obligé de discuter à son tour le témoignage du *Carpenteriana*, dont il n'a rien laissé subsister. Il a notamment relevé dans l'*Occasion perdue et recouvrée* une locution gasconne qui n'eût pas échappé à Corneille, et qui ne peut avoir appartenu qu'à Cantenac.

M. Viollet-le-Duc (Bibliothèque poétique, Paris, 1843, in-8, pp. 521 sq.) a fait une autre observation également importante : c'est que le premier fragment de l'*Imitation* fut certainement publié avant les vers dont Corneille aurait été obligé de faire pénitence. Le premier recueil dans lequel l'*Occasion perdue* ait été insérée ne porte pas de date, mais il est difficile d'admettre qu'il soit antérieur à 1655. Les éditeurs de poésies « gaillardes » n'ont pas dû laisser un long temps s'écouler avant de reproduire un aussi friand morceau ; aussi croyons-nous que le recueil intitulé : *Poësies gaillardes, galantes et amoureuses* a dû paraître sinon après, du moins fort peu de temps avant le *Nouveau Cabinet des Muses* de 1658.

II. Recueils contenant des pièces de vers attribuées a Corneille.

248. Recveil de diverses Poesies des plvs celebres Avtheurs de ce temps. *A Paris, Chez Louis Chamhoudry, au Palais, vis à vis la S. Chapelle, à l'Image S. Louis.* M.DC.LII [1652]. Auec Priuilege du Roy. 2 part. in-12.

Ce recueil renferme une *Épigramme de Monsieur de Corneille,* contre un poëte, mais l'attribution repose sur une erreur évidente, car l'épigramme se retrouve dans la 3e partie des *Œuvres de Saint-Amand* (Paris, 1649, in-4).

Le privilége, daté du 6 mars 1651, est accordé pour dix ans à « Jean Conart, l'un de nos Maistres d'Hostel ordinaire », qui déclare en faire cession à *Chamhoudry.*

En 1655, le même libraire fit paraître une troisième partie qu'il intitula : *Nouveau Recueil de Poësies des plus celebres Autheurs du Temps*, dont il existe une contrefaçon exécutée en province, sous la date de 1655.

249. Les ‖ Mvses ‖ illvstres, ‖ Par François Colletet, le Fils. ‖ *Paris, ‖Pierre David & Louis Champ- ‖ houdry.* ‖ 1658. ‖ Avec Privilege du Roy. In-8 de 8 ff. et 388 pp.

Les *Muses* sont au nombre de quatre : la *Muse Sérieuse,* la *Muse Bachique,* la *Muse Amoureuse* et la *Muse Burlesque.* Les feuillets préliminaires contiennent la table et l'*Extrait du Privilége.*

Le privilége, daté du 8 avril 1658, est accordé pour sept ans au sieur François Colletet le fils, qui déclare en faire cession à *P. David* et *Louis Chamhoudry.* L'achevé d'imprimer est du 15 avril 1658.

On trouve dans ce recueil (pp. 148 et 149) les deux sonnets pour *Timocrate,* que M. Marty-Laveaux a reproduits (t. Xe, pp. 360 sq.), mais qu'il croit être de Thomas Corneille.

250. Recueil ‖ de quelques ‖ Pieces ‖ nouvelles ‖ et galantes, ‖ Tant en Prose qu'en Vers; ‖ Dont les Titres se trouveront apres ‖ la Preface. ‖ *A Cologne,* ‖ *Chez*

Pierre du Marteau. ‖ M.DC.LXIII [1663]. Pet. in-12 de 4 ff. (dont le premier est blanc), 182 pp. et 1 f. blanc.

Édition qui porte une sphère sur le titre.
La 32ᵉ pièce du recueil, intitulée : *Plainte de la France à Rome, Elegie* (pp. 168-173), est signée Corneille. Elle est en réalité de Fléchier, sous le nom de qui elle parut d'abord dans une édition probablement imprimée par *Mabre-Cramoisy* (s. l. n. d., in-4 de 4 ff.); elle avait été reproduite dans les *Délices de la Poësie galante* (voy. ci-dessus, nº 213), et l'on ne s'explique guère comment elle put être réimprimée sous le nom de Corneille.

251. Recueil ‖ de quelques ‖ Pieces ‖ nouvelles ‖ et galantes, ‖ Tant en Prose qu'en Vers ; ‖ dont les Titres se trouveront apres ‖ la Preface. ‖ *A Cologne,* ‖ *Chez Pierre du Marteau* [Hollande, à la Sphere]. ‖ M.DC.LXIV [1664]. Pet. in-12 de 180 pp. en tout.

La pièce attribuée à Corneille y occupe les pp. 167-171.

252. Recueil ‖ de quelques ‖ Pieces ‖ nouvelles, ‖ Tant en Prose qu'en Vers ; ‖ Dont les Titres se trouveront après la Preface. ‖ Premiere [Seconde] Partie. ‖ *A Cologne,* ‖ *Chez Pierre du Marteau.* ‖ M.DC.LXVII [1667]. 2 vol. pet. in-12.

Édition qui porte une sphère sur le titre.
Premiere Partie : 180 pp., y compris 4 ff. prélim.
Seconde Partie : 4 ff. et 232 pp.
La 1ʳᵉ partie contient (pp. 167-171) la *Plainte de la France à Rome. Elegie*, signée : Corneille.

253. Les Plaisirs de la Poesie galante, gaillarde et amoureuse. *S. l. n. d.* In-12.

Ce petit recueil, qui n'a d'autre titre qu'un frontispice gravé, contient (p. 20) une épigramme sur d'Aubignac signée Corneille ; aussi M. Paul Lacroix l'a-t-il attribuée à notre poëte (*Bulletin du Bouquiniste*, 1863, p. 696). M. Marty-Laveaux (t. Xᵉ, p. 374) fait observer que la même épigramme se trouve dans les *Historiettes* de Tallemant des Réaux, avec le nom de Cotin.

254. Le nouveau ‖ Mercure ‖ galant. ‖ Contenant les Nouvelles du mois de May 1677. ‖ & plusieurs autres. ‖

Tome III. ‖ *A Paris,* ‖ *Au Palais,* ‖ *dans la Salle Royale, à* ‖ *l'Image S. Louis.* ‖ M.DC.LXXVII [1677]. ‖ Avec Privilege du Roy. In-12 de 6 ff. et 363 pp.

On trouve dans ce volume (pp. 97-100) une jolie pièce qui commence ainsi :

> Je suis vieux, belle Iris, c'est un mal incurable...

Le rédacteur du *Mercuve* ne dit pas expressément qu'elle soit de Corneille, mais il semble le donner à entendre : « Que pensez-vous, Madame, de cette galanterie ? L'Autheur qui prétend que ses vieilles années luy ont acquis l'avantage d'aimer si commodement, et qui s'explique d'une maniere si agreable, ne merite-t-il pas d'estre particulierement consideré de la Dame ? Il est rare de pouvoir conserver dans un âge aussi avancé que celuy qu'il se donne, le feu d'esprit qu'il fait paraistre encore dans ces vers ; et le vieux Martian, que vous avez tant admiré dans l'admirable *Pulchérie* du grand Corneille, n'auroit pas parlé plus galamment, s'il avoit voulu s'éloigner du sérieux. » M. Marty-Laveaux regarde comme très-probable l'attribution de ces vers à Corneille.

255. LES HISTORIETTES DE TALLEMANT DES RÉAUX. Troisième édition publiée avec notes et éclaircissements historiques, par MM. Paulin Paris et de Monmerqué. *Paris, Techener*, 1853-1860, 9 vol, in-8.

Tallemant rapporte (t. VIIe, pp. 250-255) diverses pièces de vers composées contre l'abbé d'Aubignac. Trois de ces pièces sont attribuées à Corneille, ou à « quelque corneillien ».

256. NOUVEAU RECUEIL DES EPIGRAMMATISTES FRANÇOIS ANCIENS ET MODERNES, depuis Marot, par M. B. L. M. [A. A. Bruzen de la Martiniere]. *Amsterdam, Wetstein*, 1720, 2 vol. in-12.

Le t. Ier contient (pp. 104 sq.) un quatrain imité des vers de Lucain sur l'invention de la peinture. Ce quatrain est donné comme étant l'œuvre de Corneille.

257. ... ANA [ALLAINVALLIANA], OU BIGARRURES CALOTINES [par l'abbé L.-J.-C. Soulas d'Allainval]. *A Paris, chez de Heuqueville*, 1732 et 1733, 4 vol. in-12.

On trouve dans le t. IVe (pp. 9 sq.) un quatrain imité de deux vers d'Horace, que l'auteur attribue à Corneille.

258. Bibliotheque de Cour, de Ville et de Campagne par Guyot de Pitaval. Nouvelle édition [refondue par l'abbé Pérau]. *A Paris, Chez Théodore le Gras,* 1746, 8 vol. in-12.

On y trouve (t. Ier, p. 241) un quatrain « envoyé par le grand Corneille » à un poëte médiocre.
Voy. sur le recueil de Pitaval, Quérard, *la France littéraire,* t. IIIe, p. 297.

259. Manuel du voyageur a Paris, ou Paris ancien et moderne, contenant la description historique et géographique de cette capitale, de ses monuments, palais, édifices publics, jardins, spectacles, etc. Par P. Villiers. Nouvelle édition, revue, corrigée et considérablement augmentée. *Paris, Delaunay,* 1813, in-18.

On y trouve un quatrain « adressé au Christ de l'église Saint-Roch », que Villiers donne comme étant de Corneille. Cette petite pièce paraît avoir été publiée d'après une copie manuscrite qui se trouve au verso d'un exemplaire de l'*Imitation de Jésus-Christ* (édition de 1658, in-4), appartenant à M. Socard, de Troyes. Rien ne prouve qu'elle soit de Corneille.

VII. — ÉDITIONS DES PIÈCES DE THÉATRE DE CORNEILLE

PUBLIÉES DE SON VIVANT, MAIS SANS SA PARTICIPATION,
EN FRANCE OU EN HOLLANDE.

I

260. Melite, ‖ ov ‖ les favsses ‖ Lettres. ‖ Piece Comique. ‖ A Paris, ‖ Par Iaques de Loges, à l'Enseigne du ‖ Mauuais Temps. ‖ M.DC.XXXIII [1633]. ‖ Avec Permission. In-8 de 4 ff. et 135 pp., caract. ital.

Collation des feuillets prélim. : titre ; — 1 f. pour la dédicace A Monsieur de Liancour ; — 1 f. pour l'avis Au Lecteur ; — 1 f. pour l'Argument.

Nous avons cherché longtemps cette édition souvent citée par les bibliographes de Corneille. Elle a été plusieurs fois indiquée comme étant du format in-12 ; mais, cette indication nous paraissant erronée, nous avons tenu à la décrire sur l'original. Nous avons parcouru toutes les bibliothèques de Paris, sans pouvoir la rencontrer ; nos visites chez les amateurs n'ont pas été plus fructueuses ; enfin, grâce à l'obligeant intermédiaire de M. E. de la Germonière, M. Lormier, de Rouen, a bien voulu nous communiquer son exemplaire, celui même qui a figuré à la vente Potier, en 1870. Nous avons pu constater que la *Mélite* de J. de Loge n'est pas imprimée dans le format in-12, mais bien dans le format in-8 indiqué au catalogue. Nous nous sommes également convaincu que ce n'est pas une édition donnée par Corneille, mais bien une simple contrefaçon qui reproduit le texte de l'édition originale in-4. *Le Catalogue chronologique des Libraires et des Libraires-Imprimeurs de Paris*, rédigé par A.-M. Lottin, en 1789, ne mentionne aucun libraire du nom de *de Loge*, et nous devons admettre que le nom et l'enseigne bizarre dont il est accompagné sont purement imaginaires. La *Mélite*, in-8, a dû être publiée dans une ville de province, vers 1634, c'est-à-dire après la publication de *La Veuve;* elle est imprimée dans le même format que cette pièce et en caractères analogues, mais non identiques à ceux de *François Targa*. Ce qui confirme

notre hypothèse, c'est que le volume ne contient pas de privilége, mais la mention d'une simple permission, mention assez ordinaire aux contrefaçons.
Vendu 50 fr., mar. r. (*Chambolle-Duru*); Potier, 1870 (n° 1226).

261. MELITE, || OV || LES FAVSSES || LETTRES. || Piece Comique. || Par M. de Corneille. || *A Lyon,* || *Chez Claude la Riuiere, ruë* || *Merciere, à la Science.* || M.DC.LIII [1653]. || Auec Permission. In-12 de 4 ff. et 88 pp., caract. ital.

> Collation des feuillets prélim. : titre ; 1 f. pour la dedicace ; 1 f. pour l'avis *Au Lecteur*; 1 f. pour l'*Argument*.

262. MELITE, || Comedie. || Par le Sr P. Corneille. || *A Paris,* || *Chez Augustin Courbé,* || *au Palais.* || Anno M.DC.LIV [1654]. Pet. in-12 de 88 pp. (y compris 3 ff. prélim.), sign. A-D.

> Au titre, le fleuron aux palmes croisées ; au 2° f. au-dessus du titre de départ, le fleuron à la tête de buffle, avec les petites excroissances sur les cornes.
> Édition elzévirienne restée inconnue aux elzéviriographes. M. Potier, qui en possède un exemplaire, pense qu'elle a dû être imprimée par *Fr. Foppens*, à *Bruxelles*. Elle a été citée dans la *Description bibliographique des livres composant la Librairie J. Techener,* 1855, t. II, n° 10,564, et dans le *Catalogue Soleil* (janvier 1872), n° 1308, sous la date de 1655.
> Cette édition et la précédente soulèvent une question historique que nous n'avons pu élucider. *La Riviere* et *Foppens* ont-ils été amenés à réimprimer *Mélite*, en 1653 et en 1654, par quelque reprise de cette comédie? Ont-ils eu, au contraire, la pensée de donner une édition des *Œuvres* de Corneille par pièces séparées, comme le fit après eux *Abraham Wolfgang*, à *Amsterdam* ? C'est ce que nous ne nous hasarderons pas à décider.

263. MELITE, || Comedie, || Par || P. Corneille. || *Suivant la Copie imprimée*||*A Paris.*|| CIƆ.IƆC.LXIV [1664]. Pet. in-12 de 68 pp. (non compris la fig. ni le titre), sign. A-C.

> Édition imprimée par *Abraham Wolfgang*, à *Amsterdam*, et qui fait partie de son recueil de 1664. Le titre porte la devise : *Quærendo*.
> On s'étonnera peut-être de nous voir ranger sous la même rubrique les éditions données par les *Elzevier* ou leurs continuateurs, et les grossières contrefaçons imprimées en France. Les unes ont con-

servé du prix auprès des amateurs, tandis que les autres ont été
tellement négligées qu'il est presque impossible d'en trouver des
exemplaires. Malgré la différence vénale qui existe entre les deux
espèces d'éditions, nous croyons que, au point de vue littéraire, notre
classification s'explique d'elle-même. La valeur des livres sortis des
presses elzéviriennes tient presque toujours à leur exécution matérielle et non à la pureté des textes qu'ils nous fournissent. Les
Elzevier (et ce que nous disons des *Elzevier* s'applique également
à *Wolfgang*) étaient de très-habiles marchands et des typographes
d'un goût parfait, mais il ne faut pas leur attribuer d'autre mérite.
Leurs éditions étaient correctes quand elles étaient revues par un
savant; elles étaient fautives, au contraire, quand les épreuves
étaient soumises à quelque prote ignorant. On sait depuis longtemps
(voy. Pieters, *Annales des Elzevier*, 2º édit.; Gand, 1858, in-8,
pp. xxxv sq.) que les *Elzerier* n'ont employé que des caractères
fondus avec les poinçons du graveur parisien *Jacques de Sanlecque*
et de son fils, mais on serait disposé à leur faire du moins honneur
de leur « papier de Hollande ». A ce point de vue encore il semble
qu'il faille un peu rabattre des éloges qui leur ont été prodigués
jusqu'ici. M. H. Lempertz a publié dans ses *Bilder-Hefte zur
Geschichte des Buchhandels und der mit demselben verwandten
Künste und Gewerbe* (Köln, 1854 et années suiv., in-fol.) une curieuse
lettre adressée d'Amsterdam, à l'abbé Ménage, par *Louis et Daniel
Elzevier*. Cette lettre, datée du 10 mai 1662, commence ainsi :

> Monsieur,
>
> « Nous n'avons jusques à steure peu commencer a vos Poemes [*Ægidii
> Menagii Poemata. Quarta editio, auctior et emendatior;* Amstelodami, ex officina
> Elzeviriana, 1663, pet. in-12 de 4 ff. et 327 pp., dont les deux dernières ne
> sont pas chiffrées] a cause de la multitude des ouvrages qu'avons soubs la
> presse, d'autre part serions bien aise de l'imprimer sur du papier que Monsr
> *le Goux* nous doibt envoyer de Paris, qui est le plus beau qu'ayons jamais
> veu, de l'envoy duquel il ne nous a pas encore donné advis et à ce sujet
> nous luy escrivons presentement. Si neantmoins vous estes pressé pour cet
> ouvrage, nous le commencerons sur de bon papier qu'avons presentement :
> mais nous aimerions mieux de l'imprimer sur le papier dudit *le Goux*. »

Le passsage que nous venons de citer peut jusqu'à un certain point
diminuer le mérite industriel des imprimeurs hollandais, mais il ne
peut qu'augmenter leur réputation commerciale, en montrant le soin
qu'ils mettaient à se procurer le meilleur papier sorti des fabriques
étrangères. Ce qui leur appartient bien en propre, c'est l'élégance
de leur petit format, la netteté de leur impression, en un mot une
exécution dont la perfection n'a jamais été surpassée.

II

264. CLITANDRE, ‖ Tragédie, ‖ Par P. Corneille. ‖ *Suivant la Copie imprimée* ‖ *A Paris.* ‖ CIƆ.IƆC.LXIV [1664]. Pet. in-12 de 60 pp. (non compris la fig. ni le titre), sign. D-F.

<small>Édition imprimée à *Amsterdam*, par *Abraham Wolfgang*, et qui fait partie de son recueil de 1664. Le titre porte la devise : *Quærendo*.</small>

III

265. LA ‖ VEFVE ‖ OV LE ‖ TRAISTRE ‖ TRAHY ‖ Comedie. ‖ *A Paris,* ‖ *Chez François Targa, au premier* ‖ *pilier de la grand'Salle du Palais deuant* ‖ *la Chappelle, au Soleil d'or.* ‖ M.DC.XXXV [1635]. ‖ Auec Priuilege du Roy. ‖ *Iouxte la copie.* In-8 de 16 ff. et 144 pp.

<small>Collation des feuillets prélim. : titre ; 3 pp. pour la dédicace ; — 4 pp. pour l'avis *Au Lecteur ;* 21 pp. pour les vers en l'honneur de Corneille ; 1 f. pour l'*Argument* et les *Acteurs.*
Cette contrefaçon, probablement imprimée en Normandie, est une copie assez exacte de l'édition originale. Le titre et le corps du texte ont surtout une grande ressemblance. Nous avons cependant remarqué que dans les pièces à la louange de Corneille, on avait omis celle qui est signée I. G. A. E. P.
Bibliothèque de l'Institut (Q. 562 Z.).</small>

266. LA VEFVE, ‖ Comedie, ‖ Par P. Corneille. ‖ *Suivant la Copie imprimée* ‖ *A Paris.* ‖ CIƆ.IƆC.LXIV [1664]. Pet. in-12 de 76 pp. (non compris la fig. ni le titre), sign. G-K.

<small>Édition publiée à *Amsterdam* par *Abraham Wolfgang*, avec la devise : *Quærendo* sur le titre. Elle fait partie du recueil de 1664.</small>

IV

267. LA GALERIE ‖ DU PALAIS, ‖ Comedie, ‖ Par ‖ P. Corneille. ‖ *Suivant la Copie imprimée* ‖ *A Paris.* ‖

CIƆ.IƆC.LXIV [1664]. Pet. in-12 de 76 pp. (non compris la fig. ni le titre), sign. L-O.

Édition sortie des mêmes presses que la précédente. Elle fait partie du recueil de 1664.

V

268. LA || SVIVANTE, || Comedie. || par || P. Corneille. || *Suivant la Copie imprimée* || *A Paris.* || CIƆ.IƆC.LXIV [1664]. Pet. in-12 de 67 pp. (non compris la fig. ni le titre), sign. P-R.

Édition exécutée à *Amsterdam*, comme les précédentes. Elle fait partie du recueil de 1664.

VI

269. LA PLACE || ROYALLE, || Comedie. || Par || P. Corneille. || *Suivant la Copie imprimée* || *A Paris,* || CIƆ.IƆC.LXIV [1664]. Pet. in-12 de 59 pp. (non compris la fig. ni le titre), sign. S-V.

Édition exécutée par *Wolfgang* à *Amsterdam*, avec la devise : *Quærendo* sur le titre. Elle fait partie du recueil de 1664.

VII

270. MEDEE || Tragedie. || Par le Sr Corneille. || *Sur l'imprimé.* || *A Paris,* || *Chez François Targa, au* || *premier pillier de la grand'Salle* || *du Palais, deuant la Chapelle,* || *au Soleil d'or.* || M.DC.XXXIX [1639]. || In-12 de 4 ff. et 96 pp.

Contrefaçon exécutée en France, probablement à Caen.
Au titre, un fleuron grossier qui représente une petite tête d'ange, de chaque côté de laquelle se développe une corne d'abondance accompagnée de rinceaux. Le même fleuron se retrouve sur le titre de plusieurs des contrefaçons décrites ci-après (n°[s] 278, 305).

271. Medee ‖ Tragedie, ‖ Par ‖ P. Corneille. ‖ *Suivant la Copie imprimée* ‖ *A Paris* ‖ CIƆ.IƆC.LXIV [1664]. Pet. in-12 de 56 pp. (non compris la fig. ni le titre), sign. X-Z.

Édition exécutée par *Abraham Wolfgang* à *Amsterdam*, avec la devise : *Quærendo* sur le titre. Elle fait partie du recueil de 1664.

VIII

272. L'Illvsion, ‖ Comedie, ‖ Par ‖ P. Corneille. ‖ *Suivant la Copie imprimée* ‖ *A Paris.*‖ CIƆ.IƆC.LXIV [1664]. Pet. In-12 de 68 pp. (non compris la fig. ni le titre), sign. Aa-Cc.

Édition imprimée par *Abraham Wolfgang* à *Amsterdam*, avec la devise : *Quærendo* sur le titre. Elle fait partie du recueil de 1664.

IX

273. Le ‖ Cid ‖ Tragi-Comedie. ‖ Nouvelle. ‖ Par ‖ Le Sieur Corneille. ‖ *A Leyden,* ‖ *Chez Guillaume Chrestien,* ‖ 1638. Pet. in-12 de 4 ff., 76 pp. et 2 ff. blancs.

Collation des feuillets prélim. : titre avec la marque du libraire représentant un pélican aux pieds duquel on lit la devise suivante : *Nil penna sed vsus*; — 3 pp. pour la dédicace; — 2 pp. pour un avis *Aux Amateurs de la Langue Françoise*; — 1 p. pour les *Acteurs*.

Le texte de cette édition est copié sur le texte de l'édition in-12 de Paris. L'avis du libraire, déjà reproduit par M. Marty-Laveaux, est ainsi conçu :

« Aux Amateurs de la Langue Françoise.

« Messieurs,

« Le soin ou m'engage le desir que j'ay de satisfaire à vos curiosités (m'ayant fait découvrir cette excellente et ravissante piece, entre les nouveaux ouvrages de nos écrivains) m'a porté dans le dessein de la faire mettre souz la presse, pour vous en rendre participans. Je m'y suis de plus senti provoqué par le peu d'exemplaires qui s'en est trouvé en ces pays, et qui sembloit témoigner que la France fût jalouse, que cet œuvre admirable tombât en la main des éstrangers. Sa lecture a charmé l'oreille des Roys de telle sorte, que mémes dans les grands soins qui les environnent, il y en a qui l'ont fait reïterer plusieurs fois; tant ils l'ont estimée digne de leur audience. Aussi n'est-il point d'Eloge assez relevé, qui ne soit au dessous

16

de ses beautés, et ce n'est rien dire d'égal à ses graces, que d'asseurer qu'elles expriment toutes celles qui sont les plus rares en l'Elegance Françoise : qu'elles representent les traits les plus vifs et les plus beaux dont on puisse se servir pour expliquer la gloire des grandes actions d'une ame parfaitement genereuse; et bref que les lire, et les admirer sont presque une mesme chose. Il faudroit imaginer d'autres loüanges, que celles que l'on est accoustumé de donner aux ouvrages les plus accomplis, pour les attribuer a celuy-cy; les conceptions en sont si sublimes, qu'elles ont quelque chose de Divin, et qui va surpassant les efforts de la pensée humaine : en fin son excellence est telle, que vous la comprendrez mieux en le lisant, que je ne vous la puis décrire. Je n'y attache point d'argument, pour ce que l'Autheur n'y en a point fait, et que sa lecture surprendra vôtre esprit avec bien plus de douceur et de plaisir, par la diversité de ses incidens inesperés, que si elle estoit precedée par une connoissance confuse du sujet telle que donneroit un argument, qui ne seroit qu'un abregé du contenu de toute la piece. Recevez la s'il vous plaist, et si elle vous apporte autant de satisfaction, que j'employe de zele à vous l'offrir, elle y trouvera une recompense assez convenable à ses mérites.
« J. P. »

Vendu : 79 fr. mar. v. (*Duru*), Giraud, 1855 (n° 1633); — 75 fr., même exempl., Solar, 1860 (n° 1693).

274. Le ‖ Cid ‖ Tragi-Comedie ‖ nouvelle. ‖ Par le Sieur Corneille. ‖ *Iouxte la Copie Imprimee.* ‖ A Paris, ‖ cIɔ.Iɔc.xxxviii [1638]. Pet. in-8 de 95 pp. chiffr. (y compris les 3 ff. prél. non chiffr.), caract. ital.

Au titre, un fleuron avec la tête de Méduse.

« Véritable Elzevier qui se distingue non-seulement par la tête de Méduse que les Elzevier à cette époque employaient encore exclusivement, mais aussi par les caractères qui sont ceux de l'*Herodes Infanticida* d'Heinsius, du même format, qui porte leur nom ; par deux fleurons qu'ils employaient fréquemment alors dans leurs impressions in-8, et dont l'un se trouve dans l'édition de la même tragédie d'Heinsius, et l'autre dans les *Gemmulæ linguarum* de 1637, qui portent également leur nom ; enfin par les lettres grises qui se trouvent au commencement des 1er, 2d et 3e actes ; ce sont les mêmes que celles de ces actes dans l'édition qu'ils ont donnée du *Cid* en 1644, qui fait partie de l'*Illustre Théatre de Mons. Corneille*, et dont l'origine elzévirienne n'est pas contestée. » Pieters, *Annales de l'Impr. des Elzevier*, 2e édit., pp. 189, sq.

275. Le ‖ Cid ‖ Tragi-Comedie. ‖ *Iouxte la Copie imprimée A Paris.* ‖ M.DC.XL [1640]. *S. l.* In-8 de 87 pp., titre encadré, caract., ital.

Grossière contrefaçon exécutée en France. Nous en avons vu un exemplaire à la librairie Baer, à Paris.

276. Le Cid ǁ Tragicomedie. ǁ *Iouxte la copie imprimée* ǁ *A Paris,* ǁ *Chez François Targa;* ǁ *& Augustin Courbé,* ǁ *au Palais.* ǁ M.DC.XXXXI [1641]. In-12 de 96 pp., y compris le titre.

> Les mots *Iouxte la copie imprimée* sont habilement dissimulés dans une espèce de fleuron carré assez grossier.
> Cette contrefaçon est mal imprimée et sur mauvais papier.
> Vendu : 4 fr. v. m. Giraud, 1855 (n° 1634).
> Un exemplaire de cette pièce, relié en v. marbr. par *Thompson*, est coté 15 fr. dans la *Description bibliographique des livres composant la Librairie J. Techener* (Paris, 1858, 2 vol. in-8), t. IIe, n° 10.543 ; il y est faussement indiqué comme une seconde édition donnée par Corneille.

277. Le Cid, Tragi-Comedie Par le Sieur Corneille. *Suivant la Copie imprimée A Paris.* M.DC.XLI [1641]. Pet. in-12 de 87 pp. en tout.

> Édition imprimée par *Bonaventure* et *Abraham Elzevier à Leyde;* elle porte une sphère sur le titre. Pieters, *Annales des Elzevier*, 2e édit., p. 192.

278. Le Cid ǁ Tragi-Comedie. ǁ Par le Sr Corneille. ǁ *Sur l'Imprimé,* ǁ *A Paris,* ǁ *Chez Augustin Courbé, Imprimeur* ǁ *& Libraire de Monsieur Frere du Roy, dans* ǁ *la petite Salle du Palais, à la Palme.* ǁ M.DC.XLIIII [1644]. In-12 de 4 ff. et 88 pp.

> Contrefaçon assez mal imprimée, mais dont le papier est meilleur que celui qu'on employait d'ordinaire en pareil cas. Les 4 ff. prélim. sont imprimés en lettres rondes, et contiennent le titre, la dédicace et les noms des *Acteurs;* le reste du volume est en caractères italiques. — Au titre le fleuron décrit plus haut (n° 270).
> Le texte de la troisième des strophes du *Cid*, nous prouve, comme le fait déjà supposer la simple inspection du titre, que l'imprimeur a suivi un exemplaire de l'édition in-4 de 1637 (n° 9 A).
> Bibliothèques de M. Didot et de M. Lormier, de Rouen.

279. Le ǁ Cid, ǁ Tragi-Comedie ǁ Par ǁ Monsr Corneille. ǁ *Suivant la Copie imprimée* ǁ *A Paris.* ǁ M.DC.XLIV [1644]. Pet. in-12 de 87 pp. (y compris 3 ff. prélim., non chiffr.), sign. A-D.

> Édition imprimée à *Leyde*, par *Bonaventure* et *Abraham Elzevier;*

elle fait partie de l'*Illustre Théatre* de 1644. Le texte est celui des éditions in-12 de *Paris*.

Il existe sous la même date et avec le même titre deux éditions très-différentes. Celle qui est évidemment la première est ornée au 2ᵉ f., au-dessus de la dédicace *A Madame de Combalet*, du fleuron à la sirène; dans l'édition B, on voit à la même place le fleuron bien connu à la tête de buffle. Au verso du 3ᵉ f. prélim., on lit dans A: ACTEVRS et dans B: ACTEURS. Nous avons trouvé des exemplaires de l'une et de l'autre édition dans des recueils qui ont figuré à la vente Benzon, en 1875 (nᵒ 247 et 248 du Catalogue).

« Le catalogue officinal de 1644 fait en outre mention d'une petite édition du *Cid de Corneille*, in-24, qu'il cote 6 s. de Hollande, et que jusqu'ici je n'ai encore rencontrée ni vu citer que là. » Pieters, *Annales des Elzevier*, 2ᵉ édit., p. 192.

280. LE CID, ‖ Tragedie. ‖ *Iouxte la copie imprimée.* ‖ *A Paris,* ‖ *Chez François Targa,* ‖ & ‖ *Augustin Courbé,* ‖ *au Palais.* ‖ M.DC.LI [1651]. In-12 de 10 (?) ff. prélim. et 120 pp.

Collation des feuillets prélim.: titre, dont le milieu est occupé par une espèce de fleuron dans lequel les mots *Iouxte la copie imprimée* sont habilement dissimulés; — 2 ff. pour la dédicace; — 1 f. blanc? (ce feuillet manque à l'exemplaire que nous avons sous les yeux, et les 3 premiers ff. prélim. y sont placés les derniers, par une erreur évidente); — 6 ff. pour les extraits des auteurs espagnols et les noms des *Acteurs*.

Cette contrefaçon, médiocrement imprimée, fait partie du recueil de 1652, que nous décrivons au chapitre VIIIᵉ. Le texte en est assez peu correct, comme on peut en juger par la 3ᵉ strophe de *Rodrigue* où les deux dernières leçons se trouvent confondues au point de produire un vers faux:

Pere, maistresse, honneur, amour,
Impitoyable *loy*, *aymable* tyrannie, etc.

281. LE ‖ CID ‖ Tragi-Comedie. ‖ Par Monsʳ Corneille. ‖ *Suiuant la Copie imprimée* ‖ *A Paris,* ‖ cIɔ.Iɔc.LI [1651]. Pet. in-12 de 63 pp. et 1 f. blanc, sign. A-D.

Réimpression elzévirienne exécutée à *Leyde*.

282. LE CID, Tragi-Comedie. *Sur l'imprimé à Caen.* M.DC.LIV [1654]. In-12.

Bibliothèque dramatique de Pont-de-Veyle; Paris, 1847, in-8, nᵒ 838.

283. Le Cid, Tragi-Comedie. Par Monsʳ Corneille. *Suivant la Copie imprimée A Paris.* cIɔ.Iɔc.lvi [1656]. Pet. in-12.

<small>Édition elzévirienne, que M. Pieters n'a pas connue, et que notre ami M. A. Willems, de Bruxelles, a bien voulu nous signaler.</small>

284. Le Cid, ‖ Tragedie. ‖ Par le Sʳ Corneille. ‖ *Suivant la Copie imprimée* ‖ *A Paris.* ‖ CIɔ.Iɔc.LXIII [1663]. Pet. in-12 de 68 pp. (non compris la fig. ni le titre), sign. A-C.

<small>Jolie édition avec la devise : *Quærendo* sur le titre. Elle a été imprimée par *Abraham Wolfgang* à *Amsterdam* et fait partie du recueil de 1664 (n° 381).</small>

285. Le ‖ Cid, ‖ Tragi-Comedie. ‖ *Sur l'imprimé à Caen.* ‖ M.DC.LXVI [1666]. In-12 de 3 ff. et 89 pp., dans une même série de signatures.

<small>Grossière contrefaçon, imprimée en France.</small>

286. Le ‖ Cid. ‖ Tragi-Comedie. ‖ *A Lyon,* ‖ *Chez Iean-Baptiste Deville,* ‖ *ruë Merciere, à la Science.* ‖ M.DC.LXXII [1672]. ‖ Avec Permission. In-12 de 3 ff., 88 pp. et 1 f.

<small>Les 3 ff. prélim., qui contiennent le titre, la dédicace et les noms des *Acteurs* commencent le cahier A, que complètent les premières pp. chiffrées absolument comme dans les éditions des *Elzevier* (ainsi s'explique leur nombre impair).
Voici un exemple des contrefaçons autorisées par les lieutenants du Roi dans les provinces, personnages qui paraissent s'être assez peu préoccupés des ordonnances relatives à la librairie et aux priviléges. On lit au recto du dernier f. :</small>

<small>« Permission.</small>

<small>« Je n'empéche pour le Roy qu'il soit permis à Jean-Baptiste Deville de faire imprimer *le Cid, Tragi-Comedie,* avec les deffences ordinaires à tous autres. A Lyon, ce 27. aoust 1672.</small>

<small>« Vaginay. »</small>

<small>« Soit fait suivant les Conclusions du Procureur du Roy, les jour et an cy-dessus</small>

<small>« Deseve. »</small>

<small>Peut-être ignorait-on dans les bureaux de M. de Vaginay, en 1672, que le *Cid* avait pour auteur Pierre Corneille et que les droits de</small>

l'auteur étaient formellement réservés en vertu des priviléges du Roi.

Nous avons cité plus haut (n° 261) une édition de *Mélite* publiée par le prédécesseur de *J.-B. Deville*.

287. LE CID, ‖ Tragedie. ‖ Par P. Corneille. ‖ *A Caen,* ‖ *Imprimé cette année* [*vers* 1680]. In-12 de 72 pp., y compris le titre.

Cette édition, qui porte une sphère sur le titre, est attribuée par M. Marty-Laveaux aux *Elzevier* de *Leyde*. Nous avons eu l'occasion de la voir et nous pouvons affirmer qu'elle a été exécutée en France.
Catalogue Soleinne, n° 1146. — Bibliothèque de M. Daguin.
On jugera du texte de cette contrefaçon par le passage suivant des strophes du *Cid* :

> Pere, Maitresse, honneur, amour,
> Illustre Grande [*sic*], agréable contrainte,
> Par qui de ma raison la lumiere est éteinte,
> A mon aveuglement rendez un peu de jour, etc.

288. LE CID, Tragedie. Par le Sr Corneille. *Suivant la Copie imprimée à Paris.* M.DC.LXXXII [1682]. Pet. in-12.

Réimpression de l'édition de *Wolfgang*.
Bibliothèque dramatique de Pont-de-Veyle, 1847 (n° 839).

X

289. HORACE, Tragedie. Par le Sr Corneille. *Iouxte la Copie imprimée A Paris, Chez Augustin Courbé,* M.DC.XXXX [1640]. Pet. in-12.

Description des livres composant la Librairie J. Techener, 1858, t. IIe, n° 10.546.

290. HORACE, ‖ Tragedie, ‖ Par ‖ le Sieur Corneille. ‖ *Iouxte la Copie imprimée* ‖ *A Paris.* ‖ cIɔ.Iɔc.xLI [1641]. Pet. in-12 de 4 ff. et 75 pp.

Édition imprimée par *Bonaventure* et *Abraham Elzevier* à *Leyde*, avec la sphère sur le titre. Elle fait partie de l'*Illustre Théatre* de 1644 (n° 378).

291. Horace ‖ Tragedie. ‖ *Sur l'imprimé,* ‖ *A Paris,* ‖ *Chez Augustin Courbé, Li-* ‖ *braire & Imprimeur de Mon-* ‖ *sieur Frere du Roy, dans la* ‖ *petite Salle du Palais.* ‖ *à la Palme.* ‖ M.DC.XLIIII [1644]. In-12 de 88 pp. (y compris le titre), sign. A-L, caract. ital.

Contrefaçon imprimée avec les mêmes caractères que les n°s 270 et 278.

292. Horace, ‖ Tragedie, ‖ Par ‖ le Sieur Corneille. ‖ *Suivant la Copie imprimée* ‖ *A Paris.* ‖ cIɔ.Iɔc.xlv [1645]. Pet. in-12 de 3 ff. et 65 pp., sign. A-C.

Édition imprimée à *Leyde,* par *Bonaventure* et *Abraham Elzevier,* avec la sphère sur le titre. Elle se trouve dans quelques recueils factices que des amateurs peu délicats se plaisent à regarder comme des exemplaires de l'*Illustre Théatre.* Le titre général de ce célèbre recueil porte la date de 1644; on ne saurait donc y faire entrer une pièce imprimée après cette date.

293. Horace ‖ Tragedie. ‖ Par ‖ le Sieur Corneille. ‖ *Suivant la Copie imprimée* ‖ *A Paris.* ‖ cIɔ.Iɔc.xlvii [1647]. Pet. in-12 de 3 ff. et 65 pp., sign. A-C.

Édition publiée à *Leyde,* par *Louis* et *Bonaventure Elzevier,* avec une sphère sur le titre.

294. Horace, ‖ Tragedie. ‖ S. l. n. d. [vers 1652], in-12 de 4 ff. et 100 pp.

Collation des feuillets prélim. : titre, qui ne contient que deux lignes placées au milieu de la page ; — 3 ff. pour la dédicace et les noms des *Acteurs*.

Contrefaçon médiocrement imprimée qui fait partie du recueil de 1652. (Voy. notre chapitre VIIIe, n° 379.)

295. Horace, ‖ Tragedie. ‖ Par ‖ le Sieur Corneille. ‖ *A Leyde,* ‖ *Chez Jean Sambix* ‖ cIɔ.Iɔc.liv [1654]. Pet. in-12 de 3 ff. et 65 pp., sign. A-C.

Édition imprimée par *Jean Elzevier,* à *Leyde,* pour *Jean Sambix,* qui n'était pas un libraire imaginaire comme on l'a cru quelquefois.

296. Horace ‖ Tragedie ‖ Par ‖ P. Corneille. ‖ *Suivant la*

Copie imprimée ‖ *A Paris.* ‖ CIƆ.IƆC.LXIII [1663]. Pet. in-12 de 64 pp. (non compris la fig. ni le titre), et 2 ff. blancs, sign. D-F.

Édition, avec la devise : *Quærendo*, exécutée à *Amsterdam* par *Abraham Wolfgang*; elle fait partie du recueil de 1664 (n° 381).

297. HORACE, ‖ Tragedie, ‖ Par ‖ P. Corneille. ‖ *Suivant la Copie imprimée* ‖ *A Paris.* ‖ CIƆ.IƆC.LXXXII [1682]. Pet. in-12 de 2 ff. pour la fig. et le titre, 64 pp. et 2 ff. blancs, sign. D-F.

Réimpression de l'édition de *Wolfgang*, avec la devise : *Quærendo*.

XI

298. CINNA ‖ OU ‖ LA CLEMENCE ‖ D'AUGUSTE. ‖ *Suiuant la Copie imprimée* ‖ *A Paris.* ‖ cIƆ.IƆc.XLIV [1644]. Pet. in-12 de 84 pp. (y compris 16 pp. prélim.), plus 1 f. blanc, sign. A-D.

Édition imprimée par *Bonaventure* et *Abraham Elzevier*, à *Leyde*, avec la sphère sur le titre, et qui fait partie de l'*Illustre Théâtre* de 1644. Il est à remarquer que les pp. 71 et 72 sont doubles, en sorte que la dernière page de texte devrait être chiffrée 86 au lieu de 84.
Cette édition est cotée 6 s. de Hollande, au Catalogue officinal de 1644.

299. CINNA ‖ OU ‖ LA CLEMENCE ‖ D'AUGUSTE. ‖ *Suivant la Copie imprimée* ‖ *A Paris.* ‖ cIƆ.IƆc.XLVIII [1648]. Pet. in-12 de 72 pp. (y compris le titre), sign. A-C.

Édition imprimée par les *Elzevier* de *Leyde*; elle porte la sphère sur le titre. Elle ne contient pas l'extrait de Sénèque, et l'extrait de Montaigne y est imprimé en petits caractères.

300. CINNA ‖ Tragedie. ‖ *S. l. n. d.* [1652], in-12 de 8 ff. et 103 pp.

Collation des feuillets prélim. : titre qui ne contient que deux lignes imprimées en gros caractères, à mi-page; — 2 ff. pour la dédicace; — 2 ff. pour l'extrait de Sénèque; — 3 ff. pour la lettre de M. de Balzac et les noms des *Acteurs* (l'extrait de Montaigne ne s'y trouve pas).

Contrefaçon médiocrement imprimée qui fait partie du recueil de 1652 décrit au chapitre VIII° (n° 379).

301. CINNA OU LA CLEMENCE D'AUGUSTE. *Suivant la Copie imprimée A Paris.* cIɔ.Iɔc.LVI [1656]. Pet. in-12.

Réimpression elzévirienne exécutée à *Leyde*.
Cat. Giraud, 1855 (n° 1630).

302. CINNA, ‖ Tragedie, ‖ Par ‖ P. Corneille. ‖ *Suivant la Copie imprimée* ‖ *A Paris.* ‖ CIɔ.Iɔc.LXIII [1663]. Pet. in-12 de 60 pp. (non compris la fig. ni le titre), sign. G-I.

Édition imprimée par *Abraham Wolfgang*, à *Amsterdam*, avec la marque : *Quærendo* sur le titre ; elle fait partie du recueil de 1664 (n° 381).

303. CINNA, ‖ Tragedie, ‖ Par ‖ P. Corneille. ‖ *Suivant la Copie imprimée* ‖ *A Paris.* ‖ CIɔ.Iɔc.LXXXI [1681]. Pet. in-12 de 2 ff. pour la fig. et le titre, 60 pp. et 4 ff. blancs, sign. G-I.

Réimpression de l'édition de *Wolfgang*, avec la devise : *Quærendo*.

XII

304. POLYEUCTE ‖ MARTYR, ‖ Tragedie. ‖ de ‖ Monsr Corneille. ‖ *Suivant la Copie imprimée* ‖ *A Paris.* ‖ cIɔ.Iɔc.XLIV [1644]. Pet. in-12 de 93 pp. (y compris 16 pp. prélim.), plus 1 f. blanc, sign. A-D.

Édition imprimée par *Bonaventure* et *Abraham Elzevier*, à *Leyde*, avec la sphère sur le titre. Elle fait partie de l'*Illustre Théâtre* de 1644 (n° 378).

305. POLYEVCTE ‖ MARTYR. ‖ Tragedie. ‖ Par le Sr Corneille. ‖ *Sur l'imprimé* ‖ *A Paris,* ‖ *Chez Antoine de Sommauille,*

‖ *en la Gallerie des Merciers, à l'Escu de* ‖ *France, & Augustin Courbé,* ‖ *en la mesme Gallerie, à la Palme* ‖ *Au Palais.* ‖ M.DC.XLV [1645]. In-12 de 7 ff. non chiffr. et 44 ff. chiffr., sign. ã, pour les 4 premiers ff. prélim. et A-M pour les 3 autres ff. prélim. et le texte, caract. ital.

Les feuillets prélim. contiennent : 1 f. de titre ; — 2 ff. pour la dédicace ; — 3 ff. pour l'extrait des auteurs ; — 1 f. pour les *Acteurs*.

Contrefaçon sortant des mêmes presses que la *Médée* de 1639 (n° 270), le *Cid* de 1644 (n° 278) et l'*Horace* de 1644 (n° 291), avec le même fleuron sur le titre : une petite tête d'ange entourée de deux cornes d'abondance et de rinceaux, le tout grossièrement gravé.

306. POLYEUCTE MARTYR, Tragedie de Monsr Corneille. *Suivant la Copie imprimée A Paris* cIɔ.Iɔc.XLVIII [1648]. Pet. in-12 de 93 pp.

Édition elzévirienne imprimée à *Leyde*.
Catalogue Techener, 1858, t. II°, n° 10,559 (il y a par erreur 1678 au lieu de 1648). — Catalogue Milot, 1861.

307. POLYEVCTE ‖ MARTYR. ‖ Tragedie ‖ chrestienne. ‖ M.DC.LII [1652]. *S. l.*, in-12 de 6 ff. et 108 pp.

Collation des feuillets prélim. : titre, au verso duquel se trouvent les noms des *Acteurs* ; — 5 ff. pour la dédicace et l'*Abregé du martyre de S. Polyeucte*.

Contrefaçon médiocrement imprimée, qui fait partie du recueil de 1652 décrit au chapitre VIIIe (n° 379).

308. POLYEUCTE ‖ MARTYR, ‖ Tragedie. ‖ De Monsr Corneille. ‖ *A Leyde,* ‖ *Chez Jean Sambix.* ‖ cIɔ.Iɔc.LV [1655]. Pet. in-12 de 93 pp. (y compris 8 ff. prélim.) et 1 f. blanc, sign. A-D.

Édition imprimée par les *Elzevier*, de *Leyde*.

309. POLYEUCTE MARTYR Tragedie de Monsr Corneille. *Suiuant la Copie imprimée A Paris*. cIɔ.Iɔ.LVI [1656]. Pet. in-12 de 93 pp. (dont les 16 premières non chiffr.), et un f. blanc.

Édition elzévirienne qui nous a été signalée par M. A. Willems.

310. Polyeucte ‖ martyr, ‖ Tragedie ‖ chrestienne, ‖ Par ‖ P. Corneille. ‖ *Suivant la copie imprimée* ‖ *A Paris.* ‖ CIƆ.IƆC.LXIII [1663]. Pet. in-12 de 68 pp. (non compris la fig. ni le titre), sign. K-M.

Édition, avec la marque : *Quærendo* sur le titre. Elle a été exécutée à *Amsterdam*, par *Abraham Wolfgang*, et fait partie du recueil de 1664 (n° 381).

311. Polyeucte ‖ martyr, ‖ Tragedie ‖ chrestienne, ‖ Par P. Corneille. ‖ *Suivant la Copie imprimée* ‖ *A Paris.* ‖ CIƆ.IƆC.LXX [1670]. Pet. in-12 de 2 ff. pour la fig. et le titre et 68 pp., sign. K-M.

Réimpression de l'édition de *Wolfgang*, avec la devise : *Quærendo* sur le titre.

312. Polyevcte ‖ martyr. ‖ Tragedie. ‖ *A Troyes chez Nicolas Oudot, & se vendent* ‖ *à Paris,* ‖ *Chez la vefue N. Oudot,* ‖ *ruë vieille Boucherie.* ‖ M.DC.LXXX [1680]. Pet. in-12 de 8 ff. non chiffr. et 80 pp.

Grossière réimpression. Nous citerons plus loin diverses éditions dues au même imprimeur.

XIII

313. La Mort ‖ de Pompée. ‖ Tragedie. ‖ *Suivant la Copie imprimée* ‖ *A Paris.* ‖ cIɔ.Iɔc.xliv [1644]. Pet. in-12 de 82 pp. (y compris 10 pp. prélim.), plus un f. blanc, sign. A-D.

Édition imprimée par *Bonaventure* et *Abraham Elzevier*, à *Leyde*, avec la sphère sur le titre ; elle fait partie de l'*Illustre Théatre* de 1644 (n° 378).

314. La Mort ‖ de ‖ Pompee ‖ Tragedie. ‖ *Suivant la Copie imprimée,* ‖ *A Paris.* ‖ cIɔ.Iɔc.xlviii [1648]. Pet. in-12 de 82 pp. (y compris 5 ff. prélim.) et 1 f. blanc, sign. A-D.

Réimpression de l'édition précédente.

315. Pompée ‖ Tragedie. ‖ M.DC.LII [1652]. *S. l.*, in-12 de 5 ff., 107 pp. et 1 f. blanc.

Collation : titre, qui ne contient que 3 lignes imprimées en gros caractères et un petit fleuron; — 4 ff. pour la dédicace et les noms des *Acteurs*. Les 5 ff. prélim. et les 14 premières pp. du texte composent ensemble le cahier A.

Contrefaçon médiocrement imprimée qui fait partie du recueil de 1652 décrit au chapitre VIII⁰ (n⁰ 379). Elle présente cela de remarquable que les vers traduits ou imités des auteurs latins sont imprimés en italiques et que les passages des originaux sont cités en note au bas des pages, comme dans les recueils de 1648, 1652 et 1655.

316. Pompee ‖ Tragedie, ‖ Par ‖ P. Corneille. ‖ *Suivant la Copie imprimée* ‖ *A Paris*. ‖ CIƆ.IƆC.LXIII [1663]. Pet. in-12 de 62 pp., et 1 f. blanc (non compris la fig. ni le titre), sign. N-P.

Édition, avec la marque : *Quærendo* sur le titre. Elle a été imprimée à *Amsterdam*, par *Abraham Wolfgang*, et fait partie du recueil de 1664 (n⁰ 381).

317. Pompée, Tragedie, Par P. Corneille. *Suivant la Copie imprimée A Paris*. M.DC.LXXXI [1681]. Pet. in-12.

Réimpression de l'édition de *Wolfgang*.
Bibliothèque dramatique de Pont-de-Veyle, 1847, n⁰ 836.

XIV

318. Le ‖ Menteur, ‖ Comedie. ‖ *Suivant la Copie imprimée* ‖ *A Paris*. ‖ cIɔ.Iɔc.xlv [1645]. Pet. in-12 de 4 ff. prélim. non compris dans les sign., et 88 pp., sign. A-D.

Édition imprimée par *Bonaventure* et *Abraham Elzevier*, à *Leyde*, avec la sphère sur le titre. Elle se joint au recueil de 1644.

Cette édition est curieuse et doit être recherchée à cause des deux pièces de vers, l'une en latin et l'autre en français, que Huyghens y a ajoutées.

Ces deux pièces, auxquelles Corneille lui-même a fait allusion, occupent le 3º f. prélim. et le recto du 4º. La pièce latine commence ainsi :

In Præstantissimi Poëtæ Gallici

CORNELII,

Comœdiam, quæ inscribitur

MENDAX.

> Gravi cothurno torvus, orchestrâ truci
> Dudum cruentus, Galliæ justus stupor
> Audivit et Vatum decus Cornelius.
> Laudem Poëtæ num mereret Comici
> Pari nitore et elegantiâ, fuit
> Qui disputaret, et negarunt inscii ;
> Et mos gerendus insciis semel fuit....

Voici le commencement des vers français :

A Monsieur Corneille
Sur sa Comedie *le Menteur*.

> Et bien, ce beau Menteur, ceste piece fameuse,
> Qui estonne le Rhin et faict rougir la Meuse,
> Et le Tage et le Pó, et le Tibre Domain [*sic*],
> De n'avoir rien produit d'esgal à ceste main,
> A ce Plaute rené, à ce nouveau Terence,
> La trouve-on si loing ou de l'indifference
> Ou du juste mespris des sçavants d'aujourdhuy....

319. Le ‖ Mentevr, ‖ Comedie. ‖ *Suivant la Copie imprimée* ‖ *A Paris.* ‖ cIɔ.Iɔc.xlvii [1647]. Pet. in-12 de 4 ff. et 88 pp., sign. ✕ et A-D.

Réimpression de l'édition précédente.

320. Le ‖ Mentevr, ‖ Comedie. ‖ *S. l. n. d.* [1652], in-12 de 120 pp., y compris le titre (qui ne contient que trois lignes imprimées en gros caractères à mi-page) et 2 ff. pour la dédicace.

Contrefaçon médiocrement imprimée, qui fait partie du recueil de 1652, décrit au chapitre VIIIᵉ (nº 379). Nous en avons trouvé un second exemplaire chez M. Ambroise Firmin Didot.

Vendu : 20 fr. mar. r. doublé de mar. v. (*Gruel*), Giraud, 1855 (nº 1637).

321. Le ‖ Menteur, ‖ Comedie, ‖ Par ‖ P. Corneille. ‖

Suivant la Copie imprimée ‖ *A Paris.* ‖ CIƆ.IƆC.LXIII [1663]. Pet. in-12 de 76 pp. (non compris la fig. ni le titre), sign. T-Y.

Édition sortie des presses d'*Abraham Wolfgang*, à *Amsterdam*, avec la marque : *Quærendo* sur le titre. Elle fait partie du recueil de 1664 (n° 381).

322. LE ‖ MENTEUR. ‖ Comedie, ‖ Par ‖ P. Corneille. ‖ *Suivant la Copie imprimée* ‖ *A Paris.* ‖ CIƆ.IƆC.LXXXII [1682]. Pet. in-12 de 2 ff. pour la figure et le titre, et 76 pp., sign. T-X.

Réimpression de l'édition de *Wolfgang*, au *Quærendo*.

XV

323. LA SVITE ‖ DV ‖ MENTEVR, ‖ Comedie. ‖ *Suivant la Copie imprimée* ‖ *A Paris.* ‖ cIɔ.Iɔc.xlv [1645]. Pet. in-12 de 95 pp. (y compris 4 ff. prélim.), sign. A-D.

Édition imprimée à *Leyde*, par *Abraham* et *Bonaventure Elzevier* ; elle se joint à leur recueil de 1644 (n° 378).

324. LA SUITE ‖ DU ‖ MENTEUR, ‖ Comedie. ‖ *Suivant la Copie imprimée* ‖ *A Paris.* ‖ cIɔ.Iɔc.xlvii [1647]. Pet. in-12 de 95 pp. en tout, sign. A-D.

Réimpression de l'édition précédente. Il en existe des exemplaires avec la date de 1648.

325. LA SVITE ‖ DV ‖ MENTEVR. ‖ Comedie. ‖ M.DC.LII [1652]. *S. l.*, in-12 de 8 ff. et 127 pp.

Collation des feuillets prélim. : titre imprimé en gros caractères ; — 7 ff. pour la dédicace. Les noms des *Acteurs* sont placés au verso du titre.
Contrefaçon médiocrement imprimée, qui fait partie du recueil de 1652 décrit au chapitre VIIIe (n° 379).

326. LA SUITE ‖ DU ‖ MENTEUR, ‖ Comedie. ‖ Par ‖

P. Corneille. || *Suivant la Copie imprimée* || *A Paris.* || CIƆ.IƆC.LXIII [1663]. Pet. in-12 de 80 pp. (non compris la fig. ni le titre), sign. A-D.

<small>Édition imprimée par *Abraham Wolfgang*, à *Amsterdam*, avec la marque : *Quærendo* sur le titre. Elle fait partie du recueil de 1664 (n° 384).</small>

327. LA SUITE || DU || MENTEUR, || Comedie. || Par || P. Corneille. || *Suivant la Copie imprimée* || *A Paris.* || CIƆ.IƆC.LXXXI [1681]. Pet. in-12 de 2 ff. pour la figure et le titre, et 80 pp., sign. Z-Cc.

<small>Réimpression de l'édition de *Wolfgang*, au *Quærendo*.</small>

XVI

328. RODOGVNE. || PRINCESSE || DES PARTHES. || Tragedie || *Sur l'Imprimé.* || *A Paris,* || *Chez Augustin Courbé, au* || *Palais, en la Gallerie des Mer-* || *ciers, à la Palme.* || M.DC.XLVII [1647]. In-12 de 80 pp. chiffr., y compris les ff. prélim.

<small>Contrefaçon grossière, exécutée probablement en Normandie ; elle ne porte ni privilége ni achevé d'imprimer. La dédicace occupe les pp. 3-6 ; l'*Extrait d'Appian Alexandrin*, les pp. 7-11 ; les noms des *Acteurs*, la p. 12.</small>

329. RODOGUNE || PRINCESSE || DES || PARTHES. || Tragedie. || De Mr de Corneille. || *Suivant la Copie imprimée* || *A Paris.* || cIɔ.Iɔc.XLVII [1647]. Pet in-12 de 84 pp. en tout, sign. A-D.

<small>Édition imprimée par *Abraham* et *Bonaventure Elzevier*, à *Leyde*, avec une sphère sur le titre.</small>

330. RODOGVNE || PRINCESSE || DES PARTHES. || Tragedie. || M.DC.LII [1652]. *S. l.*, in-12 de 6 ff., 118 pp. et 1 f. blanc.

<small>Collation des feuillets prélim. : titre imprimé en gros caractères,</small>

au verso duquel se trouvent les noms des *Acteurs;* — 2 ff. pour la dédicace ; — 3 ff. pour l'extrait d'Appien.

Contrefaçon médiocrement imprimée qui fait partie du recueil de 1652, décrit au chapitre VIIIe (no 379).

331. RODOGVNE ‖ PRINCESSE ‖ DES ‖ PARTHES. ‖ Tragedie. ‖ Par Mr de Corneille. ‖ *Suivant la Copie imprimée* ‖ *A Paris*, ‖ cIɔ.Iɔc.LII [1652]. Pet. in-12 de 84 pp., sign. A-D.

Réimpression de l'édition publiée par les *Elzevier* de *Leyde.*

332. RODOGVNE ‖ PRINCESSE ‖ DES PARTHES. ‖ Tragedie de Mr ‖ de Corneille. ‖ *A Lyon,* ‖ *Chez Claude la Riuiere, ruë* ‖ *Merciere, à l'Enseigne de* ‖ *la Science.* M.DC.LIII [1653]. In-8 de 6 ff., 82 pp. et 1 f. blanc, caract. ital.

Collation des feuillets prélim. : titre ; — 2 ff. pour la dédicace (le verso du second de ces feuillets est occupé par un fleuron représentant une Diane d'Ephèse, avec les initiales E D P dans un petit cartouche) ; — 3 ff. pour les extraits des auteurs et les noms des personnages.

Nous avons cité (no 261) une édition de *Mélite* exécutée à Lyon par *Cl. La Rivière*, et (no 286) une édition du *Cid* publiée dans la même ville chez *J.-B. Deville, rue Merciere, à la Science,* en 1672 ; *Cl. La Rivière* devait être le prédécesseur de ce *Deville,* et c'est sans doute lui qui avait fondé le commerce de réimpressions plus ou moins frauduleuses continué par *Deville.* On doit rendre à ces libraires la justice qu'ils n'hésitaient pas à signer leurs contrefaçons, ce qui pouvait les exposer à une forte amende. Nous avons vu que *Deville* les faisait même spécialement autoriser.

333. RODOGUNE ‖ PRINCESSE ‖ DES ‖ PARTHES, ‖ Tragedie, ‖ Par ‖ P. Corneille. ‖ *Suivant la Copie imprimée* ‖ *A Paris.* ‖ CIɔ.Iɔc.LXIII [1663]. Pet. in-12 de 2 ff. pour la figure et le titre, 66 pp. et 1 f. blanc, sign. A-C.

Édition avec la devise : *Quærendo* sur le titre ; elle a été imprimée par *Abraham Wolfgang,* à *Amsterdam,* et fait partie du recueil de 1664 (no 381).

334. RODOGUNE ‖ PRINCESSE ‖ DES ‖ PARTHES, ‖ Tragedie, ‖ Par ‖ P. Corneille. ‖ *Suivant la Copie imprimée* ‖ *A Paris.*

|| CIƆ.IƆC.LXXXII [1682]. Pet. in-12 de 2 ff. pour la figure et le titre, 66 pp. et 1 f. blanc, sign. A-C.

Réimpression de l'édition de *Wolfgang*, au *Quærendo*.

XVII

335. THEODORE || VIERGE || ET || MARTYRE, || Tragedie || chrestienne. || *Iouxte la copie imprimée* || *à Roüen, & se vend* || *A Paris,* || *Chez Augustin Courbé, au Palais,* || *en la Galerie des Merciers,* || *à la Palme.* || M.DC.XLVII [1647]. In-12 de 5 ff., 129 pp. et 1 f. blanc.

Collation des feuillets prélim. : titre, avec une espèce de fleuron, dans lequel sont cachés les mots : *Iouxte la copie imprimée;* 4 ff. pour la dédicace et les noms des *Acteurs*.—Il n'y a bien que 5 ff. prélim. et non pas 6; les 2 premiers ff. de la dédicace sont signés *áij* et *áiij*, le 3ᵉ est signé *é*, en sorte qu'il n'y a pas de f. *áiij*. Les réclames indiquent qu'il n'y a pas de lacune dans le texte. — Le feuillet blanc de la fin manque à l'exemplaire que nous avons sous les yeux et nous ne l'indiquons que sous toutes réserves.

Cette contrefaçon fait partie du recueil de 1652 (nᵒ 379).

336. THEODORE || VIERGE ET MARTYRE. || Tragedie chrestienne. || *Sur l'Imprimé.* || *A Paris.* || *Chez Toussaint Quinet, au* || *Palais sous la montée de la* || *Cour des Aydes.* || M.DC.XLIX [1649]. In-12 de 4 ff. et 91 pp., caract. ital.

Collation des feuillets prélim. : titre; — 3 ff. pour la dédicace et les *Acteurs*. Le cahier n'est pas signé. Le texte est signé A-M.

Contrefaçon imprimée avec les mêmes caractères que la *Médée* de 1639 (nᵒ 270), le *Cid* de 1644 (nᵒ 278), l'*Horace* de 1644 (nᵒ 291) et le *Polyeucte* de 1645 (nᵒ 305), bien que le titre porte un fleuron différent.

337. THEODORE || VIERGE ET MARTYRE, || Tragedie || chrestienne, || Par || P. Corneille. || *Suivant la Copie imprimée* || *A Paris.* || CIƆ.IƆC.LXIII [1663]. Pet. in-12 de 68 pp. (non compris la fig. ni le titre), sign. Q-S.

Édition avec la marque : *Quærendo* sur le titre. Elle sort des presses d'Abraham *Wolfgang*, à *Amsterdam*, et fait partie du recueil de 1664 (nᵒ 381).

338. Theodore ‖ vierge et martyre, ‖ Tragedie ‖ chrestienne. ‖ Par ‖ P. Corneille. ‖ *Suivant la Copie imprimée* ‖ *A Paris.* ‖ CIƆ.IƆC.LXXXII [1682]. Pet. in-12 de 2 ff. pour la fig. et le titre et 68 pp., sign. Q-S.

Réimpression de l'édition de Wolfgang, au *Quærendo*.

XVIII

339. Heraclivs ‖ empereur ‖ d'Orient, ‖ Tragedie. ‖ Par ‖ le Sieur Corneille. ‖ *Suivant la Copie imprimée* ‖ *A Paris.* ‖ cIɔ.Iɔc.xlvii [1647]. Pet. in-12 de 84 pp. en tout, sign. A-D.

Édition imprimée par *Abraham* et *Bonaventure Elzevier*, à *Leyde*, avec une sphère sur le titre. Il existe des exemplaires sous la date de 1648.

340. Heraclivs ‖ emperevr ‖ d'Orient. ‖ Tragedie. ‖ *Sur l'Imprimé.* ‖ *A Paris,* ‖ *Chez Antoine de Sommauille* ‖ *au Palais, en la gallerie des Mer-* ‖ *ciers, à l'Escu de France.* ‖ M.DC.XLIX [1649]. ‖ In-12 de 96 pp. (y compris le titre), et 2 ff. prélim., sign. A-M, caract. ital.

Contrefaçon imprimée avec les mêmes caractères que la *Médée* de 1639 (n° 270), le *Cid* de 1644 (n° 278), l'*Horace* de 1644 (n° 291), le *Polyeucte* de 1645 (n° 305) et la *Théodore* de 1649 (n° 336) ; elle porte sur le titre le fleuron à la tête d'ange.

341. Heraclivs ‖ emperevr ‖ d'Orient, ‖ Tragedie. ‖ M.DC.LII. [1652]. *S. l.*, in-12 de 6 ff. et 119 pp.

Collation des feuillets prélim. : titre ; — 2 ff. pour la dédicace ; — 3 ff. pour l'avis *Au Lecteur* et les noms des personnages.
Contrefaçon médiocrement imprimée qui fait partie du recueil de 1652, décrit au chapitre VIIIe (n° 379).

342. Heraclius ‖ empereur ‖ d'Orient, ‖ Tragédie, ‖ Par ‖ P. Corneille. ‖ *Suivant la Copie imprimée* ‖ *A Paris.* ‖

CIƆ.IƆC.LXIII [1663]. Pet. in-12 de 2 ff. pour la figure et le titre, et 68 pp., sign. D-F.

Édition avec la devise : *Quærendo* sur le titre. Elle sort des presses d'*Abraham Wolfgang*, à *Amsterdam*, et fait partie du recueil de 1664 (n° 381).

343. HERACLIUS EMPEREUR D'ORIENT, tragedie, par P. Corneille. *Suivant la Copie imprimée A Paris.* CIƆ.IƆ.LXXX [1680]. Pet. in-12.

Réimpression de l'édition de Wolfgang. Catalogue Soleinne, t. Ier, n° 1143.

XIX

344. ANDROMEDE || Tragedie. || Representée auec || les Machines sur le Theatre || Royal de Bourbon. || *Sur l'imprimé,* || *A Paris,* || *Chez Charles de Sercy,* || *au Palais, dans la Salle Dauphine,* || *à la bonne Foy Couronnée.* || M.DC.LI [1651]. In-12 de 6 ff. et 96 pp. caract. ital.

Pour réduire à 6 le nombre des feuillets prélim., l'imprimeur de cette contrefaçon a dû commencer la dédicace au verso même du titre; viennent ensuite l'*Argument*, les *Acteurs* et la *Décoration du Prologue*.

Nous avons trouvé cette pièce à la suite d'un exemplaire des *Œuvres de Corneille,* de 1652.

345. ANDROMEDE, || Tragedie. || Representée auec les Machines || sur le Theatre Royal || de Bourbon. || *Sur la copie imprimée à Roüen,* || *Chez Laurens Maurry, prez* || *le Palais.* || Auec Priuilege du Roy. || M.DC.LII [1652]. || *Se vendent A Paris,* || *Chez Charles de Sercy, au Palais,* || *dans la Salle Dauphine, à la bonne* || *Foy Couronnée.* In-12 de 7 ff. et 127 pp.

Collation des feuillets prélim. : titre; — 3 pp. pour la dédicace; — 7 pp. pour l'*Argument*; — 1 p. pour les *Acteurs*; — 1 p. pour la *Décoration du Prologue*.

Les ff. prélim. et le texte sont compris dans une même série de signatures.
Contrefaçon médiocrement imprimée.

346. ANDROMEDE, Tragedie par P. Corneille. *Suivant la Copie imprimée A Paris.* cIɔ.Iɔ.LX [1660]. Pet. in-12.

Édition elzévirienne inconnue des elzéviriographes, et qui paraît avoir été imprimée à *Leyde* par *Jean Elzevier.*
Catalogue Potier, 1855 (n° 2140); *ibid.*, 1863 (n° 2376).

347. ANDROMEDE, ǁ Tragedie, ǁ Par ǁ P. Corneille. ǁ *Suivant la Copie imprimée* ǁ *A Paris.* ǁ CIƆ.IƆC.LXIII [1663]. Pet. in-12 de 2 ff. pour la figure et le titre, et 68 pp., sign. G-I.

Édition imprimée par *Abraham Wolfgang* à *Amsterdam.* Elle porte sur le titre la devise : *Quærendo* et fait partie du recueil de 1664 (n° 381).

348. ANDROMEDE, ǁ Tragedie, ǁ P. Corneille. [*sic*] ǁ *Suivant la Copie imprimée* ǁ *A Paris.* ǁ CIƆ.CIƆ.LXXXIII [1683]. Pet. in-12 de 2 ff. pour la fig. et le titre, et 68 pp., sign. G-I.

Réimpression de l'édition d'*Abraham Wolfgang,* avec la devise : *Quærendo* sur le titre et la même figure.

XX

349. D. SANCHE ǁ D'ARRAGON, ǁ Comedie heroique. ǁ *Iouxte la copie imprimée* ǁ *à Roüen, & se vend* ǁ *A Paris,* ǁ *Chez Augustin Courbé, au* ǁ *Palais, en la petite Salle des Mer-* ǁ *ciers à la Palme.* ǁ M.DC.L [1650]. ǁ Auec permission de [*sic*] Superieurs. In-12 de 12 ff. et 118 pp.

Collation des feuillets prélim. : titre (les mots *Iouxte la copie imprimée* y sont dissimulés dans une espèce de fleuron fort grossier) ; — 15 pp. pour la dédicace ; — 6 pp. pour l'*Argument;* — 1 p. pour les *Acteurs.*
Contrefaçon mal imprimée.

350. D. Sanche || d'Arragon, || Comedie || heroique. || *Suivant la Copie imprimee* || *A Paris.* || M.DC.L [1650]. Pet. in-12 de 90 pp. (y compris le titre) et 3 ff. blancs, sign. A-D.

Édition imprimée par *Bonaventure* et *Abraham Elzevier* à *Leyde*, avec une sphère sur le titre.
Bibliothèque de M. Didot.

351. D. Sanche d'Arragon, Comedie heroique. *Suivant la Copie imprimée à Paris.* M.DC.LVI [1656]. Pet. in-12.

Réimpression de l'édition elzévirienne de 1650.
Catalogue Milot, 1861 (n° 600). — Catalogue Potier, 1863 (n° 2375) (coté 40 fr., mar. bl., avec l'édition de *Nicomede*, 1652).

352. D. Sanche || d'Arragon, || Comedie || heroïque, || Par || P. Corneille. || *Suivant la Copie imprimée* || *A Paris.* || CIƆ.IƆC.LXIII [1663]. Pet. in-12 de 2 ff. pour la figure et le titre, et 68 pp., sign. K-M.

Édition imprimée par *Abraham Wolfgang* à *Amsterdam*. Elle porte la devise : *Quærendo* sur le titre et fait partie du recueil de 1664 (n° 381).

XXI

353. Nicomede || Tragedie. || Par le Sr Corneille. || *Iouxte la copie imprimée* || *A Roüen,* || *Chez Laurens Maurry, pres le Palais.* || Auec Priuilege du Roy. || M.DC.LII [1652]. || *Et se vend A Paris,* || *Chez Charles de Sercy, au Palais, dans la Salle* || *Dauphine, à la bonne Foy Couronnée.* In-12 de 4 ff. et 100 pp.

Collation des ff. prélim. : titre ; 2 ff. pour l'avis *Au Lecteur* ; 1 f. dont le recto est blanc et dont le verso est occupé par les *Acteurs*. Le cahier prélim. est signé *a* ; le texte est signé A-I.
Contrefaçon très-grossièrement imprimée.

354. Nicomede || Tragedie. || *Sur l'imprimé,* || *A Paris,* || *Chez Charles de Sercy,* || *au Palais, dans la Salle Dau-*

phine, ‖ *à la bonne Foy Couronnée.* ‖ M.DC.LII [1652]. In-12 de 4 ff. et 88 pp., caract. ital.

>Nous avons trouvé cette contrefaçon et l'édition d'*Andromède* citée plus haut à la fin d'un exemplaire des *Œuvres de Corneille*, de 1652.

355. NICOMEDE ‖ Tragi-Comedie ‖ M.DC.LII [1652]. In-12 de 6 ff. et 124 pp.

>Collation des feuillets prélim. : — 1 f. blanc (?) ; — 1 f. pour le titre ; — 2 ff. pour l'épître à Madame *** ; — 2 ff. pour l'avis *Au Lecteur* et les *Acteurs*.
>Édition qui paraît faire suite aux nos 280, 294, 300, 307, 315, 320, 325, 330, 335 et 341.
>Bibliothèque de M. Lormier de Rouen.

356. NICOMEDE, ‖ Tragedie. ‖ Par le ‖ Sieur Corneille. ‖ *A Leyde,* ‖ *Chez Jean Sambix.* ‖ cIɔ.Iɔc.LII [1652]. Pet. in-12 de 88 pp. en tout, sign. A-D.

>Édition imprimée par *Bonaventure* et *Abraham Elzevier*, à *Leyde* avec une sphère sur le titre.

357. NICOMEDE, ‖ Tragedie. ‖ Par ‖ P. Corneille. ‖ *Suivant la Copie imprimée* ‖ *A Paris.* ‖ CIƆ.IƆC.LXIII [1663]. Pet. in-12 de 2 ff. pour la figure et le titre, et 68 pp., sign. N-P.

>Édition imprimée par *Abraham Wolfgang* à *Amsterdam*, avec la devise : *Quærendo* sur le titre. Elle fait partie du recueil de 1664 (n° 381).

358. NICOMEDE, Tragedie. Par P. Corneille. *Suivant la Copie imprimée à Paris.* CIƆ.IƆC.LXXX [1680]. Pet. in-12.

>Réimpression de l'édition de *Wolfgang*.
>Catalogue Soleinne, n° 1143.

XXII

359. PERTHARITE, ‖ ROY ‖ DES ‖ LOMBARDS. ‖ Tragedie, ‖ Par ‖ P. Corneille. ‖ *Suivant la Copie imprimée* ‖ *A Paris.*

|| CIƆ.IƆC.LXIII [1663]. Pet. in-12 de 2 ff. pour la figure et le titre, et 67 pp., sign. Q-S.

Édition imprimée par *Abraham Wolfgang* à *Amsterdam*, avec la devise : *Quærendo* sur le titre. Elle fait partie du recueil de 1664 (n° 381).

XXIII

360. ŒDIPE, || Tragedie. || Par P. Corneille. || *Suiuant la Copie imprimée* || *A Paris.* || cIƆ.IƆc.LX [1660]. Pet. in-12 de 5 ff., 72 pp. et 1 f., sign. A-D.

Contrefaçon française.

361. ŒDIPE, ||Tragedie, || Par || P. Corneille. || *Suivant la Copie imprimée* || *A Paris.* || CIƆ.IƆC.LXIII [1663]. Pet. in-12 de 2 ff. pour la figure et le titre, et 68 pp., sign. T-X.

Édition imprimée par *Abraham Wolfgang*, à *Amsterdam*. Elle porte la devise : *Quærendo* sur le titre et fait partie du recueil de 1664 (n° 381).

XXIV

362. LA || TOISON D'OR. || Tragedie. || Representée par la Troupe Royale du || Marests, chez Mʳ le Marquis de Sour- ||deac, en son Chasteau du Neuf-Bourg, || pour réjouissance publique du Mariage || du Roy, & de la Paix auec l'Espagne, || & en suite sur le Theatre Royal du || Marests. || *Sur l'imprimé à Rouen, Et se vend* || *A Paris,* || *Chez Guillaume de Luyne,* || *Libraire Iuré, dans la Gallerie des* || *Merciers, à la Iustice.* || M.DC.LXII [1662]. || Auec Priuilege du Roy. In-12 de 5 ff. et 98 pp., compris dans une même série de signatures.

Contrefaçon dont le titre imite parfaitement celui de l'édition originale ; la différence du nombre de pages suffit d'ailleurs pour empêcher toute confusion.

363. LA ‖ Toison d'or, ‖ Tragedie. ‖ Representée par la Troupe Royale ‖ du Marests, chez M^r le Marquis de ‖ Sourdeac, en son Chasteau du Neuf ‖ Bourg, pour réjoüissance publique ‖ du Mariage du Roy, & de la Paix ‖ avec l'Espagne, & en suite sur le ‖ Theatre Royal du Marets. ‖ Par le ‖ Sieur Corneille. ‖ *Suivant la Copie imprimée* ‖ *A Paris.* ‖ CIƆ. IƆC.LXII [1662]. Pet. in-12 de 6 ff. prél. (y compris la figure et le titre), 85 pp. et 1 f. blanc, sign. A-D.

<small>Édition imprimée par *Abraham Wolgang*, à *Amsterdam*, avec la devise: *Quærendo* sur le titre. Elle fait partie du recueil de 1664 (n° 381).</small>

364. LA Toison d'or, Tragedie. *A Roüen, Chez Jean-Baptiste Besongne, s. d.*, in-12.

<small>Bibliothèque dramatique de Pont-de-Veyle; Paris, 1847, in-8, n° 838.</small>

365. LA Toison d'or, ‖ Tragedie. ‖ Representée par la Troupe Royale ‖ du Marets, chez M^r le Marquis de ‖ Sourdeac, en son Chasteau du Neuf ‖ bourg, pour réjoüissance publique du ‖ Mariage du Roy, & de la Paix avec ‖ l'Espagne, & en suite sur le Theatre ‖ Royal du Marests. Par le ‖ Sieur Corneille. ‖ *Suivant la Copie imprimée* ‖ *A Paris.* ‖ cIƆ.IƆc.lxxxiii [1683]. Pet. in-12 de 5 ff. prélim. (y compris la fig. et le titre), et 85 pp., sign. A-D.

<small>Réimpression de l'édition d'*Abraham Wolfgang*, avec la devise *Quærendo* sur le titre et la même figure.</small>

XXV

366. Sertorius, ‖ Tragedie. ‖ Par M. Corneille. ‖ *Suivant la Copie imprimée* ‖ *A Paris.* ‖ M.DC.LXII [1662]. In-12 de 84 pp. (y compris le titre) et 5 ff. prélim.

<small>Édition imprimée à *Amsterdam*, par *Daniel Elzevier*, avec une sphère sur le titre.</small>

367. Sertorius, ǁ Tragedie. ǁ Par ǁ P. Corneille. ǁ *Suivant la Copie imprimée* ǁ *A Paris.* ǁ CIƆ.IƆC.LXIV [1664]. Pet. in-12 de 2 ff. pour la figure et le titre, et 67 pp., sign. Dd-Ff.

<small>Édition imprimée par *Abraham Wolfgang*, à *Amsterdam*, avec la devise : *Quærendo* sur le titre. Elle fait partie du recueil de 1664 (n° 381).</small>

XXVI

368. Sophonisbe, ǁ Tragedie. ǁ Par P. Corneille. ǁ *Suivant la Copie imprimée* ǁ *A Paris.* ǁ CIƆ.IƆC.LXIII [1663]. Pet. in-12 composé d'une fig., 4 ff. prél. (y compris le titre) et 64 pp., sign. A-C.

<small>Édition imprimée par *Abraham Wolfgang*, à *Amsterdam*, avec la devise : *Quærendo* sur le titre. Elle fait partie du recueil de 1664 (n° 381).</small>

XXVII

369. Othon, ǁ Tragedie, ǁ Par ǁ P. Corneille. ǁ *Suivant la Copie imprimée* ǁ *A Paris.* ǁ CIƆ.IƆC.LXV [1665]. Pet. in-12 de 3 ff. prél. (y compris la fig. et le titre), et 66 pp., sign. A-C.

<small>Édition imprimée par *Abraham Wolfgang*, à *Amsterdam*, avec la marque : *Quærendo* sur le titre. Elle fait partie du recueil de 1664 (n° 381).</small>

370. Othon, Tragedie, Par P. Corneille. *Suivant la Copie imprimée A Paris.* M.DC.LXXXI [1681]. Pet. in-12.

<small>Réimpression de l'édition précédente. *Bibliothèque dramatique de Pont-de-Veyle*, 1847, n° 837.</small>

XXVIII

371. Agesilas, ǁ Tragedie. ǁ En Vers libres rimez. ǁ Par P. Corneille. ǁ *Suivant la Copie imprimée* ǁ *A Paris.* ǁ

CIƆ.IƆC.LXVI [1666]. Pet. in-12 de 3 ff. prél. (y compris la figure et le titre), 76 pp. et 1 f. blanc, sign. A-D.

Édition imprimée par *Abraham Wolfgang*, à *Amsterdam*, avec la devise : *Quærendo* sur le titre. Elle s'ajoute au recueil de 1664.

372. AGESILAS, || Tragedie. || En Vers libres rimez. || Par P. Corneille. || *Sur l'Imprimé* || *A Paris,* || *Se vend à Amsterdam,* || M.DC.LVI [1666]. Pet. in-12 de 88 pp., sign. A-D.

Bibliothèque de M. de la Gondie, à Versailles.

XXIX

373. ATTILA || ROY || DES HUNS, || Tragedie, || Par P. Corneille. || *Suivant la Copie imprimée* || *A Paris.* || CIƆ.IƆC.LXVII [1667]. Pet. in-12 de 4 ff. prél. (y compris la figure et le titre) et 64 pp., sign. A-C.

Édition imprimée par *Abraham Wolfgang*, à *Amsterdam*, avec la marque : *Quærendo* sur le titre. Elle s'ajoute au recueil de 1664 (n° 381).

XXX

374. TITE || ET || BERENICE, || Comedie heroique, || Par P. Corneille. || *Suivant la Copie imprimée* || *A Paris.* || CIƆ.IƆC.LXXI [1671]. Pet. in-12 de 71 pp. (y compris la figure, le titre et 1 f. prél.), sign. A-C.

Édition imprimée par *Abraham Wolfgang*, à *Amsterdam*. Elle porte sur le titre la devise : *Quærendo,* et la figure est signée de *Romain de Hooghe*. Elle doit s'ajouter au recueil de 1664.

375. TITE ET BERENICE, Comedie heroique, Par P. Corneille. *Suivant la Copie imprimée A Paris.* CIƆ.IƆC.LXXX [1680]. Pet. in-12.

Réimpression de l'édition de *Wolfgang*.
Catalogue Soleinne, t. Ier, n° 1143.

XXXI

376. Pulcherie || Comedie || heroique, || Par P. Corneille. || Suivant la Copie imprimée || A Paris. || CIƆ.IƆC.LXXIII [1673]. Pet. in-12 de 71 pp. (y compris la figure, le titre et 1 f. prél.), sign. A-C.

Édition imprimée par *Abraham Wolfgang*, à *Amsterdam*, avec la devise : *Quærendo* sur le titre ; elle se joint au recueil de 1664. La figure est de *Romain de Hooghe*, dont on aperçoit le monogramme sous une draperie, au-dessus des mots : *Anno s.* 1673.

XXXII

377. Surena || general || des || Parthes, || Tragedie. || Suivant la Copie imprimée || A Paris. || CIƆ.IƆC.LXXVI [1676]. Pet. in-12 de 71 pp. (y compris la figure, le titre et 1 f. prél.), sign. A-C.

Édition imprimée par *Abraham Wolfgang*, à *Amsterdam*, avec la devise : *Quærendo* sur le titre. Elle se joint au recueil de 1664. La figure est signée ; *Harmaeus* (?) *P. de Brügge*.

VIII.—ÉDITIONS COLLECTIVES DU THÉATRE DE CORNEILLE

PUBLIÉES DE SON VIVANT, MAIS SANS SA PARTICIPATION, EN FRANCE ET EN HOLLANDE.

---

378. L'Illvstre ∥ Theatre ∥ de ∥ Monsr Corneille. ∥ *A Leyden.* ∥ M.DC.XLIV [1644]. Pet. in-12.

Recueil factice de cinq pièces imprimées séparément par *Bonaventure* et *Abraham Elzevier*, à *Leyde* : le *Cid,* 1644 (n° 279) ; *Horace,* 1641 (n° 292) ; *Cinna,* 1644 (n° 298) ; *Polyeucte,* 1644 (n° 304), et *la Mort de Pompée,* 1644 (n° 313). Les cinq pièces sont précédées de 2 ff. pour le titre et la table.

Les recueils de pièces elzéviriennes avec le titre d'*Illustre Théatre* sont de la plus grande rareté ; nous n'en connaissons que cinq exemplaires :

1° Celui de Sensier, Pixerécourt, Buvignier, Clinchamp et Montesson, qui mesure 128 mm.; cet exemplaire, acheté 4,000 fr. par M. Bordes à la vente Potier, en 1870, et cédé par lui à M. Benzon, de Londres, s'est revendu, en 1875, 6,600 fr. (soit avec la commission et les frais 7,260 fr.) ; il appartient aujourd'hui à M. Eugène Paillet ;

2° Celui de M. Bourdillon, de M. Pieters et de M. de la Villestreux, qui fut acheté au prix de 1,795 fr., à la vente de ce dernier amateur, par M. Caperon ; il n'a que 123 mm.;

3° Celui de M. le comte de Lignerolles, qui provient d'une vente faite à Bruxelles, en novembre 1863 ;

4° Celui de M. Huillard, qui fut acheté 900 fr., en février 1870, par M. Ratier ; il n'a que 121 mm., et le titre courant a été atteint en plusieurs endroits par le couteau du relieur ;

5° Celui du marquis de Coislin et de M. Pasquier, qui s'est vendu 1,000 fr., en 1875, avec deux autres petits recueils de pièces elzéviriennes ; il a 128 mm. de hauteur, mais le titre a subi un remmargement, et les éditions d'*Horace* et de *Pompée* n'y sont que de seconde date.

Un exemplaire, dont le titre avait été imité en impression moderne, a figuré, en janvier 1847, à une vente faite à Paris à la Salle Silvestre ; il a été revendu, en juillet 1848, à Londres, avec la bibliothèque de M. Benjamin Delessert.

Les 2 ff. préliminaires sont la partie la plus importante de ce recueil, les pièces séparées n'étant pas elles-mêmes d'une très-grande rareté. Charles Nodier, qui ne pouvait se consoler de ne pas l'avoir pas rencontré, a prétendu dans sa *Description raisonnée d'une jolie collection de Livres* (Paris, Techener, 1844, in-8, p. 292), que ce titre était « l'œuvre d'un spéculateur plus ou moins postérieur » à l'époque des *Elzevier*. C'est là une assertion qui ne pouvait tromper Nodier lui-même, car il est évident que le titre est bien authentique.

La date de 1644 exige qu'aucune des pièces comprises dans le volume ne soit d'une année antérieure.

Nous avons constaté la rareté de l'*Illustre Théâtre*, mais nous sommes loin de partager l'engouement que ce petit recueil inspire à certains amateurs. Quelle que soit l'élégance de l'impression, nous ne pouvons dissimuler que le texte en est peu correct; c'est, à nos yeux, moins un livre qu'un objet de simple curiosité.

379. Le Theatre ‖ françois‖par le Sieur‖ Corneille, ‖ auquel sont ‖ representées les principales ‖ & meilleures Pieces ‖ qu'il a faites. ‖ M.DC.LII [1652]. *S. l.*, 2 vol. in-12.

T. Ier (sans tomaison) : titre ; 1 f. pour la table des deux volumes; cinq pièces avec pagination particulière : *Le Cid, Horace, Pompée, le Menteur* et *La Suite du Menteur.* (Voy. les n°s 280, 294, 315 et 320.)

T. IIe (pas de titre ni de feuillet prélim.) : *Theodore, Polyeucte, Cinna, Rodogune* et *Héraclius.* (Voy. les n°s 300, 307, 315, 335 et 341.)

Nous ne connaissons de cette édition qu'un seul exemplaire appartenant à M. Benjamin Fillon, qui a bien voulu nous le communiquer. Le 1er volume avait figuré à la vente Potier, en 1870 (n° 1223), où il avait atteint le prix de 100 fr. Le 2e volume a été découvert plus tard par la librairie Fontaine, qui l'a cédé depuis à M. Fillon. Cette seconde partie n'a pas de titre et ne semble pas en comporter un. Le titre de la 1re partie, n'ayant pas de tomaison, peut être considéré comme un titre général convenant à tout le recueil ; la table qui suit ce titre général contient l'indication des pièces qui composent chaque partie, et le tome second correspond bien à cette description. Ajoutons que le titre de *Théodore* qui précède le second volume porte un nom de libraire qui le distingue des autres titres particuliers du recueil.

Cette édition clandestine a dû être détruite, car les exemplaires en sont de la plus grande rareté. C'est là, il faut le reconnaître, le principal et même l'unique mérite du livre. Les éditions elzéviriennes ont pour elles cette admirable exécution qui séduira longtemps encore les amateurs. Les contrefaçons exécutées dans les provinces de France ne présentent pas le même genre d'intérêt; elles sont le plus souvent fort grossières. Il est néanmoins curieux encore d'en étudier le texte. Peut-être y découvrirait-on, à côté de fautes qu'on ne saurait imputer à Corneille, des variantes prises dans des éditions originales qui se sont perdues.

380. LE || THEATRE || DE || CORNEILLE, || auquel se voyent les plus belles Pieces qu'il || a faites : sçauoir : || Le Cid. || Le Cinna. || Le Polieucte. || Les Horaces. || La Mort de Pompee. || La Rodogune. || L'Heraclius, ou Mort || de Phocas. || Le Menteur. || La Suite du Menteur. || Le Don Sanche. *S. l. n. d.* [*vers* 1655], pet. in-8.

Collation : 2 ff. prélim., 668 pp. pour les neuf premières pièces, plus 10 ff. prélim. et 68 pp. pour *D. Sanche d'Aragon*; caractères italiques.

Ce volume, imprimé dans quelque ville de province, vers 1655 (la première édition de *D. Sanche* étant de 1650), ne contient ni privilége, ni nom de lieu ou de libraire. C'est une contrefaçon que les éditeurs parisiens ont peut-être fait saisir et qui est devenue fort rare. Nous n'en connaissons que trois exemplaires : le premier, incomplet du 1er f., a figuré à la vente Chédeau, en 1865 (n° 678 du catalogue), où il n'a pas dépassé le prix de 100 fr.; il se trouve aujourd'hui à la Bibliothèque nationale (Y 5510. Rés.); le second, incomplet des derniers feuillets du *Menteur*, a été légué par M. Luzarche à la Bibliothèque de l'Arsenal; le troisième, mieux conservé que les précédents, appartient à M. L. Potier.

381. LE || THEATRE || DE P. CORNEILLE, || Reveu & corrigé, & augmenté || de diverses pieces nouvelles. || I. [II. III. et IV.] Partie. || *Suivant la Copie imprimée* || *A Paris.* || CIƆ.IƆC.LXIV [1664]. 4 vol. pet. in-12.

Charmante édition exécutée à Amsterdam par *Abraham Wolfgang*, et justement recherchée, sinon pour le texte lui-même, du moins pour la beauté de l'impression et du papier et pour l'élégance des figures. Cette édition a l'avantage de donner, non pas un choix, mais la suite complète des pièces de Corneille. « Elle est devenue depuis quelques années, dit M. Brunet, un objet d'une très-grande importance auprès des bibliomanes français, et il est fort difficile d'en trouver des exemplaires complets. » Voici la collation de chacun des volumes :

I. Partie : frontispice gravé représentant le buste de Corneille couronné par deux Renommées, avec ce titre : *Le Theatre de P. Corneille;* — portrait de Corneille, sans nom de graveur; — titre avec la devise : *Quærendo;* — 5 ff. pour un avis de l'*Imprimeur au Lecteur* (avis signé A. W.) et la table des pièces de Pierre et de Thomas Corneille; — 1 f. blanc; — 74 pp. pour le *Discours du Poëme dra-*

matique et les *Examens*, et 8 pièces (de *Mélite* à l'*Illusion comique*). Chaque pièce, précédée d'une figure et d'un titre, a une pagination distincte. On en trouvera la collation exacte sous les nᵒˢ 263, 264, 266, 267, 268, 269, 271, 272.

II. Partie : frontispice gravé représentant deux Amours, dont l'un déploie un voile sur lequel on lit : *Le Theatre de P. Corneille,* et l'autre grave des armes sur une pierre ; — titre ; — 92 pp. contenant le *Discours de la Tragédie* et les *Examens* ; — 7 pièces avec fig., titre et pagination séparée, du *Cid* à la *Suite du Menteur* (Voy. les nᵒˢ 284, 296, 302, 310, 316, 321, 326). Il doit se trouver 2 ff. blancs après *Horace.*

III. Partie : frontispice gravé, représentant la Vérité debout sur une boule entourée de rois orientaux; cette figure tient une écharpe sur laquelle on lit : *Le Theatre de P. Corneille* ; — 1 f. pour le titre ; — 68 pp. pour le *Dicours des trois Unitez* et les trois Examens ; — 1 f. blanc ; — 7 pièces, précédées chacune d'une figure et d'un titre, avec pagination séparée. Il doit se trouver un feuillet blanc après *Rodogune.* (Voy. les nᵒˢ 337, 333, 342, 347, 352, 357, 359.)

IV. Partie : 6 ff. prél. comprenant le frontispice gravé, le titre et l'*Avertissement de Sertorius ;* — 4 pièces : *Sertorius* (1664), la *Toison d'or* (1662), *Sophonisbe* (1663), et *Othon* (1665). Chaque pièce a une figure, un titre et une pagination séparée. Il doit se trouver 1 f. blanc après la *Toison d'or.* (Voy. les nᵒˢ 361, 363, 367, 369.) Les signatures ne se suivent pas.

On forme une Vᵉ Partie en réunissant les pièces publiées par Wolfgang, de 1666 à 1676 : *Agesilas* (nᵒ 371), *Attila* (nᵒ 373), *Tite et Bérénice* (nᵒ 374), *Pulchérie* (nᵒ 376 et *Surena* (nᵒ 377).

Les œuvres de Th. Corneille font nécessairement partie de cette édition, puisque la table s'en trouve dans le t. Iᵉʳ des œuvres de son frère. En voici la description :

Les ‖ Tragedies ‖ et ‖ Comedies ‖ de ‖ Th. Corneille, ‖ Reveues et corrigées, et augmentées ‖ de diverses pieces nouvelles. ‖ I. [II. III. IV. et V.] Partie. ‖ *Suivant la copie imprimée* ‖ *A Paris.* ‖ CIƆ IƆC LXV [CIƆ IƆC LXVIII : 1665-1668]. 5 vol. pet. in-12.

I. Partie : 2 ff. pour le frontispice gravé et le titre : *Les Engagements du hazard,* 1662, 2 ff. et 80 pp., sign. A-D ; — *le Feint Astrologue,* 1663, 4 ff. et 87 pp., sign. A-D ; — *D. Bertran de Cigarral,* 1663, fig., 3 ff. et 90 pp., sign. A-D ; — *l'Amour à la mode,* 1663, 3 ff. et 90 pp., sign. A-D ; — *le Berger extravagant,* 1663, 4 ff. et 87 pp., sign. A-D ; — *le Charme de la Voix,* 1662, 1 fig., 3 ff. et 82 pp., sign. A-D.

II. Partie : 2 ff. pour le frontispice gravé et le titre : *Le Geolier de soy mesme,* 1662, 1 fig., 3 ff. et 78 pp., sign. A-D ; — *les Illustres Ennemis,* 1662, 1 fig., 3 ff. et 78 pp., sign. A-D ; — *Bérénice,* 1662, 1 fig., 4 ff. et 76 pp., sign. A-D ; — *Timocrate,* 1662, 1 fig., 5 ff. et 73 pp. sign. A-D ; — *la Mort de l'empereur Commode,* 1662, 1 fig., 1 f. et

70 pp., sign. A-C; — *Darius,* 1662, 1 fig., 4 ff. et 73 pp. et 1 f. blanc sign. A-D.

III. Partie : 2 ff. pour le frontispice gravé et le titre : *Stilicon,* 1662, 1 fig., 4 ff. et 75 pp., sign. A-D; — *le Galand doublé,* 1662, 1 fig., 1 f. et 82 pp., sign. A-D; — *Camma,* 1662, 1 fig., 4 ff., 74 pp. et 1 f. blanc, sign. A-D; *Maximian,* 1662, 1 fig., 4 ff., 74 pp. et 1 f. blanc sign. A.-D. Ces quatre pièces sont les seules qui soient mentionnées au verso du titre de la 3e partie; mais Wolfgang continua son édition à mesure que Th. Corneille fit paraître de nouvelles pièces. Il convient d'ajouter à ce volume : *Pyrrhus, roy d'Epire,* 1666, 2 ff., 79 pp. et 2 ff. blancs, sign. A-D; *Persée et Demetrius,* 1666, 2 ff. et 68 pp., sign. A-C.

IV. Partie, 1676 : 2 ff. pour le frontispice gravé et le titre; *Antiochus,* 1666, 4 ff. et 63 pp., sign. A-C; — *Laodice,* 1668, 3 ff. et 62 pp., sign. A-C; — *le Baron d'Albikrac,* 1670, 106 pp. (y compr. 4 ff. prél.) et 1 f. blanc, sign. A-E; — *la Comtesse d'Orgueil,* 1671, 5 ff. et 105 pp., sign. A-C; — *Théodat,* 1673, 72 pp. (y compris 3 ff. prél.), sign. A-C; — *la Mort d'Annibal,* 1673, 83 pp. (y compris 4 ff. prél.), sign. A-D.

V. Partie, 1678 : 2 ff. pour le titre et la table (il n'y a pas de frontispice gravé); — *Ariane,* 1674, 69 pp. (y compris la fig. et le titre), plus 1 f. blanc, sign. A-C; — *Circé,* 1676, 124 pp. (y compris la fig. et le titre), plus 2 ff. blancs, sign. A-F; — *La Mort d'Achille,* 1676, 67 pp. (y compris la fig. et le titre), plus 2 ff. blancs, sign. A-C; — *Don Cesar d'Avalos,* 1676, 96 pp. (y compris la fig. et le titre), sign. A-D; — *L'Inconnu,* 1678, 115 pp. (y compris la fig. et le titre), plus 2 ff. blancs, sign. D-H; — *Le Comte d'Essex,* 1678, 69 pp. (y compris la fig. et le titre), plus 1 f. blanc, sign. A-C.

Toutes les pièces de Thomas Corneille sont, comme celles de Pierre Corneille, précédées d'une figure. Nous n'avons indiqué spécialement les figures que lorsqu'elles sont tirées sur des feuillets séparés et ne rentrent pas dans les signatures. Les feuillets préliminaires y sont, au contraire, compris, lors même qu'ils restent en dehors de la pagination; c'est pourquoi ils sont souvent en nombre impair.

Vendu, avec les *Tragédies et Comédies* de Th. Corneille, 660 fr., mar. bl. (*Simier*), prince d'Essling, 1846 (n° 136); — 400 fr., même exempl., Giraud, 1855 (n° 1624); — 710 fr., même exempl., Solar, 1860 (n° 1686); — 2,400 fr., mar. br. (*Trautz-Bauzonnet*), Potier, 1870 (n° 1224); — 3,300 fr. mar. br. (*Trautz-Bauzonnet*), Fontaine, 1872 (n° 2645); — 1,200 fr., mar. r. (*Duru*), Fontaine, 1874 (n° 567); — 2,500 fr., mar. bl. (*Duru*), avec diverses pièces ajoutées, Fontaine, 1874 (n° 568); — 4,500 fr., mar. r. doublé de mar. bl. (*Trautz-Bauzonnet*), Quentin Bauchart, 1874 (*Mes Livres,* n° 84); — 1,750 fr. mar. r., doublé de mar. bl. (*Lortic*), Benzon, 1875 (n° 250).

IX. — ÉDITIONS DES OUVRAGES DE PIÉTÉ DE CORNEILLE

PUBLIÉES DE SON VIVANT, MAIS SANS SA PARTICIPATION,
EN FRANCE ET EN HOLLANDE.

I

382. L'IMITATION DE IESVS-CHRIST. Traduite en Vers François, par P. Corneille. *Sur l'imprimé A Paris, Chez Charles de Sercy, au Palais, dans la Salle Dauphine, à la bonne Foy Couronnée.* M.DC.LI [1651]. In-12.

Édition citée par M. Marty-Laveaux, t. XIIe, p. 534.

383. L'IMITATION || DE || IESVS-CHRIST. || Traduite en Vers François, || Par Mr Corneille. || *Iouxte la copie imprimée,* || *A Roüen,* || *Chez Laurens Maurry, prés le Palais.* 1652. || *Auec Priuilege du Roy.* || *Et se véndent A Paris,* || *Chez Charles de Sercy, au Palais, dans la* || *Salle Daupine, à la bonne Foy Couronnée.* Pet. in-8 de 3 ff. et 112 pp.

Collation : titre, avec les insignes de la Passion ; les mots : *Iouxte la copie imprimée* sont habilement dissimulés dans les ornements qui entourent ce fleuron (le titre est imprimé sur 1 f. séparé, non compris dans les signatures) ; — 2 ff. pour l'avis *Au Leceur* [sic] et la première page du texte latin.

Cette contrefaçon, où le texte est imprimé en regard de la traduction, ne contient que les vingt premiers chapitres du Ier livre de l'*Imitation*.

384. L'IMITATION || DE || JESUS-CHRIST. || Traduite en Vers François || Par || P. Corneille. || *A Leyde,* || *Chez Jean Sambix.* || cIɔ.Iɔc.LII [1652]. In-12 de 71 pp. en tout.

Édition imprimée par les *Elzevier* de *Leyde* et qui porte une sphère sur le titre. M. Pieters (*loc. cit.*, p. 202) constate qu'elle est « fort belle et excessivement rare ». Comme la précédente, elle ne contient que les vingt premiers chapitres du livre Ier.

M. Brunet et M. Bérard l'indiquent avec la date de 1653, sous laquelle elle existe aussi (*Catal. Huillard*, 1870, n° 78).

385. L'Imitation de Iesvs Christ, traduite en Vers François, par Pierre Corneille. *Sur l'imprimé A Roüen, & se vend à Paris*, M.DC.LIII [1653]. 2 vol. pet. in-12.

Catalogue d'une vente faite en mai 1875 par M. A. Claudin, n° 13.

386. L'Imitation de Iesvs Christ, traduite en Vers François par P. Corneille. *Iouxte la Copie imprimée A Paris*, M.DC.LIV [-M.DC.LV : 1654-1655]. 3 vol. in-12.

Les mots : *Iouxte la copie imprimée* ne se trouvent que sur les titres des deux premières parties; ils sont dissimulés dans un fleuron. Cf. n°^{s} 276 et 280.

Marty-Laveaux, t. XIIe, p. 535.

387. L'Imitation || de || Iesvs-Christ, || Traduite & Paraphrasée en Vers François. || Par P. Corneille. || Volume premier [Second volume]. || *A Leyde,* || *Chez Iean Sambix.* || M.DC.LVII [1657]. || Avec Privilege & Approbation. 2 vol. in-12.

Volume Premier : titre avec la sphère; — 6 ff. pour l'épistre *Au Souverain Pontife;* — 3 ff. pour l'avis *Au Lecteur;* — 2 ff. pour l'*Approbation des Docteurs* et le commencement du texte latin et français; — 263 pp., contenant les deux premiers livres.

Second Volume : 137 pp. pour le 3° livre (y compris le titre qui porte la sphère); — 407 pp. pour le 4° livre; — 3 ff. blancs.

Dans cette édition, le texte latin est imprimé en regard des vers de Corneille. Malgré la mention faite sur le titre, on ne trouve nulle part le texte du privilège.

La rubrique de *Leyde* cache une contrefaçon française. Les caractères ne sont pas ceux de la Hollande, et l'on ne trouve nulle part, pas même dans les feuillets prélim., les réclames usitées par les imprimeurs hollandais.

388. L'Imitation || de || Jesus-Christ. || Traduite & Paraphrasée en Vers || François. || Par P. Corneille. || Edition nouuelle. || *A Bruxelles.* || *Chez François Foppens, Impri-*

meur || *& Libraire, au S. Esprit.* || M. DC. LVII [1657]. || Avec Approbation des Docteurs, & Privilege du Roy. In-12 de 6 ff. non chiffr., 495 pp. et 4 ff. non chiffr., plus 4 fig.

Au recto du feuillet qui porte la 1re fig. se trouve l'extrait du privilége accordé à *François Foppens* par Philippe IV, pour une durée de dix ans, à la date du 24 décembre 1653.

Les figures sont des réductions en contre-partie des figures de l'édition de 1656 (n° 128).

389. L'IMITATION || DE || IESVS-CHRIST. || Mise en Vers || François, || par || Pierre Corneille. || *A Francheford,* || *Chez Nicollas Hulst, à l'Escu de France.* || M.DC.LVIII [1658]. Pet. in-8 de 6 ff. et 160 pp. (pour les deux premiers livres), 302 pp. et 1 f. blanc (pour les livres III° et IV°).

Les feuillets prélim. comprennent le titre, l'épître *Au Souverain Pontife Alexandre VII*, l'avis *Au Lecteur* et l'*Approbation des Docteurs*.

390. L'IMITATION DE IESVS CHRIST, Traduite & Paraphrasée en Vers François par P. Corneille. *A Leyde,* 1660, in-12.

Édition citée par M. Marty-Laveaux, t. XII°, p. 535 ; c'est probablement une contrefaçon française sous le nom de *Sambix*, comme le n° 387.

391. L'IMITATION || DE || JESUS-CHRIST, || Traduite & Paraphrasée en Vers || François. || Par P. Corneille. || *A Bruxelles,* || *Chez François Foppens, Imprimeur & Li-* || *braire à l'enseigne du S. Esprit.* || M.DC.LXV [1665]. In-12 de 12 ff., 495 pp. et 4 ff. pour la *Table,* plus 4 fig.

Réimpression, page pour page, de l'édition de 1657 (n° 388).

392. L'IMITATION DE JESUS-CHRIST, traduite et paraphrasée en Vers François par P. Corneille. *A Lyon, Chez Jean-Baptiste Deville, ruë Merciere, à la Science,* M.DC.LXXVI [1676]. In-12.

Voy. sur le libraire *Deville* le n° 286.

393. L'IMITATION ‖ DE ‖ JESUS-CHRIST, ‖ Traduite et Paraphrasée ‖ en Vers François ‖ Par Pierre Corneille, Conseiller du Roy. ‖ Edition nouvelle. ‖ *A Bruxelles,* ‖ *Chez François Foppens, Imprimeur &* ‖ *Libraire, au S. Esprit.* ‖ M.DC.LXXXIV [1684]. In-12 de 12 ff., 496 pp. et 4 ff. pour la *Table*, figg.

<blockquote>
Collation des feuillets prélim. : titre imprimé en rouge et en noir, avec une taille-douce représentant la Vierge ; — 7 ff. pour la dédicace ; — 3 ff. pour l'avis *Au Lecteur* et l'*Approbation* ; — 1 f. pour le *Privilége* donné à Foppens par Philippe IV (l'extrait n'est pas daté), au verso duquel se trouve la figure du livre Ier.

Les figures qui précèdent chaque livre sont les mêmes que dans les éditions de *Foppens* déjà citées.
</blockquote>

II

394. LOUANGES ‖ DE LA ‖ SAINTE VIERGE. ‖ Traduites & Paraphrasées en Vers ‖ François. ‖ Par P. Corneille. ‖ *Sur l'Imprimé* ‖ *A Paris,* ‖ *Se vend à Lille.* M.DC.LXV [1665]. In-12 de 3 ff. et 28 pp.

<blockquote>
Collation des feuillets prélim. : titre rouge et noir avec une taille-douce représentant la Vierge ; — 1 f. pour l'avis *Au Lecteur* ; — 1 grande figure tirée sur une feuille séparée et représentant la Vierge et l'Enfant-Jésus, avec cette inscription : *Tota pulchra es Amica mea et macula non est in te.*

Édition sortie des presses de *Fr. Foppens*, à *Bruxelles ;* nous en avons vu un exemplaire chez M. L. Potier.
</blockquote>

X. — ÉDITIONS DES PIÈCES DE THÉATRE DE CORNEILLE

PUBLIÉES DEPUIS SA MORT JUSQU'A NOS JOURS.

I

395. MELITE, Comedie. Par P. Corneille. *Jouxte la Copie imprimée A Paris.* M.DC.LXXXVIII [1688]. Pet. in-12.

Édition citée par M. Marty-Laveaux, t. XIIe, p. 519.

396. MELITE, Comedie. Par P. Corneille. *Suivant la Copie imprimée, A Paris.* M.DC.LXXXVIII [1688]. Pet. in-12 de 84 pp. (y compris 3 ff. prélim., dont le premier est blanc), sign. A-D.

Édition hollandaise, avec réclame à chaque page. (Bibliothèque nationale.)

II

397. CLITANDRE, Comedie. Par P. Corneille. *Jouxte la Copie imprimée A Paris.* M.DC.LXXXIX [1689]. Pet. in-12.

Édition citée par M. Marty-Laveaux, t. XIIe, p. 519.

398. CLITANDRE, Tragedie [sic]. Par P. Corneille. *Suivant la Copie imprimée, A Paris.* M.DC.LXXXIX [1689]. Pet. in-12 de 2 ff. (dont le premier est blanc) et 56 pp., sign. A-C.

Édition hollandaise. (Bibliothèque nationale.)

III

399. LA VEFVE, Comedie. Par P. Corneille. *Jouxte la Copie imprimée A Paris.* M.DC.LXXXIX [1689]. Pet. in-12.

Édition citée par M. Marty-Laveaux, t. XIIe, p. 519.

400. LA VEFVE, Comedie. Par P. Corneille. *Suivant la Copie imprimée, A Paris.* M.DC.LXXXIX [1689]. Pet. in-12 de 2 ff. (dont le premier est blanc), et 68 pp., sign. A-C.

Édition hollandaise. (Bibliothèque nationale.)

IV

401. LA GALERIE DU PALAIS, Comedie. Par P. Corneille. *Jouxte la Copie imprimée A Paris*. M.DC.LXXXIX [1689]. Pet. in-12.
   Édition citée par M. Marty-Laveaux, t. XII*e*, p. 519.

402. LA GALERIE DU PALAIS, Comedie. Par P. Corneille. *Suivant la Copie imprimée. A Paris*. M.DC.LXXXIX [1689]. Pet. in-12 de 2 ff. prélim. (dont le premier est blanc), et 68 pp., sign. A-C.
   Édition hollandaise. (Bibliothèque nationale.)

V

403. LA SUIVANTE, Comedie, par P. Corneille. *Jouxte la Copie imprimée A Paris*. M.DC.LXXXIX [1689]. Pet. in-12.
   Édition citée par M. Marty-Laveaux, t. XII*e*, p. 520.

404. LA SUIVANTE, Comedie, par P. Corneille. *Suivant la Copie imprimée A Paris*. M.DC.LXXXIX [1689]. Pet. in-12 de 2 ff. prél. (dont le premier est blanc) et 67 pp., sign. A-C.
   Édition hollandaise. (Bibliothèque nationale.)

VI

405. LA PLACE ROYALLE, Comedie. Par P. Corneille. *Jouxte la Copie imprimée A Paris*. M.DC.LXXXVIII [1688]. Pet. in-12.
   Édition citée par M. Marty-Laveaux, t. XII*e*, p. 519.

406. LA PLACE ROYALLE, Comedie. Par P. Corneille. *Suivant la Copie imprimée, A Paris*. M.DC.LXXXVIII [1688]. Pet. in-12 de 2 ff. prélim. (dont le premier est blanc) et 56 pp., sign. A-C.
   Édition hollandaise. (Bibliothèque nationale.)

VII

407. MEDÉE. Tragedie. Par P. Corneille. *Jouxte la Copie imprimée A Paris*. M.DC.LXXXIX [1689]. Pet. in-12.
   Édition citée par M. Marty-Laveaux, t. XII*e*, p. 523.

408. MEDÉE, Tragedie, Par P. Corneille. *Suivant la Copie impri-*

mée A Paris. M.DC.LXXXIX [1689]. Pet. in-12 de 2 ff. prélim. (dont le premier est blanc) et 56 pp., sign. A-C.

Édition hollandaise. (Bibliothèque nationale.)

VIII

409. L'Illusion, Comedie. Par P. Corneille. *Jouxte la Copie imprimée, A Paris*. M.DC.LXXXIX [1689]. Pet. in-12.

Édition citée par M. Marty-Laveaux, t. XIIe, p. 523.

410. L'Illusion. Comedie. Par P. Corneille. *Suivant la Copie imprimée, A Paris*. M.DC.LXXXIX [1689]. Pet. in-12 de 2 ff. (dont le premier est blanc) et 68 pp., sign. A-C.

Édition hollandaise. (Bibliothèque nationale.)

IX

411. Le Cid, Tragedie par P. Corneille. *Suivant la Copie imprimée à Paris*. M.DC.LXXXVII [1687]. In-12.

Bibliothèque dramatique de Pont-de-Veyle, 1847, n° 836.

412. Le Cid, Tragedie par P. Corneille. *Suivant la Copie imprimée à Paris*. M.DC.LXXXXII [1692]. Pet. in-12.

Édition hollandaise.

413. Le Cid, Tragedie de Mr. de Corneille. Nouvelle édition revue et corrigée par Monsieur Roussaut. *Paris*, 1747, in-8 de 70 pp.

Malgré la rubrique *Paris*, cette édition a été imprimée en Danemark. Elle fait partie du *Recueil de Pièces choisies du Nouveau Théatre françois et italien;* t. IIe, *Copenhague*, 1749, in-8.

414. Le Cid, Tragédie par P. Corneille. *Paris*, 1764. In-8.

Édition publiée par Lekain, qui en parle ainsi dans ses *Mémoires :* « Avant que M. de Voltaire eût enrichi la littérature française de ses Commentaires sur le théâtre de P. Corneille; avant qu'il eût tracé les règles d'une poétique ainsi mise en action, on était à la Comédie dans l'usage de supprimer la première scène du *Cid*, dans laquelle le spectateur s'instruit par la bouche même de Chimène de son amour pour Rodrigue, et de la passion de ce dernier pour la belle Castillane.

« Cette scène n'existant plus, il était impossible que ce même spectateur prît un intérêt bien vif à la querelle suscitée, un moment après, entre les pères de ces deux amants, par le choix que le roi vient de faire de l'un d'eux pour être le gouverneur de son fils. Par une suite de cette même absurdité, qui a souvent réglé la conduite de quelques innovateurs présomptueux, ils avaient aussi supprimé la première scène du quatrième acte de cette superbe tragédie, et je remarque que cette scène était d'autant plus nécessaire qu'elle prépare d'une manière admirable tout ce que le spectateur doit éprouver de plus flatteur pour Rodrigue et d'intéressant pour Chimène. Selon le récit qu'Elvire y fait à sa maîtresse du combat de Rodrigue contre les Maures, les jours de ce héros sont à l'abri de tout danger et par l'aveu du roi et par l'acclamation générale du peuple.

> Les Maures en fuyant ont emporté son crime....
> Et la main de Rodrigue a fait tous ces miracles....,

dit Chimène.

« Ainsi cette malheureuse amante, en applaudissant d'une voix faible et languissante aux éloges que la nation prodigue à son libérateur, ne peut encore s'empêcher de poursuivre sa mort.

> Reprenons donc aussi ma colère offensée,

dit-elle plus bas.

« Cette situation intéressante et terrible se trouve, à la vérité, presque toujours la même, dans le rôle de Chimène ; mais ce défaut était inévitable dans un sujet aussi simple, aussi peu compliqué que celui du *Cid*, et que le grand Corneille a traité avec tant de génie, d'élévation et de pathétique.

« M. de Voltaire a donc eu la plus grande raison de s'élever contre l'ineptie de ceux qui avaient retranché l'exposition de cette tragédie sans réfléchir qu'ils en altéraient la marche et l'intérêt. C'est sur la sagesse des réflexions de M. de Voltaire que je me suis déterminé à faire rétablir ces deux scènes, non-seulement au théâtre de Paris, mais encore dans la nouvelle édition du *Cid* que je me propose de donner.

« Elle servira de guide aux comédiens de province, qui saisissent avec plus de facilité les fautes de leurs modèles qu'ils n'ont d'aptitude pour en saisir les traits caractéristiques. » (*Mémoires de Lekain, précédés de Réflexions sur cet acteur et sur l'art théâtral, par F. Talma;* Paris, Ponthieu, 1825, in-8, pp. 13-16.)

Par une singulière inconséquence, on lit à la suite de cette dissertation, destinée à faire respecter le texte des anciens auteurs, un chapitre intitulé : *Réflexions grammaticales respectueusement hasardées sur quelques endroits de la tragédie du Cid*, dans lequel Lekain ne craint pas de proposer un certain nombre de leçons de sa façon, destinées à remplacer des vers de Corneille qu'il trouve faibles ou écrits au mépris des règles de la grammaire. Ces substitutions sont pitoyables. Ceci prouve qu'un grand acteur peut être souvent un détestable critique.

415. LE CID, tragédie, par P. Corneille. *A Paris, Chez Fagès,* 1801. In-8.

416. LE CID, tragédie en cinq actes et en vers de Pierre Corneille. *A Paris, chez Fages, [impr. Cussac],* 1816. In-8 de 40 pp.

417. LE CID, tragédie de P. Corneille, représentée sur le Théâtre de l'Hôtel de Bourgogne vers la fin de l'année 1636. Nouvelle édition, conforme à la représentation. *A Paris, Chez Barba et chez Hubert, [imprim. Fain].* 1817. In-8 de 56 pp.

418. Le Cid, tragédie en cinq actes et en vers, de Pierre Corneille, représentée sur le Théâtre-Français en 1663. *A Paris, chez Fagés, [impr. Everat]*, 1821. In-12.

419. Le Cid, tragédie en cinq actes par P. Corneille, *Leipzig, Leo*, 1825. In-8. (4 gr.)
Choix du Théâtre français à l'usage des Écoles, t. IIe.

420. Le Cid, tragédie en 5 actes, par P. Corneille, 1636. *Berlin, Schlesinger*, 1834. Gr. in-8.
Nouvelle édition, 1841.

421. Le Cid, tragédie par Pierre Corneille. *Ulm*, 1636. Gr. in-12.
Melpomene, eine Auswahl der vorzüglichsten französischen Trauerspiele in Versen, mit Anmerkungen von Georg Kissling.

422. Le Cid, tragédie en cinq actes de P. Corneille représentée pour la première fois sur le Théâtre de l'Hôtel de Bourgogne en 1636. *Paris, Marchand, [impr. Dondey-Dupré]*, 1839. In-8.

423. Le Cid, tragédie par P. Corneille, édition classique. *Paris, Delalain*, 1840. In-18.

424. Le Cid, tragédie en cinq actes par P. Corneille. *Paris, Hachette, [impr. Panckoucke]*, 1841. In-18.

425. Le Cid, tragédie en cinq actes par P. Corneille. *Paris, Locquin*, 1841. In-18.

426. Le Cid, tragédie par P. Corneille, *A Paris, chez Mme veuve Maire-Nyon, quai Conti, n. 13, [impr. de Vve Dondey-Dupré]*, 1841. In-18.

427. Le Cid, tragédie par P. Corneille, avec des notes et des commentaires par l'Académie Française, Voltaire, Laharpe, etc. *Paris, Dezobry et E. Magdeleine, [impr. Desrez]*, 1841. In-18.

428. Le Cid, tragédie en cinq actes de P. Corneille. *A Paris, chez Prevot, rue Bourbon-Villeneuve, n. 61, [impr. Vassal]*, 1842. In-8.

429. Le Cid, tragédie par P. Corneille. Édition classique avec notices littéraires et remarques, par N.-A. Dubois, professeur de l'Université, auteur de plusieurs ouvrages classiques. *Paris*,

J. *Delalain*, *rue des Mathurins Saint-Jacques*, 1842. In-12 (0 fr. 50).

430. LE CID, tragédie en cinq actes, par P. Corneille. *Paris, L. Hachette, [impr. Panckoucke]*. 1843. In-12 (0 fr. 35).

431. LE CID, tragédie en cinq actes par Pierre Corneille. 2ᵉ édition. *Leipzig, H. Fritsche*, 1846. In-8 de 92 pp.

432. LE CID, tragédie en cinq actes par Pierre Corneille. 3ᵉ édition. *Leipzig, H. Fritsche*, 1847. In-8 de 78 pp.

433. LE CID, tragédie par P. Corneillle. *Bielefeld*, 1847. In-32.
Théâtre français, publié par C. Schütz.

434. LE CID, tragédie de P. Corneille, annotée par Géruzez. *Paris, Hachette, [impr. Crapelet]*, 1848. In-18 (0 fr. 60).

435. CORNEILLE. — LE CID, annoté par A. Dubois. *Paris, Delalain*, 1850. In-12 (0 fr. 50).
Nouvelle Bibliothèque française des aspirants au baccalauréat ès lettres, publiée par M. Émile Lefranc.

436. LE CID, tragédie, par P. Corneille. *Paris, Gustave Barba*, 1851. In-4 de 16 pp. à 2 col.
Panthéon populaire illustré.

437. LE CID, tragédie par Pierre Corneille. Édition classique avec introduction et notes par M. A. Dubois, ancien professeur de l'Université. *Paris, Delalain*, 1852. In-18.

438. LE CID, tragédie, par P. Corneille. *Leipzig*, 1854. In-12.
Élite des Classiques français.

439. LE CID, tragédie, précédé de la vie de P. Corneille, avec commentaires, par O. Fiebig et St. Leportier. *Leipzig*, 1854. In-12.
Chefs-d'œuvre des Classiques français.

440. LE CID, tragédie par P. Corneille. *Leipzig*, 1855. In-12.
Bibliotek gediegener und interessanter französischen Werke.

441. LE CID, tragédie par Pierre Corneille, accompagnée de notes critiques et littéraires par G. H. F. de Castres. *Leipzig, Wengler*, 1857. Gr. in-16 de 159 pp.

442. Le Cid, tragédie de Pierre Corneille. *Paris, imprimerie et librairie J. Delalain,* 1859. In-24 de 72 pp.

443. Le Cid, tragédie, par P. Corneille. Édition classique avec introduction et notes, par M. A. Dubois, ancien professeur de l'Université. *Paris, imprimerie et librairie J. Delalain,* 1859. In-18 de 96 pp. (0 fr., 35).

444. Le Cid, tragédie en cinq actes; par P. Corneille, avec des notes et des commentaires. *Paris, Lecoffre et Cie,* [*impr. Raçon et Cie*], 1861. In-18 de 114 pp.

445. Le Cid, tragédie de P. Corneille, annotée par É. Géruzez, *Paris, L. Hachette et Cie,* [*impr. Lahure*], 1862. In-18 de 131 pp. (0 fr. 35.)

446. Le Cid, tragédie par Corneille. Édition classique accompagnée de notes et remarques littéraires, grammaticales et historiques par M. A. Dubois. *Paris, J. Delalain,* 1862. In-12 de xii-83 pp. (0 fr. 50).

447. Le Cid, tragédie par Corneille. Édition classique avec introduction et notes, par M. A. Dubois. *Paris, Delalain,* 1863. In-18 de vi et 81 pp.

448. Le Cid, tragédie par Corneille. Nouvelle édition, avec notes historiques, grammaticales et littéraires, précédées d'appréciations littéraires et analytiques empruntées aux meilleurs critiques, par M. Jonette, professeur agrégé. *Paris, Belin,* [*impr. de Belin à Saint-Cloud*], 1863. In-12 de 108 pp.

449. Le Cid, tragédie en cinq actes, par P. Corneille. Édition classique avec notes historiques, grammaticales, littéraires et analytiques, empruntées aux meilleurs critiques, par M. F. Jonette. *Paris, Belin,* 1865. In-8.

450. Le Cid, tragédie par P. Corneille. *Leipzig,* 1865. In-12.

Collection d'auteurs français,

451. Le Cid, tragédie; par Corneille. Édition classique accompagnée de notes et remarques littéraires, grammaticales et historiques, par N.-A. Dubois *Paris, Jules Delalain et fils,* 1867. In-12 de viii et 87 pp. (0 fr. 50).

452. Le Cid, tragédie en cinq actes par P. Corneille avec des notes et des commentaires. *Paris et Lyon, Lecoffre et fils, [impr. Jacob à Orléans]*, 1867. In-18 de 112 pp.

453. Le Cid, tragédie par P. Corneille. *Paris, Jules Delalain et fils*, 1868. In-18 de 72 pp. (0 fr. 30).

454. Le Cid, tragédie de Pierre Corneille annotée par E. Géruzez, agrégé de la Faculté des lettres de Paris. *Paris, L. Hachette et C°, [impr. Lahure]*, 1869. In-18 de 131 pp.

455. Le Cid, tragédie par Corneille. *Paris, Delalain*, 1870. In-18 de 72 pp. (0 fr. 30).

456. Le Cid, tragédie, par P. Corneille. Édition classique, avec Notice littéraire et Remarques, par N.-A. Dubois, *Paris, Jules Delalain et Cie*, 1872. In-18 de viii et 108 pp.

457. Le Cid, tragédie en 5 actes par Corneille. *Altenburg, H.-A. Pierer*, 1872. In-8 de 94 pp.

<small>Collection d'auteurs français. Sammlung französischer Schriftsteller für den Schul-und Privatgebrauch, herausgegeben und mit Anmerkungen versehen von Dr. G. van Muyden und Oberlehr. Ludw. Rudolph. 2. Serie, n° 1.</small>

458. Le Cid, tragédie en cinq actes; par Corneille. Illustré par Pauquet. *Paris, Barba, [impr. Parent]*, 1872. In-4 de 16 pp. à 2 col.

459. Le Cid, tragédie en cinq actes; par Corneille. Avec notes et commentaires. Nouvelle édition publiée par Ad. Rion. *A Paris, chez tous les libraires, [impr. Viéville et Capiomont]*, 1874. In-12 de 63 pp.

<small>Les bons livres.</small>

460. Le Cid, tragédie de P. Corneille annotée par E. Géruzez. *Paris, Hachette, [impr. Lahure]*, 1874. In-18 de 131 pp. (0 fr. 40).

461. Le Cid, heroisk Drama af Pierre Corneille. Med Anmærkninger ved Chr. Sick. *Kjöbenhavn*, 1874. In-8 de 2 ff. et 87 pp.

<small>Édition du texte original publiée en Danemark, avec notes par Chr. Sick.</small>

X

462. Horace, Tragédie Par P. Corneille. *Suivant la Copie imprimée A Paris.* M.DC.LXXXXII [1692]. Pet. in-12.

<small>Édition hollandaise.</small>

463. Les Horaces, tragédie de P. Corneille. *A Paris, chez Fagès, boulevart Saint-Martin, n° 29, [impr. Froullé],* 1811. In-8 de 48 pp.

<small>Tiré à 1,000 exemplaires.
Le titre de la pièce est proprement *Horace* et non *les Horaces;* cependant Corneille emploie lui-même cette forme dans l'avis *Au Lecteur* de *Sophonisbe.*</small>

464. Les Horaces, tragédie de P. Corneille; représentée sur le théâtre de l'hôtel de Bourgogne, par la troupe royale, au commencement de l'année 1639. Nouvelle édition, conforme à la représentation. *A Paris, chez Barba, [impr. Fain],* 1817. In-8 de 64 pp.

465. Les Horaces, tragédie en cinq actes et en vers. Par Pierre Corneille, représentée sur le Théâtre-Français en 1639. *Paris, Bezon, [impr. Coniam],* 1825. In-8.

466. Horace, tragédie de Corneille, représentée pour la première fois en 1639. Nouvelle édition conforme à la représentation. *Paris, Prévôt, [impr. de M*^{me} *Poussin],* 1839. In-32.

467. Les Horaces, tragédie en cinq actes de P. Corneille, représentée pour la première fois sur le théâtre de l'hôtel de Bourgogne, par la troupe Royale, au commencement de l'année 1639. *Paris, Marchant [impr. Dondey-Dupré],* 1840. In-8.

468. Horace, tragédie en cinq actes de P. Corneille. Édition classique. *Paris, Locquin,* 1841. In-18.

469. Horace, tragédie en cinq actes de P. Corneille. *Paris, L. Hachette [impr. Panckoucke],* 1841. In-18.

470. Horace, tragédie en cinq actes par P. Corneille, Édition classique avec notice littéraire et remarques par N.-A. Dubois. *Paris, Delalain,* 1841. In-18.

471. HORACE, tragédie de P. Corneille, avec des commentaires et des notes par Voltaire, Laharpe, *Paris, Dezobry et E. Magdeleine*, [*impr. Desrez*], 1841. In-18.

472. HORACE, tragédie en cinq actes et en vers, par P. Corneille. *Berlin, Schlesinger'sche Buchhandlung*, 1842. Gr. in-8 de 52 pp. (15 gr.)

Répertoire du Théâtre français, à Berlin, 2ᵉ série, n° 15 A.

473. HORACE, tragédie en cinq actes; par P. Corneille. *Paris, Hachette*, [*impr. Panckoucke*], 1843. In-18 (0 fr. 25).

474. HORACE, tragédie en cinq actes de Pierre Corneille, 1639. — *Paris, Piaud*, [*impr. Baudouin*], 1844. In-18.

475. HORACE, tragédie en cinq actes par Pierre Corneille. Édition revue à l'usage des écoles. *Leipsic, H. Fritsche*, 1846, in-8.

Choix du Théâtre français à l'usage des écoles.

476. HORACE, tragédie de P. Corneille, annotée par M. Géruzez. *Paris, Hachette*, 1848. In-18.

477. LES HORACES, tragédie en cinq actes de P. Corneille, représentée pour la première fois sur le théâtre de l'hôtel de Bourgogne par la troupe royale en 1639. *Paris, Michel Lévy frères*, [*impr. Arbieu à Poissy*], 1850. In-18.

478. HORACE, tragédie, par P. Corneille. *Paris, Gustave Barba*. In-4 de 16 pp. à 2 col.

Panthéon populaire illustré.

479. HORACE, tragédie par Pierre Corneille, édition classique avec introduction et notes par N.-A. Dubois, ancien professeur de l'Université. *Paris, Delalain*, 1852. In-18.

480. HORACE, tragédie en cinq actes, par P. Corneille. Avec des notes et des commentaires. *Paris, J. Lecoffre*, [*impr. F. Didot*], 1853. In-18.

481. HORACE, tragédie en cinq actes, par P. Corneille, avec des Notes et des Commentaires. *Paris, Lecoffre*, 1853. In-18.

482. HORACE, tragédie par P. Corneille. *Leipzig*, 1855. In-8.

Chefs-d'œuvre des Classiques français, avec commentaires par O. Fiebig et St. Leportier.

483. Horace, tragédie en cinq actes par Pierre Corneille. Edition revue à l'usage des écoles, avec l'Extrait de Tite-Live. *Leipsic, H. Fritsche,* 1855. In-8 de 76 pp.

<small>*Choix du théâtre français, à l'usage des écoles.* Nouvelle édition.</small>

484. Horace, tragédie en cinq actes, de P. Corneille. Édition classique. *Paris, Ve Maire-Nyon, [impr. Morris],* 1856. In-18.

485. Horace, tragédie par Pierre Corneille édition classique avec introduction et notes par N.-A. Dubois, ancien professeur. *Paris, Delalain,* 1856. In-18.

486. Horace, tragédie, par P. Corneille. Édition classique avec introduction et notes par N.-A. Dubois, ancien professeur. *Paris, Delalain,* 1861. In-18 de viii et 78 pp. (0. fr. 35).

487. Horace, tragédie de Corneille. *Paris, Delalain,* 1861. In-18 de 62 pp. (0 fr. 30).

488. Horace, eine Tragödie von P. Corneille in trilogischer Composition herausgegeben von Dr Hermann Doergens. *Köln und Neuss, Schwamm,* 1861. Gr. in-8.

<small>Texte français avec introduction et appendice en allemand.</small>

489. Horace, tragédie en cinq actes; par P. Corneille; avec des notes et des commentaires. *Paris, Lecoffre et Cie, [impr. Raçon],* 1862. In-18 de 98 pages.

490. Horace, tragédie par Corneille. Édition classique accompagnée de remarques littéraires, grammaticales et historiques, par A. Dubois, ancien professeur, *Paris, Delalain,* 1863. In-12 de viii et 75 pp. (0 fr. 50).

491. Horace, tragédie de Pierre Corneille. Édition classique avec introduction et notes par N.-A. Dubois. *Paris, Jules Delalain et fils,* 1867. In-18 de viii et 78 pp. (0 fr. 60).

492. Horace, tragédie par Corneille. Édition classique accompagnée de remarques littéraires, grammaticales et historiques, par N.-A. Dubois. *Paris, Jules Delalain et fils,* 1867. In-12 de xii et 72 pp. (0 fr. 50).

493. Horace, tragédie de P. Corneille annotée par E. Géruzez.

Paris, L. Hachette, [impr. Bourdier], 1868. In-18 de 103 pp. (0 fr. 40).

494. Horace, tragédie par Corneille. *Paris, Jules Delalain et fils,* 1869. In-18 de 63 pp. (0 fr. 30).

495. Horace, tragédie de P. Corneille. *Paris, Delalain,* 1869. In-18 de 66 pp. (0 fr. 30).

496. Horace, tragédie de P. Corneille, annotée par E. Géruzez. *Paris, Hachette, [impr. Bourdier et Cie],* 1869. In-18 de 103 pp. (0 fr. 40).

497. Horace, tragédie par P. Corneille. Édition classique avec introduction et notes par N.-A. Dubois. *Paris, Delalain,* 1870. In-18 de viii et 78 pp. (0 fr. 35.)

498. Horace, tragédie de P. Corneille. *Paris, Jules Delalain et fils,* 1873. In-18 de 64 pp. (0 fr. 30).

499. Horace, tragédie en cinq actes par Corneille, avec notes et commentaires par Ad. Rion. *A Paris, chez tous les libraires, [impr. Lahure],* 1874. In-16 de 63 pp.

<small>Les bons livres.</small>

500. Horace, tragédie en cinq actes par Corneille, avec des notes et des commentaires. *Paris, Lecoffre, [impr. Aureau et Cie à Lagny],* 1874. In-18 de 100 pp.

501. Horace, tragédie de P. Corneille, annotée par E. Géruzez. *Paris, Hachette [impr. Viéville et Capiomont],* 1874. In-18 de 103 pp. (0 fr. 60).

XI

502. Cinna, ou la Clémence d'Auguste, Tragedie, Par P. Corneille. *Suivant la Copie imprimée A Paris,* M.DC.LXXXX [1690]. In-12.

<small>Édition hollandaise.</small>

503. Cinna, ou la Clémence d'Auguste, tragédie, par P. Corneille. *A Paris, par la Compagnie des libraires,* 1786. In-8.

504. Cinna, ou la Clémence d'Auguste, tragédie de P. Corneille. *Paris, Froullé,* 1811. In-8 de 48 pp.

<small>Tiré à 1000 exemplaires.</small>

505. Cinna, ou la clémence d'Auguste, tragédie en cinq actes et en vers de P. Corneille (1639). *A Paris, chez Fagès, [impr. Cussac]*, 1816. In-8 de 48 pp.

506. Cinna, ou la Clémence d'Auguste, tragédie de P. Corneille (1639). Nouvelle édition, conforme à la représentation. *A Paris, chez Barba et chez Hubert, [impr. Fain]*, 1817. In-8 de 60 pp.

507. Cinna, tragédie par P. Corneille. *Paris, Achille Desange, rue Jacob, n° 5, [impr. Fournier]*, 1826. In-32.

Répertoire populaire du Théâtre-Français.

508. Cinna, ou la Clémence d'Auguste, tragédie en cinq actes et en vers de P. Corneille représentée sur le Théâtre-Français en 1639. *A Paris, chez Bezon, boulevard Saint-Martin, n° 29, [impr. Daumont à Versailles]*, 1826. In-8.

509. Cinna, ou la Clémence d'Auguste, tragédie en cinq actes et en vers de Corneille. *Paris et Strasbourg, Levrault, [impr. Levrault à Strasbourg]*, 1827. In-18 (0 fr. 50).

510. Cinna, tragédie en 5 actes par P. Corneille. *Berlin, Schlesinger*, 1837. Gr. in-8.

Répertoire du Théâtre-Français, à Berlin.

511. Cinna, ou la Clémence d'Auguste, tragédie en cinq actes de Corneille représentée pour la première fois sur le Théâtre de l'Hôtel de Bourgogne en 1639. *Paris, Dondey-Dupré*, 1839. In-8.

512. Cinna, ou la Clémence d'Auguste, tragédie de P. Corneille avec des commentaires. *Paris, Dezobry et Magdeleine, rue des Maçons Sorbonne, n° 1, [impr. Desrez à Batignolles]*, 1841. In-18.

513. Cinna, ou la Clémence d'Auguste, tragédie en cinq actes par P. Corneille. *Paris, Hachette, [impr. Panckoucke]*, 1841. In-18.

514. Cinna, tragédie en cinq actes, de P. Corneille. Édition classique. *Paris, Locquin, rue Notre-Dame-des-Victoires, n° 16*, 1841. In-18.

515. Cinna, tragédie, par P. Corneille. Édition classique, avec notes et remarques, par A. Mottet. *Paris, Delalain*, 1841. In-18.

516. Cinna, tragédie en cinq actes et en vers de Pierre Corneille. *Paris, Piaud, rue Beauregard, 30, [impr. Baudouin]*, 1844. In-18.

517. Cinna, ou la Clémence d'Auguste, tragédie en cinq actes, par P. Corneille. *Paris, Hachette, [impr. Panckoucke]*, 1847. In-18.

518. Cinna, tragédie par Pierre Corneille. Édition classique, avec introduction et notes par A. Mottet, de l'ancienne École normale. *Paris, Delalain*, 1852. In-18.

519. Horace, tragédie par P. Corneille. *Bielefeld, C. Schütz*, 1852. In-32.

Théâtre français, publié par C. Schütz.

520. Cinna, ou la Clémence d'Auguste, tragédie en cinq actes, par P. Corneille, avec des notes et commentaires. *Paris, J. Lecoffre, [impr. F. Didot]*, 1853. In-18.

521. Cinna, tragédie en cinq actes de P. Corneille. Édition classique. *Paris, V° Maire-Nyon, [impr. Morris]*, 1856. In-18.

522. Cinna, tragédie par P. Corneille. Édition classique avec introduction et notes par A. Mottet. *Paris, Delalain*, 1857. In-18 de 90 pp.

523. Cinna, ou la Clémence d'Auguste, tragédie en cinq actes, par P. Corneille, avec des notes et des commentaires. *Paris, Lecoffre, [impr. Raçon]*, 1859. In-18 de 95 pp.

524. Cinna, tragédie de Pierre Corneille. *Paris, Delalain*, 1859. In-24 de 69 pp. (0 fr. 30).

525. Cinna, tragédie par Corneille. Édition classique accompagnée de notes et remarques littéraires, grammaticales et historiques, par A. Mottet. *Paris, Delalain*, 1859. In-12 de 80 pp.

526. Cinna, tragédie, par P. Corneille. Édition classique, avec introduction et notes par N.-A. Dubois, ancien professeur. *Paris, J. Delalain*, 1861. In-18 de viii et 78 pp. (0 fr. 35).

527. Cinna, tragédie, par P. Corneille. Édition classique avec introduction et notes par A. Mottet de l'ancienne École normale. *Paris, Delalain,* 1861. In-18 de 62 pp. (0 fr. 35).

528. Cinna, tragédie par P. Corneille, avec les variantes de la première édition et des notes explicatives par A.-G. Lunden. *Stolp,* 1861. In-12.

<small>Anthologie de la littérature française à l'usage des classes supérieures.</small>

529. Cinna, ou la Clémence d'Auguste, tragédie de P. Corneille, annotée par M. Géruzez, professeur agrégé à la Faculté des lettres de Paris. *Paris, L. Hachette et Cie, [impr. Lahure],* 1862. In-18 de 96 pp.

<small>Quoique portant la date de 1862, cette édition a été publiée en 1861.</small>

530. Cinna, tragédie par P. Corneille. Édition classique avec introduction et notes par A. Mottet. *Paris, Delalain,* 1863. In-18, de viii et 80 pp.

531. Cinna, tragédie, par P. Corneille. *Leipzig,* 1865. In-12.

<small>Chefs-d'œuvre des Classiques français, avec commentaires, par O. Fiebig et St. Leportier.</small>

532. Cinna, tragédie par P. Corneille. Édition classique avec introduction et notes par A. Mottet. *Paris, Jules Delalain et fils,* 1867. In-18 de viii et 80 pp. (0 fr. 35).

533. Cinna, tragédie de Corneille. Édition classique accompagnée de notes et remarques littéraires, grammaticales et historiques, par A. Mottet. *Paris, Jules Delalain et fils,* 1867. In-12 de viii et 66 pp. (0 fr. 50).

534. Cinna, ou la Clémence d'Auguste, tragédie par Pierre Corneille. *Paris, Jules Delalain et fils,* 1868. In-18 de 62 pp. (0 fr. 35).

535. Cinna, tragédie, par P. Corneille.

<small>Clarendon Press Series. French Classics. A Selection of Plays by Corneille, Moliere and Racine, edited with English Notes by Gustave Masson B. A. Univ. Gallic. (Oxford, at the Clarendon Press, 1868, in-12), t. Ier.</small>

536. Cinna, tragédie, par Corneille. *Paris, Jules Delalain et fils,* 1869. In-18 de 64 pp. (0 fr. 30).

537. Cinna, tragédie, par Corneille. Édition classique accompagnée

de notes et remarques littéraires, grammaticales et historiques, par A. Mottet. *Paris, Delalain,* 1869. In-12 de vi-66 pp. (0 fr. 50).

538. CINNA, OU LA CLÉMENCE D'AUGUSTE, tragédie en cinq actes, par P. Corneille. Avec des notes et des commentaires. *Paris, Lecoffre,* [*impr. Varigault, à Lagny*], 1869. In-18 de 95 pp.

XII

539. POLYEUCTE MARTYR, tragédie par P. Corneille. *Suivant la copie imprimée A Paris.* M.DC.LXXXXII [1692]. Pet. in-12.

Édition hollandaise.

540. POLYEUCTE MARTYR, tragédie par P. Corneille. *Suivant la Copie imprimée A Paris.* M.DCC.III [1703]. In-12.

Édition hollandaise. Bibliothèque dramatique de *Pont-de-Veyle*, 1847, n° 837.

541. POLYEUCTE MARTYR, tragédie, par P. Corneille. *A Paris, aux dépens de la Compagnie,* 1764. In-8.

542. POLYEUCTE MARTYR, tragédie, par P. Corneille. *A Genève, Chez Pellet et fils,* 1767. In-8.

543. TRAITÉ DE L'ARRANGEMENT DES MOTS, traduit du grec de Denys d'Halicarnasse, avec des Réflexions sur la Langue Françoise, comparée avec la Langue Grecque; et la tragédie de Polyeucte, de P. Corneille, avec des Remarques; par l'Abbé Batteux, des Académies Françoise et des Belles-Lettres, pour servir de suite à ses Principes de Littérature. *A Paris, Chez Nyon l'aîné et Fils,* 1788. In-12.

La tragédie de Corneille occupe les pp. 329 à 424.

544. THÉATRE CLASSIQUE, ou Esther, Athalie, Polyeucte et le Misanthrope commentés par F. Roger. *Paris, Migneret,* 1807. In-8.

545. POLYEUCTE MARTYR, tragédie chrétienne de P. Corneille, représentée sur le théâtre de l'hôtel de Bourgogne, par la troupe royale, en 1640. Nouvelle édition, conforme à la représentation. *A Paris, chez Barba,* [*impr. Fain*], 1818. In-8 de 68 pp. (1 fr. 50).

546. La Religion, poëme en quatre chants, par L. Racine. Édition suivie d'Esther et d'Athalie par J. Racine père, et de Polyeucte par Corneille. *Paris, A. Delalain,* 1819. In-18 (1 fr. 25).

<small>Autres éditions du même recueil : *Lyon, Perisse frères, et Paris, Méquignon junior,* 1824, in-12 ; — *Paris, Maire-Nyon,* 1828, in-18 (1 fr. 80) ; — *Paris, madame Dabo-Butschert,* 1828, in-18 (1 fr. 50) ; — *Paris, Lecoffre,* 1854, in-18, etc.</small>

547. Théatre classique, contenant Esther et Athalie, par Racine père ; Polyeucte, par P. Corneille, et Mérope, par Voltaire. Nouvelle édition. *Paris, Delalain,* 1821. In-18.

548. Polyeucte martyr, tragédie chrétienne en cinq actes, de P. Corneille. *Paris, imprimerie de Guiraudet,* 1822. In-18.

549. Polyeucte martyr, tragédie chrétienne en cinq actes, de P. Corneille. *Paris et Strasbourg, Levrault,* 1822. In-18.

550. Théatre classique contenant Esther, Athalie, Polyeucte et Mérope. Ouvrage adopté par le Conseil royal de l'Instruction publique. Seconde édition. *Paris, Aumont et veuve Nyon,* 1822. In-18.

551. Polyeucte martyr, tragédie en cinq actes, par Pierre Corneille. Nouvelle édition revue et corrigée avec soin. *Paris, Auguste Delalain,* 1825. In-18.

552. Polyeucte martyr, tragédie chrétienne en cinq actes, par P. Corneille. *Paris, A. Desauges, rue Jacob, n° 5, et Baudouin frères, [impr. Fournier|,* 1826. In-32.

553. Polyeucte martyr, tragédie chrétienne en cinq actes de P. Corneille. *Paris et Strasbourg, Levrault,* 1828. In-18.

<small>C'est l'édition de 1822 avec un nouveau titre.</small>

554. Théatre classique, contenant Athalie et Esther par Racine, Polyeucte par Corneille, le Mysanthrope [sic] par Molière. Ouvrage approuvé par l'Université. *Paris, Aug. Delalain,* 1831. In-18.

<small>Chaque pièce est paginée à part.</small>

555. Polyeucte martyr, tragédie chrétienne, par P. Corneille. *Paris, Locquin,* 1841. In-18.

556. Polyeucte, tragédie, par P. Corneille. Édition classique, avec des notes par M. Naudin. *Paris, Delalain,* 1841. In-18.

557. POLYEUCTE MARTYR, tragédie chrétienne, par P. Corneille. *Paris, Hachette, [impr. Panckoucke]*, 1841. In-18.

558. POLYEUCTE MARTYR, tragédie chrétienne, par P. Corneille, avec des commentaires et des notes par Voltaire et Laharpe. *Paris, Dezobry et Magdeleine, [impr. Desrez]*, 1841. In-18.

559. POLYEUCTE MARTYR, tragédie chrétienne en cinq actes, par P. Corneille, représentée pour la première fois à Paris sur le Théâtre de l'Hôtel de Bourgogne par la troupe Royale en 1640. *Paris, Marchant, [impr. Dondey-Dupré]*, 1844. In-8.

Fait partie du *Magasin théâtral*.

560. THÉATRE CLASSIQUE. *A Lyon et à Paris, chez Perisse, [impr. Perisse, à Lyon]*, 1844. In-18.

Ce volume contient *Esther, Athalie* et *Polyeucte*.

561. POLYEUCTE, tragédie, par P. Corneille. *Berlin, Schlesinger*, 1844. Gr. in-8.

Répertoire du Théâtre français à Berlin, 2ᵉ série, n° 40.

562. POLYEUCTE, tragédie en cinq actes et en vers, par P. Corneille. *Paris, Berlandier, rue Chilpéric, n° 4, [impr. Huizelin, à Nancy]*, 1846. In-8.

563. POLYEUCTE, MARTYR, tragédie chrétienne, par P. Corneille, avec le commentaire de Voltaire, un choix de notes de divers auteurs, et un commentaire nouveau par M. Walras (acte Iᵉʳ). *Caen, Hardel*, 1847. In-8.

564. POLYEUCTE, tragédie par P. Corneille. Édition classique avec notice et remarques par A. Naudin. *Paris, Delalain*, 1847. In-8.

565. POLYEUCTE MARTYR, tragédie chrétienne, par P. Corneille. *Paris, Hachette, [impr. Panckoucke]*, 1847. In-18.

566. POLYEUCTE MARTYR, tragédie chrétienne par Pierre Corneille, avec des notes et des commentaires. *Paris, Lecoffre, [impr. F. Didot]*, 1848. In-18.

567. POLYEUCTE MARTYR, tragédie de P. Corneille, annotée par M. Géruzez. *Paris, Hachette, [impr. Crapelet]*, 1848. In-18.

568. Polyeucte martyr, tragédie chrétienne en cinq actes de P. Corneille; représentée pour la première fois sur le Théâtre de l'Hôtel de Bourgogne, en 1640. *Paris, Michel Lévy frères, [impr. Arbieu, à Poissy]*, 1850. In-18 angl.

569. Polyeucte martyr, tragédie chrétienne, par Pierre Corneille. *Paris, J. Lecoffre, [impr. F. Didot]*, 1850. In-18.

570. Polyeucte, tragédie, par Corneille. Édition classique avec notice et remarques, par A. Naudin. *Paris, Delalain*, 1852. In-18 de 90 pp. (0 fr. 40).

571. Polyeucte, tragédie, par P. Corneille. *Paris, Delalain*, 1852. In-18 de 84 pp. (0 fr. 30).

572. Polyeucte martyr, tragédie chrétienne, par P. Corneille. Avec des notes et des commentaires. *Paris, J. Lecoffre, [impr. F. Didot]*, 1853. In-18.

573. Polyeucte, tragédie, par P. Corneille. *Bielefeld*, 1853. In-32.
Théâtre français, publié par C. Schütz.

574. Polyeucte, tragédie, par P. Corneille. Édition classique, avec notice et remarques, par A. Naudin. *Paris, J. Delalain*, 1855. In-18. (0 fr. 40).

575. Polyeucte martyr, tragédie chrétienne, par Pierre Corneille, avec des notes et des commentaires. *Paris, J. Lecoffre et Cie, [impr. Raçon]*, 1857. In-18 de 87 pp.

576. Polyeucte martyr, tragédie chrétienne, par P. Corneille. *Paris, Hachette, [impr. Bourdier et Cie]*, 1858. In-18 de 72 pp.

577. Polyeucte, tragédie, par Corneille. Édition classique accompagnée de remarques littéraires, grammaticales et historiques; par E. Lefranc, ancien professeur au Collége Rollin. *Paris, Delalain*, 1858. In-12 de 84 pp. (0 fr. 50).

578. Polyeucte, tragédie de P. Corneille. *Paris, imprimerie et librairie J. Delalain*, 1859. In-24 de 72 pp.

579. Polyeucte, tragédie, par P. Corneille. Édition classique, avec notes et remarques, par A. Naudin. *Paris, imprimerie et librairie J. Delalain*, 1859. In-18 de 90 pp. (0 fr. 35).

580. Polyeucte, tragédie de P. Corneille, annotée par E. Géruzez. *Paris, Hachette, [impr. Lahure]*, 1862. In-18 de 108 pp. (0 fr. 40).

581. Polyeucte martyr, tragédie chrétienne, par Pierre Corneille, avec des notes et des commentaires. *Paris, Lecoffre, [impr. Raçon]*, 1862. In-18 de 87 pp.

582. Polyeucte, tragédie, par P. Corneille. Édition classique avec notice et remarques par A. Naudin. *Paris, Delalain*, 1863. In-18 de vi et 81 pp.

583. Polyeucte, tragédie, par P. Corneille. Édition classique accompagnée de remarques littéraires, grammaticales et historiques, par E. Lefranc, ancien professeur au collége Rollin. *Paris, Delalain*, 1863. In-12 de xii et 72 pp. (0 fr. 50).

584. Polyeucte martyr, tragédie chrétienne, par Pierre Corneille, avec des notes et des commentaires. *Paris, J. Lecoffre, [impr. Raçon et Cie]*, 1864. In-18 de 87 pp.

585. Polyeucte, tragédie, par P. Corneille. Édition classique avec introduction et notes, par A. Naudin. *Paris, Jules Delalain et fils*, 1867. In-18 de vi et 81 pp. (0 fr. 35).

586. Polyeucte, tragédie, par Corneille. Édition classique accompagnée de notes et remarques littéraires, grammaticales et historiques, par E. Lefranc. *Paris, Jules Delalain et fils*, 1867. In-12 de xii et 72 pp. (0 fr. 50).

587. Polyeucte martyr, tragédie chrétienne, par P. Corneille, avec l'examen de l'auteur, les variantes et un choix de notes de tous les commentateurs. *Paris, Delagrave et Cie, [impr. de Claye]*, 1867. In-18 de 100 pp.

Théâtre classique.

588. Polyeucte, tragédie, de Corneille. Édition classique avec introduction et notes, par A. Naudin. *Paris, Jules Delalain et fils*, 1868. In-18 de vi et 81 pp.

589. Polyeucte martyr, tragédie, par Pierre Corneille, avec des notes et des commentaires. *Paris, Lecoffre et fils, [impr. Parent]*, 1869. In-18 de 87 pp.

590. Polyeucte, tragédie, par Corneille. *Paris, Jules Delalain et fils*, 1872. In-18 de 72 pp. (0 fr. 30).

XIII

591. Pompée, Tragédie, par P. Corneille. *Suivant la copie imprimée à Paris*, M.DC.LXXXXI [1691]. Pet. in-12.

Édition hollandaise.

XIV

592. Le Menteur, Comédie, par P. Corneille. *Suivant la Copie imprimée A Paris*. M.DC.LXXXXI [1691]. In-12 de 72 pp.

Édition hollandaise, avec une sphère sur le titre.

593. Le Menteur, comédie, par P. Corneille. Nouvelle édition conforme à la représentation. *Toulouse, Devers*, 1815. In-8.

594. Le Menteur, comédie, par P. Corneille.

Clarendon Press Series. French Classics. A Selection of Plays by Corneille, Moliere and Racine, edited with English Notes by Gustave Masson. B. A. Univ. Gall. (Oxford, at the Clarendon Press, 1868, in-12), t. IIe.

XV

595. La Suite du Menteur, Comédie, par P. Corneille. *Suivant la Copie imprimée A Paris*. M.DC.LXXXXI [1691]. Pet. in-12.

Édition hollandaise.

XVI

596. Rodogune, princesse des Parthes, Tragédie, par P. Corneille. *Suivant la Copie imprimée A Paris*. M.DC.LXXXX [1690]. Pet. in-12 de 68 pp. (y compris un f. blanc et le titre), et 2 ff. blancs, sign. A-C.

Édition hollandaise, avec une sphère sur le titre.

597. Rodogune, princesse des Parthes. Tragédie, par Mr. P. Corneille. *Se vend à Copenhague chez J. P. Chevalier*. In-8 de 86 pp.

Fait partie du *Recueil de Pièces choisies du nouveau Théâtre François et Italien*; t. IIIe. Copenhague, 1749, in-8.

598. Rodogune, princesse des Parthes, Tragédie de P. Corneille. Nouvelle édition. *A Cologne, Chez Pierre Marteau, imprimeur libraire*, 1757. In-8, de 67 pp.

Édition hollandaise.

599. RODOGUNE, PRINCESSE DES PARTHES. Tragédie de Pierre Corneille. *Au Nord.* M.DCC.LX [1760]. In-4 de 3 ff. prélim. (y compris une figure) et 80 pp., texte encadré.

La figure représente Rodogune montrant à Antiochus Cléopâtre qui vient de boire la coupe empoisonnée (acte V*e*, scène IV*e*); elle prononce ces vers :

Seigneur voyez ces yeux
Déjà tous égarés, troubles, et furieux ;

(c'est ainsi qu'ils sont écrits au bas de la planche). Cette citation est précédée des mentions suivantes : *F. Boucher, inv. et delin.* 1759.— *Gravé à l'eauforte par Mme de Pompadour.— Retouché par C. N. Cochin.* Les retouches ont dû être nombreuses, car la gravure est très-fine et d'un très-joli effet.

On lit dans le *Catalogue des livres de la bibliothèque de feu Madame la Marquise de Pompadour, dame du Palais de la Reine* (Paris, Hérissant, 1765, in-8, n° 890) : « Cette édition a été faite sous les yeux de Madame de Pompadour, dans son appartement à Versailles, pour lui donner une connoissance de l'imprimerie. On a joint à cet exemplaire une estampe gravée par elle-même sur un dessein de M. Boucher. »

Cette pièce faisait partie d'un lot considérable de pièces de Corneille réunies sous le même numéro, et qui avaient sans doute fait partie du cabinet de M. de Beauchamp, auteur des *Recherches sur les théâtres de France.* Mme de Pompadour avait acquis cette collection en bloc. Son exemplaire de *Rodogune* était relié en mar. orné de riches compartiments. Il fut détaché du lot (qui fut adjugé 15 livres 1 sol) et atteignit le prix de 30 livres 5 sols. Il fut revendu 70 livres en 1775, chez Delalou.

L'exemplaire de la Bibliothèque nationale, auquel manque du reste la figure, porte la note manuscrite suivante : « Cette tragédie de P. Corneille m'a été envoyée par Madame la Marquise de Pompadour, qui a pris la peine de l'imprimer elle-même, Elle m'a fait l'honneur de me dire qu'on n'en avait tiré que vingt exemplaires. Ce 17 décembre 1761. CAPPERONNIER. »

Nous croyons que le tirage aura dépassé le nombre indiqué au Catalogue Pompadour, car nous avons trouvé des exemplaires dans toutes les bibliothèques publiques de Paris, et chez plusieurs amateurs.

600. RODOGUNE, PRINCESSE DES PARTHES, tragédie, de P. Corneille, représentée sur le théâtre de l'hôtel de Bourgogne en 1644. Nouvelle édition conforme à la représentation. *A Paris, chez Barba,* [*impr. Fain*], 1818. In-8 de 64 pp. (1 fr. 50).

601. RODOGUNE, tragédie, par P. Corneille. *Berlin, Schlesinger,* 1842. Gr. in-8 (15 gros.).

Répertoire du Théâtre français à Berlin, 2e série n° 5.

602. RODOGUNE, PRINCESSE DES PARTHES, tragédie de P. Corneille, annotée par M. Géruzez. *Paris, Hachette,* 1849. In-18.

603. RODOGUNE, tragédie en cinq actes par Corneille, avec notes et commentaires. Nouvelle édition, publiée par Ad. Rion. *A Paris, chez tous les libraires,* [*impr. Lahure*], 1874. In-16 de 63 pp.

Les bons livres.

XVII

604. THEODORE, Tragédie chrestienne, Par P. Corneille. *Suivant la Copie imprimée A Paris.* M.DC.LXXXXI [1691]. Pet. in-12 de 91 pp.

Édition hollandaise, avec une sphère sur le titre.

XVIII

605. HERACLIUS, EMPEREUR D'ORIENT, Tragédie, Par P. Corneille. *Suivant la Copie imprimée A Paris.* M.DC.LXXXIX [1689]. Pet. in-12 de 2 ff. prélim. (dont le premier est blanc) et 68 pp., sign. A-C.

Édition hollandaise.

XIX

606. ANDROMEDE, Tragédie, Par P. Corneille. *Suivant la Copie imprimée A Paris.* M.DC.LXXXXII [1692]. Pet. in-12.

Édition hollandaise.

XX

607. D. SANCHE D'ARRAGON, Comedie heroïque. Par P. Corneille. *Suivant la Copie imprimée A Paris.* M.DC.LXXXX [1690]. Pet. in-12 de 69 pp. (y compris le titre), et 1 f. blanc, sign. A-C.

Édition hollandaise, avec une sphère sur le titre. (Bibliothèque nationale.)

XXI

608. NICOMÈDE, Tragedie. Par P. Corneille. *Suivant la Copie imprimée A Paris.* M.DC.LXXXIX [1689]. Pet. in-12 de 2 ff. prél. (dont le premier est blanc), et 68 pp., sign. A-C.

Édition hollandaise. (Bibliothèque nationale.)

609. NICOMÈDE, tragédie de P. Corneille, représentée sur le Théâtre de l'Hôtel de Bourgogne par la troupe royale en 1652. Nouvelle édition conforme à la Représentation. *Paris, Barba, [impr. Fain],* 1819. In-8 (1 fr. 50).

610. NICOMÈDE, tragédie de P. Corneille, annotée par M. Géruzez. *Paris, L. Hachette,* 1840. In-18.

611. Nicomède, tragédie par Corneille. Nouvelle édition avec le commentaire de Voltaire et un commentaire nouveau par M. J. Naudet. *Paris, Dezobry, Magdeleine et Cie, [impr. Hennuyer, aux Batignolles]*, 1845. In-18.

612. Nicomède, tragédie de Pierre Corneille, annotée par M. Géruzez. *Paris, L. Hachette et Cie, [impr. Crapelet]*, 1849. In-18.

XXII

613. Pertharite, roy des Lombards. Tragedie par P. Corneille. *Suivant la Copie imprimée A Paris*. M.DC.LXXXX [1690]. Pet. in-12 de 2 ff. prélim. (dont le 1er est blanc) et 67 pp., sign. A-C.

Édition hollandaise. (Bibliothèque nationale.)

XXIII

614. OEdipe, Tragedie. Par P. Corneille. *Suivant la Copie imprimée, A Paris*. M.DC.LXXXVIII [1688]. Pet. in-12 de 2 ff. prél. (dont le premier est blanc) et 68 pp., sign. A-C.

Édition hollandaise. (Bibliothèque nationale.)

XXIV

615. La Toison d'or, Tragédie par P. Corneille. *Suivant la Copie imprimée A Paris*. M.DC.LXXXXI [1691]. Pet. in-12.

Édition hollandaise.
Cette même édition est citée dans la *Bibliothèque dramatique de Pont-de-Veyle* (n° 837), avec la date de 1692.

XXV

616. Sertorius, Tragédie. Par M. Corneille. *Suivant la Copie imprimée A Paris*. M.DC.LXXXX [1690]. Pet. in-12 de 69 pp. (y compris 3 ff. prélim.) et 1 f. blanc, sign. A-C.

Édition imprimée en Hollande, avec une sphère sur le titre. (Bibliothèque nationale.)

XXVI

617. Sophonisbe, Tragedie. Par P. Corneille. *Suivant la Copie imprimée A Paris*. M.DC.LXXXVIII [1688]. Pet. in-12 de 5 ff. prélim. (dont le premier est blanc) et 762 pp., sign. A-C.

Édition hollandaise. (Bibliothèque nationale.)

XXVII

618. OTHON, Tragedie, par T. [sic] Corneille. *Suivant la Copie imprimée A Paris.* M.DC.LXXXIX [1689]. Pet. in-12 de 3 ff. prél. (dont le premier est blanc) et 66 pp., sign. A-C.

Édition hollandaise. (Bibliothèque nationale.)

XXVIII

619. AGESILAS, Tragedie, En Vers libres rimez. Par P. Corneille. *Suivant la Copie imprimée A Paris.* M.DC.LXXXX [1690]. Pet. in-12 de 2 ff. prélim. (dont le premier est blanc) et 68 pp., sign. A-C.

Édition hollandaise. (Bibliothèque nationale.)

XXIX

620. ATTILA, Tragedie, par P. Corneille. *Suivant la Copie imprimée A Paris.* M.DC.LXXXXI [1691]. Pet. in-12.

Édition hollandaise.

XXX

621. TITE ET BÉRENICE, Comedie heroïque, par P. Corneille. *Suivant la Copie imprimée A Paris.* M.DC.LXXXIX [1689]. Pet. in-12.

Édition hollandaise.

XXXI

622. PULCHERIE, Comedie héroïque, par P. Corneille. *Suivant la Copie imprimée à Paris.* M.DC.LXXXX [1690]. Pet. in-12.

Édition hollandaise.

XXXII

623. SURENA, Tragédie, par P. Corneille. *Suivant la Copie imprimée à Paris.* M.DC.LXXXX [1690]. Pet. in-12.

Édition hollandaise.

XI. — ÉDITIONS DES ŒUVRES DE CORNEILLE

PUBLIÉES DEPUIS SA MORT JUSQU'A NOS JOURS.

I. — Œuvres complètes.

624. Le Théatre de Pierre Corneille. Reveu & corrigé, & augmenté de diverses pieces nouvelles. *Suivant la Copie imprimée A Paris.* M.DC.LXXXIX [1689]. 4 vol. in-12.

I. Partie : 1 f. de titre ; 68 pp. prélim. et 8 pièces (n°⁸ 396, 398, 400, 402, 404, 406, 408, 410). — *II. Partie :* 1 f.; 89 pp. prélim.; 1 f. blanc et 8 pièces (n°⁸ 411 ou 412, 462, 502, 539, 591, 592, 595, 604. — *III. Partie :* 1 f. blanc ; 1 f. de titre ; 69 pp. prélim.; 1 f. blanc et 8 pièces (n°⁸ 596, 605, 606, 607, 608, 613, 614, 615).— *IV. Partie :* 1 f. de titre ; ? pp. prélim. et 8 pièces (n°⁸ 616-623).

Ce recueil, qui paraît avoir été mis en vente à *Amsterdam*, contient souvent, au lieu de telle ou telle des pièces séparées que nous indiquons, des pièces imprimées antérieurement par *Wolfgang*. La date des titres généraux, plus ancienne que celle de la plupart des titres particuliers, semble justifier l'existence de volumes ainsi composés de parties disparates ; on remarquera cependant que toutes les pièces du t. 1ᵉʳ portent 1688 ou 1689, ce qui nous fait croire que l'édition avait été entreprise sous cette date. Les volumes suivants n'ayant pas été immédiatement achevés, on s'explique que les libraires hollandais en aient fait imprimer les feuillets préliminaires, et les aient provisoirement composés de toutes les pièces détachées qui leur restaient en magasin.

On joint à cette édition :

Les Tragedies et Comedies de Th. Corneille. Revcues & corrigées, & augmentées de diverses pieces nouvelles. *Suivant la Copie imprimée A Paris.* M.DC.LXXXIX [1689]. 5 vol. in-12.

625. Le Théatre de P. Corneille. Reveu & corrigé par l'Auteur. I. [II. III. IV. et V.] Partie. *A Paris, Chez Guillaume de Luyne, Libraire Juré, au Palais, dans la Salle des Merciers, sous la montée de la Cour des Aydes, à la Justice;* [*ou Chez Pierre Trabouillet au Palais, en la Gallerie des Prisonniers, à l'Image S. Hubert & à la Fortune proche le Greffe des Eaux et Forests, ou Chez Augustin Besoigne, dans la Grand' Salle du Palais, vis-à-vis la Cour des Aydes, aux Rozes vermeilles*]. M.DC.LXXXXII [1692]. Avec Privilege du Roy. 5 vol. in-12.

I. Partie : lx pp. pour le titre, l'avis *Au Lecteur* et le *Discours du poëme dramatique ;* 2 ff. pour un avis du *Libraire au Lecteur ;* 1 f. pour le titre et les *Acteurs de Mélite ;* 560 pp. et 2 ff. pour le privilége. Ce volume contient 7 pièces de *Mélite* à l'*Illusion*, à l'exception de *Médée*, qui est dans le tome second.

II. Partie : lviij pp. pour le titre et le *Discours de la tragédie ;* 1 f. pour le titre de *Médée* et 563 pp. Ce volume contient *Médée* et six pièces du *Cid* à la *Suite du Menteur.*
III. Partie : xxxvj pp. pour le titre et le *Discours des trois Unitez ;* 1 f. pour le titre de *Pompée* et 504 pp., contenant six pièces de *Pompée* à *D. Sanche.*
IV. Partie : 504 pp. en tout, contenant six pièces de *Nicomède* à *Sophonisbe.*
V. Partie : 473 pp. (y compris le titre), et 1 f. blanc.

Le privilége, daté du 25 mai 1691, porte ce qui suit : « Nostre bien Amé *Guillaume de Luyne* Marchand Libraire et Imprimeur de nostre bonne Ville de Paris, Nous a fait remontrer que le sieur Thomas Corneille de l'Académie Françoise, auroit reveu et corrigé les Piéces de Théatre par luy composées, comme aussi celles du feu Sieur Pierre Corneille son Frere, dans l'impression desquelles contenant en tout neuf petites (*sic*) Volumes [édition de 1682], il s'estoit glissé beaucoup de fautes, tellement qu'estant à present dans leur perfection, et le dernier Privilége que ledit Exposant auroit obtenu de Nous estant prest d'expirer, il Nous auroit tres-humblement fait supplier de luy vouloir accorder encore un Privilege pour la réimpression desdites Pieces de Théatre.... » *G. de Luyne* devient concessionnaire du privilége pour dix ans et déclare y associer ses confrères *Pierre Trabouillet* et *Augustin Besoigne.*

Le privilége est donné *in extenso* à la fin du tome Ier et, par extrait, à la fin du tome V^e. Il se termine par un achevé d'imprimer du 31 décembre 1691.

Thomas Corneille, ayant entrepris la révision des œuvres de son frère, doit être l'auteur de l'avis du *Libraire au Lecteur*, qui termine les feuillets prélim. du premier volume et dans lequel sont relevées diverses fautes commises dans l'édition de 1682.

On joint à cette édition :

LE THEATRE DE T. CORNEILLE. Reveu & corrigé par l'Auteur. *A Paris Chez Guillaume de Luyne...*; [ou *Chez Pierre Trabouillet...*; ou *Chez Augustin Besoigne...*]. M.DC.LXXXXII [1692]. 5 vol. in-12.

626. LE THÉATRE DE P. CORNEILLE, revû et corrigé par l'Autheur. *A Lyon,* 1698. 5 vol. in-12.

627. LE THÉATRE DE PIERRE CORNEILLE, avec l'Examen de chaque Piéce fait par luy-même. Nouvelle Edition augmentée des Pieces de Critique qui ont été faites au sujet des Tragédies & des Comédies de M. Corneille. *A Paris,* 1700. 5 vol. in-12.

Catalogue de la Bibliothèque du Chasteau de Rambouillet, 1726, p. 149.

628. LE THEATRE DE P. CORNEILLE. Nouvelle Édition revûe, augmentée des Pieces dont l'Avis au Lecteur fait mention, & enrichie de tailles-douces. *A Amsterdam, Chez Henry Desbordes, dans le Kalver-Straat,* 1701. Avec Privilege des Etats de Holl. & Westfr. 5 vol. pet. in-12, portr., front. grav., figg.

I. Partie : titre avec la sphère ; portr. de Corneille ; frontispice gravé ; XLVIII pp. pour le *Privilége,* l'*Avis du Libraire au Lecteur,* l'*Éloge de Corneille* et le *Discours sur le Poëme dramatique ;* 452 pp. Il y a en outre une figure avant chaque pièce : en tout 7. — *II. Partie :* titre ; XLVIII pp. pour le *Discours de la Tragédie* (les pp. XXXIX à XLVIII sont imprimées en caractères plus petits que les précédentes) ; 416 pp. et 5 figg. (*Médée*, qui aurait dû être être placée dans le 1ᵉʳ vol., avant l'*Illusion comique*, est placée dans le 2ᵉ, après le *Cid*, comme dans l'édition donnée par Th. Corneille). — *III. Partie :* titre ; XXIII et 487 pp., plus 7 figg. — *IV. Partie :* titre ; 479 pp. et 7 figg. — *V. Partie :* titre ; 382 pp. et 1 f. blanc, plus 6 figg.

Cette édition est moins bien imprimée que celle des *Elzevier*, mais le libraire se flatte d'avoir obtenu une grande correction.

Il reproduit, comme étant son œuvre personnelle, l'avis du *Libraire au Lecteur,* placé en tête de l'édition de 1692.

Les additions faites à cette édition comprennent : 1º L'*Éloge de P. Corneille,* extrait des *Nouvelles de la République des Lettres ;* 2º les *Sentiments de l'Académie Françoise sur la Tragédie du Cid ;* 3º les *Observations* de Scudéry sur le *Cid ;* 4º le *Discours de Corneille à l'Académie Françoise.*

On doit joindre à cette édition :

LE THEATRE DE T. CORNEILLE. Nouvelle Edition revûë, augmentée des Pièces dont l'Avis au Lecteur fait mention, & enrichie de tailles-douces. *A Amsterdam, Chez Henry Desbordes, dans le Kalver-Straat,* 1701, Avec Privilege des Etats de Holl. & Westf. 5 vol. in-12, dont voici la collation :

I. Partie : titre ; 558 pp. ; 1 f. blanc et 7 figg. — *II. Partie :* titre ; 556 pp. et 8 figg. — *III. Partie :* 1 titre ; 413 pp. ; 1 f. blanc et 6 figg. — *IV. Partie :* titre ; 426 pp. ; 1 f. blanc et 6 figg. — *V. Partie :* titre, 416 pp. et 5 figg.

629. LE THÉATRE DE P. CORNEILLE. Nouvelle édition revue, corrigée et augmentée. *A Paris, Chez la Veuve de Pierre Trabouillet ;* [ou *Chez Guillaume Cavelier*], 1706. 5 vol. in-12.

Édition publiée par Thomas Corneille. On y joint ses *Poëmes dramatiques* en 5 vol. in-12.

Un exempl. rel. en mar. v., dent., doublé de mar. r., par *Boyet,* aux armes de Mᵐᵉ de Chamillart, 4,100 fr. Brunet.

630. LE THEATRE DE P. CORNEILLE. Nouvelle Édition revûe, corrigée & augmentée. *A Paris, Chez Pierre Ribou ;* [ou *Chez Guillaume Cavelier ;* ou *Chez H. Charpentier*], 1714. 5 vol. in-12, figg.

631. LE THÉATRE DE P. CORNEILLE. Nouvelle édition revûe, corrigée & augmentée. *A Paris, Chez M. Bordelet ;* [ou *Chez H. Charpentier*], 1722 [ou 1723]. 5 vol. in-12.

632. LE THÉATRE DE P. CORNEILLE. Nouvelle édition revûë, corrigée & augmentée. Enrichie de Figures en Taille-douce. *A Amsterdam, Chez L'Honoré & Chatelain,* 1723. Avec Privilege des États de Holl. & Westf. 5 vol. pet. in-12, portr. et fig. avant chaque pièce.

T. Iᵉʳ : Portr., titre et 462 pp., plus 7 figg.

Ce volume contient un avis au lecteur, divers éloges de Corneille extraits de la *République des Lettres, des Hommes illustres* de Perrault, et du *Diction-*

naire *historique de Moréri.* Viennent ensuite les trois discours sur l'art dramatique et 7 pièces.

 T. II : titre et 432 pp., plus 5 figg.
 T. III : titre et 487 pp., plus 7 figg.
 T. IV : titre et 492 pp., plus 9 figg.
 T. V : titre, 412 pp. et 1 f. de privilége, plus 4 figg.
 Le privilége est daté du 18 juillet 1700.
  On joint à cette édition :
 Le Théatre de T. Corneille. Nouvelle édition, revûë, corrigée & augmentée. Enrichie de Figures en Taille-douce. *A Amsterdam, chez Zacharie Chatelain,* 1733. Avec Privilegé des Etats de Holl. & Westf. 5 vol. pet. in-12, portr. et fig. avant chaque pièce.

633. Projet d'une nouvelle édition des OEuvres de Pierre Corneille de l'Académie Françoise en 8 volumes in-4°, avec des figures de B. Picart.

 Ce prospectus a été publié dans la *Bibliothèque Françoise, ou Histoire littéraire de la France* (Amsterdam, H. du Sauzet, in-8), t. XVe, 1731, pp. 180-187. L'édition annoncée n'a pas été publiée.

634. Le Théatre de P. Corneille. Nouvelle Édition. *A Paris, Chez David l'ainé, Quai des Augustins, à la Providence & au Roi David;* [ou *Chez Guillaume Cavelier...;* ou *Chez Henry Charpentier...;* ou *Chez Charles Osmont...;* ou *Chez la Veuve de Pierre Ribou...;* ou *Chez Christophe David fils...*]. [*Imprimerie de C. Robustel*]. M.DCC.XXXVIII [1738]. Auec Approbation & privilége du Roi. 5 vol. en 6 part. in-12.

 T. Ier : 5 ff. (y compris un portrait de Corneille), xcvj et 456 pp. — La *Suivante,* qui terminait primitivement ce volume (pp. 457-548), a été reportée après coup à la fin de la 2e partie du t. V^e, l'édition n'ayant pu être achevée en 5 volumes et le libraire ayant voulu donner une même épaisseur aux 6 tomes. Un *Avis aux Relieurs,* qui occupe le 4e f. prélim. du tome Ier, fait connaître ce changement.
 T. IIe : 2 ff. et 526 pp.
 T. IIIe : 2 ff. et 525 pp.
 T. IVe : 2 ff. et 609 pp.
 T. V^e, 1re partie : 2 ff. et 444 pp.
 T. V^e, 2e partie : 2 ff. et 299 pp. continuant la pagination jusqu'à 743; 33 pp. pour les *OEuvres diverses;* 1 f. blanc; 92 pp. (paginées de 457 à 548) pour la *Suivante;* 2 ff. pour le privilége.
 Édition publiée par François-Antoine Jolly, censeur royal.
 Un *Avertissement,* placé en tête du premier volume, donne pour la première fois des renseignements sur l'époque de la représentation et de l'impression de chaque pièce. Jolly a pu recueillir, à ce sujet, un certain nombre de faits curieux, qui s'étaient conservés jusqu'à lui par la tradition; aussi les éditeurs modernes ont-ils consulté ses remarques avec profit.
 Le privilége, daté du 26 juillet 1720, est accordé à *Michel-Étienne David* pour vingt ans; il concerne un grand nombre d'ouvrages divers. David déclare y associer, en ce qui regarde les OEuvres de Messieurs Pierre et

Thomas Corneille, *Guillaume Cavelier* père, pour un cinquième; *Henry Charpentier*, pour un cinquième; *Charles Osmont*, pour un cinquième; la *Veuve de Pierre Ribou* et *Christophe David* fils, chacun pour un dixième.

Voilà un trait curieux du « bon plaisir » royal. Il suffisait d'un privilége pour donner à un libraire le droit exclusif de publier les ouvrages de tous nos grands écrivains : Corneille, Racine, etc., etc. Les autres libraires, à moins de renoncer à leur commerce, étaient forcés de subir la loi de celui que le roi s'était plu à distinguer et nous voyons qu'ils devaient se contenter d'une minime part. Ils avaient, du reste, la faculté de céder à d'autres l'intérêt qu'ils avaient chèrement acheté; aussi, pour cette seule édition de 1738, avons-nous trouvé encore des exemplaires au nom de *Nion père, Quai de Conti à sainte Monique;* de *Leclerc, Quai des Augustins à la Toison d'or,* et de *Gandouin, Quai des Augustins à la belle Image,* de *Martin,* etc. Cette énumération n'est probablement pas limitative.

Vendu : 290 fr., mar. v. ancien, comp. en mosaïque, Double, 1863 (n° 172).

On joint à cette édition :

LE THEATRE DE T. CORNEILLE, avec des Commentaires. *A Paris, Chez David l'aîné,* etc. M.DCC.XXXVIII [1738]. 5 vol. in-12.

635. LE THÉATRE DE P. CORNEILLE. Nouvelle édition revue, corrigée et augmentée de ses OEuvres diverses; enrichie de figures en taille-douce. *A Amsterdam, Chez Zacharie Chatelain,* 1740. 6 vol. pet. in-12, portr. par *B. Picart,* figg.

Édition faite sur celle de 1682. Elle contient en outre des notices par Fr.-Ant. Jolly. Le t. VI° est consacré aux *Œuvres diverses* de Corneille (n° 175).

On joint à cette édition :

LE THÉATRE DE T. CORNEILLE. Nouvelle édition revue, corrigée et augmentée. *A Amsterdam, Chez Zacharie Chatelain,* 1740. 5 vol. pet. in-12. portr.

L'exemplaire de Mme de Pompadour, en papier fort, relié en mar. r., s'est vendu 31 livres en 1765 (*Cat. Pompadour,* n° 891).

636. LE THÉATRE DE P. CORNEILLE [publié par Fr.-Antoine Jolly, censeur royal]. *Paris, David père,* 1747. 6 vol. in-12.

Réimpression de l'édition de 1738. Le t. VI° porte le titre d'*Œuvres diverses* et n'est que la reproduction du volume publié par l'abbé Gravet en 1738 (n° 174).

On joint à ces 6 volumes :

LE THÉATRE DE THOMAS CORNEILLE. *Paris, David père,* 1748. 5 vol. in-12.

Il existe des exemplaires en grand papier. Celui de Mme de Pompadour, relié en mar. r., s'est vendu 41 livres en 1765 (*Cat. Pompadour,* n° 392).

637. THÉATRE DE PIERRE ET THOMAS CORNEILLE. *Leipsic,* 1754. 11 vol. in-12.

638. LE THÉATRE DE P. CORNEILLE. *A Paris, Chez David père,* 1755. 7 vol. in-12, portr.

639. OEuvres de P. Corneille. *A Paris, Chez G. Martin...*; [ou *Chez Desprez...*; ou *Chez Bauche...*; ou *Chez L. H. Guérin et L. F. de la Tour...*], 1758. 10 vol. in-12.

640. Théatre de Pierre Corneille, avec des Commentaires, &c. &c. &c. [par Voltaire. *Genève*], M.DCC.LXIV [1764]. 12 vol. in-8, figg. (de 50 à 60 fr.)

Tome Ier : 4 ff., 454 pp. et 1 f. pour la *Table*, plus 3 figg, : 1 front. gravé et 2 figg. pour *Médée* et *le Cid*. — T. IIe : 2 ff., 1 f. d'*Errata* et 413 pp., plus 2 figg. pour *Horace* et *Cinna*. — T. IIIe : 2 ff., 1 f. d'*Errata* et 510 pp., plus 3 figg. pour *Polyeucte, Pompée* et *le Menteur*. — T. IVe : 2 ff., 1 f. d'*Errata*, 482 pp. et 1 f. pour la *Table*, plus 3 figg. pour la *Suite du Menteur, Théodore* et *Rodogune*. — T. V^e : 2 ff., 429 pp. et 1 f., plus 2 figg. pour *Héraclius* et *Don Sanche*. — T. VIe : 2 ff., 1 f. d'*Errata*, 442 pp. et 3 figg. pour *Andromède, Nicomède* et *Pertharite*. — T. VIIe : 2 ff. et 467 pp., plus 3 figg. pour *Œdipe, la Toison d'or* et *Sertorius*. — T. VIIIe : 2 ff., 1 f. d'*Errata* et 388 pp., plus 3 figg. pour *Sophonisbe, Othon* et *Agésilas*. — T. IXe : 2 ff., 1 f. d'*Errata*, 443 pp. et 3 figg. pour *Attila, Tite et Bérénice* et *Suréna*. — T. X^e : 2 ff., 1 f. d'*Errata*, 495 pp. et 4 figg. pour *Pulchérie, Ariane, le Comte d'Essex* et *Mélite*. — T. XIe : 2 ff., 500 pp. et 4 figg. pour *Clitandre, la Veuve, la Galerie du Palais* et *la Suivante*. — T. XIIe : 2 ff., 1 f. d'*Errata*, 355 pp., 47 pp. pour la *Liste des Souscripteurs* et 2 figg. pour *la Place Royale* et *l'Illusion*.

Toutes les figures sont l'œuvre de *Gravelot*, sauf le frontispice, dessiné par *Plater*.

Les gravures du *Cid*, de *Pompée*, du *Menteur*, de *Théodore*, d'*Héraclius*, de *Don Sanche, Nicomède, Œdipe, Sertorius, Othon, Agésilas, Pulchérie*, du *Comte d'Essex*, de *Mélite, Clitandre*, de *la Veuve, la Galerie du Palais, la Suivante* et *la Place Royale* sont signées de *N. Le Mire;* celles de *Médée, Horace, Andromède, la Toison d'or* et *l'Illusion* sont de *J.-J. Flipart;* celles de *Cinna* et de *Polyeucte* sont de *Lempereur;* celles de *la Suite du Menteur* et d'*Attila* sont de *C. Buquoy;* celles de *Rodogune, Pertharite* et *Sophonisbe* sont de *Longueil;* celles de *Tite et Bérénice* et de *Suréna* sont d'*A. Radiguet;* celle d'*Ariane* est de *B.-L. Prévost*. Le frontispice, daté de 1762, est du graveur *Watelet*.

Nous dirons plus loin, dans notre chapitre XVIe (voy. *Ode et Lettres à Monsieur de Voltaire en faveur de la famille du grand Corneille*), par suite de quelle circonstance Voltaire se fit le protecteur de Mlle Corneille. Ce fut à son profit qu'il entreprit de publier une édition du théâtre de Corneille, accompagnée d'un commentaire. Cet ouvrage, qui est une des belles-actions de la vie de Voltaire, n'ajouta rien à sa réputation d'écrivain. Formé à l'école de Racine, le commentateur se laissa entraîner à blâmer sans ménagement chez son devancier tout ce qui n'était plus du goût raffiné du XVIIIe siècle. On est souvent surpris, en lisant ses remarques, des querelles mesquines qu'il fait au poëte, dont il admirait pourtant le génie avec la plus entière sincérité.

L'annonce des *Commentaires* de Voltaire et la publication qui en fut faite avec le *Théâtre de Corneille* et séparément, donnèrent lieu aux écrits suivants :

    a. Lettre de M. de Voltaire, de l'Académie française, a M. l'abbé d'Olivet, chancelier de la même Académie [datée de Ferney, 20 août 1761]. *S. l.*, in-12 de 15 pp.

Réimprimée dans le t. IIIe des *Nouveaux Mélanges philosophiques*, 1765.

b. RÉPONSE DE M. DE VOLTAIRE A M. LE DUC DE BOUILLON, qui lui avait écrit une lettre en vers, au sujet de l'édition qu'il fait faire des Œuvres de Corneille, au profit de Mademoiselle Corneille. *S. l.* [1761]. In-12 de 7 pp.

c. LETTRE à M. de Voltaire sur une édition de Corneille.

Année littéraire, 1764, t. IIIe, p. 97.

d. LETTRE sur la nouvelle Édition de Corneille, par M. de Voltaire. *A Amsterdam,* M.DCC.LXIV [1764]. In-8 de 22 pp. et 1 f. blanc.

Le titre de départ porte : *Lettre au sujet des Commentaires sur les Tragédies de Corneille.*

Éloge anonyme de l'édition publiée par Voltaire. L'auteur s'attache à combattre les critiques dont elle était l'objet : « Je connais le Public, dit-il. Si un homme ignoré s'avisait de commenter Corneille ou Racine, on ne pourrait jamais le croire capable d'une tâche aussi difficile, et l'on condamnerait son ouvrage avant même de l'avoir lu ; et lorsqu'un homme, qui s'est exercé avec éclat dans la carrière de ces deux grands Poètes, entreprend cet examen, les remarques qu'il est obligé de faire ne sont, dit-on, que pour rabaisser celui qu'il commente. Le premier, en critiquant, passe pour ignorant ; le second pour envieux. C'est ainsi qu'un auteur marche toujours entre deux précipices. » Tout en avouant ses préférences pour Racine, le critique trouve que Voltaire ne pouvait rendre hommage mieux qu'il ne l'a fait au génie de Corneille.

e. RÉFLEXIONS SUR LA NOUVELLE ÉDITION DE CORNEILLE, PAR M. DE VOLTAIRE, ou Réponse à la Lettre apologétique de cet ouvrage. *Amsterdam,* 1764. In-8 de 23 pp.

f. COMMENTAIRES SUR LE THÉATRE DE PIERRE CORNEILLE, par M. de Voltaire.

Longue et intéressante critique publiée dans la *Bibliothèque des Sciences et des Beaux-Arts,* pour les mois de juillet, août et septembre 1765, t. XXIVe (La Haye, P. Gosse, 1765, pet. in-8).

g. CRITIQUE POSTHUME d'un Ouvrage de M. de Voltaire. *A Londres* [Paris], M.DCC.LXXII [1772]. In-8 de 3 ff. et 25 pp., dans une même série de signatures (les pp. 11-25 sont chiffrées par erreur 13-27).

Critique assez faible des *Commentaires* de Voltaire sur Corneille. Elle est donnée comme la reproduction d'un manuscrit trouvé parmi les papiers d'un homme de lettres de province qui vient de mourir. Le libraire dit ainsi, dans son *Avertissement,* « que du reste, on sera édifié du ton honnête et modéré de l'auteur, qui avait assurément beau champ pour mortifier M. de Voltaire, et lui rendre les épithètes qu'il prodigue lui-même si volontiers. »

h. RACINE A M. DE VOLTAIRE, des Champs-Élysées [par Dorat].

« Cette pièce fut imprimée ou du moins lancée manuscrite dans le public en 1764, à l'occasion des *Œuvres de Corneille* avec commentaires, données par Voltaire (voir les *Mémoires secrets,* 29 avril 1764). Depuis elle a été imprimée dans les *Pièces échappées aux seize premiers volumes de l'Almanach des Muses* [recueillies par Sautreau] ; Paris, [1781], in-12, et dans les *Œuvres de Dorat.* » TASCHEREAU.

i. CRITIQUE POSTHUME D'UN OUVRAGE DE M. DE VOLTAIRE, [par l'abbé Champion de Nilon]. *Londres,* 1772. In-8 de 27 pp.

j. CINQUIÈME LETTRE A M. DE VOLTAIRE, où l'on examine ses Commentaires sur Corneille ; par M. Clément. *A La Haye ; et se trouve à Paris, chez Moutard,* M.DCC.LXXIV [1774]. In-8 de 237 pp.

k. SIXIÈME LETTRE A M. DE VOLTAIRE, où l'on continue d'examiner ses Commentaires sur Corneille ; par M. Clément. *A La Haye ; et se trouve à Paris, chez Moutard,* M.DCC.LXXIV [1774]. In-8 de 360 pp.

Ces deux lettres sont remplies de violentes invectives contre Voltaire. Les critiques de Clément perdent toute valeur par la forme dans laquelle elles sont présentées.

l. SENTIMENT D'UN ACADÉMICIEN DE LYON [par Voltaire].

Mercure de décembre 1774. — Réponse aux deux lettres de Clément.

641. Théatre de P. Corneille avec des Commentaires et autres Morceaux intéressans. S. l., 12 vol. in-8.

Contrefaçon de l'édition publiée par Voltaire à Genève.

642. Théatre de P. Corneille, avec des Commentaires, &c., &c., &c. M.DCC.LXV [1765]. S. l. [Genève], 12 vol. in-8, figg.

Seconde édition donnée par Voltaire, avec les mêmes figures.

643. Théatre de P. Corneille, avec des Commentaires, et autres Morceaux intéressans. Nouvelle Edition augmentée. *Geneve,* [*Berlin, Rottmann*], M.DCC.LXXIV [1774]. 8 vol. in-4.

Réimpression, avec quelques changements, de l'édition publiée par Voltaire en 1764. Elle contient les mêmes gravures, auxquelles on a ajouté un encadrement, en raison du format. — Voltaire, piqué des critiques dont ses *Commentaires* avaient été l'objet, accentua dans un certain nombre de passages le blâme qu'il avait porté contre Corneille.

644. OEuvres de P. Corneille, avec le Commentaire de Voltaire sur les Pièces de théâtre et des Observations critiques sur ce Commentaire, par le citoyen Palissot. Édition complète, dédiée au Premier Consul de la République Française. *Paris, de l'Imprimerie de P. Didot l'aîné an IX* [1801]. 12 vol. in-8.

Le t. XIIe contient les *Œuvres de Th. Corneille*.
Édition publiée par H. Duveyrier.
Il y a des exemplaires de cette édition en grand papier.
Voy. sur cette édition un article de Félix Nogaret inséré dans la *Décade philosophique,* an IX, 4e trimestre, pp. 550-554.
Pris à partie par le *Journal de Paris,* à cause des critiques qu'il avait dirigées contre l'édition de Voltaire, Palissot répondit à ces attaques par une lettre justificative qui a été reproduite dans ses *Œuvres* (Paris, Léopold Collin, 1809, t. VIe, pp. 389-897).

645. OEuvres de P. Corneille, avec les Commentaires de Voltaire [et Chefs-d'oeuvre de Thomas Corneille]. *A Paris, chez Antoine-Augustin Renouard, libraire, rue Saint-André-des-Arcs,* n° 55, [*impr. Crapelet*], 1817. 12 vol. in-8, figg.

Cette édition contient deux portraits, plus 23 gravures d'après Moreau et une d'après Prudhon. Les dessins originaux faisaient partie de la bibliothèque de M. Renouard (voy. *Catalogue de la bibliothèque d'un amateur,* Paris, 1819, t. IIIe, p. 62), et ont figuré à sa vente où ils ont été adjugés au prix de 580 fr. (n° 1517 du Catalogue); ils appartiennent aujourd'hui à M. le baron James E. de Rothschild.
Le prix de publication, qui était pour les souscripteurs de 96 fr., a été porté à 108 fr. après la clôture de la souscription. Il a été tiré 25 exemplaires en grand papier avec figures avant la lettre, dont le prix a été de 188 fr. pour les souscripteurs et de 208 fr. pour les non-souscripteurs. Sur

ces 100 exemplaires en grand papier, 25 ont été publiés avec les eaux-fortes des figures; ils ont coûté 40 fr. de plus.

646. OEuvres de P. Corneille, avec le Commentaire de Voltaire et les Jugements de Laharpe. *Paris, chez Janet et Cotelle, [impr. P. Didot l'aîné]*, 1821. 12 vol. in-8.

Le prix de publication a été pour les premiers souscripteurs de 4 fr. 50 c. par volume sur papier des Vosges, de 6 fr. sur papier fin d'Annonay, et de 6 fr. sur papier vélin.

Ce prix a été augmenté de 1 fr. par volume à partir du quatrième mois de la souscription.

647. OEuvres de P. Corneille, avec les notes de tous les commentateurs. *Paris, Chez Lefèvre, rue de l'Éperon, n° 6, [impr. Jules Didot aîné à Paris]*, 1824 [-1825]. 12 vol. in-12.

Collection des Classiques français.

Édition publiée par M. Parelle, d'après le texte de 1682. On y trouve d'assez nombreuses variantes et plusieurs morceaux qui n'avaient pas encore été réunis aux œuvres de Corneille.

Il y a des exemplaires en grand papier vélin.

648. OEuvres de P. Corneille avec le Commentaire de Voltaire et les Jugements de Laharpe. *Paris, Ladrange, [impr. J. Didot]*, 1827. 12 vol. in-8.

Même édition que le n° 646, avec de nouveaux titres.

649. OEuvres complètes de P. Corneille, avec les Commentaires de Voltaire, Palissot, La Harpe, et Chefs-d'OEuvre de Th. Corneille. *A Rouen, au bureau du Journal de Rouen, rue St-Lo, n° 7, [impr. Brière à Rouen]*, 1829. In-8.

Prospectus en tête duquel on lit : Édition unique créée pour les habitants de Rouen et de la Seine-Inférieure. On ne recevra pas au-delà de 1,500 souscripteurs, et les souscriptions sont ouvertes seulement pour les habitants du département de la Seine-Inférieure. La souscription sera fermée le 1er février 1830. L'édition aura 12 volumes in-8, qui paraîtront de mois en mois à partir du 1er mars. Prix de chaque volume : 2 fr. 25.

Nous ne croyons pas que cette édition ait jamais été entreprise.

650. OEuvres de P. Corneille, avec commentaires, notes, remarques et jugements littéraires. *Paris, Ledoyen, [impr. Goujon à Saint-Germain-en-Laye]*, 1830 [-1831]. 12 vol. in-8.

Le t. XII° contient les *Chefs-d'œuvre de Th. Corneille*.

651. OEuvres complètes de P. Corneille suivies des OEuvres choisies de Th. Corneille, avec les notes de tous les commentateurs. *Paris, chez Lefèvre, rue de l'Éperon n° 6, [impr. Éverat]*, 1834. 2 vol. gr. in-8, à 2 col., portr. (22 fr.)

Un second tirage, fait sur les mêmes clichés, porte la date de 1837.

652. OEuvres complètes de P. Corneille, suivies des OEuvres choisies de Th. Corneille, avec les notes de tous les commentateurs. *Paris, chez Lefèvre, [impr. Éverat]*, 1838 [-1839]. 4 vol. in-12.

653. OEuvres complètes de P. Corneille, suivies des OEuvres choisies de Th. Corneille, avec les notes de tous les commentateurs. *Paris, F. Didot et chez Lefèvre*, 1839. 2 vol. gr. in-8, à 2 col., portr. de P. Corneille.

Nouveau tirage de l'édition de 1834 (n° 651).

654. OEuvres des deux Corneille (Pierre et Thomas). Édition variorum collationnée sur les meilleurs textes. Précédées de la Vie de Pierre Corneille rédigée d'après des documents anciens et nouveaux, avec les variantes et les corrections de Pierre Corneille, ses Dédicaces, ses Avertissements et ses Examens, ses trois Discours sur la tragédie; accompagnées de notices historiques et littéraires sur chaque pièce des deux Corneille, ainsi que de notes historiques, philologiques et littéraires, formant le résumé des travaux de Voltaire, du père Brumoy, de l'abbé Batteux, Palissot, Victorin Fabre, Ginguené, l'empereur Napoléon, Guizot, Saint-Marc Girardin, Sainte-Beuve, Nisard, Taschereau; par Charles Louandre. *Paris, Charpentier, libraire éditeur, 28, quai de l'École*; [ou *Chez M*^{mo} *V*° *Dondey-Dupré*], 1853. 2 vol. in-12.

Tome Ier : 2 ff. prélim.; xlviii-622 pp. et 1 f. pour la *Table*. — Tome IIe : 2 ff. prélim. et 528 pp.

On a suivi pour cette édition le texte adopté par M. Renouard en 1817.

Il existe de nouveaux tirages sur clichés, avec le nom de *Charpentier* et les dates de 1860 et 1865.

655. OEuvres de P. Corneille, avec les notes de tous les commentateurs. *Paris, F. Didot et chez l'éditeur, Lefèvre, rue Hautefeuille, 18*, 1854 [-1855]. 12 vol. in-8 (84 fr.)

Collection des classiques français du XVIIe *siècle, publiée par M. Lefèvre.*

Cette édition, plus complète que les précédentes, était la meilleure qui existât avant celle qu'a publiée M. Marty-Laveaux. On y a fait entrer plusieurs pièces qui n'avaient pas encore été réunies aux œuvres de Corneille, quelques-unes mêmes, comme le *Presbytère d'Hénouville,* qui ne sont peut-être pas de lui. La notice de Fontenelle, qui ouvre le 1er volume, est suivie d'une seconde notice sur Corneille, due à M. Gaillard, de l'Académie de Rouen. Lefèvre a suivi le texte de l'édition de 1682, non sans l'avoir quelquefois abandonné, soit par inadvertance, soit de propos délibéré. Il a reproduit en entier les ouvrages de piété de Corneille, en les accompagnant du texte latin.

Il a été tiré 20 exemplaires sur papier vergé de Hollande.

656. OEuvres complètes de Pierre Corneille, suivies des OEuvres choisies de Th. Corneille. *Paris, L. Hachette et Cie, [impr. Lahure]*, 1857. 5 vol. in-18 (20 fr.).

Il existe un second tirage daté de 1862 (n° 661).

657. OEuvres complètes de J. Racine et de P. et T. Corneille. Nouvelle édition. *Paris, Gennequin, [impr. Gaittet et Cie]*, 1857. In-8 de 453 pp. à 2 col., portr.

658. OEuvres complètes de P. Corneille. Nouvelle édition, revue et annotée par M. Taschereau. *Paris, Chez P. Jannet*, 1857. 2 vol. in-12.

T. Ier : xxxix-495 pp.. — T. IIe : 534 pp. et 1 f.

Ces deux volumes, qui contiennent 13 pièces de Corneille, depuis *Mélite* jusqu'à *Pompée*, sont les seuls qui aient paru d'une édition qui devait être plus complète qu'aucune des éditions antérieures. Ils sont précédés d'une bibliographie des éditions des *OEuvres* de Corneille publiées de son vivant. M. Taschereau a pris pour point de départ de son travail le recueil de 1682, en conservant avec soin l'orthographe introduite par le poëte à partir de 1664. Un avertissement de l'éditeur la fait rapidement connaître au lecteur.

Il est très-regrettable que cette édition, interrompue par les mauvaises affaires de Jannet, n'ait pas été continuée.

Nous pouvons dire que M. Taschereau était aidé dans son travail de révision par M. Marty-Laveaux, qui préludait ainsi à la belle édition qu'il a donnée depuis sous son nom.

659. OEuvres complètes de Pierre Corneille et OEuvres choisies de Thomas Corneille, précédées de la vie de P. Corneille par Fontenelle, et contenant les notes de Voltaire, La Harpe, Marmontel, Palissot, Saint-Évremont, etc. *Paris, Firmin Didot frères, fils et Cie*, 1860. 2 vol. gr. in-8 a 2 col., portr. de P. Corneille (20 fr.).

Reproduction de l'édition de 1834 (n° 650), tirée sur les mêmes clichés, avec un nouveau titre. Il en existe plusieurs tirages sous des dates différentes.

660. OEuvres complètes de P. Corneille. *Paris, N. Chaix et Cie*, 1864. 7 vol. in-8.

Bibliothèque universelle des familles, publiée par Napoléon Chaix.

661. OEuvres complètes de Pierre Corneille, suivies des OEuvres choisies de Thomas Corneille. Édition Lahure. *Paris, L. Hachette et Cie, [impr. Lahure]*, 1862 [-1866]. 5 vol. in-18 jésus (14 fr.).

662. OEuvres de P. Corneille. Nouvelle Édition revue sur les plus anciennes impressions et les autographes, et augmentée de morceaux inédits, de variantes, de notices, de notes, d'un lexique des mots et locutions remarquables, d'un portrait, d'un fac-simile, etc., par M. Ch. Marty-Laveaux. *Paris, Librairie de L. Hachette et Cie*, [*impr. Lahure*], 1862 [-1868]. 12 vol. in-8, et un album gr. in-8, titres rouges et noirs.

Les Grands Écrivains de la France. Nouvelles éditions publiées sous la direction de M. Ad. Régnier, membre de l'Institut.

Tome Ier : 4 ff., cxvi et 502 pp. — Tome IIe : 4 ff. et 530 pp. (les pp. 437-438, 443-444 doivent être remplacées par des cartons signés d'un astérisque). — T. IIIe : 4 ff. et 572 pp. — T. IVe : 4 ff., 514 pp. et 1 f. — T. V^o : 4 ff. et 596 pp. — T. VIe : 4 ff. et 660 pp. — T. VIIe : 4 ff., 538 pp. et 1 f. — T. VIIIe : 4 ff., xxiii et 695 pp. — T. IXe : 4 ff et 613 pp. — T. X^e : 4 ff. et 583 pp. — T. XIe : 4 ff., xcv et 488 pp. — T. XIIe : 4 ff. et 572 pp. — *Album :* 2 ff. pour les titres; 2 ff. et 1 pl. chromolithogr. pour les *Armoiries de P. Corneille;* 2 ff. et 1 pl. sur cuivre pour le *Portrait* dessiné par *Sandoz*, d'après *Lebrun*, gravé par *Pannier*, terminé par *Leguay;* 8 ff. et 3 figg. sur bois pour les *Vues d'habitation;* 12 ff. et 5 figg. sur bois pour les *Théâtres, Décorations, Costumes;* 6 ff. et 2 pl. (dont une double), pour les *Fac-simile d'autographes.*

Les tomes XIe et XIIe portent un titre particulier ainsi conçu: *Lexique de la langue de P. Corneille, avec une Introduction grammaticale par M. Ch. Marty-Laveaux;* ouvrage qui a remporté le prix au concours de 1859 à l'Académie française.

Nous avons déjà dit tout le bien que nous pensons de cette édition qu'on peut appeler définitive. M. Marty-Laveaux, savant aussi consciencieux que modeste, n'a épargné ni le temps ni la peine pour nous donner une œuvre vraiment digne de la critique moderne. Son travail peut être proposé comme un modèle à tous ceux qui voudront publier les œuvres de nos auteurs classiques. Le seul regret que nous ayons à exprimer, c'est que, pour se conformer au plan général adopté par M. Régnier pour la collection des *Grands Écrivains*, l'éditeur ait été obligé de sacrifier l'orthographe de Corneille.

660. OEuvres complètes de P. Corneille. *Paris, Henri Plon, éditeur, 8, rue Garancière. Brière bibliophile.* M.DCCC.LXV [1865-1869]. 12 vol. in-32, pap. vél., portr.

T. Ier : faux-titre qui porte ces mots : *Classiques françois. — Collection du Prince Impérial, dédiée à Son Altesse Impériale avec l'autorisation de l'Empereur* (cette mention se retrouve sur les faux-titres et sur la couverture imprimée de chaque volume); portr. de Corneille en taille-douce, imprimé par *Chardon aîné* sur papier fort; titre; lxxxviii pp. pour la *Notice sur Pierre Corneille* par Jules Janin, et 479 pp., dont les 39 premières contiennent la *Vie de Corneille* par Fontenelle et diverses autres pièces. — T. IIe : 2 ff., 461 pp. et 1 f. pour la *Table*. — T. IIIe : 2 ff., 424 pp., 1 f. pour la *Table* et 1 f. blanc. — T. IVe : 2 ff., 362 pp. et 1 f. pour la *Table*. — T. V^e : 2 ff., 510 pp. et 1 f. pour la *Table*. — T. VIe : 2 ff., 465 pp. et 1 f. pour la *Table*. — T. VIIe : 2 ff. et 467 pp. — T. VIIIe : 2 ff., 400 pp., 1 f. pour la *Table* et 1 f. blanc. — T. IXe : 2 ff., 521 pp. et 1 f. pour la *Table*. — T. X^e :

2 ff., 542 pp. et 1 f. blanc. — T. XIe : 2 ff., 466 pp. et 1 f. blanc. — T. XIIe : 2 ff., iv pp. d'*Avertissement*, 449 pp. et 1 f. blanc.

Édition portative et bien imprimée. Le texte est assez correct jusqu'au tome XIe. Pour les onze premiers volumes, M. Brière, *bibliophile*, s'est borné à reproduire le texte donné par M. Marty-Laveaux, et c'est assurément ce qu'il pouvait faire de mieux. Il est regrettable qu'il n'ait pas reconnu lui-même, ainsi qu'il aurait dû le faire, les obligations qu'il a eues envers le savant auteur du *Lexique de Corneille*. Il a voulu présenter son travail d'abréviateur comme une œuvre originale; il n'a pas craint pour y parvenir de publier tous ses volumes sous le millésime de 1865, pour faire croire aux lecteurs, quelques années après, que les derniers volumes de sa publication avaient paru avant ceux de M. Marty-Laveaux, mais il a trahi lui-même son inexpérience dans le dernier volume. Le tome X^e de la *Collection des Grands Écrivains de la France* ayant tardé à paraître, M. Brière, qui ne pouvait attendre indéfiniment qu'il fût publié, a commencé par réimprimer les œuvres diverses de Corneille telles qu'elles avaient été données par M. Lefèvre en 1852; puis, ayant sous les yeux le volume que M. Marty-Laveaux s'était enfin décidé à laisser paraître, il y a puisé à pleines mains pour constituer une seconde partie. Nous n'aurions pas à parler de ces emprunts si M. Brière, au lieu de les avouer, n'avait écrit la phrase suivante : « La seconde partie se compose *en entier* de nos *découvertes personnelles*. Le lecteur jugera de l'intérêt de ces pièces que nous nous félicitons d'avoir *tirées de l'oubli*, dans lequel elles sont restées durant près de deux siècles. » Or les « découvertes » de M. Brière se bornent à s'être procuré, l'un des premiers, un exemplaire du tome X^e de la grande édition de M. Marty-Laveaux; il n'a fait que reproduire les pièces qui y sont contenues, mais sans ordre, sans méthode et surtout sans indiquer les sources. Il est surprenant qu'un éditeur qui a su faire de semblables « découvertes » n'ait pas su en tirer un meilleur parti.

664. ŒUVRES DE P. CORNEILLE : Théâtre complet; précédées de la vie de l'auteur par Fontenelle, et suivi d'un Dictionnaire donnant l'explication des mots qui ont vieilli. Nouvelle édition, imprimée d'après celle de 1682, ornée du portrait en pied colorié du principal personnage des pièces les plus remarquables. Dessins de M. Geffroy, sociétaire de la Comédie-Française, gravure de MM. Colin et Wolf. *Paris, Laplace et Cie*, [*impr. Bourdier, Capiomont et Cie*], 1868. Gr. in-8 de 583 pp. (18 fr.).

665. ŒUVRES COMPLÈTES DE P. CORNEILLE, SUIVIES DES ŒUVRES CHOISIES DE TH. CORNEILLE. *Paris, Hachette*, [*impr. Toinon et Cie à Saint-Germain*], 1871 [-1874]. 7 vol. in-18 (8 fr. 75).

Les principaux Écrivains français.

666. ŒUVRES DE PIERRE CORNEILLE. Théâtre complet. Nouvelle édition imprimée d'après celle de 1682, ornée de portraits en pied coloriés; dessins de M. Geffroy sociétaire de la Comédie-Française. *Paris, Laplace, Sanchez et Cie*, [*impr. Crété fils, à Corbeil*], 1873. 3 vol. in-18 jésus.

II. — OEuvres choisies.

667. Les Chef-d'oeuvres [sic] de P. Corneille. Savoir, Le Cid, Horace, Cinna, Polyeucte, Pompée, Rodogune. Avec le jugement des Savans à la suite de chaque pièce. *A Oxford, Chez Jacques Fletcher,* 1738. 2 vol. in-12.

Édition publiée par J.-G. Dupré, dont la signature se trouve au bas de la dédicace à la duchesse de Bedford.

668. Les Chef-d'oeuvres [sic] de P. Corneille. Savoir, Le Cid, Horace, Cinna, Polyeucte, Pompée, Rodogune. Avec le Jugement des Savans à la suite de chaque pièce. Nouvelle Édition. *A Oxford, Chez Jacques Fletcher,* M.DCC.XLVI [1746]. In-8 de 3 ff. prél. (y compris le titre imprimé sur un f. séparé) et 414 pp.

Le titre porte une petite gravure en taille-douce représentant un bâtiment d'Oxford et signée *Cole Oxon sc.* Les feuillets prélim. contiennent la dédicace de M. J.-G. Dupré et un *Avis au Lecteur.*
Vendu : 142 fr., mar. citr. (*Derome*), exempl. en grand papier, Renouard, 1854 (n° 1519); — 41 fr., mar. r. (*Bradel*), exemplaire en grand papier, Giraud, 1855 (n° 1627).

669. Les Chef-d'oeuvres [sic] dramatiques de Mrs Corneille, avec le jugement des Savans à la fin de chaque pièce. *Oxford. S. n. et s. d.* [*vers* 1750]. 2 vol. in-8.

Réimpression des éditions précédentes avec l'addition de deux pièces de Th. Corneille.
Il existe des exemplaires tirés dans le format in-4.

670. Les Chef-d'oeuvres [sic] dramatiques de Mrs Corneille, avec le Jugement des Savans à la suite de chaque pièce. Nouvelle Édition. *A Oxfort,* 1770. 3 vol. in-8.

Les *Jugemens des Savans* ont été augmentés de divers extraits du *Commentaire de Voltaire.*

671. Les Chef-d'oeuvres [sic] de Pierre et de Thomas Corneille. Nouvelle édition augmentée des Notes et Commentaires de M. de Voltaire. *A Paris, par la Compagnie des libraires associés,* 1771. 3 vol. in-12.

672. Les Chefs-d'oeuvre dramatiques de Messieurs Corneille, avec le jugement des savans à la suite de chaque pièce. *A Rouen, chez Machuel,* 1780. 3 vol. in-12.

673. Recueil des meilleures pièces dramatiques faites en France depuis Rotrou jusqua nos jours, ou le Théatre François [publié par Delisle de Salles]. *Lyon, Joseph Sulpice Grabit,* 1780-1781. 8 vol. in-8.

Cette collection, restée inachevée, est précédée de l'*Histoire de la Tragédie* [par l'éditeur] et de l'*Histoire du Théatre françois, depuis son origine jusqu'à Rotrou*, par Fontenelle. Elle contient des pièces de Rotrou, Mairet, du Ryer, Tristan l'Hermite, Corneille, etc.

674. Théatre choisi de P. Corneille. *A Paris, de l'imprimerie de Didot ainé,* 1783. 2 vol. In-4.

675. Chef-d'oeuvres [sic] dramatiques de P. et T. Corneille, avec le Jugement des Savans à la suite de chaque pièce. *Oxford,* 1783. 3 vol. in-12.

676. Les Chef-d'oeuvres [sic] de Pierre et de Thomas Corneille. Nouvelle Édition augmentée des Notes et Commentaires de M. de Voltaire. *A Paris, par la Compagnie des libraires associés,* 1785. 3 vol. in-12.

677. Chef-d'oeuvres [sic] de P. Corneille. *Paris,* 1785. 4 vol. in-18.

Petite Bibliothèque des Théâtres.

678. Chef-d'oeuvres [sic] de P. Corneille. *A Londres,* M.DCC.LXXXVI [1786]. 3 vol. in-24.

Édition publiée par *Cazin*.

679. Chefs d'oeuvre de P. Corneille. *Berlin, Maurer,* 1792-1793. 6 vol. in-12.

Collection d'auteurs classiques français, t. XI à XIII (chaque volume étant double).

680. Théatre de Pierre et de Thomas Corneille. *Francfort-sur-le-Mein, H. Bechtold. S. d.,* 2 vol. in-16.

Bibliothèque des classiques français, livres clxxv et clxxvi.

681. Chefs-d'oeuvre de P. Corneille. Édition stéréotype. *A Paris, chez Didot l'ainé et chez Firmin Didot, an VIII.* 3 vol. in-18.

T. Ier : 256 pp. — T. IIe : 318 pp. — T. IIIe : 315 pp. — On joint à cette édition les *Chefs-d'œuvre de T. Corneille* en un vol, in-18 de 243 pp.

682. Chef-d'oeuvres [sic] de P. et Th. Corneille. *A Paris, chez Deterville et Debray, [impr. Didot jeune], an IX-1800.* 4 vol. in-18, sur papier carré fin d'Angoulême.

683. CHEFS-D'OEUVRE DE P. ET TH. CORNEILLE, avec les Remarques de Voltaire. *Paris, Stéréotype d'Herhan*, 1805. 5 vol. in-12.

684. CHEFS-D'OEUVRE DE P. CORNEILLE. *A Paris, chez H. Nicolle, et chez A. Belin.* [*impr. Belin*], 1812. 4 vol. in-18 (6 fr.).

<small>Les mêmes libraires ont publié, sous la même date, les *Chefs-d'œuvre de Th. Corneille*, in-18.</small>

685. CHEFS-D'OEUVRE DE P. [ET DE TH.] CORNEILLE. Édition stéréotype d'après le procédé de Firmin Didot. *Paris, P. Didot, et F. Didot*, 1813. In-18 (4 fr.).

<small>Tiré à 1,600 exemplaires.</small>

686. CHEFS-D'OEUVRE DE P. CORNEILLE. *Paris, Menard et Raimond; Versailles, chez Lebel*, 1813. 3 vol. in-12.

<small>*Répertoire général du Théâtre-Français*, tomes I-III.</small>

687. LES CHEFS-D'OEUVRE DE P. CORNEILLE. *Paris, P. Didot l'aîné*, 1814. 3 vol. in-8.

<small>*Collection des meilleurs Ouvrages de la Langue française, dédiée aux amateurs de l'art typographique.* Tomes XIII, XIV et XV.
Prix : 13 fr. 50 ; — papier fin : 22 fr. 50 ; — papier vélin : 45 fr.</small>

688. CHEFS-D'OEUVRE DE P. CORNEILLE, avec les Commentaires de Voltaire et des Observations critiques sur ces Commentaires. Par M. Lepan. Seule édition où l'on trouve le véritable texte de Corneille et les changemens adoptés par la Comédie française; faite par souscription au profit de Mlle J. M. Corneille. *Paris, Cordier*, 1817. 5 vol. in-8 (30 fr.).

<small>Ces trois volumes ont été tirés également dans le format in-12 sur papier plus commun (prix : 20 fr.).
Cette édition n'étant pas épuisée en 1826, l'éditeur dut en rajeunir les titres. Voy. le n° 701.</small>

689. CHEFS-D'OEUVRE DE P. CORNEILLE, avec les Commentaires de Voltaire. *Paris, H. Nicolle,* [*impr. Egron*], 1818. 5 vol. in-12.

<small>*Répertoire général du Théâtre français, composé des tragédies, des comédies et drames des auteurs du premier et du second ordre restés au Théâtre français,* tomes I-V.</small>

690. CHEFS-D'OEUVRE DE P. CORNEILLE. *Paris, Dabo et Tremblay,* [*impr. Tremblay à Senlis*], 1819. 4 vol. in-18 (6 fr.).

691. THÉATRE FRANÇAIS : RÉPERTOIRE COMPLET. P. CORNEILLE. Édition Touquet. *A Paris, chez l'éditeur, rue de la Huchette, n° 18,* [*impr. Belin*], 1821-1822. 4 vol., pet. in-12.

692. CHEFS-D'OEUVRE DE P. CORNEILLE. *Paris, Dabo, [impr. Tremblay]*, 1821. 4 vol. in-18.

Répertoire général du Théâtre Français, composé des tragédies, comédies et drames des auteurs du premier et du second ordre, tomes I-IV.

693. CHEFS-D'OEUVRE DE P. CORNEILLE. *Paris, Ménard et Desenne, [impr. Chaigneau]*, 1822. 4 vol. in-18 ou in-12, figg.

Bibliothèque française, 56e et 57e livraisons.

Les figures se composent d'un portrait de Corneille et de 12 figg., d'après Devéria, pour *le Cid, Horace, Cinna, Polyeucte, la Mort de Pompée, le Menteur, Rodogune, Héraclius, Don Sanche, Sertorius, Nicomède* et *Psyché*.

Les livraisons de cette collection, composées chacune de 2 volumes, ont été mises en vente au prix de 4 fr., format in-18, et de 5 fr., format in-12, pour les souscripteurs. Les non-souscripteurs ont payé 1 fr. de plus par volume. Les exemplaires en papier vélin ont été payés le double de ce prix.

694. OEUVRES CHOISIES DE P. CORNEILLE. *Paris, Lheureux, [impr. F. Didot]*, 1822 [-1823]. 4 vol. in-8.

On joint à cette édition les *Chefs-d'œuvre de T. Corneille* qui forment un 5e volume.

Prix de chaque volume : papier ordinaire, 5 fr.; papier d'Annonay, 7 fr.; papier vélin satiné, 11 fr.

695. CHEFS-D'OEUVRE DE P. CORNEILLE. *Paris, Saintin, [impr. Crapelet]*, 1823. 3 vol. in-32 (5 fr.).

696. CHEFS-D'OEUVRE DE P. CORNEILLE. *Paris, L. de Bure, [impr. Firmin Didot]*, 1824. 4 vol. In-32, portr.

Classiques français, ou Bibliothèque portative de l'Amateur.

T. I : 2 ff. prélim. et portrait; *Vie de P. Corneille par Fontenelle*, pp. (I)-XXV; *Trois Discours concernant l'art dramatique*, pp. (XXVII)-CLXXIII; Table des onze pièces considérées comme chefs-d'œuvre, avec leur date, p. (CLXXV): *Le Cid. Horace*, pp. (1)-230; 1 f. de *Table*. — T. II : 2 ff. prélim.; *Cinna, Polyeucte, le Menteur*, pp. (1)-335. — T. III : 2 ff. prélim.; *Pompée, Rodogune, Héraclius*, pp. (1)-330; 1 f. de *Table*. — T. IV : 2 ff. prélim.; *Don Sanche, Nicomède, Sertorius*. pp. (1)-333; 1 f. de *Table*.

Jolie édition bien imprimée; on y joint les *Chefs-d'œuvre de T. Corneille*, in-12 de 2 ff. prélim. et 347 pp., contenant : *Ariane, le Comte d'Essex, le Festin de pierre*.

697. CHEFS-D'OEUVRE DRAMATIQUES DE P. CORNEILLE. *Paris, Ladrange, Guibert, Lheureux et Verdière, [impr. J. Didot l'aîné]*, 1824. 4 vol. in-18.

Répertoire du Théâtre-Français, tomes I-IV.

698. CHEFS-D'OEUVRE DE P. CORNEILLE, avec les observations des anciens commentateurs et de nouvelles remarques. Par MM. Ch.

Nodier et P. Lepeintre. *Paris, chez M^{mc} Dabo Butschert, [impr. F. Didot]*, 1824, [-1825]. 2 vol. in-8.

Bibliothèque dramatique, ou Répertoire universel du Théâtre-François. Première série, tomes I et II.

Prix du volume : papier ordinaire, 8 fr. 50; grand raisin vélin, 20 fr.

Le tome Ier contient un portrait de Corneille et un fac-simile de son écriture.

699. CHOIX DES TRAGÉDIES DE CORNEILLE, suivi de notes, précédé d'un essai sur les progrès de la littérature dramatique, par Ventouillac. *Londres*, 1824. 2 vol. in-12.

700. CHEFS-D'OEUVRE DE PIERRE CORNEILLE, avec les Examens de Voltaire et de Laharpe, précédés de sa Vie par Fontenelle et de son Éloge par Gaillard. *Paris, Sautelet. [impr. Pinard]*, 1825 [-1826]. 2 vol. in-8.

Un 3e volume contient les *Chefs-d'œuvre de Thomas Corneille.*

701. CHEFS-D'OEUVRE de PIERRE CORNEILLE, avec ses Préfaces, les Examens qu'il a faits sur ses pièces et ses trois Discours sur le poëme dramatique; accompagnés des Commentaires de Voltaire, etc. Seule édition où se trouve l'indication des changemens adoptés par la Comédie Française. *Paris, chez l'éditeur [M. Lepan], Cour du commerce, [impr. Tilliard]*, 1826. 5 vol. in-12.

Édition de 1817, avec un nouveau titre. Voy. le n° 688.

702. CHEFS-D'OEUVRE DE PIERRE ET THOMAS CORNEILLE, avec les notes de tous les commentateurs. *Paris, Charles Béchet, quai des Augustin n° 57, [impr. Fournier]*, 1827. In-8.

703. OEUVRES DE PIERRE ET DE THOMAS CORNEILLE. Nouvelle édition. *Paris, Baudouin frères, rue de Vaugirard, n° 17, [impr. Rignoux]*, 1827. 2 vol. in-24.

Collection du Répertoire du Théâtre-Français.

704. OEUVRES DE P. CORNEILLE. *Paris, Dufour et compagnie, rue du Paon n° 1, [impr. J. Didot ainé]*, 1827. 4 vol. in-48.

Collection des Classiques en miniature.

705. CHEFS-D'OEUVRE DE CORNEILLE, suivis de notes et précédés d'une notice sur la vie et les ouvrages de l'auteur, par L. T. Ventouillac. *Londres, S. Low*, 1827. 2 vol. in-18.

Choix des Classiques français.

706. ŒUVRES CHOISIES DE P. CORNEILLE. *Paris, Emler frères,* [*impr. Fournier*], 1829. 4 vol. in-8.

707. CHEFS-D'ŒUVRE DE PIERRE CORNEILLE. *Paris, Lecointe, quai des Augustins n° 49,* [*impr. Lachevardière*], 1830, 4 vol. in-18.
<small>Nouvelle bibliothèque des Classiques français.</small>

708. CHEFS-D'ŒUVRE DE P. CORNEILLE. *Paris, Hiard, rue Saint-Jacques n° 156,* [*impr. Marchand-Dubreuil*], 1831. 4 vol. in-18.
<small>Bibliothèque des Amis des lettres, livr. 98-101.</small>

709. ŒUVRES CHOISIES DE P. CORNEILLE. *Paris, Treuttel et Würtz,* [*impr. Herhan*], 1831. 4 vol. in-8.
<small>Nouvelle Bibliothèque classique.</small>

710. CHEFS-D'ŒUVRE DE P. CORNEILLE, revus sur les dernières éditions originales, précédés de l'éloge de P. Corneille, par Victorin Fabre, et augmentés de l'analyse et du choix des meilleurs morceaux extraits des Poésies, des Psaumes et de la traduction de l'Imitation de Jésus-Christ, par M. H. Le Corney. *Paris, Pourrat frères, rue des Petits Augustins, n° 5,* [*impr. Rignoux*], 1832. 5 vol. in-8.

711. CHEFS-D'ŒUVRE DE P. CORNEILLE, revus sur les dernières éditions originales et précédés d'une notice sur sa vie et ses ouvrages. *Paris, Roger, rue de Seine n° 10,* [*impr. Rignoux*]. 1834-1835. 69 livraisons in-8.
<small>Cette publication avait été annoncée comme devant être complète en 45 ou 50 livraisons, au prix de 25 c.</small>

712. CHEFS-D'ŒUVRE DE P. CORNEILLE. *Paris, Poussielgue,* 1836. 4 vol. in-32.

713. CHEFS-D'ŒUVRE DE P. CORNEILLE. *Paris, Pougin, quai des Augustins, n° 49,* [*impr. Leboyer, à Lagny*], 1837. 4 vol. in-18.

714. CHEFS-D'ŒUVRE DE PIERRE ET THOMAS CORNEILLE, précédés d'une notice par Fontenelle, enrichis de préfaces et notes par Voltaire. *Paris, Desbleds, rue des Grands-Augustins, n° 26,* [*impr. Saintin*], 1838. 5 vol. in-18.

715. Chefs-d'oeuvre dramatiques de P. Corneille, suivis des OEuvres choisies de Th. Corneille. *Paris, Lefevre, [impr. Everat]*, 1839. In-12 (3 fr. 50).

716. Chefs-d'oeuvre de P. et Th. Corneille. *Paris, Locquin, rue Notre-Dame des Victoires, n° 16*, 1842. 5 vol. in-12 (2 fr.).

717. Théatre de Pierre et de Thomas Corneille, avec notes et commentaires. *Paris, F. Didot*, 1842. 2 vol. in-12 (6 fr.).

718. Théatre classique; contenant le Cid, Horace, Cinna, Polyeucte de P. Corneille, le Misanthrope de Molière, Britannicus, Esther, Athalie de J. Racine, avec les préfaces des auteurs, les examens de Corneille, les variantes, le texte des imitations et un choix de notes de tous les commentateurs. *Paris, Dezobry et Magdeleine, [impr. Hennuyer aux Batignolles]*, 1844. In-18.

719. OEuvres de P. et Th. Corneille, précédées de la Vie de Pierre Corneille par Fontenelle et des Discours sur la poésie dramatique. Nouvelle édition. *Paris, Furne, rue Saint-André des Arts, n° 55, [impr. Fournier]*, 1844. In-8.

Ce recueil contient 17 pièces et quelques poésies.

720. Chefs-d'oeuvre dramatiques de P. Corneille, avec les notes de tous les commentateurs. Troisième édition. *Paris, Lefèvre, [impr. Lacrampe]*, 1844-1845. 3 vol. in-18.

721. Théatre classique, contenant le Cid, Horace, Cinna, Polyeucte de P. Corneille; le Misanthrope de Molière; Britannicus, Esther, Athalie de Racine. *Paris, Dezobry et Magdeleine, [impr. Hennuyer]*, 1845. In-18.

722. Chefs-d'oeuvre de P. Corneille, avec notes et commentaires. *Paris, F. Didot, rue Jacob, 56*, 1846. In-16, portr.

723. Bibliothèque française du Baccalauréat ès-lettres, à l'usage des aspirants. Poëtes dramatiques. Tome I. Corneille : Le Cid, Polyeucte. Racine: Britannicus. *Paris, Boulet, rue Basse du Rempart, 64, [impr. Dondey-Dupré]*, 1846. In-18.

724. OEuvres de Pierre et Thomas Corneille. Nouvelle édition. *A Paris, chez Mme veuve Desbleds, rue des Grands Augustins, [impr. Giroux, à Saint-Denis du Port]*, 1846. In-18.

La couverture porte : *Collection européenne* et le nom du libraire *Béchet.*

725. OEuvres de J. Racine et de P. et T. Corneille. Nouvelle édition. *A Paris, chez Lecou, rue du Bouloi, 10, [impr. Bailly],* 1847. Gr. in-8, à 2 colonnes.

<small>Cette édition, à laquelle on a substitué un titre au nom d'*Eugène Victor et Penaud frères, rue du Faubourg-Montmartre,* 10, a été donnée en prime *gratis* aux deux mille premiers souscripteurs des publications de ces éditeurs.</small>

726. Théatre choisi de Corneille, avec une notice biographique et littéraire et des notes par M. Géruzez. *Paris, Hachette, [impr. Crapelet],* 1848. In-12.

727. Théatre classique, contenant le Cid, Cinna, Polyeucte, de P. Corneille; Britannicus, Esther, Athalie, de J. Racine; Mérope, de Voltaire; le Misanthrope, de Molière, avec les préfaces des auteurs, les examens de Corneille, les variantes, les principales imitations et un choix de notes. Nouvelle édition revue sur les meilleurs textes par un professeur de l'académie de Paris. *Paris, L. Hachette, [impr. Panckoucke],* 1848. In-12 (2 fr. 50).

728. OEuvres de J. Racine et de P. et T. Corneille. Nouvelle édition. *Paris, Penaud frères,* 1851. In-8 (12 fr. 50).

<small>Édition publiée par *Lecou* en 1847 (n° 725), à laquelle on a mis un nouveau titre.</small>

729. Cinna, Polyeucte, le Menteur, Pompée, Rodogune, Héraclius, Nicomède, Don Sanche, Sertorius, par P. Corneille. *Paris, Barba, [impr. Plon],* 1852. In-4, à 2 col.

<small>*Panthéon populaire illustré.* Chaque pièce a une pagination séparée.</small>

730. Chefs-d'oeuvre de P. Corneille, avec une histoire abrégée du Théâtre-Français, une biographie de l'auteur et un choix de notes de divers commentateurs; par M. D. Saucié. Nouvelle édition. *Tours, A Mame,* 1853. In-8.

<small>*Bibliothèque de la jeunesse chrétienne.*</small>

731. OEuvres de Pierre Corneille, précédées d'une notice sur sa vie et ses ouvrages, par Fontenelle. *Paris, Furne, [impr. Claye],* 1853. In-8 de 2 ff., xii-758 pp. et 1 f.; portr. et figg. (7 fr.).

<small>*Nouvelle Collection de classiques français, comprenant les chefs-d'œuvre littéraires du XVIIe siècle.*
Ce choix contient 11 pièces précédées chacune d'une figure d'après *Bayalos.*</small>

732. Théatre classique, contenant le Cid, Horace, Cinna, Polyeucte, de P. Corneille; Britannicus, Esther, Athalie, de J.

Racine; Mérope, de Voltaire; le Misanthrope, de Molière; avec les préfaces des auteurs, les examens de Corneille, les variantes et les principales imitations, et annoté par Ad. Regnier. *Paris, L. Hachette, [impr. Lahure]*, 1853. In-12.

733. Œuvres de P. Corneille, précédées d'une notice sur sa vie et ses ouvrages, par Julien Lemer. *Paris, Ad. Delahays, [impr. Raçon]*, 1855. 2 vol. in-18 (6 fr.).

Édition publiée en 1854.

734. Œuvres de Pierre Corneille, précédées d'une notice sur sa vie et ses ouvrages, par Fontenelle. *Paris, Furne, [impr. Claye]*, 1857. Gr. in-8, figg.

Réimpression sur clichés exécutée en 1856. Voy. le n° 731.

735. Œuvres de Pierre Corneille, précédées d'une notice sur sa vie et ses ouvrages, par Julien Lemer. *Paris, Delahays, [impr. Raçon]*, 1857. 2 vol. in-18.

Bibliothèque d'un homme de goût. — Réimpression sur clichés. Voy. le n° 733.

736. Théatre choisi de Corneille. Édition classique, précédée d'une notice littéraire, par F. Estienne [*Léon Feugère*]. *Paris, Jules Delalain*, 1857. In-24 de 456 pp. (1 fr. 75).

737. Œuvres de P. et Th. Corneille, précédées de la vie de Pierre Corneille, par Fontenelle et des discours sur la poésie dramatique. Nouvelle édition illustrée de douze gravures sur acier. *Paris, Garnier frères, [impr. Raçon]*, 1857. Gr. in-8 à 2 col. (12 fr. 50).

738. Chefs-d'œuvre de P. Corneille, avec une histoire abrégée du Théâtre-Français, une biographie de l'auteur et un choix de notes de divers commentateurs; par D. Saucié, agrégé de l'université, professeur de rhétorique au lycée de Tours. *Tours, Mame et Cie*, 1858. In-8 de 383 pp. et 4 figg.

Bibliothèque de la jeunesse chrétienne. — Réimpression sur clichés. Voy. le n° 730.

739. Théatre de Corneille. Nouvelle édition. *Paris, Garnier frères, [impr. Raçon, 1858]*. In-18 jésus de 507 pp.

740. Chefs-d'œuvre de Corneille, avec une histoire abrégée du Théâtre-Français, une biographie de l'auteur et un choix de notes de divers commentateurs; par M. D. Saucié, professeur de

rhétorique. Nouvelle Édition. *Tours, imprimerie et librairie Mame et Cie*, 1860. In-8 de 383 pp. et 4 figg.

<small>*Bibliothèque de la jeunesse chrétienne.* — Réimpression sur clichés. Voy. le n° 730.</small>

741. OEUVRES DE PIERRE CORNEILLE, précédées d'une notice sur sa vie et ses ouvrages, par Fontenelle. *Paris, Furne et Cie, [impr. Claye]*, 1861. In-8, portr. et figg. (7 fr.).

<small>*Nouvelle collection des classiques français.* — Réimpression sur clichés. Voy. le n° 731.</small>

742. OEUVRES DE P. ET TH. CORNEILLE, précédées de la vie de P. Corneille, par Fontenelle, et des discours sur la poésie dramatique. Nouvelle édition illustrée de douze gravures sur acier. *Paris, Garnier, [impr. Raçon]*, 1861. Gr. in-8 de 535 pp. à 2 col. (12 fr. 50).

<small>Réimpression faite sur clichés. Voy. le n° 737.</small>

743. OEUVRES CHOISIES DE P. CORNEILLE. Nouvelle édition, revue. *Paris, Vermot, [impr. Raçon]*, 1863. In-8 de 250 pp.

744. CHEFS-D'OEUVRE DE CORNEILLE, avec une histoire abrégée du Théâtre-Français, une biographie de l'auteur et un choix de notes de divers commentateurs; par D. Saucié, professeur agrégé. Nouvelle édition. *Tours, Mame et Cie*, 1863. In-8 de 383 pp. et 4 figg.

<small>*Bibliothèque de la jeunesse chrétienne.* — Réimpression sur clichés. Voy. le n° 730.</small>

745. CHEFS-D'OEUVRE DE CORNEILLE. Le Cid, Cinna, Horace, Polyeucte, le Menteur. *Paris, Hachette, [impr. Lahure]*, 1865. In-18 jésus de VII-339 pp.

746. CHEFS-D'OEUVRE DE P. CORNEILLE, précédés de la vie de Pierre Corneille, par Fontenelle. *Paris, Ducrocq, [impr. Moulin, à Saint-Denis]*, 1865. In-8 de 440 pp. (3 fr. 50).

<small>*Bibliothèque des Lycées et Colléges.*</small>

747. THÉATRE CHOISI DE CORNEILLE, avec une notice biographique et littéraire et des notes, par E. Géruzez. *Paris, Hachette, [impr. Lahure]*, 1865. In-12 de LXXXVIII et 525 pp. (2 fr. 50).

748. THÉATRE DE CORNEILLE. Nouvelle édition collationnée sur la

dernière édition publiée du vivant de l'auteur. *Paris, Garnier,* [*impr. Lainé*], 1865. In-18 de 507 pp.

Réimpression sur clichés. Voy. le n° 739.

749. OEuvres de Pierre et Thomas Corneille, précédées de la Vie de Pierre Corneille, par Fontenelle, et des Discours sur la poésie dramatique. Nouvelle édition illustrée de 12 gravures sur acier. *Paris, Garnier frères,* [*impr. Raçon*], 1865. Gr. in-8, à 2 col. (12 fr. 50).

Réimpression faite sur clichés. Voy. le n° 737.

750. OEuvres choisies de Pierre Corneille. Nouvelle édition. *Paris, Vermot et Cie,* [*impr. Divry et Cie*], 1867. In-8 de iv et 220 pp., portr.

Réimpression faite sur clichés. Voy. le n° 743.

751. Chefs-d'oeuvre de Pierre Corneille. *Paris, Marpon,* [*impr. Dubuisson*], 1867. 2 vol. in-32 (0 fr. 50).

Bibliothèque nationale.
T. Ier : *Le Cid, Horace* (191 pp.). — T. IIe : *Cinna, Polyeucte* (177 pp.).

752. Chefs-d'oeuvre de P. Corneille, avec une histoire abrégée du Théâtre-Français, une biographie de l'auteur et un choix de notes de divers commentateurs, par D. Saucié, professeur de rhétorique. Nouvelle édition. *Tours, Mame et fils,* 1867. In-8 de 383 pp. et 4 figg.

Bibliothèque de la jeunesse chrétienne. — Réimpression sur clichés. Voy. le n° 730.

753. OEuvres choisies de Corneille. Nouvelle édition revue. *Paris, Vermot,* [*impr. Blot*], 1868. In-8 de iv et 220 pp., portr.

Réimpression faite sur clichés. Voy. le n° 743.

754. Chefs-d'oeuvre de Pierre Corneille. Le Cid, Horace, Cinna, Polyeucte, le Menteur. *Paris, Hachette,* [*impr. Toinon et Cie, à Saint-Germain*], 1868. In-18 jésus de vii et 339 pp.

Réimpression faite sur clichés. Voy. le n° 745.

755. Théatre de Pierre et de Thomas Corneille, avec notes et commentaires. *Paris, librairie de Firmin Didot frères, fils et Cie,* 1868. 2 vol. in-12, portr. (6 fr.).

T. Ier : 2 ff., portr., 560 pp. et 2 ff. blancs. — T. IIe : 2 ff. et 552 pp.
Cette édition stéréotypée contient 12 pièces de P. Corneille, plus le *Comte d'Essex* et le *Festin de pierre* de Th. Corneille. Le portrait est une gravure sur bois fort grossière.

756. OEuvres choisies de Corneille. Nouvelle édition revue. *Paris, A. Rigaud,* [*impr. Rochette*], 1869. In-8, portr.

<small>Édition imprimée sur les clichés de Vermot (n° 743).</small>

757. Théatre choisi de Corneille. Édition classique précédée d'une notice littéraire, par F. Estienne [L. Feugère]. *Paris, Jules Delalain,* 1870. In-18 de xv et 416 pp. (1 fr 75).

758. Théatre de Corneille. Nouvelle édition, collationnée sur la dernière édition publiée du vivant de l'auteur. *Paris, Garnier frères,* [*impr. Lainé*], 1870. Gr. in-18 de 507 pp. (3 fr.)

<small>Édition tirée sur clichés. Voy. le n° 737.</small>

759. Chefs-d'oeuvre de P. Corneille, avec une histoire abrégée du Théâtre-Français, une biographie de l'auteur et un choix de notes de divers commentateurs; par M. D. Saucié, professeur de rhétorique au lycée de Tours. Nouvelle édition. *Tours, Mame et Cie,* 1870. In-8 de 383 pp. et 4 figg.

<small>*Bibliothèque de la jeunesse chrétienne.* — Réimpression sur clichés. Voy. le n° 730.</small>

760. Théatre choisi de Corneille, avec une notice biographique et littéraire et des notes, par E. Géruzez. *Paris, Hachette,* [*impr. Lahure*], 1872. In-18 jésus de lxxxviii et 525 pp. (2 fr. 50.)

<small>Réimpression sur clichés. Voy. le n° 747.</small>

761. OEuvres choisies de P. Corneille. Nouvelle édition, revue. *Paris, Rigaud,* [*impr. Martinet*], 1873. In-8 de iv et 220 pp.

<small>Édition tirée sur clichés (voy. les n°s 743 et 756). Un autre tirage porte la date de 1874.</small>

762. Chefs-d'oeuvre de P. Corneille, précédés d'une notice sur l'auteur. Nouvelle édition. *Limoges, E. Ardant,* 1874. In-8 de 232 pp., figg.

763. OEuvres de Pierre Corneille, précédées d'une notice sur sa vie et ses œuvres, par Fontenelle. *Paris, Furne, Jouvet et Ce,* 1875. In-8.

<small>Réimpression exécutée sur les clichés de *Furne* (n° 731). La couverture imprimée porte seule la date.</small>

XII. — ÉDITIONS DES OUVRAGES DE PIÉTÉ DE CORNEILLE

PUBLIÉES DEPUIS SA MORT JUSQU'À NOS JOURS.

I

764. L'Imitation de Jésus-Christ, traduite et paraphrasée en Vers François, par P. Corneille. A *Lyon*, 1693. In-12.

765. L'Imitation de Jésus-Christ, traduite et paraphrasée en Vers François par P. Corneille, Conseiller du Roi. Édition nouvelle Retouchée par l'Auteur avant sa mort. A *Brusselle, Chez François Foppens, au S. Esprit*. M.DCC.IV [1704]. In-12 de xxiij pp. prélim. (y compris une 1ʳᵉ fig., tirée à part et ne faisant pas partie du premier cahier), 1 f. pour la figure du premier livre, 440 pp. et 4 ff. pour la *Table*, avec 5 figg. en tout.

> Titre rouge et noir. Les figures qui précèdent chaque livre ne rentrent pas dans la pagination.
> Au verso du dernier feuillet se trouve un extrait du privilége donné par Philippe IV à *Foppens*, le 24 décembre 1663, avec mention de son renouvellement le 11 octobre 1690, et cette autre mention : « Le 20. Octobre 1703. ce Privilege a encore été renouvellé pour neuf ans sous le Regne du Roi Philippe V. »

766. L'Imitation de Jésus-Christ, traduite et paraphrasée en Vers François par P. Corneille. *A Paris, Chez David*; [ou *Chez Charpentier*; ou *Chez Osmont*]. M.DCC.XV [1715]. In-12.

767. L'Imitation de Jésus-Christ, traduite et paraphrasée en vers François. Par P. Corneille, Conseiller du Roy. Édition nouvelle, Retouchée par l'Auteur avant sa mort. A *Bruxelles, Chez François Foppens, Libraire*. M.DCC.XV [1715]. Avec Privilege de Sa Majesté. In-12 de xxiij pp. (y compris la 1ʳᵉ fig. qui ne fait pas partie des cahiers prélim.), 1 f. contenant la fig. pour le 1ᵉʳ livre, 440 pp., 4 ff. pour la *Table* et l'*Extrait du Privilege*, avec 5 figg. en tout.

> Titre rouge et noir.
> L'exemplaire de cette édition que nous avons vu à la bibliothèque de l'Arsenal contient, avant les feuillets de *Table*, un cahier de 4 ff., paginé de 1 à 8 et signé d'un astérisque, où se trouvent des *Traductions nouvelles de quelques Pseaumes* et une *Paraphrase nouvelle de l'Oraison dominicale*.

768. L'Imitation de Jésus-Christ, traduite et paraphrasée en Vers François, par P. Corneille. *A Nancy, Chez Abel Denys Cusson,* 1745. In-4.

> L'éditeur a placé à la suite de l'*Imitation* la plus grande partie des œuvres spirituelles de Corneille, ses traductions de l'*Office de la Vierge*, des *Sept Psaumes de la Pénitence*, des *Vêpres du Dimanche*, des *Hymnes du Bréviaire romain* et des *Louanges de la Sainte-Vierge*, mais il a retranché les *Instructions chrestiennes* tirées de l'*Imitation* et les *Prières chrestiennes*. Il s'est en outre permis un grand nombre de changements, sur la foi d'un exemplaire, que le hasard lui avait fourni. Cet exemplaire portait des corrections manuscrites qu'il croyait pouvoir attribuer à Corneille lui-même.

769. Imitation de Jésus-Christ, traduite et paraphrasée en Vers François. Par Mr Pierre Corneille, de l'Académie Françoise. *A Bruxelles, Chez François Foppens, Libraire.* M.DCC.L [1750]. In-12 de 12 ff., 440 pp. et 4 ff. pour la *Table*.

> Édition imprimée en France, probablement à Paris. Titre rouge et noir.
> Il en existe des exemplaires avec la date de 1751.

770. L'Imitation de Jésus-Christ, traduite et paraphrasée en Vers François, par Pierre Corneille, Conseiller du Roy. Édition nouvelle, Retouchée par l'Auteur avant sa mort. *A Paris, Chez David...*; [ou *Chez la Veuve Gandouin, Quai des Augustins*; ou *Chez la Veuve Brocas & Aumont, rue Saint-Jacques*; — *impr. de Lebreton, imprimeur ordinaire du Roi*]. M.DCC.LI [1751]. Avec Approbation et Privilege du Roy. In-12 de 12 ff., 545 pp. et 3 ff. pour la *Table*, plus 5 figg. de *Pocquet*.

> Le privilége, dont nous trouvons le texte dans les feuillets prélim., est accordé pour dix ans à *Michel-Étienne David*, à la date du 13 novembre 1744. C'est un privilége général analogue à celui que nous avons déjà signalé (n° 634).
> Les figures sont copiées sur celles de l'édition de 1656, in-4.

771. L'Imitation de Jésus-Christ, traduite en vers, par P. Corneille. *A Paris, Chez David,* 1799. In-12.

772. L'Imitation de Jésus-Christ, traduite en vers par P. Corneille. *Berne, Société typographique,* 1800. In-12.

> L'*Imitation* fut en outre réimprimée dans les *Œuvres de Corneille* publiées en 1802, par Palissot (n° 644); en 1817, par Renouard (n° 645); en 1821, par Janet et Cotelle (n° 646); en 1824, par Lefèvre (n° 647).

773. L'Imitation de Jésus-Christ. Texte latin suivi de la traduction de P. Corneille. *Paris, Imprimerie impériale,* 1855. Gr. in-fol., figg.

> « En 1640, l'Imprimerie royale inaugurait sa fondation par une édition de

l'*Imitation* commandée par Richelieu. En 1855, le même établissement voulut, à l'occasion de l'Exposition universelle, produire une œuvre typographique monumentale, en publiant une autre édition du même ouvrage, dans laquelle l'ornementation unirait la richesse des détails à la sévérité du style. L'édition de 1640 est sans doute un beau livre, mais celle de 1855 est unique sous le rapport typographique : elle présente, en effet, une nouvelle phase des impressions en or et en couleurs. Ici, ce ne sont plus des encadrements se répétant à chaque page, mais des têtes de livres ou de chapitres, et des lettres ornées conservant la même physionomie, tout en offrant une constante diversité.

« Les ornements du texte, imprimés en or et en couleurs, comprennent un faux-titre général, un titre avec figures en miniature, quatre faux-titres, quatre têtes de livre, cent dix têtes de chapitre, soixante petites vignettes, trois cents lettres ornées et cinquante-six culs-de-lampe.

« A l'impression, les faux-titres, les têtes de livre et les têtes de chapitre ont donné lieu à sept tirages ; chacune des autres pages à six, l'encadrement du titre à huit, et les huit petites miniatures à vingt-quatre. Ces miniatures avaient offert à la décomposition trente teintes différentes. »

Ainsi s'exprime le rédacteur de la *Bibliographie de la France* au sujet de ce volume dû au faste impérial. Nous sommes loin, quant à nous, de partager son admiration pour cet ouvrage somptueux. Tout en admirant la perfection des procédés mécaniques employés aujourd'hui, nous trouvons que la décoration du volume ne s'harmonise pas avec l'impression du texte. Nous ne comprenons pas, du reste, que l'on veuille appliquer la chromolithographie à la décoration des livres. Excellente pour reproduire des antiquités, des objets d'art, des dessins d'étoffe, etc., elle nous paraît impuissante à reproduire les enluminures des vieux manuscrits. Les couleurs sont sans relief, l'or sans éclat, le dessin sans vigueur ; l'ensemble est lourd et cotonneux ; aussi les amateurs sérieux ont-ils toujours repoussé ce genre d'images.

Le volume sorti des presses de l'Imprimerie impériale n'a été tiré qu'à 103 exemplaires numérotés, dont 73 ont été donnés en cadeau par Napoléon III. Nous n'essayerons pas de calculer ce que chaque exemplaire a coûté ; il est probable que les prix auxquels l'*Imitation* se vend aujourd'hui ne représentent que les frais de publication. Un exemplaire relié en mar. r., doublé de vél. blanc, est cependant coté 3,000 fr. (Catalogue Fontaine, 1875).

774. L'IMITATION DE JÉSUS-CHRIST, traduite et paraphrasée en vers français par P. Corneille. Nouvelle édition, accompagnée du texte, collationnée sur les éditions originales et augmentée de toutes les variantes, de lettres de Corneille et d'une préface nouvelle, par Alex. de Saint-Albin. *Paris, J. Lecoffre,* [*impr. Raçon*], 1856. In-18.

775. L'IMITATION DE JÉSUS-CHRIST, traduite et paraphrasée en vers français par P. Corneille. *A Paris, chez Techener, place du Louvre,* 20, [*impr. Didot*], 1856. In-8.

Tirage à part des *Œuvres complètes de P. Corneille*, édition de 1855 (voy. le n° 655) avec le texte latin et les lettres de Corneille au P. Boulart.

776. L'IMITATION DE JÉSUS-CHRIST, traduite et paraphrasée en vers françois par P. Corneille. *Paris, J. Gay,* 1862. In-12.

777. L'Imitation de Jésus-Christ, traduite et paraphrasée en vers français par P. Corneille. Nouvelle édition revue sur les plus anciennes impressions par M. Ch. Marty-Laveaux. *Paris, Librairie de L. Hachette et Cie, [impr. Lahure]*, 1862. In-8.

<small>Tirage à part à un seul exemplaire du t. VIIIe des *Œuvres de P. Corneille* publiées par M. Marty-Laveaux. Cet exemplaire a été offert par les éditeurs à M. l'abbé Delaunay, ancien curé de Saint-Étienne du Mont, qui avait coopéré à la publication du volume.</small>

778. L'Imitation de Jésus-Christ, traduite et paraphrasée par P. Corneille. *Paris, Librairie L. Hachette et Cie*, 1867. In-16.

II

779. Heures contenant l'Office de la Vierge, les sept Pseaumes penitentiaux, les Vespres & Complies du Dimanche. Le tout traduit en François, tant en Vers qu'en Prose, avec tous les Hymnes du Breviaire Romain, mis aussi en Vers François, Et des Instructions et Prieres Chrestiennes, tirées du Livre de l'Imitation de Jésus-Christ. Par P. Corneille. *A Paris, Chez Claude Blageart, Court-Neuve du Palais, au Dauphin*. M.DC.LXXXV [1685]. Avec Approbation, & Privilege du Roy. In-12 de 8 ff., 528 pp. et 2 ff.

<small>Collation des feuillets prélim. : titre; — 1 f. d'*Errata;* — 5 pp. pour l'épître *A la Reine;* — 5 pp. de Prières pour le Roi, la Reine et le Dauphin; — 1 f. pour les *Approbations.*
Le privilège occupe les deux derniers feuillets. Il se termine par un rappel de la cession faite par Corneille à *Jolly, de Luyne* et *Billaine,* et de l'achevé d'imprimer du « 15. jour de Janvier mil six cens septante. »</small>

780. Heures, contenant l'Office de la Vierge, les sept Pseaumes penitentiaux, les Vespres & Complies du dimanche. Le tout traduit en François, tant en Vers qu'en Prose, avec tous les hymnes du Bréviaire Romain, mis aussi en Vers François, Et des Instructions et Prieres Chrestiennes, tirées du Livre de l'Imitation de Jésus-Christ. Par P. Corneille. *A Paris, Chez Jean Guignard*. M.DC.LXXXVIII [1698]. In-12.

XIII. — EXTRAITS DES OUVRAGES DE CORNEILLE.

I. — Extraits des ouvrages de Corneille en général.

781. La Fleur des chansons amoureuses de ce temps. *A Rouen, chez Adrien de Launay. S. d. [vers 1640], in-12.*

On y trouve, p. 7, la chanson :
> Si je perds bien des maistresses,
> J'en fais encor plus souvent....

782. Novveau Recveil || de || Chansons || et Airs de Covr || pour se diuertir agreablement. || *A Paris* || *Chez Marin Leché, au pre-* || *mier Pillier de la grand'Salle du* || *Palais au Soleil d'Or.* || 1656. || Auec Permission. In-12 de 163 pp., y compris le titre.

Ce recueil, très-incorrectement imprimé, mais rare et curieux, contient, pp. 51 sq., l'*Air chanté aux grandes Machines d'Andromede à la gloire de nostre Monarque*, fragment extrait de l'*Andromède* de Corneille, vers 75-89.

783. Recueil || de Poesies || chrestiennes || et || diverses. || Dedié à Monseigneur le Prince || de Conty. || Par M. de la Fontaine. || *A Paris,* || *Chez Pierre le Petit, Imprimeur & Libr.* || *ordinaire du Roy, ruë saint Jacques* || *à la Croix d'or.* || M.DC.LXXI [1671]. || Avec Privilege de Sa Majesté. 3 vol. in-12.

[Tome I.] : frontispice gravé représentant un autel sur lequel s'appuient deux grandes figures : la Religion et la Charité ; un cartouche placé au centre porte ces mots : *Poesies chrestiennes;* en bas l'adresse de *P. le Petit;* — titre imprimé ; — 1 f. pour l'*Epistre* « A Monseigneur le Prince de Conty » ; — 8 ff. pour la *Préface* et l'*Avertissement;* — 1 f. pour le *Privilége;* — 5 ff. pour la *Table;* ensemble 17 ff. et 418 pp.

Tome II. : frontispice gravé représentant un cartouche surmonté d'une lyre et soutenu par Apollon et par la Renommée ; on lit au centre : *Poesies diverses,* et, en bas, l'adresse du libraire ; — titre imprimé ; — 5 ff. pour la *Table;* — 424 pp. ; — 4 ff. pour l'*Extrait des endroits changez dans les Ouvrages de M. de Malherbe* et le *Privilége.*

Tome III. : frontispice gravé représentant un cartouche dans lequel on lit : *Poesies Diverses;* en bas l'adresse de *P. le Petit* et la date de 1663, qui montre que la planche avait servi pour une publication antérieure ; — titre imprimé ; — 3 ff. pour la *Table* et 368 pp.

Le privilége, daté du 20 janvier 1669, porte ce qui suit : « Nostre cher et bien amé *Pierre le Petit* nostre Imprimeur ordinaire, nous a fait remonstrer qu'il luy a esté mis entre les mains par Lucile Helie de Breves, un livre intitulé *Recueil de Poesies Chrestiennes et Diverses,* etc., à ces causes desirant favorablement traiter l'Exposant, considerant qu'il a plus de droit qu'aucun autre Libraire d'imprimer ledit Recueil, d'autant que la plus grande partie des pieces dont il est composé ont déja esté imprimées par luy avec nostre permission; et que les autres pieces que l'Auteur a tirées de divers ouvrages pour perfectionner ledit Recueil, sont en si petit nombre qu'elles ne peuvent faire aucun tort aux Livres dont elles sont prises, puis qu'il l'a fait de concert avec les Auteurs vivans; et que les pieces qui s'y rencontrent des Auteurs qui sont morts ne prejudicient à personne, la pluspart des Privileges des Livres dont elles sont tirées estant expirez : Et de plus qu'il y a quantité de pieces nouvelles qui n'ont point encore veu le jour, lesquelles font une des principales parties dudit Recueil... » Le privilége est en conséquence accordé pour sept ans à *P. le Petit*. On lit à la fin : *Achevé d'imprimer pour la premiere fois le vingtiéme jour de Decembre* 1670.

On voit, par l'extrait qui précède, que La Fontaine n'eut d'autre part à la publication de ce recueil que la préface et la dédicace qu'il y ajouta.

Les extraits de Corneille sont contenus dans le t. IIIe; en voici la liste :

	Pages.
Remerciment à M. le Cardinal Mazarin.	87
Remerciment presenté au Roy.	89
La Poésie à la Peinture. En faveur de l'Academie des Peintres illustres	93
Traduction de l'Epigramme latine de M. de Montmor.	96
Excuse à Ariste.	97

Endroits choisis de ses pieces de theatre.

Conqueste de la Toison d'Or.	100
Le Cid. Chimene fait le recit de la mort de son pere.	101
Horace. Apostrophe de Sabine à Rome	102
Entretien d'Horace et de Curiace nommez pour se battre.	103
Adieu de Curiace au vieil Horace	105
Douleur du vieil Horace sur le faux bruit de la fuite de son fils.	ibid.
Cinna. Peinture du Triumvirat. Cinna fait le récit de sa conjuration.	107
Auguste veut se démettre de l'Empire.	109
Entretien d'Auguste et de Cinna, tiré de Seneque.	110
Polyeucte. Songe de Pauline	113
Entretien de Polyeucte et de Nearque.	114
Entretien de Polyeucte avec sa femme.	116
Belle peinture des premiers Chrestiens.	121
Pompée. Teste de Pompée presentée à Cesar	ibid.
Heraclius. Misere des Tyrans	122
Plainte de Phocas qui ne peut reconnoistre son fils.	ibid.
Nicomede. Les trop grands services sont des reproches.	123

784. RECUEIL ‖ DE POËSIES ‖ CHRÊTIENNES ‖ ET ‖ DIVERSES. ‖ Dedié à Monseigneur le Prince ‖ de Conty. ‖ Par M. de la Fontaine. ‖ *A Paris*, ‖ *Chez Jean Couterot, ruë S. Jacques*, ‖ *à l'Image Saint Pierre*. ‖ M.DC.LXXIX [1679]. ‖ Avec Privilege de Sa Majesté. 3 vol. in-12.

[*Tome I*.] : frontispice gravé, 16 ff. et 424 pp. — On lit à la fin : *Permis d'imprimer. Fait ce* 20. *Decembre* 1678. DE LA REYNIE.

Tome II. : frontispice gravé; 6 ff.; 424 pp. et 4 ff.

Tome III. : frontispice gravé ; 4 ff. et 368 pp.

Cette édition est la même que la précédente, dont elle ne se distingue que par un détail. Les titres ont été refaits, et l'on a ajouté au t. Ier 6 pp. cotées 419-424, qui contiennent des *Stances chrétiennes* de l'abbé Testu sur divers passages de l'Écriture sainte et des Pères.

785. Recueil ‖ de Poësies ‖ chrétiennes ‖ et ‖ diverses. ‖ Dedié à Monseigneur le Prince ‖ de Conty. ‖ Par M. de la Fontaine. ‖ *A Paris,* ‖ *Chez Jean Couterot, ruë S. Jacques,* ‖ *à l'Image saint Pierre.* ‖ M.DC.LXXXII [1682]. ‖ Avec Privilege de Sa Majesté. 3 vol. in-12.

Ces trois volumes ne se distinguent des précédents que par le rajeunissement du titre. Les feuillets complémentaires du t. Ier sont en tout semblables à ceux que nous avons décrits sous le n° 784.

786. Choix de Poesies morales et chrétiennes des Poetes de nos jours, dédié à Monseigneur le Duc d'Orléans, Premier Prince du sang [par Claude Le Fort de la Morinière]. *A Paris, Chez Bruassin,* 1740. 3 vol. in-8.

Les extraits de Corneille remplissent la moitié du livre cinquième, pp. 214-244.

787. Esprit du grand Corneille, extrait de ses œuvres dramatiques, dédié à M. de Voltaire, [par Charlier]. *Bouillon,* 1773. 2 vol. in-8.

788. Leçons françaises de littérature et de morale, ou Recueil en prose et en vers des plus beaux morceaux de notre langue, par MM. Noël et Delaplace. Vingt-septième édition. *Paris, Mme veuve Lenormant,* 1847. 2 vol. in-8.

Ce recueil, dont la première édition avait paru en 1802, contient divers morceaux de Corneille.

789. La Morale des Poëtes, ou Pensées extraites des plus célèbres poëtes latins et français, par Moustalon. *Paris, Lebel et Gaitelle,* 1809. In-12.

Il y a des additions dans la 3° édition de cet ouvrage (*Paris, Boulland,* 1823, 2 vol. in-12, fig.).

790. Morceaux choisis de Corneille, Molière, La Fontaine, Quinault, Boileau, Deshoulières, Racine, Regnard, Jean-Baptiste Rousseau, Crébillon, Racine le fils, Voltaire, Gresset, Saint-Lambert, Delille ; par P.-J. Chateau, professeur de belles-lettres, auteur du *Traité de la Prosodie italienne*. *A Paris, chez l'Éditeur, rue du Cherche-Midi, n° 40,* [impr. Gratiot], 1814. In-12.

791. LE MIROIR DU COEUR HUMAIN, OU L'ABEILLE DRAMATIQUE. Recueil d'observations et de pensées ingénieuses, morales et amusantes, tirées des Auteurs dramatiques français et formant une suite de préceptes pour se conduire dans la société, réunies en forme de dictionnaire, sous les mots qui leur sont propres; par E.-M.-J. Lepan. *A Paris, chez Cordier, Belin-Leprieur, Janet père*, 1815. In-12 de xii et 204 pp.

<small>L'auteur a mis P. Corneille à contribution pour les mots : *Abus, allégresse, amans, ami, amour, amour-propre, avenir, bienfaits, biens, comédie, confiance*, etc.</small>

792. L'ESPRIT DU GRAND CORNEILLE, ou Extrait raisonné de ceux des ouvrages de P. Corneille qui ne font pas partie du recueil de ses chefs-d'œuvre dramatique, pour servir de supplément à ce recueil et au commentaire de Voltaire ; par M. le comte François de Neufchâteau, l'un des quarante de l'Académie française, etc. *Paris, Pierre Didot*, 1819. In-8.

793. LE CITATEUR DRAMATIQUE, ou Choix de maximes, sentences, axiomes, apophthegmes et proverbes, en vers, contenus dans tout le Répertoire du Théâtre-Français, recueillis par Léonard Gallois. *Paris, Barba*, 1822. In-18.

<small>Cette compilation a eu plusieurs éditions; la dernière (*Paris, Ledoyen*, 1829, 2 vol. in-18) est considérablement augmentée.</small>

794. CHEFS-D'OEUVRE DRAMATIQUES FRANÇAIS, ou Cours de lectures dramatiques françaises, fait à Londres, au commencement de l'année 1830, accompagné du discours d'ouverture, de celui de clôture, et de notices littéraires sur les auteurs des pièces contenues dans ce recueil ; par C.-J. Dupont, professeur de langue française. *Paris, Delaunay*, 1831. 2 vol. in-12.

795. MORCEAUX CHOISIS DES CLASSIQUES FRANÇAIS, à l'usage des classes supérieures. Chefs-d'œuvre des prosateurs et des poëtes du xviie et du xviiie siècles, recueillis et annotés par M. Léon Feugère. Ouvrage spécialement destiné aux classes de rhétorique, de seconde et de troisième des lycées et colléges. 2e édition. 2e partie. Chefs-d'œuvre de poésie. *Paris, Delalain*, 1853. In-12 (3 fr. 50).

<small>Cet ouvrage a été fréquemment réimprimé depuis sur les mêmes clichés.</small>

796. CHEFS-D'OEUVRE DES CLASSIQUES FRANÇAIS du xviie siècle, ou Extraits de nos meilleurs écrivains en prose, avec des notices et des explications par MM. Aurélien de Courson et Vallery Radot,

conservateur et bibliothécaire à la Bibliothèque impériale du Louvre. Classes supérieures. *Paris, Plon*, 1852. In-12.

797. LA FRANCE LITTÉRAIRE. Morceaux choisis de littérature française ancienne et moderne; recueillis et publiés par L. Herrig et G.-F. Burguy. *Brunsvic, Georges Westermann*, 1856. In-8 de xi et 697 pp., impr. à 2 col.

<small>Ce volume. contient, pp. 179-203, les quatre premiers actes d'*Horace*, et des fragments du *Cid* et de *Cinna*, reproduits avec l'orthographe usitée dans l'édition de 1682.</small>

798. POÉSIES. Lectures choisies. Racine, Corneille, Lebrun, La Fontaine, Delille, Lamartine, Soumet, Guiraud, Le Bailly, etc. 3ᵉ édition revue et augmentée par Ad. Rion. *A Paris, rue Hautefeuille, et chez tous les libraires*, 1856. Gr. in-16.

<small>Ce petit recueil a eu depuis 1856 de nombreux tirages.</small>

799. UURVAL UR FRANSKA LITTERATUREN, till dess vänners och den studerande ungdomens tjents, efter tidsföljd utarbetadt af Öfverst-Löjtnant F. N. Staaf, f. d. lärare vid Kongl. Krigs-Akademien, Officer af Franska Universitetet. Fjerde upplagan. *Stockholm, E. T. Bergegren*, 1873. 6 vol. in-8.

<small>Ce vaste recueil, dont la première édition est de 1859, n'a pas moins de 3,520 pp. Les clichés exécutés à Paris ont servi à la publication d'une édition destinée à la France et qui porte le titre suivant : *La Littérature française, depuis la formation de la langue jusqu'à nos jours;* Paris, Didier, 1865, 1869, 1870 et 1874, 6 vol. in-8. Le t. Iᵉʳ contient des extraits de Corneille.</small>

800. LES POËTES FRANÇAIS. Recueil des chefs-d'œuvre de la Poésie française depuis les origines jusqu'à nos jours, avec une notice littéraire sur chaque poëte, par MM. Charles Asselineau — Hippolyte Babou — Charles Baudelaire — Théodore de Banville — Philoxène Boyer — Charles d'Héricault — Édouard Fournier — Théophile Gautier — Jules Janin — Louis Moland — A. de Montaiglon — Léon de Wailly, etc. Précédé d'une Introduction par M. Sainte-Beuve de l'Académie française. Publié sous la direction de M. Eugène Crépet. *Paris, Gide*, 1861-1862. 4 vol. gr. in-8.

<small>Le tome IIᵉ de ce recueil contient, pp. 576-588, une notice sur Corneille par M .Eugène Noël, un extrait de l'*Imitation* (livre IIIᵉ, ch. IIᵉ); les stances *Au Roi, sur Cinna, Pompée, Horace, Sertorius, Œdipe, Rodogune*, qu'il a fait *représenter à Versailles en* 1676; les stances : *Marquise, si mon visage A quelques traits un peu vieux*, etc.; enfin les *Stances* de don Rodrigue.</small>

801. MANUEL DE LA LITTÉRATURE FRANÇAISE des XVIIᵒ, XVIIIᵒ et XIXᵉ

siècles, par C. Ploetz, docteur en philosophie, ancien premier professeur au Collége français de Berlin. Seconde édition, revue et augmentée. *Berlin, F.-A. Herbig,* 1867. In-8.

<small>Ce recueil contient, pp. 1-54, des fragments du *Cid,* d'*Horace,* de *Cinna* et de *Polyeucte.*</small>

802. EXTRAITS DES CLASSIQUES FRANÇAIS. Dix-septième, dix-huitième et dix-neuvième siècles. Accompagnés de notes et notices par Gustave Merlet, professeur de rhétorique au Lycée Descartes. A l'usage de tous les établissements d'instruction. Deuxième Partie : Poésie. *Paris, Librairie classique de Ch. Fouraut et fils,* 1871. In-12, de 2 ff., VIII et 576 pp.

<small>Les extraits de Corneille occupent les pp. 48-79 de ce volume.

Nous arrêtons ici cette énumération, bien qu'il fût facile de citer des centaines de chrestomathies françaises, dans lesquelles se trouvent des fragments de Corneille.</small>

II. — EXTRAITS PARTICULIERS DE L'IMITATION DE JÉSUS-CHRIST.

803. LE CHEMIN DU SALUT ; dévotion des âmes sincères et pénitentes, par P. Corneille, et selon la Bible. Dédié aux Français régénérés. *A Paris, l'an IX de la République, et en commission à Berne, chez la Société typographic* [sic]*,* [*de l'Imprimerie des citoyens Hignou et Comp.*]. In-32.

<small>« Les 148 premières pages de ce volume sont des extraits des quatre premiers livres de l'*Imitation* de Corneille. On remarque çà et là d'assez singulières variantes, dont quelques-unes sont simplement des fautes d'impression, d'autres des changements faits à dessein, pour corriger, améliorer. Ainsi, à la page 6, au vers 75 du livre I, « un paysan stupide » a été remplacé par « un simple paysan ; » à la page 10, au vers 191 du même livre :

Plus lors sa connaissance est diffuse et certaine,

On a substitué *majeure* à *diffuse.* » MARTY-LAVEAUX, tome XIIe, p. 536.</small>

804. NOUVELLES HEURES A L'USAGE DES ENFANTS, depuis l'âge de cinq ans jusqu'à douze ; contenant : 1° des Prières pour le premier âge ; 2° des Prières pour l'âge de sept ou huit ans, et des Méditations chrétiennes à la portée de cet âge ; 3° l'Ordinaire de la sainte Messe, Vêpres et Complies et les Litanies de Saints ; 4° un Examen de conscience pour l'Enfance ; 5° des Prières pour la Confession et la première Communion ; 6° sept Méditations pour la semaine sainte ; un petit Recueil de vers, tirés de la traduction de *l'Imitation de Jésus-Christ,* par P. Corneille, etc. *Paris, chez Maradan,* 1801. In-18 de 248 pp.

805. Extraits de l'Imitation, mise en vers par P. Corneille. Seconde édition. *A Paris, chez Fabre, libraire, palais du Tribunat, galerie de Bois, n° 220 ; Gagnard, rue Mazarine, n° 1604, Ventose, an* XI [1802]. In-8 de 2 ff., 34 pp. et 1 f. blanc.

<small>On trouve à la fin le nom de l'éditeur, J.-F. Sobry.</small>

806. Imitation de Jésus-Christ, ouvrage immortel de Thomas de Kempis, en vers et en prose ; la partie poétique du grand Pierre Corneille ; et suivie de quelques autres morceaux choisis. *Lyon,* [*Lausanne, de l'imprimerie des cit. Hignou et Compagnie*], 1802. Pet. in-12 de 576 pp.

<small>Les passages tirés de Corneille remplissent les 148 premières pages, sous le nom de *Chemin du Salut*.</small>

<small>« Cet ouvrage, dit Barbier (*Dissertation sur soixante traductions françaises de l'Imitation*, p. 111), est rédigé dans les principes du protestantisme ; il est une des preuves que l'Église protestante a dans son sein des mystiques, comme l'Église catholique. »</small>

807. La Morale des familles catholiques, par Pierre Corneille : fragmens offerts de sa traduction de l'Imitation de Jésus-Christ. Publié par M. Ch. de Chantal. *Paris, Perisse, rue du Pot-de-fer, n° 8, et Debécourt,* [*impr. de Pillet aîné*], 1843. In-18 (0 fr. 75).

<small>Dédié à M. Onésime Leroy.</small>

808. L'Imitation de Jésus-Christ. Nouvelle édition, avec des réflexions, des pratiques nouvelles et des extraits de la traduction de Pierre Corneille, par M. l'abbé L. Bautain, vicaire général de Paris, etc. *Paris, Furne,* [*impr. de Benard*], 1852. Gr. in-8, figg. (12 fr. 50).

<small>L'ouvrage, orné de 6 gravures et de 125 sujets gravés sur bois et imprimés dans le texte, a paru aussi en 25 livraisons à 50 c.</small>

809. L'Imitation de Jésus-Christ. Nouvelle édition, avec des réflexions, des pratiques nouvelles et des extraits de la traduction de Pierre Corneille ; par M. l'abbé L. Bautain, vicaire général de Paris, Promoteur du Diocèse, Membre du Conseil académique, Supérieur de la Maison de Juilly, Docteur en théologie, en médecine et ès-lettres, etc., etc. *Paris, Furne,* [*impr. J. Claye*], 1855. In-18 de xvi et 524 pp., front. grav. et figg.

<small>Les figures, au nombre de 5, sont gravées d'après Overbeck et Chazal.</small>

XIV. — PIÈCES DE CORNEILLE REMANIÉES OU RETOUCHÉES

PAR DIVERS AUTEURS.

---

810. Mes Récréations dramatiques [par Tronchin, de Genève]. *Genève, Bonnant,* 1779-1784. 5 vol. in-8.

Les quatre premiers volumes furent réimprimés en 1780, sous le titre développé de : *Mes Récréations dramatiques, ou Choix des principales tragédies du grand Corneille, auxquelles on s'est permis de faire des retranchements, en supprimant ou raccourcissant quelques scènes, et substituant des expressions modernes à celles qui ont vieilli; précédé de quatre tragédies nouvelles de l'éditeur;* Paris, Moutard, 1780, in-8.

Le Cid est réduit de 600 vers; sur ceux qui restent, 480 ont été retouchés ou remplacés.

Cinna est abrégé de 406 vers et présente 435 retouches, etc.

811. Six tragédies de Pierre Corneille, retouchées pour le théâtre. *Paris,* an X-1802. In-8.

Cette retouche, véritable profanation, est l'œuvre de Louis Delisle, ancien conseiller au parlement de Provence, et d'Audibert de Marseille; ces deux auteurs, qui n'ont pas eu le courage de signer leur œuvre, ont arrangé, ou plutôt massacré : *Sertorius, Nicomède, La Mort de Pompée, Polyeucte, Les Horaces* (réduits en 2 actes), *Rodogune.* L'éditeur fut, dit-on, *Maradan,* qui, lui non plus, n'osa mettre son nom sur le titre.

Une *Édition plus correcte,* publiée la même année, contient une septième pièce : *Héraclius.*

812. Corneille au dix-neuvième Siècle, ou OEuvres de Pierre Corneille, remises a la scène, par F. Brunot, membre de plusieurs sociétés savantes, en 1804. Avec des changements nécessités par ceux de la langue et d'après les commentaires de Voltaire, et les remarques de M. Palissot sur ces commentaires. Msc. in-4 de 244 ff.

Bibliothèque nationale (Msc. franç., n° 15078).

Les pièces remaniées par Brunot sont les suivantes : *Sophonisbe, Pulchérie, Nicomède* et *Horace.* Voici, à titre d'exemple, comment il a modifié le fameux vers du vieil Horace :

Qu'il mourût,
Ou que sa propre main alors le secourût.

813. OEuvres choisies de Corneille. Édition épurée [*sic*]. *Paris, Lehuby, rue de Seine,* [impr. Duvergier], 1845. In-12.

Cette édition fait partie de la *Bibliothèque littéraire de la jeunesse,* et contient 20 dessins.

814. OEUVRES CHOISIES DE CORNEILLE. Édition épurée, illustrée de vingt dessins de M. Célestin Nanteuil, gravés par MM. Brevière, Trichon, etc. *Paris, Lehuby,* [*impr. H. F. Didot, au Mesnil, Eure*], 1859. Gr. in-8 de 511 pp.

VIII

815. L'ILLUSION COMQUE, arrangée par M. Édouard Thierry.

M. Édouard Thierry a fait représenter sur le Théâtre-Français, le 6 juin 1861, un arrangement de cette pièce, qu'il a justifié lui-même de la manière suivante (*Moniteur universel* du 3 juin 1861) :
« N'y eût-il dans l'*Illusion* que ce cri d'orgueil, ou plutôt ce cri de bonheur jeté par Corneille à l'heure où son génie se réveille et prend possession de lui-même, il me semble que la pièce valait la peine d'être reprise au moins une fois, et pour l'anniversaire de la naissance du grand ancêtre. Je l'ai cru et je le crois encore, puisque la représentation aura lieu jeudi prochain. » Malgré cette opinion favorable, M. Thierry a pensé que certaines scènes de l'*Illusion* ne pouvaient plus supporter la représentation, et les a remplacées par des fragments de *Don Sanche*.

IX

816. LE CID, tragédie de P. Corneille, arrangée par J.-B. Rousseau (?).

Un anonyme, que l'on a cru être J.-B. Rousseau, fit représenter le *Cid* en 1728, en supprimant le rôle de l'Infante et quelques vers qu'il jugeait inutiles à l'action. Ces changements furent dès lors admis par la Comédie-Française, et, malgré le respect dû à Corneille, le public a paru donner raison à Rousseau. Son arrangement a été reproduit dans le recueil suivant :

PIÈCES DRAMATIQUES choisies et restituées, par Monsieur *** [J.-B. Rousseau?]. *Amsterdam, François Changuion,* 1736. In-12, titre grav.

Ce recueil contient : *Le Cid,* par P. Corneille ; *Don Japhet d'Arménie,* par Scarron ; *Marianne,* par Tristan l'Hermite ; *Le Florentin,* par Champmeslé (et La Fontaine).

L'auteur de cette « restitution » a supprimé, dans le *Cid,* les trois rôles de l'Infante, de Léonor et du Page. Il a dû, pour opérer ce retranchement, faire de nombreuses coupures dans les autres rôles, faire disparaître notamment tous les passages dans lesquels Chimène s'adresse à l'Infante. Il a intercalé, au deuxième acte, en tête de la scène entre don Fernand, don Arias et don Sanche, les deux vers suivants :

> Quoi ! me braver encore après ce qu'il a fait !
> Par la rébellion couronner son forfait !

Les deux vers que prononce l'Infante au commencement de la dernière scène de la pièce :

> Sèche tes pleurs, Chimène, et reçois sans tristesse
> Ce généreux vainqueur des mains de ta princesse.

sont remplacés par les deux vers suivants, mis dans la bouche de don Fernand :

> Approche-toi, Rodrigue, et toi, reçois, ma fille,
> De la main de ton roi, l'appui de la Castille.

Ces vers sont imprimés entre guillemets dans l'édition que nous citons. Jusqu'à ces dernières années, ainsi que nous l'avons déjà dit (voy. ci-dessus, n° 10), ils ont été fidèlement récités dans toutes les représentations données au Théâtre-Français.

817. RÉFLEXIONS GRAMMATICALES RESPECTUEUSEMENT HASARDÉES SUR QUELQUES ENDROITS DE LA TRAGÉDIE DU CID, par Lekain.

Mémoires de Lekain, précédés de Réflexions sur cet acteur et sur l'art théâtral, par F. Talma; Paris, Ponthieu, 1825, in-8, pp. 40-46.

Lekain s'est proposé dans ces *Réflexions* de corriger quelques « fautes grammaticales » échappées à Corneille et de remédier au manque de liaison que la suppression du rôle de l'Infante produisait entre les scènes. Voici, par exemple, les vers qu'il intercale à la fin de la scène II° de l'acte IV°, pour motiver la scène de Chimène :

> ELVIRE.
> Madame, c'est assez d'éteindre votre flamme;
> Rodrigue est trop puni, s'il n'est plus dans votre âme.
> CHIMÈNE.
> S'il n'est plus dans mon âme!... Ah! ciel! tu peux penser
> Que jamais....
> ELVIRE.
> Il vient.
> CHIMÈNE.
> Dieux! fuyons sans balancer.

Les autres corrections de Lekain sont malheureusement de la même force.

818. LE CID, tragédie en cinq actes, de Pierre Corneille, changée sur les observations de l'Académie française. *Lausanne*, 1780. In-8.

XIII

819. LE MENTEUR, comédie en cinq actes, nouvellement mise en vers libres, par M. Collé, Lecteur de S. A. S. Monseigneur le Duc d'Orléans, premier Prince du sang. Prix 30 sols. *A Paris, Chez P. Fr. Gueffier, au bas de la rue de la Harpe, à la Liberté.* M.DCC.LXX [1770]. Avec Approbation, & Privilége du Roi. In-8 de 96 pp.

Dans une *Préface*, Collé expose les raisons qui l'ont déterminé à entreprendre cet ouvrage. Voici à quoi elles se réduisent. « C'est, dit-il, à tenter d'être encore utile au théâtre, dans un âge assez avancé, pour n'y pouvoir plus rien donner de neuf de moi-même; c'est, en rajeunissant d'anciennes bonnes comédies, à tâcher de mériter, pour tout fruit de mes peines, le peu de gloire que l'on peut en retirer; et qui, peut-être encore, sera refusée à un travail aussi ingrat. »

XIV

820. La Suite du Menteur, comédie de Pierre Corneille, retouchée et réduite en quatre actes; avec un Prologue; par Andrieux, de l'Institut national, Représentée sur le Théâtre de la rue de Louvois, pour la première fois, le 26 germinal de l'an II. Prix 1 fr. 50. *A Paris, Chez Madame Masson, Éditeur de Pièces de Théâtre, rue de l'Échelle, n° 558, au coin de celle Saint-Honoré. Et au Bureau de la Décade philosophique, rue de Grenelle-Saint-Germain, en face de la rue des Saints-Pères, n° 321. Imprimerie de Chaignieau aîné.* An XI-1803. In-8 de 88 pp.

Voltaire constate que la *Suite du Menteur* fut assez mal accueillie, et il ajoute : « Serait-il permis de dire qu'avec quelques changements elle ferait au théâtre plus d'effet que le *Menteur* lui-même? » Andrieux releva ces paroles et voulut essayer les changements conseillés par Voltaire. Il mit la pièce en quatre actes et la fit représenter, sous cette forme nouvelle, le 26 germinal an XI (16 avril 1803), au théâtre Louvois. Le prologue mettait en scène : le directeur du théâtre (*Picard*), l'auteur de la pièce (*Barbier*), Dorante (*Devigny*), Cliton (*Picard jeune*), Cléandre (*Dorsan*), Philiste (*Barbier*), Jasmin (*Picard*), le Prévôt de la maréchaussée (*Bosset*), Mélisse (*Mlle Delille*) et Lise (*Mlle Molière*). L'arrangement eut assez de succès, mais ne contenta pas encore l'auteur, qui remit la comédie en cinq actes et la donna sur le théâtre de l'Odéon (alors théâtre de l'Impératrice), le 29 octobre 1808.

821. La Suite du Menteur. Comédie en cinq actes, en vers, de P. Corneille, avec des changements et additions considérables, et un Prologue, par F. G. J. S. Andrieux. *Paris, Barba,* 1810. In-8.

Cet arrangement se trouve dans les *Œuvres de François-Guillaume-Jean-Stanislas Andrieux* (Paris, Nepveu, 1818-1823, 4 vol. in-8).

XX

822. Don Sanche d'Aragon. Comédie héroïque de P. Corneille, mise en trois actes par Mégalbe, représentée ainsi réduite pour la première fois au Théâtre-Français, le 15 avril 1833. *Paris, Barba, Hautecœur, Martinet,* [impr. *Moessard*], 1833. In-8.

M. Magnin (*Revue des Deux-Mondes* du 1er mars 1844) a rendu compte assez favorablement de cette réduction due à M. Planat. Le nouveau *Don Sanche* ne compte plus que 1,056 vers, savoir : 427 vers de Corneille sans changement; 102 vers altérés; 527 vers, soit précisément la moitié, composés de toute pièce par M. Planat.

823. Don Sanche d'Aragon. Comédie héroïque de P. Corneille, mise en trois actes par P. Planat. Représentée ainsi réduite

pour la première fois au Théâthre-Français, le 15 avril 1833. Seconde édition. *Paris, Tresse, Palais-Royal, [impr. Moessard]*, 1844. In-8.

Édition publiée à l'occasion de la reprise de la pièce le 17 février 1844. Mlle *Rachel* remplaça Mlle *Rose Dupuis*, dans le rôle d'Isabelle, mais elle y produisit si peu d'effet que la pièce ne fut donnée que cinq fois.

XXII

824. OBSERVATIONS SUR LA TRAGÉDIE DE NICOMÈDE, par Lekain.

Mémoires de Lekain; Paris, Ponthieu, 1825, in-8, pp. 46-101.

Les changements proposés par Lekain pour *Nicomède* ne valent guère mieux que ceux qu'il avait introduits dans le *Cid* (voy. le n° 817). Ils prouvent, comme dit Andrieux, que « l'art de Lekain était de jouer la tragédie, de réciter les vers, et non de les composer ».

825. CHANGEMENT PROPOSÉ POUR LA TRAGÉDIE DE NICOMÈDE, de P. CORNEILLE, par Andrieux.

Cet arrangement, imprimé d'abord à la suite d'*Anaximandre, ou le Sacrifice aux Grâces, comédie en un acte* [par Andrieux]. Paris, Léopold Collin, 1805, in-8, a été reproduit dans les *Œuvres de François-Guillaume-Jean-Stanislas Andrieux* (Paris, Nepveu, 1818-1823, 4 vol. in-8).

Andrieux raconte, dans un avant-propos, que l'idée de ces changements lui vint dans une conversation qu'il eut un soir avec Talma. Il lui parla « du chagrin qu'on éprouvait quelquefois, aux représentations de certaines tragédies de Corneille, lorsque, auprès des plus sublimes beautés, on trouvait des disparates fâcheuses, des expressions vieillies ou triviales, qui faisaient murmurer ou sourire l'auditoire. Nous désirions tous deux, ajoute-t-il, qu'il y eût moyen de faire cesser cette espèce de scandale. »

Andrieux entreprit donc de remanier *Nicomède*, ce qui lui eût été impossible s'il se fût proposé de faire des vers cornéliens, « mais il ne s'agissait que de supprimer des longueurs, d'ôter des trivialités, de polir des vers incorrects. » Il voulut faire ce travail moins pour le public que pour Corneille, sans rien sacrifier de l'énergie de l'original, et l'on peut dire que si l'on pouvait accepter le principe des changements, ceux qu'il propose seraient parfois assez heureux ; mais aujourd'hui l'on comprend autrement la critique littéraire et l'on tend de plus en plus à respecter le texte des classiques, même dans les endroits les plus faibles.

Les changements d'Andrieux furent adoptés au Théâtre-Français en 1804 et en 1805; « ils ont complétement réussi, dit l'auteur; ils sont inscrits sur l'exemplaire de la comédie et paraissent adoptés pour toujours. » Nous croyons que cette espérance ne s'est pas réalisée, et que, lors de la reprise de *Nicomède* par M. Beauvallet, le 6 juin 1861, les acteurs s'en sont tenus au texte de Corneille.

XV. — TRADUCTIONS OU IMITATIONS DES OUVRAGES DE CORNEILLE EN DIVERSES LANGUES.

I. Traductions en latin.

XI

826. LA CLÉMENCE D'AUGUSTE, tragédie, 1715.

Traduction latine de *Cinna*, représentée au Collége de Navarre, 17 août 1715, avec un épilogue en vers français.

XII

827. LE COMBAT DE L'AMOUR DIVIN ET DE L'AMOUR PROFANE, ballet, 1680.

Traduction abrégée de *Polyeucte*, représentée au Collége d'Harcourt, le 8 août 1680. Nous n'avons pas retrouvé l'édition qui est citée au Catalogue Soleinne (t. IIIe, n° 3646), en même temps que la pièce qui précède. Le titre latin doit être : *Duellum Amoris divini et profani*.

XXXIV

828. GRATIARVM ACTIO || Eminentissimo Cardinali || Iulio Mazarino, || ex Gallico Poëmate || Cornelij. *Absque nota* [*Parisiis*, 1643]. In-4 de 2 ff. paginés de 24 lignes à la page pleine, sign. A, caract. ital.

Voy. les n°s 32 et 146.

Outre cette pièce, traduite par Abraham Remi, nous avons cité (n° 158) quelques vers de Corneille traduits par Santeul. Le poëte lui-même avait traduit en latin ses vers *Au Roy sur la Conqueste de la Franche-Comté* (n°s 153-155).

II. Traductions en italien.

829. TRAGEDIE DI PIER CORNELIO, tradotte in versi Italiani [da Giuseppe Baretti], con l'originale a fronte. Opera divisa in quattro Tomi. *In Venezia, presso Giuseppe Bartella, nel negozio Hertz*, 1747-48. 4 vol. in-4.

Cette traduction est dédiée au duc de Savoie Victor-Amédée, qui fut plus tard roi de Sardaigne. Les trois premiers volumes contiennent chacun une préface, sous forme de lettre, dans laquelle Baretti s'est proposé de démontrer que les compositions théâtrales doivent s'écrire en vers. Quant au jugement porté sur son œuvre par les écrivains du temps, ils sont contradictoires; les *Novelle letterarie* de Florence en font l'éloge; Charles Gozzi la trouve élégante; Ugoni, au contraire, l'appelle « una cattivissima cosa ». Baretti lui-même, dans une lettre au docteur Bicetti, du 2 mai 1750, la trouve plutôt mauvaise que bonne, avouant qu'il avait besoin d'argent quand il l'entreprit, et qu'il a bâclé en quelques mois une besogne qui aurait exigé plusieurs années pour être bien faite.

On trouve divers fragments des pièces de Corneille dans l'ouvrage suivant : *Delle migliori tragedie greche e francesi Traduzioni ed Analisi comparativi di Pietro Napoli Signorelli;* Milano, al Genio, 1804, 2 vol. in-4.

II

830. CLITANDRO, Tragedia [*sic*] di Pietro Cornelio. *In Venezia, per il Lovisa,* 1747. In-12.

Traduction en prose.

XI

831. CID. Tragicomedia tradotta dall' idioma Francese nell' Italiano [dal Dott. Andrea Valfrè di Bora, Accademico Involto di Torino, ed Apatista di Firenze]. *In Carmagnola,* 1656. In-8.

Nous regrettons de ne connaître cette traduction que par le titre. Peut-être conviendrait-il de citer ensuite : *Il Duello d'Amore et di Fortuna, tragicomedia di Giacomo Brunozzi, Canonico di Pistoja* (in Bologna, 1670, in-12). Le titre de cette pièce semble indiquer une imitation du *Cid*.

832. AMORE, ET HONORE. || Tragedia || Portata dal Francese || da || Ferecida Elbeni Cremete, || L'Eccitato || Fra gli Academici Faticosi || di Milano, || dedicata || All' Illustriss., & Ecclentissimo || Prencipe || D. Antonio Teodoro || Trivultio, || Prencipe del Sacro Romano Impero, di || Misoco, e della Valle di Misolcina; || Marchese di Malleo, e di Pici- || leone; Conte di Meltio, || e Gorgonzola; || Signore di Codogno, del Palasio, Prata, || Terrauerde &c. Baron Libero || di Retegno Imperiale; || Grande di Spagna, Caualier del Tosone; || Generale delle Militie nello Stato, e || Capitan della Guardia di S. E. || il Prencipe di Ligne Go- || uernatore di Milano. || *In Milano, per Gioseffo Marelli.* 1675. Pet. in-12 de 79 pp., 1 f. pour l'*Imprimatur* et 1 f. blanc.

L'auteur déclare, dans un avis au lecteur, qu'il n'est pas le véritable auteur de cette tragédie, qu'il s'est contenté de l'arranger au goût du jour. « Essa è parto d'un Ingegno Francese; Mà dubitando, se al comparire in Italia in questi Tempi sospetti potesse essere ben accolto, l'hò travestito in fretta alla peggio, che è quanto dire alla moda. » Le rôle de l'Infante et celui de D. Arrias ont été supprimés; Chimène s'appelle Ismenia, Elvire porte le nom de Linda; en dehors de ces changements et des coupures qu'entraîne la suppression de deux rôles, la traduction, écrite en prose, est généralement littérale. La pièce forme trois actes composés de la manière suivante : le 1ᵉʳ acte comprend l'acte 1ᵉʳ de l'original (moins la scène IIᵉ) et les deux premières scènes du second acte; le second acte est formé des scènes VIᵉ, VIIᵉ et VIIIᵉ du second acte et de l'acte IIIᵉ en entier; le IIIᵉ acte comprend le IVᵉ acte, moins la scène IIᵉ, et le Vᵉ acte, moins les scènes IIᵉ et IIIᵉ.

M. Anatole de Montaiglon a bien voulu nous communiquer un exemplaire de cette traduction, qui doit être fort rare.

833. AMORE ET HONORE, Tragedia portata dal Francese da Ferecida Elbeni Cremete, l'Eccitato frà gli Academici Faticosi di Milano. *Bologna, 1679, per il Longhi*. In-12.

Réimpression de la traduction précédente.

834. IL CID, Tragi-comedia di M. Piétro Cornelio, Trasportata dal Francese, E rappresentata da' Signori Cavalieri del Collegio Clementino Nelle loro Vacanze di Carnevale dell' Anno M.D.CCI. Dedicata All' Illustrissima, & Eccellentissima Signora, La Signʳᵃ. D. Olimpia Pamfilii Colonna Gran Contestabilessa del Regno di Napoli. *In Roma, M.DCC.I* [1701]. *Nella Stamperia di Luca Ant. Chracas. Appresso la Curia Innocenziana.* Con licenza de' Superiori. Pet. in-12 de 6 ff. et 155 pp., avec la marque de l'imprimeur au verso de la dernière page.

Dans sa dédicace à la princesse Pamfili-Colonna, dédicace datée du 26 janvier 1701, Chracas dit que la tragédie du *Cid*, empruntée par la France à l'Espagne et par l'Italie à la France, n'a jamais obtenu un succès plus grand que sur le théâtre du Collége Clémentin, « dove lo spirito, e brio di quei nobilissimi Cavalieri, con traduzione loro propria, l'hà fatta spiccare con tal risalto, che meritava il Mondo intiero, non che la sola Roma a sentirla ».

La liste des acteurs qui suit la dédicace et l'argument est des plus curieuses. Voici la distribution de la pièce, lors des représentations de 1701

Le Roi : D. Gio : Vizzaroni, de Porto S. Maria;
L'Infante : l'abbé Nicolò Severoli, de Faenza;
D. Diègue : le comte Giuseppe Bianchetti Gambalonga, de Bologne;
D. Rodrigue : l'abbé Domenico Passionei, de Fossombrone;
D. Gomes : Nicolò Spinola, de Gênes;
Chimène : Francesco Antonio Berardi, de Cagli;
D. Sanche : le commandeur Antonio dal Pozzo, de Rome;
Elvire : D. Ambrogio Spinola, duc de San-Pietro;
Léonore : Costantino Serra, de Gênes;
D. Alonse : le comte Giacomo Ariberti;
D. Arias : D. Lorenzo Marziani, prince de Fornari, de Messine, etc.

Pour donner des rôles à d'autres personnages de distinction, le traducteur a introduit des ballets héroïques, dans lesquels on voit figurer : le comte Emmanuel d'Este, de Milan; D. Francesco et D. Aniello Muscetola, princes de Leporano, de Naples; le duc Gerolamo Gravina, duc de Croyglias, de Palerme, et une foule d'autres grands seigneurs. Les comparses eux-mêmes comptent dans leurs rangs des princes et des ducs.

La traduction est en prose. Le traducteur, qui, d'après Melzi, est le P. D. Filippo Merelli, de Somasca, n'a pas hésité à faire de nombreuses suppressions à l'original, afin de gagner du temps pour les ballets.

835. L'Amante inimica, overo il Rodrigo gran Cidd delle Spagne, Opera Tragicomica di Pietro Cornelio, Tradotta dal Francese, & accomodata per le Scene alla maniera Italiana. *In Bologna, 1669. Per il Longhi.* Con licenza de' Superiori. Pet. in-12 de 89 pp. et 3 ff. blancs.

Traduction en prose assez fidèle, bien qu'elle soit parfois abrégée. Le style ne manque ni de vivacité, ni de précision, par exemple dans la scène du comte et de D. Diègue ;

Il conte : Al fine otteneste il posto. — *D. Diego :* M'hà onorato Sua Maestà. — *Co.* Possedete il grado d'Aio di quest'Infante. — *D. Die.* Come premio di mia leal servitù. — *Co.* Come dono d'una cieca fortuna. — *D. Die.* Fù giustitia. — *Co.* Fù capriccio. — *D. Die.* Hebbe il Re a' miei passati servigi riguardo. — *Co.* Riguardò egli più alla propria inclinazione che al dovere. — *D. Die.* Non s'ingannano i Rè. — *Co.* Non sono forsi Huomini?...

Il existe une autre édition de la même traduction, également publiée à *Bologne* par *Longhi*, mais qui ne porte pas de date.

836. L'Amante nemica, ovvero il Cid delle Spagne, Tragedia di Pietro Cornelio.

Réimpression contenue dans le tome IIIe des *Opere varie trasportate del Francese e recitate in Bologna;* Bologna, Lelio della Volpe, 1724, in-12.

837. Honore contro Amore, Tragedia ricavata da soggetto Spagnuolo, vestito alla Francese, e tradotta in Italiano per G. A. Z. D. O. *Bologna, per il Longhi,* 1691. In-8.

Traduction du *Cid* par Giovanni Andrea Zanotti, detto Ottavio. Voy. Melzi, *Dizionario di Opere anonime e pseudonime di Scrittori italiani;* Milano, 1848, 3. vol. gr. in-8, t. IIe, p. 9.

838. Il Cid, Tragedia di Pietro Cornelio, recitata da' Signori Cavalieri del Collegio Clementino nelle Vacanze del carnovale dell' Anno 1722. Dedicata all' Em̃o e Rm̃o Principe il sig. Card. di S. Susanna, Gioseffo Pereira de la Cerda, consigliere di stato della Real Maestà di Portogallo, ecc., ecc. *In Roma,* M.DCC.XXII [1722]. *Nella stamperia del Chracas, presso S. Marco al Corso.* In-12.

Réimpression de la traduction précédente, avec de nouveaux intermèdes où paraissent des Turcs, des Américains, des cavaliers et dames de Castille, etc. On y trouve également les noms des personnages qui ont figuré dans les ballets.

839. Il Cid, Tragicomedia di messer Pietro Cornelio, trasportata dal Francese. *Roma,* 1732. In-12.

Réimpression de la traduction de Merelli.

840. Il Rodrigo, Tragedia dell' Abate Antonio Landi Fiorentino. *Firenze, 1765, Stamperia imperiale.* Pet. in-4, avec un frontispice, qui contient deux beaux portraits.

<small>L'auteur dit qu'il ne prétend pas avoir mieux fait que Corneille, mais que sa tragédie n'est pas une traduction. Ce n'en est pas moins une imitation.</small>

841. Il Cid, Tragedia di Pietro Cornelio, tradotta [in versi] da Giuseppe Greatti [Giuseppe Baretti ?].

<small>*Teatro applaudito*, t. XXIX°; Venezia, 1798, in-8.</small>

842. Tentativo sui tre primi Tragici francesi del conte Cesare di Castelbarco. *Milano, Boniardi Pogliani,* 1844. Gr. in-8.

<small>Traduction en vers du *Cid,* d'*Andromaque* et de *Zaïre.*</small>

843. Le Cid, tragédie en cinq actes de Pierre Corneille. Traduction italienne de Giulio Carcano. *Paris, Michel Lévy frères, et Librairie nouvelle, [impr. Loignon et Cie, à Clichy],* 1866. Gr. in-8 de 38 pp. à 2 col.

<small>Répertoire de M. Ern. Rossi.</small>

X

844. Amor della patria sopra tutti gli amori, o' vero l'Oratio, Tragicomedia tradotta dal Francese di Pietro Cornelio. *In Bologna, per il Longhi.* S. a. [circa 1700], in-12.

<small>Traduction d'*Horace* en prose.</small>

845. L'Orazio, Tragedia di Pietro Cornelio, tradotta in versi Toscani, [circa 1720]. Msc. in-4 de 255 pp., texte franç. et ital.

<small>Bibliothèque nationale (Msc. it., n° 1388).</small>

846. Orazio, Tragedia di Pietro Cornelio, tradotta dall' abate Placido Bordoni.

<small>*Teatro applaudito*, t, LII°; Venezia, 1800, in-8.</small>

XI

847. Il Cinna Tragedia di Pietro Cornelio, tradotta dal Francese, et accomodata all' uso delle Scene d'Italia. *In Bologna, per il Longhi.* Con licenza de' Superiori. S. a. [circa 1700], pet. in-12 de 102 pp. (y compris le titre), 1 f. pour l'approbation et 2 ff. blancs.

<small>Traduction en prose, précédée d'un court argument historique.</small>

848. Il Cinna, Tragedia di Pietro Cornelio, tradotta dal prevosto Giovannardi, Modanese. *Venezia, Pietro Bassaglia. S. a.*, in-12.

XII

849. Poliuto, Tragedia Cristiana di M. Pietro Cornelio Trasportata Dall' Idioma Francese, E recitata da' Signori Cavalieri del Clementino Nelle Vacanze del Carnevale dell' Anno M.DCC.I. Dedicata da Luca Antonio Chracas a' medesimi Cavalieri. *In Roma, M.DCC.I* [1701]. *Nella Stamperia di Luca Ant. Chracas. Appresso la Curia Innocenziana.* Con Licenza de' Superiori. Pet. in-12 de 8 ff., 150 pp. et 1 f. pour la marque de l'imprimeur.

Cette pièce fut imprimée en même temps que la traduction du *Cid* citée plus haut (n° 834). La dédicace porte de même la date du 26 janvier 1701. Les acteurs ne furent pas moins distingués. D. Salvatore Caputo, marquis della Petrella, joua *Félix;* Alessandro Gardoni joua *Polyeucte;* le marquis Manfredo Trecchi, *Pauline;* Francesco Passionei de Fossombrone, *Sévère;* Giuseppe Pelicano de Reggio, *Néarque;* le comte Emmanuel d'Este, *Albin*, etc. Quatre ballets, imaginés par le traducteur, donnèrent de la variété au spectacle; on n'y vit également figurer que des gentilshommes, en particulier ceux qui avaient rempli les premiers rôles dans le *Cid*.

La traduction, fort abrégée, est en prose. Melzi l'attribue au P. D. Filippo Merelli, de Somasca.

Il y avait eu avant Corneille une tragédie italienne sur le même sujet : *Polieto, tragedia sacra, di Girolamo Bartolommei, Fiorentino;* in Roma per Francesco Cavalli, 1632, in-12 ; in Firenze, nella stamperia di Pietro Nesti, 1655, in-4.

850. Polieuto, Tragedia cristiana di M. Pietro Cornelio, trasportata dall' idioma Francese. *Bologna, per il Longhi. S. a.* [circa 1705], in-12.

Réimpression de la traduction de Filippo Merelli.

851. Polierto, Tragedia di Pietro Cornelio.

Traduction en prose insérée dans le t. V° des *Opere varie tradotte e recitate in Bologna* (Bologna, Lelio della Volpe, 1725, in-12) ; nous croyons que c'est celle de Merelli.

852. Il Polieuto martire, Tragedia sacra tradotta dal Francese di Pietro Cornelio. *In Venezia, per Domenico Lovisa,* 1702. In-12.

Traduction en cinq actes et en prose, qui ne doit pas être confondue avec celle de Merelli.

853. Poliuto, Tragedia cristiana di P. Cornelio, Traduzione dal Francese in versi. *Bologna, Pisarri,* 1741. In-8.

Traduction dont l'auteur ne s'est fait connaître que dans l'édition suivante.

854. Polieuto, Tragedia di Pietro Cornelio tradotta [in versi] dal P. D. Bonifacio Collina. *In Bologna, per il Volpe,* 1743. In-8.

855. Polyeucte, tragédie en cinq actes, de Corneille, traduite en vers italiens par Joseph Montanelli, représentée au Théâtre-Italien à Paris par la Compagnie dramatique de Mme Ristori, le 27 avril 1859. *Paris, Michel Lévy frères,* [*impr. Thunot et Cie*], 1859. Gr. in-8 de 38 pp. à 2 col.

XIV

856. Il Bugiardo, Commedia di tre atti in prosa, rappresentata per la prima volta in Mantova la primavera dell' anno 1750.

> Nous suivons l'exemple de Voltaire en faisant figurer la comédie de Goldoni parmi les imitations des pièces de Corneille; mais, comme l'a déjà fait remarquer M. Marty-Laveaux (t. IVe, pp. 272 sq.), nous avouerons qu'elle n'a que des rapports éloignés avec le *Menteur. Il Bugiardo* a été imprimé dans les *Commedie di Carlo Goldoni* (Firenze, 1753, in-8, t. Ier; Pesaro, 1753, in-12, t. Ier; Venezia, 1753, in-8, t. IVe; Bologna, 1753, in-8, t. IVe, etc.) et traduite par M. Aignan dans les *Chefs-d'œuvre des Théâtres étrangers* (Paris, Ladvocat, 25 vol. in-8).

XVI

857. Rodoguna principessa de' Parti, Tragedia del Cornelio, portata dal Francese in Italiano dal Conte Gio. Orsi, [*circa* 1720].

> Traduction en prose conservée à la Bibliothèque nationale. (Msc. ital., n° 1387.)

858. La Rodogona, Tragedia tradotta dal Francese di Pietro Cornelio, e recitata da' Signori Cavalieri del Collegio Clementino nelle vacanze del Carnevale nell' anno 1702. *In Roma, nella stamperia di Gianfrancesco Chracas,* 1702. In-12.

> Traduction en prose attribuée par Melzi au P. D. Filippo Merelli.

859. Rodoguna, Tragedia di Pietro Cornelio tradotta dal Francese. *In Bologna.* M.DCII [1702]. *Nella Stamperia del Longhi.* Con licenza de' Superiori. Pet. in-12 de 132 pp.

> Réimpression de la traduction de Merelli, précédée de l'*Ombra di Nicanoro, Prologo per Musica.* Cette même traduction a été encore reproduite dans le t. IVe des *Opere varie tradotte e recitate in Bologna* (Bologna, Lelio della Volpe, 1725, in-12).

860. Rodoguna, Tragedia di Pietro Cornelio. *In Venezia, per il Paoli,* 1715. In-12.

> Traduction en prose.

861. Rodoguna, principessa de' Parti, Tragedia trasportata dal Francese di Pietro Corneille sopra la Scena Italiana, dedicata all' Alt. Sereniss. del Signor Principe Enrico Lantgravio d'Assia Darmstat, &c., &c., &c., e recitata da' Sereniss. suoi Nipoti con alcune Dame, e Cavalieri per proprio divertimento nel Teatrino di Corte, nel Carnevale dell' anno 1722. *In Mantova, per Alberto Pazzoni,* 1722. In-12.

Traduction en prose.

XVIII

862. L'Eraclio, imperatore d'Oriente, Tragedia di Pietro Cornelio, tradotta dal Francese et accomodata per le scene alla maniera Italiana. *In Bologna, per Pier Maria Monti,* 1691. In-12.

Traduction en prose, dont la dédicace est signée G. A. Z. D. O., c'est-à-dire, d'après Allacci et Melzi, Gio. Andrea Zanotti, detto Ottavio.

863. Eraclio, Tragedia di Pietro Cornelio, tradotta e rappresentata da' Signori Cavalieri del Collegio Clementino in Roma nel carnevale dell' anno 1699. *Roma, per il Chracas,* 1699. In-12.

Traduction libre en prose attribuée par Melzi au P. D. Filippo Merelli, de Somasca. L'auteur italien a fait, à sa guise, un grand nombre de coupures et d'additions.

864. Eraclio, Tragedia di M. Pietro Cornelio, tradotta, e rappresentata da' Sig.ri Cavalieri del Collegio Clementino in Roma, nel Carnevale dell' Anno 1699. *In Bologna, nella Stamperia del Longhi,* 1701. Con licenza de' Superiori. Pet. in-12 de 138 pp. et 3 ff. blancs.

Réimpression de la traduction de Merelli. M. Marty-Laveaux la confond avec celle de Zanotti.

XX

865. La Vera Nobilta, tolta dalla Commedia eroica del famoso autor Francese Pietro Cornelio, da lui intitolata D. Sancio. *Bologna, stamperia di Longhi. S. a.* [circa 1710], in-12.

Traduction de Don Sanche en prose. Elle a été reproduite dans le t. IVe des *Opere varie tradotte e recitate in Bologna;* Bologna, Lelio della Volpe, 1725, in-12.

XXII

866. Nicomede, Tragedia di Monsù Cornelio, trasportata dall' idioma Francese dal signor Girolamo Gigli. *Roma,* 1701. In-12.

Traduction en prose.

XXIII

867. Edipo, Tragedia di Pietro Cornelio. *In Bologna, per il Longhi. S. a. [circa 1700], in-12.*

Traduction en prose.

XXVI

868. La Sofonisba, Tragedia tradotta dal Francese di Mons. Corneille, da L. P. *In Ferrara e in Bologna, per il Longhi, 1715. In-12.*

869. La Sofonisba, Tragedia tradotta dal Francese di Mons. Corneille. *In Bologna, per Lelio Volpe, 1724. In-12.*

Il existe une pièce italienne antérieure à cette traduction, et dont l'auteur a peut-être imité la tragédie de Corneille : *Sofonisba, opera tragicomica rappresentata in Roma nel Collegio Clementino l'anno 1681* (in Roma, per il Bussotti, 1681, in-12). Un peu plus tard, le Napolitain Saverio Pansuti fit paraître une nouvelle *Sofonisba* (in Napoli, per Domenico Antonio, e Niccolò Parrino), 1725, in-8).

XXVII

870. Ottone, Tragedia di Pietro Cornelio, trasportata dall' idioma Francese. *In Venezia, per Domenico Lovisa, 1720. In-12.*

Traduction en prose.

XXVIII

871. Agesilao, Tragedia del famoso autor Francese Pietro Cornelio. *In Bologna, stamperia di Longhi, S. a. [circa 1710], in-12.*

XXIX

872. Attila, re degli Unni, Tragedia del famoso autor Francese Pietro Cornelio. *Bologna, stamperia di Longhi, s. a. [circa 1710], in-12.*

Traduction en prose.

XXX

873. Tito e Berenice, Opera heroicomica di Pietro Cornelio, tradotta dal Francese. *Bologna, stamperia di Longhi. S. a. [circa 1710], in-12.*

Traduction en prose.

XXXI

874. LA PULCHERIA, Opera di Pietro Cornelio, tradotta dal Francese ed accomodata all' uso delle Scene d'Italia. *In Bologna, nella stamperia del Longhi,* 1704. In-12.

Traduction en prose.

XXXII

875. SURENA, GENERALE DE' PARTI, Opera tragica di Pietro Cornelio. *In Bologna, nella stamperia del Longhi,* 1719. In-12.

Traduction en prose.

III. Traductions en espagnol.

IX

876. EL HONRADOR DE SU PADRE, comedia en tres actos en verso, por D. Juan Bautista Diamante.

> Imitation du *Cid,* imprimée dans le recueil intitulé : *Comedias nuevas escogidas de los mejores ingenios de España;* onzena Parte ; Madrid, 1658, in-4, ou Madrid, Gregorio Rodriguez, 1659, in-4 (voy. *Catálogo de la Biblioteca de Salvá,* Valencia, 1872, 2 vol. in-8, t. Ier, p. 403). Elle a été réimprimée dans le *Tesoro del Teatro español, desde su origen (año de* 1356), *hasta nuestros dias; arreglado y dividido en cuatro partes, por D. Eugenio de Ochoa;* Paris, imprenta de Casimir y Crapelet, 1808, 5 vol. in-8, t. V^e.
>
> Nous avons dit plus haut (n° 9) que Voltaire avait cru retrouver dans la pièce de Diamante le véritable original du *Cid;* il est démontré aujourd'hui que c'est une simple traduction. Nous citerons dans les chapitres qui suivent plusieurs opuscules relatifs à cette question.

877. DON RODRIGO DE VIVAR, Tragedia en tres actos, escrita en variedad de metros.

> Traduction libre, qui existe en manuscrit dans les archives du Teatro del Principe à Madrid, sans nom de traducteur, mais avec permission de représenter donnée en 1781.

878. EL CID, tragedia de P. Corneille, refundida por D. T. G. S. [Don Tomas Garcia Suelto], y representata por la primera vez en el Teatro de Los Canos del Peral, el dia 25 de Agosto de 1803. *Madrid,* 1805. In-8.

879. CID RODRIGO DE VIVAR, Drama en tres actos y en verso original, de don Manuel Fernandez y Gonzalez. Representado con gran éxito en el Teatro de Novedades el dia 18 de diciembre de

1853. *Madrid, libreria de la V. é hijos de Cuesta,* [*imprenta de C. Gonzalez*], 1858. Gr. in-8 de 102 pp.

> La España dramática.
> Imitation du *Cid* en trois actes et en vers.

880. Cid Rodrigo de Vivar, Drama en tres actos y en verso, original, de don Manuel Fernandez y Gonzales. Refundido por el autor. *Madrid, libreria de la V. é hijos de Cuesta,* [*imprenta de T. Fortanet*], 1862. Gr. in-8 de 102 pp.

> La España dramática.
> Nous croyons que les auteurs des quatre pièces suivantes se sont également inspirés du *Cid* :
> Las Mocedades del Cid, drama refundido por D. Alberto E. Rossi.
> Refonte de la tragédie de Guillen de Castro.
> Honor y Amor, drama en cinco actos por Iza Zamácola.
> Don Rodrigo, drama original en versos de A. F. de la Serna.
> Para heridas las del Honor, ó el Desagravio del Cid, drama original en versos de D. Rafael Galvez Amandi.

X

881. Horacio, tragedia en cuatro actos, habiéndose suprimido el quinto, por Corneille. Original francés con la traduccion literal española, preparada expresamente para Mr. Rafael Félix, director de la Comp. francesa de Mlle Rachel. *Nueva-York, imprenta de Baker y Goodwin,* 1855. In-4 de 28 pp.

> La couverture imprimée porte : *Unica Edicion autorizada de las representaciones de Mlle Rachel en francés y español, que contiene la copia original francesa, con la traduccion literal española por Jules Mantéguès.*

XI

882. Cinna, Tragedia de P. Cornelio, traducida del idioma Frances en Castellano. *Madrid,* 1713. In-8.

> D. Augustin de Montiano y Luyando, dans son *Discurso sobre las tragedias españolas* (Madrid, 1750, p. 66), attribue la traduction à Don Francisco Pizarro de Aragon, marquis de San Juan. L'exemplaire décrit par Salvá (*Catálogo,* t. Ier, n° 1198) porte sur la garde une note manuscrite qui confirme cette attribution.
> Le titre est suivi d'une approbation du Dr Don Juan de Ferreras, curé de l'église paroissiale de Saint-André de Madrid, qui a trouvé la traduction faite « con tanta alma, que si pudiera ser verisimil la Metempsichosis de los antiguos errados Philosophos, se pudiera creer, que la del Autor, y del Traductor era la misma. »
> La traduction est en vers de différentes mesures, suivant l'usage adopté sur le théâtre espagnol.

883. CINNA. Tragedia de P. Cornellio, traducida del idioma Frances en Castellano. S. l. n. d. [Madrid, Fernando Monge, 1731]. In-8 de 4 ff. et 134 pp.

> Réimpression de l'édition précédente. La licence du Conseil, datée du 4 juillet 1731, nous fait connaître le nom du libraire.

884. EL PAULINO, Tragedia nueva a la moda Francesa con todo el rigor de el arte, en imitacion del Cina de Pedro Cornelio, compuesta por don Thomas de Añorbe y Corregel, Capellan del Real Monasterio de la Encarnacion de Esta Corte. Con licencia. En Madrid. Año de M.DCC.XL [1740]. In-4 de 43 pp.

> La permission d'imprimer est datée du 13 avril 1740.
> Montiano (Dircurso primero sobre las tragedias españolas, 1750) a cru devoir mettre le public en garde contre cette imitation, de peur qu'on n'attribuât à Corneille les faiblesses du traducteur.

885. CINNA, tragedia de P. Corneille, traducida de D. Manuel Garcia Verdugo.

> Traduction inédite citée par M. Marty-Laveaux, d'après une communication de M. Hartzenbusch.

XII

886. LA MAYOR GLORIA DE UN HEROE ES SER CONSTANTE EN LA FE, O EL HEROE VERDADERO, Comedia heroica de F. R. [Fermin del Rey]. Barcelona, 20 de Febrero 1785.

> Imitation en trois actes de Polyeucte, qui n'a pas été imprimée. Il en existe une copie manuscrite à la Bibliothèque nationale de Madrid, et une autre dans les archives du Teatro del Principe de la même ville. Le lieu de la scène est changé ainsi que les noms des personnages.

887. POLIEUCTO, tragedia en cinco actos, por Corneille. Copia original francesa, con la traduccion literal española, por Jules Mantégués, preparada expresamente para Mr. Rafael Félix, director de la Comp. francesa de Mlle Rachel. Nueva-York, imprenta de Baker y Goodwin, 1855. In-4 de 48 pp. à 2 col.

888. POLIEUCTO, tragedia cristiana en cinco actos, por Corneille, traducida al Castellano por D. Manuel Garcia Verdugo.

> Traduction inédite citée par M. Marty-Laveaux, d'après une communication de M. Hartzenbusch.

XIII

889. EL EMBUSTERO ENGAÑADO, comedia en dos actos, escrita por L. A. J. M. [Luis Antonio José Monein.] S. l. n. d. [Madrid]. In-4 de 24 pp. à 2 col.

> Imitation du Menteur.

XVI

890. RODOGUNA, Tragedia en cinco actos, escrita en romance en decasilabo.

Traduction libre, sans nom do traducteur, qui se trouve en manuscrit, dans les archives du Teatro del Principe, avec permission de représenter accordée en 1777.

891. RODOGUNA, tragedia en cinco actos por Corneille, traducida en castellano por D. Manuel Garcia Verdugo.

Traduction inédite citée par M. Marty-Laveaux, d'après M. Hartzenbusch.

VI. Traductions en portugais.

IX

892. O CID, Tragedia de P. Corneille. *Lisboa, na typographia Rollandiana*, 1787, com licença da Real Meza da Commissão Geral sobre o Exame, e Censura dos Livros. Pet. in-8 carré de 92 pp. et 2 ff. contenant un extrait du catalogue de *François Rolland*.

On lit en tête du titre : *Theatro estrangeiro*. Numero I,
Traduction en vers attribuée à Antonio José de Paula (*Diccionario bibliographico portuguez, estudos de Innocencio Francisco da Silva;* Lisboa, 1858-70, 9 vol. in-8, t. VIII*, p. 209); elle est précédée d'un avis de l'éditeur qui fait l'éloge du théâtre en général, et rappelle que les peuples les plus catholiques ne l'ont jamais condamné. Le libraire s'est proposé de publier un recueil des meilleurs pièces françaises et italiennes comme en possèdent la plupart des nations cultivées de l'Europe.

893. AFFRONTA CASTIGADA, OU O SUBERBO PUNIDO, tragedia por Nicolau Luis. *Lisboa, na Officina de Antonio Gomes*, 1794. In-4 de 40 pp.

Traduction du *Cid* en vers.
Nicolau Luis, appelé quelquefois da Silva, vivait dans la seconde moitié du dix-huitième siècle, mais on ne sait rien de sa vie ; il a traduit ou imité plus de deux cents comédies ou tragédies, en évitant le plus souvent de nommer les auteurs originaux.

894. O CID, tragedia de Corneille.

Theatro de Manuel de Figueiredo; Lisboa, na Imprensa Regia, 1804-1815, 14 vol. in-8, t. VIII*.

895. D. RODRIGO, drama original em cinco actos e em prosa, por D. Antonio Firmino da Silva Campos e Mello. *Lisboa, na typographia de Antonio José da Rocha*, 1842. Gr. in-8 de 96 pp.

Imitation du *Cid*.

896. D. Ruy Cid de Bivar, tragedia em cinco actos, de P. Corneille, traduzida por ***, revista e emendada por J. M. Pereira da Silva. *Rio de Janeiro, na Typographia imperial e constitucional de Junius Villeneuve e Cª*, 1843. Gr. in-4 de 20 pp.

Archivo Theatral, IIIª serie.

M. Jean Manuel Pereira da Silva, né à Rio, en 1817, est un des hommes les plus distingués du Brésil. Il est correspondant de l'Institut de France.

En dehors des traductions que nous avons citées, M. I. Fr. da Silva (*Diccionario bibliographico portuguez*, t. VIIIª, p. 209) dit qu'il possède une traduction manuscrite du *Cid* signée des initiales J. A. M.

XI

897. Cinna, ou a Clemencia de Augusto, tragedia de Corneille.

Theatro de Manuel de Figueiredo; Lisboa, na Imprensa Regia, 1804-1815, 14 vol. in-8, t. VIIIª.

898. Cinna, ou a Clemencia de Augusto, tragedia de P. Corneille, traducida por Antonio José de Araujo.

Traduction inédite citée par M. I. Fr. da Silva (*Diccionario bibliographico portuguez*, t. VIIIª, p. 421).

XVIII

899. Heraclio reconhecido, tragedia por Nicolau Luis. *Lisboa, na Officina de José de Aquino Bulhões*, 1783. In-4 de 40 pp.

Imitation en vers.

V. Traduction en roumain.

XVIII

900. Ѥралїє, ꙋмпъратꙋл ал ръсъртꙋлꙋй, трагедїъ ꙋн 5 акте де Корнеіл, шї традꙋсъ дїн францозеще де I. Росет. Бꙋкꙋрещї, ꙋн типографїа лꙋй Ѥлїад, 1831. In-8 de 122 pp.

Traduction très-faible, dont le style est tout à fait primitif.

On a lieu d'être surpris que les Roumains n'aient pas cherché à faire passer dans leur langue d'autres pièces de Corneille. Le poëte Georges Sion, à qui nous exprimions récemment notre étonnement à ce sujet, nous a répondu que ses compatriotes, dont un grand nombre ont étudié nos classiques dans nos écoles, ne se sentaient pas encore en état d'en faire des traductions qui ne fissent pas trop perdre à l'original. Les pièces de Voltaire ont été jugées plus faciles, et plusieurs ont été traduites avec succès; M Sion lui-même a donné d'élégantes versions du *Misanthrope* et de *Phèdre*, mais, à part quelques fragments du *Cid* et de *Cinna*, qu'il a mis en vers roumains pour les élèves du conservatoire de Bucarest, il n'a pas abordé le théâtre de Corneille.

VI. Traductions en anglais.

I

901. MELITE, a Comedy translated from the French of P. Corneille. *London, printed for and sold by T. Bell, n° 26 Bell yard, Temple Bar, and G. Burnet, Strand*, M.DCC.LXXVI [1776]. In-8, fig.

XI

902. THE CID, a Tragi-Comedy out of French made English, and acted before Their Majesties at Court, and on the Cockpit stage in Drury-Lane, by the Servants to both Their Majesties. *London*, 1637. Pet. in-12.

Traduction en vers par J. Rutter, dont le nom est au bas de l'épître dédicatoire adressée à Édouard, comte de Dorset, lord-chambellan. Le même auteur fit paraître, en 1640, une traduction de la *Vraie Suite du Cid*, de l'abbé Desfontaines, qu'il intitula : *The Second Part of The Cid*.

Malgré l'empressement mis par un poëte anglais à traduire le *Cid*, l'année même de sa publication, le tempérament britannique ne paraît pas s'être accommodé aux passions toutes méridionales du héros espagnol. Pepys raconte qu'il assista, le 1er décembre 1662, à la représentation du *Cid*, au Cokpit, et que la pièce, bonne pour la lecture, lui parut à la scène « une fort sotte chose (a most dull thing) ». *Diary and Correspondence of Samuel Pepys;* the sixth Edition; London, 1858, 4 vol. in-12.

903. THE CID, || a || Tragicomedy, || out of French made || English : || And acted before their Majesties || at Court, and on the Cock-pit || Stage in Drury-lane, by the || servants to both their || Majesties. || The Second Edition Corrected and Amended. || *London*, || *Printed by W. Wilson for Humphrey* || *Moseley, at the Signe of the Princes Armes* || *in St. Pauls Church-Yard*. || 1650. In-12 de 42 ff. non chiff., dont les trois derniers sont occupés par le catalogue du libraire.

Réimpression de la traduction précédente.

904. THE CID, OR THE HEROICK DAUGHTER, a Tragedy in verse, translated from the French of P. Corneille, by John Ozell. *London*, 1714. In-12.

905. XIMENA, OR THE HEROICK DAUGHTER, a Tragedy by Colley Cibber, adapted for theatrical representation as performed at the

Theatre Royal in Covent Garden, regulated from the Prompt Book. *London, printed for the Proprietors under the direction of John Bell, British Library, Strand,* 1792. In-8 de 78 ff., avec 2 fig. sur acier.

<small>Simple imitation du *Cid*, dans laquelle l'auteur s'est proposé d'éviter une partie des fautes que le goût français avait, prétend-il, fait commettre à Corneille.

Cette pièce, imprimée séparément, a été réunie au *Bell's British Theatre,* t'. XV° (London, 1797, in-8) : elle a été également reproduite dans les œuvres de Colley Cibber, dont la meilleure édition est celle de *Londres,* 1777, 5 vol. in-12, avec portr.</small>

906. THE CID, a Tragedy in five Acts by a Gentleman formerly a Captain in the Army. *London, printed by A. Young, 18 Vere Street, and sold by M. Faulder, 42, Bond-Street,* 1802. Price two shillings and six pence. In-8 de 63 pp.

X

907. HORATIUS, a Roman Tragedy, by Sir William Lower. *London,* 1656. In-4.

908. HORACE, a Tragedy, by Mrs. Kath. Phillips. *London,* 1667. In-fol.

<small>Cette traduction de « l'incomparable Orinda », a été réimprimée, avec *Pompée,* à la suite du recueil de ses œuvres : *Poems by the most deservedly admired Mrs. Katherine Philips, the Machtless Orinda, to which is added Monsieur Corneille's Pompey and Horace, Tragedies, with several other Translations out of French;* London, printed by N. T. for Henry Herringman, at the sign of the Blue Anchor, in the Lower Walk of the New Exchange, 1678, in-fol.</small>

909. HORACE, a French Tragedy of Monsieur Corneille englished by Charles Cotton, Esq. *London, printed for Henry Browne, at the Gun, at the West End of St. Pauls,* 1671. In-4 de 4 ff. et 75 pp.

<small>En face du titre, une gravure de W. Dolle, représentant le combat des Horaces.

Charles Cotton, né en 1630 à Beresford Hall, dans le comté de Stafford, mort à Westminster en 1687, est surtout connu par ses traductions du français. Il traduisit, entre autres ouvrages, le *Virgile travesti* de Scarron (*Scarronides, or Virgil Travestie*). Une seule de ses traductions a eu un succès durable : celle des *Essais* de Montaigne (1693), qu'on a réimprimée avec corrections en 1759.

Cotton a pris de grandes libertés avec la tragédie de Corneille; il y a ajouté des chœurs de sa composition.</small>

910. HORACE, a French Tragedy of Monsieur Corneille, englished by Charles Cotton. *London,* 1677. In-4, front. grav.

<small>Seconde édition de la traduction précédente.</small>

XI

911. CINNA'S CONSPIRACY, a Tragedy in verse, translated from the French of P. Corneille by Colley Cibber. *London, 1713. In-4.*

XII

912. POLYEVCTES, OR THE MARTYR, a Tragedy by Sir William Lower. *London, 1655. In-4.*

XIII

913. POMPEY, a Tragedy, translated from Monsieur Corneille, by Mrs. Catherine Philips, the Fith Act translated by Sir John Denham. *London, 1663. In-4.*

Cette traduction, entreprise à la demande du comte d'Orrery, a été reproduite à la suite d'*Horace,* dans le recueil déjà cité des œuvres de Catherine Philips (voy. le n° 908).

Pompée réussit en Angleterre, sans avoir pourtant le succès qu'obtint plus tard *Héraclius.* Pepys raconte qu'il fit en voyage la lecture de cette tragédie, « a play translated from the French by several noble persons, among others, my Lord Buckhurst, that to me is but a *mean play,* and the words and sense not very extraordinary. » Pepys's, *Diary and Correspondence,* the sixth Ed.; London, 1858, 4 vol. in-12; t. II°, p. 400 (23 juin 1666). La traduction à laquelle Pepys fait allusion est probablement la suivante :

914. POMPEY, a Tragedy acted with great applause. *London, printed for John Crooke, at the sign of the Ship, in St Pauls Church Yard,* 1663. In-4 de 3 ff. et 62 pp.

On y a ajouté un prologue écrit par le comte de Roscomon pour le théâtre de Dublin, et un épilogue par sir Edward Deering.

915. POMPEY THE GREAT, a Tragedy [translated from the French of Corneille by Edmund Waller]. *London, 1664. In-4.*

Waller fut aidé dans son œuvre par le comte de Dorset et Middlesex, sir C. Sedley et Sidney Godolphin.

Une lettre de Saint-Évremond, adressée à Corneille en 1666, à propos de *Sophonisbe,* et reproduite par M. Marty-Laveaux (t. X°, pp. 499 sq.), nous donne de curieux détails sur l'accueil fait par les Anglais aux œuvres de Corneille et en particulier sur Waller : « Je vous puis répondre, dit Saint-Évremond, que jamais réputation n'a été si bien établie que la vôtre en Angleterre et en Hollande. Les Anglois, assez bien disposés naturellement à estimer ce qui leur appartient, renoncent à cette opinion souvent bien fondée, et croient faire honneur à leur Ben Johnson de le nommer le Corneille de l'Angleterre. M. Waller, un des plus beaux esprits du siècle, attend toujours vos pièces nouvelles, et ne manque pas d'en traduire un acte ou deux actes en vers anglois pour sa satisfaction particulière. Vous êtes le seul de notre nation dont les sentiments ayent l'avantage de toucher les siens. Il demeure d'accord qu'on parle et qu'on écrit bien en France; il n'y a que vous, dit-il, de tous les François, qui sache penser. M. Vossius, le plus grand admirateur de la Grèce, qui ne sçauroit souffrir la moindre comparaison des Latins aux Grecs, vous préfère à Sophocle et à Euripide. »

XIV

916. THE MISTAKEN BEAUTY, OR THE LYAR, a Comedy, acted by Their Majesties Servants at the Royal Theatre. *London, printed for Simon Neale at the three Pigeons in Bedford-street in Covent Garden, over again the New Exchange.* M.DC.LXXXV [1685]. In-4 de 2 ff. et 52 pp.

La *Beauté trompée*, simple traduction du *Menteur*, bien qu'elle ne porte pas le nom de Corneille.

917. THE LYING LOVER : OR, THE LADIES FRIENDSHIP. A Comedy. By Sir Richard Steele. Hæc nosse salus est adolescentulis. Ter. *London*, M.DCC.XI [1711]. In-8.

Seconde imitation du *Menteur*, due au célèbre humoriste Steele. Celui-ci n'a eu garde de prononcer le nom de Corneille et, pour déguiser son emprunt, a donné des noms anglais à tous les personnages. Géronte est devenu le vieux *Bookwit;* Dorante, le jeune *Bookwit;* Alcippe, *Lovemore*; Philiste, *Frederick;* Cliton, *Latine;* Clarice, *Penelope;* Lucrèce, *Victoria;* Isabelle, *Lettice*, etc. Du reste, Steele a respecté les cinq actes de l'original, et, malgré les changements de décors et les couplets qu'il a cru devoir introduire, il a généralement suivi l'ordre des scènes de Corneille; mais dans l'exécution son « humeur » s'est donné libre carrière. Il descend parfois jusqu'à la farce de tréteaux. Voici, à titre d'exemple, comment il a travesti le commencement de la scène III⁰ du deuxième acte :

Lovemore. Ah! Penelope! inconstant! sickle Penelope! = *Penelope.* But, Lettice, you don't tell me what the gentleman said; now there's no body here you may speak — = *Love.* Now there's no body here? — Then I am a thing, an ustensil — I am no body, I have no essence that I am sensible of — I think 'twill be so soon — This ingrate, — this perjur'd! = *Pen.* Tell me, I say, how the match happened to break off. = *Love.* This is downright abuse — What! don't you see me, madam? = *Lett.* He had the folly, upon her being commonly civil to him, to talk of directing her affairs before his time : in the first place, he thought it but necessary her maid, her faithful servant Mrs. Betty, should be remov'd. = *Love.* Her faithful servant Mrs. Betty! Her betrayer, her whisperer, Mrs. Lettice — Madam, wou'd you but hear me — I will be heard. = *Pen.* Pr'y thee step, Lettice, and see what noise is that without. = *Love.* The noise is here, madam ; 'tis I that make what you call noise — 'Tis I that claim aloud my right, and speak to all the world the wrongs I suffer. = *Pen.* Cooling herbs well steep'd — a good anodyne at night made of juice of hellebore, with very thin diet, may be of use in these cases (*Both looking at him as disturb'd*). = *Love.* Cases ! — What cases ? I shall downright run mad with this damn'd usage. Am I a jest ? = *Lett.* A jest! — no faith, this is far from a merry madness — Ha! ha! ha! = *Love.* Harky'e Lettice — I'll downright box you — Hold your tongue, gipsy. = *Lett.* Dear madam, save me — go you to him — = *Pen.* Let him take you — Bless me — how he stares, — take her. = *Lett.* Take her. = *Pen.* Take her (*Running round each other*). = *Love.* Very fine — No, madam, your gallant, your spark last night; your fine dancer, entertainer, shall take you..., etc., etc.

918. THE LYING LOVER : OR, THE LADIES FRIENDSHIP. A Comedy. By Sir Richard Steele. Hæc nôsse salus est adoléscentulis. Ter. The seventh Edition. *London : Printed for T. Lownds, T. Cas-*

lon, and W. *Nicoll.* M.DCC.LXIV [1714]. In-12 de 71 pp., y compris une fig.

L'existence de cette 7ᵉ édition suffit pour attester le succès qu'eut la farce de Steele.

919. THE LYAR. A Comedy in three Acts. As it is Performed at the Theatre in the Hay-Market. By Samuel Foote, Esq. *London : Printed for P. Vaillant, J. Rivington, and S. Bladon in Paternoster-Row.* M.DCC.LXXVI [1776]. (Price One Shilling and sixpence.) In-8 de 70 pp. et 1 f.

Foote, qui était en même temps acteur et poète dramatique, profita de ses voyages en France pour emprunter à nos auteurs comiques divers sujets dont il évita de faire connaître les originaux : *le Menteur* est du nombre. La pièce de Corneille a été réduite en trois actes; les personnages ont reçu des noms anglais : *Sir James Elliot* (Alcippe); *Old Wilding,* the Father, (Géronte); *Young Wilding* (Dorante); *Miss Grantam* (Clarice); *Miss Godfrey* (Lucrèce); *Kitty* (Isabelle). Cliton, qui est resté Français, a pris le nom de *Papillon*; quant à Philiste, son rôle a été fondu avec celui d'Alcippe. Les premiers mots de la comédie nous reportent au *Menteur :*

Young Wilding. And I am now, Papillion, perfectly equipped. = *Papillion.* Personne mieux. Nobody better. = *Y. Wild.* My figure? = *Pap.* Fait à peindre. = *Y. Wild.* My air. = *Pap.* Libre. = *Y. Wild.* My address? = *Pap.* Parisiene (sic). = *Y. Wild.* My hat sits easily under my arm; not like the draggled tail of my tatter'd academical habit. = *Pap.* Ah, bein (sic) autre chose. = *Y. Wild.* Why then, adieu, Alma Mater, and bien venuë, la ville de Londre; fare well to the schools, and welcome the theatres; presidents, proctors, short commons with long graces, must now give place to plays, bagnios, long tavern-bills with no graces at all, etc., etc.

XVI

920. RODOGUNE, OR THE RIVAL BROTHERS, a Tragedy, done from the French of Mons. Corneille. Humbly inscribed to the Right Honourable Philip Earl of Chesterfield. *London, printed for the Authors.* M.DCC.LXV [1765]. In-8 de III et 81 pp.

Le traducteur, S. Aspinwall, dit, dans la préface qu'il a signée, que c'est en raison du succès qu'a obtenu la traduction de l'*Andromaque* de Racine donnée par Mrs. Philips, sous le titre de *The distressed Mother,* qu'il a entrepris cette traduction. Il dit avec assez peu de modestie que ses amis l'ont assuré que sa *Rodogune* était supérieure à l'original, et il ajoute ingénument : « I will impute it merely to our language being more nervous than the French, and to the translators being unconfined by the felters of Rhyme in which the original is written. »

XVIII

921. HERACLIUS, EMPEROUR OF THE EAST, a Tragedy written in French by M. de Corneille, englished by Lodowick Carlell. *London,* 1644. In-4.

Héraclius est peut-être, de toutes les pièces de Corneille, celle qui eut le plus grand succès en Angleterre, si l'on en juge, du moins, par ce qu'en dit Samuel Pepys. Celui-ci raconte, à la date du 8 mars 1663-64, qu'il vit représenter la tragédie nouvellement traduite. La pièce produisit sur lui une vive impression ; il fut en particulier très-frappé de la scène où l'empereur d'Orient paraît environné de tout le peuple en habits romains. « Cette scène est, dit-il, au-dessus de tout ce que j'ai jamais vu représenter sur aucun théâtre (above all I ever saw at any of the theatres). »

Le 4 février 1666-67, Pepys revit *Héraclius* au Duke's Playhouse, « excellente pièce, qui lui causa un plaisir extraordinaire. » Il y avait grande compagnie, Mrs. Stewart, très-belle avec de grandes boucles, Lord et Lady Rochester, Lord John Butler, fils du Duc d'Ormond, etc.

Voy. *Diary and Correspondence of Samuel Pepys, loc. cit.*

L'éditeur de ce recueil croit que la traduction vue par Pepys n'était pas celle de Carlell, qui, dit-on, ne fut jamais représentée.

XXI

922. NICOMEDE, a Tragi-Comedy translated out of the French of Monsieur Corneille by John Dancer, as it was acted at the Theatre Royal in Dublin, together with an Exact Catalogue of all the English Stage Plays printed till this present year 1671. Licensed Dec. 16. 1670. Roger L'Estrange. *London, printed for Francis Kirkman and are to be sold at his shop in Thames Street, over against the Custom House,* 1671. In-4 de 2 ff. et 56 pp., plus 16 pp. pour le catalogue.

Dédié au Right. Hon. Thomas Earl of Offroy.

VII. Traductions en néerlandais.

923. ONDERZOEK over de Nederduitsche Tooneelpoëzy. *Amsterdam, A. Schoonenburg,* 1724. Pet. in-8, avec front. gravé de J. Goeree.

Ces *Recherches sur la poésie dramatique hollandaise* renferment la traduction des trois discours de Corneille sur l'Art dramatique.

VIII

924. [DE WAARSCHYNELYKE TOVERY, Blyspel. Uit het Fransch van den Heer P. Corneille. *Te Amsterdam,* 1684. Pet. in-8 ?]

La *Magie vraisemblable,* traduction en vers de l'*Illusion comique,* par Simon Van der Cruyssen.

Nous n'avons pas vu cette édition, dont la date nous est fournie par le texte du privilége qui accompagne l'édition suivante.

925. DE WAARSCHYNELYKE TOVERY, Blyspel. Uit het Fransch van den Heer P. Corneille. *Te Amsterdam, by d'Erfg: van J. Les-*

cailje, op den Middeldam, naast de Vischmarkt, 1691. Met Privilegie. Pet. in-8 de 72 pp.

Au titre un joli fleuron de S. *Fokke*, représentant une ruche posée sur une console, devant un édifice aux deux extrémités duquel sont placées des statues de Melpomène et de Thalie, et qui est surmonté des armes d'Amsterdam.

Privilége du 19 septembre 1684, renouvelé le 18 janvier 1691.

« Comme le traducteur du *Menteur*, celui de l'*Illusion* a transporté le lieu de la scène en Hollande, et a baptisé à la hollandaise les personnages et les rôles dont il est parlé dans la pièce. Par malheur, il n'a pas réfléchi que ce changement de lieu tendait à détruire toute illusion dès les premiers mots qui se débitent au lever du rideau. Il est question d'une *grotte obscure*; or, tout crédule que soit le Pridamant hollandais, on aurait pu difficilement lui faire croire que son pays possédât une véritable grotte, les rochers étant chose inconnue en Hollande. Un autre changement apporté à la pièce, c'est qu'au magicien, le traducteur, pour des raisons qu'il n'explique pas, a substitué une magicienne. La traduction, au reste, n'est pas mauvaise, et bien que Van der Cruyssen ne fût qu'un versificateur médiocre, le dialogue, chez lui, ne manque pas de facilité. » VAN LENNEP.

926. DE WAARSCHYNELYKE TOVERY, Blyspel. Uit het Fransch van den Heer P. Corneille. *T'Amsteldam, by David Ruarus, Boeckverkooper*, 1729. Met Privilegie. Pet. in-8 de 74 pp. et 1 f. blanc.

Privilége du 27 mai 1728.

« Réimpression de la traduction de Van der Cruyssen, exécutée par ordre des régents ; elle semble attester le succès de la pièce. Cependant nous ne la retrouvons pas au répertoire à partir de 1774, année où fut inauguré le théâtre actuel.

« Le théâtre d'Amsterdam, fondé en 1617 par une des nombreuses chambres de rhétorique de cette ville, avait été vendu en 1621 aux maisons d'orphelins et d'infirmes, et entièrement rebâti en 1637 par l'ordre des régents de ces établissements. Ce furent ces régents qui, pendant près de deux siècles, dirigèrent le théâtre, l'excédant des recettes étant versé par eux dans la caisse des hospices confiés à leurs soins. Comme ils étaient nommés par les magistrats, le théâtre pouvait être considéré comme une institution publique émanant de l'autorité. » V. L.

IX

927. DE CID. Bly-Eyndend Treurspel. In Franse vaersen gestelt door d'Heer Corneille. Nu in Nederlandse Rijmen vertaald. *T'Amsterdam, by Dominicus van der Stichel. Voor Abraham de Wees, Boeckverkooper, op den Middel-dam, in't Nieuwe Testament*. Anno 1641. In-4 de 32 ff. non chiffr., sign. A-H.

Traduction du *Cid* en vers par Van Heemskerck. Cette édition, imprimée à son insu, a échappé aux recherches de Van Lennep. Elle est précédée, suivant un usage cher aux auteurs hollandais, d'un argument en prose, dont Van Lennep nous donne ainsi la traduction d'après la réimpression de 1662 :

« Sommaire de la tragi-comédie espagnole nommée *Le Cid*.

« L'Infante de Castille est amoureuse de Don Rodrigue, jeune et vaillant cavalier ; mais, le sachant trop au-dessous d'elle, elle favorise une inclination mutuelle entre lui et Chimène, fille du comte de Gormas, inclination qu'approuvent les parents des deux jeunes gens. Le père de Don Rodrigue va demander au comte la main de Chimène pour son fils ; mais comme il vient d'obtenir la charge de gouverneur de l'Infant, qu'avait briguée le comte, il trouve celui-ci plus disposé à lui chercher querelle qu'à écouter ses propositions : des paroles on en vient aux injures, et le comte, à la fin, s'emporte au point de donner un soufflet à Don Diègue, le père de Rodrigue. Le vieillard tire l'épée ; mais, désarmé par son adversaire, il se tourne vers son fils et l'excite à venger son injure. Don Rodrigue se rend à cet appel, non sans avoir soutenu un violent combat intérieur ; il provoque le comte et le tue. Chimène accourt demander justice au roi du meurtrier de son père ; Don Diègue, de son côté, réclame la grâce de son fils. L'Infante, qui n'a pu encore maîtriser l'amour qu'elle éprouve pour Don Rodrigue, tire des événements qui ont eu lieu un augure favorable à ses désirs et, dans un dialogue émouvant avec sa nourrice, Léonor, elle fait part à celle-ci des combats qui se livrent dans son cœur. Le roi, avant de prononcer sa sentence, veut prendre l'avis de son conseil et fait reconduire Chimène chez elle par Don Sanche, rival de Don Rodrigue. Don Sanche saisit cette occasion pour exciter la colère de Chimène contre Don Rodrigue, et lui offre son bras pour la venger. Chimène, revenue chez elle, éclate en plaintes douloureuses et se lamente devant Elvire, sa demoiselle d'honneur, du sort cruel qui la force à demander la mort de celui qu'elle adore. Don Rodrigue paraît inopinément devant elle, prêt à lui livrer sa tête, afin qu'elle venge sur lui la mort de son père ; elle refuse son offre, sous le prétexte adroit qu'un trépas volontaire ne pourrait satisfaire à sa vengeance, et qu'elle veut qu'il meure par la sentence de ses juges. En sortant de chez elle, Rodrigue rencontre son père, qui le cherchait pour lui annoncer que les Maures ont fait une descente sur la côte et que toute la ville est en émoi. Il lui dit, en outre, que cinq cents jeunes gentilshommes de ses amis sont venus lui offrir leurs bras pour venger l'affront qu'il a reçu du comte et se trouvent en ce moment chez lui ; il engage son fils à se mettre à la tête de cette bande vaillante et à aller combattre les Maures, afin de reconquérir par ce moyen la faveur du roi et celle de sa maîtresse. Don Rodrigue, en effet, vole au combat, défait les Maures et fait prisonniers deux de leurs chefs, qu'il envoie vers le roi. A la suite de cet exploit, il obtient le nom de *Cid* (mot arabe qui signifie Seigneur) et sa grâce. Chimène, sur ces entrefaites, vient réitérer son accusation et exiger la punition de Don Rodrigue. Voyant le roi incliner vers la clémence, elle demande que, selon les anciennes coutumes du pays, un champ clos soit ordonné. Le roi consent à sa demande, à condition qu'elle épousera le vainqueur. Don Sanche s'offre à elle comme son champion et est accepté. Don Rodrigue désarme son adversaire et lui laisse la vie, mais à charge d'aller se jeter aux pieds de Chimène et de lui faire part de l'issue combat. A la vue de Don Sanche qui se présente devant elle, l'épée nue et teinte de sang (*sic*), Chimène éperdue se figure qu'il a tué Don Rodrigue, et, n'écoutant que sa passion, elle l'empêche de prendre la parole. Se présentant de nouveau devant le roi, elle avoue sa tendresse pour Don Rodrigue, et demande l'autorisation de se libérer envers Don Sanche en lui faisant don de tous ses biens, et de se retirer dans un cloître afin d'y passer les jours qui lui restent à pleurer son père et son amant. Enfin la vérité se fait jour, l'Infante elle-même amène Don Rodrigue vers Chimène, qui, vaincue par les sollicitations du roi, consent à l'accepter pour époux, mais demande que son mariage soit différé jusqu'à la fin de son deuil. Le roi lui accorde ce délai et ordonne qu'en attendant, Don Rodrigue, à la tête de l'armée, partira pour la Barbarie, afin de combattre les Maures dans leur propre pays. Don Rodrigue se rend à cet ordre avec joie, et, modérant son ardeur amoureuse en faveur de l'heureux avenir qui l'attend, il se fie à son roi et au bon vouloir de sa maîtresse.

« Pendant les deux derniers siècles la propriété littéraire était chose inconnue en Hollande, et les spéculateurs ne se gênaient nullement pour éditer les œuvres des auteurs en vogue, dont ils avaient su se procurer des copies. Il serait presque impossible d'énumérer les vers de Vondel, imprimés sans son aveu. Le grand poëte, dans un distique mis en tête d'un de ces poëmes, parle de ces publications frauduleuses, moins pour se plaindre du larcin que pour prémunir le public contre les fautes nombreuses qui s'y trouvaient, et contre les méchants vers qu'on y avait insérés sous son nom.

« Outre le moyen employé par Vondel pour déjouer ces procédés malhonnêtes, les auteurs en avaient deux autres : l'un, qui était le plus généralement en usage, c'était de faire ce que fit le traducteur du *Cid*, et de donner au public une édition authentique de leur ouvrage ; l'autre, d'engager un libraire à obtenir des États de la province le privilége de la publication. S'agissait-il d'une pièce de théâtre et obtenait-elle les honneurs de la représentation sur la scène d'Amsterdam, c'était aux régents des hospices que le privilége était accordé, et ceux-ci, à leur tour, conféraient à tel ou tel libraire le droit de publication. Quoi qu'il en arrivât, l'auteur ne tirait presque jamais le plus minime profit de son œuvre, à moins qu'il ne la dédiât à un Mécène assez généreux pour lui donner quelque gratification. » V. L.

928. DE CID, bly-eyndend Treurspel. Mitsgaders het gantsche leven en bedrijf van den selven Cid. *T'Amsterdam, by Nicolaes Nicolaes van Ravesteyn,* 1641. In-12 de 176 pp.

Réimpression de la traduction de Van Heemskerck publiée par lui-même. Elle porte la date de 1641 et nous ne pouvons dire avec certitude qu'elle ait paru avant l'édition décrite ci-après (n° 929). Du reste les deux éditions d'*Amsterdam* et de *Hoorn* contiennent exactement les mêmes pièces préliminaires.

929. DE VERDUYTSTE CID. Bly- Eyndend Treur- Spel. Midtsgaders het gantsche leven en bedrijf van den selven Cid. Opt' nieuws daer by ghevoeght. *Tot Hoorn. Ghedruckt voor Barent Adriaens Berentsma.* Anno 1641. Pet. in-8 de 154 pp.

Réimpression de la pièce de Van Heemskerck.
Elle est précédée d'un avis au lecteur, dont Van Lennep nous a donné la traduction d'après une édition de 1662 en tout semblable à celle-ci :

« *L'Imprimeur au Lecteur.*

« Lecteur bénévole, ce *Cid*, qui, à ce que nous assure le traducteur, a beaucoup perdu de ses grâces dans la traduction, n'avait pas appris à parler hollandais pour briller sur la scène, moins encore pour ennuyer les yeux et les oreilles du public par la voie de la presse, mais uniquement afin de se faire connaître à quelques rares amis et patrons du traducteur ; puis d'être mis de côté et enfoui dans la poussière d'une Bibliothèque bien close. Mais une copie en ayant été soustraite au Propriétaire et imprimée à son insu et contre son désir, et cela avec tant d'incorrections qu'il en a honte, je lui ai fait sentir que puisqu'il ne pouvait empêcher la publication de son *Cid*, autant valait le publier tel qu'il l'avait écrit; et j'espère par là avoir rendu service à la jeunesse studieuse. »

L'avis au lecteur est suivi de « témoignages de la valeur du *Cid* dans sa propre langue » qui contiennent en français ce qui suit :

« Les comédiens de Son Altesse [le duc Ferdinand de Nassau] parlent ainsi en leurs affiches :

« Le grand *Cid*, qui a porté sa renommée par tout le monde et qui a eslevé le Sieur Corneille, son Autheur, à un degré si haut que les autres de sa profession n'y peuvent atteindre, vous sera représenté. Nous espérons que vous confirmerez le jugement qu'en a fait toute la Cour, et que dans l'embellissement que nous y apporterons vous avouerez que nous sommes curieux de rechercher vostre contentement.

« Un autre, qui l'a fait imprimer à Leyden en l'année 1638, luy a donné des Louanges encore bien plus grandes, l'appellant : une excellente et ravissante pièce, dont la lecture a charmé l'oreille des Rois, Et une œuvre admirable qui n'a point d'éloge assez relevé qui ne soit au-dessous de ses beautez. Que ce n'est rien dire d'égal à ses graces, que d'asseurer qu'elles expriment toutes celles qui sont les plus rares en l'élégance Françoise; qu'elles représentent les traits les plus vifs et les plus beaux dont on se puisse servir pour expliquer la gloire des grandes actions d'une âme parfaitement généreuse, et que les lire et les admirer sont presque une mesme chose. »

Nous avons reproduit nous-même en entier l'avis du libraire de Leyde, sous le n° 273.

Après ces préliminaires, vient une préface du traducteur lui-même ainsi conçue :

« Si jamais œuvre de petite dimension [boeckxken] a reçu dans sa propre langue un accueil favorable, ou si jamais pièce dramatique a été chaleureusement reçue au théâtre, c'est bien le *Cid*, qui n'a pas procuré moins de gloire que de profit à son auteur, le Sieur Corneille. A la demande de ceux dont la prière était un ordre pour moi, j'en avais, il y a déjà quelques années, traduit le premier acte en notre langue, afin de voir jusqu'à quel point on pourrait rendre en hollandais les gentillesses françaises, et mon ardeur, que la beauté de ce chef-d'œuvre excitait, à mesure que je travaillais, a fait le reste. Et comme on arrive chemin faisant où l'on ne croyait point aller, je me suis trouvé transporté peu à peu de la scène des fictions sur celle des événements véritables, et j'ai rassemblé dans les mémoires espagnols toute la vie et les exploits du fameux Cid ; ce que j'ai fait d'autant plus volontiers, que j'ai cru trouver un cœur hollandais dans une poitrine espagnole, c'est-à-dire un défenseur inébranlable de la liberté de sa patrie et un adversaire redoutable de toute domination étrangère, domination que le Cid répudie avec des paroles dignes d'être prononcées par un Hollandais libre, contre la soif de dominer qui possède les Espagnols d'aujourd'hui, et d'autant plus remarquables qu'elles ont été mises dans la bouche du Cid par la plume d'un jésuite espagnol (violent entre les violents). N'ayant pu empêcher, lecteur équitable, que ces choses frivoles ne vinssent entre vos mains, je n'ai pas voulu du moins vous laisser ignorer ces particularités. Veniam pro laude. »

« Tous les écrivains hollandais avaient ainsi leur devise, dont bien souvent ils signaient leurs ouvrages, au lieu d'y mettre leur nom. *Veniam pro laude* était celle de J. Van Heemskerck. » V. L.

Le volume se termine par la Vie du Cid (*Het Leven van Don Rodrigo Diaz de Bivar toe-genaemt de Cid*), laquelle est précédée d'un titre séparé et remplit les pp. 99 à 154.

930. DE VERDUYTSTE || CID, || Bly-Eyndend || Treur-Spel. || Gespeelt op d'Amsterdamsche Schouburg.|| *T'Amsterdam, Gedruckt by Tymen Houthaeck, || voor Dirck Cornelisz. Houthaeck, Boeckverkoper op de Nieuwe- || zijds Kolck, in 't Bourgoens Kruys. Anno* 1650. In-4 de 30 ff. non chiff.

Au titre, un fleuron signé des lettres C V S, en monogramme, et représentant une fontaine avec la devise : *eeuwigh* (éternellement).

Réimpression de la traduction de J. Van Heemskerck. Elle contient l'avis de l'imprimeur au lecteur, les deux pièces françaises citées plus haut, la préface du traducteur et l'argument.

931. DE VERDUYTSTE CID. Bly-Eyndend Treurspel. *T'Amsterdam, gedruckt by Broer Jansz Bouman. Anno* 1662. Pet. in-8.

Au titre, un joli fleuron représentant le roi de Castille assis sur son trône et jugeant le procès du Cid et de Chimène.

Réimpression de la traduction de J. Van Heemskerck, avec l'argument reproduit ci-dessus (n° 927), mais sans les autres pièces préliminaires.

932. DE CID. Bly-Eyndend Treurspel. In Franse Vaersen gestelt door d'Heer Corneille. Nu in Nederlandse Rijmen vertaald. *Amsterdam, by Michiel de Groot,* 1662. In-8.

Réimpression de la traduction de Van Heemskerck, ainsi que les sept éditions suivantes.

933. DE VERDUYTSTE CID. Bly-Eyndend Treur-Spel. *Amsterdam,* 1668. In-8.

934. DE CID, Treurspel. Uit het Fransch van den Heer Corneille. *Amsterdam,* 1670. In-8.

935. DE VERDUYTSTE CID. Bly- Eyndend Treur-Spel. *Amsterdam,* 1683. Pet. in-8.

936. DE CID, Treurspel. Uit het Fransch van den Heer Corneille. Vertoond op de Amsteldamsche Schouwburg. Den laatsten Druk. *Te Amsterdam, by d'Erfgen : van J. Lescailje, op den Middeldam, naast de Vischmarkt,* 1697. Pet. in-8 de 64 pp.

« Cette édition, supérieure aux précédentes au point de vue typographique, leur est inférieure quant au texte, qui fourmille de fautes. On n'y trouve aucune des pièces qui précèdent les premières éditions. Le titre porte un fleuron avec la devise : *Laboranter*. » V. L.

937. DE CID, Treurspel. Uit het Fransch van den Heer Corneille. T'Amsteldam, by David Ruarus, Boekverkooper, 1732. Met Privilegie. Pet. in-8.

« Le titre est orné d'une des nombreuses vignettes qui, à cette époque, distinguaient les pièces de théâtre, que les régents des hospices avaient obtenu le privilége de faire jouer et imprimer. Celle dont nous parlons est due au burin de l'excellent graveur *Punt*, qui en même temps était le premier acteur tragique du théâtre d'Amsterdam. Dans un cartel de style rococo, surmonté des armes de la ville, et entouré d'abeilles et de fleurs, on voit une niche, près de laquelle se tiennent d'un côté deux orphelins, de l'autre un vieillard infirme ; au fond le Parnasse avec Apollon et Pégase ; en bas, ce distique de Vondel :

De Byen storten hier het eêlste dat sij leezen,
Om d'ouden stok te voên en d'ouderlooze weezen.

c'est-à-dire : Les abeilles répandent ici ce qu'elles ont butiné de plus exquis, pour en nourrir le vieillard et l'orphelin.

« Cette édition reproduit exactement celle de 1697. Elle contient en outre la copie du privilége accordé aux régents, et le droit d'impression concédé par ceux-ci à *David Ruarus*. » V. L.

938. DE CID, Treurspel. Uit het Fransch van den Heer Corneille. Te Amsteldam, by Isaak Duim, Boekdrukker en Boekverkooper, 1736. Met Privilegie. In-8.

« Cette édition se trouve dans le recueil des œuvres dramatiques de J. Van Heemskerck ; elle ne contient que la tragédie, mais le texte est bien plus correct que celui des précédentes impressions.

« Le libraire *Duim* était, comme *Punt*, acteur, et partageait avec lui la faveur du public. » V. L.

939. DE CID, Treurspel. Uit het Fransch van den Heer Corneille. Zo als het zelve op den Amsteldamschen Schowburg word vertoond. Te Amsteldam, by Izaak Duim, Boekverkooper op den hoek van den Voorburg-Wal en Stilsteeg, 1760. Met Privilegie. Pet. in-8 de 63 pp. en tout.

Cette réimpression ne commence qu'à la scène entre le comte et D. Diègue. Le rôle de l'Infante est supprimé.

« Il est presque certain que les éditions signalées par nous [Van Lennep en indique en tout neuf] ne sont pas les seules qu'ait eues la traduction du *Cid* entre les années 1640 et 1760 ; mais elles suffisent pour prouver deux choses : l'une que la renommée du *Cid* et de son auteur s'est établie en Hollande bien plus tôt que partout ailleurs à l'étranger ; l'autre, que le public n'a cessé de lire et d'applaudir au théâtre le chef-d'œuvre de Corneille, bien qu'il eût « perdu de ses grâces par la traduction », ainsi que l'en avait charitablement averti l'imprimeur de l'édition de 1641. Jacob Van Heemskerck, en effet, quoiqu'il ne manquât pas de talent et qu'on ait même de lui un livre charmant en prose sous le titre de « l'*Arcadie hollandaise* », n'était qu'un versificateur médiocre, et l'on ne saurait croire, en lisant ses vers, qu'ils fussent d'une époque où Vondel et d'autres avaient déjà publié tant de chefs-d'œuvre de style et de diction. C'est donc bien au mérite intrinsèque de la pièce et au jeu des acteurs qu'il faut attribuer le succès dont jouissait encore, dans la dernière moitié du siècle dernier, l'œuvre informe de Van Heemskerck; et l'on ne saurait autrement expliquer le courage dont faisait preuve l'éditeur de 1760, en reproduisant une traduction, dans laquelle quelques rares passages assez bien rendus ne rachetaient pas tant d'expressions basses, prosaïques ou tombées en désuétude. Aussi le public commença-t-il à s'en lasser; et bientôt l'apparition d'une traduction nouvelle fit « enfouir » celle de Van Heemskerck « dans la poussière d'une bibliothèque « bien close. » V. L.

940. DEN CID, blyendigh Treur-Spel. In't frans uyt-ghegheven door den on-verghelijckelijcken Corneille, ende nu vertaelt uyt den eersten druck. *Tot Duynkercke, ghedruckt by Antonius van Ursel: Boeck-vercooper, woonende by de groote Kercke; in S. Ursula.* 1694. In-8 de 3 ff. et 62 pp.

Cette traduction, dont on ne connaît plus qu'un seul exemplaire, et qui n'a pas été citée par Van Lennep, est l'œuvre de Michel de Swaen, poëte flamand né à Dunkerque. Elle est dédiée au poëte lui-même par le libraire *Van Ursel*, qui affirme l'avoir mise sous presse à l'insu de l'auteur.

Au moment où la ville de Dunkerque passa sous la domination de Louis XIV, elle possédait une *chambre de rhétorique* des plus florissantes. C'est là que de Swaen se fit connaître. Outre son poëme sur la vie et la mort de Jésus-Christ, et sa traduction du *Cid*, il traduisit l'*Andronic* de Campistron, et composa lui-même une tragédie intitulée : *l'Abdication de Charles-Quint*. On admire dans ses traductions un style facile et poétique; son drame original est un des plus réguliers qu'ait produits le théâtre hollandais au dix-septième siècle.

Voy. sur de Swaen le *Belgisch Museum* de J.-F. Willems, t. IX°, Gand, 1845, pp. 392 sqq.

941. DE CID. Treurspel. Van den Heere P. Corneille. Verrykt met leerzame aanteekeningen door den Heere de Voltaire, enz. Het Fransch gevolgd door J. Nomsz. *Te Amsteldam, by David Klippink, Boekverkooper,* 1771. Pet. in-8.

Traduction en vers par J. Nomsz.

« Au titre, une vignette représentant le Bon Goût personnifié sous la forme d'un petit génie, qui tient d'une main une pique et une couronne de lauriers. Le génie étend le pied sur un autre petit génie qui tient en mains un masque et un serpent. Cette seconde figure représente la Critique anonyme.

« A côté d'une colonne sur laquelle s'appuie le bon génie, l'on voit une lyre et plusieurs livres, dont quelques-uns portent les titres de diverses pièces de théâtre écrites ou traduites par Nomsz.

« Le volume contient une préface, dont voici la traduction : J'aurais une belle occasion maintenant de régaler à leur aise les amateurs de libelles. Après avoir traité Corneille de misérable rimailleur, j'aurais pu me moquer de sa figure, de sa tournure, de sa manière de parler et d'agir, de son costume, de ses mœurs; j'aurais même pu décocher quelques traits contre sa famille et son extraction; mais pour ne point scandaliser les lecteurs bien élevés, les seuls auxquels il faille tâcher de plaire, je ne relèverai aucune des spirituelles insolences qui, lors de la publication de sa tragédie, furent jetées à la tête de Corneille. Je renvoie le lecteur, pour peu qu'il comprenne le français, à ce que dit à ce sujet monsieur de Voltaire dans la préface qu'il a mise en tête de la dernière édition de Corneille. « On voit, y est-il dit, par cet échantillon de plus de cent brochures faites contre Corneille, qu'il y avait, alors comme aujourd'hui, un certain nombre d'hommes que le mérite d'autrui rend si furieux, qu'ils ne connaissent plus ni raison ni bienséance. C'est une espèce de rage qui attaque les petits auteurs, et surtout ceux qui n'ont point eu d'éducation. »

« Il est démontré d'ailleurs, dans cette préface, que le *Cid* a été dénigré par des gens qui étaient mécontents et qui, par là, s'attachaient plus à l'attaquer qu'à l'éclairer : chose trop commune dans le monde littéraire.

« Quant à ma traduction du *Cid,* je sens qu'elle n'est nullement exempte de fautes, mais je me flatte qu'elle pourra mieux servir à faire juger du génie du grand Corneille que celle dont on se sert au théâtre d'Amsterdam. Je n'ai rien changé dans les parties principales de la pièce; mais j'ai supprimé le rôle de l'Infante, qui me paraissait un hors-d'œuvre, et qui, selon le témoignage de monsieur de Voltaire, est désapprouvé à bon droit en France. Si mon travail peut être utile aux jeunes auteurs, j'aurai atteint mon but et je verrai ma peine suffisamment récompensée. »

« Les lecteurs de la traduction faite par Nomsz confirmèrent en général le jugement que lui-même en avait porté dans sa préface. Auteur dramatique d'une fertilité prodigieuse et traducteur correct (il a traduit plusieurs pièces de Racine et autres tragiques français), Nomsz faisait de bons vers et s'entendait surtout, en traduisant, à conserver dans les passages les plus applaudis la tournure et l'effet de l'original. Grâce à sa traduction, le *Cid* a fait longtemps encore les délices du public hollandais. Malheureusement, depuis quelques années, le goût de la tragédie classique et, par suite, l'art même de la déclamation, se sont perdus en Hollande, et la prose, qui jusqu'à la fin du siècle dernier, était bannie de la scène, a fini par y détrôner les vers. » V. L.

942. DE CID, Treurspel. Van den Heere P. Corneille. Verrykt met leerzame aanteekeningen, door den Heere de Voltaire, enz. Het Fransch gevolgd, door J. Nomsz. *Te Amsteldam, by Izaak Duim, op den Cingel, tusschen de Warmoesgracht en Drie- Koningstraat,* 1772. Met Privilegie. In-12 de 4 ff. et 71 pp.

Réimpression de la traduction de J. Nomsz.
Privilége daté du 8 novembre 1757, renouvelé le 2 février 1772.

X

943. J. J. Z. D. W. D. J. HORACE, Treurspel. Tantæ molis erat Romanam condere gentem! *T'Amsterdam, gedruckt by Gillis Joosten, voor Adam Karelsz, in 't Vreeden Jaer,* 1648. Pet. in-8.

Au titre, les armes de la ville d'Amsterdam.
« Les initiales J. J. Z. D. W. D. J. doivent être interprétées : *Jan Jans Zoon De Witt, Doctor Juris,* c'est-à-dire : *Jean de Witt, fils de Jean, docteur en droit.* Si dans les éditions qui parurent après l'année 1679, on ne mit plus sur le titre que les lettres J[an] D[e] W[itt], c'est que probablement les éditeurs jugèrent qu'elles suffisaient pour indiquer un nom aussi connu que celui du feu Grand-Pensionnaire, car ce n'est pas à un moindre per-

sonnage qu'à l'homme qui, pendant vingt ans, gouverna la Hollande avec une autorité despotique, que l'on doit cette première traduction d'Horace. Tout grave et austère que les historiens nous le dépeignent, Jean de Witt, dans sa jeunesse, avait sacrifié aux muses, et notamment dans l'année 1648 il était membre d'une société artistique et littéraire. Sa traduction, faite sur l'édition française originale, a le mérite d'être fidèle, et les vers sont meilleurs que ceux de la traduction du *Cid* de Van Heemskerck. Il est heureux cependant que le Grand-Pensionnaire ait laissé d'autres titres à l'estime de la postérité que cette œuvre de jeunesse.

« La pièce est précédée d'un sonnet dont voici la traduction :

« Arion mettait en mouvement les poissons; Amphion les rochers et les pierres; Orphée les forêts et les torrents; mais toi, auteur tragique, tu fais accourir vers toi les hommes et leur arraches un jugement qu'approuve le bon goût.

« Qui peut voir sans compassion le deuil de Sabine, les larmes sanglantes de Camille? Qui peut voir succomber ces vaillants jeunes gens, se dévouant pour la patrie, sans pleurer sur leur tombe?

« Si les temps antiques revenaient, tu charmerais même ces dompteurs de brutes par les accords que ta muse t'inspire.

« O vous tous, poëtes tragiques, pardonnez-moi si je me trompe; mais cette tragédie-ci tue les vôtres, et son auteur a l'avantage sur vous tous: car en lui revit l'esprit de Peppias [*sic*]. » V. L.

944. J. J. Z. D. W. D. J. HORACE, Treurspel. Tantæ molis erat Romanam condere gentem. *T'Amsterdam, Gedruckt by Gillis Ioosten, voor Adam Karelsz, in't Vreeden Jaer*, 1649. Pet. in-8.

« Cette édition est datée, comme la précédente, de « l'année de la paix », à cause du traité de Westphalie. Elle contient de plus une dédicace dont voici la traduction :

« A *Mademoiselle Sarah Van Lennep*.

« Mademoiselle,

« Parmi ceux qui, en reproduisant sur la scène les passions de ce monde, ont obtenu un succès universel, le sieur Cornelj [*sic*] ne figure point au dernier rang; mais comme entre les plus beaux diamants il y a toujours à choisir, ainsi la tragédie d'*Horace* peut être remarquée comme la plus belle perle entre les bijoux que l'auteur a offerts au public et comme disputant le prix au glorieux *Cid*, dont la splendeur, si éclatante qu'elle soit, ne saurait offusquer la lumière dont brille son *Horace*. Quant à cette pièce, tout éloge, quelque grand qu'il fût, serait au-dessous de son mérite. Ce jugement serait celui de tout le monde, si tout le monde était aussi bon connaisseur que Votre Seigneurie; cependant le traducteur confesse qu'il ne fait que bégayer en hollandais ce qui lui a été dicté en un français si mélodieux. Mais je sais que Votre Seigneurie fera comme font ceux qui se connaissent en peinture : leur montre-t-on un tableau bien ordonné et exécuté à larges traits, ils ne s'offenseront point de ce que parmi tant de figures, de paysages, de bâtiments, se trouve ici une jambe, là un tronc d'arbre, autre part une pierre d'une couleur un peu terne. Votre Seigneurie usera d'un jugement trop fin pour s'arrêter à des fautes qui, à dire vrai, ne doivent point être réputées telles; elle saura que jamais en France pièce ne fut plus chaleureusement applaudie ni plus hautement estimée qu'*Horace*. Tout présent doit posséder quelque valeur intrinsèque, qui le rende digne de celui qui le reçoit ; j'ose assurer Votre Seigneurie que le cadeau que je lui offre recèle je ne sais quoi de sympathique à Votre Seigneurie ; ce que j'ai pu découvrir lorsque j'ai eu l'honneur d'entendre quelques réflexions que lui suggérait une lecture qui lui était faite par un de mes amis. C'est par suite de cette circonstance que j'ose prendre la hardiesse de dédier la traduction de cette tragédie à Votre Seigneurie. J'espère qu'elle ne regardera pas aux fautes occasionnées tant par la précipitation avec laquelle l'imprimeur a travaillé, que par l'absence du traducteur, et je demeurerai, en attendant,

« Mademoiselle,

« Le moindre de vos serviteurs,

« ADAM KARELSZ. »

Van Lennep ajoute les notes suivantes, à propos de l'auteur de la dédicace et de la personne à qui elle était adressée :

« *Adam Karelsz* signifie littéralement « Adam, fils de Charles ». Au dix-septième siècle, et plus tard encore, dans les Pays-Bas, les noms de famille étaient rares, et les personnes, en général, ne se distinguaient entre elles qu'en ajoutant à leur nom de baptême celui de leur père. Souvent aussi on y joignait un sobriquet. Ainsi l'Adam Karelsz dont il est question ici, signait parfois *Adam Karelsz Van Zjermesz*, et c'est ce nom de *Zjermesz* surtout qu'il a rendu célèbre par son talent comme acteur, profession qu'il cumulait avec celle de libraire. Il écrivit aussi quelques tragédies qu'on trouve encore mentionnées sur le catalogue des pièces qui formaient en 1682 le répertoire du théâtre d'Amsterdam.

« Sarah Van Halmael, mariée en 1625 à Warner Van Lennep, ce dernier issu d'une famille noble de la Gueldre, s'était établie à Amsterdam peu avant son mariage. De son fils aîné descend en droite ligne l'auteur de cette notice : du puîné la branche des Van Lennep établis en Grèce et dans l'Asie Mineure. »

945. J. D. W. HORACE EN CURACE [*sic*], Treurspel. Tantæ molis erat Romanam condere gentem. Vertoont op d'Amsterdamsche Schouburg. Den tweeden Druk op nieuw overzien. *T'Amsterdam, by Jacob Lescalje,* 1679. Très-pet. in-8.

« Cette édition, loin de répondre à son titre, qui la représente comme *corrigée,* fourmille de fautes typographiques, qui ne se trouvent pas dans la première. Elle ne contient ni le sonnet, ni la dédicace, mais renferme par contre un argument en vers, dont voici la traduction :

« L'amour de la patrie et celui de la gloire font mépriser les prières d'une épouse, d'une sœur, d'une amante ; elles poussent Horace à se dévouer pour Rome et à combattre le fiancé de sa sœur, frère de sa femme. Curiace meurt de la main de l'époux de sa sœur, du frère de sa maîtresse. Camille, outrée de douleur et de désespoir, maudit son frère, le meurtrier de son amant. Horace met fin à ses plaintes en la poignardant. Sabine, désolée, pleure les malheurs d'Albe et ses trois frères morts de la main de son époux. K. L.

« Ces initiales K. L. sont celles de : *Katharina Lescaille* ou *Lescalje,* fille du libraire de ce nom, née en 1649, morte en 1711. Nous aurons occasion de reparler d'elle. » V. L.

946. J. D. W. HORACE EN CURACE [*sic*], Treurspel. Tantæ molis erat Romanam condere gentem. Vertoont op d'Amsterdamsche

Schouburg. Den tweeden Druk op nieuw overzien. *T'Amsterdam, by Michiel de Groot*, 1680. Très-pet. in-8.

Contrefaçon de l'édition précédente.

947. J. D. W. Horace en Curace [sic]. Tantæ molis erat Romanam condere gentem. Vertoont op d'Amsterdamsche Schouburg. *Te Amsterdam, by de Erfgenamen van J. Lescailje*, 1699. Met Privilegie. Pet. in-8.

« Cette édition est plus correcte que les réimpressions décrites ci-dessus. Le correcteur a consulté une édition française postérieure à l'année 1656, car il a supprimé les douze vers prononcés par Julie à la fin de la pièce, ainsi que l'avait fait Corneille à partir de cette date. Le sonnet de Catherine Lescailje n'a pas non plus été reproduit. » V. L.

948. J. D. W. Horace en Curace [sic]. Tantæ molis erat Romanam condere gentem. Vertoont op d'Amsterdamsche Schouburg. *Te Amsterdam, by Gisbert de Groot*, 1670. Pet. in-8.

Contrefaçon de l'édition précédente, qui ne contient naturellement pas de privilége. La date de 1670 est sans doute une faute d'impression pour 1700.

949. Horace, Treurspel. Het Fransche van den Heer P. Corneille nagevolgt. *Tot Leyden, by Hendrik Mulhovius, Boekverkoper*, 1709. Pet. in-8.

Traduction en vers par Jean Schröder.

« Au titre, un fleuron représentant Melpomène et Thalie qui s'appuient des deux côtés sur un cadre, autour duquel se lit la devise de Schröder : *Suum cuique vitium est*. Dans le cadre se trouve une lyre éclairée par le soleil levant. La pièce est précédée d'une épître dédicatoire dont voici la traduction :

« Au très-noble Seigneur Pierre de Leyden, Seigneur de Vlardingue, ancien Bourgmestre et Conseiller de la ville de Leyde, Grand-Heemraad de la Rhinlande et des pays de Putten, Député au noble et puissant Collége de l'Amirauté d'Amsterdam, etc., etc., etc.

« Très-noble Seigneur,

« Connaissant ce que je dois à V^{tre} Seign^{rie} pour les faveurs nombreuses reçues tant de V^{tre} Seign^{rie} que de ses illustres ancêtres, je me sens pressé pour peu que j'en sois capable, de prouver ma reconnaissance à V^{tre} Seign^{rie}, priant V^{tre} Seign^{rie} d'excuser la liberté que je prends en lui demandant d'abriter cet *Horace* que je soumets à sa perspicacité contre les flèches des éplucheurs de lettres, la suppliant de bien vouloir tenir pour certain que je ne m'imagine pas être assez maître de la cadence et de la diction pour revêtir ce hardi défenseur et libérateur de sa patrie d'un meilleur habit que d'autres ont essayé de le faire avant moi ; mais, ne voulant pas perdre inutilement mes heures de loisir, j'ai tâché, non de braver mes devanciers, mais de suivre la trace de leur lumière ; et je jugerai n'avoir pas eu raison de me plaindre de mon travail si j'ai l'honneur de voir que mon étranger travesti ne déplait pas à V^tre Seign^rie. Dans cette attente, et flatté de cet espoir, je proteste que je suis et demeurerai,

« Très-noble Seigneur,
« de V^tre Seign^rie,
« le très-humble et très-obligé serviteur,
« JOHANNES SCHRÖDER. » V. L.

950. DEN ROMS-MOEDIGEN HORATIUS, VERWINNAER DER ALBAENEN, blyeyndig Treurspel, in-rym-gestelt door Joannes Franciscus Cammaert, naems-letterkeer Musen-ciertae of Minnaars-cas. *Tot Brussel, by G. Jacobs, boeck-drucker tegen de Baerdbrugge, in de Druckerye,* 1751. In-8 de 4 ff. et 52 pp.

« Cette misérable traduction d'*Horace* est l'œuvre du Bruxellois Jean-François Cammaert, le plus fécond des dramaturges flamands. Soit calcul, soit naïveté, le nom de Corneille est passé complétement sous silence. Pourtant, à part la platitude et l'incorrection du langage qui lui appartiennent en propre, l'auteur ne peut revendiquer pour sa part d'invention que d'avoir remplacé *Julie*, confidente de Sabine et de Camille, par *Jules*, prince romain, confident de Sabine. On voit par les pièces liminaires que cet *Horace* a été représenté à Bruxelles, sur la scène de l'Opéra, le 30 octobre 1747. » A. WILLEMS.

951. HORATIUS, Treurspel. Het Fransche van den Heere P. Corneille op nieuws gevolgd. *Te Amsteldam, by Izaak Duim, Boekverkooper,* 1753. Met Privilegie. Pet. in-8.

Traduction en vers par J. Van Stamhorst.

« Le titre est orné d'un cartouche surmonté des armes de la ville, autour desquelles on voit des abeilles et des fleurs ; ce cartouche renferme une femme assise (probablement la ville d'Amsterdam) qui a deux ailes au front, une lyre à la main et sur ses genoux un manteau parsemé d'étoiles. A sa droite se tiennent un vieillard et deux orphelins, fouillant une ruche ; à sa gauche, des livres de théâtre, un cygne au bord de l'eau, Pégase sur le Pinde, faisant jaillir l'Hippocrène ; derrière, la Renommée sonnant de la trompette ; à ses pieds un enfant nu, jouant avec des attributs scéniques.

« Cette édition est précédée du privilége et d'un avis, dont voici la traduction :

« *Avis.*

« J'ai peu de chose à dire au lecteur bénévole à propos de cette nouvelle imitation du grand *Horace* de Corneille. Qu'on ne cherche le motif de ce travail ni dans un sentiment de jalousie envers ceux qui m'ont devancé, ni dans le présomptueux espoir de faire mieux qu'eux. Je ne parlerai même pas de leurs traductions. Je dirai seulement que, depuis longtemps déjà, on avait jugé celle dont le privilége appartient au théâtre, peu faite pour plaire encore à un public qui n'aime pas les longueurs. Ce motif m'avait engagé, il y a déjà longtemps, à entreprendre une nouvelle traduction d'une tragédie aussi remplie de beaux sentiments que de discours élevés ; et mon ardeur, je l'avoue, était si grande, que j'ai trop peu considéré les difficultés du travail et la faiblesse de mes moyens. Plus tard, convaincu de la hardiesse de mon entreprise, j'ai gardé ma traduction sous clef pendant plusieurs années sans vouloir la montrer à personne. J'aurais mieux fait, sans doute, de persévérer dans cette façon d'agir; mais enfin le désir de voir la pièce reparaître sur la scène l'a emporté sur ma répugnance à offrir au public une version si peu digne de l'original.

« Je me suis restreint au nombre de vers que compte la pièce de Corneille, et par là ma traduction en aura une centaine de moins que les précédentes; j'ai de plus tâché de rendre, autant que possible, la pensée de mon illustre devancier. Je n'ai pas fait de changement notable dans la pièce, excepté dans la dernière scène du troisième acte, où le vieil Horace, après s'être plaint amèrement de la fuite de son fils, à la demande qu'on lui adresse, de ce qu'il eût voulu que son fils eût fait contre trois, donne cette courte et fière réponse que Boileau, dans la préface de sa traduction de Longin, cite comme un exemple du vrai sublime :

Qu'il mourût!

mais en y ajoutant :

Ou qu'un beau désespoir alors le secourût.

« Les grands maîtres de l'art ayant jugé d'un commun accord que ce vers affaiblissait la force des deux mots qui précèdent, et qui, dans leur brièveté, renferment un monde d'idées, j'ai pris la liberté de laisser ce vers de côté; ce que j'ai fait d'autant plus volontiers après avoir lu une dissertation sur la tragédie par le célèbre auteur du *Télémaque*, laquelle se trouve dans les *Réflexions historiques et critiques sur les différens Théâtres de l'Europe*, imprimée à Amsterdam en 1740 aux frais de la Compagnie, et où ce vers est attribué à l'exigence de la rime. »

« La traduction de Van Stamhorst fut représentée pour la dernière fois au théâtre d'Amsterdam en 1782.

« Quoique meilleure que les deux autres, elle est cependant faible à bien des points de vue, et c'est par cette raison peut-être qu'*Horace* ne put se soutenir sur la scène hollandaise aussi longtemps que le *Cid* et *Cinna*, qui eurent de meilleurs interprètes. La pièce disparut du répertoire dès le commencement du siècle actuel. » V. L.

952. HORATIUS, Treurspel. Het Fransche van den Heere P. Corneille op nieuws gevolgd. *Te Amsteldam, by Izaak Duim, Boekverkooper,* 1768. Met Privilegie. Pet. in-8.

« Réimpression de l'édition précédente. Les fautes typographiques y sont corrigées, mais le fleuron que nous avons décrit a fait place à une vignette des plus vulgaires. » V. L.

XI

953. GEBOD DER LIEFDE, ONS DOOR CHRISTUS GEGEVEN, te veel door de Christen verzuymt, door Cezar Octavianus romsch Keizer, en afgoden dienaer gepleegt aen die hem moorden wilden : (Meester-stuk van den grooten Corneille.) In 't Nederduyts vertaelt, en door de veerthien vereenigde Redenryke Gilden op het Tooneel van 't Konst-genoodschap der Jong van Zinnen, schuy-

lende onder de Bescherminge der Edele Maget ende Bloedgetuyge Barbara, binnen de Stad Belle vertoont, volgens Lotinge op de navolgende dagen van Herft-maend 1774. *Tot Ipre, By F. T. Walwein.* In-8 de 58 pp. et 1 f.

Traduction en vers de *Cinna* par de Swaen. Cette traduction, qui doit être contemporaine de celle du *Cid* (n° 940), a été représentée en 1774 sur le théâtre de Bailleul.

954. [Cinna, Treurspel. Uit het Fransch van den Heer Corneille. *Te Amsterdam*, 1677. Pet. in-8?]

Traduction en vers par André Pels.

Nous n'avons pas vu cette édition, dont la date nous est indiquée par le privilége de la suivante.

955. Cinna, Treurspél. Uit het Fransch van den Heer Corneille. *Te Amsterdam, by Albert Magnus, op de Nieuwen Dyk, in den Atlas*, 1683. Mét Privilégie. Pet. in-8 de 4 ff. prél. et 63 pp.

Seconde édition de la traduction de Pels. Le titre porte un fleuron représentant un jeune homme qui escalade un rocher; on lit, autour de cette vignette, les mots : *Nil volentibus arduum*, devise d'une société littéraire.

Le privilége, daté du 25 mars 1677, porte renouvellement du 20 mai 1683.

« La société *Nil volentibus arduum*, dont Pels fut un des membres les plus actifs, avait été fondée en 1668 par ce qu'on peut appeler la jeune Hollande d'alors. Ses membres s'étaient, dès l'abord, érigés en arbitres du goût et s'évertuaient à acquérir de l'influence sur le public, en lui donnant soit des traités sur la poétique ou des ouvrages de critique, soit des œuvres dramatiques pour la plupart traduites du français. Par malheur ils traduisirent, sans nul discernement, tout ce qui se produisait à Paris : les pièces de Quinaut, de Pradon et consorts, comme celles de Corneille et de Racine. Il leur suffisait qu'une pièce fût écrite en français, et d'après *les règles*, pour qu'elle leur parût propre à servir de modèle. Par là, l'influence qu'ils exercèrent fut fatale à la littérature hollandaise, qui, au lieu de suivre la route qu'avaient frayée Vondel et ses contemporains, et de conserver un cachet original, se fit traîner à la remorque de la littérature française et n'en devint qu'une pâle copie. La rivalité qui existait entre la société *Nil volentibus* et celle qui avait pour devise : *In magnis voluisse sat est*, aurait pu avoir de bons résultats si cette rivalité avait porté sur le principe même de la littérature, au lieu de se manifester par des querelles sur de mesquines questions de forme. » V. L.

956. Cinna, of Goedertierenheid van Augustus, Treurspel. *Te Amsterdam, gedrukt voor het Kunstgenootschap, en te bekomen by de Erven van J. Lescailje.* Met Privilegie, 1707. Pet. in-8.

Troisième édition de la traduction de Pels. Van Lennep n'a pas vu les éditions antérieures, mais il en a soupçonné l'existence.

957. CINNA, OF GOEDERTIERENHEID VAN AUGUSTUS. Treurspél. De tweede Druk, mérkelyk verbéterd. *Te Amsterdam, Gedrukt voor het Kunstgenootschap, èn te bekomen by de Erven van J. Lescailje.* Met Privilegie. 1716. Pet. in-8 de 6 ff. et 67 pp.

> Les feuillets prélim. contiennent 1 fig. signée *Erlinger,* au bas de laquelle se trouve le titre de la tragédie ; 1 f. de titre ; 1 f. pour le privilége et 3 ff. pour une dédicace à Gérard de Papenbroek, et les noms des personnages. La figure représente les conjurés se jetant aux pieds d'Auguste.
>
> Nouvelle édition corrigée de la traduction de Pels. C'est la quatrième et non la seconde, comme l'indique le titre.
>
> « Gérard de Papenbroek, dont la dédicace fait un pompeux éloge, avait été échevin de la ville d'Amsterdam ; il se fit connaître par la protection qu'il accorda aux savants et aux artistes. Il enrichit de ses dons le consistoire de l'Église réformée et l'athénée de la ville. » V. L.

958. CINNA, Treurspel. Uit het Fransch van de Heer Corneille. *Te Amsterdam, by Pieter Rotterdam, Boekverkooper, op de Vygendam,* 1720. Pet. in-8 de 70 pp.

> Cinquième édition de la traduction précédente.
>
> Le privilége, accordé à *Albert Magnus,* à la date du 19 octobre 1713, et cédé à Pierre Rotterdam le 18 septembre 1714, est relatif aux œuvres d'André Pels.

959. CINNA, OF GOEDERTIERENHEID VAN AUGUSTUS. Treurspél. *Te Amsteldam, by Isaak Duim, Boekdrukker en Boekverkooper, bezuiden het Stadhuis.* Met Privilegie, 1736. Pet. in-8 de 6 ff. et 67 pp., fig.

> Les 6 feuillets prélim. comprennent la figure, le titre, un privilége daté du 27 mai 1728, la dédicace à Gérard de Papenbroek, et les noms des acteurs.
>
> Sixième édition de la traduction de Pels ; elle n'est pas citée par Van Lennep.

960. CINNA, Treurspel. (Na Corneille.) Door Mr Wm Bilderdijk. *Te Amsterdam, bij Immerzeel en Comp.* M.DCCC.IX [1809]. In-8 de 11 ff. prél. (y compris le titre gravé) et 102 pp.

> Cette pièce forme la première partie du t. IIIe des tragédies (*Treurspelen*) de Bilderdijk. Elle est précédée d'une épître dédicatoire au roi Louis et d'un avant-propos.
>
> « Guillaume Bilderdijk, né le 7 septembre 1756, mort le 18 décembre 1831, a été le plus illustre poëte que la Hollande ait produit depuis Vondel. Pour l'imagination, il a eu parmi ses compatriotes peu de rivaux ; pour la facilité, il n'a pas eu son pareil. Il a traité tous les genres avec un rare bonheur. Dans ses œuvres poétiques (dont le libraire *Kruseman* a donné en 1856-59 une nouvelle édition en 16 volumes), on ne sait ce qu'on doit le plus admirer, la beauté des images et de la diction, ou l'immense savoir du poëte, qui montre toujours qu'il connaît à fond la matière qu'il traite. Bilderdijk, en effet, était non-seulement un littérateur érudit, mais un jurisconsulte distingué, familier avec la plupart des langues de l'Europe, avec le latin, le grec, l'hébreu

et divers autres idiomes orientaux; distingué par de profondes connaissances en médecine, il dessinait et gravait lui-même les vignettes qui ornaient ses ouvrages. Outre ses poésies, il a publié divers travaux historiques et linguistiques, un traité de perspective, etc.

« Dans sa dédicace, Bilderdijk se plaint en vers magnifiques de la faiblesse de son talent qui l'empêchera de faire sentir les beautés de l'original, et plus encore de ce que le siècle actuel ne produit plus de grands hommes comme Corneille; mais il se dit soutenu par l'espoir que, sous les auspices d'un roi, protecteur des belles-lettres, la terre batave verra naître une époque fertile en génies, comme le siècle d'Auguste.

« Dans la préface, il raconte, en premier lieu, comment le roi, pénétré de la décadence du théâtre, et désirant relever le goût de la nation pour la poésie dramatique, avait exigé de lui une traduction nouvelle de la pièce de Corneille. Le public, poursuit-il, jugera s'il a rempli la tâche qui lui était donnée et s'il s'est pénétré de l'esprit de son devancier. Il doit cependant appeler l'attention du lecteur sur un ou deux points que, pour bien apprécier Corneille, l'on ne saurait négliger. « A l'époque où écrivait Corneille, dit-il, cette délicatesse de sentiments, cette pureté d'expression, cette élégance raffinée, en un mot, qui depuis caractérise les écrivains français, était encore dans l'enfance. Corneille était noble, sublime, parfois divin, et quel vrai poète peut manquer de l'être? mais il l'était par lui-même et parce qu'il était pénétré de l'esprit (plus que de la manière de dire) des anciens. Il ne pouvait cependant se soustraire à l'influence d'un siècle qui était au-dessous de lui et qu'il avait encore à relever. Il s'ensuit que parfois, s'accommodant au style oratoire de son époque, il se sert d'images moins bien placées dans la bouche des personnages qu'il fait parler, ou peu en harmonie avec la matière qu'il traite.

« Par la même raison, il approche parfois un peu trop, si ce n'est du style, au moins du ton de la comédie. Je cite comme un exemple du premier de ces défauts le passage où Émilie, qui, d'après ce qu'exigent les règles de la bienséance actuelle, devrait conserver dans toutes ses paroles cette réserve de jeune fille qui n'est que la pudeur portée au plus haut degré, où Émilie, dis-je, s'attribue, pour ainsi dire, des enfants :

> Enfants impétueux de mon ressentiment,
> Que ma douleur séduite embrasse aveuglément.

« De même Auguste se sert d'une expression impropre, quand il dit :

> Je vois trop que vos cœurs n'ont point pour moi de fard.

« Les lecteurs sagaces trouveront aisément chez Corneille de ces fautes dont Racine est presque toujours exempt, et nous n'en accusons pas le grand poète, mais l'état de la poésie à l'époque où il vivait; elles ne déparent pas ses lauriers, mais ne doivent point être données aux commençants comme des exemples à suivre.

« Je citerai, parmi les passages où Corneille s'écarte du ton de la tragédie, les réponses d'Euphorbe à Maxime (act. III⁰, scène Iʳᵉ), et celle de Maxime à Cinna, dont la tournure est absolument celle de la comédie; les vers suivants, par exemple :

> C'est ce qu'à dire vrai je vois fort difficile.
> L'artifice pourtant vous y peut être utile ;
> Il en faut trouver un qui la puisse abuser ;
> Et du reste le temps en pourra disposer....
> Vous pourriez m'opposer tant et de tels obstacles,
> Que pour les surmonter il faudroit des miracles;
> J'espère toutefois qu'à force d'y rêver, etc.

sont de la comédie toute pure. »

« Après avoir dit quelques mots du mérite de la pièce de Corneille, Bilderdijk continue ainsi :

« Lorsque Voltaire attaqua le monologue d'Émilie qui commence la pièce, le qualifia de long et d'inutile, et ne l'attribua qu'à la complaisance du poëte envers les acteurs désireux de briller dans un long discours, il trouva de nombreux échos. Il n'a pas tout à fait tort peut-être dans les raisons qu'il avance, mais il oublie ce que la tragédie était du temps de Corneille ; il oublie que c'est grâce à lui, et grâce à Racine après lui, que la déclamation d'apparat du théâtre latin fit place à des expressions partant du cœur et à un goût se modelant sur celui des Grecs. En condamnant les monologues, Voltaire oublie que la tragédie ne doit pas uniquement représenter l'action qui en forme le nœud, mais aussi les ressorts dont elle résulte, et pour ainsi dire sa conception dans le cœur humain. Les personnages ne doivent pas seulement agir et parler, mais sentir, penser et souffrir; et quelquefois le spectateur, pour trouver dans la pièce des enseignements et une nourriture pour son cœur, doit apprendre à connaître celui qui paraît en scène, non par un dialogue, où malgré toute la confiance qu'il accorde à son interlocuteur, quelque réticence est nécessaire ou probable, mais tel qu'il parle lorsqu'il se montre comme il est, lorsqu'il préfère lire dans son propre cœur. Pour faire voir que le monologue d'Émilie est loin d'être inutile, il suffit de remarquer qu'aussitôt qu'on le supprime, la conversation d'Émilie avec sa confidente paraît sous un tout autre jour, et que son caractère prend quelque chose d'odieux, ce qui n'a pas lieu lorsque son monologue nous a appris à connaître ses vrais sentiments. C'est ce monologue qui nous montre, qu'en suivant l'impulsion de ce qu'elle croit son devoir, elle agit en dépit d'elle-même ; que lorsqu'elle donne à Flavie des réponses aussi positives, aussi acerbes, aussi peu conformes à son sexe, elle a refoulé dans son cœur tout sentiment plus doux : c'est ce monologue qui nous prépare à entendre avec indulgence ce qui, sans cela, exciterait chez nous la répugnance et l'indignation. On aime à voir un esprit altier chez une princesse que son âge, sa position et une longue habitude de la domination ont élevée au-dessus de son sexe, et chez laquelle le doute timide d'une jeune fille serait déplacé ; mais le front virginal qui ne rougit pas, le jeune cœur qui ne tremble pas à l'idée d'un assassinat, la jeune fille qui ne doit pas mille fois s'enhardir et se cuirasser avant de se résoudre et de soutenir sa résolution même contre la plus légère objection, nous fait horreur. Il serait même à désirer que l'hésitation d'Émilie n'eût pas été attribuée uniquement aux craintes qu'elle ressent pour son amant, et qu'une secrète reconnaissance pour les bienfaits d'Auguste, même quelque aversion pour l'action elle-même qu'elle contemple, y eussent quelque part. Mais le génie de Corneille se plaisait à créer des caractères audacieux et gigantesques, et il faut bien entrer dans le monde où il vit quand on veut sentir ses beautés.

« Mais non-seulement le monologue était nécessaire : il est amené tout naturellement. Qu'y a-t-il de plus naturel, en effet, au moment où l'on va prendre une résolution suprême contre laquelle le cœur se débat, que ce besoin de s'occuper à chaque instant de soi-même, de considérer sous toutes ses faces le projet qu'on va former, tantôt de reculer d'effroi, pour se forger l'instant d'après des prétextes plausibles de se précipiter à corps perdu dans l'exécution ? C'est ainsi qu'à coup sûr on doit se représenter la situation d'un conspirateur, même alors que les considérations personnelles de reconnaissance et de relation intime ne subsistent pas.

« On a cependant, dans les derniers temps, supprimé ce monologue à la représentation. On a agi de même avec la prophétie de Livie au cinquième acte, qui manque même dans la traduction de *Nil Volentibus*. Personne, à ce qu'il paraît, n'a senti que par cette omission le spectateur ne peut être satisfait qu'à demi. Malheureux aristarques, vous voulez toujours en savoir plus que le poëte, sans songer que lorsqu'il s'abandonne au torrent impétueux de ses sensations profondes, il arrive toujours à bon port comme y arrive toute chose qui suit l'impulsion que la nature lui imprime! « La pièce, dites-vous, n'est-elle donc pas finie, lorsque la conjuration a avorté, lorsque et Cinna, et Émilie, et Maxime sont sauvés? » — Non, mes amis, elle n'est pas finie. Car ce n'est pas le sort de Cinna, d'Émilie, qui tient notre âme en suspens : c'est celui d'Auguste. Auguste périra-t-il ou régnera-t-il en paix? Voilà le problème qui nous est soumis, et qui n'est pas résolu. On prévoit déjà vers le commencement, on est sûr dès le commencement du quatrième acte que la conjuration de Cinna ne réussira pas ; mais ce qu'on ne sait pas et ce que nous tenons à savoir, c'est si l'homme, qui captive de plus en plus notre cœur et qui va échapper à la onzième tentative d'assassinat, n'aura plus rien à craindre d'entreprises pareilles. Plus la bonté dont il fait preuve en pardonnant à ses assassins est touchante, plus il montre de noblesse dans la manière dont il pardonne, plus nous formons le vœu que cette bonté lui soit à la fin salutaire. « Que le conseil de Livie ne te soit pas fatal ! » Ce vœu, le poëte l'a pressenti, il l'a lu dans le cœur du spectateur, et il a eu soin d'y répondre. Oui, Livie, dont les conseils ont gouverné, ont guidé, ont convaincu Auguste ; Livie à laquelle il doit cette grandeur d'âme qui nous ravit; Livie, dont les avis paraissaient empruntés à la divinité; Livie est mue par une inspiration prophétique, et elle annonce à son époux la fin de ses terreurs et de son incertitude, un règne désormais calme et prospère sur un peuple qui l'adore. Y a-t-il quelque âme assez froide pour vouloir se passer de cette prophétie, je ne lui envie pas sa tiédeur, mais, pour moi, j'admire le poëte de ce que, dans les vingt-quatre vers dont elle est composée, il a su donner à sa tragédie une perfection qui, sans cela, lui aurait manqué. J'exige seulement qu'Auguste, dans la joie que lui cause la perspective qui lui est ouverte, rende grâces de son bonheur à celle dont les conseils l'y ont conduit. Corneille a-t-il pu négliger de lui faire exprimer sa gratitude envers Livie? ou bien devons-nous la lire dans ce vers :

Ainsi toujours les dieux daignent nous inspirer.

« Je le voudrais, pour l'honneur du poëte. Quoi qu'il en soit, j'ai mis dans sa bouche ce que sentait mon cœur, et celui qui trouve oiseux les quatre vers que j'y ai consacrés, est libre de les supprimer. »

« La traduction de Bilderdijk, bien supérieure à celle de Pels, a remplacé celle-ci au théâtre, où elle jouira de la faveur publique toutes les fois qu'elle trouvera de bons interprètes. » V. L.

961. CINNA, Treurspel. (Na Corneille.) Door Mr Wm Bilderdijk. *Te Leyden, by L. Herdingh en Zoon.* M.DCCC.XXIV [1824]. In-12 de 68 pp. et 1 f.

La traduction de Bilderdijk a été, en outre, réimprimée en 1852, dans le *Klassiek Pantheon*, n° 47, in-16.

XII

962. POLIEUKTE, ARMENISCH MARTELAAR, Treurspel. Uit het Fransch van den Heer P. Korneille nagevolgt, door Frans Ryk. *T'Am-*

sterdam, by de wed: van Gysbert de Groot, op den Nieuwendyk, 1696. Pet. in-8 de 64 pp. en tout.

<small>Traduction de *Polyeucte,* par François Ryk. Elle est précédée d'une longue épître en vers d'A. Bogaert, « rimailleur du temps ».</small>

963. POLIEUKTE, ARMENISCH MARTELAAR, Treurspel. Uit het Fransch van den Heer P. Korneille nagevolgt, door Frans Ryk. *T'Amsteldam, By de Wed: van Gijsbert de Groot, Boekverkoopster, op den Nieuwendyk, tusschen de twee Haarlemmer Sluizen, in de Groote Bybel,* 1707. Pet. in-8 de 71 pp.

<small>Simple réimpression de la traduction de Ryk.</small>

964. POLIEUKTE, ARMENISCH MARTELAAR. Treurspel. Uit het Fransch van den Heer P. Korneille nagevolgt, door Frans Ryk. *Te Amterdam, by de Erven van J. Lescailje en Dirk Rank,* 1724. Pet. in-8.

<small>« Le titre est orné d'une vignette représentant la ruche d'abeilles obligée, etc. Outre l'épître de Bogaert, on trouve dans cette édition un avis des éditeurs, qui avouent qu'en réimprimant cette tragédie, ils vont sur les brisées d'un confrère, chose qu'en général, disent-ils, ils ne se permettent pas. Les raisons qui les ont portés à agir de la sorte sont, à ce qu'ils prétendent, 1° le désir de publier une édition plus correcte que les deux précédentes ; 2° l'assurance que leur a donnée le traducteur que, n'ayant jamais reçu un sou pour son travail, son droit sur son œuvre était resté intact. » V. L.</small>

965. POLIEUKTE, ARMENISCH MARTELAAR, Treurspel. Het Fransch van den Heer P. Corneille nagevolgt, door Frans Ryk. *Te Amsteldam, by Izaak Duim, op den Cingel, tusschen de Warmoesgragt en de Drie-Kooningstraat.* S. d. [vers 1750]. In-8 de 4 ff. dont le premier est blanc, 68 pp. et 2 ff. blancs.

<small>Réimpression publiée par la société *Melioribus non Pluribus;* elle est précédée de l'épître de Bogaert à Ryk, mais ne contient pas de privilège.

« Cette édition, qui ne porte pas de date, est une reproduction exacte de l'édition de 1724. Elle n'en diffère que par le fleuron du titre. La ruche est remplacée par l'agneau dans les flammes, accompagné de la devise : *Perseveranter.* » V. L.</small>

966. POLIEUKTE, ARMENISCH MARTELAAR, Treurspel. Het Fransch van den Heer P. Corneille nagevolgt, door Frans Ryk. *Te Amsteldam, by Izaak Duim,* 1754. Pet. in-8 de 4 ff. et 68 pp.

<small>« Reproduction exacte des éditions précédentes. Elle est ornée d'une nouvelle vignette très-belle d'exécution, composée par le graveur *S. Fokke,* et qui représente Apollon sur le Parnasse, entouré des Muses. Apollon envoie Melpomène à la rencontre d'un poëte, qu'elle couronne de lauriers.

« Le fait seul que la traduction de Ryk, toute faible qu'elle fût, eut jusqu'à cinq éditions, prouve en faveur du succès que la tragédie obtint près du public d'Amsterdam. On ne la voit cependant plus figurer sur l'affiche depuis l'année 1774. » V. L.</small>

XIII

967. DE DOOD VAN POMPEJUS, Treurspel. Uit het Fransch van den Heer Corneille. *'t Amsterdam, by de Erfgenamen van Jacob Lescailje,* 1684. Met Privilegie. Pet. in-8.

Traduction en vers de *La Mort de Pompée*, par Bidloo.

« Le titre est orné d'un fleuron représentant une ruche entourée d'abeilles ; la ruche est placée dans un cercle formé par deux branches de laurier et surmonté des armes d'Amsterdam. Sous la ruche on lit la devise de l'ancienne chambre de rhétorique *Yver* (Zèle) : *In Liefd' bloejende* (Fleurissant en amour). En tête de la traduction se trouve le privilége donné aux régents.

« Le droit d'imprimer accordé aux héritiers Lescaille porte la date du 6 décembre 1684. Au mois d'août 1685 parut une critique de la traduction sous le titre suivant :

« DICHTKUNDIG ONDERZOEK OP HET VERTAALD TREURSPEL POMPEJUS, door het Konstgenootschap In Magnis voluisse sat est. *T'Amsterdam, by Aart Dirksz Oossaan, Boekverkooper,* 1685. Pet. in-8.

« Au titre se lit la devise de la société, écrite sur une banderole qu'un aigle volant vers le soleil tient dans son bec.

« La société *In magnis voluisse sat est* était une des sociétés hollandaises qui, au XVIIe et surtout au XVIIIe siècle, s'occupaient de travaux littéraires. Elle fut établie en 1682 ; c'est du moins de cette année que date le privilége que lui accordèrent les Etats pour la publication de ses œuvres. Bon nombre de ses membres travaillèrent à l'opuscule dont il s'agit, lequel ne contient pas moins de six pièces de vers (épigrammes et satires) à l'adresse du traducteur, suivies d'un examen critique, qui compte vingt pages. Toutes ces pièces tendent à prouver que l'auteur de la traduction n'entend ni le français, ni les règles de la syntaxe, ni celles de la prosodie.

« Le traducteur mérite en général les reproches qui lui sont adressés ; cependant l'animosité des membres de la société paraît devoir être principalement attribuée à une critique amère que lui-même aurait faite d'une traduction de *Cinna*, publiée par l'un d'entre eux. L'esprit de camaraderie qui régnait parmi ces messieurs devait naturellement les exciter à tirer vengeance d'un pareil affront. Nous ignorons si le traducteur de *Pompée* leur répondit ; s'il le fit, il eut soin de garder l'anonyme, en quoi il fit preuve de tact.

« L'anecdote suivante est citée comme une des preuves nombreuses de cet esprit de camaraderie dont nous parlons. A la fin de la représentation de certaine pièce nouvelle, un des spectateurs, se tournant vers une de ses connaissances, lui demande ce qu'il pense de la tragédie qu'ils viennent de voir. Vous concevez, répond l'autre, que je ne puis en faire l'éloge, l'auteur n'étant pas membre de notre société. » V. L.

968. DE DOOD VAN POMPEJUS, Treurspel.

Govard Bidloos Tooneelpoëzy; Leiden, J. A. Langerak, 1719, in-4, pp. 353-448.

969. [POMPEJUS, Treurspel. Het Fransche van den Heere P. Corneille op nieuws gevolgd, onder de Zinspreuk Le Tems est un grand maître. *Amsterdam,* 1728. Pet. in-8 ?]

Traduction en vers par Charles Sébille.

Nous n'avons pas vu cette édition, qui n'est pas citée par Van Lennep, mais dont la date nous est fournie par le privilége de l'édition suivante.

970. Pompejus, Treurspel. Het Fransche van den Heere P. Corneille op nieuws gevolgd, onder de Zinspreuk Le Tems est un grand maître. *Te Amsteldam, by Izaak Duim, Boekdrukker en Boekverkooper, bezuiden het Stadhuis*, 1737. Met Privilegie. In-8 de 4 ff., 60 pp. et 2 ff. pour le privilége.

Seconde édition de la traduction de Sébille. Le privilége, daté du 27 mai 1728, est renouvelé à la date du 16 août 1737.

« Il existe deux sortes d'exemplaires de cette édition. Les uns ont été tirés dans le format pet. in-8, en usage à Amsterdam pour les pièces de théâtre ; les autres, au contraire, ont été imprimés dans le format gr. in-8, et réunis à deux autres pièces également traduites par Sébille : *la Mort de César*, de Voltaire, et *le Joueur*, de Regnard.

« Le titre des deux espèces d'exemplaires est orné d'un beau fleuron de S. *Fokke*, où la ruche obligée est posée sur une console qui se détache d'un petit édifice. Cet édifice, sur les deux côtés duquel sont placées des statues de Melpomène et de Thalie, est surmonté des armes d'Amsterdam. La ruche est entourée de livres et d'abeilles, et près d'elles se tiennent, comme de coutume, un vieillard infirme et deux orphelins ; au fond, le cheval ailé.

« La tragédie est précédée d'un avis, dont nous traduisons la partie essentielle.

« *Avis.*

« On ne m'accusera pas de vanité si j'ai essayé de donner une nouvelle traduction en vers de cette œuvre d'un auteur français (considéré par moi comme le premier entre tous), la précédente n'ayant pu satisfaire le public. Le peu de succès qu'elle a eu doit être attribué, selon moi, à la précipitation avec laquelle le traducteur s'est acquitté de sa tâche. Peut-être, en y mettant plus de soin et plus de temps, eût-il écrit de meilleurs vers : mais il paraît avoir agi avec une hâte déplorable.

« Quant à la méthode que j'ai suivie, je n'en dirai que ceci : On a toujours critiqué, et avec raison, les quatre premiers vers de *Pompée*. Je les ai, je crois, délivrés de l'amphigouri qu'on y remarquait. De la même manière, malgré ma haute estime pour l'auteur français, j'ai çà et là changé ou bien entièrement retranché quelques passages ; j'ai même osé glisser dans la tragédie quelques vers de ma composition, quatre surtout que j'ai mis dans la bouche de Cornélie (acte IIIe, scène IVe).

« La définition que fait Ptolémée de la défaite du grand Pompée à Pharsale a aussi donné sujet à bien des observations qui me paraissent justes ; mais elle est si belle, que je n'ai pas voulu la laisser de côté, tout en reconnaissant que je suis resté bien au-dessous de mon modèle.

« Un auteur, quelque grand qu'il soit, n'est qu'un homme, et par là sujet à faillir.

« J'ai été souvent surpris en entendant des traducteurs répondre à ceux qui leur signalaient des fautes qu'ils avaient commises : « Je l'ai trouvé « ainsi dans l'original. » Mauvaise excuse vraiment, surtout dans la bouche de ceux qui traduisent des vers ; car les remplissages, les mauvaises locutions et les rimes forcées abondent chez les poëtes français tout comme chez les nôtres, etc. »

« La traduction de Sébille, incomparablement meilleure que l'autre, figurait encore au répertoire du théâtre d'Amsterdam au commencement de ce siècle. Il y a cependant plus de cent ans qu'on ne l'a représentée. » V. L.

XIV

971. DE LOOGHENAAR, Blyspel.

Lodewyk Meyers Tooneelpoëzy; t'Amsterdam, by Jacob Lescaille, 1658, in-4.

Traduction en vers du *Menteur*, par Louis Meyer, poëte assez estimé du XVIIe siècle. Elle est précédée d'une épître dédicatoire dont voici la traduction :

« A Madame, Madame Anne de Hoorn, épouse du noble et très-vénérable seigneur Messire Corneille de Hooswyck, seigneur de Hooswyck, Diemerbrock et Papekop, Bourgmestre et Conseiller de la ville d'Amsterdam.

« Madame, un étranger ose se jeter à vos pieds pour implorer votre protection, tout indigne qu'il se reconnaisse d'obtenir cette haute faveur. C'est un *Menteur*, né en Espagne, et qui, ayant traversé la France, a l'intention de voir aussi les Pays-Bas. A son arrivée à Paris, il a été accueilli si favorablement que, non-seulement il n'a pas regretté d'avoir quitté sa patrie et d'avoir appris une langue autre que la sienne propre, mais que l'audace lui est venue de s'embarquer pour la Hollande, où, tout en parlant français, il a su charmer tous les gens de goût par son esprit; ce succès lui a donné le courage de plier sa langue à parler aussi notre idiome. Il y a près de six ans qu'il l'a appris par mes soins, et l'expérience lui ayant démontré que lors de sa venue en France il avait bien fait d'échanger ses mœurs et son nom espagnols contre ceux de la France, il a suivi le conseil que je lui ai donné d'élire domicile à la Haye, de prendre un nom hollandais et de conformer sa façon de parler et d'agir à celle qui est en vogue chez nous, afin d'être par là mieux reçu de nos concitoyens. Et maintenant, sur le point de quitter le foyer de son précepteur, il n'ose se hasarder en plein air, s'il ne lui est permis de s'abriter sous les ailes de Votre Seigneurie, laquelle, connaissant à fond la langue française, saura saisir le sens de ses paroles, lorsque, par ci, par là, il lui échappera quelque solécisme. Le jugement sagace de Votre Seigneurie, qui mesure aux bonnes choses les éloges qui leur sont dus et qui ne se laisse point séduire par les mauvaises, toutes fardées qu'elles soient, saura discerner les endroits où il s'écarte de l'esprit et de la gentillesse française et ceux où il a su en approcher. Et quoiqu'il tire son plus grand lustre d'un vice haï de tout le monde et qui le rend indigne de toute faveur, il s'est pourtant mis dans la tête qu'il suffisait de s'orner de l'éclat de votre nom pour obtenir l'estime des Hollandais. Quant à moi, tout en reconnaissant la témérité d'une conduite aussi arrogante, je ne regrette pas de la lui avoir inspirée. Si votre bienveillance pour les Muses et pour ceux qui les cultivent daigne consentir à lui offrir l'asile qu'il réclame, il ne saurait s'y réfugier qu'en présentant en même temps à Votre Seigneurie l'hommage de mon profond respect, et qu'en me fournissant l'occasion de remercier Votre Seigneurie des nombreuses faveurs qu'elle accorde à nos Muses scéniques en leur faisant l'honneur de sa présence, et de lui témoigner la vive reconnaissance que je ressens pour les bontés dont Elle m'a comblé, et dont jamais la mémoire ne périra dans mon cœur. J'aurais bien aimé témoigner ma gratitude en offrant à Votre Seigneurie un sujet noble auquel ma Muse espère donner le jour; mais, comme son fruit n'est point encore à terme, et que je me flatte que l'œuvre à laquelle deux esprits aussi éminents que Lopez de Vega et Corneille ont travaillé, n'aura pas été tout à fait gâtée par la traduction, je n'ai pas voulu attendre plus longtemps pour vous faire connaître l'ardeur de mon cœur reconnaissant, espérant que

Votre Seigneurie daignera jeter un regard de bonté sur ce que je me permets de lui offrir, et me permettra de me nommer,

« Madame,

« de Votre Seigneurie,

« le très-humble, très-obligé et très-dévoué serviteur,

« L. MEYER.

« Anne de Hoorn appartenait à une famille patricienne d'Amsterdam, qui compte encore aujourd'hui plusieurs rejetons. C'était une femme d'un haut mérite, très-versée dans les littératures nationale et étrangère. Elle protégeait les gens de lettres, surtout Vondel, qui, dans des temps malheureux, fut tiré par elle de l'indigence.

« La dédicace est suivie d'un couplet adressé *aux Lecteurs*, et dont voici le sens :

« Tout homme qui aime à entendre mentir avec esprit et tromper père, maîtresses, amis et valets, doit faire connaissance avec ce Menteur-ci ; mais qu'il se garde d'en suivre l'exemple, à moins qu'il ne soit certain d'être né sous la même planète. » V. L.

972. DE LOOGENAAR, Blyspel. De lastste druk. *T'Amsterdam, by de Erfgenamen van J. Lescailje en D. Rank,* 1721. Pet. in-8.

« Édition revue et corrigée, dans laquelle tous les personnages portent d'autres noms que dans la première édition. Il est presque certain qu'elle avait été précédée d'une autre édition séparée ; mais nous n'avons pu la découvrir.

« L'épître dédicatoire nous a déjà appris que le traducteur a transporté la scène de Paris à la Haye, et en général il a adapté avec assez de bonheur les situations et le dialogue au nouveau cadre qu'il a choisi. Les vers de Meyer, sans être des meilleurs, coulent avec assez de facilité, et, si la traduction n'est pas assez bonne pour satisfaire le lecteur qui connaît l'original, elle n'est pas assez mauvaise pour nuire à l'effet que la pièce a pu produire sur la scène.

« Après l'inauguration du nouveau théâtre d'Amsterdam, en 1774, le *Menteur* ne parut plus sur l'affiche. » V. L.

Les vers de Huygens, dont nous avons parlé ci-dessus, attestent en même temps que cette traduction le succès que le *Menteur* eut en Hollande. Voy. le n° 318.

XVI

973. RODOGUNE, PRINSESSE DER PARTHEN. Uit het Fransch van den Heer Corneille. *Te Amsterdam, by Aart Dirksz Oossaan, Boekverkooper op den Dam, op de hoek van de Beurs-straat,* 1687. Met Privilegie. In-12 de 4 ff. prél. et 80 pp.

Traduction en vers par François Ryk.

« Le titre est orné du fleuron de la Société littéraire *In Magnis voluisse sat est* (voy. le n° 966).

« La tragédie est précédée d'une épître dédicatoire et du texte du privilége accordé à la Société le 16 octobre 1687. Voici la traduction de l'épître

« A Madame Jacoba Victoria Bartolotti Van den Heuvel, épouse du très-honorable seigneur Koonraad Van Beuringen, ancien bourgmestre et conseiller de la ville d'Amsterdam.

« Madame, parmi les pièces de théâtre composées par le sieur Corneille, cet excellent auteur français, celle de *Rodogune, Princesse des Parthes*, n'est pas considérée par lui comme la moins bonne, soit par rapport aux incidents qui en forment le nœud, soit par rapport au tumulte des passions qui y sont développées. L'amour, l'ambition, la soif de la vengeance, l'affection inaltérable que se portent deux frères rivaux, jointe à une tendresse respectueuse pour une mère dénaturée, s'y montrent tour à tour, et sont propres non-seulement à exciter une attention soutenue chez le spectateur, mais à faire vibrer les cordes les plus sensibles de son âme; et c'est surtout à émouvoir que, suivant les connaisseurs, doit tendre la tragédie. On voit ici le crime puni de sa propre main, tandis que l'amour et la vertu, après avoir couru les plus grands dangers, finissent par triompher.

« La Muse française prend plaisir ici à marier aux cyprès funèbres le myrte cher aux amants, et toutes ces raisons, jointes à la majesté et à l'excellence du style dans lequel la pièce est écrite, ont engagé notre Société à l'offrir au théâtre dans notre langue.

« Comme Votre Seigneurie, depuis sa plus tendre jeunesse, a montré un goût singulier pour la poésie et le beau langage, nous avons osé lui dédier cette traduction, dans l'espoir que, dans sa bonté, elle ne la dédaignerait pas, mais voudrait bien l'accepter avec l'hommage respectueux de ceux qui se tiendront éternellement obligés à Votre Seigneurie, et se disent,

« Madame.

« de Votre Seigneurie,

« les très-humbles serviteurs.

« Sous la devise :

« IN MAGNIS VOLUISSE SAT EST. »

« Frans ou François Rijk était un des membres les plus zélés de la Société *In Magnis voluisse*. Il traduisit différentes pièces de Corneille, de Racine et d'autres poëtes français. Quoique, parmi les traductions qu'il a faites, celle de *Rodogune* ne soit pas la meilleure, la pièce obtint cependant beaucoup de succès au théâtre, et ce fut surtout lorsque, dans les dernières années du XVIIIe siècle et dans les premières du XIXe, Mme *Wattier* fut chargée du rôle de Cléopâtre, que le public s'y porta avec enthousiasme. Après la retraite de cette tragédienne, la pièce disparut du répertoire.

« Koenraad ou Conrad Van Beuningen, mari de Jacqueline-Victoire Bartolotti Van Heuvel, avait été le bras droit du Grand Pensionnaire de Witt, et chargé par lui des négociations les plus délicates aux cours de Danemark, de France et d'Angleterre. Après la mort de de Witt, il continua de servir l'État dans divers postes éminents, jusqu'au jour où des symptômes d'aliénation mentale se découvrirent chez lui et forcèrent les magistrats à confier à sa femme la gestion de ses biens. Il mourut en 1693. Mme Van Beuningen, durant le séjour qu'elle fit à Paris de 1660 à 1666, avait probablement appris à connaître et à apprécier les pièces de Corneille, et ce fut cette circonstance surtout qui engagea la Société *In Magnis voluisse* à lui dédier la traduction de *Rodogune*. » V. L.

Sur Mme *Wattier*, Van Lennep ajoute la note suivante :

« Mme *Wattier*, connue également sous le nom de *Ziesenis*, qui était celui de l'architecte distingué qu'elle avait épousé, débuta en 1780 au théâtre d'Amsterdam comme jeune première, dans la tragédie, la comédie et l'opéra-comique. Le 11 novembre 1793, elle remplaça la première tragédienne dans le rôle de Cléopâtre et obtint un immense succès. Sa réputation, depuis ce temps, ne fit que grandir, et ceux qui l'ont connue s'accordent à dire que, si dans son art elle a pu avoir des rivales, aucune d'elles ne l'a surpassée. Elle unissait à un port majestueux une beauté antique, des yeux étincelants de passion, une voix également propre à charmer et à faire frémir de terreur ceux qui l'écoutaient. Un vieil amateur nous racontait un jour qu'il avait joué dans *Rodogune* avec Mme Wattier sur un théâtre de société. « Lorsque, » nous disait-il, « elle nous adressait ces mots : *Mes enfants, pre-« nez place*, c'était bien le diable si vous aviez pu rester debout. » Napoléon, l'ayant vu jouer, la nomma sur-le-champ sociétaire de la Comédie française, titre qu'elle conserva jusqu'à la fin de 1818. Invitée par l'impératrice Joséphine à la Malmaison, elle y joua, avec Talma, deux scènes d'*Hamlet*, lui en français, elle en hollandais. »

974. Rodogune, Prinsesse der Parthen. Uit het Fransch van den Heer Corneille. *Te Amsteldam, by de Erven van J. Lescailje en Dirk Rank, op de Beurssluis*, 1721. Met Privilegie. Pet. in-8 de 4 ff. et 80 pp.

Cette édition est absolument calquée sur la précédente. Le titre porte le même fleuron que le n° 936.

975. Rodogune, Prinsesse der Parthen. Uit het Fransch van den Heer Corneille. *Te Amsteldam, by Izaak Duim, Boekdrukker en Boekverkooper, bezuiden het Stadhuis*, 1744. Met Privilegie. Pet. in-8 de 4 ff. et 80 pp.

Troisième édition, restée inconnue à Van Lennep. La Bibliothèque nationale en possède un exemplaire.

XVII

976. Theodore, Maegt en Martelares, Treurspel. Uit het Fransch van den Heere P. Corneille. Labor excitat artem. *Te Rotterdam, by Joh. van Doesburg, Boekverkooper*, 1715. Pet. in-8 de 7 ff., 82 pp. et 1 f. blanc.

Traduction en vers par le libraire Jean Van Doesburg; on la dit fort recommandable.

Les feuillets préliminaires comprennent un très-médiocre frontispice gravé par *Bleyswyk* (frontispice qui est gravé sur un feuillet séparé) ; le titre imprimé ; 2 ff. pour une dédicace en vers à «Dominique Roosmale, ancien échevin de la Schielande, amateur de la poésie, » dédicace signée : Joh. Van Doesburg ; 3 ff. pour un *Avis au lecteur* et les noms des personnages.

« Le traducteur avoue dans sa préface que la tragédie de *Théodore* n'a pas réussi à Paris, mais il attribue le peu de succès de cette pièce moins à son manque de mérite qu'à la prudence excessive des spectateurs français, et cite à l'appui de ce qu'il avance l'opinion que l'abbé d'Aubignac a émise sur cette même tragédie.

« L'espoir du traducteur que le public hollandais aurait le goût moins difficile que celui de Paris ne s'est point réalisé. Peut-être même n'a-t-il jamais été mis à l'épreuve. La pièce ne paraissant pas sur le répertoire d'Amsterdam, on peut être à peu près sûr qu'elle n'a pas été représentée ailleurs. » V. L.

XVIII

977. CLAVDII DE GRIEKS HERAKLIVS, Treur-Spel met op-dragt aen Syne Doorluchticheyt Leopoldus Wilhelmus, Aertz-Hertog van Oosten-Rijk, Hertog van Bourgoignien, Gouverneur General van de Neder-Landen. *Tot Brussel, by Claudius de Griek, boekverkooper*, 1650. In-4 de 4 ff. et 55 pp. (dont la dernière est chiffrée par erreur 43).

» Le poëte Claude de Griek exerçait la profession de libraire à Bruxelles, sa ville natale. Son *Héraclius* est une version presque littérale de celui de Corneille, qui avait été publié trois ans auparavant ; mais l'auteur paraît ne pas s'en douter. Ni sur le titre, ni dans l'épître dédicatoire à l'archiduc Léopold-Guillaume, il ne prononce le nom de Corneille. » A. W.

978. HERAKLIUS, Treurspel. *T'Amsteldam, by d'Erven van Albert Magnus, op de Nieuwendyk, in den Atlas*, 1695. Pet. in-8 de 4 ff. et 80 pp.

Traduction en vers par François Ryk.

« La vignette sur le titre représente Melpomène assise, tenant une lyre sur le genou droit et une ruche sur le genou gauche. A ses pieds sont des attributs de théâtre ; derrière elle, un personnage allégorique branlant d'un air furibond un poignard et une torche ; plus bas, un satyre tenant les armes d'Amsterdam ; au fond, un amphithéâtre, et, plus loin encore, le Parnasse avec Pégase. Au bas, la devise *Yver in liefd' bloeiende* (zèle fleurissant en amour). » V. L.

« Ryk ne prononce pas plus le nom de Corneille que son devancier, mais il avoue du moins, dans une dédicace en vers qu'il adresse à Laurent Baak, que la pièce n'est pas originale. « J'espère, dit-il, que vous ne trouverez pas mauvais que je vous fasse hommage de ce byzantin français costumé à la hollandaise. » A.W.

« Laurent Baak était issu d'une famille de riches négociants, tous aimant et pour la plupart cultivant les belles-lettres. La maison de son grand-père, appelé Laurent comme lui, servait de point de réunion à Hooft, Vondel et autres beaux esprits du temps. Le Laurent Baak dont il est question ici se distingua aussi comme auteur. » V. L.

979. HERAKLIUS, Treurspel. *T'Amsterdam, by Izaak Duim*, 1737. Pet. in-12.

« Reproduction de l'édition de 1695, mais avec un nouveau fleuron.
« Le succès d'*Héraclius* fut moindre que celui de quelques autres pièces de Corneille. Il fut représenté, pour la dernière fois, sur le théâtre d'Amsterdam en 1782. » V. L.

980. HERAKLIUS. Treurspel. *Te Amsteldam, by Izaak Duim, Boekverkooper op den hoek van den Voorburgwal en Stilsteeg,* 1762. 1762. Met Privilegie. Pet. in-8 de 4 ff. et 80 pp.

<small>Au titre, le fleuron décrit sous le n° 737.</small>

XIX

981. ANDROMEDA. Treurspel. Verciet met Zang, Dans, Konst- en Vliegwerken. *T'Amsterdam, by Kornelis Sweerts,* 1699. Pet. in-8, front. gravé.

<small>« Traduction en vers par François Ryk. Elle est précédée d'une dédicace à Jonas Witsen, bailli d'Amsterdam. Le poëte y raconte que la famille de Witsen a produit nombre de Persées qui ont sauvé la patrie du dragon ennemi venu pour la dévorer. » V. L.</small>

982. ANDROMEDA. Treurspel. Verciert met Zang, Dans, Konst- en Vliegwerken. *T'Amsterdam, by H. vande Gaete,* 1715. Pet. in-8 de 4 ff. et 54 pp.

<small>Réimpression restée inconnue à Van Lennep. Le frontispice est signé de *Schynvoet*.</small>

983. ANDROMEDA, Treurspel. Verciert met Zang, Dans Konst- en Vliegwerken. *T'Amsterdam, by David Ruarus Boekverkooper,* 1730. Met Privilegie. Pet. in-8 de 64 pp., front. gravé de *Schynvoet*.

984. ANDROMEDA. Treurspel. Verciert met Zang, Dans, Konst- en Vliegwerken. *Amsterdam, by Izaak Duim,* 1739. Met Privilegie. Pet. in-8.

<small>« Chacune de ces éditions est ornée d'une gravure différente, toutes représentant Andromède attachée au rocher et Persée combattant le monstre. Ce fait, que la pièce fut réimprimée jusqu'à trois fois dans l'espace de quarante ans, tend à prouver qu'elle plaisait au public, attiré sans doute par le spectacle qu'on y déployait. On ne cessa de la donner chaque année jusqu'en 1789. Après cette époque, on ne la retrouve plus sur l'affiche. » V. L.</small>

XXI

985. [NICOMEDES, Treurspel. Uit het Fransch van den Heer P. Corneille gerymd door Kataryne Lescailje. *Amsteldam,* 1684. Pet. in-8 ?]

<small>Nous avons déjà cité le nom de Catherine Lescailje, née en 1649, morte en 1711 (voy. le n° 945).

» Dès sa plus tendre jeunesse, elle avait composé des poésies, et Vondel,</small>

dans des vers qu'il lui avait adressés, l'avait qualifiée de « moderne Sapho ».
Quoiqu'il y ait beaucoup à rabattre de cette qualification, Mlle Lescailje mérite d'être placée au rang, sinon des grands poëtes, au moins des meilleurs versificateurs de son temps. Après la mort de son père, elle dirigea la maison de librairie connue sous le nom des héritiers Lescailje, au commencement seule, plus tard conjointement avec *Thierry Rank*, qui avait épousé la fille d'une de ses sœurs. Elle-même ne voulut jamais se marier, probablement de crainte que le mari qu'elle aurait pris ne compromît le crédit et la prospérité de la maison qu'elle dirigeait avec tant de succès. » V. L.

Nous n'avons pas vu l'édition de 1684, que Van Lennep n'indique pas. Nous en rétablissons la date d'après le privilége de l'édition suivante.

986. NICOMEDES, Treurspel. Uit het Fransch van den Heer P. Corneille gerymd door Kataryne Lescailje. *Te Amsteldam, by de Erfg : J : Lescailje, op de Middeldam, op de hoek van de Vischmarkt,* 1692. Met Privilegie. Pet. in-8 de 3 ff. et 68 pp.

Au titre, un fleuron avec la devise : *Perseveranter*.

Les ff. prélim. contiennent un front. gravé dans le genre de *Romain de Hooghe*, un titre imprimé et 1 f. pour le privilége.

Le privilége est daté du 19 septembre 1684 et renouvelé le 31 mars 1692.

987. NICOMEDES, Treurspel. Uit het Fransch van den Heere P. Corneille, door Kataryne Lescailje. *T'Amsteldam, by Izaak Duim, Boekdrukker en Boekverkooper, bezuiden het Stadhuis, by den Dam,* 1734. Met Privilegie. Pet. in-12 de 72 pp. chiffr.

La traduction de Catherine Lescailje a été en outre réimprimée dans le recueil de ses poésies (*De Dichten van Katharyne Lescailje*, Amsterdam, by de Erfg. van J. Lescailje, 1731, 3 vol. in-4, t. IIIe, pp. 401-484). Elle est encore portée, en 1782, au catalogue des pièces jouées sur le théâtre d'Amsterdam, bien qu'elle fût dès lors abandonnée.

XXII

988. PERTHARITUS, KONING DER LOMBARDEN. Treurspel, gevolgd naar het Fransche van den Heer P. Corneille. *Te Amsteldam, by de Erfgenamen van J. Lescailje en Dirk Rank,* 1723. Met Privilegie. Pet. in-8.

Traduction en vers, par Sybrand Feitama.

989. PERTHARITUS, KONING DER LOMBARDEN. Treurspel, gevolgd naar het Fransche van den Heere P. Corneille. Nooit te voren gedrukt.

Tooneelpoezy van S. F[eitama] onder de Zinspreuk : Studio fovetur ingenium; te Amsteldam, by P. Visser en A. Slaats, 1735, 2 vol. in-4, t. Ier, pp. 275-354.

On ne s'explique guère cette mention : *Nooit te voren gedrukt* (imprimé pour la première fois).

990. Pertharitus, Koning der Lombarden. Treurspel. Naar het Fransche van den Heer P. Corneille gevolgd, onder de Zinspreuk : Studio fovetur ingenium. Verbeterd in dezen tweeden druk. *Te Amsterdam, by Izaak Duim, Boekverkooper, op den hoek van den Voorburgwal en Stilsteeg,* 1756. Met Privilegie. In-8 de 4 ff. et 67 pp., front. gravé.

<small>Édition revue et corrigée.</small>

991. Pertharitus, Koning der Lombarden, Treurspel. Naar het Fransche gevolgd, onder de Zinspreuk : Studio fovetur ingenium. *Amsterdam,* 1773. In-8.

<small>Les ff. prélim. comprennent un très-beau frontispice, dessiné par *Buys* et gravé par *Vinkeles.*

« Quoique la traduction de Feitama soit une des meilleures qu'il ait écrites, elle n'a pas reparu au théâtre après l'année 1774. » V. L.</small>

XXIII

992. Edipus, Treurspel. Uit het Fransch van P. Corneille. *T'Amsterdam, by de Erfgen : van J. Lescailje en Dirk Rank, op de Beurssluis,* 1720. Met Privilegie. Pet. in-8 de 11 ff. et 96 pp.

<small>Les ff. prélim. contiennent un beau frontispice de *J. Goeree;* le titre porte l'agneau au milieu des flammes, avec la devise : *Perseveranter.*

Traduction en vers, par Balthasar Huydecoper.

« Cet auteur, né en 1699, mort en 1778, appartenait à une famille patricienne d'Amsterdam, dont plusieurs membres remplirent des postes éminents dans la république. Lui-même fut échevin dans sa ville natale et bailli de l'île de Texel. Il écrivit quelques tragédies, dont deux surtout, *Achille* et *Arsace,* obtinrent un succès mérité. Il publia, en outre, plusieurs ouvrages de critique et de linguistique, dans lesquels il fit preuve d'un goût sûr et d'une profonde érudition, et qu'aiment encore à consulter les Hollandais qui veulent apprendre à bien écrire leur langue.

« La traduction est précédée d'une épître dédicatoire en vers, adressée au fameux professeur P. Burman, à Leide, épître dont nous essayons de donner ici la traduction :

« Le roi Œdipe, cet exemple de toutes les infortunes humaines, ce prince le plus malheureux qu'ait vu l'antiquité, reparaît sur la scène, non dans un habit nouveau, ni versant des pleurs que je lui fais répandre, ni tel qu'il a paru pour la seconde fois à la cour de France, applaudi par tous ; mais tel que Corneille l'a fait briller, étoile resplendissante, illuminant de ses rayons l'Hélicon français, tel enfin qu'il se montra aux spectateurs émus jusqu'aux larmes de ses malheurs. Celui-là est digne du supplice de Marsyas, qui, présumant trop de ses forces, ose disputer au grand poëte de la France la couronne qui lui appartient. Tel le soleil lorsqu'en plein midi il réjouit et vivifie les champs qu'il éclaire, tel autrefois apparut Corneille. Un autre [Voltaire] arrive, pâle lune à minuit, et veut se mesurer avec lui : c'est Diane qui ose défier son frère. Mais le soleil fend-il les nuages et se mon-</small>

tre-t-il dans sa splendeur, on voit aussitôt pâlir le disque de la lune. De même Corneille relèvera la tête, lorsque tout le monde aura vu flétrir et s'user par le temps et la rouille le clinquant qui l'aveugle aujourd'hui. Mais, sachant ce qui arrive à d'autres, je dois prévoir, etc. »

« La préface est bien écrite, mais elle est trop longue pour la reproduire ici.

« Huydecoper nous apprend pourquoi l'*Œdipe* de Corneille n'avait point jusque-là trouvé de traducteur ; ou plutôt, dans un dialogue amusant, il en fait donner la raison par certain aristarque qui prétend que la pièce est la plus belle que son auteur ait écrite, et par là ne saurait être rendue en hollandais, que la Société littéraire *Nil volentibus*, qui a tout traduit, n'a pas osé s'y frotter, etc., jugement, comme on peut le croire, peu encourageant pour Huydecoper, qui venait d'achever sa traduction, et qui, malgré cela, ne laissa pas de la faire représenter. Le reste de la préface est consacré à la dissection de l'*Œdipe* de Voltaire, dont il fait une critique amère et généralement assez juste ; il avertit le lecteur qu'il s'est permis de fondre en six lignes ce que dit Thésée dans la Ve scène du IIIe acte, depuis les mots :

> L'âme est donc toute esclave, etc.

jusqu'au vers qui se termine par :

> Et puis nous laisser faire.

« Ce morceau sur le libre arbitre, qui, d'après ce qu'en disent les commentateurs de Corneille, contribua beaucoup au succès de la pièce, aurait choqué les rigides calvinistes de la Hollande et empêché peut-être la représentation.

« La critique de la pièce de Voltaire dont nous avons parlé ne resta pas sans réponse. Dès le mois de mai de 1720, Huydecoper fut l'objet de vives attaques dans une revue mensuelle de Hollande. Il fut pris à partie aussi bien à cause de sa traduction qu'à cause du jugement porté par lui sur les deux tragédies d'*Œdipe*. Il n'était pas homme à se laisser réduire au silence, et, dans le courant de la même année, il fit paraître une réponse intitulée : *Corneille verdedigd* (voy. notre chap. XIXe). Malgré tous les arguments qu'il put faire valoir, la tragédie de Voltaire supplanta sur la scène hollandaise celle de Corneille. *Œdipe* figurait encore au répertoire dans la première moitié de ce siècle. » V. L.

993. EDIPUS, Treurspel. Uit het Fransch van P. Corneille. *Te Amsteldam, by Izaak Duim, Boekdrukker en Boekverkooper, bezuiden het Stadhuis*, 1735. Met Privilegie. Pet. in-8 de 10 ff. et 96 pp.

Réimpression textuelle de l'édition de 1720.

XXV

994. [SERTORIUS, Treurspel. Gevolgt naar het Fransche van den Heere P. Corneille. *Te Amsteldam*, 1714. Pet. in-8 ?]

Traduction en vers, par Jean Haverkamp.

Nous n'avons pas vu l'édition de 1714, qui n'a pas non plus été citée par Van Lennep. Nous la rétablissons à sa date d'après le privilége de l'édition suivante.

995. SERTORIUS, Treurspel; Gevolgt naar het Fransche van den Heere P. Corneille. *Te Amsteldam, by de Erven van J. Lescailje en Dirk Rank, op de Beurssluis,* 1722. Met Privilegie. In-12 de 5 ff. prél. et 72 pp., fig.

Seconde édition de la traduction de Havercamp; elle est précédée d'une dédicace à Georges Bruyn, seigneur de Hardenbroek, régent des hospices, directeur du commerce du Levant, etc., etc.

Le privilége est daté du 23 mai 1714, avec renouvellement du 1er juillet 1728.

La figure, que nous avons comptée parmi les ff. prél., est tirée à part; elle porte ce titre : *Sertorius : Treurspel.*

996. SERTORIUS, Treurspel. Uit het Frans van den Heere P. Corneille, door T. A. *Te Amsterdam, by Hendrik Bosch,* 1722. Pet. in-8.

Nouvelle traduction en vers, par T. Arendsz.

« Le titre est orné d'un joli fleuron, représentant un jeune garçon sous un arbre auquel sont suspendus divers instruments de musique. On lit au bas la devise : *Kies voorzigtig* (fais un choix prudent). La dédicace en vers, adressée au sieur Adriaan Lever, porte la signature de *Bosch,* l'éditeur. Une notice qui suit la pièce contient une traduction de l'*Examen* publié par Corneille lui-même ; il y est dit, en outre, que la traduction que Thomas Arendsz en avait faite existait depuis longtemps en manuscrit, et qu'on la revit et corrigea avant de la livrer à l'impression. La publication du travail de Haverkamp fut sans doute cause qu'on jugea à propos de publier aussi celui d'Arendsz. Sans cela ce serait un fait assez curieux que ces deux traductions du même ouvrage paraissant simultanément, et cela longtemps après l'original. Quant aux traductions, toutes deux ont leur mérite, et l'on pourrait dire « que les beaux esprits s'y sont rencontrés »; car maintes fois on remarque des vers exactement semblables chez l'un et chez l'autre traducteur. » V. L.

XXVII

997. OTHO, MET DE DOOD VAN GALBA, KEIZER VAN ROMEN, Treurspel. Naar het Fransch van den Heer P. Corneille. *Te Amsteldam, by de Erfgenamen van J. Lescailje,* 1695. Met Privilegie. Pet. in-8.

Traduction en vers d'*Othon,* par S. van der Cruyssen.

Au titre, la marque des héritiers de *Lescailje,* avec la devise : *Laboranter.*

« La traduction est précédée du privilége et d'une dédicace à Madame

Anna-Élisabeth Hinloopen, épouse du sieur Joan Ewruyn Glimmen signée : SIMON VAN DER CRUYSSEN.

« La traduction est faible, et, comme elle ne fut pas réimprimée, il est à présumer que la pièce ne réussit pas au théâtre.

« Mme Hinloopen, à qui la pièce est dédiée, descendait d'une famille patricienne d'Amsterdam ; elle était régente des hospices, dont son mari était régent. » V. L.

998. OTHO, Treurspel door Jacob Zeeus. *Te Delf, gedrukt by Reinier Boitet*, 1721. Met Privilegie. Pet. in-8.

« Seconde traduction en vers, par J. Zeeus. Elle est précédée de six vers en l'honneur de l'auteur, dont voici la traduction :

« *Sur la tragédie d'Othon.*

« Melpomène, accoutumée à parler un langage épuré, donna ce joyau à Zeeus, qui le traduisit en excellent hollandais, comme elle s'y était attendue. Elle a donné son approbation à cet ouvrage, et, comme elle estime l'art au-dessus de l'or, elle appelle du geste *Othon* sur la scène et en bannit les mauvaises pièces. J. VAN HOVEN.

« Malgré l'enthousiasme avec lequel Van Hoven saluait cette traduction, elle ne put obtenir les honneurs de la représentation. » V. L.

XXIX

999. ATTILA, KONING DER HUNNEN. Treurspel. Gevolgt naar het Fransche van den Heer P. Corneille. *Te Amsterdam, by de Erfgen : van Jakob Lescailje, op de Middeldam, op de hoek van de Vischmart*, 1685. Met Privilegie. Pet. in-8 de 2 ff. et 64 pp.

Traduction d'*Attila* en vers rimés, par M. Elias. Le privilége, daté du 19 septembre 1684, est accordé aux régents du théâtre d'Amsterdam, qui déclarent en faire cession aux successeurs de *Jacques Lescailje*.

« Le titre est orné d'un fleuron qui représente une grande ruche entourée d'abeilles, mais sans l'accompagnement des vieillards ni des orphelins. Au fond, le Parnasse dont Pégase occupe le sommet, et au pied duquel on voit Apollon et les Muses. Le tout est entouré de deux branches d'églantier, surmontées des armes d'Amsterdam, autour desquelles s'enlace une banderole avec la devise de la chambre de rhétorique : *In Liefde Bloeiende.* » V. L.

1000. [ATTILA, KONING DER HUNNEN. Treurspel. Gevolgt na het Fransche van den Heer P. Corneille. *Amsteldam,* 1728. Pet. in-8 ?]

Seconde édition de la même traduction. Elle n'est pas indiquée par Van Lennep, mais nous en donnons la date d'après le privilége de l'édition suivante.

1001. ATTILA, KONING DER HUNNEN. Treurspel. Gevolgt na het Fransche van den Heer P. Corneille. *Te Amsteldam, by Izaak*

Duim, Boekdrukker en Boekverkooper, bezuiden het Stadhuis, 1743. Met Privilegie. In-8 de 71 pp.

Troisième édition de la traduction d'Elias.

Le privilége, daté du 27 mai 1728, porte renouvellement du 18 octobre 1743.

« On a lieu de s'étonner qu'une traduction tout au plus passable d'*Attila* ait pu avoir plusieurs éditions. Quoiqu'elle soit encore mentionnée sur le catalogue des pièces qui composaient le répertoire courant en 1782, il paraît qu'à cette époque elle était abandonnée déjà depuis longtemps. » V. L.

XXX

1002. [Titus Vespasianus; Treurspel. Gevolgd naar het Fransche van den Heere P. Corneille. *Te Amsteldam,* 1714. Met Privilegie. Pet. in-8 ?]

Traduction en vers de *Tite et Bérénice*, par S. Feitama.

Cette première édition est restée inconnue à Van Lennep, mais la date nous en est fournie par le privilége de l'édition suivante.

1003. Titus Vespasianus; Treurspel. Gevolgd naar het Fransche van den Heere P. Corneille. *Te Amsteldam, by de Erfgen: van J. Lescailje, en Dirk Rank, op de Beurssluis,* 1722. Met Privilegie. In-12 de 4 ff. prél. et 62 pp.

Réimpression de la traduction de Feitama; elle est précédée d'une dédicace à Philippe Serrurier.

L'auteur dit qu'il a changé le titre de la pièce de Corneille pour qu'elle ne fût pas confondue avec la *Bérénice* de Racine.

Le privilége, daté du 23 mai 1714, porte renouvellement du 6 février 1722.

1004. Titus Vespasianus, Treurspel. Gevolgd naar het Fransche van den Heere P. Corneille. Merkelyk verbeterd. Nooit te voren alzoo gedrukt.

Cette édition corrigée se trouve dans les Œuvres dramatiques de l'auteur *(Tooneelpoezy van S. F*[*eitama*] *onder de Zinspreuk: Studio fovetur ingenium;* te Amsteldam, by P. Visser en A. Slaats boekverkoopers, 1735, 2 vol. in-4, t. II*, pp. 229-308).

« Feitama, dont nous avons déjà cité une traduction de *Pertharite*, était un poëte estimé, surtout un bon versificateur. On a de lui, outre plusieurs pièces originales, bon nombre de traductions, une, entre autres, de *la Henriade*, et une autre, en vers, du *Télémaque*. » V. L.

XXXII

1005. Surena, Veldheer der Parthen; Treurspel. *Te Amsteldam, by Izaak Duim, boekverkooper; bezuiden het Stadhuis,* 1738. Met Privilegie. In-8 de 5 ff. et 64 pp.

Traductions en vers par François Ryk.

Les ff. prélim. comprennent 1 front. gravé par *Punt*, le titre, le privilége et une dédicace.

XXXIII

1006. THOMAS VAN KEMPENS NAAVOLGING VAN JESUS CHRISTUS, naar de Fransche Uitbreiding van P. Corneille. In Nederduitsche dichmaat gebracht. *Te Amsterdam, gedrukt voor het Kunstgenootschap en te bekomen by de Erven van J. Lescaille,* 1707. Met Privilegie. In-8 de 8 ff. (y compris un front. gravé) et 151 pp.

Traduction des deux premiers livres de la *Paraphrase de l'Imitation de Jésus-Christ*, publiée par la Société littéraire *Nil volentibus arduum*.

1007. THOMAS VAN KEMPENS NAAVOLGING VAN JESUS CHRISTUS, naar de Fransche Uitbreiding van P. Corneille. De tweede druk op nieuws in rym vertaald en veel verbeterd. *Amsterdam, by de Erven van J. Lescaille,* 1716. Met Privilegie. In-8 de 6 ff. et 115 pp., front. gravé par *J. Luyken*.

Seconde édition, revue et corrigée, de la même traduction.

1008. THOMAS A KEMPIS NAVOLGING CHRISTI in gedicht naer P. Corneille. *Gouda*, 1710. In-8.

1009. TH. VAN KEMPENS NAVOLGING VAN JESUS CHRISTUS, meest gevolgt naar de Fransche Uitbreiding van P. Corneille. *Te Rotterdam, by Jan Daniel Beman,* 1730. In-8 de 10 ff., 262 pp. et 2 ff. de table.

Traduction du troisième livre de la *Paraphrase de l'Imitation*, publiée par la Société *Natura et Arte*.

III. Traductions en allemand..

1010. Erstlinge von Tragödien, Helden- Reimen und andern Tichtereyen, von Tobias Fleischer. *S. l.*, 1666. In-8.

On trouve dans ce recueil des traductions de *Polyeucte* et de *Cinna*.

1011. P. Corneille's Schauspiele. Bearbeitet von J. J. Kummer. *Gotha*, 1779-1781. 2 vol. in-12.

T. Ier : *Der Cid*. — T. IIe : *Die Horazier*.

Ces deux pièces font partie de la collection intitulée : *Theater der Ausländer*.

1012. Peter Corneille's Meisterwerke metrisch übersetzt [von Carl von Hänlein]. Berlin, Ferd. Dümmler, 1811-1817. 2 vol. in-8, avec 8 figg. (2 thal.)

Iʳᵉ partie, 1811 : *Der Cid, Cinna.*
IIᵉ partie, 1817 : *Horatius, oder der Kampf der Horatier und Curiatier, Pompejus Tod.*

1013. Auswahl aus Corneille's Dramatischen Werken. Frei bearbeitet von J. J. Kummer. Gotha und Leipzig, Reichenbach. 1832. 2 vol. in-18 (8 gr.)

T. Iᵉʳ : *Der Cid.* — T. IIᵉ : *Die Horazier.*
Ces deux pièces ont reparu quelques années plus tard dans la collection intitulée : *Classisches Theater* (Gotha und Leipzig, in-18).

1014. Die Sinnreiche || Tragi-Comoedia || genannt || Cid, || ist || ein Streit der Ehre und Liebe. || verdeutscht || vom || Georg Greflinger || Regenspurgern, || Kayſ. Notar. || Hamburg, || Gedruckt bey Georg Papen, || In Verlegung Johann Naumans || Buchh. vor S. Joh. Kirchen. || Im Jahr 1650. Pet. in-8 de 42 ff. non chiff., plus un front. gravé.

Le frontispice représente Rodrigue agenouillé devant Chimène, près du cadavre du comte de Gormas. Chimène cherche à percer d'une épée la poitrine du Cid, mais un Amour détourne le coup. On lit au-dessus de la planche : Cid, || Verdeutscht vom Georg Gref- || linger Regenspurg. Kayserl. Not ; et en bas : *Bey Johann Nauman Buchhandlern* || *in Hamburg* || *Bart. Iselburg fe : Hamb.*

Au titre se voit une marque qui représente la boule du monde surmontée d'un cavalier dont le cheval porte des ailes. La tête du personnage se perd dans les nuages, où l'on aperçoit le chiffre du Christ. La terre porte aussi le monogramme du Christ et de la Vierge, et sur une banderole, qui se développe à l'entour, on lit la devise : *Superata Tellus* (il faudrait vraisemblablement *Tellure*) *sidera domat.*

Au verso du titre, se trouve une dédicace dont voici la traduction littérale :

« Aux très-excellentes et très-nobles demoiselles, Mademoiselle Éléonore Edwige et Mademoiselle Anne Dorothée, duchesses de Schleswig, Holstein, Stormarn et Dithmarschen, comtesses d'Oldenbourg et de Delmenhorst, etc., ses très-gracieuses demoiselles, l'éditeur Jean Naumann, libraire à Hambourg, dédie respectueusement cette pièce. »

La dédicace est suivie d'un quatrain des plus médiocres. Vient ensuite un *Avis au Lecteur* dont voici la traduction :

« Cette tragédie qui finit dans la joie, autrement dit cette tragi-comédie appelée *le Cid*, n'est qu'un combat entre l'honneur et l'amour. Les Français et les Hollandais sont d'avis qu'aucune pièce n'a encore dépassé l'invention de celle-ci. L'auteur, qui est Français, s'appelle Cornelius. Ses paroles sont brèves, mais pleines de sens; il est douteux qu'un Allemand puisse rendre ses vers aussi brièvement sans les massacrer. Je n'en reproduis que l'ombre ; c'est dans le français qu'on peut voir le tableau original. Si quelqu'un veut en avoir plus ample connaissance, qu'il s'y reporte ; mon tableau s'effacera volontiers, car il n'a pas été composé pour briller, mais pour m'exercer à l'étude des langues. On y trouvera un grand travail. Il m'a fallu beaucoup de peine pour reproduire l'ombre, je ne parle pas du tableau. J'espère d'ailleurs que personne ne me reprochera, à moi, le plus humble de ceux qui se sont enivrés aux fontaines de Castalie, d'avoir traduit en allemand semblable ouvrage. Je suis Allemand, c'est-à-dire libre ; j'ai la liberté de m'exercer dans ma langue et dans celle des autres, tout comme le plus savant, pourvu que je me borne à écrire des choses honorables et qui ne fassent tort à personne. J'ai conservé la forme versifiée, à l'exemple des Français et des Hollandais ; je n'ai rien dit de plus ni de moins, m'attachant cependant plus au sens qu'aux mots. Chaque langue a ses expressions qui lui sont propres ; on doit chercher à les remplacer le mieux possible. Si cette pièce te plaît, tu peux en attendre trois autres : *la Fâcheuse Contrainte (der beklägliche Zwang), Laure (die Laura)* et *Andronic et Aron*. Si ces pièces te plaisent à leur tour, accorde-moi tes bonnes grâces, sinon j'aurai du moins le profit de m'être de la sorte initié à la langue française. Porte-toi bien et prends tout en bonne part.

« Je suis ton dévoué serviteur,

« G. G. R. K. N. [Georges Greflinger, notaire impérial à Ratisbonne].

« Hambourg, le 1ᵉʳ août 1650. »

Les ff. préliminaires comprennent encore un long argument.

Si le style de Greflinger n'est pas sans faiblesse, on ne peut lui contester un vrai mérite. On trouve dans sa traduction nombre de vers bien frappés. Bien que l'expression n'ait pas, en général, la concision du modèle, il est remarquable qu'il ait réussi à rendre *le Cid* vers pour vers ; il a même imité la forme et le mètre des stances de Rodrigue.

1015. Die Sinnreiche Tragi-Comoedia genannt Cid, ist ein Streit der Ehre und Liebe. Verdeutscht von Georg Greflinger, Regenspurgern Kayſ. Notar. Hamburg, in Verlegung Georg Wolf Buchh. in S. Joh. Kirchen, im Jahr 1679. In-8 de 37 ff. non chiff., plus un front. gravé.

Réimpression de la traduction de Greflinger.

1016. Deutscher Schaubühne erster Theil, auff welcher in dreyen sinnreichen Schau-Spielen, die wunderbare Würkung keuſcher Liebe und der Ehren vorgestellet wird. 1. Der Cid. 2. Der Chimene Trauer-Jahr. 3. Der Geist des Graffen von Gormas oder der Todt des Cid. Aus dem Franz. übersetzt durch Isaac Clauz aus Straßburg. Straßburg. 1655. In-8.

Nous n'avons pas eu ce recueil sous les yeux et ne pouvons en donner une description complète.

La seconde pièce est, croyons-nous, la *Suite et le Mariage du Cid*, de Chevreau (*Paris*, 1638) ; la troisième est l'*Ombre du comte de Gormas et la Mort du Cid*, de Chillac (*Paris*, 1639).

1017. Der Cid, Trauerspiel. Aus dem Französischen ins Hochdeutsche übersetzt und dem Durchl. Fürsten und Herrn Anthon Ulrichen, Herzogen zu Braunschweig und Lüneburg, unterthänigst zugeeignet, von Gottfried Langen. Braunschweig, 1699. In-8.

1018. Der Cid, Tragödie in fünf Aufzügen. Aus dem Französischen von U. L. Gust. S. Kleffel. Rostock, Stiller, 1779. In-8 (9 gr.)

Kayser indique cette traduction avec la date de 1807. Faut-il voir dans cette indication une erreur de chiffre ou supposer une seconde édition ?

1019. Der Cid, Tragödie in fünf Aufzügen von Corneille. Uebersetzt von Ant. Niemeyer. Köthen, 1810. In-8.

1020. Der Cid. Trauerspiel in fünf Acten nach Peter Corneille. Von Graf K. Chr. E. Benzel-Sternau. Gotha, Becker, 1811. Gr. in-8 (16 gr.),

1021. Der Cid, ein Trauerspiel in fünf Aufzügen, nach P. Corneille. Von Matth. Collin.

Cette traduction a été publiée dans le t. Ier des Œuvres dramatiques de Collin. (*Math. Collin's Dramatische Werke* ; Pesth, Hartleben, 1817, 4 vol. in-12.)

1022. Der Cid, Schauspiel in fünf Akten nach Corneille. — Der Wahrsager, Schauspiel in zwey Abtheilungen nach Poinsinet. Brandenburg, Wiesike, 1820. In-8.

1023. Der Cid, romantisches Trauerspiel zum Theil nach spanischen Romanzen. Von E. Ortlep. Leipzig, Lehnhold. 1828. In-8.

Imitation partielle de la tragédie de Corneille.

1024. Der Cid, ein Trauerspiel in fünf Aufzügen, aus dem Französischen des Herrn Corneille übersetzet.

Traduction en vers insérée dans : *Die deutsche Schau-Bühne nach den Regeln und Exempeln der Alten; ans Licht gestellt von Joh. Christoph Gottscheden*, Ire part. (Leipzig, 1742, in-8), pp. 329-406.

1025. Uebersetzung des Cid von Corneille (Act. I-III.), mit einem Nachwort von O. Kallsen, Dr. phil.

Cette traduction est insérée dans le *Programm des kön. Gymnasiums zu Meldorf am Ende des Schuljahres* 1856 ; Meldorf, 1856, in-4 de 38 pp.
Meldorf, petite ville du Holstein, appartenait alors au Danemark.

1026. Der Cid, Tragödie von P. Corneille. Uebersetzt von dem Oberlehrer Carl Franke.

Cette traduction est insérée dans la publication suivante :
Programm womit zu der für Sonnabend und Montag, den 15. und 17. August im königlichen katholischen Gymnasium zu Sagan bestimmten öffentlichen Prüfung, Redeübung, Entlassung der Abiturienten und Versetzung der Schüler aller Klassen ergebenst einladet Dr. Floegel, Director, Ritter des rothen Adlerordens 4. *Classe.* Sagan, Schnellpressendruck von P. H. Raabe und Sohn, 1868. In-4 de 40 pp. à 2 col. (pp. 3-27).

Elle est en vers non rimés et serre le texte autant que possible. L'auteur n'a voulu, dit-il, que fournir aux élèves de la classe supérieure l'occasion de parcourir de nouveau une pièce qu'ils avaient déjà étudiée avec lui dans le courant de l'année scolaire.

1027. Der Cid, Trauerspiel in 5 Aufzügen von P. Corneille. Uebersetzt von Malvine Gräfin Maltzan. Leipzig, Ph. Reclam jun., 1873. Gr. in-16 de 59 pp.

Universal Bibliothek, n° 487.

X

1028. Des Herrn T. (sic) CORNEILLE Horatz, oder gerechtfertigter Schwester-Mord, Trauer-Spiel aus seinem Französischen ins Teutsche gesetzt. In Verlegung *Johannis Cundisii*, Buchhändlers in Görlitz. Leipzig, gedruckt bey Christian Michael, 1662. In-8.

Traduction d'*Horace*, par D. E. Heidenreich.

1029. Die Horazier, ein Trauerspiel in fünf Aufzügen, aus dem Französichen des Herrn Peter Corneille übersetzet von Friedr. Erdmann Freyh. von Glaubitz, Kaiserl. und Reichs-Cammergerichtsassessoren.

Traduction en vers insérée dans : *Die Deutsche Schau-Bühne nach den Regeln und Exempeln der Alten; ans Licht gestellt von Joh. Christoph Gottscheden*, Ire part. (Leipzig, 1742, in-8), pp. 1-78.

1030. Die Horazier, Trauerspiel. Von Georg Behrmann. Hamburg, 1752. In-8.

Imitation d'Horace.

1031. Die Horatier, Trauerspiel in 5 Aufzügen nach P. Corneille. Queblinburg, 1811. Gr. in-8.

1032. Horace. Eine Tragödie von P. Corneille. Herausgegeben von Herm. Dörgens. Köln und Neuß, Schwan'sche Verlagshandlung, 1861. Gr. in-8 de xxviii et 64 pp. (10 gr.)

XI

1033. Cinna, oder die Gütigkeit Augusti, ein Trauerspiel des Corneille.

Irdische Flora, 1702, in-8, pp. 95 sqq.

1034. Cinna, oder die Gütigkeit des Augustus. Trauerspiel aus dem Französischen übersetzt. Wien, 1750. In-8.

Une première traduction de *Cinna* fut publiée en 1655, en même temps que la traduction de *Polyeucte* (voy. le n° 1010).

XII

1035. Polyeuctus || oder || Christlicher Märtyrer || Meist aus dem Französischen || des H. Corneille ins Deutsche || gebracht || Mit sich darzu fügenden neuen Erfin= || dungen vermehret || und || vor weniger Zeit || In Gegenwart und Versamlung || hoher Häupter || E. Hochlöbl. Universität und || E. Ed. E. Hoch= weisen Raths || zu Leipzig || durch || Ein öffentliches Trauer = Spiel || Nach anderer dergleichen Auffführung auff gesche= || henes inständiges Ansuchen || Einer Studierenden Gesellschaft || vorgestellt || von Christophoro Kormarten, Lips. || Leipzig und Hall in Sachsen, || In Fickischen Buchläden anzutreffen 1679. In-8 de 8 ff (dont le 2° et le 3° sont blancs) et 224 pp.

Imitation de *Polyeucte* en prose par Christophe Kormart. Elle est dédiée à neuf professeurs ou négociants de Leipzig et de Hambourg, protecteurs du traducteur. La dédicace est suivie d'un avis au lecteur, dans lequel Kormart déclare que, malgré tous les mérites de Corneille, il s'est permis d'introduire çà et là quelques changements.

Kormart a voulu arranger la pièce de Corneille d'après le goût allemand. A côté de scènes empruntées mot pour mot à l'original, il a introduit des scènes nouvelles dans lesquelles il met en action les faits qu'un simple récit révèle au spectateur dans la tragédie française. « Il n'est plus question de l'unité de lieu ; la scène change sans cesse ; l'alexandrin est transformé en simple prose. Si les personnages ont conservé l'étiquette en usage à cette époque, s'ils se parlent encore à la troisième personne du singulier, ils sont cependant devenus plus solides et plus vivants. Le tiède confident et conseiller Néarque, par exemple, a fait place à un Africain, plein de la foi la plus ardente, qu'une amitié enthousiaste unit à Polyeucte. Les principales figures de Corneille ont reçu une marque plébéienne ; elles sont devenues infiniment plus communes, mais aussi plus puissantes. » Voy. Devrient, *Geschichte der deutschen Schauspielkunst*, t. Ier (Leipzig, 1848, in-8), pp. 234-241.

1036. H. Corneille **Polyeuctus**, oder Tragoedia vom christlichen Martyrer Polyeuctus, aus Frantzöischen [sic] geteutscht und mit neuen Erfindungen anständiglich vermehrt von C. K. L. Hall, in Verlegung Johann Fickens S. Witbe, 1673. Pet. in-8 de 6 ff. prél. non chiff. et 221 pp.

1037. **Polyeuctes, ein Märtyrer. Christliches Trauerspiel.** Aus dem Frantzöfischen des P. Corneille übersetzt von Catharina Salome Linckin, gebohrner Feltzin. Straßburg, 1727. Pet. in-8.

Traduction en vers.

1038. **Polyeuctes, christlicher Märtyrer. Trauerspiel.** Leipzig, 1733. In-8.

1039. **Polyeuctes, christliches Trauerspiel.** Wien, 1750. In-8.

1040. Polyeucte Martyr, tragédie chrétienne. Oder Der Märtyrer Polyeuctes, welcher in der achten Verfolgung deren Christen unter dem Kayser Decio enthauptet worden, in einem christlichen poetischen Trauer=Spiel vorgestellet von P. Corneille. Frantzöisch und Deutsch.

Traduction en vers rimés accompagnée du texte original en regard. Elle est insérée dans un recueil qui n'a pas de titre général et commence par la pièce suivante :

Gabinie, tragédie chrétienne, oder die unter der letzteren zehenden schwerosten Haupt-Verfolgung Kayfers Diocletiani standhaffte Christin Gabinie, in einem christlichen poetischen Trauer-Spiel vorgestellet von P. B. [Palaprat und Brueys]. Frantzöisch und Deutsch. Franckfurth und Leipzig, verlegt Gottlieb Siegert, Buchhändl. in Hirschberg, 1734. In-8 de 8 ff. prél. et 351 pp. avec 2 figg.

Polyeucte occupe les pp. 160 à 351 de ce volume. Le texte est précédé d'une figure. Le but du traducteur a été simplement de présenter au lecteur des pièces édifiantes.

XIV, XV

1041. **Der Lügner, Lustspiel in zwei Theilen von Corneille ins Deutsche übersetzt.** Quedlinburg, 1762. Gr. in-8 (6 gr.)

Traduction du *Menteur* et de la *suite du Menteur*, par J. A. Tiessen.

1042. Der Lügner, Lustspiel in fünf Aufzügen. Aus dem Französischen von P. Corneille. **Wien, Wallishaußer,** 1807. In-8 (8 gr.)

XVI

1043. Rodogune **Prinzessin aus Parthien, Trauer-Spiel aus des** Corneille **Französischen übersetzet durch** F. E. Bressand. **Wolffenbüttel, gedruckt bey Caspar Johann Bißmarckt,** 1691. In-8.

Traduction en vers.

1044. Rodogüne, Prinzessin der Parthen, ein Trauerspiel in fünf Aufzügen, aus dem Französischen von P. Corneille. **Leipzig, Barth,** 1769. In-8 (4 gr.)

1045. Rodogüne, Trauerspiel in fünf Aufzügen nach Corneille; von A. Bode. **Berlin und Leipzig,** 1803. In-8 (10 gr.)

1046. Rodugune, Parthische Prinzessin. Trauerspiel von P. Corneille. Deutsch von H. Heller. **Leipzig, Ph. Reclam jun.,** 1874. Gr. in-16 de 61 pp.

Universal-Bibliothek, n° 528 (2 gr.).

XXV

1047. Sartorius, in einem Schau-Spiel, bey höchsterfreulicher Begehung des Gebuhrts-Tages der durchlauchtigsten Fürstin und Frauen, Frauen Elisabetha Juliana, Hertzogin zu Braunschweigk und Lüneburk, gebohrne Hertzogin zu Schleßwig und Holstein, etc., etc., von einigen Theils Dero hochfürstl. Durchl. Fürstl. hoch-Gräfl. und Adelichen Persohnen, auff dem neuen Theatro zu Saltzthal vohrgestället, im Jahr 1694. S. *l.,* in-8.

L'auteur, F.-E. Bressand, reconnaît dans sa préface que sa pièce n'est qu'une traduction. Il rapporte, du reste, qu'il a traduit encore d'autres tragédies françaises : *Rodogune, Athalie, Herménégilde,* etc.

IX. Traductions en danois.

IX

1048. Dansk Oversettelse af dend tredie Scena i dend tredie Act af Mr. Corneilles franske Tragoedie, som kaldis Cid. Gioort for tibsforbrivs skyld af Fr. D'Anholt, som i 19 aar haver opholdet sig i Danmark. (A la dernière page :) Trykt i Paris 1696. Pet. in-4 de 8 pp.

<small>Traduction de la troisième scène du troisième acte du *Cid* par Fr. d'Anholt (Frédéric Rostgaard).</small>

1049. Dansk Oversettelse af bend tredie Scena i bend tredie Act af Mr. Corneilles franske Tragoedie, som kaldis Cid, Givort for tibsforbrivs skyld af Fr. D'Anholt. Pariis, 1696. (A la dernière page :) Paris, 1696. Pet. in-4 de 8 pp.

<small>Cette traduction est la même que la précédente, mais l'impression offre quelques variantes.</small>

XII

1050. Polieuctes Martyr. Tragedie udi fem Acter. Oversat paa Danske Vers af det Franske Sprog efter Herr Pt. Corneilles Original. Til det Kongl. Danske Theaters Brug. Kiöbenhavn, 1763. In-8 de 96 pp.

<small>Traduction de *Polyeucte*, à l'usage du Théâtre royal danois. L'auteur est Vilhelm Bornemann.</small>

X. — Traductions en suédois

IX

1051. LE CID. Eller Then om Heder täflande Kärleken. Sorge-Spel Uti Fem Afhandlingar. Författat på Franzöfka af then widt berömde Pierre Corneille, Och På Swensk vers öfwersatt 1739, Af Gabriel Boding. Förestält på then Kongl. Skådeplatzen i Stockholm. Första gången then 23. Sept. 1740. *Stockholm*, Tryckt uti Kongl. Tryckeriet. In-4 de 72 pp. (1 daler. 16 öre).

<small>Traduction représentée pour la première fois sur le Théâtre du Jeu de paume (*Bollhus*), à Stockholm le 23 septembre 1740; reprise sur le Théâtre de la Houblonnière (*Humlegården*), le 25 août 1777.
Gabriel Boding, né en 1714, mort en 1790, était arpenteur dans le gouvernement de Stockholm. Outre le *Cid*, il a fait paraître, en 1741, une traduction des *Fourberies de Scapin*, de Molière.</small>

1052. CID, tragedi i 5 akter af Pierre Corneille. Fritt öfversatt af P. Westerstrand. *Stockholm, Horbergska Botryckeriet,* 1843. In-8 de 76 pp. et 1 f. d'errata.

<small>Traduction en vers. Elle avait paru dès l'année 1839 dans les *Metriska Öfversättningar af P. Westerstrand,* mais l'auteur lui fit subir plusieurs changements dans l'intervalle.</small>

X

1053. §orace, Sorge=Spel i fem Afhandlingar af P. Corneille, öfwersatt af J. Berghult.

Traduction représentée sur le théâtre du Jeu de paume, à Stockholm, en 1741.

On doit à l'auteur, Berghult, deux autres traductions du français : *le Grondeur* (*Tvärviggen*), de Brueys et Palaprat, et *l'Impromptu de garnison* (*Den illfänige Friaren*).

XIV

1054. En Bättrad Will=Hierna, Och en Trogen Wänskap, Föreställd uti en Af Engelskan öfwersatt Comoedia Som wardt öfwersänd Till Herr Canzeli-Rådet Baron Eric Wrangel Af En fråwarande wän. Åhr 1721. Stockholm, Tryckt uti A. Holms Tryckerij, 1723. In-8 de 3 ff. et 113 pp.

Traduction du *Lying Lover*, de Steele. On a vu ci-dessus (n° 917) que cette pièce est imitée du *Menteur*. L'auteur de la présente traduction est le comte Charles Gyllenborg, président de la chancellerie suédoise, né en 1679, mort en 1746, qui fit représenter en 1737 une imitation du *Français à Londres*, de Boissy (*Den Svenska sprätthöken*), et, en 1745, une traduction de l'*Andromaque*, de Racine. L'éditeur, le baron Éric Wrangel, né en 1686, mort en 1765, fit représenter sous son nom, à Stockholm, deux tragédies en vers, *Fröken Snöhvit* (Mlle *Blanche comme neige*) (1737), et *Torilla* (1738).

1055. EN BÄTTRAD VILLHJERNA, OCH EN TROGEN VÄNSKAP. Föreställd uti en af Engelskan öfversatt comoedia, som vardt ofversänd till Eric Wrangel. *Upsala, tryckt hos P. Hanselli*, 1861. In-8 de 124 pp.

Réimpression de la traduction précédente. C'est un tirage à part à 25 exemplaires du recueil intitulé : *Samlade Vitterhetsarbeten af Jacob och Anders Wollimhaus samt Olof och Carl Gyllenborg*; Upsala, 1863, in-8, pp. 243-366.

1056. Baron Sorgfri eller en förbättrad Will=Hierna, Comoedia i fem After efter Steele, fritt öfwersatt af C. Gyllenborg.

Texte revu de la traduction de C. Gyllenborg, représenté au Théâtre du Jeu de paume (*Bollhus*), à Stockholm, le 11 février 1745.

XI. Traductions en russe.

IX

1057. Сидъ, трагедія въ 5 дѣйствіяхъ. Сочиненіе Корнелія; переводъ съ французскаго бѣлыми стихами. Санктпетербургъ, 1779. In-8 (50 kop.)

Traduction du *Cid* en vers blancs.

1058. Сидъ, трагедія въ 5 дѣйствіяхъ въ стихахъ. Сочиненіе П. Корнелія; перевелъ съ французскаго Павелъ Катенинъ. Санктпетербургъ, 1822. In-8.

Traduction du *Cid*, par Paul Katjenin.

XI

1059. Цинна, или Августово Милосердіе, трагедія въ 5 дѣйствіяхъ. Сочиненіе П. Корнелія; переводъ съ французскаго бѣлыми стихами. Санктпетербургъ, 1779. In-8 (50 kop.)

Traduction de *Cinna* en vers blancs.

XII

1060. Поліевктъ мученикъ, трагедія христіанская Петра Корнелія переведена съ французскихъ стиховъ въ русскіе Н. Х.

Traduction de *Polyeucte*, représentée sur le théâtre de la cour de Russie, au mois de janvier 1759. Il en existe une copie manuscrite à la Bibliothèque nationale (Msc. slaves, n° 41).

XIII

1061. Смерть Помпеева, трагедія въ 5 дѣйствіяхъ. Сочиненіе П. Корнелія; переводъ съ французскаго бѣлыми стихами. Санктпетербургъ, 1779. In-8 (50 kop.)

Traduction de *la Mort de Pompée* en vers blancs.

XVI

1062. Родогуна, трагедія въ 5 дѣйствіяхъ. Сочиненіе Корнелія; переводъ съ французскаго прозою. Москва, въ Т. Компаніи типографической, 1788. In-8 (40 kop.).

Traduction de *Rodogune*, en prose.

XII. Traductions en serbe.

X

1063. Хорације. Трагедија у 5 чинова од Петра Корнеља. С францускогъ превео Никола Мариновић. У Београду, у државној штампарији, 1871. In-16 de 4 ff., 102 pp. et 1 f. blanc.

Traduction d'*Horace* en vers, par Nicolas Marinović, dédiée au major

Michel Anastasijević, le célèbre patriote à qui Belgrade doit la fondation de son université. Le traducteur, fils de l'ancien président du ministère serbe, a fait toutes ses études à Paris, et sa parfaite connaissance de la langue française lui a permis de suivre le texte original avec une grande fidélité.

XIII. Traductions en polonais.

IX

1064. CYD RODRYG, tragedya w 5 aktach z P. Kornela przez And. Morsztyna. *Suprasl*, 1752. In-8.

Traduction du *Cid*, par André Morsztyn.

1065. CYD, tragedya w 5 aktach z P. Kornela przez L. Osińskiego. *Warszawa*, 1861. In-8.

Traduction du *Cid*, par Louis Osiński. M. Estreicher (*Bibliografia polska*, t. Ier, p. 370) la cite dans sa liste des ouvrages dramatiques, mais ne la mentionne pas, t. IIe, p. 432, au mot *Kornel*. On en trouve un extrait dans les œuvres d'Ignace Krasicki (*Dzieła poetyckie Ignacego Krasickiego;* W Warszawie, 1803, 10 vol. in-8, t. IIIe, pp. 364-368).

X

1066. HORACYUSZE, tragedya P. Kornela, przekładania L. Osińskiego. *Warszawa*, 1802. In-8.

Traduction d'*Horace*, par L. Osiński. On en trouve un extrait dans l'édition des œuvres de Krasicki citée plus haut, t. IIIe, p. 368-373.

1067. HORACYUSZE, tragedya P. Kornela, przekładania L. Osińskiego. *Warszawa*, 1861. In-8.

XI

1068. CYNNA ALBO ŁASKAWOŚĆ AUGUSTA, tragedya P. Kornela z francuzkiego przekładania Ks. Franc. Godlewskiego. *Wilno, Zawadzki,* 1807. In-8.

François-Xavier Godlewski, né en 1769, mort en 1838, a publié 4 volumes de sermons et des traductions de *Cinna*, de Corneille, et de la *Thébaïde*, de Racine.

1069. CYNNA, CZYLI ŁASKAWOŚĆ AUGUSTA, tragedya w 5 aktach z P. Kornela przez L. Osińskiego. *Warszawa*, 1861. In-8.

M. Estreicher, t. Ier, p. 370, cite la traduction de *Cinna*, par Osiński, comme ayant été publiée à Varsovie en 1861, mais, plus loin (t. IIe, p. 432), il en parle comme d'un manuscrit existant à la bibliothèque de l'Université de Cracovie.

XII

1070. POLIEUKT, tragedya chrześciańska P. Kornela przekładania W. Niemojowskiego. S. l. n. d. [1819]. In-8.

Traduction de W. Niemojowski.

1071. POLLIEUKT MĘCZENNIK, tragedya chrześciańska w 5 aktach, tłumaczona z francuzkiego z dzieł P. Kornela przez Stanislawa Laskowicza. *Wilno, A. Marcinowski*, 1836. In-8 de 92 pp.

Stanislas Laskowicz ne s'est fait connaître que par sa traduction de *Polyeucte* et des traductions de Voltaire.

XIII

1072. ŚMIERĆ POMPEJUSZA, tragedya w 5 aktach z P. Kornela przez Wł. Miniewskiego.

M. Estreicher cite cette traduction de *la Mort de Pompée*, t. Ier, p. 370; nous ne savons où elle a été publiée.

XIV

1073. ŁGARZ, komedya P. Kornela, naśladowania z Lopego Wegi, przekładania Leona Moszyńskiego. S. l. n. d. [vers 1775]. In-8.

Traduction du *Menteur*, par le célèbre Ignace Krasicki, sous le pseudonyme de Léon Moszyński.

1074. ŁGARZ, komedya P. Kornela, naśladowania z Lopego Wegi przekładania Leona Moszyńskiego. *Warszawa*, 1780. In-8.

Réimpression de la traduction de Krasicki. Il en existe une autre édition séparée (*Warszawa*, 1832, in-8).

XVIII

1075. HERAKLIUSZ, tragedya w 5 aktach z P. Kornela przez Aleksandrowicza. *Lwów*, 1749. In-8.

Traduction d'*Héraclius*, par Aleksandrowicz.

XXVII

1076. OTTON, tragedya w 5 aktach P. Kornela, przekładania St. Konarskiego. *Warszawa*, 1744. In-8.

Stanislas Konarski, né en 1700, mort en 1773, appartenait à l'ordre des Piaristes. Il a composé divers traités de grammaire et de rhétorique.

Les autres littératures slaves ne possèdent aucune traduction de Corneille.

XII. — Traductions en grec.

IX

1077. Ὁ Ξίδ. Τραγῳδία εἰς πράξεις πέντε ὑπὸ Κορνηλίου. Μεταφρασθεῖσα καὶ ἐκδοθεῖσα ὑπὸ Παναγῆ Τ. Βειλάνδου, φοιτητοῦ τῆς νομικῆς. Ἐν Ἀθήναις, 1868. In-8 de viii et 72 pp.

Traduction du *Cid*, par Panaï G. Weiland.

XI

1078. Ποιήματα Ἰακώβου Ῥίζου Ῥαγκαβῆ περιέχοντα μετάφρασιν τριῶν γαλλικῶν τραγῳδιῶν μετὰ τοῦ πρωτοτύπου κειμένου, καὶ ἄλλα διάφορα. Ἐν Ἀθήναις, 1836. 2 vol. in-12.

Le t. I*er* contient *Cinna*, de Corneille, et *Phèdre*, de Racine. Le t. II*e* contient *Zaïre*, de Voltaire, et diverses autres pièces.
La traduction de *Cinna* est en vers *politiques* rimés, de quinze syllabes.

XV. — Traductions en arménien.

XII

1079. Polyeucte martyr arménien, tragédie de Pierre Corneille. *Venise, typographie des Mekhitaristes, 1858.* — Պօլիկտոս վկայ հայկազն ողբերգութիւն Պ. Կոռնէյլի թարգմանեաց Հ. Գ. Վ. Հ. Զենոբիկ ի տպարանի Մխիթարեանց. 1858. Gr. in-12 de 157 pp., y compris les ff. prélim., avec un portrait lithographié de Corneille sur papier fort (2 fr. 50).

Traduction en vers rimés arméniens par le R. P. Georges Hurmuz, docteur en théologie, archevêque de Stoussik'. Il en existe des exemplaires avec le texte arménien seul.

1080. Թատրոն արեւելեան. Պօլիկտոս վկայ հայկազն ողբերգութիւն ի հինգ արարուածս, թարգմ; Ս. Հէքիմեան, կ. պօլիս. 186?.

Théâtre oriental. Polyeucte, martyr arménien, tragédie en cinq actes, trad. par Z. Hekimtan. *Constantinople*, 186?.

XIV. Traductions en magyar.

IX

1081. CID Corneille Péterböl. Magyarítva Greguss Ágoston által. *Szarvas, Réthy Lipót sajátja,* 1847. Pet. in-8 de 2 ff. et 92 pp.

Le Cid, traduit par Auguste Greguss.
Greguss, né à Eperjes le 27 avril 1825, est un des poëtes les plus estimés de la Hongrie actuelle. Il est aujourd'hui professeur d'esthétique à l'Université de Budapest.

1082. CID. Tragédia öt felvonásban. Fordította Greguss Ágoston. Kiadja a Kisfaludy-Társaság. *Budapest, az Athenaeum tulajdona,* 1873. Pet. in-8 de 99 pp.

Seconde édition de la traduction de Greguss publiée par la Société Kisfaludy.

X

1083. A' HORATZIUSOK ÉS KURIATZIUSOK, Szomorújáték versekben és öt részben Zechenter Antal, a' fö-hadi-tanátsnak tisztje által. Pulchrumque mori succurrit in armis. Virg. *Posonyban, Landerer Mihály' költségével, és betűivel,* 1781. Pet. in-8 de 86 pp.

Horace, traduit par Antoine Zechenter.
Zechenter, né à Bude, vers 1750, était attaché au conseil de guerre aulique. Il a traduit *Mithridate,* de Racine, et divers ouvrages de Voltaire, de Goethe, etc.

XVI.º — OPÉRAS ET BALLETS

TIRÉS DES PIÈCES DE CORNEILLE.

VII

1084. Medée, Tragédie. En Musique, Representée par l'Academie Royale de Musique. *On la vend, à Paris, A l'Entrée de la Porte de l'Academie Royale de Musique, Au Palais Royal, ruë Saint-Honoré. Imprimée aux dépens de ladite Academie. Par Christophe Ballard, seul Imprimeur du Roy pour la Musique.* M.DC.XCIII [1693]. Avec Privilége du Roy. In-4 de 79 pp. en tout.

Collation : titre, avec les armes royales ; — *Prologue*, où figurent *la Victoire, Bellonne* et *la Gloire* ; — *Acteurs de la Tragédie* ; — *Médée, tragédie*.

L'opéra de *Médée* fut tiré par Thomas Corneille de la tragédie de son frère. Charpentier écrivit la musique ; mais ce compositeur, connu par ses chansons à boire, n'obtint qu'un médiocre succès quand il voulut aborder le théâtre. La première représentation eut lieu le 4 décembre 1693. Le rôle de Créon fut chanté par *Dun*, celui de Jason par *Dumesny* ; MM^{lles} *Moreau* et *Le Rochois* interprétèrent ceux de Créuse et de Médée.

Il n'est pas impossible que les pièces de Corneille antérieures à *Médée* aient également fourni matière à quelques opéras. Nous citerons, par exemple, à cause de l'analogie des titres, un livret italien de l'abbé Francesco Silvani intitulé : *Il Tradimento tradito*, ou *Tradimento traditor di se stesso*. Ce livret, dont Albinoni, en 1709, et Lotti, en 1711, écrivirent successivement la musique, est peut-être une imitation de *la Veuve* ou *le Traître trahi*, mais nous n'avons pu vérifier le fait.

1085. Medée et Jason, Tragedie, Représentée pour la premiere fois par l'Academie Royale de Musique, Le Lundy vingt-quatriéme Avril 1713. *A Paris, Chez Christophe Ballard, seul Imprimeur du Roy pour la Musique, rue S. Jean de Beauvais, au Mont-Parnasse.* M.DCC.XIII [1713], Avec Privilége de Sa Majesté. Le Prix est de trente sols. In-4 de 67 pp. en tout.

Au verso de la p. 67, se trouve le privilége général accordé pour dix ans au sieur Guyenet, concessionnaire de l'opéra, à la date du 22 juin 1709, avec mention de la cession faite par Guyenet à *Ballard*.

L'abbé Pellegrin, sous le pseudonyme de la Roque, écrivit ce nouveau livret, dont la musique fut composée par Salomon, membre de la musique du roi. Les rôles furent ainsi distribués :

Mlle Journet, Médée ; *Cochereau*, Jason ; *Thévenard*, Créon ; *Mme Pestel*, Créuse ; *Mlle Dun*, Nérine ; *Dun*, Arcas ; *Mlle Antier*, Cléone, etc.

Un prologue allégorique, où l'on voyait Apollon rassurer l'Europe et prédire à la France le retour de la victoire, eut particulièrement le don de plaire au vieux roi.

La partition de Salomon n'était, du reste, pas sans mérite, bien qu'il abordât pour la première fois la scène à l'âge de cinquante-deux ans. Les nombreuses reprises de son œuvre attestent qu'elle obtint un succès durable.

1086. Medée et Jason, Tragedie. Representée pour la premiere fois par l'Academie Royale de Musique, Le Lundy vingt-quatriéme Avril 1713. Et remise au Théatre le dix-septiéme Octobre 1713, avec plusieurs augmentations. Le prix est de trente sols. *A Paris, Chez Pierre Ribou, Quai des Augustins, à la descente du Pont-Neuf,* à l'Image Saint Loüis. M.D CC.XIII [1713]. Avec Approbation & Privilege du Roy. In-4 de 55 pp. en tout.

Reprise de l'opéra de Pellegrin et Salomon.
La distribution ne fut pas changée, à l'exception du rôle de *Créuse* où Mlle *Poussin* remplaça Mme *Pestel*.
Le verso de la p. 55 du livret est occupé par le privilége donné aux sieurs Besnier, Chomat, Duchesne et de La Val de S. Pont, cessionnaires des droits de Francini et Dumont à l'exploitation de l'opéra. Ce privilége, accordé pour dix-neuf ans, est daté du 20 août 1713 ; cession en est faite à *Ribou* par traité du 22 août 1713.
A la fin du livret se trouvent 2 ff. contenant le *Catalogue des Livres nouveaux qui se vendent à Paris, chez Pierre Ribou*. On y voit figurer les œuvres de Molière, Racine, la Fontaine, et, en particulier, les œuvres de MM. Corneille, 10 vol. in-12, cotés 25 livres.

1087. Medée et Jason, Tragedie, remise au Theatre Le premier May 1727. Le prix est de 40. sols. *A Paris, Chez la Veuve de Pierre Ribou, seul Libraire de l'Académie Royale de Musique ; Quai des Augustins, à la descente du Pont-Neuf, à l'Image S. Loüis.* M.DCC.XXVII [1727]. Avec Approbation et Privilege du Roi. In-4 de xii et 55 pp.

Livret imprimé pour la seconde reprise de cet opéra.
Les rôles furent distribués de la manière suivante :
Mlle *Antier,* Médée; *Tribou,* Jason; *Thévenard,* Créon; Mlle *Pélissier,* Créuse ; Mlle *Minier,* Nérine ; *Dun,* Arcas; Mlle *Souris,* Cléone.
Le 28 mai 1727, on représenta, sur le Théâtre-Italien, une parodie de *Médée et Jason,* due à Riccoboni fils et à Romagnesi.

1088. Medée et Jason, Tragedie. Représentée pour la premiere fois, par l'Academie Royale de Musique, Le vingt-quatriéme jour d'Avril 1713. Reprise le premier de May 1727. Remise au Théatre le Jeudy 22. Novembre 1746. *De l'Imprimerie de Jean-Baptiste-Christophe Ballard, Seul Imprimeur du Roy, & de l'Académie Royale de Musique.* M.DCC.XXXVI [1736]. Avec

Privilege du Roy. Le Prix est de XXX. Sols. In-4 de 65 pp. en tout.

Livret imprimé pour une troisième reprise de *Medée et Jason*.

Au verso de la dernière page, est reproduit le privilége général accordé pour vingt-neuf ans à Louis-Armand-Eugène Thuret, concessionnaire de l'opéra, à la date du 12 novembre 1734, et cédé par lui à Ballard.

Distribution des rôles : Mlle *Antier*, Médée ; *Tribou*, Jason ; *Chassé*, Créon ; Mlle *Pellicier*, Créuse ; Mlle *Julye*, Nérine, *Dun*, Arcas ; Mlle *Monville*, Cléone.

Le 13 décembre 1736, une nouvelle parodie fut représentée sur le Théâtre-Italien.

1089. MEDÉE ET JASON, Tragedie, representée par l'Académie Royale de Musique, pour la premiere fois. Le vingt-quatriéme jour d'Avril 1713. Reprise le premier de May 1727. Et le vingt-deux Novembre 1736. Remise au Théâtre le Jeudi 20 Février 1749. Prix XXX sols. *Aux depens de l'Academie. On trouvera les Livres de Paroles à la Salle de l'Opera & à l'Academie Royale de Musique, rue S. Nicaise. [De l'Imprimerie de la Veuve Delormel, & Fils, Imprimeur de l'Académie Royale de Musique, rue du Foin à Sainte-Geneviéve, & à la Colombe Royale.]* M.D.C.C.XLIX [1749]. Avec Approbation et Privilege du Roi. In-4 de 63 pp.

Réimpression en tout conforme aux précédentes, comme l'atteste l'Approbation signée *Demoncrif*.

Le privilége est le privilége général accordé à Thuret, entrepreneur de l'opéra, le 12 novembre 1734.

Distribution des rôles : *Jéliot*, Jason ; *Albert*, Arcas ; Mlle *Fel*, Créuse ; Mlle *Coupée*, Cléone ; *De Chaslé*, Créon ; Mlle *Chevalier*, Médée ; Mlle *Jacquet*, Nérine.

1090. MEDEA E GIASONE, Dramma per musica, rappresentato sul Teatro Sant' Angiolo in Venezia. *Venezia*, 1726. In-8.

L'auteur de ce livret, Giovanni Palazzi, se servit, croyons-nous, du poëme de Pellegrin. La musique fut écrite par Francesco Brusa.

1091. MÉDÉE, ballet tragi-pantomime [en trois parties], De l'Invention et de la Composition de M. Noverre, Maître des Ballets de l'Académie Royale de Musique. Représenté sur le Théatre de l'Académie-Royale de Musique, Le Dimanche 30 Janvier 1780. Prix XII sols. *A Paris, Chez P. de Lormel, Imprimeur de ladite Académie, rue du Foin S. Iacques, à Sainte Geneviève*, M.DCC.LXXX [1780]. Avec Approbation & Permission. In-8 de 19 pp.

« C'est en 1762, dit Noverre, que je composai et fis exécuter à la Cour de

Wurtemberg le Ballet de Médée ; des talents, en tout genre, que le goût et la magnificence du Sérénissime Duc, avoit fixé [sic] à son service, ceux de M. Vestris, qui sont au-dessus de mes éloges, embellirent cette production par les charmes de l'exécution la plus brillante. MM. Servandony et Colomba furent chargés des décorations ; M. Bocquet le fut du costume, et M. Rodolph composa la musique. »

Noverre remercie ensuite Vestris d'avoir donné le ballet de *Médée* à *Varsovie*, à *Vienne* et enfin à *Paris*, en disant qui en était l'auteur. Il mérite ainsi, ajoute-t-il, ma reconnaissance, « et il auroit augmenté ce sentiment, si, encouragé par le succès, il eut également remis mes ballets d'*Armide*, des *Danaïdes*, de *Psiché*, d'*Alceste*, d'*Orphée*, d'*Hercule*, etc. Il en faisoit à Stutcart le plus bel ornement ; en travaillant à sa réputation, il eût cimenté la mienne..... »

Noverre, qui tient tant à être nommé, se garde bien de dire qu'il s'est borné à raconter brièvement et de la manière la plus plate la pièce de Corneille.

Le ballet de Noverre, dont Granier avait, dit-on, écrit la musique, avait dû être imprimé à *Stuttgart* en 1762. La première représentation à Paris ayant eu lieu le 31 décembre 1775, il est probable qu'un livret fut également publié à cette date. Il fut dansé, en 1775, par les deux *Vestris, Dauberval, Gardel aîné, MM*^{lles} *Allard* et *Guimard*. En 1780, Mlle *Allard* fut remplacée par Mlle *Heinel*. On vit alors figurer MM^{lles} *Théodore, Le Breton, Bigottini, Olivier, Auguste*, etc.

1092. MÉDÉE, tragédie lyrique en trois actes et en vers, paroles d'Hoffmann, musique de Cherubini, représentée sur le Théâtre Feydeau le 23 ventôse an V (13 mars 1797). *Paris, an V.* In-8.

« Le journal *Le Censeur* avait inséré le jugement suivant sur cet ou-
« vrage : La musique, qui est de Cherubini, est souvent mélodieuse et quel-
« quefois mâle, mais on y a trouvé des réminiscences et des imitations
« de la manière de Méhul. » Dans un beau mouvement d'enthousiasme,
Méhul lui répondit : « O *Censeur,* tu ne connais pas ce grand artiste. Mais
« moi qui le connais et qui l'admire, parce que je le connais bien, je dis et
« je prouverai à toute l'Europe que l'inimitable auteur de *Démophon*, de *Lo-*
« *doïska*, d'*Elisa* et de *Médée*, n'a jamais eu besoin d'imiter pour être tour à
« tour élégant et sensible, gracieux ou tragique, pour être enfin ce Cheru-
« bini, que quelques personnes pourront bien accuser d'être imitateur, mais
« qu'elles ne manqueront pas d'imiter *malheureusement* à la première occa-
« sion. Cet artiste, justement célèbre, peut bien trouver un *Censeur* qui l'at-
« taque, mais il aura pour défenseurs tous ceux qui l'admirent, c'est-à-dire
« tous ceux qui sont faits pour sentir et apprécier les grands talents.
« MÉHUL. » Je demandais un jour à un des rares spectateurs vivants de l'opéra de *Médée*, au successeur de Cherubini, ce qu'il pensait de cet ouvrage : « C'est de la musique bien faite, » me répondit M. Auber. » Clément et Larousse, *Dictionnaire lyrique, ou Histoire des Opéras;* Paris, [1869], in-8, p. 447.

Le succès de l'opéra de *Médée* donna naissance aux parodies suivantes :

LA SORCIÈRE, parodie en un acte et en vaudevilles de Médée. Par B. Sewrin. Représentée pour la première fois à Paris, sur le Théâtre de la Cité-Variétés, le 27 mars 1797 (vieux style), 7 Germinal de l'an V. — On peut rendre hommage aux talents sans exclure la parodie. Bébée, scène dernière. Prix, 15 sous. *A Paris. Se trouve au Théâtre et chez tous les marchands de de* (sic) *nouveautés, [Imprimerie de Jamain, rue Montmartre, n° 124], 1797.* In-8 de 23 pp. en tout.

Les personnages de cette parodie sont : *M. Bridon*, bailli ; *Thyrcée*, sa fille ; *Faussette*, amie de Thyrcée ; *Fiston*, époux de Thyrcée ; *Bébée*, première femme de Fiston ; *Alix*, servante de Bébée ; deux enfans. La scène se passe dans un village. Au lever du rideau, *Thyrcée* et *Faussette* causent ensemble au milieu d'un chœur de villageoises. *Faussette* chante à son amie des couplets sur l'air de Marlborough.

BÉBÉE ET JARGON, rapsodie en un acte, en prose, mêlée de couplets, imitée de l'opéra Médée. Représentée à Paris, sur le théâtre de Mademoiselle Montansier, au Palais-Royal, le 7 Germinal (28 mars 1797, style français) ; Par MM. Villiers et Capelle. Prix 15 sous. *Se trouve, Au Théâtre de Mademoiselle Montansier; et chez les Auteurs, rue de Chartres, n° 340, [De l'Imprimerie de la grande rue Taranne, n° 35, ancien Hôtel de Marsan].* In-8 de 32 pp. en tout.

Les personnages sont : *Bébée* ; *Jargon* ; *Crayon*, beau-père futur de Jargon; *Trichée*, fille de Crayon ; *Mimi*, suivante de Bébée ; un Garçon peintre ; les deux enfants de Bébée ; plusieurs Peintres de l'atelier de Jargon.

Ici vient se placer, dans l'ordre chronologique, un opéra de *Médée* que nous indiquons sous toute réserve, n'ayant pas été à même de vérifier si le librettiste s'était inspiré de Corneille.

MEDEA IN CORINTO, dramma tragico in due atti. — MÉDÉE A CORINTHE, tragédie lyrique en deux actes [musique de Mayer]. Représentée, pour la première fois, à Paris, sur le Théâtre royal Italien, Salle de Louvois, le 12 [lis. le 14] Janvier 1823. Prix : 1 fr. 50 c. *Paris, Au Théâtre royal italien, et chez Roullet, libraire de l'Académie royale de Musique, rue des Bons-Enfans, n° 26. De l'Imprimerie de Hocquet, rue du Faub. Montmartre,* 1823. In-8 de 48 pp.

Texte italien, avec traduction française en regard. Les pages sont chiffrées de deux en deux, en sorte qu'il n'y a que 24 pp. doubles.

L'opéra de Mayer avait été joué pour la première fois à Venise en 1812.

1093. MÉDÉE ET JASON, tragédie lyrique en trois actes, paroles de Milcent, musique de Granges de Fontenelle, représentée à l'Académie impériale de musique le 10 août 1813. *Paris*, 1813. In-4 de 2 ff., xvj et 44 pp.

Milcent ne s'est guère servi de la *Médée*, ni de la *Toison d'or*, de Corneille, qu'il paraît avoir peu connues ; il dit, dans la *Dissertation* qui précède son poëme, que Corneille fit *trois* drames sur ce sujet, sans avoir soin de nous indiquer quel est le troisième. Dans cette même dissertation, Milcent raisonne longuement sur la Médée qu'ont représentée les poëtes modernes, et ses réflexions ne manquent pas d'une certaine justesse : « Si Médée est toute puissante, dit-il, si les élémens sont soumis à sa baguette, toute vraisemblance cesse, il n'y a plus d'illusion, et la pièce ne peut exister, car l'action doit nécessairement commencer par où elle finit. Du moment où Médée est certaine que Jason épouse Créuse, elle doit, d'un coup de sa baguette, anéantir sa rivale, son infidèle époux et le palais de Créon. Il est contraire à la raison que cette Médée, si *indomptable*, si *jalouse* et si *puissante,* se borne, pendant toute l'action, à vomir des imprécations et des menaces contre Créon et sa fille, et à faire d'inutiles reproches à Jason ; comment se peut-il qu'elle n'entreprenne rien pour empêcher le mariage qu'elle craint, et ne pense à faire usage de son pouvoir magique que lorsqu'il est devenu inutile ?... »

« Appuyé sur ces considérations, ajoute Milcent, et éclairé par Voltaire qui, dans son commentaire sur la *Médée* de Corneille, a le premier entrevu la nécessité de la rendre intéressante, j'ai pensé qu'il fallait peindre cette Princesse telle que l'histoire nous la représente : faire voir Jason sous un jour plus favorable qu'on n'a fait jusqu'à présent, et le rendre digne du violent amour qu'il avait inspiré à son épouse. »

L'auteur du poëme a suivi plus particulièrement Euripide et la tragédie anglaise de Glower, traduite en français par Saint-Amand.

Aux opéras que nous venons de citer, nous pourrions en ajouter un grand nombre d'autres, par exemple : *Médée*, opéra dont Lenglet avait écrit la musique vers 1805, et qui est resté inédit ; *Medea*, opéra italien, musique de Celli, représenté à Palerme en 1838 ; *Medea*, représentée à Palerme en 1844, avec la musique de J. Pacini, etc. ; mais nous n'oserions pas dire que les livrets de ces pièces offrent quelque rapport avec la tragédie de Corneille.

IX

1094. AMOR E DOVER. Dramma recitato nel Teatro di S. Gio. Crisostomo di Venezia, l'anno 1697. [Poesia di Domenico David, Veneziano ; musica di Carlo Francesco Pollarolo, Bresciano]. *In Venezia, per il Niccolini*, 1697. In-12.

Nous croyons que cet opéra est tiré de la traduction italienne du *Cid*. Voy. n° 832.

1095. RODRIGO, Dramma per musica ; poesia di   ? ; musica di Giorgio Federico Haendel.

Cet opéra fut composé par Haendel en 1708, à la demande du prince de Toscane, frère du grand-duc Jean-Gaston de Médicis. La représentation eut lieu à la cour au mois d'octobre de la même année.

Plusieurs opéras, représentés en Italie à la fin du xvii° siècle, sous le titre de *Roderico*, sont probablement aussi tirés du *Cid* ; on en trouvera la liste dans la *Drammaturgia di Lione Alacci*; Venezia, 1755, in-4, col. 672 sq.

1096. IL GRAN CID, Dramma per musica rappresentato nel Teatro di Livorno nel Carnevale dell' anno 1715, consecrato all' Alt. Reale della Sereniss. Violante Gran Principessa di Toscana. [Poesia di Logildo Mereo, P. A., cioè : Gio. Giacomo Alborghetti, Bergamasco ; musica di Giambattista Stück.] *In Massa, per Pellegrino Frediani*, 1715. In-8.

1097. CID, Dramma rappresentato in Firenze nel Teatro di Via della Pergola il Carnevale dell' anno 1737, sotto la protezione dell' Alt. Reale del Sereniss. Gio. Gastone I. Grand Duca di Toscana. *In Firenze, dâ Anton Maria Albizzini,* 1737. In-8.

<small>Réimpression avec changements du poëme d'Alborghetti, auquel était adapté une musique nouvelle.</small>

1098. ONORE VINCE AMORE, Dramma per musica da rappresentarsi nel Teatro de' Fiorentini in Napoli. *Napoli,* 1736. In-12.

<small>Cet opéra, dont Leo avait écrit la musique, paraît être un arrangement du *Cid*.</small>

1099. IL CID, Dramma per musica da rappresentarsi nel Teatro di S. Sebastiano il Carnevale dell' anno 1741 ; dedicato a Sua Eccellenza il Signore Carlo Francesco, Libero Barone di Wachtendonck, cavaliere, ecc., ecc. *In Lucca,* M.DCC.XLI [1741]. Pet. in-12.

1100. IL GRAN CID, Dramma per musica ; poesia di   ? ; musica de L. Piccini.

<small>Fétis n'indique pas la date de cet opéra, qui fut représenté à Naples vers 1765. Nous ignorons si le livret a été imprimé.</small>

1101. IL GRAN CID, Dramma per musica ; poesia di   ? ; musica di Antonio Maria Gasparo Sacchini.

<small>Cet ouvrage, pour lequel on dut imprimer un livret italien, fut représenté à Rome en 1764. Il fut transporté en français sous le titre suivant :</small>

1102. CHIMENE OU LE CID, Tragédie en trois actes, [paroles de Guillard, musique de Sacchini, ballet de Gardel], représentée devant Leurs Majestés à Fontainebleau. *Paris, de l'imprimerie de Ballard,* 1783. In-8.

<small>« L'auteur du livret n'eut pas à se mettre en frais d'imagination pour tailler un opéra dans le chef-d'œuvre de Corneille. Le musicien avait une tâche plus difficile, et il s'en est acquitté avec un mérite apprécié des contemporains, et qu'on a trop tôt oublié. L'air *Je vois dans mon amant l'assassin de mon père,* l'allegro *Combats pour soustraire Chimène,* doivent être signalés aux amateurs de la musique pathétique et des compositions d'une belle facture. Il y a dans cet ouvrage, comme dans tous les ouvrages de Sacchini, dans *Œdipe, Renaud* et *Dardanus,* une sensibilité noble, vraie et exempte de l'afféterie commune à cette époque. Au point de vue du style, la pureté de forme en rend l'audition très-agréable. Quoique Sacchini fût principalement un compositeur dramatique, et qu'il écrivît mieux pour la voix que pour l'orchestre, ses ouvertures sont bien traitées. Celle de *Chimène* offre des effets semblables à ceux qu'on remarque dans l'ouverture de la *Caravane,* opéra-comique joué la même année à Paris. Mais il est probable que Grétry a été l'imitateur involontaire de Sacchini, car il était assez riche de son propre fonds pour ne rien emprunter à personne. *Chimène,* en effet, avait</small>

été déjà jouée à Rome en 1762, puis à Londres, en 1778, sous le titre d'*Il gran Cid*. Mais autant l'ouverture de *Chimène* est instrumentée avec correction, de manière à tirer du quatuor une sonorité pleine et harmonieuse, autant celle de la *Caravane* offre des détails pauvres et un maigre accompagnement. » Clément et Larousse, *loc. cit.*, p. 163.

L'opéra français de Sacchini fut représenté pour la première fois sur le théâtre de la cour, à Fontainebleau, le 18 novembre 1783. Le rôle de Chimène fut chanté par *Mme Saint-Huberti;* les autres rôles furent tenus par *Lays* (le roi), *Lainé* (Rodrigue), *Chéron* (don Diègue), *Rousseau* (don Sanche).

1103. CHIMENE OU LE CID, Tragédie lyrique en trois actes, représentée devant Leurs Majestés le mardy 18 Novembre 1783 et pour la premiere fois sur le Théatre de l'Académie Royale de Musique le lundi 9 février 1784, mise en musique par M. Sacchini. *A Paris, chez Le Duc, s. d.* [1784]. In-fol. de 1 f. et 274 pp.

Partition complète pour orchestre, avec les paroles.

1104. CHIMENE, grosse Oper in drei Akten. Frei nach dem Französischen von Carl Wagner. *Darmstadt,* 1821. In-8.

Traduction allemande adaptée à la musique de Sacchini.

1105. IL GRAN CID. Dramma per musica ; poesia di   ? ; musica di G. Paisiello.

Opéra représenté à Florence en 1776. Nous ignorons si le livret a été imprimé.

1106. CHIMENE ET RODRIGUE, OU LE CID, Opéra en trois actes, par M. de Rochefort, de l'Académie royale des Inscriptions et Belles-Lettres. *Paris, Lambert et Baudouin,* 1783. In-8.

Cet opéra n'a pas été représenté. Nous ne savons même pas par qui la partition devait être écrite.

1107. RODRIGO DI VALENZA, dramma per musica ; poesia di   ? ; musica de F. Orlandi.

Cet opéra fut joué en Italie en 1814. Generali le fit représenter à Milan en 1817, avec une musique nouvelle de sa composition.

1108. RODRIGO, dramma per musica ; poesia di   ? ; musica di Antonio Sapienza.

Représenté sur le théâtre San Carlo, à Naples, en 1823.

1109. RODRIGO E CHIMENE, dramma per musica in tre atti ; poesia di   ? ; musica di G. G. Aiblinger.

Représenté sur le théâtre de la Scala, à Milan, vers 1824.

1110. Il Cid, dramma per musica in tre atti ; poesia di Jacopo Ferreti ; musica di Luigi Savi.

Représenté à Parme le 22 janvier 1834.

1111. Der Cid, grosse Oper von   ?; Musik von Neeb.

Représenté à Francfort vers 1857.

1112. Don Rodrigo, drama lírico en tres actos, subdividido en cinco cuadros, que obtuvo el accesit en el certámen literario abierto por la real Academia española en 12 de Diciembre de 1857. Su autor D. Antonio Arnao. *Madrid, Imprenta Nacional,* 1859. In-4 de 72 pp.

1113. Der Cid, romantische Oper. Worte und Musik von P. Cornelius.

Représenté à Weimar en juin 1865.

1114. Le Cid, opéra en quatre actes ; paroles de Louis Gallet ; musique de Georges Bizet.

Cet opéra est la dernière œuvre du regretté Bizet, si prématurément enlevé à l'art musical français. Peut-être le directeur de notre grande scène lyrique se décidera-t-il un jour à produire cette œuvre posthume.

X

1115. Orazio Curiazio, Dramma per musica rappresentato in Venezia nel Teatro di S. Samuele nella Fiera dell' Ascensione l'anno 1746. *In Venezia,* 1746. In-12.

La musique de cet opéra était de Fernand Bertoni, de Salò.

1116. Gli Orazi e Curiazi, Dramma per musica in tre atti. *Venezia,* 1794. In-8.

Le livret de cet opéra célèbre fut tiré de Corneille par Ant.-Simon Sografi ; la musique fut écrite par Cimarosa.
Une édition de la partition avec paroles parut à Venise en 1797.

1117. Gli Orazi e Curiazi. Dramma per musica in tre atti. — Les Horaces et les Curiaces. Drame en musique en trois actes. Représenté sur le théâtre des Tuileries, devant Sa Majesté Impériale et Royale, le 18 janvier 1810. *Paris,* [*Fain, Imprimeur des Théâtres de la Cour, rue Sainte-Hyacinthe, n° 25]*, 1810. In-8 de 4 ff. et 84 pp.

<small>Texte italien de Sografi, avec traduction française en regard ; la pagination est la même pour les deux textes, en sorte qu'elle va de 1 à 41 au lieu d'aller de 1 à 82.</small>

1118. GLI ORAZI E CURIAZI, dramma per musica in tre atti. — LES HORACES ET LES CURIACES, tragédie lyrique en trois actes. Représentée, pour la première fois, à Paris, sur le Théâtre de l'Impératrice, le 10 juin 1813. Prix : 1 fr. 50 c. *Paris, au Théâtre de l'Impératrice. De l'Imprimerie de Hocquet, rue du Faubourg-Montmartre, n° 4*, 1813. In-8 de 52 pp.

<small>Texte italien de Sografi, avec traduction française en regard ; pagination double de 1 à 27.
Une édition des paroles italiennes parut à *Padoue* en 1814.</small>

1119. GLI ORAZI ET CURIAZI, dramma per musica in tre atti. — LES HORACES ET LES CURIACES, tragédie lyrique en trois actes, Représentée, pour la première fois, à Paris, sur le Théâtre Royal Italien, salle Favart, le 8 novembre 1815. *Paris, Au Théâtre Royal Italien. De l'Imprimerie de Hocquet, rue du Faubourg-Montmartre, n° 4*, 1815. In-8 de 56 pp.

<small>Texte et traduction française ; pagination double de 1 à 27.</small>

1120. GLI ORAZI E CURIAZI, dramma per musica in tre atti. — LES HORACES ET LES CURIACES, tragédie lyrique en trois actes, Représentée, pour la première fois, à Paris, sur le Théâtre Royal Italien, Salle de Louvois, le 14 août 1823. Prix : 1 fr. 50 c. *Paris, au Théâtre Royal Italien, Et chez Roullet, libraire de l'Académie royale de musique, rue Villedot [sic], n° 9. De l'Imprimerie de Hocquet, rue du Faub. Montmartre*, 1823. In-8 de 56 pp.

<small>Texte italien et traduction française en regard ; pagination double de 1 à 27.</small>

1121. Горацiи и Курiацiи, опера въ 3 дѣйствiяхъ въ стихахъ, съ хорами, балетами и сраженiями. Переводъ съ италiянскаго Александромъ Шеллеромъ. Санктпетербургъ. 1815. In-8.

<small>Traduction russe du livret de Sografi, par Alexandre Scheller.
Des éditions italiennes parurent encore à *Londres* (1829), à *Venise* (1830), etc., etc.</small>

1122. LES HORACES, ballet tragique [en cinq parties], de la composition de Mr. Noverre, représenté, pour la première fois, par l'Académie Royale de Musique, le mardi 21 Janvier 1777. Prix : xviii. sols. A *Paris, ches Delormel, Imprimeur de ladite Académie, rue du Foin. On trouvera des Exemplaires de ce Programme à la Salle de l'Opéra.* M.DCC.LXXVII [1777]. Avec Approbation et Privilege du Roi. In-8 de 36 pp. en tout.

> La musique de ce ballet était de Starzer, qui composa beaucoup de musique de danse et la plupart des ballets que Noverre fit jouer à Vienne.
> Quant au livret, Noverre en parle dans sa préface avec le sérieux imperturbable qui caractérise les danseurs. « Le sujet des *Horaces*, dit-il, le plus riche peut-être qu'offre l'histoire de la danse en action, est bien fait pour déployer et mettre en jeu tous les ressorts de la pantomime..... On se plaindra peut-être que je n'ai pas saisi les beautés de Corneille ; je répondrai pour ma justification que les beautés d'un art sont souvent inapplicables à un autre; si je me suis trompé dans le choix des moyens que j'ai risqués pour le succès de mon ouvrage, je dirai que ce n'est qu'en franchissant les barrières des préjugés qu'on peut atteindre le vol rapide du génie. Si j'ai pris quelques licences, c'est que je m'y suis trouvé forcé ; les artistes doivent recourir à tous les moyens qui peuvent embellir leurs productions. Par exemple, ces êtres grands et sublimes, que la fonte ou le ciseau transmet à la postérité, paraîtront, pour la plupart, à ses yeux, sous un vêtement différent de celui où ils ont vécu, et par une suite de l'enthousiasme qu'inspire aux artistes les vertus et le goût des Grecs et des Romains : le costume de ces nations est devenu pour eux (si j'ose m'exprimer ainsi) cosmopolite... »
> Ce ballet était dansé par les deux *Gardel, Vestris, Léger, Barré, Favre, Abraham, Le Doux,* Mlles *Heinel, Guimard, Lafond,* etc.

1123. LES HORACES, tragédie-lyrique en trois actes, mêlée d'intermèdes, représentée devant Leurs Majestés, à Versailles, le 2 Décembre 1786, et, pour la première fois, sur le Théatre de l'Académie Royale de Musique, le jeudi 7 Décembre de la même année. Prix XXX sols. *A Paris, De l'Imprimerie de P. de Lormel, Imprimeur de ladite Académie, rue du Foin Saint-Jacques, à l'Image Sainte-Geneviève. On trouvera des Exemplaires à la Salle de l'Opéra.* M.DCC.LXXXVI [1786]. Avec Approbation et Privilege du Roi. In-4 de 52 pp. en tout.

> Guillard avait écrit le poëme de cet opéra, dont Scalieri avait composé la musique. Le librettiste fait lui-même connaître dans sa préface les changements apportés par lui à la tragédie de Corneille. Il a supprimé, suivant l'avis donné par le poëte lui-même dans son *Examen*, la mort de Camille qui « fait une action double par le second péril où tombe Horace après être sorti du premier. » Il a retranché de même le rôle de *Sabine,* et justifie encore ce retranchement par l'avis de Corneille lui-même : « *Sabine,* dit en effet le poëte, ne sert pas davantage à l'action que l'*Infante* à celle du *Cid,* et ne fait que se laisser toucher diversement, comme elle, à la diversité des événements. »
> Guillard se défend ensuite contre les critiques adressées aux auteurs de livrets qui empruntent leurs sujets au théâtre classique. « Le cri général qui s'est élevé depuis peu contre cet usage, paroît d'autant plus étonnant, d'autant moins conforme à la véritable opinion du public, qu'il est de fait que les

plus beaux ouvrages, les plus suivis depuis la Révolution, sont parfaitement dans ce cas. On ne me démentira pas quand je placerai à la tête les deux très-belles tragédies lyriques d'*Iphigénie en Aulide* et *Didon*. »

Les *Horaces* furent chantés par *Chéron, Lays, Lainez, MM*^{lles} *St Huberti* et *Gavaudan cadette*; *M*^{lle} *Bigottini* figura parmi les marcheuses. Le succès ne répondit pas à l'attente des auteurs.

1124. GLI ORAZI E CURIAZI, Dramma per musica; poesia di ? ; musica di Nic. Antonio Zingarelli.

Opéra représenté à Turin en 1794.

1125. LES HORACES. Tragédie-Lyrique, en trois actes, [poëme de Guillard, musique de Porta] ; Remise au Théâtre des Arts, le 12 Vendémiaire an 9 de la République française [10 octobre 1800]. Prix : 1 fr. 25 c. *A Paris, Chez Ballard, Imprimeur du Théâtre des Arts, rue des Mathurins-Jacques, n° 328. An IX de la République* [1800]. In-8 de 2 ff., vij pp., 2 ff. pour les *Acteurs et Actrices*, 38 pp., 1 f. blanc et 2 ff. contenant une *Note essentielle à joindre au poëme*.

« Cet ouvrage, dit Guillard dans son *Avertissement*, n'est plus, à proprement parler, le même qui fut donné au théâtre de l'Opéra en 1786, et dont le célèbre Scalieri avait fait la musique. La suppression des intermèdes, qui formoient deux petits actes dénués de mouvement et d'intérêt, donne plus de rapidité à la marche du poëme. J'ai changé entièrement le troisième acte, qui étoit en récit, et que j'ai cru convenable de mettre en action. »

Cette reprise fut interprétée par *Adrien* (le vieil Horace), *Lainé* (Curiace), *Lays* (le jeune Horace), *M*^{lle} *Maillard* (Camille).

C'est pendant la représentation de cet opéra que le premier consul devait être assassiné. Le moment fixé pour l'exécution du complot était celui où devaient retentir les premières mesures du chœur du serment, au second acte. La police, prévenue à temps, fit arrêter les soixante conjurés, sans que le public qui remplissait la salle pût se douter de ce qui s'y passait.

Le 23 vendémiaire an IX (15 octobre 1800), on joua, sur le théâtre des Troubadours, une parodie intitulée : *Les Voraces et les Coriaces*. Nous ne pensons pas que cette pièce ait été imprimée. Elle n'est du moins pas citée au Catalogue Soleinne.

1126. LES HORACES, tragédie-lyrique en trois actes [en vers libres], par H. Montol-Sérigny. *Paris, Fagès,* an IX [1801]. In-8.

Cette pièce ne fut point représentée.

1127. ORAZI E CURIAZI, tragedia lirica in tre atti di Salvatore Cammarano, musica di Mercadante. *Vienna,* 1830. In-8.

Le livret italien fut réimprimé à *Londres* en 1846, à *Venise* en 1847, et dans plusieurs autres villes.

XI

1128. La Clemenza di Augusto, Melodramma rappresentato in Roma l'anno 1696 nel Teatro di Torre di Nona. *In Roma*, 1696. In-12.

L'auteur est Sigismond Capeci, de Rome.

1129. Clemenza di Augusto, Poemetto drammatico nel giorno del gloriosissimo Nome della Sac. Ces. R. M. di Leopoldo Imperadore de' Romani sempre Augusto, per comando della S. C. R. M. dell' Imperadrice Eleonora Maddalena Teresa, l'anno 1702. *In Vienna, per gli Eredi Cosmeroviani*, 1702. In-4.

Ce livret est d'Antoine Bernardoni, de Bologne. Joseph Fux en avait écrit la musique.

1130. Cinna, Dramma lirico di Leopoldo de' Villati; musica di C. H. Craun.

Représenté à Berlin en 1748.

1131. Cinna, Dramma lirico di ? ; musica di Ferdinando Paer.

Représenté à Parme en 1797.

1132. Cinna. Dramma lirico di ? ; musica di Bonifazio Asioli.

Représenté à Milan en 1801.

XII

1133. Poliuto, tragedia lirica di Salvatore Cammarano ; musica di Donizetti.

Le sujet de *Polyeucte* avait été indiqué à Donizetti par le célèbre chanteur Adolphe Nourrit, qui se proposait de créer le rôle pathétique du martyr chrétien. Au mois de mars 1838, Nourrit avait signé un engagement avec le directeur du théâtre Saint-Charles, à Naples ; c'est là que devait être jouée la nouvelle partition. Le chanteur, qui abordait pour la première fois la scène italienne, croyait pouvoir compter sur un grand succès. « Ce qui me rassure tout à fait, écrivait-il à Mme Aucoc, sa sœur, à la date du 1er mai 1838, c'est le début dans un opéra nouveau, où je n'aurai de comparaison à subir avec personne, un opéra écrit pour moi par Donizetti, qui a le talent de mettre bien en relief les qualités de ses chanteurs et de cacher leurs défauts ; et puis, par-dessus tout, le sujet de cet opéra, qui me plaît, que j'ai choisi et auquel j'ai foi. L'effet de mon rôle reposera sur l'exaltation du sentiment religieux, combattu un instant par la passion humaine, mais finissant par triompher. Toutes les fois que j'ai eu cette corde à faire vibrer, j'ai su trouver des accents sympathiques, et plus que jamais aujourd'hui je crois à l'effet de la musique religieuse. »

Donizetti donna tous ses soins à la composition de la musique, qu'il écrivit autant pour la France que pour l'Italie; mais, au moment des répétitions, la censure napolitaine ne voulut pas permettre la représentation. « Le roi ne veut pas, écrivait Nourrit, le 16 août, à M. Duverger, que la religion chrétienne soit mise en scène, soit en bien, soit en mal... Je n'ai pas besoin de te dire tout ce que me donne à penser cette prohibition de notre *Polyeucte* : là-dessus nos idées doivent être les mêmes, comme elles l'ont été sur Rome. Il faut me dépêcher bien vite, bien vite, de gagner un peu de réputation dans ce pays, et revenir en France juste au moment où l'on voudra sortir de ce gâchis dans lequel tombent tous les jours davantage les affaires de l'art théâtral. Un jour que je serai moins pressé, nous causerons plus à l'aise de tout cela. En attendant, nous avons changé les personnages, le lieu de la scène et la religion de notre martyr chrétien, et nous en avons fait un *Guèbre*, sans rien changer ni aux situations du drame, ni aux sentiments. Dieu veuille que cette transmutation suffise aux susceptibilités de la censure royale. L'ouvrage y perdra, sans doute; mais j'espère, s'il est adopté ainsi, que le public ne voudra voir que des chrétiens. »

La censure napolitaine, inepte comme toutes les censures, qui croiraient manquer à leur rôle si elles ne suscitaient à l'art et aux artistes les plus misérables tracasseries, rejeta les *Guèbres* comme elle avait condamné *Polyeucte*. Nourrit en conçut un violent chagrin, dont on trouve la trace dans toutes les lettres qu'il écrivit depuis. Il voulut débuter dans *la Muette*, dans *Guillaume Tell*, dans *les Huguenots*, dans *Lucrezia Borgia*, mais aucune de ces pièces ne trouva grâce devant les autorités royales. Il dut se contenter de rôles médiocres dans des opéras plus médiocres encore : *Il Giuramento* et *Elena da Feltre*. Il crut s'apercevoir alors que ses études italiennes, loin de lui avoir profité, avaient nui à sa voix; il en eut un tel désespoir qu'il en devint presque fou. Dans un accès de fièvre chaude, il se jeta par la fenêtre et se tua (7 mars 1839). Voy. *Adolphe Nourrit, sa vie, son talent, son caractère, sa correspondance*, par L. Quicherat; *Paris, Hachette*, 1867, 3 vol. in-8.

1134. LES MARTYRS, opéra en quatre actes, Paroles traduites par M. Eugène Scribe, Musique de M. Donizetti, Divertissement de M. Corali. Représenté pour la première fois sur le Théâtre de l'Académie Royale de Musique, Le [ ] avril 1840. Prix : 1 franc. *Paris, Schonenberger* [sic], *éditeur de musique, commissionnaire, boulevard Poissonnière, 10; Ch. Tresse, successeur de J.-N. Barba, Libraire, Palais-Royal, galerie de Chartres, 2 et 3; Marchant, Boulevard Saint-Martin, 12, 1840.* Gr. in-8 de 27 pp. à 2 col., plus 2 ff. pour le catalogue musical de Schönenberger.

« Corneille traduit en opéra ! dit Scribe dans l'*Avertissement*, quelle impiété littéraire !

« Les *messieurs* qui, de nos jours, ont affiché le plus de mépris pour nos grands auteurs classiques vont, comme tous les faux dévots, crier le plus haut à la profanation.

« Deux mots de réponse :

« J'ai fait pour une tragédie de Corneille ce que nos pères avaient fait pour une tragédie de Racine : l'*Iphigénie en Aulide,* traduite en opéra, a fait connaître à la France une des plus belles partitions de l'immortel Gluck.

« Ensuite, et s'il est vrai, comme l'attestent nos plus illustres compositeurs, que la musique veuille avant tout des passions et des effets dramatiques, et que l'opéra le meilleur soit celui qui présente le plus de belles situations, on concevra sans peine que tous les ouvrages de Corneille doivent offrir, comme ils offrent en effet, de magnifiques sujets d'opéra !

« J'aurais voulu respecter et conserver intacts tous les vers de *Polyeucte,* mais la musique a des exigences auxquelles on doit se soumettre ; de plus, il a fallu traduire les principaux morceaux, airs, duos, trios et finales, d'après la partition déjà faite du *Poliuto,* composé pour le théâtre de Saint-Charles, et défendu avant sa représentation par la censure de Naples.

« Si je me suis permis de supprimer les quatre confidents ou confidentes de Corneille, c'est que l'opéra doit mettre en action ce que la tragédie met en récit. Je n'ai hasardé, du reste, d'autres changements que ceux qui avaient été conseillés et indiqués avant moi, par Laharpe et par Andrieux.

« Quant au rôle du père et du gouverneur Félix, j'ai suivi l'idée donnée par Voltaire, qui désirait qu'à ce caractère pusillanime et peu digne de la tragédie, on substituât celui d'un zélé défenseur des divinités du paganisme ; fanatique en sa croyance comme Polyeucte dans la sienne. »

La partition française des *Martyrs* est plus importante que celle de *Poliuto.*

« Donizetti y ajouta l'ouverture, presque tout le premier acte, à l'exception de la cavatine de Pauline, les airs de ballet, le morceau d'ensemble qui termine le deuxième acte, l'air de basse au troisième acte et le trio du quatrième acte.

« Plusieurs morceaux de *Poliuto* ne se retrouvent pas dans *les Martyrs :* la *prière* intercalée dans la cavatine du ténor, la cabalette de la cavatine du baryton, l'air du ténor et une courte scène de Pauline (dans le grand duo), telles sont les pages italiennes qui ne figurent point dans l'opéra français, dont le troisième acte est d'un maître.

« Interprètes : *Duprez* (Polyeucte), *Derivis* (Félix), *Massol* (Sévère), *Serda* (Callisthène), *Wartel* (Néarque), Mme *Dorus-Gras* (Pauline).

« L'ouverture des *Martyrs,* dont l'allégro a le tort de rappeler celui de la *Vestale,* est coupée vers le milieu par un chœur lointain et mystérieux. Meyerbeer s'en est souvenu en écrivant l'ouverture du *Pardon de Ploërmel.* »
Chouquet.

1135. Paolina e Poliuto, opera in quattro atti. Nuova versione dal francese di C. Bassi. *Milano,* [1840 ?]. In-8.

Traduction italienne du livret de Scribe.

1136. Poliuto, tragedia lirica in tre atti di Salvatore Cammarano ; musica di Donizetti. *Parigi, Michel Levy Fratelli, editori,* 1859.
— Polyeucte, tragédie lyrique en trois actes, de Salvator Cammarano. Musique de Donizetti. Représenté pour la première

fois, à Paris, le 14 avril 1859. *Paris, Michel Lévy frères, libraires-éditeurs,* 1859. In-8 de 51 pp.

<small>Texte italien, avec traduction française en regard.</small>

1137. POLIUTO, OU OS MARTYRES, tragedia lyrica em quatro actos de Salvador Cammarano, para ser representada com a musica de Donizetti no Theatro provisorio. *Rio de Janeiro, Typographia Dous de Dezembro de P. Brito,* 1852. In-8 de 63 pp.

<small>Traduction portugaise de Luis Vincente de Simoni.</small>

1138. Полієвктъ. Либретто оперы Доницетти въ 3-хъ дѣйствіяхъ. Санктпетербургъ, 1870. In-8.

<small>Traduction russe du livret de *Poliuto*.</small>

1139. Поліэвктъ. Либретто оперы въ 3-хъ актахъ. Москва, 1872. In-8.

1140. POLIUTO, opera tragiczna w 3 aktach; rzecz Salv. Cammarana, muzyka K. Donizettego. (Tresć zebrana w krótkości). *Warszawa, w drukarni J. Ungra. S. d.,* in-12 de 28 pp.

<small>Traduction polonaise du livret de *Poliuto*.</small>

<small>Dès que l'œuvre de Donizetti eut été représentée à Paris, elle fit le tour de l'Italie et chaque théâtre en fit imprimer le livret. Il serait peu intéressant de rechercher ces diverses éditions.</small>

1141. POLYEUCTE, opéra en cinq actes; paroles de   ?; musique de Charles Gounod.

<small>Cette partition, à laquelle l'auteur de *Faust* travaille depuis longtemps, n'a pas encore vu le jour.</small>

XVI

1142. RODOGUNA, Dramma per musica dell' Abate Andrea Minelli, Veneziano. *In Milano, nella Stampa di Carlo Giuseppe Quinto,* 1703. In-12.

XVIII

1143. ERACLIO, Melodramma recitato nel Teatro de' SS. Gio. e Paolo di Venezia l'anno 1671; [poesia del Co. Niccolò Beregani, Patrizio Veneto; musica di Don Pietr' Andrea Ziani, Veneziano, Canonico Lateranese]. *In Venezia, per Francesco Niccolini,* 1671. In-12.

<small>Repris en 1692 sur le Théâtre Malvezzi, à Bologne.</small>

1144. L'Eraclio, Dramma per musica; poesia di   ? ; musica di G. A. Bernabei.

Représenté à Vienne en 1690.

1145. Eraclio, Dramma rappresentato in Roma l'anno 1712; [poesia di Pier' Antonio Bernardoni, Bolognese; musica dell' Atto I° d'Incerto Autore, dell' Atto II° di Francesco Gasparini, Romano, e dell' Atto III° di Carlo Pollaroli, Bresciano]. *In Roma, a spese di Antonio de' Rossi*, 1712. In-8.

1146. Heraklius, dramatische Oper von ? ; Musik von Reinhardt Keiser.

Représenté à Hambourg en 1712.

XIX

1147. Persée, || Tragedie || Representée || Par l'Academie Royale || de Musique. || Le dix-septiéme [dans d'autres exemplaires : le dix-huitiéme] Avril 1682. || *On la vend* || *A Paris,* || *A l'Entrée de la Porte de l'Academie Royale de Musique,* || *au Palais Royal, rue Saint-Honoré.* || *Imprimée aux despens de ladite Academie.* || *Par Christophe Ballard, seul Imprimeur du* || *Roy pour la Musique,* || M.DC.LXXXII [1682]. || Avec Privilege de Sa Majesté. In-4 de 7 ff., 62 pp. et 1 f.

Collation des ff. prélim.; front. gravé tiré sur un f. séparé et représentant la scène de Persée et du monstre; le décor a une grande anologie avec celui du 3e acte d'*Andromède*, mais Persée n'est pas monté sur Pégase. (Ce frontispice est signé : *Bérin in. et Doliuar fe.*); — titre imprimé avec les armes royales; — 4 ff. pour le *Prologue;* — 1 f. pour les *Acteurs de la Tragédie*.

Le f. de la fin est occupé par le privilége général donné à Lully, pour trente ans, à la date du 20 septembre 1672.

Quinault, en écrivant pour Lully le livret, a suivi presque pas à pas l'*Andromède* de Corneille, mais il a dû supprimer plusieurs pièces et abréger beaucoup son modèle, l'opéra devant être entièrement chanté. Il a introduit un personnage nouveau, *Mérope, sœur de Cassiope*, qui, rivale d'*Andromède*, finit par favoriser les desseins de Persée. Les apparitions célestes sont plus nombreuses encore dans la pièce de Quinault que dans la pièce de Corneille. L'opéra se termine, comme la tragédie, par une brillante apothéose.

Avant que Quinault arrangeât pour l'opéra la tragédie de Corneille, le sujet d'*Andromède* avait été de nouveau traité en Italie et en Allemagne. On peut citer notamment les pièces suivantes, dont les auteurs eurent peut-être sous les yeux l'ouvrage français : *Il Perseo, Dramma [di Aurelio Aurelj, Veneziano: musica di Andrea Mattioli], rappresentato nel Teatro de' SS. Gio. e Paolo di Venezia, l'anno* 1665 (in Venezia, per Francesco Niccolini, 1665, in-12); — *Perseo, Dramma musicale [di Aurelio Amalteo, di Uderzo], nel giorno natalizio della Sacra Cesar. Real Maestà dell' Imperatrice Margherita* (in Vienna d'Austria, per Matteo Cosmerovio, 1669, in-8); — *Andromedes und Persaeus, dramatische Oper von J.* Wolfgang Frank (Hamburg, 1679).

1148. PERSÉE, Tragedie, representée par l'Academie Royale de Musique. Pour la premiere fois le dix-septiéme Avril 1682. Et remise au Theatre le neuf Février 1703. *A Paris, Chez Christophe Ballard, seul Imprimeur du Roy pour la Musique, ruë S. Jean de Beauvais, au Mont-Parnasse.* M.DCC.III [1703]. Avec Privilege de Sa Majesté. Le Prix est de trente sols. In-4 de xvi-62 pp. et 1 f. bl.

1149. PERSÉE, Tragedie, représentée pour la premiére fois par l'Academie Royale de Musique. Le dix-septiéme Avril 1682. Et remise au Théatre le Jeudy vingt Novembre 1710. *A Paris, Chez Christophe Ballard, seul Imprimeur du Roy pour la Musique, rue S. Jean de Beauvais, au Mont Parnasse.* M.DCCX [1710]. Avec Privilege de Sa Majesté. Le prix est de trente sols. In-4 de 75 pp. en tout.

Au verso de la p. 75, se trouve le privilége général accordé pour dix ans au sieur Guyenet, concessionnaire de l'Opéra, à la date du 22 juin 1709, avec mention de la cession faite par Guyenet à *Ballard,* pour l'impression des livrets et de la musique.

Distribution des rôles lors de cette reprise : *Hardouin,* Céphée ; *Mlle Milon,* Cassiope ; *Mme Pestel,* Mérope ; *Mlle Journet,* Andromède ; *Thévenard,* Phinée ; *Cochereau,* Persée ; *Guédon,* Mercure, etc.

1150. PERSÉE, Tragedie, representée par l'Academie Royale de Musique, le 17. Avril 1682, et ensuite à Versailles au mois de Juin ; Remise au Theatre le Dimanche 8. Novembre 1722. *A Paris, Chez la veuve de Pierre Ribou, sur le Quai des Augustins, à la descente du Pont-Neuf, à l'Image Saint-Loüis.* M.DCC.XXII [1722]. Avec Privilege du Roi. In-4 de xvj et 67 pp.

Au verso de la p. 67, le privilége général accordé pour dix-neuf ans à Besnier, Chomat, Duchesne et de la Val de Saint-Pont, à la date du 10 août 1713, et cédé par eux à *Ribou.*

Distribution des rôles lors de cette reprise : *Dubourg,* Céphée ; *Mlle C. Antier,* Cassiope ; *Mlle L. Antier,* Mérope ; *Mlle Tulou,* Andromède ; *Thévenard,* Phinée ; *Muraire,* Persée ; *Tribou,* Mercure.

Après Quinault et Lulli, le sujet de *Persée* et d'*Andromède* a été repris si souvent par les compositeurs d'opéras qu'il ne nous a pas été possible de constater les emprunts qui ont pu être faits à Corneille. Nous nous bornerons à indiquer sommairement les opéras qui, par leur titre, se rapprochent de l'*Andromède* française :

ANDROMEDA, Dramma per musica ; [poesia di P. Pariati, musica di Marcantonio Ziani], rappresentato nel giorno natalizio della Sacra Cesareo-Real Maestà dell' Imperatore Carlo VI. *Vienna,* 1714.

Andromeda, Dramma per musica; poesia di   ?   ; musica di Leonardo Leo. *Napoli*, 1742.

Andromède, Drame en musique [en trois actes et en vers libres italiens]. Musique d'Ignace Fiorillo. *Cassel, Estienne*, 1761. In-8.
Édition italienne, avec traduction française en prose.

Andromeda, Dramma per musica; poesia di   ?   ; musica di Paisiello. *Milano*, 1770.

Andromède, Ballet héroïque et Pantomime, de la composition de M. Granger, musique de M. Raubach, décorations de M. Gradizzi, costumes du sieur Génard. *Saint-Pétersbourg, de l'imprimerie de l'Académie impériale des sciences*, 1772. In-8 de 18 pp.

Perseo, Dramma per musica di   ?   ; musica di M. Gasp. Sacchini. *Londra*, 1774.

Andromeda, grosse Oper von   ?   ; Musik von Joh. Fried. Reichhardt. *Berlin*, 1778.

Persée, Tragédie lyrique par Quinault [réduite par Marmontel]; musique de Filidor. *Paris*, 1780.

Persaeus und Andromeda, grosse Oper von Baumgärtner. 1780.

Andromeda e Perseo, Dramma per musica; poesia di   ?   ; musica di J. M. von Haydn. 1780.

Andromeda, Dramma per musica; poesia di   ?   ; musica di Pietro Persicchini. *Varsovia*, 1782?

Andromeda e Perseo, Dramma per musica; poesia di   ?   ; musica di Marescalchi. *Roma*, 1784.

Persaeus und Andromeda, grosse Oper von   ?   ; Musik von Druzechy. *Pest*, 1787?

Andromeda, Dramma per musica; poesia di   ?   ; musica di Vittorio Trento. *Napoli*, 1792 (?) e 1805.

Andromeda, grosse Oper von   ?   ; Musik von Jos. Elm. Naumann. 1795?

Andromeda, Dramma per musica; poesia di G. Bertati; musica di Nic. Antonio Zingarelli.
Cet opéra, non cité par Fétis, a été joué en Italie vers 1800.

Andromeda, liryczna tragedya L. Osińskiego; musyka Jos. Elsnera. *Warszawa*, 1807.
Osiński a dû s'inspirer de Corneille, d'autant plus qu'à la même époque il traduisit le *Cid, Horace* et *Cinna* (voy. les n°ˢ 1065-1069).

1151. Persée et Andromède, ballet-pantomime en trois actes, par M. Gardel, maître des ballets de Sa Majesté impériale et royale; musique arrangée et composée par M. Méhul. Représenté, pour la première fois, sur le Théâtre de l'Académie Impériale de Musique, le 8 Juin 1810. Prix : 75 centimes. *A Paris, Chez Bacot, Libraire, au Palais-Royal, Galerie de bois, n° 252, côté du Jardin*. 1810. *De l'Imprimerie d'A. Égron, Imprimeur du Tribunal de commerce*. In-8 de 32 pp. en tout.

« Le sujet de *Persée et Andromède*, dit Gardel, avec ce sérieux imperturbable que nous avons admiré chez Noverre, a été traité par des auteurs avec lesquels je dois trembler d'être mis en comparaison. Je le dois craindre d'autant plus que l'on trouvera sans doute dans mon ouvrage des fautes qu'ils ont su habilement éviter... »

Ce nouveau ballet fut dansé par *Vestris, Milon, Albert, Montjoie* et *Galais*, *Mmes Gardel, Chevigny, Vict. Saulnier*.

XXI

1152. NICOMEDE IN BITINIA, Dramma rappresentato nel Teatro di S. Mosè di Venezia, l'anno 1677 ; [poesia del Dott. Gio. Matteo Giannini, Veneziano ; musica del Cav. Carlo Grossi, Veneziano]. *In Venezia, per Francesco Niccolini*, 1677. In-12.

Réimprimé la même année, chez le même libraire, avec quelques changements et l'addition d'un prologue.

XXII

1153. PERTARIDO, RE DE' LONGOBARDI, Dramma per musica ; [poesia di ? ; musica di Giuseppe Boniventi.] *Venezia*, 1727. In-8.

1154. PERTHARITE, KOENIG DER LOMBARDEN, grosse Oper von ? ; Musik von Hoszisky. *Rheinsberg*, 1783.

XXIII

1155. EDIPPO, Dramma per musica di Domenico Lalli.

Cet opéra, dont le livret fut tiré plutôt de Voltaire que de Corneille, fut représenté à Munich le 22 octobre 1729. Les ballets étaient de Dubreuil, les décors de Nicolas Stuber, les costumes de Deschamps. La musique était probablement de Torri.

Voy. *Geschichte der Oper am Hofe zu München, nach archivalischen Quellen bearbeitet von Fr. M. Rudhardt;* Freising, Franz Datterer, 1865, in-8, t. Ier. pp. 116 sqq.

Un opéra allemand de G. Gebel, intitulé , *Oedipus*, qui fut représenté à Rudolstadt en 1751, ne présente sans doute pas de rapports avec la pièce de Corneille.

1156. OEDIPE A COLONNE. Opéra en trois actes [paroles de Guillard, musique de Sacchini], dédié à la Reine, représenté devant Leurs Majestés à Versailles, le 4 janvier 1786. Et pour la premiere fois, sur le Théatre de l'Académie Royale de Musique, le Mardi 30 Janvier 1787. Prix XXX sols. *A Paris, De l'Imprimerie de P. de Lormel, Imprimeur de ladite Académie, rue du Foin*

Saint-Jacques, à l'Image de Sainte-Géneviève. On trouvera des Exemplaires à la Salle de l'Opéra. M.DCC.LXXXVII [1787]. Avec Approbation, et Privilége du Roi. In-4 de viii et 48 pp.

<small>Guillard s'est inspiré à la fois de l'*Œdipe* de Sophocle, de celui de Corneille et de celui de Voltaire.

La musique de Sacchini est son chef-d'œuvre, et pourtant ce grand artiste ne parvint pas à triompher des cabales qui s'élevaient contre lui ; il mourut le 7 octobre 1786, avant que son ouvrage eût été représenté.</small>

1157. EDIPUS TE KOLONE, zangspel vry naar het fransch van Guillard, muzyk van Sacchini, door Pieter Johannes Uylenbroek. *Amsteldam, P. J. Uylenbroek*, 1705. In-8 de 2 ff., 42 pp. et 1 f.

<small>Traduction néerlandaise du livret de Guillard.

Nic. Zingarelli fit encore représenter, à Venise, en 1799, un opéra intitulé: *Edipo a Colonna*.</small>

XXIV

1158. LA CONQUISTA DEL VELLO D'ORO, Festa teatrale di Nicc. Minato ; musica di Antonio Draghi. *Vienna, Crist. Cosmerov*, 1678. In-12.

<small>Cet opéra, dont l'auteur n'eut peut-être pas recours à la tragédie de Corneille, fut représenté pour les fiançailles de la reine de Pologne Éléonore avec le duc Charles de Lorraine.

La musique des ballets fut écrite par Jean H. Schmelzer.

Il existe une édition allemande du livret publiée la même année chez le même libraire.</small>

1159. JASON, OU LA TOISON D'OR. Tragedie, représentée par l'Academie Royalle de Musique. *On la vend, A Paris, A l'Entrée de la Porte de l'Academie Royalle de Musique, au Palais Royal, ruë Saint Honoré. Imprimée aux dépens de ladite Academie. Par Christophe Ballard, seul imprimeur du Roy pour la Musique.* M.DC.XCVI [1696]. Avec Privilege de Sa Majesté. In-4 de 4 ff., 50 pp. et 1 f.

<small>Cet opéra, dont J.-B. Rousseau avait écrit le livret et Colasse la musique, fut représenté le 17 janvier 1696.

Jean-Baptiste Rousseau ne se faisait pas d'illusions sur ses tragédies lyriques: « Elles sont ma honte, disait-il ; je ne savais pas encore mon métier quand je me suis adonné à ce pitoyable genre d'écrire. »

J.-B. Pescetti fit représenter à Londres en 1737 un opéra du *Vello d'oro ;* Scolari en donna un autre à Venise, sous le même titre, en 1749.</small>

1160. LA TOISON D'OR. Tragédie-Lyrique, en trois actes, [paroles de Desriaux, musique de Vogel], représentée, pour la première fois à Paris, sur le Théatre de l'Académie-Royale de Musique, le Mardi 29 août 1786. Prix XXX sols. *A Paris, De l'Imprimerie de P. de Lormel, Imprimeur de ladite Académie, rue du Foin Saint-Jacques, à l'Image de Sainte Genevieve. On trouvera des Exemplaires à la Salle de l'Opéra.* M.DCC.LXXXVI [1786]. Avec Approbation et Privilege du Roi. In-4 de 8 et 46 pp.

Cet opéra fut chanté par *Laïs* (Jason), *Moreau* (Arcas), Mlles *Maillard* (Médée), *Gavaudan cadette* (Calciope), *Dozon*, cette vachère devenue cantatrice, grâce aux leçons de Gossec (Hypsiphile), etc. Il fut remanié aussitôt après la première représentation.

1161. MÉDÉE A COLCHOS, OU LA TOISON D'OR, Tragédie-Lyrique en trois actes [paroles de Desriaux, musique de Vogel], représentée, pour la premiere fois sur le Théatre de l'Academie-Royale de Musique, le Mardi 27 Septembre 1786. Sit Medea ferox invictaque; flebilis Ino. Hor. Art. Poe. *A Paris, De l'Imprimerie de P. de Lormel, Imprimeur de ladite Académie, rue du Foin Saint-Jacques, à l'Image de Sainte-Génevieve. On trouvera des Exemplaires à la Salle de l'Opera.* M.DCC.LXXXVI [1786]. Avec Approbation, et Privilege du Roi. In-4 de viii et 49 pp.

Remaniement de l'opéra précédent. *Mlles Gavaudan* et *Dozon* cédèrent leurs rôles à *Mlle Audinot* et à *Mme Chéron; Martin* remplaça *Moreau*.

XXVI

1162. LA SOFONISBA, Dramma dell' Ab. Francesco Silvani [musica di Antonio Caldara, Veneziano], recitato nel Teatro di S. Gio. Crisostomo di Venezia l'anno 1708. *In Venezia, per Marino Rossetti*, 1708. In-12.

Il est probable que Silvani suivit plutôt la *Sofonisba* du Trissin que celle de Corneille. Son livret fut représenté à Naples l'année suivante avec une musique nouvelle de Leo.

Ce n'est sans doute pas à Corneille que Zanetti emprunta son livret de *Sofonisba*, dont la musique fut tour à tour écrite par Jomelli (Venise, 1746), Traetta (Parme, 1761), Buroni (Venise, 1764), Agnesi (Naples, 1771), Paer (Bologne, 1796) et Federici (Turin, 1805). Le même sujet a été traité, en outre, en Allemagne, par Gebel (Rudolstadt, 1753), Neefe (1782), et. en Italie, par Vento (vers 1760) et Petrali (Milan, 1814).

XXVII

1163. OTTONE AMANTE, AMOR E SDEGNO, Dramma per musica; poesia di Michel Angelo Boccardi; musica di M. Tavelli.

Cet opéra, représenté à Venise en 1726, avait été précédé de l'*Ottone*, de

Pollaroli (Udine, 1696) et de celui de Haendel (Londres, 1722), mais nous ne croyons pas que ces pièces fussent tirées de Corneille. Nous en dirons autant de l'*Ottone,* de Gennaro d'Alessandro (Venise, 1740).

XXVIII

1164. Agesilao, Dramma per musica; poesia di   ?   ; musica di Gaetano Andreozzi.

>Opéra représenté sur le théâtre San Benedetto, à Venise, pendant le carnaval de 1788. Le sujet, tiré de Corneille, a été singulièrement altéré.

1165. Agesilao, Dramma per musica; poesia di   ?   ; musica di Gio Domenico Perotti.

>Représenté à Rome en 1789.

XXIX

1166. Attila. Dramma recitato nel Teatro de' SS. Gio. e Paolo di Venezia, l'anno 1672. [Poesia di Matteo Noris, Veneziano; musica di D. Pietr'Andrea Ziani, Veneziano, Canonico Lateranese.] *In Venezia, per Francesco Niccolini,* 1672. In-12.

>Repris en 1678 sur le théâtre Formagliari, à Bologne.

1167. Attila, grosse Oper von   ?   ; Musik von Joh. Wolfgang Franck.

>Représenté à Hambourg en 1682.

1168. Attila, Dramma per musica; poesia di   ?   ; musica del Persiano.

>Représenté à Parme en 1727.

1169. Attila, Dramma in musica recitato nel Regio Ducale Teatro di Milano. *Milano, Malatesta, s. d.* [1797?]. In-12.

>L'auteur de ce livret est, d'après Melzi, Ascanio Lonati, de Milan; la musique était, croyons-nous, de Farinelli.

1170. Attila, tragedia lirica in tre atti di Temistocle Solera; musica di Giuseppe Verdi. *Venezia,* 1846. In-8.

1171. Attila, opéra en trois actes, en vers libres, traduit de l'italien de Solera, sur la musique de Verdi, par M. Joos; représenté sur le Théâtre royal de la Monnaie à Bruxelles, au mois de décembre 1850.

Cette traduction n'a pas été imprimée.

1172. ATTILA. Dramma lirico in un prologo e tre atti da rappresentarsi nel gran teatro del Liceo filarmonico-drammatico barcellonese di S. M. Dona Isabella Seconda, nel l'autunno del 1850. *Barcelona, imprenta de T. Gorchs; Madrid, librería de Cuesta,* 1850. Gr. in-8 de 56 pp.

Texte italien, avec traduction espagnole.

1173. ATTILA, dramma lyrico em um prologo e tres actos, poesia de Themistocles Solera, musica de José Verdi, que vai representar-se no theatro provisorio. *Rio de Janeiro, Typographia. Dous de Dezembro de P. Brito,* 1853. In-8 de 59 pp.

Traduction portugaise de Luis Vicente de Simoni.

XXX

1174. TITO E BERENICE, Dramma per musica, [poesia di Carlo Sigismondo Capece, Romano, musica di Antonio Caldara, Veneziano]; rappresentato nella Sala de' Signori Capranica in Roma nel Carnevale dell' anno 1714. *In Roma, per il Bernabò,* 1714. In-12.

Nous nous bornons à mentionner ici l'opéra de Caldara. Il existe, sur *Bérénice,* une foule d'opéras, plutôt inspirés par la pièce de Racine que par celle de Corneille. On en trouvera la liste dans notre *Bibliographie Racinienne.*

M. Gastinel a fait jouer au théâtre des Bouffes-Parisiens, le 11 mai 1860, une opérette intitulée *Titus et Bérénice,* pour laquelle M. Édouard Fournier avait écrit un livret, sans emprunter à Corneille autre chose que le titre.

XVII. — HISTOIRE DE CORNEILLE ET DE SA FAMILLE.

I. — Biographie de Corneille.

1175. Vie de Corneille, par Fontenelle.

Ce discours a paru pour la première fois, sous le titre d'*Éloge*, dans les *Nouvelles de la République des lettres* de janvier 1685 ; il a été inséré ensuite dans l'*Histoire de l'Académie Françoise*, donnée en 1729 par l'abbé d'Olivet. A partir de 1742, il a été réimprimé sous le titre de *Vie de Corneille* dans toutes les éditions des œuvres de Fontenelle et dans la plupart de celles des *Œuvres* de Corneille.

1176. Pierre Corneille, par Thomas Corneille.

Th. Corneille a parlé de son illustre frère dans son *Dictionnaire géographique*, à l'article *Rouen*. Bien que la notice qu'il lui ait consacrée soit très-succincte, nous ne pouvions manquer de la faire figurer dans ce travail.

1177. Vie de Pierre Corneille, Msc. du XVIIᵉ siècle, 46 pp. in-4.

Ce manuscrit, à la suite duquel sont les parallèles faits au XVIIᵉ siècle entre Corneille et Racine, figure, sous le n° 144, dans le *Catalogue de la belle Collection de lettres autographes composant le cabinet de feu M. R. Merlin* (Paris, J. Charavay, octobre 1871, in-8).

1178. Notice sur la Vie et les Ouvrages de P. Corneille.

Mémoires pour servir à l'histoire des hommes illustres dans la République des lettres [par le P. Niceron], t. VIᵉ, pp. 349-383 ; t. XVᵉ, pp. 88-93.

1179. Pierre Corneille, par l'abbé Goujet.

Voy. *Bibliothèque françoise, ou Histoire de la littérature françoise* par M. l'abbé Goujet, t. XVIIIᵉ (Paris, H.-L. Guérin et L.-F. Delatour, P.-G. Le Mercier, 1756, in-12), pp. 140-164.

Les grands dictionnaires critiques du XVIIIᵉ siècle, tels que le *Dictionnaire historique*, de Bayle, l'*Encyclopédie*, etc., contiennent tous des articles sur Corneille ; nous croyons inutile d'en donner une énumération, à cause du peu de développement de ces notices qui ne contiennent aucun fait nouveau.

1180. Vie de Pierre Corneille, par M. Guizot.

Cet ouvrage, publié d'abord dans les *Poètes français du siècle de Louis XIV*, par M. F. Guizot [et madame Guizot, née de Meulan] ; Paris, Schœl, 1813, in-8, t. Iᵉʳ (et unique), a été réimprimé avec additions en 1852 (*Paris, Didier,* 1852, in-8).

1181. Histoire de la Vie et des Ouvrages de P. Corneille, par M. Jules Taschereau. *Paris, Alexandre Mesnier*, 1829. In-8 de vii et 418 pp.

Cette excellente histoire, digne pendant de la *Vie de Molière*, a laissé peu de recherches à faire aux biographes de Corneille. M. Taschereau a réuni sur le poëte, sa famille et chacun de ses ouvrages, les renseignements les plus exacts et les plus circonstanciés. Il y a joint une série de notes et de pièces justificatives du plus haut intérêt. Il a donné, pp. 379 à 399, une première bibliographie des écrits relatifs à Corneille et des éditions annotées de ses *Œuvres choisies* ou *complètes*.

1182. Réflexions sur un passage de l'Histoire de la Vie et des Ouvrages de P. Corneille, par M. J. Taschereau; par M. A. Floquet. [*Rouen*, 1830]. In-8 de 7 pp.

Extrait du *Précis analytique des travaux de l'Académie de Rouen*, 1830, pp. 413 sqq.

1183. Corneille (Pierre). Von F. Jacobs.

Allgemeine Encyclopädie der Wissenschaften und Künste, herausgegeben von J. S. Ersch und J. G. Gruber, t. XIX° (Leipzig, 1829, in-4), pp. 311-317.

1184. Pierre Corneille, par M. Villenave. *Paris*, 1835. In-8 de 8 pp. à 2 col.

Extrait de l'*Encyclopédie des Gens du monde*, t. VII°, 1r° part, pp. 7 sqq.

1185. Corneille (Pierre).

Extrait de l'*Univers pittoresque* (*Dictionnaire encyclopédique de l'Histoire de France*, par M. Ph. Le Bas), t. VI°, 7° livr.; Paris, Didot, 1841, in-8, pp. 100-108.

1186. Vie de Pierre Corneille, par Gustave Levavasseur. *Paris, Debécourt*, 1843. In-12 de 472 pp.

1187. Notice sur P. Corneille, par E. Charton.

Encyclopédie nouvelle publiée sous la direction de Pierre Leroux; Paris, Ch. Gosselin, 1843, in-8, t. IV°, pp. 50-52.

1188. Pierre Corneille, par P.-F. Tissot, de l'Académie Française.

Les Normands illustres (Paris, Dutertre, 1845, gr. in-8), livr. 6 et 7 (24 pp.).

1189. Notice sur P. Corneille, par P.-F. Tissot.

Poëtes normands, publiés sous la direction de L.-H. Baratte; Paris, 1846, gr. in-8. — Réimpression de la notice précédente.

1190. Vie de Pierre Corneille, par Gustave Levavasseur. Seconde édition. *Paris, Dentu,* 1847. In-12.

> Voy. le n° 1186. — On a ajouté à cette édition une eau-forte de J. B[uisson].

1191. Pierre Corneille, par J. Fleury.

> *Encyclopédie du dix-neuvième siècle,* t. VIII° (Paris, 1850, gr. in-8), pp. 772-777.

1192. Pierre Corneille, par Victorin Fabre.

> *Biographie universelle (Michaud) ancienne et moderne; nouvelle édition* (Paris, chez Madame C. Desplaces, gr. in-8), t. IX°, pp, 223-232.

1193. Vie de Corneille. *Paris, Barba,* [impr. Plon], 1852. In-4 à 2 col.

> *Panthéon populaire illustré.*

1194. Corneille et son Temps, Étude littéraire par M. Guizot. Nouvelle édition. *Paris, Didier,* 1852. In-8 de 2 ff., xv et 476 pp.

> M. Guizot a ajouté à ce volume une préface, dans laquelle il rend compte des modifications qu'il y a introduites. « J'y ai beaucoup changé, dit-il ; j'étais tenté d'y changer bien davantage. » Voy. le n° 1180.

1195. Corneille and his Times. By M. Guizot. Translated from the French. *London, Richard Bentley,* 1852. Gr. in-8.

1196. Histoire de la Vie et des Ouvrages de P. Corneille, par M. J. Taschereau. Seconde édition, augmentée. *Paris, chez P. Jannet,* 1855. In-16 de viii et 440 pp.

> En acceptant la tâche de publier une édition des Œuvres de Corneille dans la *Bibliothèque elzévirienne,* M. Taschereau a fait réimprimer son *Histoire,* qu'il a très-notablement augmentée. La partie bibliographique (pp. 389-420) a reçu en particulier de nombreuses additions. Nous avons eu déjà l'occasion de constater les emprunts faits par nous à cet excellent guide.

1197. Pierre Corneille, par Gustave Brunet.

> *Nouvelle Biographie générale, publiée par MM. Firmin Didot frères, sous la direction de M. le Dr Hoefer;* t. XI° (Paris, 1865, in-8), col. 848-867.

1198. Pierre Corneille, par J.-P.-G. Viennet, de l'Académie Française.

> *Dictionnaire de la Conversation et de la Lecture, par une société de savants et de gens de lettres, sous la direction de M. W. Duckett;* t. VI° (Paris, Firmin Didot frères, fils et Cie, 1868, gr. in-8), pp. 526-531.

1199. NOTES SUR LA VIE DE CORNEILLE, par Édouard Fournier.

Ces notes sont placées en tête de *Corneille à la Butte Saint-Roch, comédie en un acte, en vers*, par Édouard Fournier, pp. i-clvj (voy. notre chap. XXI*e*).

L'auteur n'a pas eu l'idée d'écrire une vie de Corneille, mais d'ajouter seulement quelques notes aux renseignements recueillis par ses biographes antérieurs. Il a réuni quelques pièces qui avaient échappé jusqu'alors aux éditeurs de Corneille, ou qui étaient tout au moins peu connues (voy. les n*os* 180, 183, 185, 198). Il attribue, en outre, au poète six strophes qui auraient été composées en 1633 pour l'*Académie des Palinods*, mais cette attribution n'est accompagnée d'aucune preuve.

On trouve, dans les notes de M. Fournier, quelques détails curieux sur la vie littéraire de Corneille et sur les maisons qu'il habita successivement à Paris.

1200. PIERRE CORNEILLE, SES OEUVRES, SA VIE INTIME, par C. Guénot. *Lille*, 1863. In-12 de 143 pp. (0 fr. 75).

II. — DOCUMENTS BIOGRAPHIQUES DIVERS. — NOTICES RELATIVES A DES FAITS PARTICULIERS DE LA VIE DE CORNEILLE ET AUX MAISONS QU'IL A HABITÉES.

1201. LETTRE DE GABRIEL FEYDEL, relative à Pierre Corneille.

Journal de Paris, 1788, p. 102.

M. Paul Lacroix a bien voulu nous signaler cette notice, où il est pour la première fois question d'une lettre anonyme « trouvée à Rouen dans des papiers de famille », lettre qui nous montre Corneille faisant rapetasser ses vieux souliers.

1202. LA MAISON DE CORNEILLE, par M. de Jouy.

Fait partie de l'*Hermite en province*, t. VII*e* (Paris, Pillet, 1824, in-8), pp. 214 sqq.

1203. DISSERTATION SUR LA DATE DE LA NAISSANCE DU GRAND CORNEILLE [signée à la fin : P[ierre-Alexis] Corneille]. [*Rouen, F. Baudry, Imprimeur du Roi, rue des Carmes*, n° 20, 1826]. In-8 de 4 pp., avec un simple titre de départ.

Corneille fut baptisé le 9 juin 1606. On trouve dans les registres de la paroisse de Saint-Sauveur, à Rouen, la mention suivante : « Le neuvième jour de juin 1606, Pierre, fils de M*r* Pierre Corneille, a été baptisé ; le parrain, Monsieur Pierre Lepezant, secrétaire du Roi, et Barbe Houel. » L'ordonnance de 1539 prescrivait de joindre à la mention du baptême la date exacte du jour de la naissance; aussi divers biographes ont-ils cru que le futur auteur du *Cid* avait dû être baptisé le jour même de sa naissance. La Société d'émulation de Rouen, voulant tenir chaque année une séance générale en l'honneur de Corneille, choisit le 9 juin et non le 6. Lorsque des doutes s'élevèrent à ce sujet, elle chargea une commission d'étudier la question. Le rapport de

M. P.-A. Corneille conclut en ces termes : « Après cet exposé, votre commission pense que toutes les probabilités font présumer que Pierre Corneille est né le 6 juin 1606; mais ces probabilités, quelque confiance qu'on y attache, donnent-elles une conviction intime ? D'ailleurs la naissance légale à cette époque est celle des actes de baptême. Or l'acte de baptême porte la date du 9 juin ; et quoique votre commission soit au fond persuadée que la naissance réelle est du 6 juin, néanmoins elle ne pense pas que les motifs énoncés ci-dessus soient suffisants pour vous proposer quelques changements dans vos usages, ni pour vous engager à en provoquer auprès de l'administration, dans les inscriptions qui peuvent se trouver dans notre ville et qui portent la seule date appuyée sur un acte authentique. »

1204. Rapport sur la date de la naissance de Pierre Corneille, lu à l'Académie royale des Sciences, Belles-Lettres et Arts de Rouen, par M. Houël. *Rouen, Imprimerie de Nicétas Périaux jeune, rue de la Vicomté, n° 55, 1828.* In-8 de 12 pp. inexactement chiffrées de 2 à 14.

M. Houël a recommencé, au nom de la Société royale de Rouen, l'étude déjà faite par M. P.-A. Corneille. S'appuyant sur la notice insérée dans le *Mercure galant* d'octobre 1684 et sur un passage du *Dictionnaire géographique* de Thomas Corneille (v° *Rouen*), il conclut que le poète a dû naître certainement le 6 juin, et propose, en conséquence, à la Société d'adresser copie de sa décision à l'autorité administrative, « pour que l'erreur qui subsiste, notamment sur le marbre de la maison de Corneille, soit incessamment rectifiée dans le cas où l'autorité partagerait la conviction de l'Académie ».

1205. Rapport sur le jour de la naissance de Pierre Corneille et sur la Maison où il est né, lu à la séance publique de la Société libre d'Émulation de Rouen le 6 juin 1828 par M. P^{re} A^{xis} Corneille professeur d'histoire au Collège Royal. *Rouen, F. Baudry, imprimeur du Roi, Avril 1829.* In-8 de 24 pp.

Dans ce nouveau rapport, M. P.-A. Corneille se prononce définitivement en faveur du 6 juin, comme l'avait fait M. Houël.
En tête du rapport se trouve une figure sur cuivre, représentant les maisons contiguës où naquirent Pierre et Thomas Corneille.
Cette brochure se vendait 1 fr. 50, au profit de la souscription pour le monument à élever à Pierre Corneille.

1206. Notice sur la Maison et la Généalogie de Corneille, présentée à l'Académie de Rouen, dans sa séance du 29 mars 1833, par A.-G. Ballin. *Rouen, N. Périaux, mai 1833.* Gr. in-8 de 8 pp., figg.

Extrait de la *Revue de Rouen* du 10 mai 1833, avec quelques additions.
La brochure contient 3 tableaux et 2 gravures représentant l'état ancien et l'état actuel des maisons de Pierre et de Thomas Corneille.
Le titre annonce que cet opuscule n'a été tiré qu'à 60 exemplaires ; M. Ballin lui-même (*Précis analytique des travaux de l'Académie de Rouen*, 1848, p. 286), nous apprend que le tirage a été de 75 exemplaires.

1207. Nouveaux Détails sur Pierre Corneille, recueillis dans l'année où Rouen élève une statue à ce grand poëte ; par M. Em^{ol} Gaillard. [*Rouen, 1834*]. In-8 de 6 pp.

<small>Extrait du *Précis analytique des travaux de l'Académie de Rouen*, 1834, in-8, p. 164 sqq.</small>

1208. Role politique de Pierre Corneille, pendant la Fronde. Document communiqué à l'Académie de Rouen par M. Floquet, dans la séance du 18 novembre 1836. [*Paris, Imprimerie de H. Fournier et comp., rue de Seine, 14*]. In-8 de 8 pp.

<small>Extrait de la *Revue rétrospective* (n° de décembre 1836), avec un simple titre de départ.

En compulsant les registres du Parlement de Normandie, M. Floquet y a trouvé le texte d'une lettre de cachet datée de Rouen, le 17 février 1650, et par laquelle le sieur Bauldry, procureur général des États de Normandie, est destitué, et sa charge conférée au «sieur de Corneille». Cette nomination faite, ainsi qu'il est dit expressément, sur l'avis de la reine régente, qui avait ouvertement protégé l'auteur du *Cid*, devait faire songer à Pierre Corneille, mais ce n'était là qu'une supposition qui s'est trouvée confirmée par un passage de l'*Apologie particulière pour M. le duc de Longueville* (Amsterdam, 1650, in-4 de 136 pp.), où il est longuement parlé de la destitution de Bauldry. «On lui a donné un successeur, y est-il dit, qui sçait fort bien faire des vers pour le théatre [*Le sieur Corneille, poëte fameux pour le théatre*, porte une manchette marginale], mais qu'on dit estre assez malhabile pour manier de grandes affaires. »</small>

1209. Note biographique sur Pierre Corneille, par M. A. Deville. [*Rouen, 1840*]. In-8 de 8 pp.

<small>Extrait du *Précis analytique des travaux de l'Académie de Rouen*, 184, pp. 1860 et 276, avec un fac-simile de l'écriture de Corneille.</small>

1210. Fragment d'étude sur la vieillesse de Corneille, lu à la Société des Sciences morales de Seine-et-Oise. [par V. Lanbinet]. *Versailles, Imprimerie de Montalant-Bougleux*, 1852. In-8.

<small>Le nom de l'auteur se trouve à la fin.</small>

1211. Particularités de la vie judiciaire de Pierre Corneille, révélées par des documents nouveaux ; par E. Gosselin, greffier-archiviste à la Cour Impériale de Rouen. *Rouen, Imprimerie de E. Cagniard*, 1865. In-8 de 15 pp.

<small>Extrait de la *Revue de Normandie*, juillet 1865.
M. Gosselin a réuni dans ce travail quelques renseignements sur les fonc-</small>

tions d'avocat du Roi aux siéges de l'Amirauté, fonctions que Corneille eut à exercer en même temps que celles d'avocat général à la Table de marbre de Rouen.

1212. Un Épisode de la jeunesse de Pierre Corneille, par E. Gosselin, greffier-archiviste à la Cour impériale de Rouen. *Rouen, Imprimerie de E. Cagniard*, 1865. In-8 de 12 pp.

Extrait de la *Revue de Normandie*, t. VIIe, 1867, pp. 478-487.

M. Gosselin s'est proposé d'établir dans cet article que la véritable Mélite était une demoiselle Catherine Hue, qui devint depuis Mme du Pont. Il admet l'authenticité de l'anecdote racontée par Fontenelle, mais avec cette différence fondamentale que Corneille, loin de supplanter un ami, aurait été supplanté par un rival.

1213. La Maison de campagne du grand Corneille au Petit-Couronne achetée et classée comme monument historique, par M. l'abbé A. Tougard.

Extrait de la *Revue de Normandie*, t. VIIIe, 1868. pp. 506-511.

La maison du Petit-Couronne, sur laquelle M. Gosselin avait le premier attiré l'attention (voy. le n° 1231), fut acquise au prix de 12,000 fr. par le département de la Seine-Inférieure (délibération du conseil général du 28 août 1868). Cette maison avait été vendue, le 27 décembre 1686, par le fils du poète, Pierre Corneille, « escuyer, sieur de Danville, capitaine de cavalerie, demeurant à Paris, rue Neuve-des-Petits-Champs, paroisse Saint-Roch, et en cette ville de Rouen, chez M. de Fontenelle, advocat en la Cour, rue Ganterie, paroisse Saint-Laurent ».

1214. Corneille. — Ses relations avec la famille Pascal et sa Maison de Petit-Couronne.

Magasin pittoresque, octobre 1869, pp. 322 sq.

Cet article, où l'auteur a mis à profit le travail de M. Gosselin (n° 1231), fait partie d'une série intitulée : *Promenades d'un Rouennais*.

1215. Nouveaux Documents inédits sur le patrimoine de P. Corneille, publiés par M. l'abbé A. Tougard. *Rouen, Imprimerie de Cagniard*, 1869. Gr. in-8 de 12 pp.

Extrait de la *Revue de Normandie*, t. VIIIe, 1868, pp. 624-635.

Nous voyons, par les documents retrouvés par M. E. Gosselin et publiés par M. Tougard, « que les biens de la famille Corneille s'accroissent de plusieurs acquisitions importantes pendant la vie du père de notre poète, ce qui témoigne de l'opulence qui y régnait alors ; mais qu'après la mort de Corneille, le père, on ne signale plus que des ventes faites par le grand poète, preuve évidente de la gêne où il se trouve, lui et les siens. »

1216. Un Document fameux sur Pierre Corneille.

L'Amateur d'autographes, IXe année (*Paris*, 1871, in-8), pp. 218 sqq.

M. P. Dumont soumet à M. Charavay et aux amateurs d'autographes la prétendue lettre de Corneille, insérée par M. Em. Gaillard dans le *Précis analytique des travaux de l'Académie de Rouen* (1834, p. 167). Il ne croit pas à l'authenticité de ce document et réclame des renseignements sur sa provenance aux personnes qui seraient en état d'en fournir.

1217. AVEU DES BIENS TENUS DU ROI, à cause de sa châtellenie et vicomté d'Andely, par Pierre et Thomas Corneille, pour servir à la confection du nouveau terrier du domaine du Roi (13 décembre 1681).

Ce document, retrouvé par M. de Beaurepaire, a été inséré par lui dans la *Revue des sociétés savantes des départements;* V° série, t. VIII° (Paris, 1874, in-8), pp. 529-534.

« Cet acte, et les notes très-courtes et très-précises qui l'accompagnent, dit M. Marty-Laveaux, dans un préambule ajouté à cette communication, peuvent fournir un assez grand nombre de renseignements utiles. L'endroit habité par Corneille, dans les derniers temps de sa vie, s'y trouve fort exactement précisé. M. Taschereau avait constaté, à l'aide d'une procuration du mois d'août 1675, que, contrairement à l'opinion généralement reçue, Pierre Corneille était logé, à cette époque, rue de Cléry, paroisse Saint-Eustache, et qu'il n'était pas encore venu s'établir rue d'Argenteuil; j'avais montré, à l'aide d'une *Liste de Messieurs de l'Académie Françoise,* pour 1676, qu'il n'avait pas cessé, jusqu'au commencement de cette année, de demeurer au même endroit; mais l'acte que vient de nous communiquer M. de Beaurepaire prolonge singulièrement le séjour de Pierre Corneille dans la rue de Cléry, et nous prouve qu'il l'habitait encore à la fin de 1681, c'est-à-dire moins de trois ans avant son décès. Il nous apprend, en outre, un fait beaucoup plus intéressant, c'est qu'à Paris, rue de Cléry, comme à Rouen, rue de la Pie, conformément à une douce et touchante habitude, les deux Corneille demeuraient ensemble. »

III. — NOTICES SUR LES PORTRAITS DE CORNEILLE.

1218. RÉFLEXIONS SUR LE TABLEAU DEMANDÉ PAR L'ACADÉMIE A M. COURT. Lu à l'Académie royale des Sciences, Belles-Lettres et Arts de Rouen par M. Hellis. D.-M., en la séance du 9 mars 1831. *Rouen, imprimé chez Nicétas Périaux, rue de la Vicomté, n° 55,* 1831. In-8 de 7 pp. plus une gravure au trait représentant le sujet du tableau, et une *Indication des personnages* qui occupe un f. autographié, en face de la gravure.

Extrait du *Précis analytique des travaux de l'Académie,* année 1831.
Le sujet du tableau demandé par l'Académie à M. Court, était Corneille accueilli au théâtre par le grand Condé, après une représentation de *Cinna*. Cette toile orne aujourd'hui une des salles de l'Académie de Rouen.

1219. PORTRAIT DE CORNEILLE, par Gigoux.

Ce portrait, dont le *Magasin pittoresque* a donné, en 1835, une gravure sur bois assez grossière, doit être une copie du portrait de *Lebrun*.

1220. Découverte du portrait de P. Corneille, peint par Ch. Le Brun. Recherches historiques et critiques à ce sujet, par M. Hellis. *A Rouen, chez Le Brument; à Paris, chez Hocdé,* 1848. In-8 de 2 ff., 50 pp. et 1 f. blanc, plus 4 figg.

> En tête de cette brochure se trouve le portrait de Corneille, d'après *Lebrun*, gravé sur acier par *Réville;* entre les pp. 4 et 5 se place un second portrait gravé au trait, d'après *Paillet* (1663), par *Aug. Lebrun;* entre les pp. 8 et 9 se trouve un troisième portrait, gravé au trait par le même, d'après *Sicre* (1683); enfin, entre les pp. 10 et 11 est placé un portrait de Th. Corneille, gravé au trait par *Lebrun,* d'après *Jouvenet* (1700).

IV. — Pièces relatives au monument de Corneille a Rouen.

1221. Rapport sur le monument a élever a Pierre Corneille, lu à la Société libre d'émulation de Rouen, le 15 avril 1829, par M. A. Deville. *Rouen, Baudry,* 1829. In-8.

1222. Proposition lue dans une séance particulière de l'Académie des sciences, belles-lettres et arts de Rouen, [par Duputel]. *Rouen,* 1830. In-8.

> Cette proposition est relative à la souscription ouverte pour l'érection d'une statue à Corneille.

1223. Statue de P. Corneille. *Rouen, imp. de N. Périaux.* In-fol. plano.

> Au bas de la statue, qui occupe environ la moitié de la page, sont trois colonnes, dont la première contient la description de la statue, les deux autres des couplets.

1224. Notice sur la statue de P. Corneille, et Liste des souscripteurs qui ont concouru à l'érection de ce monument. *Rouen, F. Baudry,* 1834. In-8 de 90 pp. et 1 f., fig.

> En tête de la *Notice* se trouve un portrait de Corneille, gravé d'après la statue par *M. E.-H. Langlois* et tiré sur papier de Chine. Le dernier feuillet ne contient que l'adresse de l'imprimeur.
> Cet opuscule, dû à M. Deville, n'a été tiré qu'à six exemplaires.

1225. Inauguration de la statue de Pierre Corneille, par M. Ch. Richard.

> *Revue de Rouen,* 1834, 2ᵉ semestre, pp. 249-266.

1226. Discours prononcé a l'occasion de l'inauguration de la

STATUE DE PIERRE CORNEILLE A ROUEN, le 19 octobre 1834, par M. Lafon, des Français, ancien Professeur de l'École spéciale de déclamation au Conservatoire, membre de plusieurs Académies de Paris et Rouen ; suivi du Discours sur la mort de Talma, par le même auteur. *Paris, Chez Paccard, libraire, rue Neuve-de-Luxembourg, n° 3; Barba, Galerie du Théâtre-Français, Palais-Royal.* 1834. In-8 de 32 pp., y compris les deux titres.

<small>Cette brochure est précédée d'un avis de l'éditeur, J.-E. Paccard, qui rappelle les fêtes célébrées à Rouen en l'honneur de Corneille.

« Parmi les discours qui ont été entendus dans cette solennité, on a surtout remarqué, avec une vive satisfaction, celui prononcé par M. Lafon, digne et éloquent interprète du Théâtre-Français. Ce discours méritait d'être conservé ; pour arriver à cet heureux résultat, il fallait un éditeur. Il s'en est présenté un qui a su, dans toute l'acception du mot, faire violence à l'auteur, et obtenir de lui qu'il ne laisserait pas ensevelir dans l'oubli les énergiques et nobles pensées de cette improvisation chaleureuse, vraiment inspirée par le goût le plus épuré et par la reconnaissance de succès obtenus au théâtre. »

Il paraît qu'il n'a pas fallu faire une moindre violence à M. Lafon pour le décider à publier son discours en l'honneur de Talma.</small>

1227. PRÉCIS HISTORIQUE SUR LA STATUE DE PIERRE CORNEILLE, érigée à Rouen, par souscription, en 1834 ; par M. A. Deville. Publié par les soins de la Société libre d'émulation de Rouen. *Rouen, F. Baudry,* 1838. In-8 de 212 pp., figg.

<small>Ce volume est orné de 4 gravures et de 3 planches qui contiennent diverses signatures en fac-simile.</small>

1228. NOTE SUR L'EMPLACEMENT DE LA STATUE DE CORNEILLE, par M. Léon de Duranville.

<small>*Revue de Rouen,* février 1842, p. 136.</small>

1229. COMPTE RENDU DES HOMMAGES DÉCERNÉS SPÉCIALEMENT PAR LA VILLE DE ROUEN AUX CÉLÉBRITÉS NORMANDES, NOTAMMENT EN CE QUI CONCERNE PIERRE CORNEILLE, par M. A. Deville. [*Rouen,* In-8 de 4 pp.

<small>Extrait de l'*Annuaire normand* pour 1843, pp. 619 sqq.</small>

V. — NOTICES SUR LA FAMILLE DE CORNEILLE ET SUR SES DESCENDANTS.

1230. LETTRES DE NOBLESSE ACCORDÉES AU PÈRE DU GRAND CORNEILLE.

Lecture faite à l'Académie de Rouen, par M. Floquet. [*Rouen*, 1837]. In-8 de 7 pp.

Extrait du *Précis analytique des travaux de l'Académie de Rouen*, 1837, pp. 155 sqq.

1231. Pierre Corneille (le Père), maître des Eaux et Forêts, et sa Maison de Campagne, par E. Gosselin, greffier-archiviste. (Extrait de la Revue de la Normandie des 31 mai et 30 juin 1864.) *Rouen, Imprimerie de E. Cagniard*, 1864. Gr. in-8 de 4 ff. et 43 pp., figg.

Les ff. préliminaires contiennent 2 lithographies représentant la maison de campagne de Pierre Corneille au Petit-Couronne, près Rouen, et les armoiries de P. Corneille.

1232. Thomas Corneille, par P.-F. Tissot, de l'Académie française.

Les Normands illustres (Paris, Dutertre, 1845), 7e livr., gr. in-8 de 8 pp.

Presque toutes les publications qui contiennent une notice sur Pierre Corneille en contiennent une également sur son frère.

1233. Ad Petrum Cornelium in obitu Caroli filii, Carmen a Carolo de La Rue. S. I. *Parisiis*, 1666. In-4.

Cette pièce touchante, reproduite dans les œuvres latines du P. de La Rue (voy. les n°s 216-221), a été réimprimée par MM. Taschereau et Marty-Laveaux.

L'édition séparée est citée dans la *Bibliothèque des Écrivains de la Compagnie de Jésus*, par le R. P. de Backer, 1re édit., t. Ier, p. 659.

Le fils que le poëte perdit en 1667 était Charles Corneille, âgé de quatorze ans, et filleul, dit-on, du P. de La Rue. C'était un enfant des mieux doués.

1234. Lettre a M*** [l'abbé Trublet] sur le grand Corneille, ou sa généalogie est établie et ses héritiers sont désignés. S. *l.*, in-12.

Cette lettre, datée du 25 août 1757, est extraite du *Conservateur* de novembre 1757. Elle fut publiée à l'occasion du procès de J.-F. Corneille contre les légataires de Fontenelle, par Dreux du Radier, l'avocat du sieur Corneille.

1235. Mémoire pour le Sr. Jean-François Corneille, Joachim-Alexandre et Dlle Marie Corneille sa femme, et Dlle Marie-Françoise Corneille, V° 1° de René Maigret, 2° de Sébastien Habert, seuls et uniques héritiers de Bernard le Bouvier de Fontenelle ; contre le Sr Jean-Louis de Lampriere et autres se disant légataires universels dudit feu de Fontenelle [Par Dreux du Radier, avocat]. *A Paris, chez Gissey,* 1758. In-4 de 32 pp.

« On a, dans ce mémoire, la généalogie de P. et Th. Corneille, leurs alliances avec M. de Fontenelle, et les prétentions du demandeur à la succession du dernier. Il ne lui fut adjugé qu'une somme de 2,600 fr. Dans la suite, on se disputa le titre de son bienfaiteur. » BARBIER.

1236. REPRÉSENTATION DE RODOGUNE, au profit d'un neveu du grand Corneille.

L'Année littéraire, 1760, t. IIe, pp. 198-216. Lettre datée du 20 mars.

Le bénéficiaire était Jean-François Corneille, pauvre vannier d'Évreux, petit-fils de Pierre Corneille, avocat au parlement de Rouen, et cousin du poëte. C'était le même personnage que Dreux du Radier, induit sans doute en erreur par la confusion des noms, avait présenté comme un petit-fils du grand Corneille. La recette faite par la Comédie-Française fut d'environ 6,000 livres. Une seconde représentation fut donnée au profit du même personnage le 16 février 1778.

1237. ODE ET LETTRES A MONSIEUR DE VOLTAIRE EN FAVEUR DE LA FAMILLE DU GRAND CORNEILLE; Par Monsieur Le Brun, avec la Réponse de M. de Voltaire. *A Genève, Et se trouve à Paris, Chez Duchesne, rue S. Jacques, au Temple du Goût.* M.DCC.LX [1760]. In-8 de 32 pp.

Cette pièce a été réimprimée à la suite de la *Wasprie, ou l'Ami Wasp, revu et corrigé* par Le Brun (Berne, 1761, in-12), sous le titre de l'*Ombre du grand Corneille.*

Le Brun, secrétaire des commandements du prince de Conti, le même qu'on appela depuis « le Pindarique », pour le distinguer de son homonyme, s'intéressa vivement à Mlle Corneille, fille de Jean-François, dont nous avons parlé à l'article précédent, et ne crut pouvoir faire plus pour elle que de la recommander à Voltaire, avec qui il avait eu des relations dans sa jeunesse. Ce fut le sujet de l'*Ode* qu'il lui adressa. Le succès de sa démarche fut complet. En livrant ses vers au public, Le Brun les fait précéder d'une nouvelle lettre à Voltaire :

« C'est au génie, dit-il, à protéger une race illustrée par le génie. A ce titre, je ne vois que Monsieur de Voltaire en Europe de qui un homme du nom de Corneille puisse, sans s'avilir, attendre les bienfaits ; ces éloges, que vous avez tant de fois prodigués à sa mémoire, et que la patrie entière lui doit, me répondent de ce que vous ferez pour un de ses neveux. L'idée que m'inspire ce nom divin est si haute que, selon moi, il n'y a point même de rois qui ne s'honorassent beaucoup de prodiguer des secours en sa faveur. Vous seul, Monsieur, agirez en égal avec ce grand homme. »

Le Brun joint à son *Ode* la réponse que Voltaire lui avait adressée. Cette réponse était ainsi conçue :

« Au château de Ferney, pays de Gex, par Genève, 5 novembre 1760.

« Je vous ferais, Monsieur, attendre ma réponse quatre mois au moins, si je prétendais la faire en aussi beaux vers que les vôtres. Il faut me borner à vous dire en prose combien j'aime votre Ode et votre proposition. Il convient assez qu'un vieux soldat du grand Corneille tâche d'être utile à la petite-fille de son général. Quand on bâtit des châteaux et des églises, et qu'on a des parents pauvres à soutenir, il ne reste guère de quoi faire ce qu'on voudrait pour une personne qui ne doit être secourue que par les plus grands du royaume.

« Je suis vieux, j'ai une nièce qui aime tous les arts et qui réussit dans quelques-uns ; si la personne dont vous me parlez, et que vous connaissez sans doute, voulait accepter auprès de ma nièce l'éducation la plus honnête, elle en aurait soin comme de sa fille ; je chercherais à lui servir de père. Le sien n'aurait absolument rien à dépenser pour elle. On lui payerait son voyage jusqu'à Lyon. Elle serait adressée à Lyon à Monsieur Tronchin, qui lui fournirait une voiture jusqu'à mon château, ou bien une femme irait la prendre dans mon équipage. Si cela convient, je suis à ses ordres, et j'espère avoir à vous remercier jusqu'au dernier jour de ma vie de m'avoir procuré l'honneur de faire ce que devait faire M. de Fontenelle. Une partie de l'éducation de cette demoiselle serait de nous voir jouer quelquefois les pièces de son grand-père, et nous lui ferions broder les sujets de *Cinna* et du *Cid*.

« J'ai l'honneur d'être, avec toute l'estime et tous les sentiments que je vous dois,
  « Monsieur,
    « Votre très-humble et très-obéissant serviteur,
      « Voltaire. »

Au reçu de cette lettre, Le Brun remercia Voltaire par quelques mots datés du 12 novembre 1760 : « Vous goûtez ce bonheur si méconnu, si pur, de faire des heureux. Je m'attendais à votre réponse ; elle n'étonnera que l'envie. J'ai couru la lire à Mademoiselle Corneille ; elle en a versé des larmes de joie ; elle vous appelle déjà son bienfaiteur et son père. Elle promet à vos bontés, à celles de Madame votre nièce, une éternelle reconnoissance, et je n'ai point de termes pour vous exprimer celle d'une famille que vous soulagez. »

Nous n'avons pas besoin de rappeler ici tout ce que Voltaire fit pour Mlle Corneille. Il lui constitua tout d'abord une rente de 1,500 livres, entreprit à son profit l'édition des Œuvres de Corneille (voy. le n° 640) qui ne rapporta pas moins de 52,000 livres, enfin il la maria à M. Dupuits, riche propriétaire des environs de Ferney, qui devint plus tard officier général.

1238. La Petite-Nièce d'Eschyle, histoire athénienne traduite d'un manuscrit grec, intitulé Ἐκ τῆς τῶν Ἐπιστημόνων ἀνεκδότου ἱστορίας Ἐκλογαί : Fragments de l'histoire-anecdote des gens de lettres [par de Neuville]. S. l., 1761. In-8.

1239. Voltaire et la Société française au XVIIIe siècle. Voltaire aux Délices, par M. G. Desnoiresterres. *Paris, Didier*, 1873. In-8 de 513 pp.

Ce volume, qui est le t. VIe des études consacrées à Voltaire par M. Desnoiresterres, est en grande partie occupé par le récit de l'arrivée et du séjour de Mlle Corneille à Ferney.

1240. Visite de Claude-Étienne Corneille a Ferney.

Lettre de Voltaire à M. d'Argental du 9 mars 1763.

Claude-Étienne Corneille, fils de Pierre-Alexis et par conséquent arrièrepetit-fils du poëte, vint implorer l'assistance de Voltaire à Ferney. Voltaire ne put faire pour lui ce qu'il avait fait pour Mᵐᵉ Dupuits, mais ne le congédia qu'avec de « l'argent comptant ».

1241. Note sur le portrait de Marie-Angélique Corneille, meunière à Tilly, près de Vernon. *Journal de Paris*, 1787, p. 868.

Journal de Paris, 1787, p. 868.
M. Taschereau croit que cette meunière descendait d'un des cousins du poëte.

1242. Mémoire de Malesherbes sur la descendance de Corneille.

Revue rétrospective, 2ᵉ série, t. VIIIᵉ, pp. 113 sqq.
Ce mémoire, rédigé en faveur de Mˡˡᵉ Jeanne-Marie Corneille, fille de Claude-Étienne Corneille, est accompagné d'une lettre d'envoi datée du 8 septembre 1792. M. Taschereau l'a fait suivre d'une correspondance de Collin d'Harleville avec la Comédie-Française et le Directoire, relativement à la même personne. La protégée de Malesherbes obtint une petite pension de Louis XVI et plus tard une autre de la Comédie-Française.

1243. La Citoyenne Corneille d'Angély, arrière-petite-fille du grand Corneille.

Article de Legouvé, inséré dans les *Veillées des Muses, ou Recueil périodique des ouvrages en vers et en prose lus dans les séances du Lycée des Étrangers*, an VI [1798], n° X, vendémiaire, pp. 68-79.
En révélant au public l'existence de cette femme qui « languit dans la misère », Legouvé a reproduit l'ode adressée par Le Brun à Voltaire au sujet de Mˡˡᵉ Corneille.
Mᵐᵉ Corneille d'Angély était une fille de Mᵐᵉ Dupuits, mariée en 1786 au baron d'Angély. Déjà, sur la proposition de M.-J. Chénier, la Convention lui avait accordé, le 14 nivôse an III, un secours de 3,000 livres. En 1811, elle obtint une pension de 300 fr.

1244. Droits d'auteur cédés par Andrieux aux héritières de Corneille.

Courrier des Spectacles, 23 avril 1803.
Andrieux céda la moitié de ses droits d'auteur, tant à Paris que dans les départements, pour son remaniement de *la Suite du Menteur* (voy. le n° 820), à deux personnes de la famille du grand Corneille : l'une, Marie Corneille, devenue Mᵐᵉ Dupuits, la même que Voltaire avait mariée en 1763 avec le produit de son Commentaire ; l'autre, Mˡˡᵉ Jeanne-Marie Corneille, fille de Pierre-Alexis et descendante directe de l'illustre poëte.

1245. Lettre de Mˡˡᵉ Corneille a M. A. de S. P.

M. A. de S. P. avait proposé, dans une lettre publiée par le *Courrier des Spectacles* du 17 octobre 1805, l'institution d'une fête annuelle en faveur de Corneille. « Le poëte, disait-il, compte encore en France des héritiers de son nom. Avec quel plaisir on les y verrait réunis, tenant dans leurs mains les couronnes destinées à orner le front de leur illustre aïeul. Cette fête serait encore celle des poëtes de notre siècle qui se sont illustrés dans l'art dramatique, et dont les ouvrages soutiennent honorablement la gloire de la scène française. »

Mlle Corneille répondit à l'auteur du projet par la lettre suivante :

« Je ne saurais vous dire, Monsieur, avec quels sentiments d'attendrissement j'ai lu l'article de votre journal, où l'on propose l'institution d'une fête annuelle à la mémoire du grand Corneille, mon bisaïeul. Cette pensée ne saurait avoir été conçue que par une âme élevée et généreuse. Et qui peut mieux mériter le souvenir de toutes les personnes sensibles à la gloire des arts, que l'illustre auteur de *Cinna*? Dira-t-on qu'il s'est enrichi du produit de ses ouvrages ? Non. Tout entier à la gloire, il a négligé les faveurs de la fortune. L'état où il est mort était voisin de l'indigence : un grand nom est tout ce qui reste à ses descendants. Ses véritables héritiers sont les nations qui lisent ses chefs-d'œuvre et les acteurs qui les représentent. Oui, Monsieur, j'espère que la proposition faite dans votre journal ne sera pas perdue pour le Théâtre-Français, et que nous verrons célébrer à Paris une fête digne du père de la tragédie française. Vous avez la bonté, Monsieur, de rappeler au souvenir public la famille de ce grand poëte, et de former le vœu de la voir assister à la fête que vous proposez. De quelle douce satisfaction ne seraient pas pénétrés les deux tendres neveux dont l'éducation occupe toutes mes pensées et tous mes soins ! Quelle noble émulation n'allumerait pas dans leur jeune cœur la pompe d'un pareil spectacle ! Pour moi, je ne saurais trop remercier celui qui en a donné l'idée ; et si ma lettre ne vous paraît pas trop au-dessous de son sujet, daignez l'insérer dans votre journal, afin qu'il sache que ma reconnaissance égale la grandeur de son projet.

« J'ai l'honneur d'être, etc.
                                                                « CORNEILLE. »

(*Courrier des Spectacles*, 21 octobre 1805.)

L'auteur de cette lettre eut à s'occuper, non pas seulement de deux, mais de douze neveux restés orphelins. Elle obtint des bourses pour les fils dans les lycées de l'état et parvint à nourrir les filles. L'opéra donna, en 1816, une représentation en sa faveur.

1246. NOTE SUR LES DESCENDANTS DE CORNEILLE, par M. le baron de Stassart. *Bruxelles, Hayez*, 1851. In-8.

Extrait des *Bulletins de l'Académie royale de Belgique* (t. XVIIIe). Cette note a été reproduite dans les *Œuvres complètes de Corneille ;* Paris, Didot, 1855, gr. in-8, pp. 350 sqq.

XVIII. — DISCOURS, ÉLOGES, CRITIQUES, PARALLÈLES RELATIFS A CORNEILLE.

I. — Éloges de Corneille. — Considérations générales sur ses ouvrages et son influence littéraire.

1247. Lettres de Madame de Sévigné, de sa famille et de ses amis, recueillies et annotées par M. Monmerqué, membre de l'Institut. Nouvelle édition [publiée sous la direction de M. Adolphe Régnier]. *Paris, L. Hachette et Cie*, 1862. 14 vol. in-8.

Mme de Sévigné parle si souvent de Corneille que ses *Lettres* devaient nécessairement figurer dans notre *Bibliographie*. La table de l'excellente édition de M. Régnier contient un relevé détaillé de tous les passages relatifs à Corneille.

1248. Éloge du grand Corneille. A M. l'abbé des Viviers, aumônier du Roi, chanoine de Constance, protonotaire du Saint-Siége. [Par de La Févrerie.]

Extraordinaire du Mercure, avril 1685, pp. 253-285.

1249. Discours prononcez à l'Academie Françoise le 2 Janvier 1685. *A Paris, de l'Imprimerie de Pierre le Petit, Premier Imprimeur du Roy & de l'Academie Françoise, ruë Saint-Jacques à la Croix d'or*. M.DC.LXXXV [1685]. Avec Privilége de Sa Majesté. In-4 de 37 pp. et 1 f. blanc.

Ce recueil contient le *Discours de M. [Thomas] de Corneille* (pp. 7-16), le *Remerciement de Bergeret* (17-26) et le célèbre discours de Racine en l'honneur de Corneille (pp. 27-37). Ce beau panégyrique a été reproduit dans toutes les éditions des *Œuvres* de Racine.

1250. Pierre Corneille, par Charles Perrault.

Les Hommes illustres qui ont paru en France pendant ce siècle; Paris, 1696-1700, 2 vol. gr. in-fol., t. 1er, pp. 77-78 (avec un portrait de Corneille gravé par *Lubin*), et la Haye, 1736, in-12, pp. 162-167.

1251. Éloge de Corneille, par Saint-Évremond.

Nous avons déjà cité une lettre de Corneille qui nous a été conservée par Saint-Évremond (n° 237). Voici la liste des passages de cet écrivain relatifs à Corneille ; nous citons l'édition de *Londres*, 1711, 4 vol. in-12 :

Corneille est habile à soutenir le caractère des Femmes illustres, II, p. 284 ; il fait parler les Héros avec toute sorte de bienséance, II, p. 285 ; son éloge, III, pp. 51-52 ; admirable lorsqu'il fait parler un Grec ou un Romain, ne se distingue plus des hommes ordinaires lorsqu'il s'exprime pour lui-même, III, p. 57 ; il a outré le Caractère de Titus, III, p. 125 ; pourquoi il vint à déplaire à la multitude, III, p. 130 ; supérieur aux Anciens dans ses Tragédies, III, p. 173 ; en quoi il a particulièrement excellé ; court risque de perdre sa Réputation à la Représentation d'une de ses meilleures Pièces, IV, p. 202 ; combien il a excellé dans la Tragédie, V, p. 247 ; a surpassé tous les Anciens, V, p. 255.

1252. Défense du grand Corneille contre le commentateur des OEuvres de M. Boileau-Despréaux [Brossette], par le Père Tournemine.

Imprimée dans les *Mémoires* de Trévoux, mai 1717 ; réimprimée, en 1738, sous le seul titre de *Défense du grand Corneille*, dans les *Œuvres diverses de P. Corneille* (voy. le n° 174).

1253. Le Cardinal de Richelieu et le grand Corneille, dialogue des morts, par Vauvenargues.

Ouvrage posthume, publié dans le *Supplément aux Œuvres complètes de Vauvenargues* ; Paris, Belin, 1820, in-8.

1254. Dialogues of the Dead, [by George, Lord Lyttelton]. *London*, 1760. In-8.

Le *Dialogue* XIV° entre Boileau et Pope contient un bel éloge de Corneille.

1255. Commentaires sur le Théatre de Pierre Corneille, et autres morceaux intéressans, [par Voltaire]. S. *l.*, 1764. 3 vol. in-12.

Édition séparée des notes et commentaires ajoutés par Voltaire à l'édition des *Œuvres de Corneille* publiée par lui en 1764 (voy. le n° 640). Elle paraît avoir été faite sans sa participation.

1256. Commentaires sur le Théatre de Pierre Corneille et autres morceaux intéressans, par M. de Voltaire. *Amsterdam et Leipsic*, 1765. In-12 de 478 et 208 pp.

Réimpression séparée des *Commentaires* de Voltaire, avec quelques additions.

1257. Commentaires sur Corneille, par Voltaire [avec Préface par Beuchot]. *Paris, Didot*, 1854. In-18.

1258. Éloge de Pierre Corneille, qui, au jugement de l'Académie des Sciences, Belles-Lettres et Arts de Rouen, a remporté le prix d'Éloquence donné, en 1768, par Mgr le Duc de Harcourt, Gouverneur de Normandie, & Protecteur de l'Académie. Par M. Gaillard, de l'Académie royale des Inscriptions et

Belles-Lettres et Censeur Royal. *A Rouen, Chez Ét. Vinc. Machuel, Imprimeur-Libraire de l'Académie, rue Saint-Lo. vis-à-vis le Palais. Et à Paris chez Saillant, rue S. Jean de Beauvais,* 1768. In-8 de 2 ff. et 52 pp., texte encadré.

<small>Réimprimé dans le t. Ier des *Mélanges académiques, poétiques, littéraires, philologiques, critiques et historiques* de Gaillard ; Paris, Agasse, 1806.
C'est dans sa séance du 5 août 1765 que l'Académie de Rouen mit au concours l'éloge de Corneille. Gabriel-Henri Gaillard, qui remporta le prix, était né en 1726 à Hotel, ou Ostel, en Laonnois ; il fut membre de l'Académie des Inscriptions (1760) et de l'Académie Française (1771).</small>

1259. Éloge de P. Corneille, qui, au jugement de l'Académie des Sciences, Belles-Lettres et Arts de Rouen, a remporté l'accessit du prix d'éloquence donné, en 1768, par Monseigneur le Duc de Harcourt, gouverneur de Normandie et protecteur de l'Académie, par M*** [P.-Sylvain Bailly]. *Rouen, Machuel, et Paris, Saillant,* 1768. In-8.

<small>Réimprimé depuis avec quelques changements dans les *Éloges de Charles V, de Molière, de Corneille, de l'abbé de La Caille et de Leibnitz, avec des notes;* Berlin et Paris, Delalain, 1770, in-8 ; et dans les *Discours et Mémoires,* par l'auteur de l'*Histoire de l'Astronomie ;* Paris, Debure l'aîné, 1790. 2 vol. in-8.</small>

1260. Éloge de Corneille. Pièce qui a concouru au prix de l'Académie de Rouen en 1768, Par M. l'abbé de Langeac. — Sperare nefas sit vatibus ultra (Vida). — *A Paris, Chez Le Jay, Libraire, quai de Gêvres, au Grand Corneille,* M.DCC.LXVIII [1768]. In-8 de 42 pp. et 1 f. blanc.

<small>Le titre porte la marque du libraire *Le Jay,* représentant un portrait de Corneille, entouré du vers fameux de l'*Excuse à Ariste :*
Je ne dois qu'à moi seul toute ma renommée.</small>

1261. Éloge de P. Corneille, par M. L*** de L*** [l'abbé de la Serre].

<small>*Nouveaux Discours académiques ;* Nîmes, Gaude, 1768, in 12.</small>

1262. Éloge de P. Corneille, qui a concouru à l'Académie de Rouen, en 1768, par M. Bitaubé. *Berlin, G.-J. Decker,* 1769. In-8.

1263. Éloge de Corneille, avec des notes. *Paris, Delalain,* 1770. In-8.

1264. Discours abrégé sur le grand Corneille.

<small>Publié dans l'*Almanach littéraire,* ou *Étrennes d'Apollon ;* Paris, veuve Duchesne, 1777, in-12, pp. 1-38.</small>

1265. Portrait de Corneille, par Dorat.

Ce portrait a été inséré dans les *Mélanges littéraires, ou Journal des Dames, dédié à la Reine*, par M. Dorat, t. V*, 1778, in-12, 3* cahier, pp. 385 sqq. Il a été reproduit dans le *Coup d'œil sur la littérature, ou Collection de différens ouvrages tant en prose qu'en vers, en deux parties ;* Amsterdam, et se trouve à Paris, chez P.-F. Gueffier, 1780, 2 vol. in-8.

1266. Éloge de Pierre Corneille, par Lesuire, 1781.

Mentionné dans le *Précis analytique des travaux de l'Académie de Rouen*, t. V* (1781-1793), p. 28.

1267. Idées sur Corneille, par M. Grimod de La Reynière.

Se trouvent dans *Peu de chose, hommage à l'Académie de Lyon ;* Neufchâtel et Paris, 1788, in-8.

1268. Corneille, par La Harpe.

Lycée, ou Cours de littérature ancienne et moderne ; Paris, Agasse, 1799-1805, 19 vol. in-8, etc. Voy., dans la dernière édition (Paris, Didier et Lefèvre, 1834, 2 vol. gr. in-8 à 2 col.), le t. I*r*, pp. 467-500.

1269. Éloge de Pierre Corneille, discours qui a remporté le prix d'éloquence décerné par la Classe de la langue et de la littérature françaises de l'Institut, dans sa séance du 6 avril 1808 ; par M*rie* J.-J. Victorin Fabre. *Paris, Baudouin,* 1808. In-8 de 100 pp.

1270. Éloge de Pierre Corneille, discours qui a remporté le prix d'éloquence décerné par la Classe de la langue et de la littérature françaises de l'Institut ; par M*rie* J.-J. Victorin Fabre. Seconde édition, suivie de notes revues et augmentées. *Paris, Baudouin,* 1808. In-8.

M. Dussault a consacré à cet *Éloge* un compte-rendu reproduit dans ses *Annales littéraires, ou Choix chronologique des principaux articles de littérature insérés par M. Dussault, dans le Journal des Débats, depuis 1800 jusqu'à 1817* (Paris, Maradan, 1818, 4 vol. in-8), t. III*, pp. 84-90.

1271. Éloge de Pierre Corneille, discours qui a obtenu l'Accessit au jugement de la Classe de la langue et de la littérature françaises ; par L.-S. Auger. *A Paris, chez Xhrouet, Deterville, Petit,* 1808. In-8 de 2 ff. et 56 pp.

1272. Éloge de Pierre Corneille, qui a obtenu la première mention honorable au jugement de la Classe de la littérature et de la langue françaises ; par René de Chazet. *Paris, Le Normant,* 1808. In-8.

1273. Éloge de Pierre Corneille, discours qui a concouru pour le prix d'éloquence proposé à la Classe de la langue et de la littérature françaises de l'Institut ; par M. G. D. L. B*** [Gudin de la Brenellerie]. *Paris, Patris,* 1808. In-8.

1274. Éloge de Corneille, par M. A. J. [Jay]. *Paris, Léopold Collin, juillet* 1808. In-8.

1275. Éloge de Pierre Corneille, par un jeune Français [Jules Porthmann]. *Paris, Martinet,* 1808. In-8.

1276. Éloge de Corneille [par de Montyon]. *Londres, de l'imprimerie de P. da Ponte* [s. d., *mais vers* 1808]. In-8 de 2 ff. et 43 pp., sans f. de titre.

« Il paraît, dit une *Note de l'Éditeur* placée à la première page, que, par des considérations étrangères à la littérature, cet Éloge de Corneille n'a point été admis au concours ouvert par l'Institut national. La comparaison de cet ouvrage avec ceux qui ont obtenu le suffrage de l'Institut national peut faire connaître lequel l'a mieux mérité. »

1277. Le Prononcé, ou La Prééminence poétique du grand Corneille, par F. L. Darrangon. *A Paris, Chez Hénée, impr.-libr., rue et en face l'Église St.-Severin, n° 6 ; Delaunay, librairie au Palais royal, Galerie de Bois ; Dabris, Palais du Tribunat.* M.D.CCC.VIII [1808]. In-8 de 1 f. pour le faux-titre et 29 pp.

1278. Le Journal de l'Empire, l'Institut et l'Éloge de Corneille, traités tous trois comme ils le méritent. Première Lettre au public impartial, par J. de Rochelines. *Paris, Imprimerie de Brasseur aîné,* 1808. In-8.

Cette lettre n'a pas eu la suite annoncée.

1279. Éloge de P. Corneille, proposé pour prix d'éloquence en 1808 ; par F. A. Guinaud. *Paris, Le Normant,* 1822. In-8.

1280. Corneille. Von August von Schlegel.

Vorlesungen über dramatische Kunst und Literatur (Heidelberg, 1809, 2 vol. in-8, et 1817, 3 vol. in-8).
Cours de littérature dramatique, traduit en français par Mme Necker de Saussure Paris, 1814, 3 vol. in-8).

1281. Discours qui a obtenu une médaille d'or de 300 fr. à la séance de la Société d'émulation de Rouen du 2 juin 1813, sur cette question : Quelle a été l'influence du grand Corneille sur la littérature française et sur le caractère national ; par M. A. Thorel de Saint-Martin. *Rouen, Baudry*, 1813. In-8 de 44 pp.

1282. CORNEILLE. Von Friedrich von Schlegel.

<small>Voy. *Geschichte der alten und neuen Literatur* (Wien, 1815, 2 vol. in-8) *Histoire de la Littérature ancienne et moderne*, traduite de l'allemand par Duckett (Paris, 1829, 2 vol. in-8).</small>

1283. CORNEILLE. By Henry Hallam.

<small>Voy. *Introduction to the Literature of Europe*, fourth Edition (London, 1854, 3 vol. in-8), t. IIIe, pp. 68-75.
Cet ouvrage parut pour la première fois en 1827 ; il en existe une traduction française.</small>

1284. CORNEILLE, par M. P. A., de Rouen.

<small>*Revue de Rouen*, 1834, 2e semestre, pp. 277-283.</small>

1285. RÉFLEXIONS SUR ROUEN ET SUR CORNEILLE, par M. Mary-Lafon.

<small>*Précis des travaux de l'Académie de Rouen*, 1835, pp. 106 sqq.</small>

1286. CORNEILLE, par M. Sainte-Beuve.

<small>*Portraits littéraires* (Paris, 1844, 2 vol. in-12), t. Ier.
M. Sainte-Beuve a, en outre, longuement parlé de Corneille dans son *Histoire de Port-Royal*, t. Ier, et dans ses *Nouveaux Lundis*, t. VIIe (Paris, 1867, in-12).</small>

1287. DISCOURS SUR P. CORNEILLE, prononcé à la Faculté des Lettres, par M. Saint-Marc Girardin.

<small>*Journal des Débats*, 10 janvier 1852.</small>

1288. CORNEILLE, par M. Géruzez.

<small>*Histoire de la Littérature française, du moyen âge aux temps modernes* (Paris, 1852, in-8), pp. 278-294.</small>

1289. CORNEILLE, par Désiré Nisard.

<small>*Histoire de la Littérature française*, t. IIe, 2e édit. (Paris, 1854, in-8), pp. 107-166.</small>

1290. FACULTÉ DES LETTRES. COURS DE POÉSIE FRANÇAISE (12 décembre 1861). M. Charles Caboche chargé de la suppléance de M. Saint-Marc Girardin. *Paris, Imprimerie de P.-A. Bourdier et Cie*, 1862. In-8 de 30 pp. et 1 f. blanc.

<small>Leçon d'ouverture sur Corneille.</small>

1291. CORNEILLE ET SES CONTEMPORAINS, discours prononcé à l'ouverture du cours de poésie française, le 17 décembre 1863, par M. Saint-René Taillandier, Professeur de littérature française à la Faculté des lettres de Montpellier, chargé de suppléer M. Saint-Marc Girardin. *Paris, librairie Germer-Baillière,* 1864. In-8 de 28 pp., y compris le titre.

1292. ÉTUDE SUR CORNEILLE, par Alexis Doinat. *Paris,* 1867. In-8.

On lit au verso du faux-titre : « Cette étude ne se trouve pas dans le commerce de la librairie. »

1293. LE GÉNIE NORMAND DANS LES LETTRES ET DANS LES ARTS. MALHERBE ET CORNEILLE. Discours prononcé devant la Société libre d'Agriculture, Sciences, Arts et Belles-Lettres de l'Eure (section de Bernay), par Albert de Broglie, de l'Académie Française. *Paris, Douniol,* 1869. In-8 de 21 pp.

Extrait du *Correspondant.*

1294. LE GÉNIE DE CORNEILLE, par D. Bancel. Réunion publique du Châtelet. *Paris, Degorge-Cadot,* [impr. *Rochette*], 1869. Gr. in-18 de v et 28 pp. (50 cent.)

Bibliothèque libérale.
M. Bancel, entraîné par les préoccupations du moment, a fait moins une conférence littéraire qu'un discours politique.

1295. ROZHLED VE DRAMATĚ FRANCOUSKÉM. Podává František Zákrejs. Corneille.

Études sur le drame français, insérées par M. Fr. Zákrejs dans l'*Osvěta, listy pro rozhled v umění, vědě a politice,* ročnik II (v Praze, 1872, in-8), pp. 734-747 ; 830-840.
Les deux articles relatifs à Corneille contiennent des analyses et des extraits de ses principales pièces.

1296. LA TRAGÉDIE EN FRANCE. Tragiques et Tragédiens, par Jean Morel.

Revue de France, 3ᵉ année, t. Vᵉ (Paris, 1873, in-8), pp. 507-533.
Cet article, écrit à propos de la reprise solennelle du *Cid* faite par le Théâtre-Français, en 1872, est spécialement consacré à Corneille.

1297. DISCOURS [SUR P. CORNEILLE], prononcé par M. Ligneau, Professeur de Sixième, à la distribution des prix aux élèves du Lycée Corneille, le 6 août 1873. [*Paris,* 1873]. In-8 de 16 pp.

Extrait du palmarès du Lycée Corneille.

1298. Discours prononcé [à la distribution des prix du Lycée Corneille], par M. Caboche, inspecteur général de l'Université. [*Paris*, 1873]. In-8 de 6 pp. et 1 f. blanc.

Extrait du palmarès du lycée Corneille ; les 3 ff. de texte sont paginés de 18 à 22.
Ce discours de circonstance est une réponse au précédent.

II. — Particularités de la vie littéraire de Corneille. Sa langue et ses théories littéraires ; sa bibliographie.

1299. Lettre sur les Vers irréguliers ; détails sur Corneille, Molière, etc.

Voy. cette lettre dans le *Recueil de pièces curieuses* (Amsterdam, Adrian Moetjens, 1694, in-12), t. IIIe, p. 330.

1300. Dissertation sur quelques passages de Sénèque et de Corneille, lue à la séance publique de la Société littéraire d'Arras, le 14 avril 1764, par M. Denis. *Arras*, 1764. In-12.

1301. Richelieu et les cinq Auteurs, scènes historiques par B. G.

Imprimées dans la *Gironde, Revue de Bordeaux*, t. Ier (1833, in-4), pp. 180 sqq.

1302. Corneille, imitateur des Espagnols, par Adolphe de Puibusque.

Histoire comparée des littératures espagnole et française (Paris, 1843, 2 vol. in-8), t. IIe, pp. 84-161.

1303. L'Hotel de Rambouillet et Corneille, par M. Henri Martin.

Revue indépendante du 25 juin 1845.

1304. Anecdotes littéraires sur Pierre Corneille, ou Examen de quelques plagiats qui lui sont généralement imputés par ses divers commentateurs français, en particulier par Voltaire; par M. Viguier, inspecteur général de l'Université. *Rouen, de l'Imprimerie de A. Péron*, 1846. In-8 de 69 pp. et 1 f. pour la table.

Mémoire lu à l'Académie des Sciences, Belles-Lettres et Arts de Rouen, séances des 22 et 29 mai 1846.
Extrait de la *Revue de Rouen et de la Normandie*, 1846.

1305. P. Corneille dans ses rapports avec le drame espagnol, par Philarète Chasles.

Études sur l'Espagne et sur les influences de la littérature espagnole en France et en Italie (Paris, Amyot, 1847, in-12), pp. 447-461.

1306. Renseignements relatifs a Pierre Corneille, principalement en ce qui concerne l'Académie de Rouen ; par M. A.-G. Ballin, archiviste. Lecture faite à la séance du 1er août 1848.

Extrait du *Précis analytique des travaux de l'Académie de Rouen*, 1848, pp. 261-294.

L'auteur de ce travail a relevé sur les registres de l'Académie toutes les séances qui ont été consacrées en tout ou en partie à Pierre Corneille. A la suite de cette notice, se trouve un *Catalogue par ordre chronologique de divers opuscules concernant Pierre Corneille, la plupart composés par des Rouennais et publiés à Rouen ; complément à la Bibliographie placée à la suite de l'Histoire de sa vie*, par M. Jules Taschereau.

1307. Notes relatives a Corneille, lues à l'Académie des Sciences, Belles-Lettres et Arts de Rouen, par M. Ballin. S. *l. n. d.* In-8 de 5 pp. et 1 f. blanc.

Extrait du *Précis analytique des travaux de l'Académie de Rouen*, 1850.

Cette communication comprend seulement la description d'un exemplaire de l'*Imitation* appartenant à M. Thomas, de Rouen, et du recueil de vers latins du P. de la Rue, dans lequel est réimprimé le sonnet : *Au Roy, sur la Conqueste de la Franche-Comté* (voy. le n° 216).

1308. Essai sur les théories dramatiques de Corneille, d'après ses discours et ses examens. Thèse présentée à la Faculté des lettres de Paris, par J.-A. Lisle, bachelier ès-sciences, licencié ès-lettres et en droit. *Paris, A. Durand,* [*impr. W. Remquet et Cie*], 1852. In-8 de 126 pp. et 1 f.

Cette thèse est dédiée à M. A. Bixio, ancien représentant du peuple.

1309. Molière musicien ; notes sur les OEuvres de cet illustre maître, et sur les drames de Corneille, Racine, Quinault, Regnard, Montluc, Mailly, Hauteroche, Saint-Évremond, du Fresny, Palaprat, Dancourt, Lesage, Destouches, J.-J. Rousseau, Beaumarchais, etc. ; où se mêlent des considérations sur l'harmonie de la langue française ; par Castil-Blaze. *Paris, Castil-Blaze, rue Buffault,* 9, 1852. 2 vol. in-8.

L'auteur parle en particulier du *Menteur* (t. Ier, pp. 36-44).

1310. Note sur un Exemplaire du Théatre de Corneille, avec envoi d'auteur aux Jésuites, par M. A. de Bougy.

Athenæum français du 22 décembre 1855, p. 1114.

L'exemplaire dont il est ici question appartient à la Bibliothèque de l'Université ; il porte la dédicace suivante qui jette un jour précieux sur les relations de Corneille avec ses anciens maîtres :

> Patribus Societatis Jesu
> Colendissimis præceptoribus suis
> Grati animi pignus.
> D. D. Petrus Corneille.

Ces quatre lignes sont suivies de ces vers empruntés à Juvénal :

> Dii, majorum umbris tenuem, et sine pondere terram,
> Qui præceptorem sancti voluere parentis
> Esse loco.

1311. LES COMMENCEMENTS DE P. CORNEILLE, par A. Hatzfeld. *Grenoble, Imprimerie de Prudhomme*, 1857. In-8.

1312. DES PRINCIPES DE CORNEILLE SUR L'ART DRAMATIQUE. Thèse de doctorat, présentée à la Faculté des lettres de Dijon, par B. Duparay. *Lyon, Vingtrinier*, 1857. In-8.

1313. LA VÉRITÉ CHEZ CORNEILLE, démontrée par l'analyse de ses principaux personnages, par Alexandre Lecœur. *Paris, L. Hachette*, 1860. In-18.

1314. DE LA LANGUE DE CORNEILLE, par Ch. Marty-Laveaux. — Il est constant qu'il y a des préceptes puisqu'il y a un art, mais il n'est pas constant quels ils sont. (Corneille. *Discours de l'utilité et des parties du poëme dramatique.*) Extrait de la Bibliothèque de l'École des Chartes (5e série, t. II). *Paris, Librairie de L. Hachette et Cie, rue Pierre-Sarrazin, 14, [Imprimerie de Ad. Lainé et J. Havard]*, 1861. In-8 de 2 ff. et 48 pp.

Ce mémoire est l'introduction d'un vaste glossaire de Corneille, auquel l'Académie française a décerné un prix de 3,000 francs dans sa séance du 25 août 1859. M. Marty-Laveaux a publié le glossaire à la fin de sa grande édition des *Œuvres* de Corneille ; l'introduction, qui ne rentrait pas dans le cadre de cette édition, est un morceau très-intéressant, qui peut y être joint.

1315. LE GRAND CORNEILLE HISTORIEN, par Ernest Desjardins. *Paris, Didier et Cie*, 1861. In-8 de 2 ff. et 352 pp.

Réunion d'articles publiés en feuilleton dans le *Moniteur universel* de 1860.

« J'ai voulu montrer, dit l'auteur, que Corneille est aussi grand historien que grand poëte. » Pour soutenir cette thèse, M. Desjardins examine successivement les treize pièces de Corneille relatives à l'histoire romaine, depuis *Horace* jusqu'à *Attila* (il passe sous silence *Pulchérie*). Il montre que ces pièces forment un vaste tableau de l'histoire de Rome, depuis son origine jusqu'à l'invasion des Barbares, et que, par une remarquable intuition, le poète a saisi l'esprit des Romains et de leurs institutions avec autant de vérité que l'ont pu faire les grands historiens modernes, aidés des plus récentes découvertes.

Voy. sur cet ouvrage les articles critiques insérés dans le *Figaro* du 30 juin 1861 (par M. Jouvin) ; dans la *Revue des Deux-Mondes* du 15 juillet 1861 (par M. E. Lataye) ; dans la *Correspondance littéraire*, 5ᵉ année (1860-1861), pp. 436-439 (par M. G. Vattier) ; dans le *Journal général de l'instruction publique* du 4 janvier 1862 ; dans le *Journal des Débats* du 23 avril 1862 (par M. Louis Passy), dans le *Constitutionnel* du 27 février 1862 (par M. Sainte-Beuve).

1316. LE GRAND CORNEILLE HISTORIEN, par Ernest Desjardins. Deuxième édition. *Paris, Didier et Cⁱᵉ*, 1861. In-12 de 8 ff. et 352 pp.

Même édition que la précédente, tirée dans un format plus petit.

1317. UN MOT D'HORACE CITÉ PAR CORNEILLE.

Un lecteur de la *Correspondance littéraire* demande, par la voie de ce journal, la source à laquelle Corneille a puisé une citation attribuée par lui à Horace dans l'avis *Au Lecteur* qui précède l'édition des *Œuvres* données en 1648 : « Je dirois la mesme chose de la liaison des scenes, si j'osois la nom-« mer une regle, mais, comme je n'en voy rien dans Aristote, que nostre « Horace n'en dit que ce petit mot : *neu quid* HIET, dont la signification peut « estre douteuse... » (*Correspondance littéraire*, 6ᵉ année, 1861-1862, p. 116). M. Dübner répond (*ibid.*, pp. 146 sq.) que l'auteur du *Cid* a certainement voulu citer ces vers biens connus :

Neu quid medios intercinat actus
Quod *non* proposito conducat et *haereat apte*,

mais que sa mémoire l'aura trompé.

1318. LEXIQUE COMPARÉ DE LA LANGUE DE CORNEILLE ET DE LA LANGUE DU XVIIᵉ SIÈCLE EN GÉNÉRAL, par M. Frédéric Godefroy, auteur de l'Histoire de la littérature française, depuis le XVIᵉ siècle jusqu'à nos jours. Couronné par l'Académie française, en 1859 et en 1861. *Paris, Librairie académique Didier et Cⁱᵉ*, 1862. 2 vol. in-8.

T. Iᵉʳ : faux-titre et titre ; — dédicace à Mᵐᵉ Godefroy mère ; — IV pp. pour la *Préface* ; — CXXIII pp. pour l'*Introduction* ; — 404 pp.

T. IIᵉ : 2 ff. pour les titres, 464 pp., 1 f. d'*Errata et Addenda* et 1 f. blanc.

1319. CORNEILLE PRÉCIEUX, par V. G.

Le Chasseur bibliographique, n° 11 (Paris, nov. 1862, in-8), pp. 8-10.

1320. CORNEILLE, POËTE COMIQUE, par M. Paul Vavasseur ; discours de réception prononcé à la séance publique de l'Académie des Sciences, Belles-Lettres et Arts de Rouen. *Rouen, Imprimerie de Boissel*, 1864. In-8.

1321. DE LA RIME, D'APRÈS BOILEAU ET RACINE, AVEC DES SUPPLÉments relatifs a Corneille et a Molière, par H. Billet, chef d'institution. *Noyon, D. Andrieux*, 1864. In-8 de 74 pp.

1322. Note sur Pierre Corneille considéré a tort comme l'auteur du poëme l'Occasion perdue recouverte; lue à l'Académie des Sciences, Belles-Lettres et Arts de Rouen par Édouard Frère. *Rouen, Imprimerie de H. Boissel, successeur de A. Péron*, 1864. In-8 de 19 pp.

<small>Tiré à 50 exemplaires.
Extrait du *Précis analytique des travaux de l'Académie de Rouen*, 1862-1863, séance du 5 décembre 1862.</small>

1323. Corneille, Shakespeare et Goethe. Étude sur l'influence anglo-germanique en France au xixe siècle, par William Reymond. Avec une lettre-préface de M. de Sainte-Beuve [sic]. *Berlin, Lüderitz*, 1864. In-8.

1324. Corneille et Guillen de Castro.

<small>*Littérature et Philosophie*, par Émile Ferrière (Paris, Marpon, 1865, in-12), pp. 215-304.
M. Ferrière entreprend « de montrer, pièces en main, que Guillen de Castro, dans la *Jeunesse du Cid*, ne le cède point à Corneille, au triple point de vue des personnages, du dialogue et de la conduite de la pièce ; et qu'il a déployé plus d'invention, en un mot, de génie, dans la conception première du drame ».</small>

1325. Une Séance de l'Académie des Palinods en 1640. Discours prononcé, le 7 août 1867, dans la séance solennelle de l'Académie des Sciences, Belles-lettres et Arts de Rouen, par Édouard Frère, président. Suivi des Poësies Palinodiques de Jacqueline Pascal, de Pierre, Antoine et Thomas Corneille. *Rouen, Auguste Le Brument, et Paris, Tardieu,* 1867. In-8 de 2 ff., 49 pp. et 1 f. pour la *Table*.

<small>Tiré à 125 exemplaires, sur papier vergé.
L'Académie des Palinods était une confrérie qui se réunissait à Rouen le 8 décembre de chaque année pour célébrer l'Immaculée Conception de la Vierge. Elle avait été fondée vers la fin du xve siècle et avait reçu du pape Léon X des priviléges spéciaux. Les trois frères Corneille composèrent successivement des vers pour les Palinods. Nous avons déjà parlé d'une pièce attribuée à Pierre Corneille par M. Édouard Fournier (*Notes sur Corneille*, p. vii), pièce qui aurait été lue par le poëte au concours de 1633 (voy. n° 1199). Il est possible que ce fragment soit authentique, mais personne n'a pu dire d'où il a été tiré, et M. Fournier lui-même n'a pu fournir aucun renseignement à ce sujet. En 1640, Jacqueline Pascal remporta le prix pour des strophes composées sous l'inspiration de l'auteur du *Cid*, et Corneille improvisa pour elle un remerciment. Antoine Corneille, son second frère, né en 1611, chanoine régulier de Saint-Augustin, puis sous-prieur au Prieuré du Mont-aux-Malades, obtint des prix en 1636, 1638, 1639 et 1641 ; enfin Thomas fut couronné en 1641.</small>

M. Édouard Frère a réuni à la suite de son discours les vers composés par les trois Corneille pour la confrérie rouennaise.

1326. La Gloire des armes chez Corneille, par E. de la Barre Duparcq. *Orléans,* 1868. In-8 de 13 pp.

Tiré à 200 exemplaires.

1327. Corneille et l'Acteur Mondory, par M. F. Bouquet, professeur au Lycée Impérial et à l'École supérieure des sciences et des lettres de Rouen. *Rouen, Imprimerie de E. Cagniard.* 1869. In-8 de 27 pp.

Extrait de la *Revue de Normandie* (février-mars 1869), t. IXe, pp. 185-113; 145-161.

1328. Corneille historien.

Article de M. A. Thiénot dans le *Constitutionnel* du lundi 2 août 1869.

1329. Corneille als Lustspieldichter. Von E. Schmidt.

Archiv für das Studium der neuern Sprachen, t. L^e (Braunschweig, 1873, in-8).

III. — Discours, critiques et parallèles relatifs a Corneille et a Racine.

1330. Parallèle de Corneille et de Racine, par M. de Longepierre.

Ce *Parallèle,* inséré d'abord dans les *Jugements des Savants,* de Baillet (1686), a été réimprimé dans le *Recueil* cité ci-après (n° 1336).

1331. Entretien sur les tragedies de ce temps [par l'abbé de Villiers]. *A Paris, chez Michalet,* 1675. In-12.

Pièce relative à Corneille et à Racine. Elle est réimprimée dans le *Recueil* cité plus loin (n° 1336).

1332. Parallèle de M. Corneille et de M. Racine, par M. Fontenelle, [1693]. 1 f.

Ce *Parallèle* a été souvent réimprimé. Le plus ancien recueil où nous l'ayons trouvé, dit M. Taschereau, est le volume intitulé : *Voyage de MM. de Bachaumont et de La Chapelle, avec un mélange de pièces fugitives tirées du cabinet de M. de Saint-Évremont* (Utrecht, Galma, 1697, in-12).

1333. Dissertation sur les caractères de Corneille et de Racine,

CONTRE LE JUGEMENT DE LA BRUYÈRE, par M. Tafignon. *Paris*, 1705. In-12.

Réimprimée dans le *Recueil* cité plus loin (n° 1336), et dans les *Œuvres diverses* de P. Corneille, édition d'Amsterdam, 1740, in-12 (n°175), pp. XXXI-LX.

Le jugement de La Bruyère se trouve dans le premier chapitre des *Caractères*.

1334. DISSERTATION SUR LES PIÈCES DE CORNEILLE ET DE RACINE.
Imprimée dans le *Mercure* d'octobre 1717, pp. 35-59.

1335. DISPUTE LITTÉRAIRE SUR LES OEUVRES DE CORNEILLE ET DE RACINE. A M. de ***.
Imprimée dans les *Amusements du cœur et de l'esprit* (Paris, Didot, 1736, in-12), t. IIe, pp. 291-314.

1336. RECUEIL DE DISSERTATIONS SUR PLUSIEURS TRAGÉDIES DE CORNEILLE ET DE RACINE, avec des Réflexions pour & contre la Critique des Ouvrages d'esprit, & des Jugemens sur ces Dissertations. *A Paris, Chez Gissey, rue de la vieille Boucherie; Bordelet, rue Saint-Jacques, [de l'Imprimerie de Gissey],* M.DCC.XL [1740]. Avec Approbation & Privilége du Roi. 2 vol. in-12.

T. Ier : 2 ff. pour le titre et la *Table* du 1er vol.; 1 f. pour la *Table* du 2e vol.; cxxvj et 373 pp.; 1 f. qui ne contient que le mot *Privilége* en réclame; 2 ff. pour le *Privilége* et 1 f. blanc.

T. IIe : 1 f. de titre et 414 pp.

Le privilége, daté du 9 septembre 1739, est accordé pour six ans à *Henry-Simon-Pierre Gissey*.

Ce recueil, publié par l'abbé Granet, contient :

1° *Préface* de Granet, t. Ier, pp. I-CXXIV;

2° *Entretien sur les Tragédies de ce temps, par M. l'abbé de Villiers;* Paris, 1675, in-12 : t. Ier, pp. 1-46;

3° *Parallèle de Corneille et de Racine, par M. de Longepierre, dans les Jugemens des Sçavans* de Baillet, 1686 : t. Ier, pp. 47-69;

4° *Dissertation sur les Caractères de Corneille et de Racine contre le Jugement de La Bruyère, par M. Tafignon;* Paris, 1705, in-12 : t. Ier, pp. 70-98;

5° *Le Jugement du Cid, composé par un Bourgeois de Paris, Marguillier de sa paroisse;* Paris, 1637, in-8 : t. Ier, pp. 99-113;

6° *Lettre de M. l'abbé de Boisrobert à M. Mairet :* t. Ier, pp. 114-117;

7° *Critique de la Sophonisbe de Corneille, tirée de la troisième Partie des Nouvelles Nouvelles, par M. Dauneau de Visé;* Paris, 1663, in-12 : t. Ier, pp.118-133;

8° *Dissertation concernant le Poëme dramatique, en forme de Remarques sur la Tragédie de M. Corneille, intitulée Sophonisbe, par l'abbé d'Aubignac;* Paris, 1663, in-12 : t. Ier, pp. 134-153;

9° *Défense de la Sophonisbe de M. Corneille, par M. Dauneau de Visé;* Paris, 1663, in-12 : t. Ier, pp. 154-194;

10° *Lettre sur les Remarques qu'on a faites sur la Sophonisbe de M. Corneille;* Paris, 1663, in-12 : t. Ier, pp. 195-212;

11° *Seconde Dissertation concernant le Poëme dramatique, en forme de Remarques sur la Tragédie de M. Corneille, intitulée Sertorius, par l'abbé d'Aubignac;* Paris, 1663, in-12 : t. Ier, pp. 213-292;

12° *Défense du Sertorius de M. Corneille, par M. Dauneau de Visé;* Paris, 1663, in-12 : t. Ier, pp. 293-373 ;

13° *Troisième Dissertation concernant le Poëme dramatique, en forme de Remarques sur la Tragédie de M. Corneille, intitulée l'Œdipe, par l'abbé d'Aubignac;* Paris, 1663, in-12 : t. IIe, pp. 1-69 ;

14° *Dissertation sur la Tragédie de Racine, intitulée Alexandre, à Madame Bourneau; par M. de Saint-Évremond;* dans les *Œuvres de Saint-Évremond*, Amsterdam, 1726, in-16, t. IIe, pp. 70-84 ;

15° *La Folle Querelle, ou la Critique d'Andromaque, Comédie de M. de Subligny;* Paris, 1668, in-12 : t. IIe, pp. 85-187 ;

16° *La Critique de la Bérénice de Racine, par l'abbé de Villars;* Paris, 1671, in-12 : t. IIe. pp. 188-207 ;

17° *La Critique de la Bérénice de Corneille, par le même;* Paris, 1671, in-12 : t. IIe, pp. 208-222 ;

18° *Réponse à la Critique de la Bérénice de Racine, par Subligny;* Paris, 1671 : t. IIe, pp. 223-254 ;

19° *Tite et Titus, ou les Bérénices, Comédie en trois actes;* Utrecht, 1673, in-12 : t. IIe, pp. 255-312 ;

20° *Remarques sur l'Iphigénie de Racine;* Paris, 1675, in-12 : t. IIe, pp. 313-350 ;

21° *Dissertation sur les Tragédies de Phèdre et Hippolyte, por Subligny;* Paris, 1677, in-12 : t. II{o}, pp. 351-414.

L'abbé Granet dit, dans sa Préface, qu'il a formé le dessein de donner une histoire critique des principales disputes élevées en France, depuis le commencement du XVIIe siècle, en matière d'éloquence, de poésie, d'histoire et de tout ce qui a rapport aux belles-lettres. « Ce dessein m'a obligé, ajoute-t-il, de rassembler une infinité de petits écrits qui sont devenus fort rares, et dont une partie a formé les deux volumes que je publie, parce qu'ils m'ont paru renfermer des détails curieux, concernant le Théâtre-François, et retracer en partie le progrès du goût en fait de Poésie dramatique.

« Il n'en est point des critiques des pièces de Théâtre comme des critiques de la plupart des autres ouvrages. Un homme de lettres examine dans son cabinet un livre nouveau ; il en démêle tous les rapports, les beautés et les défauts ; ce n'est, à proprement parler, que l'ouvrage de son esprit ; mais une pièce de théâtre qui a été représentée plusieurs fois essuye la critique du parterre et du public ; cette critique vole de bouche en bouche, et l'auteur qui, dans un écrit imprimé, s'érige en censeur de la pièce, ne manque pas de profiter de ces observations ; ainsi il est en partie l'écho du public, dont il atteste le goût aux siècles à venir.

« Des personnes zélées pour la gloire de Corneille et de Racine, opposeront peut-être qu'un pareil Recueil ne sçauroit être honorable à leur mémoire, et qu'il vaudroit mieux laisser périr de pareils écrits. Mais, outre que dans quelques-uns ils sont défendus, il y en a d'autres où leurs beautés et leurs défauts sont équitablement pesés. Je ne vois pas que des ouvrages faits contre ces deux grands Poëtes puissent jamais nuire à leur réputation ; ils ne servent qu'à faire connoître la manière dont on a apprécié leurs productions, auxquelles je conviens qu'en bien des choses on a dans la suite rendu plus de justice, parce que le goût s'est épuré et que l'intelligence des beautés dramatiques est devenue plus lumineuse. »

1337. LETTRE SUR CORNEILLE ET SUR RACINE, par M. l'abbé Simon [Louis-Benoit]. S. l., 1758. In-12.

1338. Parallèle des trois principaux Poëtes tragiques françois, Corneille, Racine et Crébillon, précédé d'un abrégé de leurs vies et d'un catalogue raisonné de leurs ouvrages, avec plusieurs Extraits des Observations faites par les meilleurs juges sur le caractère particulier de chacun d'eux... [par Fontenelle, Vauvenargues, Gaillard, etc., etc.] *Paris, Saillant*, 1765. In-12.

1339. Dissertation sur Corneille et Racine, suivie d'une Épître en vers [par Durosoi]. *Londres et Paris, Lacombe*, 1773. In-8.

1340. Observations sur Racine et incidemment sur Corneille.
Mélanges académiques, de Gaillard, t. IIIe, pp. 320-402.

1341. Sur Corneille et Racine.
Fragment en prose inséré sans nom d'auteur dans *les Quatre Saisons du Parnasse*, publiées par Fayolle; 2e année, Printemps (Paris, Mondelet, 1806, in-12), pp. 229-234.

1342. Corneille, Racine et leur époque, par M. Auguste de Lavallery.
Essor, préludes philosophiques et littéraires, t. Ier, 2e livr. (Paris, 20 septembre 1833, in-8), pp. 33-42.

1343. Corneille, Racine et Molière. Deux cours sur la poésie dramatique française au XVIIe siècle par Eugène Rambert, ancien professeur à l'Académie de Lausanne, professeur à l'École polytechnique fédérale de Zurich. *Lausanne, A. Delafontaine, Libraire-Éditeur*, 1861. In-8 de 516 pp. et 1 f. d'*Errata*.

1344. Corneille et Racine ont-ils fait parler l'antiquité?
Littérature et Philosophie par *Émile Ferrière* (Paris, Marpon, 1865, in-12), pp. 34-58.
M. Ferrière prend çà et là quelques vers de Corneille et de Racine, qui expriment des sentiments tout modernes, et se hâte de conclure que ni l'un ni l'autre n'ont su faire parler l'antiquité. Mais les vers que cite M. Ferrière sont tous empruntés à des scènes d'amour, c'est-à-dire aux scènes où les auteurs n'ont pas voulu s'écarter du goût raffiné de leur siècle; il serait facile de leur en opposer d'autres, tels que les discours politiques de *Cinna*, de *Nicomède* et de *Britannicus*. La conclusion du critique est donc fausse, en ce qu'elle est trop absolue.

1345. Observationes grammaticae et lexicologicae de lingua Corneliana et Raciniana. — Remarques grammaticales et lexicologiques sur la langue de Corneille et celle de Racine. Dissertatio philologica quam die VII mensis decembris A. MDCCCLXXI publice defendet Petrus Aretz Rhenanus. *Bonnac, formis I. F. Carthausii*. In-8 de 46 pp. et 1 f.

XIX. — DISSERTATIONS, CRITIQUES, PIÈCES DE THÉATRE ET PARODIES RELATIVES AUX OUVRAGES SÉPARÉS DE CORNEILLE.

I

1346. Mélite, ou la première Pièce de Corneille, nouvelle historique, par Dumersan.

Le *Monde dramatique*, t. IV°, pp. 337 sqq., n° du 6 juin 1837.

Cette nouvelle a été mise par l'auteur en un acte et en vers, et représentée sous cette forme sur le théâtre des Arts à Rouen le 29 juin 1837. Voy. le n° 1570.

VII

1347. Parallèle des beautés de Corneille avec celles de plusieurs scènes de la Médée de Sénèque.

Lu à la séance de la Société libre d'émulation de Rouen du 16 juin 1804.

VIII

1348. Décoration de l'Illusion comique.

La Bibliothèque nationale possède (msc. franç., n° 24330) un manuscrit intitulé : Mémoire de plusieurs décorations qui serue (sic) aux pieces contenus (sic) en ce present Liure commance per Laurent mahelot Et continué par michel Laurent En lannee 1673. In-fol.

Ce manuscrit, dont les deux auteurs étaient fort ignorants, contient la description suivante, accompagnée d'un grand dessin. En dépit du titre, il ne peut être question ici que de l'*Illusion comique* :

« *La Mélite* de M. de Corneille.

« Au milieu il faut un Palais bien orné. A un costé du theâtre [à droite] un autre pour un Magicien, au-dessus d'une montaigne ; de l'autre costé du theatre un parc. Au premier acte, une Nuict, une Lune qui marche, des rossignols, un Miroir enchanté ; Vne baguette pour le Magicien, des Carquans ou Menottes, des trompettes, des Cornets de Papier, un chapeau de ciprez pour le Magicien. »

Le continuateur du manuscrit, plus ignorant encore que le premier, n'a pas été en état d'esquisser même un dessin grossier. Il s'est borné à nous donner une liste des pièces qui composaient le répertoire courant de 1673 à 1685, avec l'indication sommaire des décorations et des accessoires requis pour la représentation. Les pièces de Corneille qui figurent dans cette liste sont : *le Cid, Horace, Cinna, Polyeucte, Rodogune, Héraclius, Andromède, Don Sanche, Œdipe, Sertorius, Othon* et *Suréna*.

Voici un spécimen des indications recueillies par le machiniste :

Rodogune.

Theatre est une salle de palais au second acte il faut un fauteuilla [sic] et deux tabourest [sic] au cinquiesme acte trois fauteuille Et un tabourest une coupe d'or.

L'indication d'*Andromède*, « piece en machine Jouee en 1682 Et recommancee [sic] le 22 janvier 1683 » montre que le théâtre auquel appartenait Michel Laurent était le théâtre du faubourg Saint-Germain.

Les dernières indications fournies par le machiniste ont été recueillies par M. E. Despois (*le Théâtre français sous Louis XIV*; Paris, 1874, in-12, pp. 410-415), mais l'auteur de cet excellent travail n'a pas eu l'idée d'y faire figurer le décor de l'*Illusion comique*.

IX

1349. L'Avtevr‖dv vrai Cid‖espagnol,‖ a ‖son Tradvctevr‖François.‖Sur vne Lettre en vers qu'il a fait Imprimer,‖intitulée, Excuse à Ariste, Où, après cent‖traicts de vanité, il dit de soy-mesme, ‖ Ie ne dois qu'à moy seul toute ma renommée. [*Paris*, 1637]. In-8 de 2 ff., caract. ital.

Ce pamphlet, attribué par Corneille à Mairet, paraît avoir été le premier factum dirigé contre le *Cid*, après l'imprudente *Excuse à Ariste* (voy. le n° 141); il se compose de six strophes de six vers signées : *Don Baltazar de la Verdad*. Voici les deux premières strophes :

L'Espagnol.

Je parle à toy vanteur, dont l'audace achevée,
S'est depuis quelques jours dans le Ciel eslevée,
Au mespris de la terre, et de ses habitans,
A toy dont l'insolence en tes escrits semée
Et bien digne du fast des plus foux Capitans,
Soustient que ton merite a fait ta renommée.

Les noms de deux ou trois, dont tu veux faire acroire,
Qu'en les traittant d'esgaux tu les combles de gloire
Dans l'Espagne, et plus outre avoient déja couru,
Mais de ton froid esprit qui se paist de fumée,
Rien certes dans Madrid n'avoit jamais paru,
Et le *Cid* seulement y fait ta renommée.

1350. Observations ‖ svr ‖ le Cid. ‖ *A Paris.* ‖ *Aux despens de l'Autheur*‖ M.DC.XXXVII [1637]. In-8 de 2 ff., dont le premier est blanc, et 96 pp.

Première édition de la célèbre critique de Scudéry; elle se reconnaît aux *Fautes d'Impression* indiquées au verso du titre :

Page 12, ligne 3 : *cuenemeut*, lisez *euenement*.
Page 14, ligne 8 : *ses*, lisez *ces*.
Page 14, ligne 11 : *Sopocle*, lisez *Sophocle*.
Page 44, ligne 6 : *Mone*, lisez *Monsieur*.

Dans certains exemplaires, on a retourné le f. blanc et l'on a encarté entre ce f. et le f. de titre l'édition de l'*Excuse à Ariste*, décrite ci-dessus (n° 142).

1351. Observations‖svr‖le Cid.‖ Ensemble l'excuse à Ariste &‖ le Rondeau. ‖ *A Paris,* ‖ *Au* [sic] *despens de l'Autheur.* ‖ M.DC.XXXVII, [1637]. In-8 de 4 ff. et 96 pp.

Collation des feuillets préliminaires : titre avec un fleuron composé de rinceaux dans le milieu desquels se trouve une tête coiffée de plumes ; 3 ff. pour l'*Excuse à Ariste* et le *Rondeau*.

Cette édition se distingue facilement de la précédente, même si elle est incomplète des feuillets préliminaires, parce que les fautes d'impression y ont été corrigées.

1352. OBSERVATIONS ‖ SVR ‖ LE CID. ‖ Ensemble l'excuse à Ariste &‖ le Rondeau. ‖ A Paris. ¶ Au [sic] despens de l'Auteur. ‖ M.DC.XXXVII [1637]. In-8 de 4 ff., 94 pp. et 1 f. blanc.

Collation des feuillets préliminaires : titre ; — 5 pp. pour l'*Excuse à Ariste* ; — 1 p. pour le *Rondeau*.

1353. LES‖FAVTES‖REMARQVEES‖EN LA‖TRAGICOMEDIE‖DV CID.‖ A Paris,‖Aux despens de l'Autheur. ‖M.DC.XXXVII. In-8 de 43 pp., y compris le titre.

Même ouvrage que le précédent sous un autre titre. Le titre de départ, p. 3, porte : *Observations sur le Cid*.

C'est au factum de Scudéry que Corneille répondit dans sa *Lettre apologétique* (voy. le n° 144).

1354. LA‖DEFFENSE‖DV CID.¶A Paris,‖M.DC.XXXVII [1637]. In-4 de 28 pp., y compris le titre.

Le titre porte un fleuron qui nous paraît être celui de L. *Maurry*, de Rouen. Ce détail a son importance, parce qu'il prouverait que la *Deffense du Cid* aurait été écrite, sinon par Corneille lui-même, du moins sous son inspiration, par un de ses compatriotes.

Voici en quels termes M. Taschereau (*Hist. de Corneille*, 2e édit., p. 301) a parlé de cette pièce :

« Cette *Défense du Cid*, à laquelle il est fait allusion dans plusieurs des pamphlets dont nous aurons bientôt occasion de parler, notamment dans la *Lettre apologétique du sieur Corneille* (1637), est mentionnée t. I, p. lxxix, du *Théâtre de Corneille*, édit. de 1747, et t. V, p. 256, de l'*Histoire du Théâtre-Français* (par les frères Parfaict), et, avant cela, dans les *Mémoires pour servir à l'histoire des hommes illustres* (voir t. XX, p. 88 et suiv.). Nous devons avouer qu'elle a échappé à toutes nos recherches, et nous ne l'avons même vu mentionner nulle part, de manière à croire que ceux qui en ont parlé aient été plus heureux que nous. Ainsi Niceron, qui, en citant la plupart des pamphlets publiés à l'occasion du *Cid*, donne exactement le nombre de pages de chacun de ceux qu'il cite, ne le fait pas pour la *Défense du Cid*, et, s'il en indique le format, c'est qu'en indiquant celui dans lequel furent imprimées toutes les autres pièces de cette discussion, il aura cru pouvoir donner comme une certitude une conjecture assez vraisemblable. »

Les recherches de M. Marty-Laveaux n'ont pas eu plus de succès que celles de M. Taschereau ; mais du moins le savant éditeur a donné, d'après des notes manuscrites de Van Praet, une description assez exacte de la pièce (il indique cependant 32 pp. au lieu de 28). Nous avons eu la bonne fortune de trouver enfin un exemplaire de la *Deffense du Cid* à la bibliothèque Sainte-Geneviève (Y. 458 (1) Rés.), et, comme la même collection possède plusieurs autres pièces sur le *Cid*, qui n'ont été décrites que par Van Praet et qui ne sont nulle part ailleurs, nous croyons que cet exemplaire est celui que le célèbre bibliographe aura eu entre les mains.

Pour donner une idée de ce factum, nous en transcrivons fidèlement le début :

LA
DEFFENSE
DV CID.

Ces iours passez voyant paroistre vn liuret contre le sentiment commun, et contre l'approbation generale que tous les bons Esprits auoiēt dōnee à la Tragicomedie DV CID, et remarquant que ce liuret poussoit vne si foible voix qu'on empruntoit tous les Echos de la Gazette pour la faire mieux retentir, et que d'ailleurs il se presentoit hors de saison apres auoir souffert sans resistance que son ennemy fist la conqueste et triomphast de la creance de tout le monde : ie iugeay que son effet seroit pareil à celuy d'vne troupe de picoteurs qui n'osant affronter vn regiment le laissent libremēt passer pour venir fondre apres sur la queuē et se ruer sur le bagage. Et me sentant pressé par la clameur importune de ces Gazettons du Pont-Neuf pendant une semaine ne voyant point de iour à me mettre en colere contre eux mon despit s'nuança iusqu'au liure que l'achetay tout indigné de ce qu'il troubloit le plaisir que l'auois eu à lire quelques Scénes DV CID, à l'ouuerture du premier feuillet ma veuē tomba sur ces mots AVX DESPENS DE L'AVTHEVR : certes pensay-ie en moy, cet esprit prognostique, comme vn fidele Almanach, l'euenement de son liure qui aura cours au despens de sa reputation. Et me mettant à lire pour entreuoir le dessein de l'Autheur dedans le cours de ses paroles. Ie fis iugement que cet œuvre estoit la descharge de sa melancolie, me persuadant par la suite de son discours que le grand esclat de l'ouurage fait pour LE CID, auoit produit sur l'ame de ce personnage ce que le Soleil fait quand il est joint à la canicule à l'endroit de nos corps qu'il desseiche et recuit, et faisant boüillir au dedans la melancolie, rend la ratte où elle se retire fort dure et importune. Ie le leuz donc en paix, et permis le libre cours à cet esprit qui se purgeoit, dont le feu ne m'offensois non plus que des plaintes d'vn malade de qui le mal cautionne et excuse l'impatience, me promettant que cet homme seroit desormais bien gay apres auoir mis hors tant de mauuaises humeurs, ce qui me fait croire que ie pourrois par vne Response l'aborder seurement sans craindre son indignation, pensant bien qu'il n'y en pourroit plus auoir, ayant jetté tant de bile noire : En tout cas ie me suis persuadé qu'il ne sera pas plus mauuais à la recharge qu'à l'attaque, où son plus grand feu est employé. Et comme le grand zele qui l'anime à l'honneur des Poëtes luy a fait prēdre la plume, le desir de mettre paix entre deux combatans, me porte à en arrester le cours en luy monstrant tout doucement que sa veuē est préoccupée, et son organe vicie comme d'un fievreux à qui le vin semble amer à cause du fiel qui s'amasse sur sa langue et sur son palais. Des esprits plus auātageux que le mien eussent renuoyé son liure à la jalousie conceuē à l'encontre DV CID, comme vn effet naturel a sa cause propre, mais le me suis volu efforcer d'auoir de luy de plus hauts sentimens, et croire quoy qu'à peine qu'vne grande ame comme la sienne ne se laisse pas toucher, ny mesme abborder par l'enuie qui est la plus basse de toutes les passions de l'homme, et le plus fort argument qu'il est esloigné de la vertu, puisque par elle le bien luy desplaist mesme en autruy, où il ne le peut contraindre à aucune subjection, mais en voulant le refuter, l'ay bien rencontré de l'obstacle, trouuant son ordre si confus qu'il offusque son dessein : Sa pêsee est de frapper sur celuy qui nous a fait parler François, cette belle Tragicomedie, mais n'y trouuant que peu ou point de prise il s'est fait de l'Autheur et du Traducteur vn seul objet de son mespris, les meslant confusément tous deux comme vn sujet vnique de la Satire qu'il en fait, mais par ce que l'ordre me plait, ie traitteray à part ce qu'il dit contre l'Autheur et separement, aussi les deffauts qu'il allegue contre son Traducteur faisant ainsi de ce discours deux parties sans obmettre pourtant la suite des cinq poincts où se reduit sa censure lesquels ie cite mot à mot :

1. Que le sujet n'en vaut rien.
2. Qu'il choque les principales reigles du Poëme Dramatique.
3. Qu'il manque de iugement en sa conduite.
4. Qu'il a beaucoup de meschans vers.
5. Que presque tout ce qu'il a de beautez sont empruntées.

De ces cinq articles, les trois premiers ne peuvent regarder que l'Autheur, le Traducteur n'y a point de part, il n'a qu'à se deffendre des derniers où l'imposition qu'on luy fait est si legere qu'elle ne merite pas son courroux, vne moindre plume de beaucoup que la sienne pourra bien destourner le coup.

(Suit la première partie.

1355. La Voix || pvbliqve. || a || Monsievr de ▮ Scvdery sur les ▮ Obseruations du Cid. ▮ *A Paris.* ▮ M.DC.XXXVII [1637]. In-8 de 7 pp.

1356. L'Incognv ▮ et ▮ Veritable Amy || de Messievrs de ▮ Scvdery et || Corneille. || M.DC.XXXVII [1637]. In-8 de 7 pp., y compris le titre.

<small>L'auteur, qui signe D. R., et que le P. Niceron a cru être Rotrou, voudrait concilier Scudéry et Corneille.</small>

1357. Le ▮ Sovhait || dv Cid || en favevr ▮ de Scvderi. ▮ Vne Paire de Lunettes ▮ pour faire mieux ses Obseruations. M.DC.XXXVII [1637]. In-8 de 36 pp.

<small>Pamphlet favorable à Corneille ; on lit à la fin : Mon ris.</small>

1358. Lettre || dv Sr || Claveret, || av Sr ▮ Corneille, || soy disant Autheur || du Cid. || *A Paris.* || M.DC.XXXVII [1637]. In-8 de 15 pp., y compris le titre.

<small>Le titre de départ, p. 3, porte : *Lettre* ▮ *contre vne* ▮ *inuectiue* ▮ *du Sr* ▮ *Corneille,* ▮ *soy disant Autheur du Cid.*</small>

<small>« Monsieur, dit Claveret en commençant, j'avoue que vous m'avez surpris par la lecture de vostre lettre apologétique, et que je n'attendois pas d'un homme, qui faisoit avec moi profession d'amitié, une si ridicule extravagance, que celle qui vous fait dire à l'observateur du *Cid* (au lieu de vous défendre contre luy par de bonnes raisons), *Il n'a pas tenu d vous que du premier lieu ou beaucoup d'honnestes gens me placent, je ne sois descendu au dessous de Claveret.* Ces termes si pleins de vanité, et dont vous vous servez vousmesme pour embellir votre apologie, devoient (ce me semble) estre escris d'une autre main que de la vostre ; et bien que l'esprit soit un legitime heritage, ou tout le monde croit avoir sa part, j'estois tout prest de vous signer que vous estes plus grand poete que moy, sans qu'il fust necessaire que vous empruntassiez les voix de tous les colporteurs du Pont-Neuf, pour le faire esclater par toute la France. Apres m'estre informé d'où pouvoit proceder une animosité si lasche et si extraordinaire, j'ay descouvert enfin qu'on vous avoit fait croire que j'avois contribué quelque chose à la distribution des premiers vers, qui vous furent adressez sous le nom du vray Cid Espagnol, et qu'y voyant vostre vaine gloire si judicieusement combattue, vous n'aviez pu vous empescher de pester contre moy, parce que vous ne saviez à qui vous en prendre. »</small>

<small>« Les frères Parfaict, t. V^e, p. 267 de leur *Histoire du Théâtre François*, disent que Claveret fit paraître une seconde lettre. Nous avons lieu de croire que cet écrit, dont ils ne donnent pas le titre, n'existe pas. Il est évident d'ailleurs, par le compte qu'ils en rendent, que ces historiens n'ont pu se procurer qu'un très-petit nombre de ces pamphlets. » Taschereau, *Hist. de Corneille*, 2e édit., p. 407.</small>

1359. L'Amy dv Cid ▮ a ▮ Claveret. ▮ *A Paris.* || M.DC.XXXVII [1637]. In-8 de 8 pp., y compris le titre.

<small>Pièce attribuée à tort à Corneille par le P. Niceron. Elle a été réimprimée par M. Marty-Laveaux, t. IIIe, pp. 53-56.</small>

<small>On trouve à la suite de l'*Epitre familiere du sieur Mairet*, une *Réponse à l'Amy du Cid*.</small>

1360. La Victoire dv Sʳ [sic] Corneille, Scvdery et Claveret, auec vne Remontrance par laquelle on les prie amiablement de n'exposer ainsi leur renommée à la risée publique. *Paris,* M.DC.XXXVII (1637). In-8 de 7 pp.

<small>Cette pièce, que M. Marty-Laveaux n'a pu retrouver (voy. t. IIIᵉ. p. 29), avait été citée par Van Praet. Nous avons eu la bonne fortune d'en rencontrer un exemplaire au Musée britannique $\frac{(840.\text{ C. }22).}{4.}$</small>

1361. Lettre || a *** || sovs le nom || d'Ariste.

Ce n'est donc pas assez, & de la part des Muses,
Ariste, C'est en vers qu'il vous faut des excuses,
Mais la mienne pour vous n'en plaint pas la façon.
Cent vers lui coustent moins que deux mots de || chanson, &c.

S. *l. n. d.* [*Paris,* 1637]. In-8 de 8 pp.

<small>Cette lettre est attribuée par Niceron à Mairet, mais sans fondement sérieux. Nous avons eu l'occasion d'en citer un passage sous le n° 4.</small>

1362. Responce || de *** || a *** || sovs le nom d'Ariste. || *A Paris,* M.DC.XXXVII [1637]. In-8 de 8 pp., y compris le titre.

<small>Cette pièce, attribuée à tort à Corneille par Niceron (voy. Taschereau, *loc. cit.,* p. 306), a été reproduite en entier par M. Marty-Laveaux (t. IIIᵉ, pp. 59-62). On y trouve des détails très-curieux sur les pièces de théâtre contemporaines du *Cid.*</small>

1363. Lettre || povr Monsievr || de Corneille, || contre les mots de || la Lettre sous le nom || d'Ariste. || Ie fis donc resolution de guerir ces idolatres. S. *l. n. d.* [*Paris,* 1637]. In-8 de 3 ff. et 1 f. blanc.

<small>Cette lettre, que Niceron a voulu attribuer à Corneille lui-même, n'est pas exempte de critiques contre lui; elle occupe les 3 premières pp. de la pièce; la p. 4 contient l'épigramme suivante de Martial, imitée en français :</small>

Martialis

Epig. L. 9. Epi. 83.

Lector et Auditor nostros probat, Aule, libellos,
Sed quidam exactos esse Poeta negat :
Non nimium curo, nam cœnæ fercula nostræ
Malim conviviis quam placuisse coquis.

Traduction
d Monsieur Corneille.

Les vers de ce grand Cid que tout le monde admire,
Charmant à les entendre, et charmant à les lire,
Un Poëte seulement les trouve irreguliers :
Corneille, mocque toy de sa jalouse envie,
Quand le festin agrée à ceux que l'on convie,
Il importe fort peu qu'il plaise aux Cuisiniers.

Ces vers, qui se trouvent déjà à la fin de la *Lettre apologétique du S*r *Corneille*, sont accompagnés ici de l'épigramme suivante :

> Si les vers du grand Cid, que tout le monde admire,
> Charment à les ouyr, mais non pas à les lire,
> Pourquoy le traducteur des quatre vers Latins
> Les a-t'il comparez aux mets de nos festins ?
> J'advoue avec luy, s'il arrive
> Qu'un mets soit au goust du convive,
> Qu'il importe bien peu qu'il plaise au cuisinier ;
> Mais les vers qu'il deffend d'autres raisons demandent,
> C'est peu qu'ils soient au goust de ceux qui les entendent,
> S'ils ne plaisent encore aux maistres du mestier.

M. Marty-Laveaux a reproduit cette lettre *in extenso* (t. III*e*, p. 56).

1364. LETTRE || DE || Mr DE SCVDERY, || A || L'ILLVSTRE ACADEMIE. || *A Paris,* || *Chez Antoine de Sommauille,* || *au Palais, à l'Escu de France.* || M.DC.XXXVII [1637]. In-8 de 11 pp. (y compris le titre) et 2 ff. blancs.

« Messieurs, dit Scudéry au début de ce factum, puis que Monsieur Corneille m'oste le masque, et qu'il veut que l'on me connoisse, j'ay trop accoutumé de paroistre parmy les personnes de qualité, pour vouloir encor me cacher : Il m'oblige peut-estre en pensant me nuire ; et si mes Observations ne sont pas mauvaises, il me donne luy-mesme une gloire dont je voulois me priver. Enfin, Messieurs, puis qu'il veut que tout le monde sçache que je m'appelle SCUDERY, je l'advoue. Mon Nom, que d'assez honnestes gens ont porté devant moy, ne me fera jamais rougir : veu que je n'ai rien fait non plus qu'eux indigne d'un homme d'honneur. Mais comme il n'est pas glorieux de frapper un ennemy, que nous avons jetté par terre, bien qu'il nous dise des injures, et qu'il est comme juste de laisser la plainte aux affligez, quoy qu'ils soient coupables, je ne veux point repartir à ses outrages par d'autres, ny faire comme luy, d'une dispute Academique, une querelle de crocheteurs, ny du Licée un marché public. »

Scudéry continue sur ce ton si voisin du comique et s'échauffe peu à peu au point d'écrire cette phrase dont son adversaire ne manque pas de se moquer (voy. le n° 244) :

« Qu'il vienne, qu'il voye, et qu'il vainque, ce *trois fois grand Autheur du Cid :* soit qu'il m'attaque en soldat, maintenant qu'il est obligé de l'estre, soit qu'il m'attaque en escrivain, il verra que je me sçay defendre de bonne grace, et que si ce n'est en injures, dont je ne me mesle point, il aura besoin de toutes ses forces. Mais s'il ne se defend que par des paroles outrageuses, au lieu de payer de raisons, prononcez, O mes *juges*, un arrest digne de vous, et qui face sçavoir à toute l'Europe que le *Cid* n'est point le chef-d'œuvre du plus grand homme de France, mais ouy bien la moins judicieuse Piece de Monsieur Corneille mesme. »

Comme on le voit par la première phrase que nous avons citée, cette lettre est une réponse à la *Lettre apologétique*, dans laquelle Corneille dénonçait Scudéry comme l'auteur des *Observations*.

1365. LA || PREVVE || DES PASSAGES || ALLEGVEZ DANS || LES OBSERVATIONS || SVR LE CID. || A Messieurs || de l'Academie. || Par Mr de Scudery. || *A Paris,* || *Chez Antoine de Sommauille,* || *au Palais, à l'Escu de France.* || M.DC.XXXVII. In-8 de 14 pp. (y compris le titre) et 1 f. blanc.

Scudéry cite ces paroles du Tasse : « Io non mi dolgo, che habbiano cercato d'impedirmi questo honore, che m'era fatto d'al vulgo, perche di nissuna cosa ragionevole mi debbo dolere : piu tosto dovrei lamentarmi di coloro, che inalzandomi dove non merito di salire, non hanno riguardo al precipitio, » puis il ajoute : « Ce sont les modestes paroles, par où le Tasse, le plus grand homme de son siècle, a commencé l'Apologie du plus beau de ses Ouvrages, contre la plus aigre et la plus injuste Censure, qu'on fera peut-estre jamais. Mʳ Corneille, tesmoigne bien en ses Responses, qu'il est aussi loing de la modération, que du merite de cet excellent Autheur, puisqu'au lieu de se donner l'humilité d'un Accusé, il occupe la place des Juges, et se loge luy-mesme à ce premier lieu, ou personne n'oseroit seulement dire qu'il pretend. C'est de cette haute region, que sa plume, qu'il croit aussi foudroyante que l'eloquence de Pericles, luy a fait croire, que des injures estoient assez fortes, pour destruire tout mon Ouvrage, et que sans combattre mes raisons par tant d'autres, il lui suffisoit seulement de dire que j'ay cité faux. »

1366. Epistre || avx Poëtes || dv temps, || sur leur querelle || du Cid. || À *Paris*, || M.DC.XXXVII [1637]. In-8 de 14 pp. et 1 f. blanc.

1367. Povr le sievr Corneille contre les ennemis du Cid. *A Paris*, M.DC.XXXVII [1637]. In-8 de 7 pp.

Sonnet. (Bibliothèque de l'Arsenal.)

1368. Discovrs || a || Cliton. || svr les || Observations || dv Cid. || Auec vn Traicté de || la disposition du Poëme Drama- || tique, & de la pretenduë Regle || de vingt-quatre heures. || *A Paris,* || *Imprimé aux despens de l'Autheur.* [1637]. In-12 de 103 pp., y compris le titre.

L'auteur de ce traité, que les frères Parfaict ont mal à propos attribué à Claveret (*Histoire du Théâtre-François*, t. V*ᵉ*, p. 257), affecte de montrer une grande impartialité en faveur du *Cid*. « Je me suis trouvé une fois dans le parterre, dit-il, et une autre fois dans les galleries, à la représentation de ce nouveau Poëme ; et je suis tesmoin de ce qu'en disent encore les sçavants et les ignorants, la cour et le bourgeois, comme remarque notre Observateur : je n'en connois l'Autheur que de nom, et par les affiches des Comediens. Or à cause que je fais quelques fois des vers, et que je favorise ceux qui s'en meslent, j'ay inclination pour luy, et je panche desjà du costé de ses Approbateurs... » Il ajoute que le *Traité de la disposition du Poëme dramatique* était écrit cinq ou six ans avant la querelle du *Cid* et qu'il n'y a rien changé. « Comme ce Traicté, dit-il en terminant, estoit sous la Presse mesme auparavant la *Lettre apologitique* du Sieur Corneille, je ne sçay combien de feuilles volantes ont été jettées en public presque en mesme temps, sur le sujet du *Cid*, et de son Observateur. Apres quoy, il semble que je serois obligé de signer cet escrit, si je voulois prendre la qualité d'intervenant, au procés qui s'instruict en l'illustre Academie, sur la requeste du Sʳ de Scudery. Mais plustost que de plaider (qui est un mestier que je m'empesche de faire autant que je puis), j'ayme mieux que ce petit ouvrage s'en aille avec les vagabons et gens sans adveu, ou qu'il soit mis aux Enfermez comme un enfant trouvé. Cliton en aura du soin comme son parrain, et ma pauvre Muse, apres avoir couru le pont neuf et s'estre ainsi prostituée aux colporteurs, sera possible receue aux filles repenties. »

1369. Examen || de ce qvi || s'est fait povr || et contre le Cid ; || auec vn Traicté || de la Disposition du Poëme || Dramatique,

& de la ǀǀ pretenduë Regle de ǀǀ vingt-quatre heures. ǀǀ *A Paris,* ǀǀ *Imprimé aux despens de l'Autheur,* [1637]. In-8 de 103 pp.

Cette édition porte, comme la précédente, au titre de départ : *Discours à* ǀǀ *Cliton,* ǀǀ *sur les* ǀǀ *Obseruations* ǀǀ *du Cid,* ǀǀ *avec vn Traicté de* ǀǀ *la disposition,* etc.

1370. Le Ivgement ǀǀ dv Cid, ǀǀ Composé par vn Bourgeois de ǀǀ Paris, Marguillier de sa ǀǀ Paroisse. [*Paris,* 1637]. In-8 de 24 pp.

La pièce n'a qu'un simple titre de départ, p. 1.

Cette édition, que M. Marty-Laveaux n'a citée que d'après les notes manuscrites de Van Praet, est conservée à la Bibliothèque Sainte-Geneviève (Y. 2538 (3) Rés.). Malheureusement l'exemplaire qu'elle en possède est incomplet des deux ff. paginés 3-6.

1371. Le Ivgement ǀǀ dv Cid. ǀǀ Composé par vn Bourgeois de ǀǀ Paris, Marguillier de sa ǀǀ Paroisse. *S. l. n. d.* [*Paris,* 1637) In-8 de 16 pp.

Cette édition n'a pas de f. de titre, mais un simple titre de départ. La pièce a été réimprimée dans le *Recueil de Dissertations sur plusieurs tragédies de Corneille et de Racine* (n° 1336), dans l'*Esprit du grand Corneille,* par François de Neufchâteau (n° 792), et dans le *Tableau de la littérature française au seizième siècle,* par M. Sainte-Beuve, 2 vol. in-8 ; M. Marty-Laveaux en a donné un extrait (t. X°, p. 502).

1372. L'Acomodement ǀǀ dv Cid & de son ǀǀ censevr. ǀǀ *A Paris,* ǀǀ M.DC.XXXVII [1637]. Pet. in-8 de 7 pp. de 14 lignes, impr. en gros caractères.

Cette pièce, dont nous avons trouvé un exemplaire au Musée britannique (840. C. 22), n'a pas encore été signalée. C'est un tissu de violentes injures contre Corneille ; mais, comme elle est très-courte, nous ne croyons pas inutile de la transcrire :

« Monsieur du *Cid,* vous n'avés fait que deux fautes, qui ne se puissent reparer : l'une, d'avoir fait imprimer vostre piece, qui avoit esté si bien approuvée sur le Theatre. Et l'autre, d'avoir répondu à celuy qui l'a censurée ; Parce que vous ne vous deviés pas ennyvrer de la gloire du Theatre, pour montrer que vous n'en pouviez pretendre hors de là : Et que pour répondre à un ennemy déclaré et connu, il faloit faire mieux de la plume ou de l'espee.Vous ne sçauriez mei [*sic*] que dans le détail de vostre Piece, vous ne soyez imbecile dans le sentiment des Roys, de la Nature, de la Vertu, des Grands, des Sages, des Capitaines, des Fanfarons et des Modestes : Et que vous ne soyez extrémement plat et fade dans vos Vers, pour estre si presomptueux, si foible et si extravagant en l'Epistre d'Ariste, qu'on ne peut comprendre quel mouvement vous l'a dictée. Mais si l'on vous reproche qu'en vostre lettre Apologitique au Sr Scuderi, l'on ne sçauroit deviner si vous voulez passer pour Vaillant, pour Poltron, pour Ecolier ou pour Maistre : Et qu'on doute si vous connoissez vous mesme ce que vous estes (si ce n'est un Suppliant qui voudroit bien faire le Rodomont) Consolez-vous, que celuy qui vous a deffaict en une moitié de son Livre s'est deffaict en l'autre, et vous accordez tous deux. *Fin.* »

1373. Epistre ǀǀ familiere ǀǀ dv Sr Mayret. ǀǀ Av Sr Corneille. ǀǀ Sur la Tragi-comédie du Cid. ǀǀ *A Paris, Chez Anthoine de Som-*

mauille, || au Palais, dans la petite Sale [sic], || a l'Escu de France. || M.DC.XXXVII [1637]. In-8 de 48 pp. (la dernière chiffrée par erreur 38).

« Monsieur, dit Claveret au début de sa lettre, si je croyois le bruit commun, qui vous declare desja l'Autheur de ces mauvais papiers volants qu'on void tous les jours paroistre à la deffense de vostre Ouvrage; Je me plaindrois de vous à vous-mesme, de l'injustice que l'on me fait en un libelle de vostre style, et peut-estre de vostre façon [dans la *Lettre apologétique* de Corneille] : Mais comme l'action est trop indigne d'un honneste homme, je suspendray pour quelque temps ma creance en vostre faveur ; et me contenteray (puisque la querelle de vostre *Cid* vous a rendu chef de party), de vous demander seulement raison de l'impertinence d'un de vos lanciers qui m'est venu rompre dans la visiere mal à propos ; mais d'autant que je n'ay pas l'honneur de connoistre le galant homme, et qu'il ne seroit pas raisonnable que je me commisse avec un masque, je vous addresseray, s'il vous plaist, ce petit discours, comme si vous estiez luy-mesme. »

Cette lettre, dans laquelle Claveret nous donne un grand nombre de détails curieux pour l'histoire littéraire du temps, est datée de Paris le 4 juillet 1637. Elle est suivie d'un post-scriptum ainsi conçu :

« Si je ne craignois d'abuser de vostre bonté je vous prierois de faire tenir la cy-jointe à vostre Amy, que vous empescherez s'il vous plaist de plus outrager le mien : autrement nous userons du droict de représaille sur un des vostres, qui n'a desja que trop souffert pour vos interests, et ceux de vostre Chef-d'œuvre. J'aime mieux paroistre obscur que satyrique. »

Vient ensuite la *Response à l'Amy du Cid sur ses invectives contre le Sieur Claveret*, qui occupe les pp. 30 à 48.

1374. LETTRE || DV || DES-INTERESSÉ, || AV SIEVR MAIRET. S. l. n. d. [Paris, 1637] In-8 de 7 pp.

Cette pièce, que le P. Niceron attribue à tort à Corneille, a été reproduite par M. Marty-Laveaux (t. III*e*, pp. 62-67); l'imprimé n'a qu'un simple titre de départ.

1375. ADVERTISSEMENT || AV BESANÇONNOIS || MAIRET. || M.DC.XXXVII [1637]. In-8 de 12 pp. (y compris le titre) et 22 ff. blancs.

Cette pièce, reproduite en entier par M. Marty-Laveaux (t. III*e*, pp. 67-76), est attribuée à Corneille lui-même par les frères Parfaict.

1376. RECVEIL || DES BONNES || PIECES QVI ONT ESTÉ || FAITES POVR & CONTRE || LE CID. || Par les bons esprits de ce temps. || A Paris, || Chez Nicolas Trabouillet, au Palais, || en la Gallerie des prisonniers, à || la Tulippe ; [ou Chez Cardin Besongne, au Palais, au haut de la montée de la S*te* Chapelle, aux Roses vermeilles]. || M.DC.XXXVII [1637]. In-12.

M. Taschereau s'est borné à citer ce *Recueil* d'après une *Vie de Corneille*, « manuscrit d'une date ancienne qui faisait partie de la bibliothèque de M. de Soleinne », sans vérifier si c'était une réimpression ou un recueil factice d'un certain nombre de factums publiés dans la querelle du *Cid*. Nous avons été plus heureux que M. Taschereau, et nous avons pu constater que le volume dont nous venons de transcrire le titre n'est qu'un recueil factice pour lequel les libraires *Trabouillet* et *Besongne* avaient fait imprimer un titre. Voici l'indication des pièces que contient l'exemplaire de M. le baron James de Rothschild, en tout conforme à l'exemplaire au nom de *Besongne*, décrit au catalogue Soleinne (t. V*e*, n° 428). On remarquera que les libraires ne se sont pas appliqués à les ranger d'une manière absolument méthodique :

1° Titre ;

2° *Observations sur le Cid* (n° 1350) ;

3° *Excuse à Ariste* (n° 142) ; cette pièce est encartée entre le titre des *Observations* et le f. blanc qui suit ce titre ;

4° *Lettre apologétique du S*r* Corneille* (n° 145) ;

5° *La Voix publique à Monsieur de Scudery* (n° 1355) ;

6° *L'Amy du Cid à Claveret* (n° 1359) ;

7° *La Preuve des Passages alleguez dans les Observations sur le Cid* (n° 1365) ;

8° *L'Incognu et véritable Amy de Messieurs de Scudery et Corneille* (n° 1356) ;

9° *Lettre à .*. sous le nom d'Ariste* (n° 1361) ;

10° *Responce de *** à *** sous le nom d'Ariste* (n° 1362) ;

11° *Lettre pour Monsieur de Corneille contre les mots de la Lettre sous le nom d'Ariste* (n° 1363) ;

12° *Discours à Cliton sur les Observations du Cid* (n° 1368) ;

13° *Epistre familière du S*r* Mayret au S*r* Corneille* (n° 1373) ;

14° *Le Souhait du Cid en faveur de Scuderi* (n° 1357) ;

15° *Lettre du des-interessé au Sieur Mairet* (n° 1374).

1377. APOLOGIE || POVR MONSIEVR || MAIRET, contre || les calomnies du Sieur Corneille de Roüen. || M.DC.XXXVII [1637]. In-4 de 32 pp.

Cette pièce, que ni M. Taschereau ni M. Marty-Laveaux n'ont pu voir, existe à la Bibliothèque Sainte-Geneviève (Y. 458 (3) Rés.).

1378. LETTRE de M. l'abbé de Bois-Robert à M. Mairet.

Cette lettre, relative à la querelle du *Cid*, et datée du 5 octobre 1637, a été imprimée pour la première fois dans le *Recueil de Dissertations sur plusieurs tragédies de Corneille et de Racine* (n° 1336), t. I*er*, pp. 114 sqq.

1379. LETTRE DE || M*r* DE BALZAC, || A M*r* DE SCVDERY, || SVR SES OBSERVATIONS || DV CID. || Et la Response || de M*r* de Scudery, || à M*r* de Balzac. || Auec la Lettre de || M*r* de Scudery à Messieurs || de l'Academie Françoise, || sur le iugement qu'ils ont fait du Cid, || & de ses Obseruations. || *A Paris,* || *Chez Augustin Courbé, Libraire* || *& Imprimeur de Monseigneur frere du Roy,* || *dans la petite Salle du Palais, à la Palme ;* [ou *Chez Antoine de Sommauille.* || *au Palais dans la petite Sale* [sic]*,* || *à l'Escu de France*] M.DC.XXXVIII [1638]. In-8 de 34 pp.

La *Lettre de M. de Balzac à M. de Scudery* occupe les pp. 3-14 ; ensuite vient 1 f. blanc, qui n'est pas compris dans la pagination et qui termine le cahier B. — La *Response de M*r* de Scudery à Monsieur de Balzac* remplit les cahiers C et D, dont les pp. sont chiffrées de 15 à 39. — La *Lettre de M*r* de

Scudery à Messieurs de l'Academie Françoise n'occupe que 2 ff., signés E et paginés de 31 à 34.

Bibliothèque nationale (Y. 5665 (5) Rés.) 2 exempl.

1380. LES SENTIMENS || DE || L'ACADEMIE || FRANÇOISE || SVR || LA TRAGI-COMEDIE || DV CID. || *A Paris,* || *Chez Iean Camusat, rué sainct* || *Iacques, à la Toyson d'Or.* || M.DC.XXXVIII. || Auec Privilege du Roy. In-8 de 192 pp.

L'extrait du privilége se trouve à la fin de la p. 192. Il est daté du 26 novembre 1637 et donné à *J. Camusat* pour dix ans.

La Bibliothèque nationale possède le manuscrit original de Chapelain, avec des notes autographes du cardinal de Richelieu. Voy. les détails que M. Marty-Laveaux donne à ce sujet (t. III°, p. 34, note 1).

1381. LES SENTIMENS || de || L'ACADEMIE FRANÇOISE || SUR || LA TRAGI-COMEDIE DU CID. || *A Paris* || *En la boutique de G. Quinet au Pa-* || *lais a l'entrée de la Gallerie des* || *Prisonniers à l'Ange Gabriel.* || M.DC.LXXVIII [1678]. || Avec Privilege du Roy. || Pet. in-8 de 183 pp.

Au verso du dernier feuillet, chiffré 183, se trouve le privilége daté du 26 novembre 1637, et portant deffences à tous autres qu'à *Jean Camusat* d'imprimer le présent volume pendant l'espace de dix ans.

1382. OBSERVATIONS sur les Sentiments de l'Academie Françoise. Msc. de 35 ff. non chiffr. et 1 f. blanc, à la Bibliothèque Sainte Genevieve (Y. 458 (3), in-4, Rés.).

Il est possible que ces *Observations* aient été imprimées, et que l'Académie, à l'adresse de qui elles contiennent une assez vive critique, ait obtenu la suppression de l'édition. La copie que nous citons est d'une belle écriture de la première moitié du XVII° siècle et fait partie d'un recueil qui a dû être formé vers 1650 (il contient une pièce de 1643). Voici le début de cette apologie du *Cid* :

« *Observations sur les Sentiments de l'Academie Françoise.*

« Ceux qui par un desir de gloire se veulent rendre les Censeurs des ouvrages qui sont donnés au public ne doivent pas trouver mauvais que le public mesme se rende le juge de leur censure, et comme ils entreprennent librement de corriger les œuvres d'autruy, et de soumettre à leur jurisdiction les Livres et les Autheurs, ainsi est-il raisonnable que leurs ouvrages souffrent la mesme correction et qu'à leur exemple chacun se donne la liberté de les examiner par les regles de sa propre raison, puisque sans authorité ils exercent une espece d'inquisition sur les Lettres, il est bien juste que ceux qui en font commerce soient aussi les inquisiteurs de leurs jugements, qu'ils corrigent leurs corrections, et qu'ils facent voir à ces nouveaux critiques que leur censure mesme n'est pas exempte de reprehension.

« Si, en la correction de la Tragicomedie du *Cid*, les censeurs académiques eussent suivy les regles communes et ordinaires d'une juste censure, et si balançant leur jugement entre les loix de la justice et celles de la grace, ils eussent corrigé les deffauts qui estoient reprehensibles et pardonné à ceux qui estoient remissibles, leurs *Sentiments* eussent passé sans reproche, et tant de belles observations qu'ils contiennent eussent eu les louanges et les couronnes qu'elles pouvoient meriter. Certes nous leur rendons ce témoignage que l'élégance et la beauté du style relevé de poinctes égyptiennes et les raisons revestues de belles et specieuses apparences pouvoient porter cet ouvrage jusques au dernier degré de l'admiration. Mais quand on vient à l'examiner comme l'Académie a examiné la Tragicomedie du *Cid,* c'est à dire à la rigueur et par des regles severes et tyranniques, par chiquaner et pointiller comme elle a faict jusques aux moindres et plus legeres particules, combien de taches dans cette belle piece, que de nuages parmy ces brillans, et que de plates peintures entresemées parmy ces images de relief.

« Que les criticques en jugent sur nos indices, et qu'à nostre déclaration ilz examinent d'abord la premiere periode de ces beaux sentiments academiques, periode qui devroit estre ornée et embellie comme l'entrée et le frontispice d'un ouvrage corinthien et qui cependant n'est rien qu'un amas de paroles rudes, confuses, sans raison ni liaison. Mais pour en bien juger, il la faut considerer en son jour et en sa propre situation :

« *Ceux qui par quelque desir de gloire donnent leurs ouvrages au public ne doibvent pas trouver estrange que le public s'en face le juge. Comme le present qu'ilz luy font ne procede pas d'une volonté tout a faict des-interessée et qu'il n'est pas tant un effect de leur liberalité que de leur ambition, il n'est pas aussi de ceux que la bienseance veut qu'on reçoive sans en considerer le prix.* »

Cette seule phrase fournit à l'auteur quatre observations dans lesquelles il ne ménage pas l'Académie.

1383. L'INNOCENCE || ET LE || VERITABLE AMOVR || DE || CHYMENE. || Dedié aux dames. || *Imprimée cette Année* || M.DC.XXXVIII [1638]. Pet. in-8 de 47 pp.

Cette pièce, dont un exemplaire est conservé à la Bibliothèque de l'Arsenal (13826. B), contient la défense de Corneille, en même temps que celle de Chimène. « Nostre divin poëte, y est-il dit p. 47, n'a eu autre intention que de contenter les plus gentils esprits, il les a non-seulement contenté, mais ravy ; que son poëme soit regulier ou irregulier, cela luy doit estre indifferent, il n'enviera jamais à son censeur la premiere chaire dans les ecoles pendant qu'il sera regardé et consideré dans la Cour, comme l'unique et le plus ravissant des poëtes. »

1384. LA SVITE || ET LE || MARIAGE || DV CID, || Tragi-Comedie. || *A Paris,* || *Chez Toussainct Quinet, au Palais sous* || *la montée de la Cour des Aydes.* || M.DC.XXXVIII [1638]. || Auec Priuilege du Roy. In-4 de 4 ff. et 108 pp.

Collation des ff. prélim. : titre, avec un fleuron qui représente une fontaine jaillissante éclairée par le soleil ; on lit au-dessus de cette fontaine, sur une banderole qui s'enroule dans la bordure, cette devise : *Heureux qui naist ainsi ;* — 3 pp. pour la dédicace *A Madame la Duchesse de Lorraine,* dédicace signée C.; — 1 p. pour le *Privilége* (accordé pour dix ans à *Quinet,* à la date du dernier jour de juillet 1637, et suivi d'un achevé d'imprimer du dernier octobre 1637) ; — 1 p. pour l'*Argument du premier acte ;* — 1 p. pour les *Acteurs.*

Cette pièce, en cinq actes et en vers, est l'œuvre de Chevreau, qui espérait peut-être, en signant seulement de son initiale, que le public l'attribuerait à Corneille.

1385. LA SVITTE || ET LE || MARIAGE || DV CID. || Tragi-comedie. || *A Paris* || *Chez Toussainct Quinet* || *au Palais.* Auec Privilege. || 1638. || Pet. in-12 de 4 ff. et 83 pp.

Cette édition, faite sur le modèle de la petite édition in-12 du *Cid,* est précédée d'un frontispice, gravé par *Briot*, qui sert de titre. Elle est dédiée par Chevreau à Madame la Duchesse de Lorraine. La dédicace est signée d'un C.

Vendu : 20 fr. mar. r. (*Capé*), Giraud, 1855 (n° 1651).

1386. Le || Mariage || dv Cid. || Tragi-Comedie. || *Iouxte la Copie Imprimee* || *A Paris.* || cIɔ Iɔ cxxxviii [1638]. Pet. in-8 de 88 pp. (y compris les 4 ff. prél. non chiffr.), caract. ital.

Cette édition de la pièce de Chevreau est imprimée avec les mêmes caractères et avec les mêmes fleurons que l'édition du *Cid* portée sous le n° 274. M. Pieters, qui ne l'a pas vue, s'est borné à la décrire d'après le catalogue Lambert (*Annales de l'Imprimerie des Elzeviers*, 2ᵉ édit., p. 190). Nous avons vu à la bibliothèque Cousin le recueil qui a figuré à la vente Lambert (1850), et nous avons pu vérifier la parfaite exactitude des renseignements fournis par le rédacteur du catalogue. Un autre exemplaire, joint au *Cid* Elzevier de 1638, nous a été communiqué par M. Tandeau de Marsac.

1387. La Svite || et || le Mariage || dv Cid. || Tragi-Comedie. || *Iouxte la Copie imprimée* || *A Paris.* || M.DC.XXXX [1640]. In-8 de 78 pp. (y compris le titre), plus 1 f. caract. ital.

Au verso du titre, un bois grossier représentant le *Cid*.

Le f. non chiffré qui se trouve à la fin contient un carton, qui doit se placer à la page 46. On y trouve l'argument du quatrième acte.

On trouve cette édition jointe à une réimpression du *Cid*, qui porte la même date (n° 275).

1388. La || Svitte || et le || Mariage || dv || Cid. || Tragi-Comedie. || *A Paris,* || *Chez Antoine de Sommauille, au* || *Palais, dans la petite salle, à l'Escu de France.* || M.DC.XXXXVI [1646]. || Auec Privilege du Roy. In-12 de 82 pp. et 1 f. blanc.

Les 8 premières pp. de cette édition contiennent les préliminaires : le titre, la dédicace signée C, le privilége où ne figure que le nom de *Toussainct Quinet* et les noms des *Acteurs*.

1389. La Suite || et le || Mariage || dv Cid. || Tragi-Comedie. || *A Caen,* || *Chez I. Iacques Godes, Impr. & March. Lib.* || *proche les RR. Peres Iesuittes* [sic]. || M.DC.LXXXII [1682]. In-12 de 60 pp.

Édition mal imprimée, sur mauvais papier. On lit au titre de départ. p. 3 : *La Suitte et le Mariage du Cid.*

Nous avons cité, n° 1016, une pièce française traduite en allemand par Isaac Clauss, en 1655, qui n'est autre, croyons-nous, que la pièce de Chevreau.

1390. La Vraie Svite dv Cid, Tragi-Comedie. *A Paris, Chez Antoine de Sommauille,* 1638. In-4.

Pièce en cinq actes et en vers, par Desfontaines; elle fut représentée en 1637.

1391. LA VRAYE SVITTE DU CID. *A Paris, Chez Antoine de Sommanuille, 1638. Pet. in-12.*

Vendu : 8 fr., demi-rel., Solar, 1860 (n° 1694).

1392. THE || SECOND PART OF || THE || CID. || *London,* || *Printed by I. Okes, for Samuell* || *Browne, and are to be sold at his* || *shop in St. Pauls Church-yard* || *at the signe of the white Lion.* || M.DC.XXXX [1640]). In-12 de 35 ff. non chiff. et 1 f. blanc.

Traduction en vers de la *Vraie Suite du Cid*. La dédicace « to the truely Noble the Ladie Theophila Cooke » est signée RUTTER. Le traducteur prétend qu'il n'a mis cette suite sur la scène anglaise qu'à la demande du roi Charles Ier.

1393. L'OMBRE DV COMTE DE GORMAS ET LA MORT DV CID, Tragi-Comedie par Chillac, Juge des Gabelles de S. M. en la ville de Beaucaire en Languedoc. *Paris, Cardin Besongne, 1639. In-4.*

1394. L'OMBRE DV COMTE DE GORMAS ET LA MORT DV CID, Tragi-Comedie [par Timothée de Chillac]. *Sur l'imprimé A Paris, Chez Cardin Besongne, 1645. Pet. in-8 de 98 pp.*

Cat. Soleinne, n° 1181.

1395. L'OMBRE DV COMTE DE GORMAS ET LA MORT DV CID. Tragi-Comedie. *Iouxte la Copie imprimée A Paris, 1646. In-8.*

1396. L'OMBRE DU COMTE DE GORMAS, OU LA MORT DU CID, Tragi-Comedie par M. Timothée de Chillac. *A Caen, Chez Jacques Godes, 1682. In-12.*

1397. L'OMBRE DU COMTE DE GORMAS, OU LA MORT DU CID, Tragi-Comedie par M. Timothée de Chillac. *A Caen, Chez Jacques Godes, 1696. In-12.*

La pièce de Chillac a été traduite en allemand par Isaac Clauss, en 1655, à la suite du *Cid* (voy. le n° 1016).

1398. CHAPELAIN DÉCOIFFÉ, OU PARODIE DE QUELQUES SCENES DU CID. *S. l., 1665. In-12.*

Cette parodie bien connue, de Furetière, figure dans un grand nombre d'éditions des *Œuvres de Boileau*.

1399. RÉCIT tiré des Mémoires de Michel Turretini, pasteur et professeur, de la discussion qui eut lieu entre le Conseil et la vénérable Compagnie, en 1681, au sujet de la représentation du Cid.

Inséré dans les *Mémoires et documents publiés par la Société d'histoire et d'archéologie de Genève*, t. I*er*, pp. 80 sqq.

1400. ODE DE M*r* BOILEAU DESPREAUX SUR LA PRISE DE NAMUR. Avec une Parodie de la mesme Ode par le Sieur P. Motteux. Et une Parodie d'une Scene du Cid, sur ce sujet. Par Messieurs D. A. & H. *A Londres, Chez R. Bentley Libraire, à la Poste au Covent-Garden ; R. Parker, à la Licorne sous la Bourse Royale, & tous les Libraires François. S. d.* [1683 ?], pet. in-8 de 15 pp.

Musée britannique : 1073. d. 30.

1401. CRITICA Á FAMOSA TRAGEDIA DO CID, composta por Pedro Corneille, e Reparos a ella, por D. Francisco Paulo de Portugal e Castro. *Lisboa, por Miguel Rodrigues*, 1747. In-4 de 18 pp.

Le comte de Vimosa, marquis de Valença, auteur de cette critique, est presque un contemporain de Corneille; il naquit à Lisbonne en 1679 et y mourut en 1749. Sa critique a donné lieu à la réponse suivante :

NOTAS á Critica que o snr. Marquez de Valença fez á Tragedia do Cid composta por Mr. Corneille.

Nous ne savons si cette pièce a été imprimée; il en existe une copie manuscrite à la Bibliothèque nationale de Lisbonne, dans un volume de Mélanges (*Miscellaneas*) d'Alexandre de Gusmão.

Le marquis de Valença fit paraître à son tour une contre-critique dont voici le titre :

RESPOSTO do Marquez de Valença aos Reparos de um anonymo á Critica que fez o mesmo Marquez á famosa Tragedia do Cid. *Lisboa, por Miguel Rodrigues,* 1748. In-4 de VIII et 23 pp.

1402. DU CID DU GRAND CORNEILLE, par A. La Beaumelle.

Chefs-d'œuvre des Théâtres étrangers ; Chefs-d'œuvre du Théâtre espagnol, Torres Naharro, Cervantes Saavedra, Guillem de Castro (Paris, Ladvocat, 1823, in-8), pp. 309-331.

La Beaumelle compare le *Cid* de Corneille à celui de *Diamante*, et reconnaît dans ce dernier une simple imitation, contrairement à l'opinion de Voltaire et à celle de la Harpe.

Ici devraient figurer, dans l'ordre chronologique, deux pièces de circonstance, jouées à Rouen le 29 juin 1823 et le 29 juin 1827, et qui sont relatives au *Cid*. On les trouvera dans notre chapitre XXI*e* (n*os* 1559 et 1565).

1403. LE CID, par Génin.

Le National du 11 avril 1841.

Génin fournit de nouveaux arguments à l'appui de l'opinion développée pour la première fois par La Beaumelle.

1404. COMMENTAIRE SUR LE CID, tragi-comédie de Pierre Corneille, par M. Walras. *Caen, imprimerie d'Hardel*, 1843. In-8.

1405. LE CID, par Paul de Musset.
Revue de Paris, IV⁰ série, t. XXVII⁰ (mars 1844).

1406. L'ACADÉMIE ET LA CRITIQUE DU CID, par Charles Loubens.
Revue indépendante, t. XVIII⁰ (1845). pp. 375 sqq.

1407. DE PETRI CORNELII TRAGOEDIA CID. Dissertatio quam scripsit Ulricus Petri, Brunopolitanus. *Brunsvigae, typis exscripsit Fr. Otto*, M.DCCCXLVII [1847]. In-8 de 40 pp.

1408. LE CID, esquisse littéraire, par M. Walras, inspecteur de l'Académie du Nord. *Douai, Adam d'Aubers, imprimeur-éditeur*, 1853. In-8 de 4 ff. et 264 pp.

> Cette esquisse est le développement du *Commentaire* publié par le même auteur en 1843. M. Walras, chargé, en 1846, du cours de littérature française à la faculté des lettres de Caen, prit pour sujet de ses leçons le *Cid*, s'attachant à déterminer les emprunts faits par Corneille à Guillen de Castro et au Romancero du Cid. Comme La Beaumelle et Génin, il s'est attaché à prouver que Diamante n'avait fait que traduire l'original français.

1409. DOCUMENTS RELATIFS A l'HISTOIRE DU CID. Par M. Hippolyte Lucas, de la Bibliothèque de l'Arsenal. *Paris, Alvarès, libraire-éditeur, 24, rue de la Lune, [Lagny, Typographie de A. Varigault et Cie]*, 1860. Gr. in-12 de 2 ff. et 211 pp.

> Il existe quelques exemplaires de ce livre tirés sur papier de couleur, dans le format in-8.
> Voici comment s'exprime l'auteur au début de sa préface :
> « Nous avons pris à tâche, dans ce volume, de bien faire connaître les principales transformations de l'histoire ou de la légende du Cid ; de montrer que les sources auxquelles Corneille a puisé ne sont autres que celles qu'il a indiquées lui-même, et que c'est à tort que Voltaire, la Harpe et Sismondi l'ont accusé de plagiat, lorsque son génie n'a fait que s'inspirer du *Romancero* et de la première des deux comédies de Guillen de Castro, intitulées : *la Jeunesse du Cid*. La traduction complète et littérale de la pièce de Diamante (*Celui qui honore son père*) ne laissera aucun doute, dans l'esprit du lecteur, sur l'imitation faite par ce dernier du chef-d'œuvre de notre scène en le recomposant à la mode espagnole, et en y introduisant l'élément comique ; nous n'avons point inséré les nombreux documents qui concernent notre *Cid*, et la querelle que firent à son auteur Scudéry, l'Académie, Mayret, Claveret, etc., parce que ces documents se trouvent dans presque toutes les éditions de Corneille ; nous en avons seulement esquissé les principaux traits. Nous nous sommes servi principalement de matériaux empruntés aux auteurs espagnols, pour combler une espèce de lacune dans notre histoire littéraire, et, à ce point de vue, nous croyons que notre travail sera utile aux aristarques futurs et aux éditeurs qui s'occupent du premier et du plus durable chef-d'œuvre de notre littérature dramatique. »

Cette étude contient la traduction complète de la pièce de Guillen de Castro (*Las Mocedades del Cid*) et de celle de Diamante (*El Honrador de su Padre*).

1410. Pierre Corneille et Jean-Baptiste Diamante, par M. Antoine de Latour.

Article inséré dans le *Correspondant* du 25 juin 1861 et reproduit dans l'*Espagne religieuse et littéraire* (Paris, 1863, in-8, pp. 113-144) ; M. de Latour y donne la date exacte de la naissance de Diamante, d'après des recherches faites par D. Cayetano Albertano de la Barrera. L'auteur espagnol n'étant né qu'en 1626, la question si souvent discutée depuis Voltaire de la vraie paternité du *Cid* est définitivement résolue.

1411. Cid i de spanska Romanserna, hos Corneille och Herder, Afhandling som framstälfes till offentlig granskning, af J. Oskar I. Rancken, i hist.-filolog. lärosalen den 12 october 1861, p. v. t. f. m. *Helsingfors, J. C. Frenckell & Son*, 1861. In-8 de 49 pp.

Thèse sur le Cid dans le Romancero espagnol, chez Corneille et chez Herder.

1412. Corneille. Le Cid.

Articles de M. Sainte-Beuve insérés dans le *Constitutionnel* des lundis 2 février et 7 mars, du mardi 8 mars, du lundi 14 mars, du mardi 15 mars et du lundi 22 mars 1864 ; reproduits dans les *Nouveaux Lundis*, t. VII° (Paris, Michel Lévy frères, 1867, in-12), pp. 199-306.

L'auteur parle, dans le premier article, du *Lexique*, de M. Godefroy, de la *Langue de Corneille*, de M. Marty-Laveaux, et de l'édition des *Œuvres de P. Corneille*, donnée par ce savant chez MM. Hachette et C¹ᵉ, de *Corneille et son temps*, par M. Guizot, du *Grand Corneille historien*, par M. Ernest Desjardins, et de *Corneille à la Butte-Saint-Roch*, de M. Édouard Fournier ; il s'occupe, dans les autres articles, du *Poëme du Cid*, de M. Damas-Hinard, et des *Recherches sur l'Histoire et la Littérature de l'Espagne pendant le Moyen-Age*, par M. Reinhart Dozy.

1413. Est-il vrai, comme l'ont affirmé Voltaire, Laharpe et Sismondi, que Corneille ait pris le sujet et les principales scènes du Cid dans une pièce espagnole de Diamante, qu'il aurait imitée et traduite sans l'indiquer et en l'adaptant à la scène française ? Dissertation par M. Molinier, professeur à la Faculté de droit de Toulouse.

Mémoires de l'Académie impériale des Sciences, Inscriptions et Belles-Lettres de Toulouse, 6° série, t. III°, 1865, pp. 410 sqq.

Sismondi, que M. Molinier, à l'exemple de M. H. Lucas, cite parmi les détracteurs de Corneille, n'a soumis la question à aucun examen ; il s'est contenté d'indiquer d'un mot, sans aucune preuve à l'appui, que Diamante était le véritable auteur du *Cid* : « L'ancien poëte Diamante, dit-il, et peu après lui Guillen de Castro, ont pris dans les premières romances leur tragédie du *Cid*; tous deux ont servi de modèle à Corneille. » Sismondi, *His-*

toire de la littérature du Midi de l'Europe, 3e édit. (Paris, 1829, 4 vol. in-8), t. IIIe, p. 201.

1414. CORNEILLE ET LE CID, par A.-E. Chaignet. *Saint-Maixent*, 1868. In-8 de 31 pp.

<small>Conférences scientifiques et littéraires des Facultés de Poitiers.</small>

1415. THE FRENCH CID AND HIS SPANISH PROTOTYPE; by C. Collmann. *Mezeritz*, 1869. In-4 de 32 pp.

<small>Programme de gymnase.</small>

1416. LES DIFFÉRENCES ENTRE LA LANGUE MODERNE, ET CELLE DE CORNEILLE, étudiées dans le Cid par Dr. [sic] Woldemar Richter. Dissertation doctorale, approuvée par la Faculté philosophe de l'Université de Rostock. *Torgau*, 1872. Imprimerie de E. Tragmann. In-4 de 12 pp.

1417. LE CID D'ANDALOUSIE, par M. Alexandre Dumas fils.

<small>M. Dumas fils a longuement parlé du *Cid* dans son *Discours de réception à l'Académie française* (Paris, Typographie de Firmin Didot frères, fils et Cie, 1875, in-4; *Journal officiel de la République française* du 12 février 1875). M. Dumas, qui se flatte de savoir lire entre les lignes, a voulu donner une explication nouvelle de la jalousie inspirée à Richelieu par le succès du *Cid*. Il prétend que le cardinal ne fut pas atteint dans sa vanité d'écrivain, mais dans ses conceptions politiques.

« Il y avait dans le *Cid*, pour Richelieu, une faute capitale, qui heurtait les idées, qui contrariait les projets de ce grand homme d'État, lequel entreprenait, au milieu des plus grands obstacles, de constituer non-seulement la monarchie, mais l'unité française. » Cette faute, c'était de célébrer les héros de l'Espagne, au moment où les armées espagnoles venaient de remporter contre la France des avantages signalés. M. Dumas met en scène Richelieu lui-même et lui prête un long discours, qui rappelle par certains côtés les entretiens de d'Artagnan et de Mazarin : « Prends un siège, Corneille, et écoute-moi. Tu es tout à la joie de ton triomphe ; tu n'entends que le bruit des bravos, et tu ne t'expliques pas pourquoi je ne joins pas mes applaudissements à ceux de toute la ville ; tu ne comprends pas pourquoi même je proteste contre ton succès. Je vais te le dire. Quoi ! c'est au moment où j'essaye de refouler et d'exterminer l'Espagnol, qui harcèle la France de tous les côtés ; qui, vaincu au Midi, reparaît à l'Est ; qui, vaincu à l'Est, menace au Nord..., c'est en un pareil moment que tu viens exalter sur la scène la littérature et l'héroïsme espagnols !... »

Le paradoxe peut être ingénieusement soutenu, mais ce n'est là qu'un paradoxe. Il vaut beaucoup mieux écrire l'histoire preuves en mains, que de chercher à « lire entre les lignes ». La persécution du *Cid* n'est pas une « légende », mais un fait certain, dont presque tous les détails sont connus, et dont on ne peut arbitrairement changer le caractère. Il est hors de doute que Richelieu travailla lui-même à des pièces de théâtre, et que, par un travers qui se rencontre souvent chez les grands hommes, il se crut aussi habile écrivain qu'habile politique. S'il en était autrement, et si le *Cid* n'avait été</small>

persécuté que par la raison d'État, comment expliquerait-on l'intervention de l'Académie et les corrections mises de la main même du cardinal sur le manuscrit de Chapelain?

Au moment de la représentation du *Cid*, les Espagnols n'avaient pas encore remporté de succès qui pussent inquiéter Richelieu. Il est difficile, d'ailleurs, de voir un rapport direct entre les troupes impériales et le héros qui défait les Mores. Corneille, loin de dissimuler ses emprunts à la littérature espagnole, n'hésita pas à les faire connaître en détail. Il continua de lire les ouvrages de Lope de Vega, d'Alarcon et des autres auteurs de la Péninsule ; quatre ans après le *Cid*, il écrivit le *Menteur*.

Si quelque considération politique put porter Richelieu à combattre le *Cid*, ce ne fut pas l'éloge des Espagnols, mais l'éloge du duel que Corneille avait imprudemment placé dans la bouche du comte de Gormas ; mais, sur ce point encore, la querelle ne dut pas être de longue durée, puisque, dès les premières représentations, le poëte changea les vers qui pouvaient blesser le ministre (voy. *Lettre à Mylord* *** *sur Baron et la demoiselle Le Couvreur* [par d'Allainval] ; Paris, 1730, in-12, p. 21).

1418. A PROPOS DE LA RÉCEPTION DE M. ALEXANDRE DUMAS FILS A L'ACADÉMIE FRANÇAISE, par M. Charles Livet.

Le Moniteur universel du 21 février 1875.

A propos du *Discours* de M. Dumas, M. Livet s'est efforcé de démontrer que Richelieu n'avait jamais conçu de jalousie contre le *Cid*, et qu'en chargeant l'Académie de lui présenter des observations sur une pièce qui attirait alors l'attention générale, il avait voulu simplement fournir à l'assemblée littéraire qu'il venait de fonder l'occasion de déterminer les règles essentielles de l'art théâtral.

X

1419. JUGEMENT SUR LA TRAGÉDIE D'HORACE.

The Spectator [by R. Steele and Jos. Addison], London, 1711-1712, in-fol., discours XXXII°.

Reproduit dans toutes les éditions et traductions de ce célèbre recueil.

1420. DISSERTATION SUR UN VERS DE LA TRAGÉDIE DES HORACES.

Mercure de France, juillet 1748, pp. 55 sqq.

Il s'agit, comme on peut le penser, du vers :

Ou qu'un beau désespoir alors le secourût.

1421. A COMPARISON BETWEEN THE HORACE OF CORNEILLE AND THE ROMAN FATHER OF Mr. WHITEHEAD. By W. Freeman. *London*, 1750. In-8.

Le nom de *Freeman* est un pseudonyme.

1422. OBSERVATIONS SUR UN VERS D'HORACE, par Bilderdijk.

Bilderdijk, dont nous avons parlé à propos de sa traduction de *Cinna* (n° 960), s'est occupé, dans une de ses *Dissertations sur l'art dramatique* (Leyde, 1823, in-8), du fameux « qu'il mourût » d'*Horace* :

« Corneille, dit-il, était trop pénétré de la situation où il avait placé le vieil Horace, pour oublier que nécessairement il devait se trouver deux hommes dans lui. Lorsque, à la question que lui fait Julie, il lui lance son *qu'il mourût*, c'est le Romain qui parle ; mais, à côté du Romain, il y a le père, et quoi de plus naturel, que celui-ci parle à son tour et s'attache à une hypothèse suivant laquelle peut-être la fortune eût pu sourire à son fils ? L'Horace citoyen préfère n'avoir plus de fils que d'avoir un fils déshonoré ; l'Horace père se complaît à calculer la chance qu'aurait eue son fils d'être victorieux. » V. L.

1423. Une Représentation d'Horace au Théâtre-Français, le 2 avril 1839.

Dramatische und Dramaturgische Schriften von Eduart Devrient ; vierter Band ; zweite Auflage (Leipzig, 1846, in-18), pp. 93-97.

Devrient occupe depuis longtemps le premier rang parmi les critiques dramatiques de l'Allemagne ; il n'est donc pas sans intérêt de connaître son impression sur *Horace*. Il la donne ainsi en peu de mots : « Rhétorique froide à mourir, action si peu nourrie qu'elle suffirait à peine pour remplir un acte, et qui se développe en pures phrases à travers toute sorte d'arrêts mesquins ; j'en eus chaud et froid d'ennui. Malgré toute ma bonne volonté, je ne puis considérer cette pièce comme une œuvre classique. J'ai pu, en outre, me convaincre que les plaintes dont la décadence du Théâtre-Français et l'insuffisance des auteurs sont l'objet, ne sont que trop fondées. » Devrient fait ensuite une amère critique de Beauvallet et de Rachel. Il ne sait pas que, aux yeux des étrangers, il n'a jamais été, lui aussi, qu'un acteur lourd et fastidieux.

XI

1424. Parodie de la scène de la délibération de Cinna (acte IIe, scène Ire).

Cette espèce de satire, dirigée contre le duc d'Aumont, fut attribuée à Marmontel et le fit mettre à la Bastille en 1759, bien qu'elle fût en réalité l'œuvre de de Cury. On en trouve la plus grande partie dans le *Journal historique* de Collé (décembre 1759).

Au XVIIe siècle, *Cinna* avait été dignement apprécié par Saint-Évremond (voy. le n° 1251).

1425. Remarques sur le Cinna de Corneille.

Apologie de Sakespeart [sic] *en réponse à la critique de M. de Voltaire ;* traduite de l'anglais de *Madame de Montagu* (à Londres et se trouve à Paris, au Grand-Corneille, rue Saint-Jacques, près celle des Mathurins, 1777, in-8). pp. 190-214.

Le frontispice de cet ouvrage porte le fleuron décrit au n° 1260.

1426. Représentation au profit d'un petit-neveu du grand Cor-

NEILLE, donnée le lundi 16 février dernier, et OBSERVATIONS SUR LA TRAGÉDIE DE CINNA.

Journal des Théâtres, mars 1778. Voy. le n° 1236.

1427. MARMONTEL ET THOMAS, OU LA PARODIE DE CINNA, vaudeville en un acte, représenté au Théatre du Vaudeville le 23 janvier 1813; par M. Dumolard.

Non imprimé.

1428. OBSERVATION SUR CINNA, tragédie de P. Corneille. Vom Hülfslehrer Oré.

Ce travail occupe les pp. 1-26 du programme suivant : *Zu den öffentlichen Prüfungen der Schüler des Königlichen Gymnasiums zu Kreuznach am 30. und 31. August ladet alle Gönner und Freunde desselben insbesondere die Eltern der Schüler, die Königlichen und Städtischen Behörden, sowie die Herren Geistlichen der Stadt und Umgegend hochachtungsvoll und ergebenst ein der Direktor des Gymnasiums Prof. Dr. Moritz Ast;* Kreuznach, 1849; Druck und Papier von Friedrich Wohlleden, in-4.

XII

1429. ÉTUDE DE PAULINE, dans Polyeucte.

Mémoires de Mlle *Clairon, actrice du Théâtre-Français, écrits par elle-même,* pp. 110 sqq.; — nouvelle édition (Paris, Ponthieu, 1822, in-8), pp. 315-318.

On trouve dans les *Mémoires* [de Coste d'Arnobat] *pour Marie-Françoise Dumesnil, en réponse aux Mémoires d'Hippolyte Clairon* (Paris, Dentu, an VII, in-8, pp. 168 sqq.), une critique très-vive, mais très-juste, de cette étude.

1430. OBSERVATIONS SUR LE POLYEUCTE DE P. CORNEILLE; par M. Walras, Professeur de Philosophie au Collége Royal de Caen. Extrait du Recueil de la Société libre d'Agriculture, Sciences, Arts et Belles-Lettres du département de l'Eure, 2° série, tome V. *Évreux, Louis Tavernier et C*^{ie}, *imprimeur de la Société*, 1845. In-8 de 1 f. (pour le faux titre) et 42 pp.

1431. UMA PAGINA DA HISTORIA ROMANA. Os Martyres; Polyeucte ou Poliuto, tragedia christã.

Article de M. Antonio Rangel de Torres Bandeira, dans le *Diario de Pernambuco* du 11 juillet 1862.

1432. ÉTUDES DE PHILOSOPHIE CATHOLIQUE SUR L'ART. De la souffrance et du sentiment religieux dans la tragédie en général et dans la tragédie de Polyeucte en particulier. *Paris*, 1860. In-8.

1433. Néarque et Polyeucte, histoire nationale.

Article du P. Léonce Alischan inséré dans le *Polyhistor*, revue bimensuelle, avril 1864, pp. 97-106 ; mai 1864, pp. 129-138.

1434. Polyeucte et le zèle téméraire, par M. Edmond Le Blant.

Ce mémoire, lu à l'Académie des Inscriptions et Belles-Lettres dans sa séance du 8 octobre 1875, contient un examen approfondi, au point de vue historique et critique, de la légende qui fait le fond de la tragédie de Corneille. M. Le Blant croit pouvoir établir que, si Polyeucte avait tenu véritablement la conduite imprudente que lui attribue la tradition, s'il s'était livré à des actes de violence et de provocation vis-à-vis des autorités constituées, il n'eût pas été admis dans le martyrologe.

XIII

1435. Chanson sur l'air : Amants, aimez vos chaisnes. A Bonne de Pons, femme de Michel Sublet, marquis d'Heudicourt, grand Louvetier de France.

Cette chanson, inspirée par une représentation de la *Mort de Pompée*, a été publiée par M. Marty-Laveaux (t. IV*, pp. 8 sqq.), d'après le *Recueil de Maurepas*. C'est une satire particulièrement dirigée contre Marie de Cossé, veuve de Charles de la Porte, duc de la Meilleraye, pair et maréchal de France.

« On conte d'elle, ajoute une note du manuscrit, qu'un jour, étant à la comédie, on y représenta la *Mort de Pompée*, de l'illustre Pierre Corneille, et que, comme elle y pleurait amèrement, quelqu'un lui demanda pourquoi elle versait tant de larmes ; à quoi elle répondit : « Je pense bien, c'était « mon oncle » ; parce que Pompée était gendre de Jules-César. »

1436. Jugement sur Pompée.

Discours de M. Olivier, de l'Académie de Marseille, dans les *Mémoires de littérature* du P. des Molets, t. IV* (Paris, 1728, in-12).

1437. Sur Cornélie dans la Mort de Pompée.

Mlle Clairon parle de ce rôle dans les termes suivants : « L'opinion publique fait de *Cornélie* un des beaux rôles du théâtre. Ayant à jouer ce rôle, j'ai fait sur lui toutes les études dont j'étais capable. Aucune ne m'a réussi. La modulation que je voulais établir d'après le personnage historique n'allait point du tout avec le personnage théâtral. Autant le premier me paraissait noble, simple, touchant, autant l'autre me paraissait gigantesque, déclamatoire et froid. Je me gardai bien de penser que Corneille et le public eussent tort, ma vanité n'allait point jusque-là ; mais, pour ne pas la compromettre, je me promis de me taire et de ne jamais jouer Cornélie. Depuis ma retraite, les *Commentaires sur Corneille* et le mot *Esprit* dans les *Questions encyclopédiques*, par Voltaire, ont paru ; lisez-les : si je me suis trompée, l'exemple d'un si grand homme me consolera. » (*Mémoires de Mlle Clairon, actrice du Théâtre-Français, écrits par elle-même* ; nouvelle édition ; Paris, Ponthieu, 1822, in-8, p. 323.)

Les *Mémoires* [de Coste d'Arnobat] *pour Marie-Françoise Dumesnil* (Paris, an VII, in-8, pp. 43-45) contiennent naturellement une réfutation de ce passage.

1438. EXAMEN ORATOIRE DU RÔLE DE CORNÉLIE DANS POMPÉE, par M. Lelièvre.

Discours lu à la Société des Sciences, Lettres et Arts de Rouen, dans sa séance du 20 prairial an XI (9 juin 1803).

XIV

1439. LES DESCENDANS DU MENTEUR, comédie en trois actes, en vers, Par Armand Charlemagne. Représentée pour la première fois sur le théâtre de l'Impératrice, le 16 Prairial an XIII (5 juin 1805). Prix : 30 sous. *Paris, Chez Mme Masson, Libraire, Editeur de pièces de théâtre, rue de l'Echelle, n° 558, au coin de celle Saint-Honoré.* [*Imprimerie de Caillat, rue Saint-Denis, n° 28.*] An XIII-1805. In-8 de 48 pp.

1440. EXAMEN CRITIQUE D'UNE ANECDOTE LITTÉRAIRE SUR LE MENTEUR DE P. CORNEILLE, par F. Bouquet, professeur au Lycée et à l'École supérieure des Sciences et des Lettres de Rouen. *Rouen, Imprimerie de E. Cagniard,* 1865. In-8 de 13 pp., y compris le titre.

Extrait de la *Revue de Normandie* (avril 1865).

François de Neufchâteau (*Esprit du Grand Corneille*, t. Ier, p. 149) raconte, à propos du *Menteur,* une anecdote assez curieuse, qu'il prétend avoir empruntée au *Bolæana :*

« Oui, mon cher Despréaux, disait Molière à Boileau, je dois beaucoup au *Menteur.* Lorsqu'il parut, j'avois bien l'envie d'écrire ; mais j'étois incertain de ce que j'écrirois ; mes idées étoient confuses : cet ouvrage vint les fixer. Le dialogue me fit voir comment causoient les honnêtes gens ; la grâce et l'esprit de Dorante m'apprirent qu'il falloit toujours choisir un héros de bon ton ; le sangfroid avec lequel il débite ses faussetés me montra comment il falloit établir un caractère ; la scène où il oublie lui-même le nom supposé qu'il s'est donné m'éclaira sur la bonne plaisanterie, et celle où il est obligé de se battre par suite de ses mensonges me prouva que toutes les comédies ont besoin d'un but moral. Enfin, sans le *Menteur,* j'aurois sans doute fait quelques pièces d'intrigue, l'*Étourdi,* le *Dépit amoureux,* mais peut-être n'aurois-je pas fait le *Misanthrope.* — Embrassez-moi, dit Despréaux, voilà un aveu qui vaut la meilleure comédie. »

M. Taschereau (*Histoire de Corneille,* 2e édition, p. 115) emprunte ce récit à François de Neufchâteau, mais il avoue l'avoir vainement cherché dans les deux recueils connus sous le nom de *Bolæana :* celui de Brossette et celui de Montchesnay. M. Marty-Laveaux (*Œuvres de Corneille,* t. IVe, p. 129) fait le même aveu, et M. Bouquet, après lui, a feuilleté sans plus de succès les *Bolæana, Segraisiana, Menagiana* et *Carpenteriana.* Il est donc impossible de savoir où François de Neufchâteau a puisé son récit, mais tout porte à croire que, s'il n'en est pas l'inventeur, il l'a pris dans un recueil qui ne mérite aucune créance. Molière avait vingt ans à l'époque où fut joué le *Menteur* et ne songeait pas encore à écrire. Si les ouvrages de Corneille ont eu sur Molière une incontestable influence, il ne faut pas exagérer l'impression que le *Menteur* put produire sur son esprit. Telle est la thèse que développe M. Bouquet. « Il nous a semblé, dit-il en terminant, que la vérité historique, déjà si honorable et si belle par elle-même, n'avait que faire des oripeaux du roman, et qu'elle suffisait largement à la gloire de notre illustre compatriote. »

XVI

1441. Critique de Rodogune.

Mercure de France, décembre 1738, mai 1739.

Au xviie siècle, *Rodogune* avait été chaudement défendue par Saint-Évremond (voy. le n° 1251).

XVIII

1442. Les Alarmes des Évêques constitutionnels, imitation des deux premières scènes du premier acte de la tragédie d'Héraclius de P. Corneille. — *Nota*. On s'est attaché à conserver autant qu'il a été possible, les idées et les vues de Corneille. S. l. n. d., in-8.

1443. Défense de P. Corneille sur le sujet de l'Héraclius, par M. Delzons.

Revue de l'instruction publique du 2 février 1865.

M. Damas-Hinard (*Poëme du Cid; texte espagnol, accompagné d'une traduction française;* Paris, 1858, in-4) ayant renouvelé les accusations de plagiat portées contre Corneille à propos d'*Héraclius,* dont il aurait emprunté le sujet à Calderon, M. Delzons reprend l'argumentation déjà faite par M. Viguier (voy. n° 1404), et n'a pas de peine à démontrer que la pièce espagnole est de beaucoup postérieure à la tragédie française.

XIX

1444. L'Andromede, représentée par la Troupe Royale au Petit Bourbon, auec l'Explication de ses Machines. *A Paris, au Bureau d'adresses,* 1650. In-4 de 8 ff.

Extraordinaire de la *Gazette* (1650, n° 27, pp. 245-260). Cette relation a été reproduite par M. Marty-Laveaux (t. V^e, pp. 279-290).

1445. Relation de la reprise d'Andromede [par Donneau de Visé].

Mercure galant, juillet 168?, pp. 357-360.

XX

1446. Théatre-Français. — Reprise de Don Sanche d'Aragon.

Article de M. Charles Magnin dans la *Revue des Deux-Mondes* de 1844 (XIVᵉ année, nouvelle série, t. Vᵉ, pp. 892-903). L'auteur apprécie longuement le remaniement de *Don Sanche* (voy. le n° 822). Sans contester un certain mérite à l'arrangeur, il en indique clairement les défauts :

« Je crois, dit M. Magnin, qu'on aurait pu faire mieux en faisant moins. La pièce originale était trop chargée d'incidens et de personnages ; la pièce actuelle pèche par la sécheresse et par le vide. Corneille avait placé la plus belle scène de la pièce, et une des plus belles du théâtre, celle de la querelle, devant la reine, dans le premier acte ; c'était un début plein de mouvement et de grandeur. M. Mégalbe a reporté cette scène au second acte, ce qui est d'un effet bien moins frappant. Je n'ose blâmer le retranchement des deux reines. Cependant il faut convenir que l'amour d'Elvire pour Carlos servait à rehausser encore ce cavalier et mettait en jeu un nouveau et puissant ressort, la jalousie.

« Mais le plus gros péché, le péché capital de M. Mégalbe, c'est, à mon avis, le changement qu'il a apporté dans la condition du personnage principal. Carlos, dans la pièce de Corneille, se croit bien réellement fils d'un pêcheur ; il ignore, comme tout le monde, que son père, roi détrôné d'Aragon, l'a caché chez de pauvres gens pour le soustraire aux rebelles. Ce n'est qu'au cinquième acte que le mystère s'éclaircit assez péniblement, et que Carlos est enfin reconnu par don Sanche. Tout l'intérêt vient de cette ignorance où Carlos est de sa naissance. Dans la pièce arrangée, au contraire, don Sanche a pris volontairement un nom supposé ; ce n'est plus un vrai soldat de fortune ; c'est un prince déguisé, cachant son nom, comme un autre Joconde, afin de se faire aimer pour lui-même. Ce travestissement d'opéra-comique détruit presque entièrement la beauté du rôle. »

1447. Analyse de Don Sanche, par M. J. Janin.

Histoire de la littérature dramatique, t. VIᵉ.

XXII

1448. Corneille historien. — Pertharite, roi des Lombards, par M. A. Thiénot.

Le Constitutionnel du mercredi 18 août 1869.

XXIII

1449. Observations des Précieuses sur la tragédie d'OEdipe.

Grand Dictionnaire des Précieuses, historique, poétique, géographique, par le Sieur de Somaize (Paris, Jean Ribou, 1661, 2 vol. in-12), t. Iᵉʳ, pp. 147-171, v° Emilie.

Ce curieux fragment, signalé par M. Livet, a été reproduit par M. Marty-Laveaux, t. VIᵉ, pp. 113-120.

1450. Troisième et Quatrième Dissertations concernant le poëme dramatique, en forme de Remarques sur la Tragedie de M. Corneille intitulée OEdipe et de Réponses à ses calomnies [par l'abbé d'Aubignac]. *A Paris, Chez Jacques du Breuil*, 1663. In-12 de 1 f. et 185 pp.

<small>Les deux premières dissertations de d'Aubignac sont relatives à *Sophonisbe* et à *Sertorius* ; nous les citerons plus loin (n° 1459). Celle-ci a été reproduite en entier dans le *Recueil* de l'abbé Granet (n° 1336) et par extrait dans l'édition de Corneille, de M. Marty-Laveaux (t. XII°, pp. 509-515).</small>

1451. DISSERTATION CRITIQUE SUR L'OEDIPE DE CORNEILLE, [par M¹¹° Barbier].

<small>*Nouveau Mercure*, février et mars 1709, pp. 92 sqq.</small>

1452. LETTRE A MONSIEUR DE GENOUVILLE, contenant la critique de l'OEdipe de Sophocle, de celui de Corneille et de celui de l'auteur [par Voltaire].

<small>Insérée dans *Œdipe, Tragédie par Monsieur de Voltaire* (Paris, P. Ribou, 1719, in-8), pp. 108 sqq.</small>

1453. NOUVELLES REMARQUES SUR L'OEDIPE DE M. DE VOLTAIRE ET SUR SES LETTRES CRITIQUES ; où l'on justifie Corneille contre les calomnies de son émule, et où l'on fait un parallèle des deux tragédies de ces auteurs, avec un recueil des plus beaux endroits de l'une et de l'autre pièce, par M*** [l'abbé Girard]. *Paris, Laurent d'Houry*, 1719. In-8.

<small>L'abbé Girard avait publié d'abord l'opuscule suivant : *Lettre d'un Abbé à un Gentilhomme de province, contenant des Observations sur le style et les pensées de la nouvelle tragédie d'Œdipe, et des Réflexions sur la dernière lettre de M. de Voltaire* ; Paris, Joseph Mongé, 1719. In-8.</small>

1454. CORNEILLE VERDEDIGD. Behelzende een dichtkundig Onderzoek van het Byverdichtsel van Thezeus en Dirce in het Treurspel van Edipus van den Heer P. Corneille ; benevens een Onderzoek en Wederlegging van verscheidene Beschuldigingen, tegen dat zelfde Spel opgemaakt door den Heer Arouet de Voltaire, en anderen. Hier komen by eenige byzondere Aanmerkingen, zo over de Poëzy, als de Nederduitsche Taal en Rymtrant. Door B. Huydecoper. *Te Amsterdam, by de Erfg: van J. Lescailje en Dirk Rank, op de Beurssluis*, 1720. In-8 de 80 pp.

<small>Balthazar Huydecoper est l'auteur d'une traduction d'*Œdipe* (voy. le n° 992), à laquelle on joint l'ouvrage qui précède. Il s'est proposé, comme on le voit, de répondre aux critiques dirigées contre la pièce de Corneille par Voltaire et par ses admirateurs hollandais.</small>

1455. Dissertation sur l'OEdipe de Corneille et sur celui de M. de Voltaire [par l'abbé Pellegrin].

Mercure de France, juin 1719, t. IIe, pp. 1315-1345 ; août 1720, pp. 1700-1731.

Le titre de la seconde partie porte : *par M. le Chevalier de... à Madame la Comtesse de...*

1456. Jocaste, tragédie en cinq actes et en vers, précédée d'une Dissertation sur les OEdipes de Sophocle, de Corneille, de Voltaire, de La Motte, et sur Jocaste [par le comte de Lauraguais, depuis duc de Brancas]. *Paris, Debure l'aîné*, 1871. In-8.

1457. Sur les diverses tragédies d'OEdipe, par Gaillard.

Cette comparaison de toutes les tragédies d'*Œdipe*, anciennes et modernes, depuis celle de Sophocle jusqu'à celle de Ducis, y compris celle de Corneille, se trouve dans les *Mélanges académiques, poétiques, littéraires, philologiques, critiques et historiques, par M. Gaillard, de la classe d'histoire et de littérature anciennes de l'Institut* (Paris, Agasse, 1806, 4 vol. in-8), t. IIIe, pp. 231 sqq.

XXIV

1458. Historiettes baguenaudières, par un Normand [M. de Chennevières]. *Chez les libraires de Normandie, [Aix, imprimerie d'Aubin, sur le Cours,* 1], 1845. In-8 de 2 ff. et 156 pp.

Ce recueil, publié par M. de Chennevières, aujourd'hui directeur des Beaux-Arts, contient plusieurs pastiches dans le genre mis à la mode par Mérimée. Un de ces pastiches, intitulé *Mademoiselle Gueru*, est présenté par l'auteur comme extrait d'un manuscrit incomplet qui avait pour titre : *Recueil des aventures et changements de condition de Nicolas Barillon, comédien, dit Avale tripes*. Ce personnage imaginaire « vient à parler du voyage qu'il fit avec tous ses camarades de Paris au Neubourg, pour y représenter, dans le château de messire Alexandre de Rieux, marquis de Sourdéac, la pièce nouvelle qu'avait préparée pour cette occasion le fameux Rouennais, Pierre Corneille. » Comme bien l'on pense, cette portion du manuscrit ne s'est pas perdue. M. de Chennevières profite de cette fiction pour nous donner une foule de détails de son invention sur la représentation de la *Toison-d'Or*.

Voy. *Revue de Rouen*, t. Ier (1847), pp. 613 et 665.

XXV

1459. Devx || Dissertations || concernant || le Poëme || dramatiqve, || en forme de || Remarques : || Sur deux Tragedies de M. Corneille || intitulées || Sophonisbe & Sertorius : || Enuoyées à Madame la Duchesse || de R * || *A Paris,* || *Chez Iacques Du-Breuil,* en ‖ la Place de Sorbonne. ‖ M.DC.LXIII [1663]. ‖ Auec Priuilege du Roy. Pet. in-12 d'un f. pour le titre, 104 et 1 f.

Cette pièce est de l'abbé d'Aubignac, qui s'exprime ainsi dans l'avis au lecteur placé au verso du titre : « Ne vous estonnez pas, mon cher lecteur, de rencontrer ces Remarques sur la *Sophonisbe*, jointes à celles qui ont esté faites sur le *Sertorius*, M. Corneille les a trouvées si belles, si raisonnables et si utiles, qu'il en a acheté du Libraire tous les Exemplaires qui luy restoient pour les distribuer à ses Amis, et faire sçavoir à tout le Monde combien il a l'esprit docile, et capable de corriger ses fautes quand on les luy fait connoistre. Ce n'est pas qu'il ait tiré de sa bourse de quoy satisfaire à son desir, et à la perfidie du Libraire, mais il lui a donné en échange un grand nombre d'autres Exemplaires de la traduction d'à-Kempis, qui luy demeuroient inutiles, mais qu'il estime d'un prix incomparable. Il n'est pas juste neantmoins qu'il jouysse seul de ce trésor, et qu'il s'enrichisse du bien d'autruy que l'on avoit donné liberalement au public ; les honnestes Gens qui ont veu cét Ouvrage l'ont si hautement loué, que tous les autres en cherchent par tout avec beaucoup de soin, C'est donc pour les contenter que cette seconde Edition paroist au jour ; elle ne leur déplaira pas, et ne doit pas déplaire à M. Corneille, car il ne doit pas estre jaloux que les autres s'instruisent en l'art du Theatre aussi bien que luy. »

Malgré l'assurance avec laquelle l'auteur des deux dissertations affirme qu'il avait d'abord publié une édition séparée de ses *Remarques sur Sophonisbe*, M. Taschereau a cru que cette édition n'avait jamais existé, et que d'Aubignac n'en parlait que pour ajouter une injure de plus à ses basses attaques contre Corneille. Nous avouons, quant à nous, qu'il nous est bien difficile de partager cette opinion. Il nous paraît assez probable que les *Remarques sur Sophonisbe* auront été d'abord imprimées séparément, et que l'édition en aura été enlevée non par Corneille, mais par d'Aubignac lui-même ou par ses amis.

Le privilège, dont un extrait termine le volume, est accordé à M. L['Abbé] D['Aubignac], à la date du 15 janvier 1656, date qui permet aussi de supposer une édition antérieure. Il est précédé du *Sonnet* suivant :

  Ne reverrez vous point cét illustre sejour
  Où mille cœurs soûmis qui vous rendent hommage
  Ne souhaitent rien tant que le noble avantage
  De languir à vos pieds de respect et d'amour?

  Vous devez vos beautez aux soûpirs de la Cour,
  Vous les devez encore à l'honneur de vostre âge,
  C'est trop les retenir dans un desert sauvage
  Où rien ne se plaindra de cét heureux retour.

  Mais si vous ne sortez de cette nuit profonde
  Avec tous les plaisirs pour les rendre au beau monde,
  Vous ne reviendrez plus que visiter des morts.

  Et je sçay que jamais, inhumaine Sylvie,
  Vous n'auriez la bonté par quelques doux transports
  D'en regarder un seul pour luy rendre la vie.

1460. DEFENCE ‖ DV ‖ SERTORIVS ‖ DE MONSIEVR ‖ CORNEILLE. Dediée à Monseigneur de Guise. ‖ *A Paris*, ‖ *Chez Guillaume de Luyne*, ‖ *Libraire-Iuré, au Palais, au bout de la* ‖ *Salle des Merciers, à la Iustice* ; [ou *Chez Claude Barbin, au Palais, vis à vis le portail de la Sainte Chapelle, au signe de la Croix*]. M.DC.LXIII [1663]. || Auec Priuilege du Roy. In-12 de 6 ff. et 131 pp.

Collation des ff. prélim. : titre, 3 ff. pour la dédicace à Monseigneur le Duc de Guise, 2 ff. pour le privilége.

Le privilége, daté du 8 avril 1663, est accordé pour sept ans à *Guillaume de Luyne*, qui déclare y associer *Claude Barbin*. L'achevé d'imprimer est du 23 juin 1663.

L'auteur de cette *Défense* est Donneau de Visé, qui, avant de se faire le champion de Corneille, avait été le plus violent adversaire de sa *Sophonisbe*.

XXVI

1461. Critique de la Sophonisbe, [par Donneau de Visé].

Insérée dans la IIIe partie des *Nouvelles nouvelles* (Paris, Gabriel Quinet, 1663, in-12), et réimprimée dans le *Recueil* de l'abbé Granet (n° 1336).

En publiant cette sévère critique, Visé paraît n'avoir pas eu d'autre intention que celle de se faire connaître du public. Après avoir attaqué Corneille, il devint son plus ardent défenseur.

1462. Remarques sur la Tragedie de Sophonisbe de M. Corneille, envoyées à Madame la Duchesse de R*, par M. L. D. [L'Abbé d'Aubignac]. *Paris*, 1663. In-12 (?).

Nous avons admis, contrairement à l'opinion de M. Taschereau, que cette critique avait paru d'abord séparément, avant celle de *Sertorius* (voy. le n° 1459). Les paroles de d'Aubignac nous ont paru trop précises pour qu'on puisse les révoquer en doute d'une manière absolue ; nous avouons pourtant que nous n'avons pas vu cette édition et qu'elle n'est citée nulle part.

1463. Deffense || de la || Sophonisbe || de Monsievr || de Corneille. || *A Paris*, || *Chez Claude Barbin, au Palais,* || *vis à vis le portail de la Sainte Chapelle,* || *au signe de la Croix*. || M.DC.LXIII [1663]. || Auec Permission. Pet. in-12 de 81 pp., y compris le titre, et 1 f. blanc.

Réponse à la *Dissertation* de l'abbé d'Aubignac par Donneau de Visé ; elle est réimprimée dans le *Recueil* de l'abbé Granet (n° 1336).

Visé s'exprime ainsi sur le compte de d'Aubignac : « Apres avoir monstré que c'est Monsieur de Corneille que l'envie vient d'attaquer en voulant faire voir des defauts dans sa *Sophonisbe*, voyons celuy qui l'a fait agir, et qui parle par sa bouche. Peut-estre s'imagine-t'on que c'est quelque jeune homme qui a crû que son âge feroit excuser sa temerité, et qui par une bouillante et imperieuse demangeaison d'écrire, a ozé reprendre le Prince des Poëtes François, afin de trouver de la gloire, mesme dans sa defaite, et de n'estre vaincu que par un ennemy dont la valeur est connue, et à qui personne n'a jamais pû résister. S'il estoit ainsi, cét orgueil seroit louable, mais les Remarques de la Sophonisbe, sont d'un homme, qui loin de faire voir les defauts d'autruy devroit les cacher, et qui devroit estre prudent à son âge ; et ce qui est plus estonnant, est que celuy qui en est l'Autheur, n'attaque Monsieur de Corneille que par des raisons qui ne valent pas mieux que ces Remarques. *Monsieur de Corneille*, dit-il un jour devant des gens dignes de foy, *ne me vient pas visiter, ne vient pas consulter ses pieces avec moy, ne vient pas prendre de mes leçons, toutes celles qu'il fera seront critiquées!* Belles et judicieuses paroles ! Elles ne marquent point de vanité, et ne font point voir qu'il a plus qu'il ne croit de ce qu'il reproche à Monsieur de Corneille. »

1464. Lettre sur les Remarques qu'on a faites sur la Sophonisbe de M. Corneille. *Paris, 1663. In-12.*

Cette lettre, adressée « à Monsieur D. P. P. S. » et signée L. B., a été réimprimée dans le *Recueil* de l'abbé Granet (n° 1136).

1465. Dissertation sur les Sophonisbes de Mairet et de Corneille.

Mercure de France, janvier 1709.

1466. Examen des Sophonisbes de Mairet, de Corneille et de Voltaire, par Clément.

Inséré dans le *Tableau annuel de la littérature*, an IX (1801), n° IV, pp. 282 sqq.

XXIX

1467. Corneille historien. — Attila, roi des Huns, tragédie.

Article de M. J. Thiénot, dans *le Constitutionnel* du lundi 13 septembre 1869.

M. Thiénot admire la sagacité historique dont Corneille a fait preuve dans cette pièce injustement attaquée par Boileau. Il admire surtout le rôle d'Ildione. « Oh ! grand Corneille, s'écrie-t-il, c'est à tort que tu demandais humblement pardon au public d'avoir imaginé ce personnage d'Ildione, d'en avoir fait une princesse franke de race germanique, venant comme une Judith barbare venger les siens sous la tente d'Attila. La préface dit en effet : « Attila épouse Ildione, dont les historiens marquent la beauté, sans parler « de sa naissance. C'est ce qui m'a *enhardi à en faire la sœur d'un de nos* « *premiers rois.* Il est constant qu'il mourut la première nuit de ses noces « avec elle. Marcellin dit qu'elle le tua elle-même ; et je lui en ai voulu don- « ner l'idée, *quoique sans effet, tous les autres rapportant qu'il avait coutume* « *de saigner du nez.* » Hé bien ! Corneille, le rôle d'Ildione, créé par toi, est vrai, historiquement vrai, jusqu'en ses moindres détails. Tu pouvais lui permettre de frapper Attila. Il est mort, non d'une hémorragie, mais de la main de cette jeune fille vengeresse de sa race. Nous avons maintenant toutes les preuves, que ta merveilleuse sagacité avait devancées. Ildico s'appelait, de son nom germanique, Hildegonde ; elle était la fille d'un roi des Franks ou d'un roi des Bourguignons. Attila avait jadis massacré ses parents ; elle en appela à la peine du talion : sang pour sang ! »

1468. Premières Représentations de l'Attila de Corneille.

Article de M. Léon Guyard, inséré dans *le Monde illustré*, juillet 1871.

XXX

1469. La || Critiqve || de || Berenice. || *A Paris,* || *Chez* || *Louis Bilaine* [sic], *au second Pillier* || *de la grand'Salle du Palais,* || *au grand Cesar.* || *Michel le Petit,* || *et* || *Estienne Michallet,* || *ruë S. Iacques à la Toison d'or,* || *& à l'Image S. Paul.* || M.DC.LXXI [1671]. || Auec Privilege du Roy. Pet. in-8 de 70 pp. (y compris un titre pour la seconde partie, placé après la p. 38), et 1 f. pour le privilége.

L'auteur de cette critique est l'abbé de Villars, qui ne traite pas beaucoup mieux la pièce de Racine que celle de Corneille. Dans la première partie de son factum, qui parut d'abord séparément, Villars fait le procès de Racine, et dans la seconde celui de Corneille. « Allegorie à part, Monsieur, je suis fort édifié, dit-il p. 43, de la Berenice du Palais-Royal ; n'en déplaise à la vieille Cour, Monsieur Corneille a oublié son mestier, et je ne le trouve point en toute cette piece. On luy dit pour le consoler de tant de vers miserables, durs, sans pensée, sans tour, sans François et sans construction, que l'art du Théatre y est merveilleusement observé ; non pas que l'on le trouve ainsi, mais parce que cela devroit estre et que si l'on n'avoit leu Aristote et Horace on parieroit avec Monsieur *** deux cens louys que cela seroit. Car enfin, qui s'aviseroit qu'un homme aussi experimenté au Theatre que l'est M. Corneille, en une occasion où il est question de décider de son excellence, et en une piece qui devroit servir de modele à toute la tragique posterité, et de leçon à celuy qu'il ne regardoit que comme son escolier ; qui croiroit, dis-je, qu'il deût nous donner un ouvrage irrégulier de tout point ? »

1470. A Monsieur de Corneille l'ainé, sur le role de Tite dans sa Berenice.

Ce huitain, dont Subligny avait cité quatre vers dans sa *Réponse à la Critique de la Bérénice de Racine,* a été retrouvé par M. Paul Lacroix dans les *Billets en vers de M. de Saint-Ussans* (à Paris, chez Jean Guignard et Hilaire Foucault, 1688, in-12, p. 6). Il est ainsi conçu :

> Quand Tite dans tes vers dit qu'il se fait tant craindre,
> Qu'il n'a qu'à faire un pas pour faire tout trembler,
> Corneille, c'est Louis que tu nous veux dépeindre ;
> Mais ton Tite à Louis ne peut bien ressembler :
> Tite, par de grands mots nous vante son mérite ;
> Louis fait sans parler cent exploits inouïs,
>   Et ce que Tite dit de Tite,
> C'est l'univers entier qui le dit de Louis.

Cf. Marty-Laveaux, t. Ier, p. LIV.

1471. Tite et Titus, ou les Bérénices, Comédie. *Utrecht, Jean Ribbius,* 1673. In-12.

Comédie en trois actes et en prose.
Réimprimée dans le *Recueil* de l'abbé Granet (n° 1336), t. IIe, pp. 311 sqq.

XXXIII

1472. Stances a Monsieur Corneille sur son Imitation de Jésus-Christ, [par Saint-Amant].

Strophes de six vers, au nombre de 70. « Cette pièce, » dit Saint-Amant en note, « a esté faite l'an 1655. »

Voy. *Dernier Recueil de diverses Poësies du Sieur de Saint-Amant* (imprimé à Rouen, et se vend à Paris, chez Antoine de Sommaville, 1658, in-4), pp. 137-160, et *Œuvres complètes de Saint-Amant; nouvelle édition publiée sur les manuscrits inédits et les éditions anciennes, précédée d'une notice et accompagnée de notes par M. Ch.-L. Livet* (Paris, Jannet, 1855, 2 vol. in-12), t. Ier, pp. 100-113.

Marc-Antoine de Gérard, sieur de Saint-Amant, né douze ans avant Corneille, dans le voisinage de Rouen, entretint des relations suivies avec l'auteur du *Cid*, dont il ne parle jamais qu'avec admiration.

La Bibliothèque de l'Arsenal possède un exemplaire en grand papier de *Moyse sauvé, Idylle héroïque du Sieur de Saint-Amant* (Paris, Courbé, 1653, in-4), offert par l'auteur à Corneille. Le titre intérieur, placé après les ff. prél., porte la dédicace suivante : *Pour mon trescher et tresrare Amy L'Illustre Monsieur Corneille. Son treshumble et trespassionné Serviteur* St AMANT.

1473. Corneille et Gerson dans l'Imitation de Jésus-Christ, par Onésime Leroy. *Paris, Le Clerc*, 1841. In-8.

M. Onésime Leroy s'est plusieurs fois occupé de Corneille. Il a publié, notamment dans les *Archives du Nord de la France et du Midi de la Belgique* (t. Ier, Valenciennes, 1831, in-8, pp. 41-47), un *Extrait d'un ouvrage inédit* relatif à notre poëte.

1474. Note bibliographique sur les Traductions en vers de l'Imitation de Jésus-Christ et de l'Office de la Vierge, par Pierre Corneille. Par Édouard Frère. *Rouen, Imprimerie de E. Cagniard, Rues de l'Impératrice, 88, et des Basnage, 5*, M.DCCC.LXIX [1869]. In-8 de 1 f. blanc, 14 pp. et 1 f. qui contient au verso la marque de l'imprimeur et dont le recto est blanc, plus 1 f. pour les *Ouvrages et Opuscules du même auteur*.

Tiré à 50 exemplaires.
Extrait de la *Revue de Normandie*, avril 1869.

XXXIV

1475. Histoire de la guerre des Uranins et des Jobelins.

Mémoires de littérature par de S*** [Sallengre]; la Haye, 1715, in-12, t. Ier, pp. 116 sqq.

Cette étude et la suivante se rapportent à la singulière querelle à laquelle donnèrent lieu les deux sonnets d'*Uranie* et de *Job*. Corneille y prit part, comme on sait, par deux sonnets que *Sercy* nous a conservés (voy. le n° 204).

1476. Histoire de deux Sonnets, par M. Eugène de Beaurepaire.

Revue de Rouen, XXe année, pp. 129 sqq.

XX. — PIÈCES DE VERS EN L'HONNEUR DE CORNEILLE.

1477. PETRI CORNELII EPICEDIUM.

Vers latins insérés dans *Ægidii Menagii Miscellanea* (Parisiis, apud Aug. Courbé, 1652, in-4), pp. 17-20.

Ménage nous fait connaître en ces termes à quelle occasion il composa ces vers :

« Hos versus scripsi quum falso nobis nuntiatum fuisset Cornelium, quo die uxorem duxerat, diem suum ex peripneumonia obiisse : nam vivit Cornelius et precor vivat. »

La pièce, écrite en distiques assez médiocres, nous fournit des détails précieux pour la biographie de Corneille. On y voit que le poëte avait écrit *Horace* et *Cinna* lorsqu'il contracta mariage. Ce renseignement est d'autant plus intéressant que l'on ignore la date exacte du mariage.

Voici un échantillon des vers de Ménage :

> Vita fugit, sed fama manet tua, maxime vatum,
>   Sæcla feres Clarii munere longa Dei.
> Donec Apollineo gaudebit scena cothurno,
>   Ignes dicentur, pulchra *Chimena*, tui....
> Nec tu, crudelis *Medea*, taceberis unquam,
>   Non Graia inferior, non minor Ausonia.
> Vos quoque tergemini, mavortia pectora, *fratres*,
>   Et te, *Cinna* ferox, fama loquetur anus...

1478. AD SANTOLIUM VICTORINUM DE OBITU PETRI CORNELII, GALLORUM OMNIUM QUI TRAGOEDIAS SCRIPSERUNT PRINCIPIS. Cal. Oct. 1684. S. l., 1 f. in-8.

On lit au bas : *Scripsit ex tempore Leonardus Matthæus* et un permis d'imprimer daté du 5 octobre 1684.

Cette pièce est reproduite dans le recueil suivant : *Leonardi Matthæi Academici Professoris Poemata* (Lutetiæ Parisiorum, ex Officina Christophori Ballard, 1687, in-8), p. 57.

1479. SUR LES OUVRAGES DE L'ILLUSTRE PIERRE CORNEILLE, LE PREMIER DES POËTES DRAMATIQUES FRANÇOIS. Madrigal.

Poésies diverses, contenant des Contes choisis, Bons Mots, Traits d'histoire et de morale, Madrigaux, Épigrammes, et Sonnets, par M. Baraton (à Paris, chez Jean-Baptiste Delespine, et se vend à Brusselles, chez Lambert Marchant, 1705, pet. in-12), pp. 269 sq.

Voici le madrigal sur Corneille. Nous le croyons peu connu :

> Corneille, tout rempli d'un esprit héroïque,
> A par un noble effort porté le Dramatique
> Plus loin que n'avoit fait toute l'Antiquité :
> Le Théatre François, si grand, si magnifique,
>   Luy doit sa regularité.
> Il a le genie admirable

> Pour traiter les grands sentimens,
> Et dans cet art incomparable
> Nul auteur n'a reçu tant d'applaudissemens.
> Pour les Heros enfin c'est un excellent Maître.
> Mais de l'homme souvent il outre le portrait,
> Il le peint comme il devroit être
> Et non comme il est en effet.

1480. Épitre a Corneille, au sujet de sa statue qui doit être placée dans la nouvelle salle de spectacle de Rouen, présentée et lue à la séance de l'Académie des Sciences et Belles-Lettres de la même ville, le 8 mars 1775 [par Duval-Sanadon]. S. l. n. d. [*Paris, Didot*, 1775]. In-8.

1481. Épitre a l'Ombre d'un ami, suivie de deux Odes et de quelques idées sur Corneille [par Dorat]. *Paris, Delalain,* 1777. In-8.

1482. Épitre a Corneille.

Cette épître, insérée dans le *Journal de Paris* du 5 février 1779, fut inspirée par la comédie des *Muses rivales,* dans laquelle la Harpe exaltait Voltaire aux dépens de Corneille. Elle est assez jolie pour que nous en citions quelques vers :

> Ma foi, mon vieux et bon Corneille,
> Du Parnasse il faut déguerpir :
> On a juré de t'en bannir,
> Et chaque siècle a sa merveille.
> L'admiration de cent ans
> Te décernant le rang suprême,
> En vain cachoit tes cheveux blancs
> Sous le tragique diadème.
>
> . . . .
> Hier, par un peuple empressé,
> Écho d'un très-joli blasphème,
> Je t'ai vu bravement chassé
> Des états créés par toi-même :
> Sur ton trône un autre est placé.
> Chef-d'œuvre d'un ciseau magique,
> Son buste, couronné de fleurs,
> Reproduisoit son air caustique
> Aux yeux de ses adorateurs ;
> Et grâce au zèle fanatique,
> Ta pauvre Melpomène antique
> N'a qu'à chercher fortune ailleurs.
>
> . . . .
> Patientons ; pour le moment,
> Roi détrôné, que peux-tu faire ?
>
> L'usurpateur qu'on te préfère
> Se voit proclamé hautement
> Par la Milice du Parterre :
> Mais tout peut tourner autrement,
> Et si je fais ta centenaire,
> Tu verras que notre engoûment
> N'étoit que la fièvre éphémère
> Et le rapide mouvement
> D'une nation trop légère,
> Juste à la fin par sentiment
> Si ce n'est point par caractère.
>
> C'est alors que ton front divin
> Reprendra l'auguste couronne,
> Et que ton rival trop hautain,
> Ira s'asseoir au bas du trône,
> Ses *Commentaires* à la main...
> Je m'attendris avec Racine,
> Je frémis avec Crébillon ;
> Voltaire, les palmes au front,
> Se glisse entre eux à la sourdine.
> Tous trois ont droit à nos regretz ;
> Mais, quoique leur mérite brille
> Même à côté de tes succès,
> Mon choix, n'en déplaise aux cadets,
> Est pour l'aîné de la famille.

1483. Lettre du Chevalier de Laurés aux Messieurs qui doivent concourir cette année pour le Prix de Poësie de l'Académie Française, Suivie d'une Réponse de Corneille [par le Chevalier de Cubières]. *A Amsterdam. Et se trouve à Paris, Chez Valleyre* l'aîné, *rue de la vieille Boucherie.* M.DCC.LXXIX [1779]. In-8 de 40 pp.

La *Réponse de Corneille* parut d'abord dans le *Journal de Paris* du 8 février 1779. En voici quelques fragments :

Grand merci, cher Parisien,
De ton Epître enchanteresse ;
Dans le séjour Elisien
On l'a remise à son adresse ;
J'ai lu deux fois ce joli rien.
Tu m'apprends que sur mon théâtre,
D'un nouveau Roi qu'on idolâtre
Le buste vient d'être placé.
Je connais ce nouveau Monarque :
Grâces aux bontés de la Parque,
Ici nous l'avons embrassé.
Mais dis-moi donc pour quelle cause,
Quand mon front est toujours serein,
De la nouvelle apothéose
Vois-tu la pompe avec chagrin ?
Moi, je fus toujours un bon homme,
Dans mes Préfaces qu'on renomme
J'ai moi-même de mes défauts
Offert une liste assez ample,
Et n'ai pas cru qu'à mes rivaux

La gloire dût fermer son temple.
. . . .
Dans ma centenaire tu veux,
Me rendant ma vieille couronne,
Faire asseoir au bas de mon trône
L'Auteur si cher à mes neveux ;
Prends garde à ce que tu vas faire :
Dans ces bosquets délicieux
Il vient de descendre naguère,
Et moi, déjà je suis bien vieux.
Près de la Seine et de l'Averne,
Le mérite le plus moderne
N'est pas celui qu'on voit le mieux.
Quoi qu'il arrive, j'ai des yeux,
Et si par hasard ton audace
Aux marches de mon trône place
L'Auteur de tant d'écrits vantés,
Vengeant l'affront fait à sa cendre,
Moi, je te jure de descendre
Pour le placer à mes côtés.

1484. L<small>A</small> C<small>ENTENAIRE DU GRAND</small> C<small>ORNEILLE</small>, par le comte Imbert de La Platrière.

Offerte par l'auteur à l'Académie de Rouen dans la séance du 17 février 1784.

1485. H<small>OMMAGE AUX MANES DE</small> C<small>ORNEILLE ET DE</small> V<small>OLTAIRE</small>, présenté à l'Institut national, par Marie-Victoire-Hortense Frescarode. [*Paris, Baudouin*, 1798.] In-8.

1486. H<small>OMMAGE AU GRAND</small> C<small>ORNEILLE</small>, par M. Guilbert.

Vers lus à la Société des Sciences, Lettres et Arts de Rouen, dans sa séance du 10 messidor an X (29 juin 1802),

1487. D<small>EUXIÈME</small> H<small>OMMAGE AU GRAND</small> C<small>ORNEILLE</small>, par Guilbert.

Imprimé à un petit nombre d'exemplaires, sans date.

1488. É<small>PITRE A</small> C<small>ORNEILLE</small>, par L<small>s</small> F., membre de la Société des Sciences et Arts de Rennes. — On sent, en le lisant, qu'il ne puisait l'élévation de son génie que dans son âme. Voltaire. — *A Paris, Chez les principaux libraires, et à Rennes, chez* M<small>lle</small> *Godfroy, Libraire, rue Impériale,* [*à Rennes, de l'Imprimerie de J. Robiquet*], *juillet* 1806. In-8 de 16 pp.

1489. Les Bonnes Femmes, ou le Ménage des deux Corneille, par Ducis.

Cette pièce a été imprimée dans le *Recueil de poésies diverses, mélanges* par Ducis (Paris, 1809, in-8), et dans toutes les éditions de ses *Œuvres*, notamment dans celle de *Paris, Nepveu*, 1809, t. III*, pp. 231-239.

1490. Corneille et Racine, par T. Deyeux. Creavit unus, imitarunt omnes. *A Paris, de l'Imprimerie de Duminil-Lesueur, rue de La Harpe, n° 78*, M.DCCC.IX [1809]. In-8 de 15 pp.

L'épigraphe dit assez quelles sont les sympathies du poëte. Voici en effet son début :

>   Je préfère aux accords d'une douce harmonie
>   Les élans spontanés d'un sublime génie ;
>   Je laisse au madrigal ce langage amoureux,
>   Langage recherché d'un auteur langoureux,
>   Qui, dans un joli vers, s'admire et se contemple ;
>   Melpomène et Vénus n'ont point le même temple ;
>   Et l'on doit avant soi consulter la raison
>   Pour présenter l'encens ou verser le poison.
>   O Corneille, ô grand homme, ô sublime tragique !
>   On pourra contre toi soulever la critique ;
>   Ce dont on est jaloux, on veut le dénigrer,
>   Et l'on blâme celui qu'on ne peut imiter.
>   On t'oppose Racine ! Eh ! faire un parallèle
>   N'est-ce pas comparer la copie au modèle ?...

1491. Épitre a M. Raynouard, de l'Académie Française, sur Corneille et Racine, par M. Viennet, couronnée au Jeux floraux, en 1810.

Se trouve dans *Épitres et Poésies, suivies du Poëme de Parga*, par M. J.-P.-G. Viennet (Paris, Ladvocat, 1821, in-8).

1492. Discours en vers en l'honneur de Corneille, récité sur le Théâtre des Arts, à Rouen, le 29 juin 1811.

Le *Journal de Rouen* du 1er juillet 1811 dit que ce Discours est de l'auteur du *Parleur contrarié* (A.-J. de Launay-Vassary).

1493. Hommage de la Neustrie au grand Corneille, poëme héroï-lyrique, présenté et lu à la séance du vendredi 9 août 1811, de l'Académie des Sciences et Belles-Lettres et Arts de Rouen ; par D. [Duval] Sanadon, membre non résident de ladite Académie. *Paris, Béchet et Nepveu*, 1821. In-8.

1494. Dithyrambe sur Pierre Corneille, par M. Léon Thiessé.

Cité dans le *Bulletin de la Société d'émulation de Rouen*, année 1814, p. 21.

1495. Épître a Corneille, par M***, envoyée au concours de 1822, pour le prix de poésie proposé en 1821 par l'Académie de Rouen.

>Pièce mentionnée dans le *Précis analytique des travaux de l'Académie de Rouen*, 1822, p. 102.

1496. Hommage au grand Corneille, par P. de B...tte.

>Inséré dans le *Journal de Rouen* du 29 juin 1822.

1497. Éloge de Pierre Corneille, discours en vers composé pour le Théâtre du Havre, par Louvet (du Calvados) ; prononcé le mardi 29 juin 1824, jour anniversaire de la fête de Saint-Pierre, par M. Paul, artiste du Théâtre. *Au Havre, chez Chapelle, [Caen, imprimerie de F. Poisson]*, 1824. In-8 de 10 pp. et 1 f., pap. vélin.

>Il y a une erreur d'un f. dans la pagination, en sorte que la p. 10 est chiffrée 12.

1498. Stances pour l'anniversaire de la naissance de P. Corneille, lues au Théâtre-Français, le 6 juin 1829, [par M. Buzoni]. *Paris, Barba, libraire, au Palais-Royal, [Imprimerie de Gaultier-Laguionie]*, 1829. In-8 de 7 pp.

>Ces stances furent lues par M. Lafon, après la représentation de *Cinna*. La soirée était donnée au bénéfice d'un descendant de Corneille.

1499. Corneille, ode, par M. Belmontet.

>Cette ode avait été présentée à la Comédie-Française pour y être lue le 6 juin 1829, mais l'administration donna la préférence aux *Stances* de M. Buzoni. Les vers de M. Belmontet ont été insérés dans le *Voleur* du 10 juin 1829.

1500. Discours en l'honneur de Pierre Corneille, par M. Casimir Delavigne, de l'Académie Française. *Rouen, F. Baudry, imprimeur du Roi, rue des Carmes, n° 20*, 1829. In-8 de 13 pp. et 1 f.

>Au verso du faux titre, on lit ce qui suit :
>
>« Ce Discours, composé par M. Casimir Delavigne, à l'occasion de la Souscription ouverte par la Société libre d'émulation de Rouen, pour élever un monument à la gloire du grand Corneille, a été prononcé par M. Lafon, sociétaire du Théâtre-Français, le 19 septembre 1829, jour de la représentation solennelle donnée par M. Paul Dutreih, directeur du Théâtre des Arts de Rouen, au profit de la Souscription.
>
>« Cette représentation se composait :
>
>« De la tragédie de *Cinna*, dans laquelle M. Lafon remplissait le rôle d'Au-

guste, et madame Valmonzey, sociétaire du Théâtre-Français, celui d'*Émilie ;*

« Et du *Nouveau Seigneur de Village,* opéra de M. Boïeldieu.

« M. Adolphe Nourrit fils, premier sujet de l'Académie Royale de Musique, a contribué à l'éclat de cette représentation en chantant une cantate extraite des *Adieux à Rome,* Messénienne de M. Casimir Delavigne. »

Ce discours se vendait au profit de la souscription.

1501. CORNEILLE, stances par M. Adolphe Dumas, récitées sur le Théâtre des Arts, à Rouen, le 29 juin 1833.

Les stances de M. Dumas furent récitées au théâtre de Rouen, sans que le public demandât même le nom de l'auteur. Celui-ci voulut protester contre le jugement défavorable de ses concitoyens et publia ses vers sous son nom dans la *Revue de Rouen* de juillet 1833, pp. 18 sqq.

1502. CORNEILLE, vers par M. Borssat, comédien, récités sur le Théâtre des Arts, le 29 juin 1833.

Imprimés dans la *Revue de Rouen* de juillet 1833, pp. 23 sqq., à la suite de la pièce précédente.

1503. RAPPORT SUR LE PRIX DE POÉSIE fait à la Société libre d'Émulation, par M. d'Aviaud. [*Rouen,* 1832]. In-8 de 10 pp. et 1 f. blanc.

Extrait des *Cahiers de la Société libre d'Émulation de Rouen*, 1833, pp. 96-105.

1504. SUJET DU PRIX proposé pour 1834.

Extrait des *Cahiers de la Société libre d'Émulation de Rouen,* 1833.

1505. RAPPORT DE M. DEVILLE A LA SOCIÉTÉ LIBRE D'EMULATION sur les six pièces de vers reçues pour le concours.

Extrait des *Cahiers de la Société libre d'Émulation de Rouen,* 1831, pp. 131-139.

« Le 6 juin 1830, la Société d'Émulation avait proposé une médaille d'or de 300 fr. à l'auteur de la meilleure pièce de vers sur la statue qui devait être érigée au grand Corneille, par souscription, dans la ville de Rouen. Cette pièce devait se composer d'au moins 200 vers. — Le même sujet remis au concours en 1831, 1832 et 1833, ne fut décerné [*sic*] qu'en 1834. » BALLIN.

1506. RAPPORT SUR LE CONCOURS POUR LE PRIX DE POÉSIE, proposé par la Société libre d'Émulation de Rouen ; lu à la séance publique du 6 juin, par M. Deville. [*Rouen,* 1834]. In-8 de 31 pp.

Trente pièces avaient été présentées, dont un tiers avait mérité une attention particulière.

1507. DITHYRAMBE SUR LA STATUE DE PIERRE CORNEILLE, par

T^re Wains-Desfontaines, d'Alençon. Pièce couronnée par la Société libre d'Émulation de Rouen, dans sa Séance publique du 6 juin 1834, et revue par l'auteur. — Tout un peuple a voué ce bronze à ta mémoire. Victor Hugo. *Rouen, F. Baudry, imprimeur du Roi, rue des Carmes, n° 20, 1834.* In-8 de 19 pp., pap. vélin.

<small>Le titre porte un petit fleuron représentant une aigle qui tient dans ses serres une médaille à l'effigie de Corneille.</small>

1508. Vers sur l'hommage qui va être rendu au Grand Corneille, par l'érection d'une statue sur une des Places publiques de Rouen, au moyen d'une souscription. [Par Deniéport]. — Cette pièce a obtenu la première mention honorable après le Prix unique décerné par la Société d'Émulation de Rouen, au Concours de 1834. — L'Intitulé est le programme. *Rouen, Imprimé chez Nicétas Périaux, rue de la Viconté, 55, 1834.* In-8 de 15 pp.

1509. L'Inauguration de la statue de Corneille, pièce qui a obtenu la deuxième mention honorable à la Société d'Émulation de Rouen, dans la séance du 6 juin 1834, par P. Legagneur. *Coutances, imp. de Tanquerey, 1834.* In-8.

1510. Épitre [a Corneille, par Dublar, de l'Académie de Douai]. *S. l. n. d.* [Douai, 1834]. In-8 de 8 pp.

<small>Voici le commencement de cette pièce qui paraît extraite de quelque journal :</small>

> Rouen, je te salue !... imposante cité,
> Ton front peut être fier d'une immortalité.
> Aux yeux de l'avenir étale la couronne
> Que tressa Melpomène et qu'elle t'abandonne.
> Sois autant que peut l'être en ses bras caressans
> Une mère jalouse adorant ses enfans ;
> Parmi tes citoyens cite Pierre Corneille.
> La France applaudira comme nous ta merveille....

1511. Hommage a la mémoire de P. Corneille, sujet de poésie mis au concours par la Société libre d'Émulation de Rouen, ville natale du poëte, par M. L.-J. Dublar, de l'Académie de Douai. *Paris, Delaunay, 1834.* In-8.

<small>Cette pièce, que nous n'avons pas vue nous-même, est, croyons-nous, une simple réimpression de la précédente.</small>

1512. Hommage au Grand Corneille, par Théodore Lebreton, de Rouen, ouvrier imprimeur en indienne. — Dans ces murs, hors des murs, tout parle de sa gloire. Corneille. *Horace.* —

Rouen, *F. Baudry, imprimeur du Roy, rue des Carmes*, n° 20, 1834. In-8 de 24 pp.

Les vers de M. Lebreton ne sont pas plus mauvais que ceux des autres poëtes qui prirent part au même concours. L'auteur rappelle avec assez d'à-propos, dans sa préface, l'exemple d'un autre artisan-poëte, M* Adam, menuisier de Nîmes, à qui Corneille lui-même ne dédaigna pas d'adresser quelques vers.

1513. INAUGURATION DE LA STATUE DU GRAND CORNEILLE, à Rouen, le 12 octobre 1834, par M. Dumersan.

Extrait de la *Revue du Théâtre*, t. II*, 1834, pp. 40 sqq.

1514. SUR L'INAUGURATION DE LA STATUE DE PIERRE CORNEILLE, sur le Pont d'Orléans, avec un Mot sur la nouvelle école scénique; par Th. R*** [Ruffin]. *Rouen, Imprimerie de Nicétas Périaux, rue de la Vicomté*, 55, 1834. In-8 de 2 ff. et 16 pp.

1515. HOMMAGE A P. CORNEILLE (à l'occasion de la statue qui doit lui être érigée à Rouen), par Paul-James Duboc (de Rouen). *Paris, Chez J. Ledoyen, Libraire, Galerie d'Orléans, Palais-Royal, [Imprimerie de Petit, rue Saint-Denis, 380]*, 1834. In-8 de 15 pp.

Le début de cette pièce montrera la valeur de l'hommage fait à Corneille :

> C'est ici qu'il naquit ; c'est ici que l'amour
> Dans l'urne des grands noms jeta son nom un jour.
> Ah ! qui l'eût dit alors qu'un jour ?... Dans sa nacelle
> Qui vogue lentement sur l'onde et qui chancelle,
> Voyez-vous ce pêcheur ? Pilote audacieux,
> Demain, cherchant au loin d'autres mers, d'autres cieux,
> Dans une vaste nef il bravera l'orage ;
> Puis enfin délivré des dangers du naufrage,
> Jettera l'ancre au port qui l'avait vu partir.
> Tel Corneille... Quels sons viennent de retentir !
> Quels préludes ! j'entends les fureurs de Médée...

On voit qu'il ne suffit pas d'être Rouennais pour être poëte.

1516. LE JOUR DE L'INAUGURATION DE LA STATUE DE PIERRE CORNEILLE A ROUEN ; Poëme en trois Chants, par J.-C. Defosse, du Grand-Quevilly. — Rendons, amis de la science, Hommage au poëte divin ! — *Rouen, F. Baudry, imprimeur du Roi, rue des Carmes*, n° 20, 1834. In-8 de 15 pp.

Une note, placée au verso du faux-titre, porte que la composition typographique a été faite par l'auteur.

1517. L'APOTHÉOSE DE PIERRE CORNEILLE, à Rouen, en 1834.

Poëme qui a obtenu la première mention honorable dans la séance publique de l'Académie Française le 27 août 1835. Par P.-A. Vieillard, de Rouen, conservateur à la Bibliothèque de l'Arsenal. *Paris, Typographie de Firmin Didot frères*, 1835. In-8 de 13 pp. et 1 f. blanc.

1518. A Pierre Corneille, hommage en vers, par M. J.-A. Delérue, récité sur le Théâtre des Arts, à Rouen, le 29 juin 1838.

1519. Strophes en l'honneur de Corneille, par Th. Lebreton, de Rouen, récitées sur le Théâtre des Arts, le 29 juin 1842.

Le 6 juin 1842, la Comédie-Française célébra, pour la première fois, l'anniversaire de la naissance de Pierre-Corneille, par une représentation composée du *Cid* et du *Menteur*; on couronna le buste du grand poëte, mais le public se montra fort indifférent à cette solennité littéraire : la recette ne dépassa pas 500 fr.

1520. Épitre a Corneille, par M. Émile Coquatrix, lue à la Séance publique de la Société libre d'Émulation de Rouen le 6 juin 1846. *Rouen, Imprimé chez Alfred Péron*, 1846. In-8 de 15 pp.

1521. Stances sur la découverte du portrait original de Pierre Corneille d'après Le Brun. *Rouen, imprimerie de Péron*, 1850. In-8.

Stances signées J.-C. Defosse.

1522. Hommage a Corneille, en vers, par M. Beauvallet, récité par l'auteur sur le Théâtre-Français le 6 juin 1851.

On lit à cette date, sur le registre du Théâtre-Français, la note suivante : On avait annoncé un *Hommage à Corneille* par M. Théophile Gautier, mais la censure n'a pas permis ce morceau, qui a été remplacé par celui de M. Beauvallet.

1523. Pierre Corneille, pour l'Anniversaire de sa naissance, par Théophile Gautier.

Théophile Gautier. — *Poésies nouvelles, Émaux et Camées, Théâtre, Poésies diverses* (Paris, Charpentier, 1863, in-12), pp. 269-271.

Cette pièce n'a que 64 vers, dont voici les premiers :

> Par une rue étroite, au cœur du vieux Paris,
> Au milieu des passants, du tumulte et des cris,
> La tête dans le ciel et le pied dans la fange,
> Cheminait à pas lents une figure étrange ;
> C'était un grand vieillard sévèrement drapé ;
> Noble et sainte misère, en son manteau râpé.

> Son œil d'aigle, son front argenté vers les tempes,
> Rappelaient les fiertés des plus mâles estampes,
> Et l'on eût dit à voir ce masque souverain
> Une tête romaine à frapper en airain.

Les vers de Gautier devaient être récités sur le Théâtre-Français le 6 juin 1851 ; mais la censure, avec son intelligence habituelle, crut y voir une attaque contre Louis XIV, qu'elle ne voulut pas tolérer !

1524. La Muse héroïque, ode par M. Théodore de Banville, récitée par Mlle Rachel sur le Théâtre-Français, le 6 juin 1854.

1525. Hommage a Corneille, par M. Philoxène Boyer, récité sur le Théâtre-Français le 6 juin 1855.

1526. Corneille, par M. A. Burtal.

Ces vers, composés pour le 257e anniversaire de la naissance de Corneille, n'ont pas été acceptés par le Théâtre-Français, auquel ils avaient été proposés. Ils ont été insérés dans le journal *la Comédie* du 7 juin 1863.

1527. Corneille, par M. Méry. Vers récités sur le Théâtre des Arts, à Rouen, le 11 juin 1864, par M. Guichard, pensionnaire de la Comédie-Française.

M. Méry s'est permis dans ses vers quelques fantaisies ; on en jugera par le passage suivant :

> N'oublions pas aussi dans ce beau jour de fête
> Ce qui doubla la gloire acquise au grand poète ;
> Remontons à son siècle ; alors un écrivain
> Travaillait pour l'honneur, en dédaignant le gain.
> *Barbin,* seul précurseur d'un peuple de libraires,
> Épuisait le *Liurin* après cent exemplaires,
> Et des héros romains le puissant créateur
> Percevait pour *Cinna* six francs de droits d'auteur.

1528. A Pierre Corneille, par Albert Glatigny. Vers récités sur le Théâtre-Français le 6 juin 1865 (?), pour l'anniversaire de la naissance de Corneille.

1529. A Corneille, par Marc-André Delpit.

Vers présentés au Théâtre-Français pour un des anniversaires de la naissance de Corneille, mais non récités. On en conserve une copie aux Archives du Théâtre-Français.

1530. Édouard Fournier. — Corneille & le Monde. Vers récités sur le Théâtre-Français par Mlles Ponsin et Tordeus, le jeudi 6 juin 1867, pour le 261e anniversaire de la naissance de P. Corneille. [*Paris, imprimerie Jouaust, rue Saint-Honoré,* 338]. In-8 de 7 pp.

1531. Les Joies de Corneille. L'Enquête. Par Émile Coquatrix. *Rouen, Imprimerie de Henry Boissel, rue de la Vicomté, 55,* 1870. In-8 de 15 pp., plus la couverture qui sert de titre.

Prix : 1 fr., au profit des pauvres.

1532. Anniversaire de la naissance de Corneille.— A Corneille, ode de M. Henri de Bornier, récitée le 6 juin 1871 au Théâtre-Français, par M. Laroche. [*Paris, Imp. Paul Dupont,* 1871]. In-8 de 4 pp.

Le poëte s'est inspiré des tragiques événements que Paris venait de traverser.

> Oui, nous célébrerons ta fête,
> Corneille, cette fois surtout,
> Puisqu'après l'horrible tempête
> Ton théâtre est resté debout.
> La flamme voulait cette proie,
> Le crime voulait cette joie ;
> Le voilà sauvé maintenant,
> Entre deux palais mis en poudre
> Épargné par la double foudre
> Du sol en feu, du ciel tonnant !

1533. Corneille, par M. Paul Deroulède. Vers récités sur le Théâtre-Français par M. Coquelin, le jeudi 6 juin 1872, pour le 266ᵉ anniversaire de la naissance de la naissance de Corneille.

Ces vers patriotiques ont été publiés dans le journal *l'Événement* du 8 juin 1872.

XXI. — PIÈCES DE THÉÂTRE, SCÈNES DRAMATIQUES ET CANTATES RELATIVES A CORNEILLE.

1534. Corneille aux Champs-Élysées, pièce épisodique pour la centenaire de Corneille, représentée le 4 octobre 1784 au Théâtre-Français.

Nous trouvons, dans la *Correspondance littéraire* de Grimm (t. XIIe, pp. 253 sqq.), de curieux détails sur cette pièce, que MM. Goizet et Burtal (*Dictionnaire universel du Théâtre en France*, v° Corneille) ont confondue avec une des *Centenaires* de Cubières.

« La révolution centenaire de la mort du grand Corneille a été célébrée sur le Théâtre-Français, comme l'avait été celle de Molière, mais moins heureusement. Les Comédiens avaient cru devoir proposer ce sujet au concours. M. Artaud, auteur de la *Centenaire de Molière*, jouée dans le temps avec succès, et M. le chevalier de Cubières, connu par quelques jolies pièces fugitives, étaient au nombre de ceux qui avaient bien voulu concourir. Le sénat comique a choisi, parmi onze pièces soumises à son jugement, celle de *Corneille aux Champs-Elysées*, et il était difficile de faire un plus mauvais choix.

« Thalie et Melpomène se rendent aux Enfers pour célébrer la centenaire de Corneille. Ces deux muses se disputent la gloire de faire les honneurs de ce grand jour. Un faiseur de drames interrompt leur longue discussion. Voltaire lui succède, et les Muses le laissent tête à tête avec Corneille. Il entreprend de justifier le motif qui lui a fait commenter avec tant de sévérité les tragédies du père du Théâtre Français. Corneille agrée cette justification et déclare même qu'il a regardé ce commentaire comme le plus digne hommage que l'auteur de la *Henriade* pût rendre à l'auteur de *Cinna*. »

Le poëte qui avait fait recevoir cette pauvreté était un fort jeune homme nommé Laurent.

1535. Les deux Centenaires de Corneille, pièces en un acte et en vers, représentées à Rouen, Bordeaux, le Havre, Tours, Grenoble, &c., &c. Par M. le Chevalier de Cubières, de l'Académie de Lyon. *A Paris, Chez Cailleau, Imprimeur-Libraire rue Gallande, n° 64; Bailli, Libraire, rue Saint Honoré, Barrière des Sergens*, M.DCC.LXXXV [1785]. In-8 de 80 pp.

Ce volume contient : 1° *Réflexions sur le grand Corneille*; 2° *La Centenaire de Corneille, ou le Triomphe du génie*, pièce en un acte, en vers libres, représentée sur les théâtres publics de Rouen et de Bordeaux, le 1er octobre 1784 : 3° *La Centenaire de Corneille, ou le Génie vengé*, pièce en un acte, en vers libres.

Cubières avait envoyé le *Triomphe du génie* au concours ouvert par les comédiens du Théâtre-Français et s'était vu préférer la pièce de Laurent. C'est alors qu'il la fit représenter en province.

La seconde centenaire ne fut pas représentée. « Celle-ci, dit Grimm, supérieure à la première et plus originale que ne le sont ordinairement les ouvrages de ce genre, a été lue et reçue deux fois par les comédiens ; mais elle n'a pu être jouée, parce qu'aucun d'eux n'a voulu se charger du rôle du Faux Goût. Le farceur Dugazon, pour qui il semblait que ce rôle avait été fait, et qui aurait pu y développer toute l'étendue du talent qui le distingue dans le bas comique, s'est refusé aux ordres mêmes de ses supérieurs, et la charge du ridicule d'un rôle dont on pouvait lui faire l'application lui a servi d'excuse. » (*Correspondance littéraire de Grimm*, t. XII*e*, p. 255.)

Les deux *Centenaires* ont été reproduites dans les *Œuvres choisies de C[ubières-] Palmézeaux* (Paris, M*me* Desmaret, 1810), t. II*e*, pp. 1-131.

1536. LA FÊTE SÉCULAIRE DE CORNEILLE, comédie en un acte et en vers. *A Paris, Chez Hardouin et Gastey, Libraires de S. A. S. Madame la Duchesse de Chartres, au Palais Royal, n*os *13 et 14, Et chez les Marchands de Nouveautés.* M.DCC.LXXXV [1785]. In-8 de 27 pp. chiffrées de 3 à 29.

On trouve en face du nom des personnages le nom des acteurs qui *devaient* représenter la pièce au Théâtre-Français. Elle ne fut pas jouée en 1785, mais nous sommes tenté de croire qu'elle le fut un peu plus tard. Nous avons trouvé, dans la bibliothèque de M. Didot, un exemplaire qui porte de nombreuses corrections, faites par l'auteur en vue de la représentation. La distribution des rôles y a été changée de la manière suivante : *M*lle *Raucourt* (Melpomène), *M*lle *Contat* (Thalie), *M. Vanhove* (le Temps), *M. Molé* (Alcipe), *M. Fleury* (Philiste), *M. Naudet* (Ariste), *M. Dazincourt* (Cliton), *M. Saint-Phal* (un Grec), *M. Dumont* (un Romain), *M. Saint-Prix* (Rodrigue).

1537. LA FÊTE DE CORNEILLE, comédie en un acte, en prose, par Picard, représentée à Rouen le 29 juin 1800.

Le *Journal de Rouen* du 13 messidor an VIII nous apprend que cette pièce, jouée le 10 messidor sur le Théâtre des Arts, portait alors le titre de *Pierre et Thomas Corneille*. C'est sous ce même titre qu'elle fut reprise sur le même théâtre le 29 juin 1812. Le *Journal de Rouen*, qui avait tu le nom de l'auteur en 1800, nomme Picard dans son numéro du 30 juin 1812.

La pièce figure dans les *Œuvres* de Picard (Paris, Barba, 1821), t. VIII*e*, pp. 167-216. « Ce n'est point une comédie, dit l'auteur, mais les habitants de Rouen me surent gré de leur offrir leur grand poëte dans l'intérieur de sa famille. Ils aimèrent à se rappeler que Corneille fut bon père, bon mari, bon frère. J'avais rassemblé toutes les anecdotes imprimées ou racontées sur Corneille, et ils me surent gré d'avoir cherché à tourner ces anecdotes à la gloire de mon héros. Est-il vrai que Pierre Corneille demandait des rimes à son frère ? je n'en sais rien ; mais cette anecdote, vraie ou fausse, me fournit l'occasion de rappeler les quatre fameux vers de la première scène d'*Othon*. L'introduction du procureur de Domfront me fournit l'occasion de rappeler une particularité bien touchante dans la vie de Corneille. Les deux frères avaient épousé les deux sœurs, et les deux familles n'en faisaient qu'une, tous les biens étaient en commun, et il n'y eut d'inventaire, et de partage qu'à la mort de Pierre Corneille. »

La pièce, essayée à Paris, n'eut pas le succès qu'elle avait obtenue à Rouen.

1538. LA MAISON DE CAMPAGNE, OU HOMMAGE RENDU A PIERRE CORneille, divertissement-vaudeville en un acte, par M. Belmont, représenté sur le Théâtre de la République à Rouen, le 10 messidor an IX (29 juin 1801).

1539. Pierre Corneille a Rouen, comédie en un acte, en prose et en vaudevilles, par M. Huilart, représentée sur le Théâtre des Arts à Rouen, le 10 messidor an IX (29 juin 1801).

1540. Le Retour de Melpomène, petit hommage au grand Corneille, divertissement en vers libres, représenté sur le Théâtre des Arts, à Rouen, le 10 messidor an X (29 juin 1802).

1541. Une Matinée des deux Corneilles, comédie-vaudeville anecdotique, en un acte, en prose, représentée sur le Théâtre de la Société olympique le 26 ventôse an XII [17 mars 1804] ; par A. Grétry, neveu. *Paris, madame Masson, an XII* (1804). In-8.

Dans cette pièce, Thomas Corneille se dévoue pour son frère qu'on vient arrêter au nom de Richelieu, mais il est sauvé par un jardinier. L'auteur termine en engageant les spectateurs à ne pas « bayer aux corneilles » !

1542. Les Amours de P. Corneille, comédie en trois actes, en prose, par Laujon.

« Comédie reçue au Théâtre-Français vers 1806, mais qui n'y fut pas représentée. Dans son *Esprit du grand Corneille*, p. 153, François de Neufchâteau dit de cette pièce : « La mort de l'auteur est cause qu'elle n'a pas été représentée. » Si nous en croyons des personnes en position d'être bien informées, il faudrait retourner cette phrase et dire : « L'auteur est mort parce que sa pièce ne put pas être représentée. »
Voici le fait tel qu'on nous l'a raconté : Laujon, qui mourut âgé de quatre-vingt-quatre ans, présenta cette pièce quelques années avant sa mort. Le comité la trouva très-faible, mais la reçut attendu l'âge de l'auteur, pensant d'ailleurs que sa mort imminente dispenserait de la mettre à l'étude. On fit même mention, par une inconvenance fatale, de cette dernière considération sur le registre de la Comédie, qui n'est consulté ordinairement que par ses sociétaires. Un jour, Laujon vient se plaindre de ce qu'on ne se dispose pas à jouer sa pièce ; on lui répond que beaucoup d'autres ouvrages sont reçus avant le sien, et, oubliant la note fatale, on lui donne le registre pour l'en convaincre. Le malheureux vieillard lit l'arrêt de mort porté, en quelque sorte, par les comédiens contre lui, et il ne survécut que peu de jours à ce coup cruel.
« Le *Journal de Rouen* du 1er juillet 1809 nous apprend que cette pièce fut jouée sur le Théâtre des Arts de cette ville le 29 juin précédent. » Taschereau.

1543. Le Mariage du grand Corneille, comédie en un acte, en vers, par M. Goujet, représentée sur le Théâtre des Arts, à Rouen, le 29 juin 1808.

1544. Hommage a Corneille, scène lyrique, par M. Goujet, musique de M. Campenhaut, représentée sur le Théâtre des Arts, à Rouen, le 29 juin 1809.

1545. Le Mariage de Corneille, comédie en un acte, en vers, représentée sur le Théâtre de l'Impératrice, le 19 octobre 1809; par M. Hiacynthe [Decomberousse].

> Pièce tombée.
> Voy. *Magasin encyclopédique*, 1809, t. V*, p. 375 ; *Mémorial dramatique*, 1810, p. 90 ; *Almanach des Muses*, année 1810, notice de la fin.
> Outre le *Mariage du grand Corneille*, dont nous avons parlé, M. Goizet (*Dictionnaire universel du Théâtre*, t. I*er*, p. 599) indique une autre pièce intitulée le *Mariage de Corneille*, par Beaume-Tiste. Il a probablement en vue la pièce portée sous notre n° 1462.

1546. Cantate en l'honneur de Corneille, par M. Dutreik, mise en musique par M. Dubarrois, exécutée sur le Théâtre des Arts, à Rouen, le 29 juin 1810.

1547. La Maison de Corneille, comédie en un acte, en vers, par M. Goujet, représentée sur le Théâtre des Arts, à Rouen, le 29 juin 1810.

1548. Corneille au Capitole, scènes héroïques [en vers], à l'occasion du rétablissement de S. M. Marie-Louise, impératrice et reine, après la naissance du Roi de Rome, représentées le 21 avril 1811 sur le Théâtre de l'Odéon ; par M. J. Aude. *Paris, madame Masson*, 1811. In-8 de 15 pp.

> Les personnages sont Romulus, Lucine et Corneille.
> Voy. *Magasin encyclopédique*, 1811, t. II*, p. 397.

1549. Cantate en l'honneur de Corneille, paroles et musique de M. Campenhaut, exécutée pour la première fois dans la séance annuelle de la Société d'Émulation de Rouen, le 22 juin 1811, et sur le Théâtre des Arts de la même ville le 29 du même mois.

1550. Les deux Corneille, comédie en un acte, en vers, par M. Goujet, représentée sur le Théâtre des Arts, à Rouen, le 29 juin 1811.

1551. Hommage au grand Corneille, scène par MM. Désaugiers et Gentil, représentée sur le Théâtre des Arts, à Rouen, le 29 juin 1815.

1552. La Nièce de Corneille chez Voltaire, comédie anecdotique en un acte et en vaudevilles, représentée sur le Théâtre des Arts, à Rouen, le 29 juin 1816.

1553. LA FÊTE DE SAINT-PIERRE, scènes épisodiques mêlées de musique, par M. M***, représentées sur le Théâtre des Arts, à Rouen, le 29 juin 1817.

« Le *Journal de Rouen* nous apprend que cet à-propos avait été précédé de la tragédie de *Polyeucte,* dans laquelle mademoiselle Caroline Corneille remplissait le rôle de Pauline. Elle avait déjà joué sans succès Chimène du *Cid,* à la représentation donnée à l'Opéra au bénéfice de sa tante, le 6 juin 1816. » TASCHEREAU.

1554. LA FÊTE DE SAINT-PIERRE, vaudeville en un acte, par M.***, de Rouen, représenté sur le Théâtre des Arts de cette ville, le 29 juin 1819.

Malgré l'identité des titres, cette pièce n'est pas celle qui avait été représentée en 1817.

1555. CANTATE EN L'HONNEUR DE CORNEILLE, paroles de M. Boché, musique de M. Morin, chef d'orchestre, exécutée sur le Théâtre des Arts, à Rouen, le 29 juin 1820.

1556. LE SONGE DU JEUNE CORNEILLE, scène en vers, par M. Lepitre, représentée sur le Théâtre des Arts, à Rouen, le 29 juin et le 1er juillet 1820.

1557. CANTATE EN L'HONNEUR DE CORNEILLE, paroles de M. Verteuil, artiste du Théâtre des Arts, à Rouen, musique de MM. Morin et Cassel ; exécutée sur ce théâtre le 29 juin 1821.

1558. LA NIÈCE DE PIERRE CORNEILLE, vaudeville par M. ***, représenté sur le Théâtre des Arts, à Rouen, le 29 juin 1822.

1559. LE CID DE CORNEILLE, comédie anecdotique en un acte, en vers, par M. ***, représentée sur le Théâtre des Arts, à Rouen, le 29 juin 1823.

1560. PIERRE ET THOMAS CORNEILLE, à-propos en un acte et en prose, par MM. Romieu et Monnières [Abel Hugo], représenté pour la première fois sur le second Théâtre-Français, le 6 juin 1823, jour anniversaire de la naissance de P. Corneille. *Paris, Baudouin frères, Ponthieu, Barba,* 1823. In-8 de 32 pp.

1561. SCÈNE LYRIQUE EN L'HONNEUR DE CORNEILLE, paroles de

M. ***, musique de Méhul, exécutée sur le Théâtre des Arts, à Rouen, le 29 juin 1823.

1562. La Maison de Corneille, à-propos-vaudeville en un acte, par MM. Tiste et ***, représenté sur le Théâtre des Arts, à Rouen, le 29 juin 1824.

1563. Racine chez Corneille, ou la Lecture de Psyché, comédie en un acte, en vers, par M. Brulébœuf-Letournan, représentée pour la première fois, à Rouen, sur le Théâtre des Arts, le 29 juin 1825. *Paris, de la Forest,* 1825. In-8 de 55 pp.

1564. Cantate en l'honneur de Corneille, paroles de ***, musique de M. Eugène Walkiers, exécutée sur le Théâtre des Arts, à Rouen, le 29 juin 1825.

1565. Le Triomphe du Cid, à-propos anecdotique en un acte, en vers, par M. Ruffin, représenté sur le Théâtre des Arts, à Rouen, le 29 juin 1827.

1566. La Jeunesse de Corneille, comédie en un acte, par M. ***, représentée sur le Théâtre des Arts, à Rouen, le 28 juin 1828.

1567. Cantate en l'honneur de Corneille, par M. Charles, artiste du Théâtre des Arts, à Rouen, exécutée sur ce théâtre le 28 juin 1828.

1568. Corneille a Rouen, comédie en deux actes, en vers, par M. Muret, représentée sur le Théâtre des Arts, à Rouen, le 29 juin 1829.

Non imprimé.

1569. L'Anniversaire de P. Corneille, intermède représenté sur le Théâtre des Arts, à Rouen, le 29 juin 1834.

1570. Mélite, ou la première Pièce de Corneille, comédie en un acte, en vers, par Marion dit Dumersan, représentée sur le Théâtre des Arts, à Rouen, le 29 juin 1837.

Cette pièce, qui n'a pas été imprimée, est tirée d'une nouvelle publiée, sous le même titre, par Dumersan, dans le *Monde dramatique,* t. IV*, pp. 337 sqq., n° du 6 juin 1837.

1571. Stances en l'honneur de Corneille, par M. J.-A. Delérue, mises en musique et chantées sur le Théâtre des Arts, à Rouen. le 29 juin 1838.

Peut-être ces *Stances* sont-elles la même pièce que le n° 1518.

1572. CORNEILLE ET RICHELIEU, comédie-vaudeville en un acte, par MM. Boulé et Rimbaut, représentée pour la première fois à Paris sur le Théâtre de l'Ambigu-Comique, le 23 février 1839. *Paris, E. Michaud,* 1839. In-8 de 24 pp.

Musée dramatique, n° 138.

1573. CORNEILLE CHEZ LE SAVETIER, scène historique de la vie de P. Corneille, par MM. Beuzeville et Th. Lebreton, représentée sur le Théâtre des Arts, de Rouen, le 29 juin 1841. *Rouen, N. Périaux,* 1841. Gr. in-8.

« Nous citons, d'après les *Renseignements relatifs à Pierre Corneille,* de M. Ballin, cette pièce, qui ne figure pas dans la *Bibliographie de la France,* et n'est pas entrée à la Bibliothèque impériale, sans doute parce qu'elle n'a pas été déposée. » TASCHEREAU.
Cette pièce est imprimée dans la *Revue de Rouen* (t. XVII*, 1841, pp. 333 sqq.), dont l'édition que nous citons n'est sans doute qu'un extrait.

1574. PIERRE CORNEILLE A LA COUR DE FRANCE, comédie en trois journées, en vers; par Éliacin Jourdain, [1841].

M. Ballin (*Précis analytique des travaux de l'Académie de Rouen,* 1848, p. 291) cite cette pièce d'après le *Journal d'Évreux;* il ignore si elle a été imprimée.

1575. CORNEILLE ET SES AMIS, comédie en deux actes et en vers, par MM. Lucien Élie et Lemaire aîné, représentée pour la première fois sur le Théâtre des Arts, de Rouen, le   août 1842. *Rouen, Imprimerie de Nicétas Périaux,* [1842]. In-8.

1576. CORNEILLE ET SES VOISINS, comédie en deux actes et en vers, par MM. Lucien Élie et Lemaire aîné, artiste du Grand-Théâtre de Rouen, représentée pour la première fois sur le Théâtre des Arts, le 27 septembre 1842. *Rouen, Édet jeune,* 1842. In-8 de 20 pp. à 2 col.

Seconde édition remaniée de la pièce précédente.

1577. LA JEUNESSE DE CORNEILLE, comédie historique en trois actes et en vers, par M. Émile Coquatrix (de Rouen). *Paris, Paul Masgana,* [impr. *Crapelet*], 1844. In-12 de 4 ff. et 80 pp.

Représentée sur le Théâtre de l'Odéon le 6 juin 1844, jour anniversaire de la naissance de Corneille.

1578. Corneille et Rotrou, comédie en un acte et en prose, par MM. de La Boullaye et Cormon, représentée pour la première fois à Paris, sur le Théâtre-Français, le 8 octobre 1845. *Paris, Marchant*, 1845. In-8 de 12 pp. à 2 col.

Collection du *Magasin théâtral*.

1579. Corneille chez Poussin, à-propos anecdotique en vers, suivi d'un épilogue, par M. Ferdinand de La Boullaye, représenté pour la première fois à Paris, sur le second Théâtre-Français, le 6 juin 1847, jour anniversaire de la naissance de P. Corneille. *Paris, Tresse et Lévy*, [1847]. Gr. in-8 de 24 pp.

1580. Éloge de Pierre Corneille, sa vie et ses ouvrages. Monologue historique en un acte, en vers, dédié à la ville de Rouen ; suivi d'une Apothéose et d'une Marche triomphale, par Louis Crevel de Charlemagne (de Rouen). Représenté pour la première fois sur le Théâtre des Arts, de Rouen, le 6 juin 1851. Prix : 1 fr. 50 net. *A Paris, chez l'Auteur, rue de Castiglione, 10 ; Blanchet, Tresse, E. Challiot ; à Rouen, chez Auguste le Brument, Berdalle de La Pommeraye*, 1851. In-8 de 27 pp.

1581. La Muse de Corneille, à-propos joué sur le Théâtre impérial de l'Odéon, pour l'anniversaire de la naissance de Corneille, le 6 juin 1854, par Henri de Bornier. *Paris, Michel Lévy frères*, 1854. In-12 de 8 pp., plus la couverture, qui sert de titre.

1582. Corneille a la Butte Saint-Roch, comédie en un acte, en vers, représentée au Théâtre-Français le vendredi 6 juin 1862 ; précédée de Notes sur la vie de Corneille, d'après des documents nouveaux, par Édouard Fournier. Avec une vignette de M. Aug. Racinet, et un plan de la Butte Saint-Roch au temps de Corneille. *Paris, E. Dentu*, 1862. In-12 de 4 ff. prélim., clvj et 80 pp., fig.

Édition imprimée par *Jouaust*, sur papier de Hollande, avec les caractères elzéviriens de *Jannet*. La vignette de *Racinet*, assez grossièrement gravée sur bois, est imprimée sur l'un des ff. prélim., en face du titre. Le plan de la Butte Saint-Roch est placé, en guise de fleuron, au bas de la p. clvj. Il est également fort mal gravé.

Les pp. i-clvj sont occupées par les notes sur Corneille (voy. le n° 1199).

1583. Au Pays des Ames, scène dramatique, en vers, par Louis Ratisbonne.

Comédie-Française, 6 juin 1870.

1584. CORNEILLE, scène dramatique en un acte, en vers, par Fleury.

Cette pièce, dont l'auteur est professeur dans une maison d'éducation de Paris, a été représentée dans plusieurs institutions de jeunes gens. Elle a été jouée notamment, le 30 juin 1875, par les élèves de l'institution Cibot-Mellin.

1585. LE MÉNAGE DE CORNEILLE, comédie en un acte, en vers, par MM. Eugène Vignon et Henri Cantel.

Cette pièce, présentée à la Comédie française, a été imprimée en épreuves par M. *Chamerot,* au mois d'août 1875, mais les auteurs ont renoncé à l'idée de la faire paraître et ont fait distribuer les formes, avant la mise en pages.

FIN.

TABLE DES DIVISIONS

PRÉFACE.   v
ADDITIONS ET CORRECTIONS. . . . .   xiij
   I. ÉDITIONS DES PIÈCES DE THÉATRE DE CORNEILLE, publiées
      par lui-même.   1
   II. PIÈCES DE THÉATRE ÉCRITES PAR DIVERS AUTEURS, avec la
      collaboration de Corneille.   116
   III. ÉDITIONS COLLECTIVES DU THÉATRE DE CORNEILLE, publiées
      par lui-même   126
   IV. ÉDITIONS DES OUVRAGES DE PIÉTÉ DE CORNEILLE, publiées
      par lui-même.   152
   V. ŒUVRES DIVERSES DE CORNEILLE.
      I. Ouvrages en prose ou en vers, publiés séparément
        de son vivant ou après sa mort.   176
      II. Ouvrages ou Recueils divers contenant des pièces
        de Corneille, en prose ou en vers.   193
   VI. OUVRAGES ATTRIBUÉS A CORNEILLE.
      I. Ouvrages publiés séparément.   228
      II. Recueils contenant des pièces de vers attribués à
        Corneille.   232
   VII. ÉDITIONS DES PIÈCES DE THÉATRE DE CORNEILLE, publiées
      de son vivant, mais sans sa participation, en France et
      en Hollande.   236
   VIII. ÉDITIONS COLLECTIVES DU THÉATRE DE CORNEILLE, publiées
      de son vivant, mais sans sa participation, en France et
      en Hollande.   268
   IX. ÉDITIONS DES OUVRAGES DE PIÉTÉ DE CORNEILLE, publiées
      de son vivant, mais sans sa participation, en France
      et en Hollande.   273
   X. ÉDITIONS DES PIÈCES DE THÉATRE DE CORNEILLE, publiées
      depuis sa mort jusqu'à nos jours.   277

XI. Éditions des Œuvres de Corneille, publiées depuis sa mort jusqu'à nos jours.
    I. Œuvres complètes 302
    II. Œuvres choisies. 315
XII. Éditions des ouvrages de piété de Corneille, publiées depuis sa mort jusqu'à nos jours. 327
XIII. Extraits des ouvrages de corneille.
    I. Extraits des ouvrages de Corneille en général. . 331
    II. Extraits particuliers de l'Imitation de Jésus-Christ. 336
XIV. Pièces de Corneille remaniées ou retouchées par divers auteurs. 338
XV. Traductions ou Imitations des ouvrages de Corneille, en diverses langues.
    I. Traductions en latin 343
    II. Traductions en italien . . . . »
    III. Traductions en espagnol. 352
    IV. Traductions en portugais 355
    V. Traduction en roumain. 356
    VI. Traductions en anglais 357
    VII. Traductions en néerlandais 362
    VIII. Traductions en allemand. 396
    IX. Traductions en danois. 403
    X. Traductions en suédois. 404
    XI. Traductions en russe. 405
    XII. Traduction en serbe. 406
    XIII. Traductions en polonais. 407
    XIV. Traductions en grec. 409
    XV. Traductions en arménien. . . . . »
    XVI. Traductions en magyar. 410
XVI. Opéras et Ballets, tirés des pièces de Corneille. . . . 411
XVII. Histoire de Corneille et de sa famille.
    I. Biographie de Corneille. 435
    II. Documents biographiques divers. — Notices relatives à des faits particuliers de la vie de Corneille et aux maisons qu'il a habitées. 438
    III. Notices sur les portraits de Corneille. 442
    IV. Pièces relatives au monument de Corneille, à Rouen. 443
    V. Notices sur la famille de Corneille et sur ses descendants. 444

XVIII. Discours, Éloges, Critiques, Parallèles, relatifs à Corneille.
    I. Éloges de Corneille. — Considérations générales sur ses ouvrages et son influence littéraire. . . 450
    II. Particularités de la vie littéraire de Corneille; sa langue et ses théories littéraires; sa bibliographie. 457
    III. Discours, critiques et parallèles relatifs à Corneille et à Racine.. 462
XIX. Dissertations, Critiques, Pièces de théatre et Parodies, relatives aux ouvrages séparés de Corneille. . 466
XX. Pièces de vers en l'honneur de Corneille. 499
XXI. Pièces de théatre, Scènes dramatiques et Cantates, relatives à Corneille.. . . . . '. 510

FIN DE LA TABLE DES DIVISIONS.

TABLE ALPHABÉTIQUE

A.

Accommodement (L') du Cid et de son censeur, 1372.
Adam Billaut, menuisier et poëte : Les Chevilles, 193; — Poésies choisies, 207.
Addenda aux œuvres des grands écrivains, 243.
Adrien, chanteur, 1125.
Affronta castigada, traduct. esp. du Cid, 893.
* Agésilas, trag.: édit. orig., 85; réimpr. contemp., 371, 372; édit. mod., 619; trad. ital., 871; opéras tirés d'Agésilas, 1164, 1165.
Agnesi, musicien, 1162.
Aiblinger (G.-G.), musicien, 1109.
Aignan, trad. du Bugiardo, de Goldoni, 856.
Aimer sans savoir qui, com. de d'Ouville, 40,
Airs à quatre parties du sieur Dassoucy, 201.
A la gloire de Louis le Grand, conquérant de la Hollande, par MM. Corneille, Montauban, etc., 224.
Alarcon (Juan de), 35.
Alarmes (Les) des Évêques constitutionnels, 1442.
Albert, chanteur, 1089.
Albinoni, musicien, 1084.
Alborghetti (Gio.-Giac.) : Il gran Cid, 1096, 1097.
Aleksandrowicz : trad. polon. d'Héraclius, 1075.
Alembert (d'), 77.
Alessandro (Gennaro d'), musicien, 1163.
Alischan (Le Père) Néarque et Polyeucte, 1434.
Allacci : Drammaturgia, 84 bis.
Allainval (d') : Lettre à Mylord B***. 26; cf. 1417; — Ana, ou Bigarrures calotines, 257.
Amalteo (Aurelio) : Il Perseo, 1147.
Amante (L') inimica, trad. ital. du Cid, 835, 836.

Amar sin saber á quien, com. de Lope de Vega, 40.
* A Monseigneur le Duc de Guise, 149.
* A Monseigneur, sur son Mariage, 173, 229.
Amor della patria sopra tutti gli amori, traduction d'Horace, 844.
Amor e Dover, imit. du Cid, 1094.
Amore et Honore, trad. ital. du Cid, 832, 833.
Amoreux, édit. de la Guirlande de Julie, 190.
Amori di Giasone e d'Isifile, opéra d'O. Persiani et M. Marazzoli, 75.
Amour (L') à la mode, com. de Th. Corneille, 69.
Amy (L') du Cid à Claveret, 1359.
.... Ana, ou Bigarrures calotines, 257.
Andreozzi (Gaetano), musicien, 1164.
Andrieux : La suite du Menteur, 820, 821; cf. 40; — Changements pour Nicomède, 825; — Droits d'auteur cédés aux héritières de Corneille, 1244.
Andromaque, trag. de Racine, 69, 86.
Andromeda, opéra de Campeggi et Giacobbi, 54.
Andromeda, opéra de Ferrari et Manelli, 54.
Andromeda, opéra de Pio, 54.
Andromeda; opéras de ce nom postérieurs à Corneille, 1150.
Andromeda, tragi-com. de Guazzoni, 54.
* Andromède, trag.: édit. origin., 54-59; réimpr. contemp., 344-348; édit. mod., 606; traduct. néerl., 981-984; opéras tirés d'Andromède, 1147-1151; pièces relatives à Andromède, 201, 1444, 1445.
Andromedes und Persaeus, opéra de Frank, 1147.
Anecdotes dramatiques, 73, 79, 93.
Angelio (Pietro), detto il Bargeo, 73.
Angély (Mme d'), 1243, 1244.
Anguillara (Andrea dell'), 73.
Anholt (Fr. d') : traduct. dan. du Cid, 1048, 1049.
Anne d'Autriche, 9.

TABLE ALPHABÉTIQUE.

Anniversaire (L') de P. Corneille, interm., 1569.
Añorbe y Corregel (Thomas) : traduct. esp. de *Cinna*, 884.
Antier (Mlle C.), chanteuse, 1085, 1087, 1088, 1150.
Antier (Mlle L.), chanteuse, 1150.
A. (P.), de Rouen : Corneille, 1284.
Apologie de Shakespeare, 1425.
Apologie pour Monsieur Mairet, 1377.
Araujo (Ant. José de) : trad. portug. de *Cinna*, 898.
Arendsz (T.) : traduct. néerl. de *Sertorius*, 996.
Aretino (Pietro), 15.
Aretz (Peter) : *Observationes grammaticae de Lingua Corneliana*, 1345.
Argenson (D') : Lettre à lui adressée, 238.
Ariste, acteur, 95.
Arnao (D. Ant.) : *Don Rodrigo*, 1112.
Aspinwall (S.) : trad. angl. de *Rodogune*, 920.
Asioli (Bon.), musicien, 1132.
*Attila, trag. : édit. orig., 86 ; réimpr. contemp., 373 ; édit. mod., 620 ; trad. ital., 872 ; traduct. néerl., 999-1001 ; opéras tirés d'*Attila*, 1166-1173 ; pièces relatives à *Attila*, 1467, 1468.
Aubert (Mlle), actrice, 44.
Aubignac (L'abbé d') : *Deux Dissertations concernant le Poëme dramatique*, 1459 ; — *Troisième et Quatrième Dissertation concernant le Poëme dramatique*, 1450 ; — *Remarques sur la Tragédie de Sophonisbe*, 1462 ; cf. 82.
Aude (J.) : *Corneille au Capitole*, 1548.
Audibert : *Six Tragédies de Corneille retouchées*, 811.
Audinot (Mlle), chanteuse, 1161.
Auger (L.-S.) : *Éloge de P. Corneille*, 1271.
Aurelj (Aur.) : *Il Perseo*, 1147.
**Au Roy sur la conqueste de la Franche-Comté*, 153, 154, 231-233.
**Au Roy sur la paix de 1678*, 171, 228.
**Au Roy sur sa libéralité envers les Marchands de la ville de Paris*, 163, 231-233.
**Au Roy sur son départ pour l'Armée*, 166, 231-233.
**Au Roy sur son retour de Flandre*, 150.
Auswahl aus Corneille's dram. Werken, 1013.
Auteur (L') du vrai Cid espagnol à son Traducteur françois, 1349.
Avertissement au Besançonnois Mairet, 1375.
Aveu des biens tenus du Roi, par P. Corneille, 1217.
Aveugle (L') de Smyrne, com. par les Cinq-Auteurs, 93, 94.

Aviaud (D') : *Rapport sur le prix de poésie* (à Rouen), 1503.

B.

Bachaumont : *Mémoires secrets*, 163.
Bacilly (B. de) : *Recueil des plus beaux vers qui ont esté mis en chant*, 211.
Bailly : *Éloge de Corneille*, 1259.
Balicourt (Mlle), actrice, 44.
Balland (le P. Laurent), 128.
Ballet de l'Inclination, 213.
Ballin (A.-G.) : *Notice sur la Maison et la Généalogie de Corneille*, 1206 ; — *Renseignements relatifs à P. Corneille*, 1306, 1505, 1573, 1574 : — *Notes relatives à P. Corneille*, 1307 ; cf. 216.
Balzac : *Lettre à Corneille*, 22 ; — *Lettre à M. de Scudéry*, 1379.
Bancel : *Préface*, 103.
Bancel (D.) : *Le Génie de Corneille*, 1294.
Banville (Th. de) : *La Muse héroïque*, 1524.
Baraton : *Madrigal sur Corneille*, 1479.
Barbier, acteur, 95.
Barbier, acteur, 820.
Barbier (Mlle) : *Dissertation critique sur l'Œdipe*, 1451.
Bardou : *Poésies choisies*, 206, 207.
Baretti (Giuseppe) : trad. ital. de Corneille, 829.
Bargeo (Pietro Angelio, detto il), 73.
Baro, 26.
Baron, acteur, 9, 20, 26, 32, 44, 50, 65, 73, 80, 84 *bis*, 87, 95.
Baron fils, acteur, 95.
Baron Sorgfri, imit. suéd. du *Menteur*, 1056.
Barry (René), historiographe du Roi, 195.
Bartolommei (Girolamo) : *Polieto*, trag., 849.
Bartsch (Karl), 47.
Bassi (C.) : *Paolina e Poliuto*, 1135.
Batteux (L'abbé) : édit. de *Polyeucte*, 543.
Baudoin (J.), 91, 93.
Baumgärtner, musicien, 1150.
Bautain (L.) : *L'Imitation de Jésus-Christ*, 808, 809.
Beaubourg, acteur, 65.
Beauchamp, musicien et maître de ballets, 95.
Beauchâteau, acteur, 15, 20.
Beauchâteau (Mlle), actrice, 9, 15, 73, 82.
Beaulieu, 3.
Beaurepaire (De) : *Aveu des biens de P. et Th. Corneille*, 1217.
Beauval, acteur, 20, 26, 32, 35, 50, 65.
Beauval (Mlle de), actrice, 32, 35, 44, 50, 65, 87, 95.

TABLE ALPHABÉTIQUE.

Beauvallet, acteur, 26, 65, 825; — Hommage à Corneille, 1522.
Bébée et Jargon, parodie de Médée, 1092.
Behrmann (Georg) : imit. allem. d'Horace, 1030.
Béjart, acteur, 56.
Béjart (Mlle), actrice, 56.
Bellemore, acteur, 8.
Bellerose, acteur, 20, 44.
Bellièvre (P. de), 156. — Son Panégyrique par De Loy, 200.
Belmont : La Maison de campagne, 1538.
Belmontet : Corneille, ode, 1499.
Benoît (Louis) : Lettre sur Corneille et sur Racine, 1337.
Bensserade : Poésies choisies, 204-208.
Benzel Sternau (Graf) : trad. allem. du Cid, 1020.
Berdot de Montbelliard, peintre, 56.
Beregani (C. Nicc.) : Eraclio, 1143.
Bérénice, trag., par Du Ryer, 87.
Bérénice, trag., par Th. Corneille, 87.
Berghult (J.) : traduct. suéd. d'Horace, 1053.
Bérin, dessinateur, 1147.
Bernabei (G.-A.), musicien, 1144.
Bernard (Saint) : Ses Lettres, trad. par le R. P. dom Gabriel de Sainct-Malachie, 196.
Bernardoni (Ant.) : La Clemenza di Augusto, 1129; Eraclio, 1145.
Bertaud : Poésies choisies, 204-208.
Bertoni (Fern.), musicien, 1115.
Bertrand (Mlle), actrice, 20.
Beuzeville et Lebreton : Corneille chez le savetier, 1573.
Beys (Charles) : Les Triomphes de Louis le Juste, 195; — Vers à lui attribués, 3.
Bibliothèque de cour, etc., 258.
Bibliothèque du Théâtre-François, 69.
Bidloo (Govard) : trad. néerl. de la Mort de Pompée, 967, 968.
Bilderdijk (W^m), trad. néerl. de Cinna, 960, 961; — Observations sur un vers d'Horace, 1422.
Billard (Andr.-Franç.) : édit. de Santeul, 233.
Billaut (Adam). Voy. Adam.
Billet (H.) : De la Rime d'après Boileau, 1321.
Bitaubé : Eloge de Corneille, 1262.
Bizet (Georges), musicien, 1114.
Bleyswyck, graveur, 976.
Blondel, musicien, 212, 242.
Boccardi (Michelang.) : Ottone amante, 1163.
Boché : Cantate en l'honneur de Corneille, 1555.
Bode (A.) : trad. allem. de Rodogune, 1045.
Boding (Gabriel) : trad. suéd. du Cid, 1051.

Boesset, musicien, 75.
Bogaert (A.), poëte néerl., 962, 964, 965.
Boileau-Despréaux : Ode sur la Prise de Namur, 1400.
Boileau (Gilles) : Poésies choisies, 206.
Boisrobert-Métel : Epistres, 194 ; Poésies choisies, 204-208. Cf. 3, 91-94 ; Lettre à M. Mairet, 1378.
Boissière : Poésies choisies, 207.
Bolæana, 84 bis.
Bonaventure (Saint). Voy. Louanges de la Sainte Vierge.
Boniventi (Gius.), musicien, 1153.
Bordelon (L'abbé) : Diversitez curieuses, 236.
Bordoni (Placido) : trad. d'Horace, 846.
Bornemann (Vilhelm) : trad. dan. de Polyeucte, 1050.
Bornier (H. de) : A Corneille, 1532; La Muse de Corneille, 1581.
Borssat : Vers sur Corneille, 1502.
Bosset, acteur, 820.
Boucher, peintre, 599.
Bougy (Alfr. de) : Note sur un Exemplaire du Théâtre de Corneille, 1310.
Boulart (Le P.), génovéfain, Lettres à lui adressées, 178; cf. 118, 177.
Boulé et Rimbaut : Corneille et Richelieu, 1572.
Bouquet : Corneille et l'acteur Mondory, 1327 ; Examen d'une anecdote sur le Menteur, 1440.
Bourgeois (Le) gentilhomme, com. de Molière, 87.
Boyer (Philoxène) : Hommage à Corneille, 1525.
Brécourt, acteur, 35.
Bressand (F.-E.) : trad. allem. de Rodogune, 1043 ; de Sertorius, 1047.
Brèves (Lucile-Hélie de), éditeur du Recueil de Poésies chrestiennes et diverses, 783-785.
Brie (De), acteur, 56, 95.
Brie (Mlle de), actrice, 56, 87, 95.
Brière (L.) : édit. de Corneille, 663.
Broglie (Albert de) : Le Génie normand dans les lettres, 1293.
Brulebœuf-Letournan : Racine chez Corneille, 1563.
Brulion (Nicolas de), 130.
Brunet (Charles-Jacques) : Manuel du libraire, 1, 32, 35, 92, 134, 136, 186, 188.
Brunet (Gust.) : P. Corneille, 1197.
Brunot (F.) : Corneille au XIXe siècle, 812.
Brusa (Francesco), musicien, 1090.
Buffier (Le P.) : Suite de la grammaire française, 246.
Buisson (J.), graveur, 1190
Buquoy (C.), graveur, 640.

Burguy (G.-F.) : *La France littéraire*, 797.
Burnel, 3.
Buroni, musicien, 1162.
Burtal (A.) : *Corneille*, 1526.
Buys, dessinateur, 991.
Buzoni : *Stances pour l'anniversaire de la naissance de P. Corneille*, 1498.

C.

Caboche (Charles) : *Discours sur Corneille*, 1290, 1298.
Caldara (Ant.), musicien, 1162, 1174.
Calderon (D. Pedro) de la Barca, 50.
Cambert, musicien, 75.
Camma, trag. de Th. Corneille, 73.
Cammaert (François) : trad. néerl. d'*Horace*, 950.
Cammarano (Salvatore) : *Orazi e Curiazi*, 1127 ; *Poliuto*, 1133-1140.
Campeggi (Ridolfo), 54.
Campenhaut, musicien, 1544, 1549.
Campigny (Adam), 3.
Campion : *Les Hommes illustres*, 209.
Campion, graveur, 127.
Campistron, 77.
Canon (De), 3.
Cantel (H.) : *Le Ménage de Corneille*, 1585.
Cantenac : *L'Occasion perdue recouverte*, 247.
Capece (Carlo Sig.) : *La Clemenza di Augusto*, 1128. — *Tito e Berenice*, 1174.
Capelle : *Bébée et Jargon*, 1092.
Capperonnier, 599.
Carcano (Giulio) : trad. ital. du *Cid*, 843.
Caretto (Galeotto) : *Sofonisba*, 82.
Carlell (Lodovick) : trad. angl. d'*Héraclius*, 921.
Carpenteriana, 247.
Carthaginoise (La) ou la Liberté, trag. par Montchrestien, 82.
Cassel, musicien, 1557.
Castelbarco (Conte C. di) : trad. du *Cid*, 842.
Castil-Blaze : *Molière musicien*, 1309.
Castres (G.-H.-F. de), édit. du *Cid*, 441.
Castro (Guillen de), 9.
Celli, musicien, 1093.
Chaignet (A.-E.) : *Corneille et le Cid*, 1414.
Champenois, chanteur, 95.
Champion de Nilon : *Critique posthume d'un ouvrage de M. de Voltaire*, 640 *g*.
Champmeslé, acteur : 9, 20, 26, 32, 35, 44, 50, 65, 80, 84 *bis*.
Champmeslé (Mlle), actrice : 9, 20, 44, 50, 80, 84 *bis*.

Champvalon, acteur, 73.
Chanson sur une représentation de *la Mort de Pompée*, 1435.
Chantal (Ch. de) : *La Morale des familles catholiques*, 807.
Chapelain, 148.
Chapelain décoiffé, 1398.
Chappelain (A.), 3.
Chapuzeau : *Le Théatre François*, 20.
Charlemagne (Arm.) : *Les Descendants du Menteur*, 1439.
Charlemagne (Crevel de), voy. Crevel.
Charles : *Cantate en l'honneur de Corneille*, 1567.
Charlier : *Esprit du grand Corneille*, 787.
Charpentier, musicien, 1084.
Chastes (Les) Martirs, trag. de Mlle Cosnard, 199.
Charton (É.) : *Notice sur Corneille*, 1187.
Chasle (De), chanteur, 1089.
Chasles (Philarète) : *Corneille dans ses rapports avec le drame espagnol*, 1305.
Chassé, chanteur, 1088.
Chasteauneuf, acteur, 56, 95.
Chateau (P.-J.) : *Morceaux choisis de Corneille...*, 790.
Chaulmer (Charles), 32.
Chauveau (François), dessinateur et graveur, 32, 54, 106, 109, 127, 128, 160, 163.
Chazal, peintre, 809.
Chazet (René de) : *Éloge de P. Corneille*, 1272.
Chefs-d'œuvre des Classiques français, par A. de Courson et V. Radot, 796.
Chefs-d'œuvre dramatiques français, par C.-J. Dupont, 794.
Chemin (Le) du salut, 803, 805.
Chennevières : *Historiettes baguenaudières*, 1458.
Chéron (Mme), chanteuse, 1161.
Cherubini, musicien, 1092.
Chevalier (Mlle), chanteuse, 1089.
Chevilles (Les) de Me Adam, 193.
Chevreau : *La Suite et le Mariage du Cid*, 1384-1389 ; *Poésies choisies*, 204-208.
Chimène et Rodrigue, opéra de Rochefort : 1106.
Chimène, ou le Cid, opéra de Sacchini, 1102-1104.
Choix de Mazarinades, 40.
Choix de Poésies morales et chrétiennes, par Le Fort de la Morinière, 786.
Chouquet : *Histoire de la musique*, 1134.
Cibber (Colley) : trad. angl. du *Cid*, 905 ; de *Cinna*, 911.

Cid (Le) de Corneille, com., 1559.
Cid (Le), trag. : édit. orig., 9-14 ; réimpr. contemp., 273-288 ; édit. mod.. 411 - 461 ; arrangements , 816 - 818 ; trad. ital., 831-843 ; trad. esp., 876-880 ; trad. port., 892-896 ; trad. angl., 902-906 ; trad. néerl., 927-942 ; trad. allem., 1014-1027 ; trad. dan., 1048, 1049 ; trad. suéd., 1051, 1052 ; trad. russes, 1057, 1058 ; trad. pol., 1064, 1065 ; trad. grecque, 1077 ; trad. magyare, 1081, 1082 ; opéras tirés du *Cid*, 1094-1114 ; pièces relatives au *Cid*, 1346-1418, 1559, 1565.
Cid Rodrigo de Bivar, imitation du *Cid*: 879.
Cimarosa, musicien, 1116-1121.
Cinna, trag. : édit. orig., 20-25 ; réimp. contemp., 298-303 ; édit. mod., 502-538 ; trad. lat., 826 : trad. ital., 847, 848 ; trad. esp., 882-885 ; trad. port., 897-899 : trad. angl., 911 ; trad. néerl., 953-961 ; trad. allem., 1033, 1034 ; trad. russe, 1059 ; trad. pol., 1068, 1069 ; trad. grecque, 1078 ; opéras tirés de *Cinna*, 1128-1132 ; pièces relatives à *Cinna*, 1424-1428.
Citateur (Le) dramatique, par L. Gallois, 793.
Clairon (Mlle) actrice, 26, 32, 44, 65, 80 ; *Mémoires*, 1429, 1437.
Clarissimo Viro D. Pellissonio.... vers anonymes, 168.
Clausz (Isaac) : trad. allem. du *Cid*, 1016.
Claveret : *Lettre au Sr Corneille*, 1358.
Clément : *Lettres à M. de Voltaire*, 640, *j* et *k* ; *Examen des Sophonisbes de Mairet, de Corneille et de Voltaire*, 1466.
Clément et Larousse : *Dictionnaire lyrique*, 1092, 1102.
* *Clitandre*, tragi-com. : édit. orig., 2 ; réimpr. contemp., 264 : édit. mod., 397, 398 ; trad. ital., 830.
Cochereau, chanteur, 1085, 1149.
Cochin (C.-N.), graveur, 599.
Coignard (Jean-Baptiste), libraire, 234, 235.
Colasse, musicien, 1159.
Collardeau (J.), 3.
Collé : *Le Menteur*, mis en vers libres, 819.
Colletet (Franç.), un des Cinq Auteurs, 91-94 ; *Poésies choisies*, 204-208 ; *Les Muses illustres*, 249.
Collin (Matth.) : trad. allem. du *Cid*, 1021.
Collina (Bonifacio) : trad. de *Polyeucte*, 853, 854.
Collmann : *The French Cid and his Spanish Prototype*, 1415.

Combalet (Mme), 9.
Comédie (La) des Tuileries par les Cinq Auteurs, 91, 92.
Comparison (A) between the Horace of Corneille and the Roman Father of Mr. Whitehead, 1421.
Conquista (La) del Vello d'oro, opéra, 1158.
Conrart, 51, 54.
Coquatrix (Émile) : *Epitre à Corneille*, 1520 ; *Les Joies de Corneille*, 1531 ; *La Jeunesse de Corneille*, 1577.
Cormon et La Boullaye : *Corneille et Rotrou*, 1578.
Corneille (Antoine), 1325.
Corneille au XIXe siècle, par F. Brunot, 812.
Corneille aux Champs-Élysées, 1534.
Corneille (Charles), 1233.
Corneille (Claude-Etienne), 1240.
Corneille et les Espagnols, 1302, 1304, 1305, 1324.
Corneille et Racine, 1338-1353.
Corneille (Jean-François), 1234-1236.
Corneille (Jeanne-Marie), 688, 1241-1243 ; *Lettre à M. A. de S. P.*, 1243.
Corneille (Marie), 1237-1239.
Corneille (Marie-Angél.), 1241.
Corneille (Pierre).

Cet ouvrage étant tout entier consacré à Corneille, il aurait fallu répéter ici chacun des articles cités dans la *Bibliographie*. Pour simplifier, nous nous sommes borné à indiquer dans l'ordre alphabétique chacun des ouvrages de notre poète. Nous les avons marqués d'un astérisque.

Corneille (Pierre-Alexis) : *Dissertation sur la date de la naissance de Corneille*, 1203 ; *Rapport sur le même sujet*, 1205.
Corneille précieux, par V. G., 1319.
Corneille ; ses relations avec la famille Pascal..., 1214.
Corneille (Thomas), 148 ; *Camma* et *Stilicon*, 73 ; *Médée*, 1084 ; *Théâtre*, 106, 109-113, 381, 624, 625, 628, 629, 632, 634-637 ; *Théâtre choisi*, 640-643, 645, 649, 651-654, 656, 657, 659, 661, 665, 669-672, 675, 676, 680, 682, 683, 685, 703, 714-717, 719, 725 ; édition des *Œuvres* de P. Corneille, 625, 629 ; *Notes sur P. Corneille*, 1176 ; *Discours à l'Académie Française*, 1249.
Cornélie, trag. de R. Garnier, 32.
Cornelius (P.) : *Der Cid*, 1173.
Corrozet (Gilles), éditeur de *Sofonisba*, 82.
Costar, 148.
Coste d'Arnobat : *Mémoires pour Marie-Françoise Dumesnil*, 1429.
Cotin : *Poésies choisies*, 205-208.
Cotton (Charles) : trad. angl. d'*Horace*, 909, 910.
Coulanges (Mme de), 89.

Coupée (Mlle), chanteuse, 1089.
Courant (Marie), 1.
Courson (A. de) et V. Radot : *Chefs-d'œuvre des Classiques français*, 796.
Court, peintre, 1218.
Cousin (Victor), 240.
Craun (C.-H.), musicien, 1130.
Crépet (E.) : *Les Poëtes français*, 800.
Crevel de Charlemagne : *Eloge de P. Corneille*, 1580.
Critique de Rodogune, 1441.
Critique (La) de Bérénice, 1469.
Critique posthume d'un ouvrage de M. de Voltaire, 640 g.
Cubières-Palmézeaux : *Lettre du chevalier de Laurès*, etc., 1483 ; *Les deux Centenaires de Corneille*, 1535.

D.

Daguin, *Préface*, 113.
Dangeau : Son *Journal*, 35.
Daret (P.), graveur, 15, 92, 94.
Darrangon (F. L.) : *Le Prononcé, ou la Prééminence poétique du grand Corneille*, 1277.
Da Silva Campos e Mello (Antonio Firmino) : imit. portug. du *Cid*, 895.
Da Silva (Francisco) : *Diccionario bibliographico port.* : 892, 896, 898.
Dassoucy : *L'Ovide en belle humeur*, 198 ; *Airs à quatre parties*, 201 ; cf. 54, 75.
Dauvilliers, acteur, 32, 50, 80, 84 *bis*, 89.
David (Domenico) : *Amor e Dover*, 1094.
David (H.), graveur, 106, 118, 124, 126, 127.
Decomberousse : *Le Mariage de Corneille*, 1545.
Décoration de l'Illusion comique. 1348.
Défense du Sertorius de M. Corneille, 1460.
* *Deffense des Fables dans la Poësie*, 156, 231-233.
Deffense (La) du Cid, 1354.
Defosse (J.-C.) : *Le Jour de l'inauguration de la statue de Corneille*, 1516 ; *Stances sur la découverte du portrait de Corneille*, 1521.
De Griek (Claudius) : trad. néerl. d'*Héraclius*, 977.
Delaunay, acteur, 35.
Delavigne (Casimir) : *Discours en l'honneur de P. Corneille*, 1500.
Delérue (J.-A.) : *A Pierre Corneille*, 1518 ; *Stances en l'honneur de Corneille*, 1571.
Délices (Les) de la Poésie galante, 213.
Delidel (Le Père) : *La Théologie des Saints*, 215.
Delille (Mlle), actrice, 820.

Delisle de Salles : édit. de Corneille, 673.
Delisle (Louis) : *Six Tragédies de Corneille retouchées*, 811.
Delle migliori tragedie greche e francesi Traduzioni ed Analisi, 829.
Delpit (M.-A.) : *A Corneille*, 1529.
Del Rey (Firmin) : traduct. esp. de *Polyeucte*, 886.
Delzons : *Défense de P. Corneille, sur le sujet de l'Héraclius*, 1443.
Denham (Sir John) : trad. angl. de *la Mort de Pompée*, 913.
Déniaisé (Le), com. de Gillet de la Tessonnerie, 50.
Deniéport : *Vers sur Corneille*, 1508.
Denis : *Dissertation sur quelques passages de Sénèque et de Corneille*, 1300.
Dering (Sir Edward), 914.
Derivis, chanteur, 1134.
Déroulède (P.) : *Corneille*, 1533.
Désaugiers et Gentil : *Hommage au grand Corneille*, 1551.
Deschamps (Mlle Rose), actrice, 95.
Desfontaines : *La Vraie Suite du Cid*, 1390-1392.
Desjardins (Ernest) : *Le grand Corneille historien*, 1315, 1316.
Desmares (Mlle), actrice, 95.
Desmolets (Le Père) : *Continuation des Mémoires de littérature*, 238.
Desnoiresterres (G.) : *Voltaire et la Société française*, 1239.
Des Œillets (Mlle), actrice, 80, 82.
Despois (Eugène), 9, 87, 1348.
Desriaux : *La Toison d'or*, 1160, 1161.
Dessein de la Tragédie d'Andromède, 54.
Desseins de la Toison d'or, 75.
Désurlis, acteur, 89.
Désurlis (Mlle), actrice, 89.
De Swaen (Michel) : trad. néerl. du *Cid*, 940 ; de *Cinna*, 953.
Deutsche Schaubühne, 1016.
Deux Dissertations concernant le Poëme dramatique, par d'Aubignac, 1459.
* *Deux Lettres inédites à Huyghens de Zuilychem*, publ. par M. Ed. Fournier, 179.
* *De victoriis Regis Christianissimi Ludovici XIV*, 152.
Devigny, acteur, 820.
Deville (A.). *Note biographique sur Corneille*, 1209 ; *Rapport sur le monument à élever à P. Corneille*, 1221 ; *Notice sur la statue de P. Corneille*, 1224 ; *Précis historique sur la statue de Corneille*, 1227 ; *Compte-rendu des hommages décernés par la ville de Rouen*, 1229 ; *Rapports sur les concours de poésie*, 1505, 1506.
Devoyod (Mlle), actrice, 95.

Devrient (Ed.). *Une Représentation d'Horace*, 1423.
De Witt (Jan), trad. d'*Horace*, 943-948.
Deyeux : Corneille et Racine, 1400.
Dialogues of the Dead, by Lord Lyttelton, 1254.
Diamante (J.-B.) : imit. esp. du *Cid*, 9, 876, 1402, 1403, 1409, 1410, 1413.
Dichtkundig Onderzoek op het vertaald Treurspel Pompejus, 967.
Didier (Mlle Rose), 95.
Didot (A.-F.) : *Préface*, 109, 195, 278, 320.
Discours abrégé sur le grand Corneille, 1264.
Discours à Cliton sur les Observations du Cid, 1368.
Discours en vers en l'honneur de Corneille, 1492.
**Discours sur le Poëme dramatique* : trad. ital., 828 bis. (*Additions et corrections*); trad. néerl., 923.
Dispute littéraire sur les Œuvres de Corneille et de Racine, 1335.
Dissertation critique sur l'Œdipe de Corneille, 1451.
Dissertation sur Corneille et Racine, par Durosoi, 1347.
Dissertation sur les pièces de Corneille et de Racine, 1334.
Dissertation sur les Sophonisbes de Mairet et de Corneille, 1465.
Dissertation sur l'Œdipe de Corneille, par Pellegrin, 1455.
Dissertation sur un vers de la tragédie des Horaces, 1420.
Diversitez curieuses, par l'abbé Bordelon, 236.
Document relatif à Corneille, comm. par M. Floquet, 176.
Document (Un) fameux sur P. Corneille, 1216.
Doinat (Alexis) : *Étude sur Corneille*, 1292.
Dolce (Ludovico) : 73.
Dolivar, graveur, 1147.
Dom Pélage, roman de Juvenel, 60.
Dom Rodrigo, imit. portug. du *Cid*, 895.
Dom Ruy Cid de Bivar, imit. portug. du *Cid*, 896.
Don Bertran de Cigarral, com. de Th. Corneille, 69.
Donizetti, musicien, 1133-1140.
Donneau de Visé : *Nouvelles nouvelles*, 82; *Mercure galant*, 225-229; *Relation de la reprise d'Andromède*, 1445; *Défense du Sertorius de M. Corneille*, 1460; *Critique de la Sophonisbe*, 1461; *Défense de la Sophonisbe*, 1463.
Don Rodrigo, drame de A.-F. de la Serna, 880.

Don Rodrigo, opéra de D. Ant. Arnao, 1112.
Don Rodrigo de Bivar, imitation du *Cid*, 877.
Don Sanche, tragi-com. : édit. orig., 60-64; réimpr. contemp., 349-352; édit. mod., 607; remaniement, 822, 823; trad. ital., 865.
Dood (De) van Pompejus, trad. néerl. de *la Mort de Pompée*, 967, 968.
Dorat : *Racine à M. de Voltaire*, 640 h.; *Épître à l'Ombre d'un ami*, 1481; *Portrait de Corneille*, 1265.
Dörgens (Herm.): trad. allem. d'*Horace*, 1032.
Dorsan, acteur, 820.
Dorset (Earl of), 915.
Dorus-Gras (Mme), chanteuse, 1134.
Dozon, chanteuse, 1160.
Draghi (Antonio), musicien, 1158.
Dreux du Radier : *Lettre à M*** sur le grand Corneille*, 1234; *Mémoire pour le Sr Jean-François Corneille*, 1235.
Druzechy, musicien, 1150.
Dubarrois, musicien, 1546.
Dublar : *Épître à Corneille*, 1510, 1511.
Duboc (P.-J.) : *Hommage à Corneille*, 1515.
Dubois, édit. du *Cid*, 429, 435, 437, 443, 446, 447, 451, 456; édit. d'*Horace*, 470, 479, 485, 486, 490-492, 497.
Dubourg, chanteur, 1150.
Dubuisson-Aubenay, 54.
Ducis : *Les Bonnes Femmes, ou le Ménage des deux Corneille*, 1489.
Duchesnois (Mlle), actrice, 9.
Du Clos (R.), graveur, 118.
Du Croisy, acteur, 87, 95.
Du Croisy (Mlle), actrice, 95.
Dufer, acteur, 65.
Dufort, machiniste, 59, 79.
Dufresne, acteur, 56.
Dumas (Adolphe), *Corneille, stances*, 1501.
Dumas (Alex.) fils : *Le Cid d'Andalousie*, 1417.
Dumersan : *Mélite ou la première pièce de Corneille*, 1346, 1570; *Inauguration de la Statue de Corneille*, 1513.
Dumesnil (Mlle), actrice, 44; *Mémoires*, 1429, 1437.
Dumesny, chanteur, 1084.
Du Mont-Sacré (N. de Montreux, sieur), voy. Montreux.
Dun, chanteur, 1084, 1085, 1087, 1088.
Dun (Mlle), chanteuse, 1035.
Duparay (B.) : *Des Principes de Corneille sur l'art dramatique*, 1312.
Du Parc, acteur, 56.
Du Parc (Mlle), actrice, 86, 147.
Du Périer (Charles), 148, 154, 164; *les Fontaines de Paris*, 222; *Poésies choisies*, 205-208.

Du Petit-Val, 3.
Dupin (Mlle), actrice, 44, 50.
Dupont (C.-J.) : *Chefs-d'œuvre dramatique français,* 794.
Dupont (Mme), 1.
Dupont (Thomas, Jacques et Guillaume), 1.
Dupré (J.-G.), édit. de Corneille, 667-670, 675.
Duprez, chanteur, 1134.
Duputel : *Proposition* relat. au monument de Corneille, 1222.
Duranville (L. de) : *Note sur l'emplacement de la statue de Corneille,* 1228 ; un *Sonnet* de Corneille, 209.
Durosoi : *Dissertation sur Corneille et Racine,* 1338.
Du Ryer : 3, 9.
Dutreik : *Cantate en l'honneur de Corneille,* 1546.
Duval-Sanadon : *Épître à Corneille,* 1480 ; *Hommage de la Neustrie au grand Corneille,* 1493.
Duveyrier (H.), édit. de Corneille, 644.

E.

École (L') des maris, com. de Molière, 65.
Edelinck, graveur, 219.
Edipo, trag. d'Andrea dell'Anguillara, 73.
Edipo, trag. de Lodovico Dolce, 73.
Edipo, trag. d'Ettore Nini, 73.
Edipo Re, trag. de Girolamo Giustiniani, 73.
Edipo Tiranno, trag. de Pietro Angelio, dit le Bargeo, 73.
Edipo Tiranno, trag. d'Orfano Giustiniano, 73.
Elias (M.) : trad. néerl. d'*Attila,* 999-1001.
Élie (Lucien) et Lemaire aîné : *Corneille et ses amis,* 1575, 1576.
Élite des Poésies héroïques et gaillardes, 247.
Éloge de Corneille, 1247-1298.
Éloge du grand Corneille, par la Fèvrerie, 1248.
Elogia Julii Mazarini, 214.
Embustero (El) engañado, imitation du *Menteur,* 889.
En Båttrad villhjerna, imit. suéd. du *Menteur,* 1054-1056.
Engagements (Les) du hasard, 56.
Entretien sur les Tragédies de ce temps, 1331.
Epinicia Musarum Eminentiss. Card. Duci de Richelieu, 184.
Epistres (Les) du sieur de Bois-Robert Metel, 194.
Epitaphium in aede San Benedictina Parisiis appendendum Nicolaus Gulonius... designabat, 197.

Épître à Corneille, 1482.
Épître à Corneille, par Dublar, 1510.
Épître à Corneille, par Duval-Sanadon, 1480.
Épître à Corneille, par L. F., 1488.
Épître à Corneille, par M***, 1495.
Épître à l'Ombre d'un ami, par Dorat, 1481.
Épître aux Poëtes du temps, sur leur querelle du Cid, 1366.
Eraclie, trad. roum. d'*Héraclius,* 900.
Eraclio : opéras de ce nom, 1143-1145.
Essor, préludes philosophiques, etc., par Lavallery, 1342.
Esprit du grand Corneille, par Charlier, 787.
Esprit (L') du grand Corneille, par Fr. de Neufchâteau, 792.
Estienne (F.), pseudonyme de L. Feugère. Voy. ce nom.
Estienne (Henri), sieur des Fossez, poëte grec et latin, 195.
Esturville (Mme d'), voy. Ranquet (Élisabeth).
Études de philosophie catholique sur l'art ; Polyeucte, 1432.
Examen de ce qui s'est fait pour et contre le Cid, 1369.
* *Excuse à Ariste,* 141, 142.
Extraits de l'Imitation, publ. par Sobry, 805.
Extraits des Classiques français, 802.

F.

Fabre (Victorin) : *P. Corneille,* 1192 ; *Éloge de P. Corneille,* 1269, 1270.
Farinelli, musicien, 1169.
Faugère : *Vers inédits de Corneille,* 177.
Fautes (Les) remarquées en la Tragicomédie du Cid, 1353.
Favart (Mlle), actrice, 95.
Federici, musicien, 1162.
Feint (Le) Astrologue, com. de Th. Corneille, 56.
Feitama (Sybrand) : trad. néerl. de *Pertharite,* 988-991 ; de *Tite et Bérénice,* 1002-1004.
Fel (Mlle), chanteuse, 1089.
Félibien, 51, 54.
Ferecida Elbeni Cremete : trad. ital. du *Cid,* 832, 833.
Fernandez y Gonzalez, imitateur du *Cid,* 879, 880.
Ferrari (Benedetto), 54.
Ferreti (Jacopo) : *Il Cid,* 1110.
Ferrière (Emile) : *Corneille et Guillen de Castro,* 1324 ; *Corneille et Racine ont-ils fait parler l'antiquité ?* 1344.
Fête (La) de Saint-Pierre, 1553, 1554.
Fête (La) séculaire de Corneille, 1536.
Feugère (Léon), édit. de Corneille, 736, 757 ; *Morceaux choisis,* 795.

Feydel (Gabr.) : *Lettre relat. à Corneille*, 1201.
Fiebig (O.) : édit. du *Cid*, 439; édit. d'*Horace*, 482; édit. de *Cinna*, 531.
Figueiredo (Manuel de) : trad. portug. du *Cid*, 894 ; de *Cinna*, 897.
Filidor, musicien, 1150.
Filippi (De') : *Préface*.
Fillon (Benjamin), 379.
Fiorilio (Ign.), musicien, 1150.
Firmin, acteur, 35.
Fix (Mlle), actrice, 95.
Fléchier : *Plainte de la France à Rome*, 250-252.
Fleischer (Tobias) : trad. allem. de *Polyeucte* et de *Cinna*, 1010.
Fleur (La) des Chansons amoureuses de ce temps, 781.
Fleury : *Corneille*, scène dram., 1584.
Fleury (J.) : *P. Corneille*, 1191.
Flipart (J.-J.), graveur, 640.
Floquet : *Document relatif à Corneille*, 176; *Réflexions sur l'Histoire de Corneille de Taschereau*, 1182 ; *Rôle politique de Corneille pendant la Fronde*, 1208; *Lettres de noblesse accordées à P. Corneille, le père*, 1230.
Floridor, acteur, 15, 20, 73. 82.
Fokke (S.), graveur, 925, 966, 970.
Fontaines (Les) de Paris, 222, 231-233.
Fontenelle : *Vie de Corneille*, 1175; cf. 1338; *Parallèle de Corneille et de Racine*, 1332.
Foote (Samuel) : imit. angl. du *Menteur*, 919.
Forestier, chanteur, 95.
Foucquet, 73.
Fournel (Victor): *Curiosités théâtrales*, 20.
Fournier (Édouard) : *Notes sur Corneille*, 1199; cf. 20, 60, 184, 185, 245; *Deux Lettres inédites de Corneille*, 179; *Observations sur des vers inédits de Corneille*, 242; *Titus et Bérénice*, 1174; *Corneille et le Monde*, 1530; *Corneille à la butte Saint-Roch*, 1582.
Fragment d'étude sur la vieillesse de Corneille, 1210.
France (La) littéraire, par Burguy, 797.
Francheville (De) : *Poésies choisies*, 206.
Frank (J. Wolfg.), musicien, 1147, 1167.
Franke (Carl): trad. allem. du *Cid*, 1026.
Freeman : *A Comparison between the Horace of Corneille and the Roman Father of Mr. Whitehead*, 1421.
Frère (Édouard) : *Note sur P. Corneille, considéré à tort comme l'auteur de l'Occasion perdue recouvrée*, 1322; *Une Séance de l'Académie des Palinods*, 1325; *Note bibliographique sur les Traductions en vers de l'Imitation de Jésus-Christ*, 1474.
Frescarode : *Hommage aux Mânes de Corneille*, 1485.

Frosne (J.), graveur, 203.
Furetière : *Chapelain décoiffé*, 1398.
Fux (Joseph), musicien, 1129.

G.

G. (B.) : *Richelieu et les Cinq Auteurs*, 1301.
G. (V.) : *Corneille précieux*, 1319.
Gaillard (Emm.) : *Nouveaux Détails sur P. Corneille*, 1207; cf. 1, 245.
Gaillard (Gabriel-Henri) : *Éloge de P. Corneille*, 1258; *Mélanges académiques*, 1340 : cf. 1338.
Gaillard (Jacques), 3.
Galerie (La) du Palais, com.: édit. orig., 4; réimpr. contemp., 267; édit. mod., 401, 402.
Gallet (Louis) : *Le Cid*, 1114.
Gallois (Léonard) : *Le Citateur dramatique*, 793.
Galvez Amandi (Rafael) : *Para heridas las del honor*, 880.
Garcia Suelto (Tomas) : trad. esp. du *Cid*, 878.
Garcia Verdugo (Manuel) : trad. esp. de *Cinna*, 385 ; de *Polyeucte*, 888 ; de *Rodogune*, 891.
Gardel : *Persée et Andromède*, 1151.
Garnier (Robert), 32.
Gasparini (Franç.), musicien, 1145.
Gastinel, musicien, 1174.
Gaulde, chanoine, 114, 127.
Gaussin (Mlle), actrice, 44.
Gautier (Théophile) : *P. Corneille*, 1523.
Gavaudan (Mlle), chanteuse, 1160, 1161.
Gazette (La) : renvois à ce journal, 93.
Gebel (G.), musicien, 1155, 1162.
Gebod der liefde, trad. néerl. de *Cinna*, 953.
Geffroy, acteur et dessinateur, 664, 666.
Generali, musicien, 1107.
Génin : *Le Cid*, 1403.
Georges (Mlle), actrice, 9.
Géruzez : édit. du *Cid*, 434, 445, 454, 460 ; édit. d'*Horace*, 476, 493, 496, 501; édit. de *Polyeucte*, 576 ; édit. de *Rodogune*, 602; édit. de *Nicomède*, 610; édit. du *Théâtre choisi de Corneille*, 726, 747, 760; *Corneille*, 1288.
Ghirardelli : *La Mort de Crispe*, 84 bis.
Giacobbi (Girolamo), 54.
Giannini (Gio.-Matt.), 1152.
Gigli (Girolamo): trad. de *Nicomède*, 866.
Gigoux : *Portrait de Corneille*, 1219.
Gilbert (Gabriel), 40.
Gillet de la Tessonnerie, 50.
Giovannardi : trad. de *Cinna*, 848.
Girard : *Poésies choisies*, 204-208.
Girard (L'abbé) : *Nouvelles Remarques sur l'Œdipe de M. de Voltaire*, 1453.
Giustiniani (Girolamo), 73.
Giustiniano (Orfano), 73.

Glatigny (Albert) : *A P. Corneille,* 1528.
Glaubitz (Freih. von) : traduct. allem. d'*Horace,* 1029.
Gobillon (N.), curé, 138.
Godeau, évêque de Grasse, 26.
Godefroy (Frédéric) : *Lexique comparé de la langue de Corneille,* 1318.
Godlewski (Ks. Franc.) : trad. polon. de *Cinna,* 1068.
Godolphin (Sidney), 915.
Goeree (J.), graveur. 992.
Goldoni (Carlo) : *Il Bugiardo,* 856.
Gombault : *Poésies choisies,* 207.
Gottschede : *Deutsche Schaubühne,* 1024, 1029.
Gosselin (E.) : *P. Corneille le père,* 1231, cf. 245 ; *Particularités de la vie judiciaire de P. Corneille,* 1211 ; *Un Episode de la jeunesse de P. Corneille,* 1212.
Got, de la Comédie française, 8, 86.
Goujet : *Le Mariage du grand Corneille,* 1543 ; *Hommage à Corneille,* 1544 ; *La Maison de Corneille,* 1547 ; *Les deux Corneille,* 1550.
Goujet (l'abbé) : *Continuation des Mémoires de littérature,* 238 ; *P. Corneille,* 1179.
Gounod (Charles), musicien, 1141.
Gran (Il) Cid, opéra d'Alborghetti et Stück, 1096.
Grandpré (Mlle de), chanteuse, 95.
Grandval (Racot de), acteur, 60, 65, 80.
Granger : *Andromède,* 1150.
Granges de Fontenelle, musicien, 1093.
Granet (l'abbé) : *OEuvres diverses de Corneille,* 174, 175 ; cf. 1, 161, 168, 239 ; *Recueil de Dissertations sur plusieurs Tragédies de Corneille et de Racine,* 1336.
Gratiarum Actio Cardinali Mazarino, 32, 146, 828.
Gravelot, dessinateur, 640.
Greatti (Giuseppe) : trad. ital. du *Cid,* 841.
Greflinger (Georg), trad. allem. du *Cid,* 1014, 1015.
Greguss Ágoston : trad. magyare du *Cid,* 1081, 1082.
Grétry (A.), neveu : *Une Matinée des deux Corneille,* 1541.
Grimod de la Reynière : *Idées sur Corneille,* 1267.
Grossi (Carlo), musicien, 1152.
Guazzoni (Dionisio), 54.
Gudin de la Brenellerie : *Éloge de P. Corneille,* 1273.
Guédon, chanteur, 1149.
Guénot (C.) : *P. Corneille,* 1200.
Guérente, 3.
Guérin, acteur, 9, 26.
Guichard, acteur, 1527.

Guillard : *Les Horaces,* 1123, 1125 ; *Œdipe à Colonne,* 1156, 1157.
Guibert : *Hommage au grand Corneille,* 1486, 1487.
Guinaud (A.) : *Éloge de P. Corneille,* 1279.
Guiot (Joseph-André) : *Le Moréri des Normands,* 1.
Guiot (Mlle), actrice, 9, 20, 26, 35, 44.
Guirlande (La) de Julie, 186-192, 201-208.
Guizot : *Vie de P. Corneille,* 1180 ; *Corneille et son temps,* 1194, 1195 ; cf. 60.
Gusmão (Al. de) : *Notas á Critica que o snr. Marquez de Valença fez á Tragedia do Cid,* 1401.
Guyard (Léon) : *Premières représentations d'Attila,* 1468.
Guy-Patin, 9.
Guyot de Pitaval : *Bibliothèque de Cour,* 258.
Gyllenborg (Carl) : imit. suéd. du *Menteur,* 1054-1056.

H.

Haendel (G.-Fred.), musicien, 1095, 1163.
Hallam (Henry) : *Corneille,* 1283.
Hallays-Dabot, 26.
Hänlein (Carl von) : trad. allem. de Corneille, 1012.
Hardouin, chanteur, 1149.
Harlay de Champvalon (Fr. de), 184.
Harzenbusch, 50.
Hatzfeld (A.) : *Les Commencements de P. Corneille,* 1311.
Haverkamp (Jan) : trad. néerl. de *Sertorius,* 994, 995.
Haydn (J.-M. von), musicien, 1150.
Heidenreich (D. E.) : trad. allem. d'*Horace,* 1028.
Hekimtan (Z.) : trad. armén. de *Polyeucte,* 1080.
Heller (H.) : trad. allem. de *Rodogune,* 1046.
Hellis : *Réflexions sur le tableau demandé par l'Académie de Rouen à M. Court,* 1218 ; *Découverte du portrait de P. Corneille,* 1220.
Henriette d'Angleterre, 87.
Heraclio reconhocido, trad. port. d'*Héraclius,* 899.
**Héraclius,* trag. : édit. orig., 50-53 ; réimpr. contemp., 339-343 ; édit. mod., 605 ; trad. ital., 862-864 ; trad. portug., 899 ; trad. roumaine, 900 ; trad. angl., 921 ; trad. néerl., 977-980 ; trad. pol., 1075 ; opéras tirés d'*Héraclius,* 1143-1146, 1146 *bis (Additions);* pièces relatives à *Héraclius,* 1442, 1443.
Hervé (Mlle), actrice, 56.

*Heures contenant l'Office de la Vierge, 779, 780.
Hippolyte, trag. de La Pinelière, 185.
Histoire de Corneille, par Taschereau, 1181.
Historiettes baguenaudières, par M. de Chennevières, 1458.
Hoffmann : Médée, 1092.
Hommage au grand Corneille, par P. de B...tte, 1496.
Hommes (Les) illustres de M. de Campion, 209.
Honor y Amor, drame de Zamácola, 880.
Honore contra amore, trad. ital. du Cid, 837.
Honrado (El) Hermano, trag. de Lope de Vega, 15.
Honrador (El) de su padre, imit. esp. du Cid, 9, 876, 1402, 1403, 1410, 1413; trad. en franç., 1409.
*Horace, trag.: édit. orig., 15-19; réimpr. contemp., 289-297; édit. mod., 462-501; trad. latine, 825 bis (Addit. et Corrections); trad. ital., 844-846; trad. esp., 881; trad. angl., 907-910; trad. néerl., 943-952; trad. allem., 1028-1034; trad. suéd., 1053; trad. serbe, 1063; trad. polon., 1066, 1067; trad. magyare, 1083; opéras tirés d'Horace, 1115-1127; pièces relatives à Horace, 1419-1423.
*Horaces (Les), trag., voy. Horace.
Horazia, trag. de l'Arétin, 15.
Hoszisky, musicien; 1154.
Houël : Rapport sur la date de la naissance de Corneille, 1204.
Hubert, acteur : 9, 20, 26, 50, 80, 87, 95.
Huet, 148,
Huetiana, 186, 187.
Hugo (Abel), 1560.
Huilart : P. Corneille à Rouen, 1539.
Hurmuz (Georges) : trad. armén. de Polyeucte, 1079.
Huydecoper (Balthasar) : trad. néerl. d'Œdipe, 992, 993 ; Corneille verdedigd, 1454.
Huyghens de Zuilychem : 60, 179.
*Hymnes de Sainte Geneviève : 177.

I.

*Illusion (L') comique, com. : édit. orig., 8: réimpr. contemp., 272 ; édit. mod., 409, 410; arrangement, 715; trad. néerl., 924-926; Décoration de l'Illusion, 1348.
*Illustre (L') Théâtre, 378.
Illustrissimo Viro Pomponio de Bellièvre... Panegyricus : 200.
Imbert de la Platrière : la Centenaire du grand Corneille, 1484.

*Imitation (L') de Jésus-Christ, trad. en vers; édit. orig. 114-136; réimpr. contemp., 382-393; édit. mod. 764-778; extraits ; 803-809; trad. néerl., 1006-1009. Cf. 73.
Impromptu (L') de l'hôtel de Bourgogne, com., par Montfleury, 32.
Impromptu (L') de Versailles, com. de Molière, 65, 73.
Inconnu (L') et véritable Amy de Messieurs de Scudéry et Corneille, 1356.
In Liefd' bloejende, société littéraire, 967, 978, 999.
In Magnis voluisse sat est, société littéraire, 967, 973.
Innocence (L') et le véritable Amour de Chimène, 1383.
*Inscription pour l'Arcenal de Brest, 172.
Iselburg (Bart.), grav., 1014.

J.

Jacobs (F.) : P. Corneille, 1183.
Jacquet (Mlle), chanteuse, 1089.
Janin (Jules): Notice sur P. Corneille, 663; Rachel et la Tragédie, 26; Examen de Don Sanche, 1447.
Jarry, calligraphe, 186, 187.
Jason ou la Toison d'or, opéra, 1159.
Jay (A.-J.) : Éloge de Corneille, 1274.
Jéliot, chanteur, 1089.
Jeunesse (La) de Corneille, com., 1566.
Joanny, acteur, 20.
Jocaste, trag. de Lauraguais, 1456.
Jodelet, acteur, 40.
Jolly, éditeur de Corneille, 634-636; cf. 50, 60, 65.
Jomelli, musicien, 1162.
Jonette, éditeur du Cid, 448, 449.
Joos, Attila, 1171.
Jourdain (Él.), P. Corneille à la cour de France, 1574.
Journet (Mlle), chanteuse, 1085, 1149.
Jouvenet, peintre, 1220.
Jouy (De) : La Maison de Corneille, 1202.
Jugement (Le) du Cid composé par un Bourgeois de Paris, 1370, 1371.
Julye (Mlle), chanteuse, 1088.
Jussy (De) : Poésies choisies, 205-208.
Juvenel (De) : Dom Pélage, 60.

K.

Kallsen (O.) : trad. allem. du Cid, 1025.
Katjenin (Pavel) : trad. russe du Cid, 1058.
Keiser (Reinhardt), musicien, 1146.
Kissling (Georg.). édit. du Cid., 421.
Kleffel (Gust.) : trad. allem. du Cid, 1018.

Konarski (Stan.) : trad. pol. d'*Othon*, 1076.
Kormart (Christ.) : imit. allem. de *Polyeucte*, 1035, 1036.
Krasicki (Ign.) : trad. polon. du *Menteur*, 1073, 1074.
Kummer (J.-J.) : trad. allem. du *Cid* et d'*Horace*, 1011, 1013.

L.

La Beaumelle (A.) : *Du Cid*, 1402.
La Barre (E. de) Duparcq : *La Gloire des armes chez Corneille*, 1326.
La Boullaye : *Corneille et Rotrou*, 1578; *Corneille chez Poussin*, 1579.
La Brunetière (G. de), vicaire général, 138.
Lacabane, 176.
La Chapelle, 79.
Lacroix (Paul). *Préface*, 3, 56 ; *Vers inédits de Corneille*, 242 ; *Addenda aux œuvres des grands écrivains*, 243 ; cf. 204, 207.
Ladame (Gabr.), graveur, 109.
La Fèvrerie : *Éloge du grand Corneille*, 1248.
Laffemas (L. de) : *Poésies choisies*, 205-208.
La Fleur, acteur, 82.
Lafon, acteur, 9, 1500 ; *Discours prononcé à l'inauguration de la statue de Corneille*, 1226.
La Fontaine : *Recueil de Poésies chrestiennes et diverses*, 783-785.
L'Age (De) : *Poésies choisies*, 204-208.
La Germonière (E. de), 260.
Lagrange, comédien, 35, 87, 95 ; extr. de son *Registre*, 7, 8, 15, 20, 32, 35, 44, 50, 54, 65, 80, 82, 86, 87, 95 ; *Œuvres de Molière*, 65.
La Harpe : *Corneille*, 1268.
Lainé, chanteur, 1125.
Laïs, chanteur, 1125, 1160.
La Lanne (De) : *Poésies choisies*, 207.
Lalanne (Ludovic) : *Sonnet inédit de Corneille*, 241.
Lalli (Dom.) : *Edippo*, 1155.
La Martinière, *Epigrammatistes françois*, 256.
Lambert, musicien, 75, 211.
Lambinet (V.) : *Fragment d'Étude sur la vieillesse de Corneille*, 1210.
La Mesnardière : *Poésies choisies*, 204-208.
La Monnoye (Bernard de), 50.
Lamotte (Mlle), actrice, 44.
Landi (Antonio) : *Il Rodrigo*, 840.
Langeac (De) : *Éloge de Corneille*, 1260.
Langlois (E.-H.), graveur, 1224.
La Pinelière : *Hippolyte*, trag., 185.
Laroche, acteur, 1532.

La Rue (Charles de), 151, 154, 155 ; *Carmina*, 219-221 ; *Idyllia*, 216-221 ; *Ludovico Magno, post expeditionem Batavicam Epinicium*, 160 ; *Ad Petrum Cornelium*, 1233 ; *Sylla*, trag., 246.
La Serna (A.-F. de), *Don Rodrigo*, 880.
La Serre : *Éloge de Corneille*, 1261.
Laskowicz (Stan.) : trad. polon. de *Polyeucte*, 1071.
Lasne (Michel), graveur, 10, 12, 98, 100, 182, 183.
La Thorillière, acteur, 9, 20, 26, 86, 87, 95.
La Thorillière (Mlle de), 95.
Latour (Ant. de) : *P. Corneille, et J.-B. Diamante*, 1410.
La Trémoille (Mme de), 9.
La Tuillerie, acteur, 9, 26, 32, 65, 84 *bis*.
Laudun d'Aigaliers, 15.
Laujon : *Les Amours de P. Corneille*, 1542.
Launay-Vassary (A.-J. de) : *Discours en vers en l'honneur de Corneille*, 492.
Lauraguais (Cte de) : *Jocaste*, 1456.
Laurent : *Corneille aux Champs-Elysées*, 1534.
Lavallery (Aug. de) : *Corneille, Racine et leur époque*, 1341.
Le Baron, acteur, 9.
Le Blant (Edm.) : *Polyeucte et le zèle téméraire*, 1434.
Le Bret : *Poésies choisies*, 205-208.
Lebreton (Th.), *Hommage au grand Corneille*, 1512 ; *Strophes en l'honneur de Corneille*, 1519.
Lebrun (Aug.), graveur, 1220.
Le Brun : *Ode et Lettres à M. de Voltaire*, 1237.
Le Brun, peintre et dessinateur, 15, 44, 118, 1220.
Le Clerc : *Poésies choisies*, 207.
Lecœur (Alexandre) : *La Vérité chez Corneille*, 1313.
Le Comte, acteur, 9, 32, 44, 50, 80, 84 *bis*.
Le Comte (Mlle), actrice, 9, 26, 32, 65, 84 *bis*.
Leçons françaises de littérature et de morale, 788.
Le Corney (H.), édit. de Corneille, 710.
Le Cornier (R.), chanoine, 114, 127.
Lecouvreur (Adrienne), actrice, 26, 32, 65.
Le Doyen, graveur, 106, 109, 211.
Le Fort de la Morinière : *Choix de poésies morales et chrétiennes*, 786.
Lefranc (E.), édit. de *Polyeucte*, 577, 583, 586.

TABLE ALPHABÉTIQUE.

Legagneur (P.), : *Vers sur la statue de Corneille*, 1509.
Le Gascon, relieur, 186.
Legouvé : *La Citoyenne Corneille d'Angély*, 1243.
L'Éguisé, acteur, 56,
Lekain, édit. du *Cid*, 414 ; *Réflexions sur le Cid*, 817 ; *Observations sur Nicomède*, 824.
Lelièvre : *Examen du rôle de Cornélie dans Pompée*, 1438.
Lemaire et Élie : *Corneille et ses amis*, 1575, 1576.
Lemazurier : *Galerie du Théâtre-Franç.*, 44.
Lemer (Julien), édit. de Corneille, 735.
Le Mire (N.), graveur, 640.
Lempertz : *Geschichte des Buchhandels*, 263.
Lenglet, musicien, 1093.
Leo (Leonardo), musicien, 1150.
Lepan (E.-M.-J.) : *Œuvres de Corneille*, 688, 701 ; *le Miroir du cœur humain*, 791.
Lepeintre (P.), édit. de Corneille, 698.
Lepitre : *Le Songe du jeune Corneille*, 1556.
Leportier (Stan.), édit. du *Cid*, 439 ; édit. d'*Horace*, 482 ; édit. de *Cinna*, 531.
Le Rochois (Mlle), chanteuse, 1084.
Leroy (Onésime), *Corneille et Gerson dans l'Imitation de J.-C.*, 1473 ; cf. 807.
Lescailje (Kataryne) : trad. néerl. de *Nicomède*, 985-987.
L'Estang, acteur, 56.
L'Estoile (De), un des Cinq Auteurs, 91, 94 ; *Poésies choisies*, 207.
Lesuire : *Eloge de P. Corneille*, 1266.
Lettre à *** sous le nom d'Ariste, 1361.
Lettre à M*** sur le grand Corneille, 1234.
Lettre à M. de Voltaire sur une édition de Corneille, 640 c.
Lettre à M. de Genouville, par Voltaire, 1452.
Lettre apologétique, 144, 145.
Lettre de M. de Voltaire à M. l'abbé d'Olivet, 640 a.
Lettre du Chevalier de Laurès, etc., 1483.
Lettre du Désintéressé au Sieur Mairet, 1374.
Lettre du Sr Claveret au Sr Corneille, 1358.
Lettre pour Monsieur de Corneille, 1363.
Lettre sur la nouvelle édition de Corneille, par M. de Voltaire, 640 d.
Lettre sur les Remarques qu'on a faites sur la Sophonisbe de M. Corneille, 1464.
Lettre sur les Vers irréguliers, 1299.
Lettres à M. de Voltaire, par Clément, 640, *j* et *k*.
Lettres (Les) de Sainct Bernard, trad. par le R. P. Dom Gabriel de Sainct-Malachie, 196.
Lettres inédites, publ. par M. Cél. Port, 178.
Le Vavasseur : *Poésies choisies*, 207.
Levavasseur (G.) : *Vie de P. Corneille*, 1186, 1190.
Lgarz, trad. pol. du *Menteur*, 1073, 1074.
Ligdamon et Lidias, trag.-com. de Scudéry, 180.
Ligneau : *Discours sur Corneille*, 1297.
Lignerolles (Cte de) : *Préface*, 99 *bis* (*Add. et Correct.*).
Lignières (De) : *Poésies choisies*, 207.
Linck (Cath. Salome) : trad. allem. de *Polyeucte*, 1037.
Lisle (J. A.) : *Essai sur les théories dramatiques de Corneille*, 1308.
Littérature (La) française, par Staaf, 799.
Livet : *Hist. de l'Acad. Franç.*, 93 ; *Précieux et Précieuses*, 192 ; *A propos de la réception de M. Dumas fils à l'Acad. Franç.*, 1418 ; *Œuvres de Saint-Amand*, 1472.
Loisel, curé, 138.
Lonati (Ascanio) : *Attila*, 1169.
Longepierre : *Médée*, 7 ; *Parallèle de Corneille et de Racine*, 1330.
Loret : *Muse historique*, 73, 75, 80, 82, 82 *bis* ; *Poésies choisies*, 210.
Lormier, 260, 278, 355.
Lotti, musicien, 1084.
Lottin (A.-M.) : *Catalogue des Libraires de Paris*, 260.
Louanges de la Sainte Vierge : édit. orig., 137 ; réimpr. contemp., 394.
Loubens (Charles) : *L'Académie et la Critique du Cid*, 1406.
Lower (Sir William) : trad. angl. d'*Horace*, 907 ; de *Polyeucte*, 912.
Loy (De) : *Illustrissimo Viro Pomponio de Bellievre.... Panegyricus*, 200.
Lubin, graveur, 1250.
Lucas (Hipp.) : *Documents relatifs à l'Histoire du Cid*, 1409.
Ludovico Magno, post Expeditionem Batavicam Epinicium [auct. Delarue], 160.
Lügner (Der), trad. allem. du *Menteur*, 1041, 1042.
Luis (Nicolau) : trad. port. du *Cid*, 893 ; d'*Héraclius*, 899.
Lully : *Psyché*, 95.
Lunden (A.-G.), édit. de *Cinna*, 528.

·Luyken (J.). graveur, 1007.
Lyar (The), imit. angl. du *Menteur*, 919.
Lying (The) Lover, imit. angl. du *Menteur*, 917, 918.
Lyttelton (Lord) : *Dialogues of the Dead*, 1254.

M.

Magdelon (Mlle), actrice, 56.
Magnin (Charles) : Reprise de *Don Sanche*, 1446.
Maillard (Mlle), chanteuse, 1125, 1160.
Mairet : *Sophonisbe*, 82 ; *Epître familière au Sr Corneille*, 1373.
Malesherbes : *Mémoire pour Jeanne-Marie Corneille*, 1242.
Mallet de Brefud, 246.
Malleville : *Poésies choisies*, 204-208.
Maltzan (Gräfin) : trad. allem. du *Cid*, 1027.
Manelli (Francesco), 54.
Mantéguès (Jules) : trad. esp. d'*Horace*, 884 ; de *Polyeucte*, 886.
Manuel de la Littérature française, par Ploetz, 801.
Manuel du voyageur à Paris, par P. Villiers, 259.
Manzoni (Luigi) : *Ottone*, 84 bis.
Marazzoli (Marco), 75.
Marbeuf (De), 3.
Marcel, 3.
Marescalchi, musicien, 1150.
Mariage (Le) de Corneille, par Hiacynthe Decomberousse, 1545.
Mariage (Le) du Cid, tragi-com. par Chevreau, 1384-1389.
Marianne, trag. par Tristan l'Hermite, 93.
Mariette, graveur, 138.
Mariette (Pierre), le fils, graveur, 138.
Marigny : *Poésies choisies*, 206, 207.
Marinović (Nicolas) : trad. serbe d'*Horace*, 1063.
Marion. Voy. Dumersan.
Marmontel, 1424.
Marmontel et Thomas, parodie de *Cinna*, 1427.
Marmontel : réduction de *Persée*, 1150.
Marotte (Mlle), actrice, 80, 89, 95.
Martin (Aimé), 8, 9.
Martin, chanteur, 1161.
Martin (Henri) : *L'Hôtel de Rambouillet et Corneille*, 1303.
Marty-Laveaux : *De la Langue de Corneille*, 1314 ; *Œuvres de Corneille*, 662 ; cf. 3, 4, 6, 8, 9, 15, 26. 32, 35, 40, 44, 50, 54, 59, 60, 73, 76, 80, 82, 84 bis, 87, 89, 95, 98, 100, 114, 118, 136, 139, 141, 142, 143, 151, 156, 157,

169, 180, 183, 184, 186, 197, 202, 207, 222, 239, 245, 247, 254, 803, 856, 864, 915, 1354, 1358, 1362, 1370, 1371, 1377, 1380, 1412, 1435, 1440, 1449 ; *Imitation de Jésus-Christ*, 777.
Martyre (Le) de Saint-Eustache, trag. de Des Fontaines, 26.
Martyrs (Les), imit. de *Polyeucte*, 1144.
Mary-Lafon : *Réflexions sur Rouen et sur Corneille*, 1385.
Massol, chanteur, 1134.
Masson (Gustave), éditeur de *Cinna*, 535 ; du *Cid*, 594.
Matheus, graveur, 106, 109.
Mathieu (Léonard) : *De obitu Petri Cornelii*, 1478.
Mattioli (Andrea), musicien, 1147.
Maubant, acteur, 95.
Maucroy : *Poésies choisies*, 204-208.
Mauduit (Louis), 3.
Maynard : *Poésies choisies*, 207.
Mayor (La) Gloria de un heroe es ser constante en la fe, trad. de *Polyeucte*, 886.
Mazarin, 32.
Medea e Giasone, opéra, 1090.
Medea in Corinto, opéra de Mayer, 1092.
Médée, ballet de Noverre, 1091.
Médée, op. d'Hoffmann et Cherubini, 1092.
Médée, op. de Th. Corneille, 1084.
*Médée, trag. : édit. orig., 7 ; réimpr. contemp., 270 271 ; édit. mod., 407, 408 ; opéras tirés de *Médée*, 1084-1095 ; Parallèle avec la *Médée* de Sénèque, 1347.
Médée et Jason, opéra, 1085-1089.
Médée et Jason, opéra de Milcent et G. de Fontenelle, 1093.
Mégalbe, pseudonyme de Planat (P.), 822.
Méhul, musicien, 1151, 1561.
**Mélanges poétiques*, 2, 140.
*Mélite, com. : édit. orig., 1 ; réimpr. contemp., 260-263 ; édit. mod., 395, 396 ; trad. angl., 901 ; pièces relatives à *Mélite*, 1346, 1570.
Mémoires de littérature, par de Sallengre, 238.
Mémoires de Marguerite Périer, 240.
Mémoires de Trévoux, 247.
Ménage, 148 ; *Observations sur la Langue françoise*, 223 ; cf. 157 ; *P. Cornelii Epicedium*, 1477.
Menon (Mlle), actrice, 56.
**Menteur (Le)*, com. : édit. orig., 35-39 ; réimpr. contemp., 318-322 ; édit. mod., 592-594 ; arrangement, 819 ; imitat. ital., 856 ; imitat. esp., 889 ; trad. et imitat. angl., 916-919 ; trad. néerl., 971, 972 ; trad. allem., 1041,

1042; imitat. suéd., 1054-1056; trad. polon.. 1073, 1074; pièces relatives au *Menteur*, 1439, 1440.
Mercadante, musicien, 1127.
Mercure galant, 225-229; cf. 89.
Merelli (Filippo) : trad. ital. du *Cid*, 824, 839; trad. de *Polyeucte*, 850, 851; trad. de *Rodogune*, 858, 859; trad. d'*Héraclius*, 863, 864.
Merlet (G.) : *Extraits des Classiques français*, 802.
Mermet (Claude) : *Sophonisba*, 82.
Méry : *Corneille*, 1527.
Mes Récréations dramatiques, par Tronchin, 810.
Mesnard (Paul) : *Œuvres de Racine*, 87.
Messager (Jean), graveur, 138.
Meyer (Lodewyk) : trad. néerl. du *Menteur*, 971, 972.
Michelin, peintre, 219.
Milcent : *Médée et Jason*, 1093.
Millet (Mlle), 1.
Milon (Mlle), chanteuse, 1149.
Minato (Nicc.) : *La Conquista del Vello d'oro*, 1158.
Minelli (Andr.) : *Rodoguna*, 1142.
Miniewski (Wł.) : trad. polon. de la *Mort de Pompée*, 1072.
Minier (Mlle), chanteuse, 1087.
Miroir (Le) du Cœur humain, par Lepan, 791.
Mistaken (The) Beauty, trad. angl. du *Menteur*, 916.
Mocedades (Las) del Cid, trag. de Guillen de Castro, 9; refondue, 880; trad. en franç., 1409.
Molé (Mathieu), 28.
Molière : *Psyché*, 95-97; son théâtre, 9, 15, 20. 50, 56, 73, 80, 95.
Molière (Mlle), actrice, 86, 87, 95.
Molière (Mlle), actrice du théâtre Louvois, 820.
Molinier : *Dissertation sur le Cid*, 1413.
Mondory, acteur, 4, 9, 93, 1327.
Monein (José) : imitation du *Menteur*, 889.
Monmerqué : *Historiettes de Tallemant des Réaux*, 255 ; *Lettres de Mme de Sévigné*, 1247.
Montaiglon (A. de), 832.
Montaigne (Michel de), 20.
Montanelli (Joseph) : trad. ital. de *Polyeucte*, 855.
Montauban : *A la Gloire de Louis le Grand*, 224.
Montausier (Julie d'Angennes, duchesse de), 186-192.
Montausier (Le duc de), 186.
Montchrestien (Antoine de) : *Sophonisba*, 82.
Montereuil : *Poësies choisies*, 204-208.

Montfleury, auteur et comédien, 32, 65. 82.
Montmor, épigramme latine, 151, 155.
Montol-Sérigny : *Les Horaces*, 1125.
Montreux (N. de) : *Sophonisbe*. 82.
Montyon : *Éloge de Corneille*, 1276.
Monvel, acteur, 9, 15.
Monville, chanteur, 1088.
Morale (La) des familles catholiques, par Ch. de Chantal, 807.
Morale (La) des Poëtes, par Moustalon, 789.
Moreau : *Choix de Mazarinades*, 40.
Morceaux choisis de Corneille..., par Chateau, 790.
Morceaux choisis des Classiques français, par L. Feugère, 795.
Moreau, chanteur, 1160, 1161.
Moreau (Mlle), chanteuse, 1084.
Morel (Jean) : *La Tragédie en France*. 1296.
Morin, musicien, 1555, 1557.
Morsztyn (Andr.) : trad. polon. du *Cid*, 1064.
Mort (La) de Pompée, trag. de Charles Chaulmer, 32.
Mort (La) courageuse de Sophonisbe, par Reboul, 82.
Mort (La) de Crispe, trag. par Ghirardelli, 84 bis.
**Mort (La) de Pompée*, trag. : édit. orig., 32-34; réimpr. contemp., 313-317; édit. mod., 591; trad. angl., 913-915; trad. néerl., 967-970 ; pièces relatives à *la Mort de Pompée*, 1435-1438.
Mosnier, chanteur, 95.
Moszyński (Léon), pseudonyme de Krasicki, 1073, 1074.
Mot (Un) d'Horace cité par Corneille, 1317.
Mottet (A.), édit. de *Cinna*, 518, 522 525-527, 530, 532, 533, 537.
Mouhy : *Journal du Théâtre-Français*, 44.
Mounet-Sully, acteur, 9.
Moustalon : *La Morale des Poëtes*, 789.
Muraire, chanteur, 1150.
Muret : *Corneille à Rouen*, 1568.
Muses (Les) illustres, par Fr. Colletet, 249.
Musset (Paul de) : *Le Cid*, 1495.

N.

Natura et Arte, Société littéraire, 1009.
Naudet (J.), édit. de *Nicomède*, 611.
Naudin (A.), édit. de *Polyeucte*, 570, 574, 579, 582, 585, 588.
Naumann (Jos. Elm.), musicien, 1150.

Neeb, musicien, 1111.
Neefe, musicien, 1162.
Neufchâteau (Fr. de) : *L'Esprit du grand Corneille*, 792.
Neufgermain (Louis), 3.
Neuville (De) : *Petite-Nièce d'Eschyle*, 1238.
Niceron : *Notice sur Corneille*, 1178 ; cf. 1354, 1359, 1362, 1363, 1374.
Nicolaï, docteur en Sorbonne, 195.
Nicomède, trag. ; édit. orig., 65-68 ; réimpr. contemp., 353-358 ; édit. mod., 608-612 ; remaniements, 824, 825 ; trad. ital., 866 ; trad. angl., 922 ; trad. néerl.. 985-987 ; opéra tiré de *Nicomède*, 1152.
Nicomede in Bitinia, opéra, 1152.
Nièce (La) de Corneille chez Voltaire, 1552.
Nièce (La) de P. Corneille, 1558.
Niemeyer (Ant.) : trad. allem. du *Cid*, 1019.
Niemojowski (W.) : trad. polon. de *Polyeucte*, 1070, 1071.
Nil volentibus arduum, société littéraire, 955, 1006.
Nini (Ettore), 73.
Nisard (Désiré) : *Corneille*, 1289.
Nodier (Charles), édit. de Corneille, 698 ; de la *Guirlande de Julie*, 191.
Noël (Eugène) : *Notice sur Corneille*, 800.
Noël et Delaplace : *Leçons françaises de littérature et de morale*, 788.
Nogaret (Félix), 644.
Nomsz (J.) : trad. néerl. du *Cid*, 941, 942.
Nondon (L.), 3,
Noris (Matteo) : *Attila*, 1166.
Note sur le portrait de Marie-Angélique Corneille, 1241.
Notice sur la statue de P. Corneille, 1224.
Nourrit (Ad.), chanteur, 1133, 1500.
Nouveau Cabinet des Muses, 247.
Nouveau (Le) Mercure galant, 225, 254.
Nouveau Recueil de Chansons et Airs de Cour, 782 ; cf. 51.
Nouveau Recueil des Épigrammatistes françois, 256.
Nouveaux (Les) Amusements du cœur et de l'esprit, 239.
Nouvelle Élite des Poësies héroïques et gaillardes, 247.
Nouvelles Heures à l'usage des Enfants, 804.
Nouvelles Remarques sur l'Œdipe de de M. de Voltaire, 1453.
Noverre : *Médée*, 1091 ; *Les Horaces*, 1122.

O.

Observations de M. Ménage sur la Langue françoise, 223.
Observations sur le Cid, par Scudéry, 1350-1353.
Observations sur les Sentiments de l'Académie Françoise, 1382.
Occasion (L') perdue et recouvrée, 247 ; cf. 114.
Ode à M. Pellisson, 168.
Œdipe, trag. : édit. orig., 73, 74 ; réimpr. contemp., 360, 361 ; édit. mod., 614 ; trad. ital., 867 ; trad. néerl. 992-993 ; opéras tirés d'*Œdipe*, 1155-1157 ; pièces relatives à *Œdipe*, 1449-1457.
Œdipe, trag. de Jean Prévôt, 73.
Œdipe, trag. de Sainte-Marthe, 73.
Œdipe, trag. de Voltaire, 73, 1453-1457.
Œuvres de Corneille, édit. publ. par lui-même. 98-113 ; réimpr. contemp., 378-381 ; édit. mod., 624-666 ; *Œuvres choisies*, 667-763 ; trad. ital., 829.
Œuvres diverses, 174-175.
Office de la Sainte-Vierge: édit. orig., 138 ; édit. mod. 779, 780.
Olivier : *Jugement sur Pompée*, 1436.
Ombre (L') du Comte de Gormas, tragicom. de Chillac, 1393-1397 ; trad. allem., 1016.
Onderzoek over de Nederduitsche Tooneelpoëzy, 923.
Onore vince Amore, imit. du *Cid*, 1098.
Orazi (Gli) e Curiazi, imit. d'*Horace*, 1116-1121.
Orazio, trad. ital. d'*Horace*, 845, 846.
Orazio Curiazio, imit. d'*Horace*, 1115.
Orgemont (D'), acteur, 9.
Orphée, tragi-com. en musique, 54.
Orsi (Comte Gio) : trad. ital. de *Rodogune*, 857.
Ortlep (E.), trad. allem. du *Cid*, 1023.
Orlandi (F.), musicien, 1107.
Osiński (L.) : trad. polon. du *Cid*, 1065; d'*Horace*, 1066, 1067 ; de *Cinna*, 1069 ; d'*Andromède*, 1150.
Othon, trag. : édit. orig., 84, 84 bis ; réimpr. contemp., 369, 370 ; édit. mod., 618 ; trad. ital., 870 ; trad. néerl., 997, 998 ; opéra tiré d'*Othon*, 1163.
Ottone, trag. de Manzoni, 84 bis.
Ottone amante, opéra, 1163.
Ouville (D'), 3.
Overbeck, peintre, 809.
Ovide (L') en belle humeur, par Dassoucy, 198.
Oxé : *Observations sur le Cid*, 1428.
Ozell (John) : trad. angl. du *Cid*, 904.

P.

Pacini (J.), musicien, 1093.
Paer (Ferd.), musicien, 1131, 1162.
Paillet (A.), dessinateur, 108, 1220.
Paisiello (G.), musicien, 1105.
Palacio (El) confuso, com. de Lope de Vega, 60.
Palazzi (Giovanni) : *Medea e Giasone*, 1090.
Palinods de Rouen, 240.
Palissot : *Observations sur le Commentaire de Voltaire*, 644.
Pansuti (Saverio) : *Sofonisba*, 869.
Paolina e Poliuto, imit. de *Polyeucte*, 1135.
Para heridas las del honor, drame de Galvez Amandi, 880.
Parallèle des Beautés de Corneille, avec celles de plusieurs scènes de la Médée de Sénèque, 1347.
Parallèle des trois principaux Poëtes tragiques françois, 1338.
Parallèles de Corneille et de Racine, 1330-1353.
Paraphrase de la Devise de l'Observateur, 244.
Parelle, édit. de Corneille, 647.
Parfaict (Les frères) : *Histoire du Théatre franç.*, 2, 40, 1358, 1368.
Paris (Paulin), 255.
Parisot (Jean), 154, 155.
Parodie de la scène de la délibération de Cinna, 1424.
Pascal (Jacqueline) : *Remerciment fait pour elle*, 240.
Paula (Ant. José de) : trad. portug. du *Cid*, 892.
Paul : *Éloge de P. Corneille*, 1497.
Paulino (El) : trad. espagn. de *Cinna*, 884.
Pawlowski : *Préface*.
Pélissier (Mlle), chanteuse, 1087, 1088.
Pellegrin (L'abbé) : *Médée et Jason*, opéra, 1085 ; *Dissertation sur l'Œdipe de Corneille*, 1455.
Pellisson : *Relation contenant l'histoire de l'Académie Françoise*, 202 ; cf. 9 : *Ode* à lui adressée, 168.
Pels (André) : trad. néerl. de *Cinna*, 954-959.
Pepys (Samuel) : *Diary and Correspondence*, 902, 913, 921.
Pereira da Silva (J. M.) : trad. portug. du *Cid*, 896.
Perotti (Gio. Dom.), musicien, 1165.
Perrault (Charles) : *P. Corneille*, 1250.
Parsaeus und Andromeda, 1150.
Persée, imitat. d'*Andromède*, 1147.
Perseo, imitat. d'*Andromède*, 1147-1150.
Persiani (Orazio), 75.
Persiano, musicien, 1168.
Persicchini (Pietro), musicien, 1150.

Pertharite, trag. : édit. orig., 69-72 ; réimpr. contemp., 359 ; édit. mod., 613 ; trad. néerl. 988-991 ; opéras tirés de *Pertharite*, 1153, 1154.
Pestel (Mme), chanteuse, 1085, 1149.
Petite-Nièce (La) d'Eschyle, 1239.
Petit : *Poésies choisies*, 205-208.
Petit Recueil de Poésies choisies, 210.
Petrali, musicien, 1162.
Petri (Ulr.) : *De Petri Cornelii Tragoedia Cid*, 1407 ;
Philips (Catherine) : trad. angl. d'*Horace*, 908 ; de la *Mort de Pompée*, 913.
Picard, acteur et auteur dramatique, 820 ; *La Fête de Corneille*, 1537.
Picard jeune, acteur, 820.
Picard (Bernard), dessinateur, 175, 633, 634.
Piccini (L.), musicien, 1100.
Pieters : *Annales des Elzevier*, 263, 274, 277, 279, 283.
Pillastre, 3.
Pio (Ascanio), 54.
Place (La) Royale, com. : édit. orig., 6 ; réimpr. contemp., 269 ; édit. mod., 405, 406.
Plaisirs (Les) de la Poësie gaillarde et amoureuse, 253.
Planat (P.) : *Don Sanche*, 822, 823 ; cf. 60.
Plater, dessinateur, 640.
Ploetz : *Manuel de la Littérature française*, 801.
Poëme à la louange de Louis XIV, 165.
Poëme sur les victoires du Roy, 151, 216.
Poëme sur les victoires du Roy, 155.
Poëmes dramatiques de Th. Corneille, 106, 109-113.
Poésies choisies de Messieurs Corneille, Bensserade, de Scudéry, etc., 204-208 ; cf. 242.
Poésies gaillardes, galantes et amoureuses de ce temps, 247.
Poésies. Lectures choisies, par Rion, 798.
Poëtes (Les) français, par E. Crépet, 800.
Poinsinet, 1022.
Poisson, acteur, 35.
Poisson (Mlle), actrice, 9, 20, 35, 50, 65, 84 bis.
Polieto, trag. de Girol. Bartolommei, 849.
Poliuto, opéra de Cammarano et Donizetti, 1133.
Poliuto, trad. ital. de *Polyeucte*, 849-855 ; opéra, 1133-1141.
Pollarolo (C. Franç.), musicien, 1094, 1145, 1163.
Polyeucte, trag. : édit. origin., 26-31 ; réimpr. contemp., 304-312 ; édit. mod., 539-590 ; trad. latine, 827 ; trad. ital., 849-855 ; trad. espagn., 886-888 ; trad. angl., 912 ; trad. néerl., 962-966 ; trad.

allem., 1010, 1035, 1040 ; trad. dan., 1050 ; trad. russe, 1060 ; trad. pol., 1070, 1071 ; trad. armén., 1079, 1080 ; opéras tirés de *Polyeucte,* 1133-1141 ; pièces relatives à *Polyeucte,* 1429-1434.
Pompadour (Mme de), 599.
Pompée. Voy. *Mort (La) de Pompée.*
Pompejus, trad. néerl. de *la Mort de Pompée,* 969, 970.
Ponsin (Mlle), actrice, 95, 1530.
Porcher : *Poësies choisies,* 207.
Port (Célestin) : *Lettres inédites de Corneille,* 178.
Porthmann (Jules) : *Éloge de P. Corneille,* 1275.
Portraits de Corneille, 98, 100, 101, 102, 105, 108, 113, 130, 381, 628, 632, 634, 635, 638, 640, 642, 643, 645, 657, 659, 662, 663, 664, 666, 693, 696, 731, 734, 738, 741, 744, 752, 755, 759, 763, 1190, 1218-1220, 1223, 1224, 1250.
Prévost (B.-L.), graveur, 640.
Portugal e Castro (Francisco Paulo) : *Critica á famosa Tragedia do Cid,* 1401.
Potier (Laurent): *Préface,* 102, 105, 131.
Pouffin, chanteur, 95.
Pour le sieur Corneille contre les ennemis du Cid, 1367.
Poussin (Mlle), chanteuse, 1086.
Prade (De) : *Poësies choisies,* 204-208.
Précieuses (Les) ridicules, com. de Molière, 15, 20, 65, 73.
Presbytère (Le) d'Hénouville, 245 ; cf. 655.
Prévost (B.-L.), graveur, 640.
Prévôt (Jean), 73.
Prix de poésie à Rouen, 1503-1509.
Projet d'une nouvelle édition des Œuvres de P. Corneille, 633.
Prudhomme (Adèle) : édition de *la Guirlande de Julie,* 189.
Psyché, trag.-ballet, par Molière, Corneille et Quinaut, 95-97.
Puibusque (Adolphe de) : *Corneille imitateur des Espagnols,* 1302.
* *Pulchérie,* trag. : édit. orig., 89 ; réimpr. contemp., 376 ; édit. mod., 622 ; trad. ital., 874.
Punt, acteur et graveur, 937.
Pure (L'abbé de), 73, 80 ; *Idées des Spectacles,* 95.
Putter (C. de), graveur, 175.

Q.

Quatre (Les) Saisons du Parnasse, 1341.
Quinault : *Psyché,* 95-97 ; *A la gloire de Louis le Grand,* 224 ; *Persée,* 1147-1150.
Quincy : *Poësies choisies,* 207.

R.

Rachel (Mlle), actrice, 9, 15, 20, 26, 60, 65, 1524.
Rachel et la Tragédie, par J. Janin, 26.
Racine (Jean), 9 ; *Bérénice,* 87, 1469-1471 ; *Discours prononcé à l'Académie Françoise,* 1249 ; *Corneille et Racine,* 640 h., 1330-1345, 1490, 1563.
Racine (Louis) : *La Religion,* 546.
Radiguet (A.), graveur, 640.
Raisin, acteur, 20, 32, 50, 80.
Raisin (Mlle), actrice, 32, 35, 80, 81 *bis.*
Rambert (Eug.) : *Corneille, Racine et Molière,* 1343.
Rampale (De) : *Poësies choisies,* 207.
Rancken : *Cid i de spanska Romanserna, hos Corneille och Herder,* 1411.
Ranquet (Elisabeth): sa *Vie,* 203; cf. 73.
Rapin, 148.
Ratisbonne (Louis) : *Au Pays des Ames,* 1583.
Raubach, musicien, 1150.
Reboul : *La Mort courageuse de Sophonisbe,* 82.
Récit tiré des Mémoires de Michel Turretini, au sujet du Cid, 1399.
Recueil de Dissertations sur plusieurs Tragédies de Corneille et de Racine, 1336.
Recueil de diverses Poésies des plus célèbres auteurs de ce temps, 248.
Recueil de Poésies chrestiennes et diverses, par La Fontaine, 783-785.
Recueil des bonnes Pièces qui ont été faites pour et contre le Cid, 1376.
Recueil des Harangues prononcées par Messieurs de l'Académie Françoise, 234, 235.
Recueil des plus beaux Vers qui ont esté mis en chant, 211, 212.
Recueil de quelques Pièces nouvelles et galantes, 250-252.
Réflexions sur la nouvelle édition de Corneille par M. de Voltaire, 640 c.
Regi ad exercitum proficiscenti [auct. Santolio], 166.
Regi iter meditanti, vers de Santeul, 158.
* *Regi pro restituta apud Batavos Catholica Fide,* 159, 224.
Regis pro sua erga Urbis Mercatores... Munificentia Encomium, 163-165.
Régnier (Ad.) : *Préface;* édit. de Corneille, 662, 732 ; de Mme de Sévigné, 1247.
Reichhardt, musicien, 1150.
Relation contenant l'histoire de l'Académie Françoise, 202.
Relation de l'état du Canal de Languedoc, 230.
Relation des représentations d'Andromède, 1444, 1445.

TABLE ALPHABÉTIQUE.

Religion (*La*), par L. Racine, 546.
**Remerciment à... Mazarin*, 146, 214.
**Remerciment au Roy*, 148, 213.
**Remerciment fait pour Jacqueline Pascal*, 240.
Remmi (Abraham), 32, 214.
Renaudot, 54.
Réponse de*** à*** sous le nom d'Ariste, 1362.
Réponse de M. de Voltaire à M. le duc de Bouillon, 630 b.
Représentation au profit d'un petit-neveu du grand Corneille, 1426.
Représentation de Rodogune, au profit d'un neveu du grand Corneille, 1236.
Retot (Philippe de) : *Nouveaux Amusements du cœur et de l'esprit*, 239.
Retour (*Le*) *de Melpomène*, 1540.
Réville, graveur, 1220.
Reymond (William) : *Corneille, Shakspeare et Goethe*, 1323.
Rhangabé (Rizo) : trad. grecque du *Cid*, 1078.
Ribou, chanteur, 95.
Richard (Ch.) : *Inauguration de la statue de P. Corneille*, 1225.
Richelieu et les Cinq Auteurs, 1301.
Richelieu (Le Cardinal de), 9 ; *Vers à lui adressés par Corneille*, 6 ; *Dédicace à lui faite par Corneille*, 15.
Richter (Wold.) : *Les Différences entre la langue moderne et celle de Corneille*, 1416.
Rieux (Mlle de), chanteuse, 95.
Rimbaut et Boulé : *Corneille et Richelieu*, 1572.
Rion (Adolphe) : édition du *Cid*, 459 ; d'*Horace*, 499 ; de *Rodogune*, 603 ; *Lectures choisies*, 798.
Rive (L'abbé), 186.
Riguez (Robert), 154.
Robert, peintre, 186.
Robinet : extr. de ses *Lettres en vers*, 50, 65, 85-87, 89, 95.
Rochefort (De) : *Chimène et Rodrigue*, 1106.
Rochelines : *Le Journal de l'Empire, l'Institut et l'Éloge de Corneille*, 1278.
*Rodogune, trag. : édit. orig., 44-46 ; réimpr. contemp., 328-334 ; édit. mod., 596-603 ; trad. ital., 857-861 ; trad. esp., 890, 891 ; trad. angl., 920 ; trad. néerl., 973-975 ; trad. allem., 1043-1046 ; trad. russe, 1062 ; opéra tiré de *Rodogune*, 1142 ; *Critique de Rodogune*, 1441.
Rodogune, tragédie de Gilbert, 44.
Rodrigo di Valenza, opéra, 1107.
Rodrigo e Chimene, opéra d'Aiblinger, 1109.
Rodrigo (*Il*), imitat. ital. du *Cid* : 840.
Rodrigo, opéra de Haendel, 1095.
Rodrigo, opéra de Sapienza, 1108.
Roger (F.) : édition de *Polyeucte*, 544.
Romieu et Monnières : *P. et Th. Corneille*, 1560.
Roms-moedigen (*Den*) *Horatius*, trad. néerl. d'*Horace*, 950.
*Rondeau, 143.
Roscomon (Earl of), 914.
Roset (I.) : trad. roum. d'*Héraclius*, 900.
Rostgaard (Frédéric) : trad. dan. du *Cid*, 1048, 1049.
Rossi (Alberto E.) : *Las Mocedades del Cid*, 880.
Rothschild (Bon J.-E. de) : *Préface*, 56, 157, 250 (*Additions*), 1376.
Rotrou, 3, 9, 91-94.
Roussaut : édition du *Cid*, 413.
Rousseau (J.-B.) : *Le Cid*, 816 ; *Jason, ou la Toison d'or*, 1159.
Rousseil (Mlle), actrice, 9.
Rousselet (Egide), graveur, 214.
Ruble (B^{on} de) : *Préface*.
Rudolph (Ludwig) : éd. du *Cid*, 457.
Ruffin : *Inauguration de la statue de Corneille*, 1514 : *Le Triomphe du Cid*, 1565.
Rutter (J.) : trad. angl. du *Cid*, 902, 903.
Ryk (François) : trad. néerl. de *Polyeucte*, 962-966 ; de *Rodogune*, 973-975 ; d'*Héraclius*, 978-980 ; d'*Andromède*, 981-984 ; de *Suréna*, 1005.

S.

Sacchini, musicien, 1101-1104, 1150.
Saint-Albin (Alex. de), éditeur de l'*Imitation de Jésus-Christ*, 774.
Saint-Amand : *Stances à M. Corneille*, 1472.
Sainte-Beuve, 240 ; *Corneille*, 1286, 1323 ; *Le Cid*, 1412.
Sainte-Marthe, 73.
Saint-Eustache, martyr, trag. de Baro, 26.
Saint-Évremond : *Œuvres*, 237 ; cf. 82, 915 ; *Éloge de Corneille*, 1251.
Saint-Gelais (Mellin de) : *Sophonisba*, 82.
Saint-Laurent : *Poésies choisies*, 201-208.
Saint-Malachie (Le P. Gabriel de) : *Lettres de Sainct-Bernard*, 196.
Saint-Marc Girardin : *Discours sur Corneille*, 1287.
Saint-René Taillandier : *Corneille et ses Contemporains*, 1291.
Saint-Ussans : *Billets en vers*, 1470.
Sales (De) : *Cantique de Saint-Bernard*, 196.
Sallengre : *Mémoires de littérature*, 238.

Sanadon. Voy. Duval-Sanadon.
San Juan (Marquis de), traducteur de *Cinna*, 882, 883.
Santeul (Jean-Baptiste) : *Ad illustrissimum Virum P. Bellevræum pro defensione Fabularum*, 156 ; *Inscriptions pour l'Arcenal de Brest*, 172 ; *les Fontaines de Paris*, 222 ; *Opera*, 230-233 ; *Pro Sancto Victore Martyre*, 139 ; *Regi ad exercitum proficiscenti*, 166 ; *Regi iter meditanti*, 158 ; *Regi pro sua erga Urbis Mercatores... Munificentia*, 160, 164, 165 ; Vers à lui attribués, 153, 154.
Sapienza, musicien, 1108.
Sarrasin, acteur, 73.
Sarrasin : *Poésies choisies*, 204-208.
Sarrau (Claude), conseiller, 26.
Saucié (D.), édit. de Corneille, 730, 738, 740, 744, 752, 759.
Savi (Luigi), musicien, 1110.
Scarron, 50.
Scène lyrique en l'honneur de Corneille, 1561.
Schack (Fréd.), 35, 50.
Scheller (Alex.) : *Goracij i Kuriacij*, 1121.
Schlegel (Aug. von) : *Corneille*, 1280.
Schlegel (Friedr. von) : *Corneille*, 1282.
Schmelzer (Joh. H.), musicien, 1158.
Schmidt (E.) : *Corneille als Lustspieldichter*, 1329.
Schröder (Jean) : trad. néerl. d'*Horace*, 949.
Schütz, éditeur du *Cid*, 433.
Scribe : *Les Martyrs*, 1134, 1135.
Scudéry, 3 ; *Ligdamon et Lidias*, tragicom., 180 ; *Le Trompeur puny*, tragicom., 181, 182 ; *Observations sur le Cid*, 1350-1353 ; *Lettre à l'illustre Académie*, 1364 ; *La Preuve des Passages allégués dans les Observations*, 1365 ; *Réponse à Balzac*, 1379.
Sébille (Charles) : trad. néerl. de *la Mort de Pompée*, 969, 970.
Sedley (C.), 915.
Segrais : *Poésies choisies*, 206.
Sentiment d'un Académicien de Lyon, 640 l.
Sentiments (Les) de l'Académie Françoise sur la Tragi-comédie du Cid, 1380, 1381.
Serda, chanteur, 1134.
* *Sertorius*, trag. : édit. orig., 80, 81 ; réimpr. contemp., 366, 367 ; édit. mod., 616 ; trad. néerl., 991-996 ; critiques de *Sertorius*, 1459, 1460.
Sévigné (Mme de) : *Lettres*, 1247 ; cf. 89.
Sewrin (B.) : *La Sorcière*, 1092.
Sick (Chr.), éditeur du *Cid*, 461.
Silvani (Francesco) : livrets tirés de *la Veuve* (?), 1084 ; d'*Héraclius*, 1146 bis (*Additions et Corrections*), de *Sophonisbe*, 1162.

Simon (L'abbé), pseudonyme de Louis Benoit, 1337.
Sion (Georgie), 900 et 900 bis (*Additions et Corrections*).
Six Tragédies de Corneille, retouchées par L. Delisle et Audibert, 810.
Śmierć Pompejusza, trad. polon. de *la Mort de Pompée*, 1072.
Sobry : *Extraits de l'Imitation*, 805.
Sœur (La) valeureuse, trag.-com., de Mareschal, 183.
Sofonisba, opéra de Zanetti, 1162.
Sofonisba, trag. de Galeotto Caretto, 82.
Sofonisba, trag. de Gio. Giac. Trissino, 82.
Sofonisba, trad. ital. de *Sophonisbe*, 868, 869.
Sografi (Ant.-Sim.) : *Gli Orazi e Curiazi*, 1116.
Solera (Temistocle) : *Attila*, 1170-1173.
* *Sonnet inédit*, 241.
Somaize : *Grand Dictionnaire des Précieuses*, 1419.
Sonnets d'Uranie et de Job, 204, 1475, 1476.
Sophonisba, trag. de Mellin de Saint-Gelais, 82.
Sophonisba, trag. de Montchrestien, 82.
Sophonisbe, trag. de Mairet, 82.
Sophonisbe, trag. de N. de Montreux, 82.
Sophonisbe (La Mort de), trag. de Reboul, 82.
Sophonisbe, trag. de Voltaire, 82.
* *Sophonisbe*, trag. : édit. orig., 82, 83 ; réimpr. contemp., 368 ; édit. mod., 617 ; trad. ital., 868, 869 ; opéra tiré de *Sophonisbe*, 1462 ; pièces relatives à *Sophonisbe*, 1461-1466.
Sorcière (La), parodie de *Médée*, 1092.
Souhait (Le) du Cid en faveur de Scudéry, 1357.
Sourdéac (Mis de), 75-77.
Souris (Mlle), chanteuse, 1087.
Spectator (The), by Steele and Addison, 1419.
Spirinx (L.), graveur, 106, 109.
Staal : *Urval ur franska Litteraturen*, 799.
Stace : traduction de sa *Thébaïde*, 157.
Stances pour l'anniversaire de la naissance de P. Corneille, 1498.
Stassart (Baron de) : *Note sur les descendants de Corneille*, 1246.
Statue de Corneille, 1221-1229.
Steele (Richard) : imit.angl. du *Menteur*, 917, 918 ; cf. 1054-1056.
Stilicon, trag. de Th. Corneille, 73.
Stück (Giamb.), musicien, 1096.
Subligny : *Réponse à la Critique de la Bérénice*, 1470.
* *Suite (La) du Menteur*, com. : édit. origin., 40-43 ; réimpr. contemp., 223,

327; édit. mod., 595; remaniement, 820, 821 ; trad. allem., 1041.
Suite (La) et le Mariage du Cid, tragi-com. par Chevreau, 1384-1389 ; trad. allem., 1016.
* *Suivante (La)*, com. : édit. orig., 5 ; réimpr. contemp., 268; édit. mod., 403, 404.
Sundby (Thor) : *Préface.*
*Suréna, trag. : édit. origin., 90; réimpr. contemp., 377 : édit. mod., 623; trad. ital., 875 ; trad. néerl., 1005.
* *Sur le départ de M*^{me} *la Marquise de B. A. C.*, 147, 210.
* *Sur le départ du Roy*, 158.
* *Sur les Victoires du Roy en l'année 1677*, 169, 170.
Sur l'inauguration de la statue de Corneille, 1514.
Sylla, trag., 246.

T.

Tafignon, (T.) : *Dissertation sur les caractères de Corneille et de Racine*, 175, 1333, 1336.
Tiessen (J.-A.) : trad. allem. du *Menteur*, 1041.
Tiridate, trag. de Campistron, 77.
Tissot (P.-F.) : *P. Corneille*, 1188, 1189 ; *Th. Corneille*, 1232.
Tiste : *La Maison de Corneille*, 1562.
*Tite et Bérénice, trag. : éd. orig., 87, 88 ; réimpr. contemp., 374, 375 ; édit. mod., 621 ; trad. ital., 873; trad. néerl., 1002-1004; opéra tiré de *Tite et Bérénice*, 1174 ; pièces relatives à cette trag., 1469-1471.
Tite et Titus, ou les Bérénices, com., 1336, 1471.
Tite-Live, 15.
Todo es verdad y todo mentira, com. de Calderon, 50.
* *Toison (La) d'or*, trag. en machines : édit. orig., 75-79 ; réimpr. contemp., 362-365 ; édit. mod., 615; opéras tirés de la *Toison d'or*, 1147-1151 ; pièce relative à cette tragédie, 1458.
Tordeus (Mlle), actrice, 95, 1530.
Torelli (Giacomo), décorateur, 54, 56.
Torres Bandeira (Ant. Ranzel de) : *Polyeucte*, 1431.
Torri, musicien, 1155.
Tougard (A.) : *La Maison de campagne du grand Corneille...*, 1213 ; *Nouv. Documents inédits sur le patrimoine de P. Corneille*, 1215.
Touquet, éditeur de Corneille, 691.
Tourné (J.), 154.
Tournemine : *Défense du grand Corneille*, 1252 ; cf. 50, 174.
Tradimento (Il) tradito, imit. de la *Veuve* (?), 1084.

Traetta, musicien, 1162.
Tragedie di P. Cornelio, tradotte in versi italiani, 829.
Tragédie de Sainte Agnès, par Pierre Troterel, 47.
Tralage : *Notes manuscr.*, 84 bis.
Trento (Vitt.), 1150.
Tribou, chanteur, 1087, 1088, 1150.
Tricotel (Edouard), 180.
Triomphes (Les) de Louis le Juste, par Jean Valdor, 195.
Trissino (Giovangiorgio): *Sofonisba*, 82.
Tristan : *Poésies choisies*, 204-208.
Troisième et Quatrième Dissertations concernant le Poëme dramatique, 1450.
Trompeur (Le) puny, tragi-com. de Scudéry, 181, 182.
Tronchin : *Mes Récréations dramatiques*, 810.
Troterel (Pierre), sieur d'Aves, 47.
Tulou (Mlle), chanteuse, 1150.
Turpin (Mlle), chanteuse, 95.

U.

Uranins et Jobelins, 204, 1475, 1476.
Urval ur franska Litteraturen, 799.
Usátegui (Luis de), 40.

V.

Valdor (Jean) : *Les Triomphes de Louis le Juste*, 195.
Valença (Marquez de) : *Critica à famosa Tragedia do Cid*, 1401.
Valfré di Bora : trad. ital. du *Cid*, 831.
Vallet (Guill.), graveur, 108.
Valois (MM. de), 148.
Van der Cruyssen (Simon): trad. néerl. de l'*Illusion comique*, 924-926 ; d'*Othon*, 997.
Vanderhaeghen (Ferd.) : *Préface.*
Van der Meulen, peintre, 160.
Van Doesburg : trad. néerl. de *Théodore*, 976.
Van Heemskerck : trad. néerl. du *Cid*, 927-937.
Van Lennep : *Notes sur les trad. néerl. de Corneille, Préface;* 925-1009.
Van Muyden (G.), éditeur du *Cid*, 457.
Van Stamhorst (J.) : trad. néerl. d'*Horace*, 951, 952.
Vauselle, acteur, 56.
Vausselle (Mlle), actrice, 56.
Vauvenargues : *Richelieu et Corneille*, 1253, 1338.
Vauvert : *Poésies choisies*, 206-208.
Vega (Lope de) : Carpio, 15, 35, 40, 60.
Velleius Paterculus, 32.
Vento, musicien, 1162.
Ventouillac, éditeur de Corneille, 699, 705.

Vera (La) Nobiltà, trad. ital. de Don Sanche, 865.
Verdad (La) Sospechosa, com. d'Alarcon, 35.
Verdi (Giuseppe), musicien, 1170-1173.
Véritables (Les) Œuvres de Saint-Evremond, 237.
*Vers inédits, 242.
*Vers inédits, publ. par M. Faugère, 177.
*Version des Hymnes de Saint-Victor, 139.
*Vers présentez au Roy sur sa campagne de 1676, 167.
Vers sur l'hommage qui va être rendu au grand Corneille, 1508.
Verteuil : Cantate en l'honneur de Corneille, 1557.
Vestris, danseur, 1092.
Vestris (Mme), actrice, 65, 80.
*Veuve (La), com. : éd. orig., 3 ; réimpr. contemp., 265, 266 ; édit. mod., 399, 400 ; opéra tiré de la Veuve (?), 1084.
Victoire (La) du St Corneille, Scudéry et Claveret, 1360.
*Victoires (Les) du Roy en l'année 1677 ; 169, 170.
*Victoires (Les) du Roy sur les Estats de Hollande, 160-162.
Vie de Corneille : généralités, 1175-1200 ; particularités, 1201-1217.
Vie de P. Corneille, msc., 1177.
Vie (La) de Damoiselle Élizabeth Ranquet, 203 ; cf. 73.
Vieillard (P.-A.) : L'Apothéose de P. Corneille, 1517.
Viennet (J.-P.-G.) : P. Corneille, 1198 ; Epitre à M. Raynouard, 1491.
Vigarani, décorateur, 56.
Vigier (A.) : Anecdotes littéraires sur P. Corneille, 1304 ; cf. 35, 50.
Vignier : Poésies choisies, 204-208.
Vignon : Le Ménage de Corneille, 1585.
Villars (L'abbé de) : La Critique de Bérénice, 1469.
Villati (Leop. de') : Cinna, 1130.
Villenave : P. Corneille, 1184.
Villiers : Bébée et Jargon, 1092.
Villiers (De), acteur, 9, 20, 32, 35, 44, 65, 73, 84 bis.
Villiers (De) : Entretien sur les tragédies de ce temps, 1331.
Villiers (Mlle), actrice, 9.
Villiers (P.) : Manuel du voyageur à Paris, 259.
Vincent (Le P. Augustin), 128.
Vinkeles, graveur, 991.
Viollet-le-Duc, 247.
Visé. Voy. Donneau de Visé.
Vogel, musicien, 1160, 1161.

Voille, 3.
Voix (La) publique à Monsieur de Scudéry, 1355.
Voltaire : Théâtre de Corneille, 640-643 ; cf. 20 ; Commentaires sur Corneille, 1255-1257 ; cf. 649, 655, 659 ; Sophonisbe, 82 ; Lettre à l'abbé d'Olivet, 640 a ; Réponse à M. le duc de Bouillon, 640 b ; Sentiment d'un Académicien de Lyon, 640 l ; Lettre à M. de Genouville, 1452.
Voraces (Les) et les Coriaces, 1125.
Vraie (La) Suite du Cid, tragi-com. par Desfontaines, 1390-1392.

W.

Waarschynelyke (De) Toovery, trad. néerl. de l'Illusion comique, 924-926.
Wagner (Carl) : Chimène, 1104.
Wains-Desfontaines : Dithyrambe sur la statue de Corneille, 1507.
Walkiers (Eug.), musicien, 1564.
Waller (Edmund) : trad. angl. de la Mort de Pompée, 915.
Walras : Commentaire sur le Cid, 1404 ; Le Cid, esquisse littéraire, 1408 ; Observations sur Polyeucte, 1430.
Wartel, chanteur, 1134.
Watelet, graveur, 640.
Wattier (Mme), actrice, 973.
Weiland (Panaï G.) : trad. grecque du Cid, 1077.
Westerstrand (P.) : trad. suéd. du Cid, 1052.
Willems (Alph.) : notes sur une édit. elzév., 283 ; sur les trad. néerl., Préface, 950, 977, 978.
Willems (F.-J.) : Belgisch Museum, 940.
Worms, acteur, 95.

X.

Ximena, trad. angl. du Cid, 905.

Z.

Zákreijs (Frant.) : Rozhled ve dramatě francouském, 1295.
Zamácola (Iza) : Honor y Amor, 880.
Zanotti (Andrea) : trad. ital. du Cid, 837 ; trad. d'Héraclius, 862 ; Sofonisba, 1162.
Zeeus (J.) : trad. néerl. d'Othon, 998.
Ziani (Marcant.), musicien, 1150.
Ziani (Pietr' Andr.), musicien, 1143, 1166.
Zingarelli (Nic.-Ant.), musicien, 1124, 1150.
Zuilychem. Voy. Huyghens.

FIN DE LA TABLE ALPHABÉTIQUE.

TABLE

DES IMPRIMEURS ET DES LIBRAIRES

AIX (EN PROVENCE).
Aubin, impr. : 1458.

ALTENBOURG.
Pierer, libr. : 457.

AMSTERDAM.
Bosch (Hendrick), libr. : 996.
Bouman (Broer Jansz), libr. : 931.
Changuion (François), libr. : 816.
Chatelain (Zacharie), libr. : 175, 239, 632, 635.
De Groot (Gisbert) ; 948, 962, 963.
De Groot (Michiel), libr. : 932, 946.
De Wees (Abraham), libr. : 927.
Duim (Izaak), libr. : 938, 939, 942, 951, 952, 959, 965, 966, 970, 975, 979, 980, 984, 987, 990, 993, 1001, 1005.
Du Sauzet (H.), libr. : 633.
Elzevier (Daniel), impr. : 97, 366.
Hoogenhuysen (André de), libr. : 236.
Houthaeck (Dirck Cornelisz), libr.: 930.
Houthaeck (Tymen), impr. : 930.
Immerzeel en Comp., libr. : 960.
Joosten (Gillis), impr. : 943, 944.
Karelsz (Adam), libr. : 943, 944.
Klippink (David), libr. : 941.
Kunstgenootschap : 956, 957, 967, 1006.
Lescailje (Erven van J.), libr. : 925, 936, 947, 956, 957, 967, 986, 988, 997, 999, 1006, 1007.
Lescailje (Erven van J.) en Dirk Rank, libr. : 964, 972, 974, 992, 995, 1003, 1454.
Lescailje (Jacob), libr. : 945, 971.
L'Honoré, libr. : 632.
Magnus (Albert), libr. : 955.
Magnus (Erven van Albert) : 978.
Moetjens (Adriaen), libr. : 1299.
Mulhovius (Hendrik), libr. : 949.
Oossaan (Aart Dirksz), libr. : 967, 973.
Ravesteyn (Nicolaes van), libr. : 927.
Rotterdam (Pieter), libr. : 958.
Ruarus (David), libr. : 926, 937, 983.

Schoonenburg (A.), libr. : 923.
Sweerts (Kornelis), libr. : 981.
Uylenbroek (P. J.), libr. : 1157.
Van de Gaete (H.), libr. : 982.
Van der Stichel (Dominicus), impr. : 927.
Visser (P.) en A. Slaats, libr. : 989, 1004.
Wetstein, libr. : 256.
Wolfgang (Abraham), impr.-libr. : 263-269, 271, 272, 284, 288, 296, 297, 302, 303, 310, 311, 316, 317, 321, 322, 326, 327, 333, 334, 337, 338, 342, 343, 347, 348, 352, 357-359, 361, 363, 365, 367-371, 373-377, 381.

BARCELONE.
Gorchs (T.), impr. : 1172.

BELGRADE.
Državna Štamparija : 1063.

BERLIN.
Decker (G.-J.), libr. : 1262.
Dümmler (Ferd.), libr. : 1012.
Herbig (F.-A.), libr. : 801.
Lüderitz, libr. : 1323.
Maurer, libr. : 679.
Rottmann, libr. : 643.
Schlesinger, libr. : 420, 472, 510, 561, 601.

BERNE.
Société typographique : 772, 803.

BÉZIERS.
Martel (Henri), libr. : 230.

BIELEFELD.
Schütz (C.), impr.-libr. : 519, 573.

BOLOGNE.
Della Volpe (Lelio), libr. : 836, 851, 854, 859, 865, 869.
Longhi, impr.-libr. : 833, 835, 837, 844, 847, 850, 859, 864, 865, 867, 868, 871-875.

Monti (Pier Maria), libr. : 862.
Pisarri, libr. : 853.

BONN.
Carthaus (I. F.), impr. : 1345.

BRANDEBOURG.
Wiesike, libr. : 1022.

BRUNSVIC.
Otto (Fr.), impr. : 1407.
Westermann (Georges), libr. : 797.

BRUXELLES.
De Griek (Claudius), libr. : 977.
Foppens (François), libr. : 388, 391, 393, 394, 765, 767. Contrefaçon portant le nom de *Foppens* : 769.
Hayez, libr. : 1246.
Jacobs (G.), impr. : 950.
Marchant (Lambert), libr. : 1479.

BUCAREST.
Eliad Radulescu (Ioan), impr. : 900.

BUDAPEST.
Atheneum tulajdona : 1082.
Hartleben, libr. : 1021.

CAEN.
Godes (Jacques), impr.-libr. : 1389, 1396, 1397.
Hardel, impr.-libr. : 563, 1404.
Poisson (F.), impr. : 1497.

CASSEL.
Estienne, libr. : 1150.

CLICHY.
Loignon et Cie, impr. : 843.

COLOGNE.
Schwan, libr. : 488, 1032.

COPENHAGUE.
Chevalier (J. P.), libr. : 597.

CORBEIL.
Crété fils, impr. : 666.

COUTANCES.
Tanquerey, impr. : 1509.

DELF.
Boitet (Reinier), libr. : 998.

DOUAI.
Aubers (Adam d'), impr.-libr. : 1408.

DUNKERQUE.
Van Ursel (Antonius), impr. : 940.

ÉVREUX.
Tavernier (L.), impr. : 1430.

FERRARE.
Longhi, impr.-libr. Voy. BOLOGNE.

FLORENCE.
Nesti (Pietro), impr. : 849.
Stamperia imperiale : 840.

FRANCFORT-SUR-MEIN.
Bechtold (H.), libr. : 680.
Hulst (Nicolas), libr. : 389.
Siegert (Gottlieb), libr. : 1010.

FREISING.
Datterer (Franz), libr. : 1155.

GENÈVE.
Bonnant, libr. : 810.
Pellet et fils, libr. : 542.

GOERLITZ.
Cundis (Johann), libr. : 1028.

GOTHA.
Becker, libr. : 1020.
Reichenbach, libr. : 1013.

GRENOBLE.
Prudhomme, impr. : 1311.

HALLE.
Fick, libr. : 1035.
Fick's Wittwe, libr. : 1036.

HAMBOURG.
Papen (Georg), impr. : 1014.
Nauman (Johann), libr. : 1014.
Wolf (Georg), libr. : 1015.

HAVRE (LE).
Chapelle, libr. : 1497.

HELSINGFORS.
Frenckell och Son, impr. : 1411.

HOORN.
Berentsma (Barent Adriaens), libr. : 927.

KREUZNACH.
Wohlleden (Friedrich), impr. : 1428.

LAGNY.
Aureau, impr. : 500.
Leboyer, impr. : 712
Varigault, impr. : 528, 1409.

LAUSANNE.
Hignou et Cie, impr. : 803, 805.
Delafontaine, libr. : 1343.

LEIPZIG.
Barth, libr. : 1044.
Fick, libr. : 1035.
Fritsche (Heinrich), libr. : 431, 432 475, 483.

Lehnholp, libr. : 1023.
Leo, libr. : 419.
Michael (Christian), impr. : 1028.
Reclam (Ph.), libr. : 1027, 1046.
Reichenbach, libr. : 1013.
Siegert (Gottlieb), libr. : 1040.
Wengler, libr. : 441.

LEYDE.

Chrestien (Guillaume), libr. : 273.
Elzevier (Bonaventure et Abraham). impr.-libr. : 274, 277, 279, 281, 290, 292, 293, 298, 299, 304, 306, 313, 314, 318, 319, 323, 324, 329, 331, 339, 350, 378, 384, 1386.
Elzevier (Jean), impr. : 283, 295, 301, 308, 309, 346, 351.
Herdingh (L.) en Zoon, libr. : 961.
Langerak (J. A.), libr. : 968.
Sambix (Jean), libr. : 295, 308, 356, 384.
— Contrefaçons portant le nom de Sambix : 387, 390.

LIMOGES.

Ardant (E.) : 762.

LISBONNE.

Bulhões (José de Aquino). impr. : 899.
Da Rocha (Ant. José), impr. : 895.
Gomes (Antonio), impr. : 893.
Imprensa Regia : 894, 897.
Rodrigues (Miguel), impr. : 1401.
Rolland (François), impr.-libr. : 892.

LONDRES.

Bell (John), libr. : 905.
Bell (T.), libr. : 901.
Bentley (R.), libr. : 1400.
Bentley (Richard), libr. : 1195.
Bladon (S.), libr. : 919.
Browne (Henry), libr. : 909.
Browne (Samuel), libr. : 1392.
Burnet (G.), libr. : 901.
Caslon (T.), libr. : 918.
Crooke (John), libr. : libr. : 914.
Da Ponte (P.), libr. : 1276.
Faulder (M.), libr. : 906.
Herringman (Henry), libr. : 908.
Kirkman (Francis), libr. : 922.
Low (S.), libr. : 705.
Lownds (T.), libr. : 918.
Moseley (Humphrey), libr. : 903.
Neale (Simon), libr. : 916.
Nicoll (W.), libr. : 918.
Okes (J.), impr. : 1392.
Parker (R.), libr. : 1400.
Rivington (J.), libr. : 919.
Tonson (Jacob), libr. : 238.
Vaillant (P.), libr. : 919.
Wilson (W,), impr. : 903.
Young (A.), impr. : 906.

LYON.

Deville (Jean-Baptiste), libr. : 286, 392.
Grabit (Joseph-Sulpice), libr. : 673.
La Rivière (Claude), libr. : 261, 332.
Périsse, frères, impr.-libr. : 546, 560.
Vingtrinier, impr. : 1312.

MADRID.

Cuesta (Viuda ó hijos de), libr. : 879, 1172.
Fortanet (T.), impr. : 880.
Gonzalez (C.), impr. : 879.
Imprenta Nacional : 1112.
Monge (Fernando), impr. : 883.
Rodriguez (Gregorio), libr. : 876.

MANTOUE.

Pazzoni (Alberto), impr. : 861.

MASSA.

Frediani (Pellegrino), impr. : 1096.

MESNIL (LE).

Didot (Firmin) frères, impr. : 814.

MILAN.

Boniardi Pogliani, libr. : 842.
Malatesta, libr. : 1169.
Marelli (Gioseffo), impr. : 832.
Quinto (Carlo Gius.), impr. : 1142.

MOSCOU.

Kompanija tipografičeskaja : 1062.

NANCY.

Cusson (Abel Denys), libr. : 768.
Huizelin, impr. : 562.

NAPLES.

Antonio (Domenico) e Niccolò Parrino, impr. : 869.

NEUSS.

Schwan, libr. : 1032.

NEW-YORK.

Baker and Goodwin, impr. : 881, 886.

NIMES.

Gaude, libr. : 1261.

NOYON.

Andrieux (D.), libr. : 1321.

ORLÉANS.

Jacob et fils, impr. : 452.

OXFORD.

Clarendon Press : 535, 594.
Fletcher (Jacques), libr. : 667-670, 675.

PARIS.

Adam (Veuve G.), impr. : 59, 79.
Agasse, libr. : 1457.
Alvarès, libr. : 1409.
Amyot, libr. : 1305.
Aumont, libr. : 550.
Bailli, libr. : 1535.
Bailly, impr. : 725.
Ballard, impr. : 1125.

Ballard (Christophe), impr. : 1084, 1085, 1147, 1159, 1478.
Ballard (Jean-Baptiste Christophe), impr. : 1088.
Ballard (Robert), impr. : 123, 135, 136 (?), 138, 201, 212.
Barba (J.-N.), libr. : 246, 436, 464, 506, 545, 600, 609, 793, 821, 822, 1134, 1246, 1498, 1560.
Barba (Gustave), libr. : 478, 729, 1193.
Barbin (Claude), libr. : 96, 223, 226, 1460, 1463.
Barbou, libr. : 233.
Baudouin, frères, libr. : 552, 1560.
Baudouin, impr. : 474, 703.
Baudouin, libr. : 1106, 1270, 1485.
Bauche, libr. : 639.
Béchet (Charles), libr. : 702, 1493.
Belin (A.), impr.-libr. : 684, 691.
Belin (Eugène), libr. : 448, 449.
Belin-Leprieur, libr. : 791.
Bénard, impr. : 808.
Bénard (Simon), libr. : 218, 219, 220.
Berger-Levrault, libr. : 509.
Berlandier, libr. : 562.
Besoigne (Augustin), libr. : 625.
Besongne (Cardin), libr. : 194, 1376, 1393. — Contrefaçon portant le nom de *Besongne :* 1394.
Besongne (Jean-Baptiste), libr. : 364.
Bezon, libr. : 465, 508.
Bienfait (Pierre), libr. : 212, 224.
Billaine (Louis), libr. : 20, 24, 30, 38, 82-87, 108, 111, 134, 135, 138, 151, 1469.
Billaine (Pierre), libr. : 181.
Billot (Esprit), libr. : 233.
Blageart (Claude), libr. : 779.
Blanchet, libr. : 1580.
Blot, impr. : 753.
Bordelet, libr. : 174, 631.
Boulet, libr. : 723.
Boulland, libr. : 789.
Bourdier, impr. : 493, 496, 576, 1290.
Bourdier, Capiomont et Cⁱᵉ, impr. : 664.
Brasseur aîné, impr. : 1278.
Brocas (Veuve) et Aumont, libr. : 770.
Bruassin, libr. : 786.
Bureau d'adresses : 1444.
Caillat, impr. : 1439.
Cailleau, impr.-libr. ; 1535.
Camusat (Jean), libr. : 1380.
Camusat (Veuve Jean), libr. : 13.
Casimir et Crapelet, impr. : 876.
Cavelier (Guillaume), libr. : 629, 630, 634.
Chaigneau, impr. : 693.
Chaillot (E.), libr. : 1580.
Chaix (Napoléon), impr.-libr. : 659.
Chaignieau aîné, impr. : 820.

Chamhoudry (Louis), libr. : 57, 63, 67, 71, 103, 248, 249.
Charavay (J.), libr. : 1177.
Charpentier, libr. : 654, 1523.
Charpentier (Henri), libr. : 630, 631, 634, 766.
Charron, libr. : 246.
Claye, impr. : 587, 731, 734, 741, 809.
Collin (Léopold), libr. : 644, 1274.
Compagnie des libraires : 541, 671, 676.
Coniam, impr. : 465.
Cordier, libr. : 688, 791.
Courbé (Augustin), impr.-libr. : 4-6, 9-13, 15-18, 26, 27, 32, 33, 35, 40, 41, 44, 45, 47, 48, 50, 51, 54, 61, 62, 66 *bis*, 70, 73, 75-77, 80, 81, 91-94, 98-102, 104-106, 120, 146, 202, 1379, 1472, 1477.— Contrefaçons portant le nom de *Courbé :* 199, 262, 276, 278, 288, 289, 291, 328, 335, 349.
Coustelier (Urbain), libr. : 236.
Couterot (Jean), libr. : 784, 785.
Cramoisy (Sébastien), impr.-libr. : 184.
Crapelet, impr. : 434, 567, 612, 615, 695, 726, 1577.
Cussac, impr. : 416, 505.
Dabo-Butschert (Mᵐᵉ), libr. : 546, 698.
Dabo et Tremblay, libr. : 690, 692.
Dabris, libr. : 1277.
David (Christophe) fils, libr. : 634, 771.
David l'aîné, libr. : 634, 770.
David père, libr. : 636, 638, 766.
Debécourt, libr. : 1186.
Debure, libr. : 696, 1456.
Degorge-Cadot, libr. : 1294.
Delagrave et Cⁱᵉ, libr. : 587.
Delahays (Adolphe), libr. : 733, 735.
Delalain (Auguste), impr.-libr. : 546, 547, 551, 554.
Delalain (Aug.-Nic.), libr. : 1163, 1481.
Delalain (Jules), impr.-libr. : 423, 429, 435, 437, 442, 443, 446, 447, 451, 453, 455, 456, 470, 479, 485-487, 490-492, 494, 497, 498, 518, 522, 524-527, 530, 532-534, 536, 556, 564, 570, 571, 574, 577-579, 582, 583, 585, 586, 588, 590, 736, 757, 795.
Delangle, libr. : 191.
Delatour (L. F.), libr. : 1179.
Delaunay, libr. : 259, 794, 1277, 1511.
Delespine (J.-B.), libr. : 1479.
Delormel (P.), impr. : 1091, 1122, 1123, 1156, 1160, 1161.
Delormel (Veuve) et fils, impr. : 1089.
Dentu (E.), libr. : 1190, 1429, 1562.
Desange (Achille), libr. : 507, 552.
Desbleds, libr. : 714.
Desbleds (Veuve), libr. : 724.
Desbordes (Henri), libr. : 628.
Desplaces (Mᵐᵉ C.), libr. : 1192.
Desprez, libr. : 639.
Desrez, impr. : 427, 471, 512, 558.
Deterville et Debray, libr. : 682, 1271.

Dezobry et Magdeleine, libr. : 427, 471, 512, 558, 611, 718, 721.
Didier et C¹ᵉ, libr. : 192, 799, 1194, 1239, 1315, 1316, 1318.
Didot (Ambr.-Firmin), impr. : 177, 178, 480, 520, 566, 569, 572, 653, 655, 659, 717, 722, 755, 775, 1185, 1197, 1198, 1246, 1257, 1517.
Didot (Firmin), impr. : 188, 189, 681, 682, 685, 694, 696, 698.
Didot (Jules) aîné, impr. : 191, 648, 697, 704.
Didot (Pierre) l'aîné, impr. : 644, 646, 674, 681, 685, 687, 792.
Divry et Cᵢᵉ, impr. : 750.
Dondey-Dupré, impr. : 422, 467, 511, 559, 723.
Dondey-Dupré (Veuve), impr. : 426, 654.
Douniol, libr. : 1293.
Du Breuil (Jacques), libr. : 1450, 1459.
Dubuisson, impr. : 751.
Duchesne, libr. : 1237.
Duchesne (Veuve), libr. : 1264.
Ducrocq, libr. : 746.
Dufour et Cᵢᵉ, libr. : 704.
Dupont (Paul), impr. : 1532.
Dupray de la Maherie, impr. : 179.
Durand (Auguste), libr. : 1308.
Egron, impr. : 689, 1151.
Emler frères, libr. : 706.
Estienne (Antoine), premier imprimeur du Roi et libraire : 195.
Everat, impr. : 418, 651, 652, 715.
Fabre, libr. : 805.
Fagès, libr. : 415, 416, 418, 463, 505, 1126.
Fain, impr. : 464, 506, 545, 600, 609, 1117.
Foucault (Hilaire), libr. : 1470.
Fourault (Charles) et fils, libr. : 802.
Fournier, impr. : 507, 702, 706, 719, 1207.
Froullé, libr. : 463, 504.
Furne, libr. : 719, 731, 734, 741, 808, 809.
Furne, Jouvet et Cᵢᵉ, libr. : 763.
Gabon et Cᵢᵉ, libr. : 190.
Gagnard, libr. : 805.
Gaittet et Cᵢᵉ, impr. : 657.
Gandouin, libr. : 634.
Gandouin (Veuve) : 770.
Garnier frères, libr. : 737, 742, 749, 758.
Gaultier-Laguionie, impr. : 1498.
Gay (Jules), libr. : 246, 776.
Gennequin, libr. : 657.
Germer-Baillière : 1291.
Gide, libr. : 800.
Girard (Théodore), libr. : 227.
Gissey, impr.-libr. : 174, 1237, 1336.
Godfroy (Mᵉˡˡᵉ), libr. : 1488.
Gosselin (Ch.), libr. : 1143.

Gratiot, impr. : 790.
Gueffier (P. Fr.), libr. : 819, 1265.
Guérin (L. H.) et la Tour (L. F. de), libr. : 639, 1179.
Guibert, libr. : 697.
Guignard (Jean), libr. : 88, 780, 1470.
Guiraudet, impr. : 548.
Hachette (Louis), libr. : 424, 430, 434, 445, 454, 460, 469, 473, 476, 493, 496, 501, 513, 517, 529, 557, 565, 567, 576, 580, 602, 610, 612, 656, 661, 662, 665, 726, 727, 733, 745, 747, 754, 760, 777, 778, 1247, 1313, 1314.
Hardoin et Gastey, libr. : 1536.
Hautecœur, libr. : 822.
Hénault (Jean), libr. : 215.
Hénée, impr.-libr. : 1277.
Hennuyer, impr. : 611, 718, 721.
Herhan, impr. : 683, 709.
Heuqueville (de), libr. : 257.
Hiard, libr. : 708.
Hocquet, impr. : 1092, 1118-1120.
Houry (Laurent d'), libr. : 1453.
Hubert, libr. : 506.
Imprimerie nationale : 773.
Jamain, impr. : 1092.
Janet et Cotelle, libr. : 646.
Janet père, libr. : 791.
Jannet (P.), libr. : 658, 1196, 1472.
Jolly (Thomas), libr. : 24, 30, 38, 82-87, 108-111, 134, 135, 138, 151.
Josse (Georges), libr. : 196.
Jouaust, impr. : 1530, 1582.
Jullien (X.), impr. : 190.
Lachevardière, impr. : 707.
Lacombe, libr. : 1339.
La Coste (Nicolas et Jean de), libr. : 199.
Lacrampe, impr. : 720.
Ladrange, libr. : 648.
Ladvocat, libr. : 1402, 1491.
La Forest (de), libr. : 1563.
Lahure (Charles), impr. : 445, 454, 460, 499, 580, 603, 656, 661, 662, 732, 745, 747, 760, 777.
Lainé, impr. : 748, 758.
Lainé et Havard, impr. : 1314.
Lambert, libr. : 1106.
Langlée (Denis), libr. : 200.
Laplace et Cᵢᵉ, libr. : 664.
Laplace, Sanchez et Cᵢᵉ, libr. : 666.
Lebel et Gaitelle, libr. : 789.
Lebreton, impr. : 770.
Léché (Marin), libr. : 782.
Le Clerc, impr.-libr. : 634, 1473.
Lecoffre et Cᵢᵉ, libr. : 444, 480, 481, 489, 500, 520, 523, 538, 546, 566, 569, 572, 575, 581, 584, 589, 774.
Lecointe, libr. : 707.
Lecou, libr. : 725.
Ledoyen (J.), libr. : 650, 793, 1515.
Le Duc, libr. musical : 1103.

Lefèvre, libr. : 617, 651-653, 655, 715, 720.
Le Gras (Théodore), libr. : 258.
Lehuby, libr. : 813, 814.
Le Jay, libr. : 1260, 1425.
Le Mercier (P. G.), libr. : 1179.
Le Monnier (Pierre), libr. : 95.
Lenormant, libr. : 1272, 1279.
Lenormant (Veuve) : 788.
Le Petit (Michel), libr. : 1469.
Le Petit (Pierre), libr. : 12, 13, 114-119, 121, 122, 163-164, 171, 202, 783, 1249.
Levrault, libr. : 549, 553.
Lévy (Michel) frères, libr. : 477, 568, 813, 1136, 1412, 1579, 1581.
Lheureux, libr. : 694, 697.
Locquin, libr. : 425, 468, 555, 716.
Loyson (Etienne), libr. : 14, 19, 25, 31, 34, 39, 43, 46, 49, 53, 58, 64, 68, 72, 74, 78, 88, 113.
Loyson (Henri), libr. : 225.
Loyson (Jean-Bapt.), libr. : 103.
Luyne (Guillaume de), libr. : 14, 19, 24, 25, 30, 31, 34, 37-39, 43, 46, 49, 52, 53, 58, 62, 64, 66-69, 72-75, 77, 78, 80, 81-90, 102, 104-106, 108-111, 113, 120, 134, 135, 138, 151, 160, 161, 167, 169, 625, 1460. — Contre-façon portant le nom de *De Luyne* : 362.
Maire-Nyon (Veuve), libr. : 426, 484, 521.
Maradan, libr. : 804, 811.
Marchand-Dubreuil, impr. : 708.
Marchant, libr. : 422, 467, 559, 1134, 1578.
Marpon, libr. : 751, 1324, 1344.
Martin (G.), libr. : 639.
Martinet, impr. : 761.
Martinet, libr. : 822, 1275.
Masson (M°), libr. : 246, 820, 1439, 1541, 1548.
Masgana (Paul), libr. : 1577.
Ménard et Desenne, libr. : 693.
Ménard et Raimond, libr. : 686.
Méquignon, junior, libr. : 546.
Mesnier (Alex.), libr. : 1181.
Méturas (Gaspard), libr. : 196.
Michallet (Etienne), libr. : 1331, 1169.
Michaud (E.), libr. : 1572.
Migneret, libr. : 544.
Moessard, impr. : 822, 823.
Mongé (Joseph), libr. : 1453.
Mondelet, libr. : 1341.
Morris, impr. : 484.
Moutard, libr. : 640 j et k.
Nepreu, libr. : 821, 1489, 1493.
Nicolle (H.), libr. : 189, 684.
Nyon fils, libr. : 238.
Nyon l'aîné et fils, libr. : 543.
Nyon père, libr. : 634.
Osmont (Charles), libr. : 634, 766.

Oudot (Nicolas), impr. : 312.
Paccard, libr. : 1226.
Panckoucke, impr. : 430, 469, 473, 517, 557, 565, 727.
Parent, impr. : 458, 589.
Patris, libr. : 1273.
Pélicier, libr. : 189.
Penaud frères, libr. : 725, 728.
Pépingué (Edme), libr. : 57, 63, 67, 71, 103.
Périsse, libr. : 560, 807.
Petit, impr. : 1515.
Petit, libr. : 1271.
Piaud, libr. : 474.
Pillet aîné, impr. : 807.
Pillet, libr. : 1202.
Pinard, impr. : 700.
Plon (Henri), impr.-libr. : 663, 796.
Ponthieu, libr. : 817, 1429, 1437, 1560.
Pourrat frères, libr. : 710.
Poussielgue, libr. : 712.
Poussin (M°), impr. : 466.
Prévost, libr. : 428, 466.
Quinet (Toussaint), libr. : 20-23, 42, 44, 45, 47, 48, 50, 51, 100, 101, 137, 1381, 1384, 1385. — Contrefaçon portant le nom de *Quinet* : 336.
Raçon (Simon) et C°, libr. : 441, 489, 523, 575, 581, 584, 733, 735, 739, 742, 743, 774.
Renquet (W.), impr. : 1308.
Renouard (Augustin), libr. : 645.
Ribou (Jean), libr. : 1449.
Ribou (Veuve Jean), libr. : 96.
Ribou (Pierre), libr. : 630, 1086, 1452.
Ribou (Veuve Pierre), libr. : 634, 1087, 1150.
Rigaud (A.), libr. : 756, 761.
Rignoux, impr. : 703, 710, 711.
Robustel (C.), impr. : 634.
Rochette, impr. : 756, 1294.
Rocolet (Pierre), impr.-libr. : 127, 128, 130, 131-133.
Roger, libr. : 711.
Roullet, libr. : 1092, 1120.
Saillant, libr. : 1258, 1259, 1338.
Saintin, libr. : 695, 714.
Sautelet, libr. : 700.
Savreux (Charles), libr. : 203.
Schoel, libr. : 1180.
Schönenberger, libr. music. : 1141.
Sercy (Charles de), libr. : 55, 56, 65, 114, 122, 198, 204-208, 211. — Contrefaçons portant le nom de *Sercy* : 344, 345, 353, 354, 382, 383.
Sommaville (Antoine de), libr. : 26-29, 33, 35, 36, 40-42, 44, 45, 47, 48, 50, 51, 57, 63, 71, 98, 100, 101, 103, 128, 130-133, 146, 182, 183, 1364, 1365, 1373, 1379, 1390, 1391, 1427. — Contrefaçons portant le nom de *Sommaville* : 305, 340.

Soubron (André), libr. : 127, 128, 130-133.
Tardieu, libr. : 1325.
Targa (François), libr. : 1-11, 180. — Contrefaçons portant le nom de *Targa:* 265, 270, 276, 288.
Techener, libr. : 255, 775.
Thunot et Cie, impr. : 855.
Tilliard, impr. : 701.
Trabouillet (Nicolas), libr. : 1376.
Trabouillet (Pierre), libr. : 14, 19, 25, 31, 34, 39, 43, 46, 49, 53, 58, 64, 68, 72, 74, 78, 88, 112, 113, 625.
Trabouillet (Veuve Pierre). libr. : 629.
Tresse, libr. : 823, 1134, 1579, 1580.
Treuttel et Würz, libr. : 709.
Valleyre l'aîné, libr. : 1483.
Varennes (Olivier de), libr. : 224.
Vassal, impr. : 428.
Verdière, libr. : 697.
Vermot et Cie, libr. : 743, 750, 753.
Viéville et Capiomont. impr. : 459, 501.
Vitré (Antoine), impr. : 214.
Xhrouet, libr. : 1271.

PEST.
Voy. BUDAPEST.

POISSY.
Arbieu, impr. : 477, 568.

REIMS.
Cazin, impr. : 678.

POZSONY (PRESSBURG).
Landerer Mihály, impr.-libr. : 1083.

RENNES.
Robiquet (J.), impr. : 1488.

RIO DE JANEIRO.
Brito (P.), impr. : 1137, 1173.
Villeneuve (Junius) e Ca, impr. : 896.

ROME.
Bernabò, impr. : 1174.
Bussotti. impr. : 869.
Cavalli (Francesco), impr. : 849.
Chracas (Gianfrancesco), imp. : 838, 858.
Chracas (Luca Antonio), impr. : 834, 849, 863.

ROSTOCK.
Stiller, libr. : 1018.

ROTTERDAM.
Beman (Jan Daniel), libr. : 1009.
Van Doesburg (Joh.), lib. : 976.

ROUEN.
Baudry, impr. : 1203, 1205, 1221, 1224, 1227, 1281, 1500, 1507, 1512, 1516.
Berdalle de la Pommeraye, libr. : 1580.
Boissel (Henry), impr. : 1320, 1322, 1531.
Briere, impr. : 649.
Cagniard (E.). impr. : 1212, 1215, 1231, 1327, 1440, 1474.
Édet jeune, libr. : 1576.
Launay (Adrien de), libr. : 781.
Le Boullenger (Jean), libr. : 245.
Le Brument (Auguste), libr. : 1220, 1325, 1580.
Machuel, libr. : 672, 1258, 1259.
Maurry (Laurens), impr. : 20, 22-24, 27, 30, 34, 35, 38, 40, 44, 47, 50, 54-56, 60, 61, 65, 67, 69, 75, 77, 80-82, 85, 98, 100-102, 106-112, 114-122, 125-131, 137, 154, 208, 209, 216, 1354. — Contrefaçons portant le nom de *Maurry* : 345, 353, 383.
Périaux (Nicétas), impr. : 1204, 1206, 1218, 1223, 1508, 1514, 1573, 1575.
Péron (A.), impr. : 1304, 1520, 1521.

SAGAN.
Raabe (P. H.) und Sohn, impr. : 1026.

SAINT-DENIS.
Moulin, impr. : 746.

SAINT-DENIS-DU-PORT.
Giroux, impr. : 724.

SAINT-GERMAIN EN LAYE.
Goujon, impr. : 650.
Toinon et Cie, impr. : 665, 754.

SAINT-PÉTERSBOURG.
Imprimerie de l'Académie impér. des Sciences : 1150.

SENLIS.
Tremblay, impr. : 690, 692.

STOCKHOLM.
Bergegren (E. T.), libr. : 799.
Holm (A.). impr. : 1054.
Horberg, impr. : 1052.
Konglig Tryckeri : 1051.

STRASBOURG.
Levrault, impr.-libr. : 509, 549, 553.

SZARVAS.
Réthy Lipót, libr. : 1081.

TORGAU.
Tragmann (E.), impr. : 1416.

TOULOUSE.
Devers, impr.-libr. : 593.

TOURS.
Mame (A.), impr.-libr. : 730, 738, 740, 744, 752, 759.

UPSAL.
Hanselli (P.), impr. : 1055.

UTRECHT.
Galma, libr. : 1332.
Ribbius (Jean), libr. : 1471.

VARSOVIE.
Unger (J.), impr. : 1140.
VENISE.
Bartella (Giuseppe), libr. : 829.
Bassaglia (Pietro), libr. : 848.
Lovisa, libr. : 830.
Lovisa (Domenico) : 852, 870.
Mekhitaristes : 1079.
Niccolini (Franç.), impr. : 1094, 1143, 1152, 1166.
Paoli, impr. : 860.
Rossetti (Marino), libr. : 1146 *bis* (*Additions*), 1162.
VERSAILLES.
Daumont, impr. : 508.
Lebel, impr.-libr. : 686.
Montalant-Bougleux, impr. : 1210.
Pompadour (Imprim. particulière de Mme de) : 599.

VIENNE.
Cosmerov (Matt.), impr. : 1147.
Cosmerov'sche Erben : 1129.
VILNA.
Marcinowski (A.), libr. : 1071.
WOLFFENBÜTTEL.
Bissmarckt (Casp. Joh.), impr. : 1043.
YPRE.
Walwein (F. T.), libr. : 953.

Imprimeurs et Libraires imaginaires.

Du Marteau (Pierre): 250-252.
Loges (Jacques de) : 260.
Marteau (Pierre) : 598.

FIN DE LA TABLE DES IMPRIMEURS ET DES LIBRAIRES.

Paris. — Typographie Georges Chamerot, rue des Saints-Pères, 19.

www.ingramcontent.com/pod-product-compliance
Lightning Source LLC
Chambersburg PA
CBHW060755230426
43667CB00010B/1581